HISTOIRE

DU DIOCÈSE ET DE LA VILLE

DE

CHARTRES.

SOCIÉTÉ ARCHÉOLOGIQUE D'EURE-ET-LOIR.

HISTOIRE
DU DIOCÈSE
ET DE LA
VILLE DE CHARTRES

PAR J.-B. SOUCHET
OFFICIAL ET CHANOINE DE L'ÉGLISE NOTRE-DAME DE CHARTRES

Publiée d'après le manuscrit original de la Bibliothèque
communale de Chartres.

TOME I.

CHARTRES
IMPRIMERIE DE GARNIER
Rue du Grand-Cerf, 11.

M. DCCC. LXVI.

HISTOIRE
DU
DIOCÈSE ET DE L'ÉGLISE
DE
CHARTRES.

LIVRE PREMIER.

CHAPITRE I.

es Gaules et d'où elles ont été ainsy nommées et quand elles ont commencé à estre habitées.

A pluspart de ceux qui ont escript des Gaules (1) demeurent d'accord que ce nom leur a esté donné par Gomer, premier fils de Japhet, aisné, selon quelques-uns, de Noé, lorsqu'après l'inondation générale du monde, il s'en vint habiter nos provinces, car, si ous en venons à la Défloration Chaldaïque du prétendu Bé-

(1) Joseph., lib. I; *Antiq. Judaic.*, ch. II, Isid.

rose, et à son commentateur Annius de Viterbe, Gomer fut surnommé Gaulois, comme son père Japhet et son ayeul Noé; du mot : גַל Hébreu, ou גָלַח (1), qui signifie : *transmigration, eau, flot, pluie, galion, galère, navire, barque*, et toute autre matière de vaisseau propre à estre porté sur les eaux, d'autant que, s'estant exposé sur mer, dans des vaisseaux et gallions, il estoit, avec les siens, parvenu en nos contrées, qu'il nomma Gaules, pour éternizer la mémoire de ce qui s'estoit passé, et retint la navire pour ses armes. Julian Taboet, en son *Traicté de la République et langue françoise*, dict que ces armes estoient aussy celles de Sem et Japhet, fils de Noé, pour les distinguer d'avec Cham leur frère. Quelques-uns ont estimé qu'ils avoient le lion pour devise. Je m'arreste néamoins plustost à l'opinion de ceux qui sont pour la navire, veu que la ville de Paris, capitale du Royaume, l'a retenue pour ses armes, qui sont *de gueules à la navire d'or, au chef semé de France*. Ce qui pourroit estre la raison pour laquelle, ès tables de nos Roys, l'on met sur le bout d'icelles des navires d'or ou d'argent doré vermeil, dans lesquelles sont la salière, cueillier, fourchette et cousteau, pour les faire souvenir de leur ancienne origine, et qu'ils descendent de personnes, qui seroient les premières venues prendre possession de leurs belles provinces avec des barques et navires : car, tout ainsy qu'Agathocles, tyran de Syracuse, pour ne perdre le souvenir de sa naissance, se faisoit servir en son boire et manger avec des plats de terre, pour donner à congnoistre qu'il estoit fils d'un potier d'argile, ainsy nos anciens Gaulois, pour conserver la mémoire de leurs autheurs, avoient leurs gobelets et vases, dans lesquels ils beuvoient, faicts à la façon de petites navires, que les Vénitiens appellent *gondoles*, et desquels ils usent encore à présent soubz la mesme dénomination. Nonius Marcellus les appelle *Galeolas*, à ce sujet, et en a tiré le verbe *Gallare* pour *bacchari*, et bien boire; d'autant qu'on se servoit de ces vases pour le mesme effect.

Je ne suis ignorant de ce que disent quelques-uns que ç'ont esté les Grecs qui ont donné le nom aux Gaules, du mot γάλα,

---

(1) Bodin, *In methodo historiæ*, R. Samuel.

qui veut dire *Laict* (1), à cause de la blancheur de ceux qui les habitent, dérivation que l'autheur du *Théâtre de la France* approuve, disant :

> *Hæc fuit ob lactis Galathrum dicta colorem*
> *Gentis et insignem candorem Gallia priscis.*

Je ne peux néamoins soubzscripre à ceste étymologie, veu que ceste blancheur n'estant commune à tous les Gaulois, les Septentrionaux seuls estant blancs, les Méridionaux plus teints et bazanés, ils ne peuvent avoir tiré leur appellation de γάλα. Que si les Gaulois eussent attendu à recevoir leur nom des Grecs, combien de temps eussent-ils été sans en avoir un particulier, considéré que ceux-cy n'ont paru que plusieurs années après le déluge, ou les Gaulois ont donné leur nom plustost aux Grecs, les Galathes ayant esté ainsy nommés des Gaulois, qui ont mené des colonies en leur pays, appellé d'eux *Gallo-Grecæ*. Ce que recongnoissant Pausanias, autheur grec, dict que le nom de Gaulois a esté donné tard à ceux de nostre nation, qui auparavant s'appelloient Celtes (2). Je n'ignore pas qu'il y en a d'autres qui ont escript que ces Gaulois avoient été ainsi appellés de Galathes, leur Roy, fils d'Hercules, et qu'auparavant ils s'appelloient Celtes, du nom d'un autre fils d'Hercules : à l'opinion desquels je ne peux non plus me rendre, veu que ce nom d'Hercules estant commun à plusieurs, y en ayant eu plus de trois cens de ce nom, selon Varron, on ne peult sçavoir quel de ces Hercules estoit le père de ces deux enfants. Aussy, pour faire veoir l'incertitude et peu d'asseurance de ceste opinion, Ammian Marcelin (3) rapporte, d'un certain Timagènes, que les Gaulois estoient Aborigènes ou Autoctones, c'est-à-dire *nais* en leur propre pays, conformément à ce qu'enseignent quelques Hébreux, lesquels, ne pouvant se persuader que ces fils de Noé eussent peu traverser tant de mers pour venir se loger dans nos provinces, disoient qu'ils avoient esté conceus au mesme endroict, du limon qui estoit demeuré sur la terre, après la retraicte des eaux du déluge, d'où ils auroient esté nommés Gau-

---

(1) Isidore, *Ethimol.*, 6, 14. — (2) Pausan., *Attic.*, lib. I. — (3) Ammian. Marcell., lib. XVI. Strab., lib. IV.

lois du mot Hébreu גל qui signifie de *l'Eau*, comme dict est, ou bien *Populos diluvio superstites*, comme l'interprète le Rabbi Samuel. Ce qui a faict dire à l'autheur du *Théâtre de la France*, parlant de ceux qui ont donné le nom à la Gaule :

> *Qui tamen Hebræa malunt deducere voce,*
> *Hanc a diluvio contendunt esse relictam,*
> *Atque hinc contractum pluviali nomen ab unda.*

Car, comme l'a remarqué Lazius, *Apellationes populorum antiquorum in Hebraïca lingua extant, Arabica Syriacaque pronuntiatione* (1), différent en ce dernier de Timagènes, qui veut que ces Aborigènes ayent prins le nom de Celtes de celuy de leur prince, et celuy de Gaulois de Galathæ, sa mère.

L'opinion d'Appian Alexandrin (2) n'est de meilleure mise, faisant sortir les Gaulois d'un certain Polyphème, auquel il donne trois enfants *Celtes, Illyric* et *Galles*, desquels il faict descendre les nations dénommées de semblables noms, veu que les Celtes faisant partie des Gaules, et les Gaules comprenant les Belges et Aquitains, outre les Celtes, monstre que le dire de cet autheur est sans fondement, d'autant qu'il y en a qui empruntent ce nom du grec κέλης, qui signifie, *cheval léger sans selle*, sur lequel on sautoit, comme si de κέλητες, on avoit faict κέληται, et par syncope κέλται (3), pour ce que les Gaulois, sur toutes autres nations, excellent en cavalerie, ou qu'ils usoient de chevaux sans selles, et qui n'avoient que des brides. L'autheur de la vie de S. Genoulf dict que la Gaule Celtique est ainsy appellée *à celsitudine montium qua præeminet* (4).

Sans perdre le temps à réfuter plusieurs opinions, qui ressentent plus la fable que la vérité, je me tiens à ma première proposition que ça esté Gomer, surnommé Gaulois pour les raisons sus-alléguées, qui a donné le nom aux Gaules, pour les avoir le premier habitées, suivant le partage que Noé, seul héritier et possesseur de l'Univers, en auroit faict à ses trois fils Sem, Cham et Japhet, le dernier desquels eut en son lot la partie septentrionale de l'Asie et Europe, avec les isles qui se

---

(1) *De transmigrat. populorum*, lib. IV. — (2) *In Illyrico*. — (3) Eustath., *Homeri interpret. in Iliad*. Pindar., *Olymp.*, 1. — (4) Hirtius, *de bello Gallico*, lib. I, ch. 2.

trouvent dans les mers de ce costé-là, que ses sept enfants partagèrent par après entre eux, et s'y retirèrent avec leurs familles pour y faire leur demeure.

Dire au certain le temps auquel ce partage se fit est fort difficile, les escripvains n'en demeurant d'accord : S. Augustin (1) veut qu'il aye esté faict, lors de la nativité de Phaleg, qui fut en l'an 101 ou 2 après le déluge, auquel Héber, son père, petit-fils de Sem, imposa ce nom, à cause de la division et partage de la terre, qu'avoit faict Noé à ses fils. L'opinion néamoings des Hébreux, de S. Hiérosme, S. Chrysostôme, Tostat et Nicole de Lyre est plus probable, que ceste division ne se fit en la naissance de Phaleg, mais plustost durant sa vie, comme si, par esprit prophétique, son père luy eust imposé ce nom, qui signifie *division*, prévoyant que tous les descendants de Noé debvoient se séparer les uns d'avec les autres de son temps, et se retirer chacun au lieu de son partage. Ce qui est conforme à ce que dict l'Escripture (2) que Phaleg fut ainsy nommé à cause que, durant ses jours, la terre fut divisée, qui ne peut estre attribué à la naissance de Phaleg, mais plustost au courant de sa vie, pendant laquelle ceste division ou transmigration se fit : c'est l'opinion de Genebrard (3), qui veut qu'elle n'aye esté faicte que 300 ans après le déluge, vers l'an 48 d'Abraham, et 10 ans devant le décès de Noé, pour ce qu'il falloit que les races et familles se multipliassent, devant que pouvoir estre distribuées en tant d'endroicts de la terre, comme elles le furent par après, estant bien à propos d'attendre qu'ils fussent nombre compétent pour peupler les lieux ausquels ils debvoient s'en aller. Le partage pouvoit bien leur en avoir esté faict, mais il n'avoit esté encores exécuté, attendant tousjours qu'ils fussent augmentés pour mieux faire leurs peuplades. Il semble que Moyse aye eu ce sentiment, quand il escript que ces descendants de Noé estant creus en tel nombre, qu'ils ne pouvoient plus compatir ensemble et se voyant nécessités de se séparer, s'entredisoient : « *Venés, faisons-nous une cité et une « tour, la cime de laquelle attaigne jusques au ciel, et célé- « brons nostre nom, auparavant que soyons divisés par la « terre universelle.* » D'autant que de ces parolles, il est aysé

---

(1) August., *In civit.*, II. — (2) Genèse, X. — (3) *In chronol.*, pag. 35.

à conclure, que chacun des fils de Noé sçavoit l'endroict de son partage, et le lieu auquel il debvoit faire sa retraicte, quoyqu'ils ne se fussent encores mis en debvoir d'y aller. Ce qu'ils n'exécutèrent qu'après avoir basty, dans la campagne de Sennaar, ceste tour d'admirable haulteur, qui avoit, ainsy que l'a remarqué S. Hierosme (1), une lieue d'Allemagne de haulteur, ou comme l'a laissé par escript André Thévet (2) 329 toises en sa rondeur, ou, selon d'aultres, cinq ou six lieues de circuit : au bastiment de laquelle Nembroth commanda sur plus de trois cent cinquante mil personnes de la famille de Cham; Jectan sur plus de deux cent quinze mil hommes de la lignée de Sem; et Suphné sur plus de cent quarante mil personnes de la race de Japhet, revenant tous ensemble à plus de huict cens mil hommes; sans les femmes et enfants, quand Dieu, voulant rabaisser l'orgueil de ces présumptueux, les punit par le membre qu'ils prétendoient faire servir à leur gloire (3), confondant tellement leur langage, que pas un n'entendoit le dire de son compagnon. Ceste disgrâce leur donna sujet de se séparer, et de se retirer aux lieux, qui estoient escheus en leurs partages. Quelques-uns assignent cette séparation à l'an du monde 1826, environ 169 ans après le déluge, d'autres à l'an 1817 (4), qui seroit quelques neuf ans plustost. J'estime plus probable ce qui se trouve dans le *Seder Ocam*, et ce qu'en disent les Hébreux, que ce fut 340 ans après le déluge, si tant est que ce fust dix ans auparavant le trespas de Noé, qui mourut, suivant le même Genebrard, l'an 950 de son âge, pour ce que, joignant les 600 ans qu'avoit ce patriarche, lors du déluge, avec les 350 qu'il vesquit depuis, font le nombre de 950, et ainsy, selon la supputation des Hébreux, la division des peuples seroit arrivée l'an 1996 de la création du monde, et l'an 340 après le déluge.

Quoyque c'en soit, la pluspart des escripvains sont d'accord que Gomer fut le premier, qui esquippa des navires ou galères, pour s'en aller par mer prendre possession de son lot, où il fut suivy de ses frères et de ceux de sa famille, comme l'aisné et le chef d'icelle, ausquels il distribua la terre ferme et les

---

(1) Hierosm., in ch. 14. — (2) André Thévet., *Philo. Jud.* — (3) August., *de miracul. sacræ scriptur.* — (4) Scaliger, *de emendat. tempo.*

isles, ainsy que l'ont remarqué Josephe Zonoras et S. Epiphanes (1).

Il partit, pour ce faire, avec sa flotte, des environs des montagnes Taurus et Amana, dit autrement *Monte-Negro*, où ils habitoient avec leur ayeul Noé, et jettant ses vaisseaux sur l'Euphrate pour gaigner le Tanaïs, dans lequel estant entrés, ils tournèrent au Sud pour se rendre dans les Paluds-Méotides, qui séparent l'Europe de l'Asie, et de là dans la Méditerranée, laissant en passant quelques peuplades des siens ès lieux qu'ils trouvoient commodes à habiter, et tirant tousjours plus avant, parvint enfin où le Rhosne se descharge dans la mer, où il print terre, et de là, montant par ce fleuve, partie de ceux qui le suivirent s'arrestèrent vers Authun, partie, regaignant la mer, doublèrent le Gibraltar, qu'on appelloit auparavant le destroit de Gomer et d'Hercules, où Tubal descendit avec ceux de sa suitte et famille et peupla le premier les Espagnes (2), y faisant bastir la ville de Terragone. Gomer et Magog, passant plus outre, entrèrent dans l'Océan, et vindrent faire aiguade en la Basse-Bretaigne, qu'ils nommèrent Armorique (3), qui signifie en vieil Gaulois, proche ou devant la mer, et trouvant le pays à leur goust et propre à y semer du bled, ils s'y arrestèrent, le cultivèrent, et le rendirent fort fécond en grains propres pour le soustien de la vie. Je ne sçay si ce seroit cela qui auroit porté les anciens ducs de Bretagne de prendre autour de leurs armes un collier tissu d'espics de bled, pour faire veoir l'antiquité de leur noblesse, qui avoit commencé avec le cultivement de la terre, et que la façon de semer les bleds estoit deube à leur invention. Depuis, ces enfants de Gomer estant beaucoup multipliés, luy considérant qu'avec le temps ils ne pourroient demeurer ensemble, il y laissa les principales familles, et montant le long de la rivière de Loire, il dispersa partie de ceux qui l'avoient suivy dans l'Anjou, le Maine et le Blésois, Vendosmois, Dunois et pays Chartrain, et l'autre partie, gaignant pays, se logea dans le Gastinois, et par delà la rivière de Seine vers la Franche-Comté, d'où ils prindrent depuis le nom de Sénonois et de Séquanois, et ainsy, peu à peu, tous ces nouveaux hostes peu-

---

(1) Joseph, lib. I, au ch. V, p. 6. Zonaras f° I, *Annal.*, ch. IV, Epiph. — (2) Mariana, Pind. Zuvita. — (3) Genebr., *In chron.*

plèrent nos provinces Gauloises. Pour Magog, il continua son chemin sur la mer Balthique, costoyant la Normandie et Picardie, et singlant entre l'isle d'Angleterre et celles de Hollande et de Frize, donna jusques en Dannemarch, où, ayant mouillé l'ancre, il descendit avec toute sa brigade, et nomma ceste province *Gothie*, c'est-à-dire *bonne terre*, de laquelle les Goths, Gètes, Massagètes, Scytes et autres nations sont issues.

CHAPITRE II.

De Chartres et de son assiette; par qui bastie et nommée.

GOMER, au partir de la Bretagne Armorique (1), s'estant avec ceux qu'il conduisoit advancé jusques soubs le 48ᵉ degré 15 minutes, ou environ, fit alte et s'arresta sur la fin d'une grande et vaste plaine, qu'un petit tertre bornoit, deux panchants duquel, de chasque costé, facilitoient la descente dans un vallon aggréable, qui s'élargissoit peu-à-peu des deux bouts comme en deux grandes aësles de prairies et bocages, baignés des eaux d'une petite rivière, qui passoit au travers et de plusieurs fontaines et sources, qui se déchargent dedans. Trouvant le solage à son gré, propre à semer et planter, avec les domiciles tous prests, que la nature luy avoit préparé dans le roc en plusieurs antres et cavernes, se résolut d'y habiter avec eux, et d'y bastir une ville, en laquelle ils peussent establir leur demeure, et se deffendre contre ceux qui voudroient leur en disputer la possession, qu'ils en avoient prinse.

Quelques-uns toutesfois en attribuent la gloire à Samothés (2), frère aisné, disent-ils, ou fils de Gomer, disant qu'il en com-

---

(1) Ptolom., lib. II, ch. 8. — (2) Dan., 9. Le Caron, ch. 13, pag. 42 et 43. Ptolom., lib. II, ch. 8.

mença l'édifice, après que ce dernier fut passé en Italie pour y conduire des colonies pour la peupler.

Qui que ce soit qui l'a le premier bastie, il lui imposa le nom de חָרוּץ, qui signifie *cave* ou lieu *cavé dans le roc*, que les Latins ont tourné depuis en celui d'*Autricum*, à cause de ces antres et lieux soubzterrains, auxquels ils avoient premièrement estably leurs demeures. C'est pourquoy ceux-là se trompent grandement, qui l'appellent *Autricum* avec l'adjoinct de *Carnutum*, ce nom d'*Autricum*, appartenant proprement à Auxerre et non à Chartres, ainsy qu'il se peut tirer de la subscription d'Aunachaire, évesque d'Auxerre, au 2e concile de Mascon, où il se met *Episcopus ecclesiæ Autricæ*, et de la vie de S. Pelerin, où il est expressément porté que *Peregrinus et socii Autricum, quod nunc Autissiodorum dicitur, intrepide perveniunt*, et encores de ce qu'escript Henry, moyne d'Auxerre, en la vie de S. Germain, évesque dudict lieu, lib. I, où, parlant de la ville d'Auxerre *Autricus*, dit-il, *à priscis olim vocata refertur*. Et de ce que les habitans de la ville de Chartres et du pays circonvoisin s'appellent *Carnutes*, du même mot hébreu חָרוּץ, à cause qu'ils se retiroient la pluspart dans des lieux entaillés dans le roc, comme dans les caves ou cavernes, ainsy qu'il se veoid encores dans le Drouais, Vendosmois, et le long de la rivière de Loire, où s'estendoit autrefois le pays Chartrain (1). Qui auroit pu donner subject à Tacite d'escripre que les Gaulois de son temps n'avoient que des cavernes pour maisons, conformément à ce que dict Ovide des premiers habitants de la terre que :

Tum primum subiere domos : domus antra fuerunt,
Et densi frutices, et junctæ cortice virgæ.

Et encores Juvénal (2), quand, escripvant à Ursidius, qu'il taschoit de détourner de se marier, il luy disoit :

Credo pudicitiam Saturno rege moratam
In terris, visamque diu, cum frigida parvas
Præberet spelunca domos, ignemque, laremque,
Et pecus et dominos communi clauderet umbra.

---

(1) Tacit., *de morib. German.* — (2) Juvén., *Sat.* 6.

Ce que Pline (1) a semblablement remarqué disant que *Antea specus erant pro domibus*, etc.; Vitruve, que *Homines, veteri more, ut feræ, in sylvis et speluncis et nemoribus nascebantur, ciboque aggresti vescendo, vitam exigebant*, etc., et plus bas il escript que pour maisons, *Speluncas fodere sub montibus*, et encores que les Phrygiens, manquant de bois aux campagnes et plat pays, où ils habitoient, ils cherchoient des heurts, qu'ils creusoient pour se retirer dedans et s'en servir au lieu de maisons, d'où vient que Gabriel Siméon (2), parlant des *Aborigènes* naturels Gaulois, ausquels on rapporte la fondation de Rome, dict, après Annius de Viterbe, que ce nom procède, selon S. Hiérosme et les Talmudistes, des mots Toscans et Arméniques *Ab*, qui signifie *père*, *Ori*, qui se prend pour une *caverne* ou *lieu creux*, et *Genos*, qui veut dire *race* ou *postérité*, comme qui diroit pères ou hommes nais dans des cavernes ou arbres creux : ce n'est pas que je fasse estat de ceste authorité, sinon pour faire veoir que c'estoit la commune opinion que nos anciens Gaulois habitoient dans des cavernes et que de là les Chartrains auroient reçu leur dénomination, pour ce qu'à leur arrivée en ce pays, ils se servirent d'antres et caves pour leur demeure, tout ainsy que les Chartreux ont prins leur dénomination de ces affreuses cavernes, qui se rencontrent dans les montagnes de la Grande-Chartreuse près Grenoble, où S. Bruno jetta les premiers fondements de son ordre, laquelle pourroit avoir prins sa dérivation du même mot חָרוּע, lequel, par succession de temps, auroit dégénéré en חַרְנוּע, par l'interposition de la consonne נ qui revient à notre lettre N, d'où seroit venu *Carnutes* et *Chartres*, nom qu'on a donné aux prisons par un certain rapport de convenance, estant composées de cachots et basses-fosses, comme d'antres et cavernes.

Que si ceste étymologie ne plaist, il se peut dire que le mot חָרוּע estant dérivé ou formé de חָרַע, qui signifie *juger* et *décider*, Chartres a prins son nom ou appellation du mesme mot, veu que, comme le témoigne Cæsar (3), c'estoit en ceste ville-là que les Druydes s'assembloient pour juger et décider les affaires d'importance qui se présentoient, et que, ayant au mesme lieu

---

(1) Plin., lib. VII, ch. 56. Vitruv., lib. II, ch. 1. — (2) Gab. Sim. en son *Dialogue de la Limagne*. Dionys. Halicarn. — (3) Cæsar, lib. VI.

des cachots soubzterrains et basses-fosses, que les Gaulois appellent *Chartres*, ils auroient de là donné ce nom à la ville. Rouillard (1), à la mémoire duquel les Chartrains ont beaucoup d'obligation, pour avoir le premier ébauché l'histoire de leur ville, s'aheurte fort à ceste éthymologie, pour l'établissement de laquelle il rapporte quelques authorités, lesquelles, s'il eust mieux considérées, il se fust trouvé bien loing de son compte, veu que personne d'entendement ne se persuadera jamais que les lieux, où les églises et communautés ressèrent et gardent leurs papiers, s'appellent *Chartres,* pour ce qu'ils sont enfermés en iceux dans des armoires bien clauses et avec des portes de fer, comme s'ils estoient dans l'estroit d'une prison, la pure vérité estant que tels lieux sont appelés *Thrésors des chartres* du mot latin *Carta,* ou bien du Grec χάρτης, qui signifie *papier escript*, d'où vient que, parmy les Grecs, celuy qui avoit la garde des tiltres et enseignements de quelqu'église s'appeloit χαρτόφυλαξ, qualité que prend Théodore Balsamon, patriarche d'Antioche (2), au tiltre de l'exposition des saints canons et des prérogatives duquel il parle sur le 18ᵉ canon du Iᵉʳ concile de Nice, et sur le 7ᵉ du VIᵉ concile de Constantinople, dict *in Trullo*, comme aussy, il en est fait mention dans le Pontifical de l'église Grecque (3), à cause que ceux qui portoient ce tiltre passoient pour dignités, et avoient scéance ès assemblées ecclésiastiques auparavant les Evesques mesmes et autres prélats. C'est la raison pour laquelle on appelle *Cartulaires* les livres dans lesquels les tiltres et enseignements des églises et communeautés sont transcripts, pour ce que dans iceux la pluspart portent en teste le mot *Carta*, et non pour ce qu'ils y sont attachés avec des chaisnes, comme sont les forçats et prisonniers, ces chaisnes n'estant que pour empescher qu'on les soustraye ou desrobbe.

Rouillard croit encores establir son opinion par les armoiries de la ville de Chartres, ausquelles il a estimé y avoir des ceps et manottes, desquels on se sert pour lier et arrester les prisonniers. Mais s'il les eust considéré de plus près, il eust recongneu que ces trois figures rondes en forme de bezants, sur les-

---

(1) *Parthénic.* — (2) Balsamon, prolég. 49, *Exposit. sacror. can.* — (3) Greg. Mag., ép. 52, lib. I. Baron., *ad ann.* 391, n° 31.

quels les peintres plus sçavants en imaginations qu'en la vérité de l'histoire, ont grifonné je ne sçay quoy, que les ignorants s'imaginent estre des ceps et manotes, sont trois grains de guy de chesne, ou bien trois œufs de serpents, sur lesquels y ayant quelques marques non assez discernées par ceux qui les ont voulu représenter, ont donné subject au commun de penser que c'estoient des ceps et des fers. Pline (1) escript avoir veu un de ces œufs de la grosseur d'une médiocre pomme ronde, la coque duquel estoit comme un cartilage des os d'un bras d'un polype, que les Druides employoient en leurs armes et devises. Ce qu'a remarqué pareillement Chasseneux, dans son *Catalogue de la gloire du Monde* (2), faisant porter à ces philosophes Gaulois *d'azur à la couvée de serpents d'argent, au chef de mesmes, chargé d'un rameau de guy de chesne de synople;* ou bien, comme le disent d'autres, ils portoient *d'argent à un rameau de chesne, garny de ses glands, de synople;* d'où il seroit arrivé que les Chartrains, chez lesquels ces Druydes demeuroient, auroient prins partie de leur devise, pour conserver la mémoire de la conversation qu'ils avoient eu avec eux, sçavoir ces trois œufs de serpents. Tout ce que dit Rouillard de ces ceps, qu'il appelle *Karnoch*, en langue Hébraïque, en laquelle néamoins il ne se trouve point, n'est qu'une pure imagination. Il ne rencontre pas mieux, quand il dict que les Chartrains sont appelés CARNUTES *quasi* QUERNATES, comme habitants parmy des forêts de chesnes. Je demeure d'accord que nos premiers Gaulois habitoient dans les bois, qu'ils appeloient *Gaul*, en leur langue, auparavant qu'ils eussent trouvé l'invention de bastir des maisons et des villes, d'où mesmes quelques-uns ont estimé qu'ils avoient reçu le nom de *Gaulois*, à cause des Gaules ou Perches, desquelles ils se servoient pour faire leurs huttes et cabanes, dans lesquelles ils se retiroient; mais comme en la pluspart des forests de ces quartiers, il se trouve moins de chesnes que de hestres, charmes et fousteaux, qu'on appelle autrement *Celtes*, (d'où l'on veut que les Celtes, qui font partie des habitants des Gaules, ayent prins leur dénomination), je ne peux soubzcripre à cette opinion. Je sçay bien que ces deux lettres *q u*, se con-

---

(1) Plin., lib. XXIX, ch. 3. — (2) Chassen., *Catal. glo. mundi*, part. I, n° 58.

vertissent facilement en C ou en K en la langue latine et françoise, ésquelles on lit *quùm* et *cùm*, *quotidiè* et *cotidiè*, *Karolus* et *Carolus*, *Queux* et *Cueux* pour cuisinier, *Quens* et *Cuens* pour comte, et ainsy que de *Quernutes* on auroit pu faire *Kernutes*, et pour l'euphonie *Carnutes*. Mais il faudroit monstrer auparavant, que les anciens appeloient un chesne *Quernus*; ce que ne pouvant faire, il faut demeurer d'accord que le mot de *Carnutes* ne peut venir de *Quernutes*.

Je trouve Rouillard plus raisonnable quand il se moque de l'opinion de ceux qui veulent tirer le nom de *Chartres* de celuy χάριος, c'est-à-dire *noix*, à cause, disent-ils, des grandes forêts de noyers qui se rencontrent dans ce pays, n'y en y ayant guères en toute la France, où il y en aye moins, ce qui a faict dire à Bouteraye, en sa *Description de la ville de Chartres et pays Chartrain*:

Errant qui a nucibus ludentes nomine Graio
Carnutes dicunt, nugas res ipsa refellit.

Aussy ne suis-je estonné de Cenalis (1), homme docte, qui s'est laissé emporter à ceste opinion, veu que, ayant recongneu que Chartres s'appelloit *Antricum* et escript que les Druides s'appelloient *Quernutes*, il s'est persuadé que le pays se nommoit *Chartrain* de χάριος. Pour moy, je demeure en ma première pensée que Chartres et le Chartrain ont esté ainsy nommés de חרוּיָ, que les Latins ont tourné par *Antricum*, comme qui diroit lieu plain d'antres et cavernes. L'on pourra peut-estre m'objecter que la langue Hébraïque, estant demeurée pure et nette en la seule famille d'Héber, duquel elle a prins sa dénomination, et ayant esté confondue en toutes les autres familles des descendants de Noé, comment est-ce que Gomer ou les siens auroient nommé Chartres d'un nom Hébreu, veu qu'ils n'en parloient pas le langage? A quoy je répons que quoyque la langue Hébraïque eust été confondue en ceux qui bastirent ceste tour, qui, pour mémoire éternelle de leur présomption, en porte le nom, si est-ce que ce ne fut entièrement, estant resté quelques mots d'icelle dans les autres langues, où ils se retrou-

---

(1) *Gallica historica*, lib. I, perioche 4, fol. 3; et lib. II, perioche, 3, fol. 145.

vent encore en la mesme signification, tesmoing ceux de *Sac, Cable, Hisope, Galère* et quelques autres, qui sont purement Hébreux, lesquels toutes fois sont demeurés dans notre langue. D'ailleurs l'ancienne langue Gauloise approchant fort du grec, ainsi qu'il se lit dans Lucian, et que Jean Avenier (1), en son livre des *Racines* ou *Lexicon Hébreu*, tire la plupart des mots Grecs de la langue Hébraïque par quelque changement, meslange ou transposition de lettres, Gomer et les siens pourroient avoir faict le semblable et de *Karuts* composer *Carnuts*, et les Latins *Carnutes*, et enfin les Gaulois *Chartres*. Je n'ignore que Joachim Périon (2) a laissé par escript, dans ses *Dialogues de l'origine de la langue Gauloise*, que la langue Hébraïque n'a commencé qu'avec les autres, après le déluge, et que celle de laquelle on parloit auparavant et après ceste inondation générale, se perdit entièrement en la confusion des langues, sans qu'il en soit resté aucun vestige. Quoyqu'il ne soit seul en ceste opinion et que Fauchet, en son *Recueil de l'origine de la langue et poësie Françoise* (3), nie, avec les autres, que la langue Hébraïque aye esté la première du monde et celle de laquelle nos premiers parents et leurs descendants usoient auparavant et depuis le déluge, j'ayme mieux me ranger avec les autheurs de l'opinion contraire, comme plus conforme à ce qu'en dict l'Escripture, qu'auparavant et depuis le cataclysme universel, il n'y avoit qu'un seul langage entre les hommes, qui estoit l'hébreu, lequel fut conservé en la seule famille d'Héber, pour ce que ce fils de Phaleg, duquel, disent les Hébreux, debvoit sortir Abraham, que Dieu avait préordonné pour estre le père des fidèles, n'avoit voulu se trouver avec ceux de sa famille au bastiment de ceste tour, qui causa le désordre des langues, ne debvant participer à la peine de ceux qui en entreprindrent l'édifice, puisqu'il n'avoit eu aucune part en la faulte, et ainsy, que sa langue maternelle et de ses ayeulx qui estoit commune à tous les hommes, demeura propre à luy et à toute sa famille.

Le Rabi Juda, en son traité qu'il intitule *Sanhedrim* (4), veut que ce premier langage aye esté l'Araméan ou Syriaque, qui approche à la vérité de l'Hébreu plus que les autres. Mais

---

(1) Lucian. Jo. Avenius. — (2) Joach. Perionius. — (3) Fauchet. — (4) R. Juda, *in Sanhedrim*.

estant seul de son opinion, je me range du costé de ceux qui maintiennent que l'hébreu a esté le premier langage des hommes; que Torniel (1) remarque avoir aussy esté conservé aux trois fils de Noé, comme en ceux qui debvoient estre les chefs de toutes les nations, qui estoient destinées pour remplir l'Univers, estant vraysemblable que Dieu, par un privilége spécial, leur donna la congnoissance de toutes les langues, affin qu'ils pussent, plus promptement et avec plus de facilité, subvenir aux nécessités de ceux de leurs familles ; qui parloient langages tout divers, et les maintenir en la congnoissance du vray Dieu. Car, comment les eussent-ils pu corriger de leurs erreurs, s'ils n'eussent entendu leur langage? Qui est la raison sur laquelle les canonistes ont fondé la règle *de idiomate* (2), n'estant à propos de commettre un bénéfice à charge d'âmes à une personne qui ne sçait la langue du pays où il est situé. Il est toutefois probable qu'un chacun d'eux se servoient du langage dont usoient ceux avec lesquels ils estoient obligés de converser, considéré que, s'il est vray ce que disent certains autheurs, que Gomer, voyant les colonies qu'il avoit amenées en Gaules et pays Chartrain bien establies, passa en Italie et y mena de nouveaux hostes, qui furent ces Aborigènes, desquels nous avons parlé ci-dessus, qu'il logea dans l'Umbrie, où il porta le langage Latin, qu'il faloit qu'il sçeust avec la langue Bretonne et Gauloise, puisqu'il avoit été l'autheur de ces peuples, qui ont un langage fort différent, et ainsy l'on peut asseurer qu'il en sçavoit d'autres, mesmement l'hébraïque, qui estoit sa maternelle, et suivant laquelle il auroit donné le nom à Chartres et au pays Chartrain. J'en laisse néamoins le jugement au lecteur, estant fort difficile de parler des choses esloignées de nostre congnoissance, sans préjudice de la vérité.

---

(1) Torniell., *In annal. sacris.* — (2) *Reg. can.*, 19, c. *Si rector*, dist. 43, ch. *de offic. ord.*

CHAPITRE III.

Du temps auquel Chartres a peu estre basty, s'il a esté plus grand en son estendue qu'il n'est à présent; des corps et communeautés, églises, monastères et chapelles qui sont en icelle et en sa banlieue.

DIRE au certain le temps auquel Chartres a esté basty, et si ça esté au mesme lieu où il se veoid à présent, c'est ce qui n'est si facile, n'ayant leu aucun autheur qui en fasse expresse mention. Je feray néamoins comme ceux, desquels parle Plutarque (1), qui, voulant descripre un pays dans une carte, suppriment les régions voisines, desquelles ils n'ont la congnoissance, pour ce que je diray seulement ce que j'en sçay, et passeray soubz silence ce que j'ignore. Nos devanciers, ayant esté fort mal soigneux de rédiger par escript les origines et commencements des villes, nous font porter la peine de leur négligence, que nous ne pouvons éviter que par des conjectures qui sont bien souvent fort trompeuses. Il y en a aussy quelquefois qui rencontrent, et l'appuy qu'on leur donne par le raisonnement, les font trouver vraysemblables, si elles ne sont tout-à-faict véritables. Pour moy, j'estime que Chartres a peu estre basty environ 360 ans après le déluge, et ma raison est que la division des peuples, qui furent dispersés par la terre universelle, ayant esté faicte en 340, après le déluge, comme nous l'avons monstré au chapitre précédent, on peut présumer que ces premiers hostes de nos Gaules, après avoir erré vingt ans ou environ, soit par mer, soit par terre, ils s'arrestèrent aux lieux, où ils firent leur première demeure, et peu-à-peu y bastirent des villes, de sorte que Gomer et les siens ayant des premiers fait leur résidence au pays Chartrain, il est probable qu'ils y firent bastir la ville de Chartres, laquelle pour ceste raison est tenue pour la plus ancienne des Gaules.

Pour son assiette, elle a toujours esté au mesme lieu qu'elle

---

(1) Plutarch., *In Thesco.*

est, quoyque, selon les divers rencontres, elle aye diminué et augmenté. Les secousses qu'elle a receu par les guerres des Romains, Normans et Anglois, y ont donné subject de changement. Il est vray qu'elle a esté autrefois plus longue et estendue du costé de la porte Saint-Michel, d'où elle continuoit le long du heurt, qui est maintenant dans l'enclos des Cordeliers, au dessus de la garenne de Saint-Père, par le cimetière de Saint-Anian, et par Saint-Vincent qui estoit contre la porte de la ville, par laquelle on descendoit dans la vallée, où estoit le monastère de Saint-Père, par les archifs et tiltres duquel ceste porte est appelée *Cendreuse*, à cause que anciennement, la procession passant par là le premier mercredy de Caresme, on y distribuait les Cendres; et le dimanche des Rameaux, la procession de la Cathédralle, retournant de l'abbaye de Saint-Cheron, commence au mesme endroit le respons *Ingrediente Domino*, qui, selon les rubriques de l'Église, se doibt commencer à la porte de la ville. Il pouvoit aussy y avoir une autre porte à la descente de l'Estappe-du-Vin, pour ce que, dans les mesmes tiltres, il est faict mention d'une rue qui descendoit du mesme endroit dans la vallée, laquelle je m'abstiens de nommer pour la saleté du mot.

De la porte Cendreuse l'enceinte de la ville continuoit jusques à la Tour, qui estoit l'ancien Palais de nos premiers Comtes, au bas de laquelle il y avoit une poterne, pour sortir hors la ville, et aller aux escuries, qui estoient le long de la rue, qui s'appelle encores la rue des Escuyers, et de là s'en alloit par Saint-Eman rendre à Saint-Estienne, en la rue de Chinche, puis à Mure-en-Muret, à présent la rue de Chantauld, d'où, rebroussant par derrière la Prescherie où estoient les granges du Comte, elle alloit gaigner le bourg de Chastelet, qui estoit hors la ville, et brisant par la rue du Bœuf-Couronné, s'en alloit par la Boucherie et les Halles rejoindre à la porte Saint-Michel.

Il y en a qui l'advancent davantage dans les vignes du costé de Saint-Martin-au-Val : à la vérité, de ma congnoissance, on y a trouvé des fondements d'édifices, qui pourroient induire à croire qu'il en seroit quelque chose. En 1615, comme l'on faisoit creuser les fossés de la ville du mesme costé, l'on trouva une grosse muraille de brique, fort longue et espoise, tellement cimentée qu'on la rompoit cuidant la lever, et ne pouvoit-on l'avoir que morceau à morceau; et plus bas on rencontra un pavé continu et spatieux, comme d'une sale, les carreaux duquel estoient de mesme jauge et ligne que les précédents, sur lesquels se voyoient diverses figures d'oyseaux, animaux et serpents, chargés d'un fort bel émail d'azur et de verd. Descendant plus bas dans le mesme fossé, l'on rencontra, en creusant dans le roc pour avoir du caillou, un petit caveau dans lequel il y avoit comme une forge et un puids, près lequel estoit un pesne, de la longueur d'un pied, fait à olives, dans la serrure duquel estoit la clef, en forme d'une patte à noter en musique renversée contremont (*a*), à l'entour desquels estoient attachés quelques gravois et pierrotages, si fortement unis qu'on ne les pouvoit faire tomber qu'à grands coups de marteau. Tout cela est à la vérité un indice qu'il y a eu là autrefois des bastiments, mais on ne peut en tirer une conséquence que la ville s'estendist si avant.

Rouillard prétend prouver, par le Cartulaire de ladicte abbaye de Saint-Père, qu'on appelle *Aganon*, que Chartres estoit plus grand qu'il n'est à présent, ayant esté ruisné, vers l'an 850, par les Danois, qui le réduisirent en champestre, et ne peurent les habitants le remettre en l'estat qu'il estoit auparavant à cause de leur pauvreté, à laquelle ils avoient esté réduits par ces barbares, jusqu'à ce que les mesmes Danois ou Normans recommençant leurs courses par la France, ils le retranchèrent presque de moitié du costé de la vallée, laissant leur rivière fort loing de leurs murailles, qui autrefois luy servoit de fossés et deffense. Je ne sçay sur quoy il peut asseurer son dire, l'*Aganon* portant seulement que, l'an 850, du temps de Charles le Chauve, ladicte ville estoit clause de hautes et fortes murailles garnies de tours, revestues de grandes et larges pierres, pourquoy on l'appeloit *La Ville-aux-Pierres*; qui n'est pas pour dire qu'elle fust plus grande, mais seulement qu'elle estoit forte et bien flanquée. Aussy elle n'a esté creue du costé de la vallée que long-temps après, quand l'on renferma les abbayes de Saint-Père et de Saint-André, avec les faubourgs qui les accompagnoient, dans l'enceinte de ses murailles. Depuis, Pierre de la Celle (*b*), évesque de Chartres, fit enfermer depuis la porte des Espars jusques à la porte Chas-

---

(*a*) Cette clef est ainsi figurée dans le manuscrit

(*b*) Vulgairement appelé Pierre *de Celles*. Voir dans Souchet, liv. IV, chap. 23.

telet, vers l'an 1180; en quoy Thibauld III, comte de Chartres, voulant l'imiter, fit clore de murailles et fossés, en 1181, ce qui restoit de la porte Saint-Michel jusques à celle des Espars, moyennant mille livres que les hommes du Chapitre lui baillèrent; pourquoy il s'obligea les descharger à l'advenir de la réfection desdictes murailles et fossés, soit que les premières vinssent à tomber d'elles-mesmes, ou à estre rompues, soit que les derniers vinssent à estre remplis et qu'il fallust les creuser. Voilà l'estendue de la ville de Chartres telle qu'elle est de présent. Pour la commodité de laquelle, les habitants, qui n'avoient que des puids, la pluspart sur la marne qui rend l'eau douce et d'un mauvais goust, firent entrer, par le moyen d'une levée, la rivière dans la ville, où elle fait tourner neuf meules de moulin : de façon que, pour descripre la situation de Chartres, telle qu'elle se veoid maintenant, l'on peut dire qu'elle est tout d'un tenant, assize partie sur une plaine, laquelle, se baissant tout-à-coup, prend forme d'un grand pendant, partie duquel demeure d'un costé revestu de quelques arbrisseaux que la nature y produit, avec des jardinages et le reste vuide, n'y paroissant que le tuc et mouellon; et l'autre partie s'estend du pied de la montagne dans une plaine, longue et estroite, bornée d'une muraille, percée de cinq portes, sçavoir : de Morard, de Guillaume, de Bourgs, que ceux du pays disent *Ymbous*, par un mot corrompu, pour dire la porte du Bourg, comme la basse-ville s'appelloit auparavant qu'elle fust enclose, ou, comme il se lit dans un acte Capitulaire du moys de mars de l'an 1232, la porte *Embould* ou *Embauld*, et s'appeloit encores autrefois la porte *Neuve-du-Chasteau*; puis celle aux Corneux et Couronnés, autrement aux *Prebstres* ou bien aux *Corneux*; et la porte Drouaise, qui est du costé de Dreux; desquelles, celles de Bourgs et aux Corneux sont à présent bouchées : toutes lesquelles sont baignées par le dehors d'une eau dormante dans le fossé qui la deffend, provenant du superflu, qui entre dans la ville par les herses du *Pont-qui-tremble*, par le moyen d'une bonde qui est à costé : et un peu plus hault, coule le principal canal de la rivière d'Eure, par l'endroit appelé le *Buot*, et par les anciens fossés, au pied de la colline de Saint-Barthélemy, et s'en va reprendre le bras qui passe dans la ville aux herses du *Massacre*, ainsy appelées à cause de la proximité du lieu où, autrefois et devant le siège de l'an 1568, les bouchers tuoient et habilloient la chair qu'ils debvoient débiter; et, se divisant à cent pas de là, faict une isle qui, se rejoignant plus bas, ne faict qu'un canal, qui la conduit au Pont-de-l'Arche, où elle se perd dans la Seine.

Comme ceste ville a esté des premières des Gaules à embrasser le Christianisme, aussy l'a-t-elle du depuis soigneusement conservé. Elle a eu son évesque de toute ancienneté, avec un Chapitre des plus célèbres de la France. Il n'avoit point de nombre certain dans son commencement jusques à S. Lubin, qui le régla à soixante-douze chanoinies, autant qu'il y avoit de disciples de Jésus-Christ. Depuis on en print deux pour en faire quatre demies et une qu'on partagea en trois, dont les deux portions ont esté acquises par le Chapitre des administrateurs de l'Hospital du Saint-Esprit-de-Saxe, autrement des Chevaliers Teutoniques, auxquels le Chapitre l'avoit aulmosnée, et la troisième par un particulier qui en jouit : tous lesquels, avec l'abbé de Saint-Jean-en-Vallée de Chartres, font 76 chanoines et outre dix-sept dignités, qui se prennent du corps du Chapitre, ou bien sont tenues par autres, créés par Sa Sainteté chanoines *ad effectum*. L'évesque n'ayant encore séparé sa mense d'avec celle du Chapitre, ils donnèrent douze de ces portions ou prébendes aux religieux de Saint-Père, pour partie de leur fondation, lesquelles furent réduites à six, pour desquelles se descharger le Chapitre leur a baillé au lieu, la terre de Giroudet, paroisse d'Escrones, diocèse de Chartres, dès l'an 1508. Les mesmes aulmosnèrent du depuis, aux abbés de Cluny et Marmoustier, à chacun un gros de prébende, comme aussy à l'abbé de Saint-Jean-en-Vallée, moyennant quelques charges, qu'ils ne font plus, et ne laissent pourtant jouir dudict gros, qui est de deux muids de bled, et un grand muid d'avène. Le prieur du Grand-Beaulieu-lez-Chartres et l'Hostel-Dieu de l'église en ont chacun demi-gros, lesquels, avec la prébende du Maître de l'Œuvre, celle du Maire de Sandarville, et une autre qui a esté réunie à la mense Capitulaire pour supporter la despense qui se faict par le Chapitre à faire des présents de pain et de vin, aux seigneurs et personnes de considération qui passent ou viennent en dévotion en l'église dudict Chartres, faisoient en tout cent quinze prébendes ou portions. Il y a davantage en ladicte église environ 48 ou 50 chapelles, sans compter celles de Saint-Hiérosme, qui est dans le milieu du cimetière de l'église, et de Saint-Piat, derrière le chevet ou rompoint d'icelle, en laquelle dernière y a douze chanoines, fondés par Aymar de Chasteluz, Cardinal du titre de Saint-Martin-ès-Monts, et naguères évesques de Chartres. Hors l'église et dans le cloistre est la chapelle de Saint-Nicolas, où y a pareillement douze chanoines, six de la fondation de M. Nicolas Thiersault, chantre, et autres, six de celle de M. Claude Loupereau, Chartrain, tous deux chanoines de Chartres; lesquelles prébendes ou chanoinies, tant de Saint-Piat que de Saint-Nicolas, avec six chapelles de l'église, ont esté spécialement affectées par bulles du Pape Martin V, dès l'an 1420, et par celle du Pape Paul IV, de l'an 1555, octroyées à la recommandation de Henri II, Roy de France, aux Heuriers et Matiniers, c'est-à-dire chantres et autres officiers déservants actuellement en l'église, sans qu'autres qui ne sont aux gages d'icelle y puissent rien prétendre; mesme ceux-là qui, en estant pourveus, se retirent du service ou sont congédiés du Chapitre, en demeurent privés, ainsy qu'il a esté jugé par plusieurs arrests de la Cour de Parlement de Paris, entre autres du 12 décembre 1642 contre le nommé François Gremy.

Il y a de plus, dans le cloistre de ladicte église, la chapelle de l'Hostel-Dieu, fondée par le Chapitre de Chartres, pour les pauvres passants qui alloient en pèlerinage à Saint-Jacques-en-Galice, et maintenant, par accomodation, sert pour retirer et gouverner les malades, tant de la ville que passants. Autrefois chaque paroisse avoit son Hospital, mais quelques-uns d'iceux ayant esté aliénés en l'an 1557, par l'institution du Bureau des Pauvres, et pour subvenir à leurs nécessités, on en a réservé seulement deux, celuy de Saint-Hilaire pour loger les hommes passants, et celuy de Saint-André pour les femmes.

Se veoid aussy dans ledict cloistre la chapelle de Saint-Estienne, en laquelle les chanoines réguliers, qui estoient dans l'abbaye de Saint-Jean au faubourg d'entre les portes de Chastelet et Drouaise se sont retirés, après que elle fut ruinée durant les troubles pour la religion, ès années 1568 et 1591, et y ont faict bastir leur maison.

Hors le cloistre est l'abbaye de Saint-Père-en-Vallée, de l'ordre de S. Benoist, laquelle est d'une fort belle structure; l'église collégialle et parroissialle de Saint-André, en laquelle il y a douze chanoines avec un Doyen, un Marreglier, deux Curés ou Vicaires perpétuels et autres habitués, lesquels y font le service canonial; et proche icelle est l'église Saint-Nicolas, sur la grande fontaine, qui abbreve presque toute la ville, en laquelle estoit anciennement la paroisse, auparavant que ladicte église de Saint-André, eust été creue de tout le chœur, porté par une arche de pierre de taille, des plus artistement basties qui se puisse veoir, par dessoubs laquelle coule la rivière d'Eure, pour sortir de la ville. Les fonds baptismaux s'y voyent encores, et le saint sacrement de l'Eucharistie y est aussi gardé pour administrer les malades. Dans les anciens tiltres dudict chapitre de Saint-André et de l'église cathédralle, le premier de ceste congrégation s'appelloit Abbé, d'où quelques-uns se sont imaginés qu'ils avoient esté autrefois religieux. En quoy ils se sont trompés, le nom d'abbé estant commun aux premières dignités des communeautés tant séculières que régulières. Dans ceste paroisse sont, dans la ville, les couvents des frères Prescheurs ou Jacobins, des Minimes et Carmélites, la maison des Six-Vingts Aveugles de Saint-Julian, qui estoient, avant les troubles de l'an 1568, hors la ville, dans la paroisse de Saint-Maurice; celle des Filles de la Providence, les chapelles de Saint-Eman, de Saint-Fiacre sur la porte Guillaume, de la Bresche et du Collége; et hors la ville est le couvent des Filles-Dieu, de l'ordre de S. Augustin.

L'église de Saint-Anian est aussy collégialle et parroissialle, et y a sept chanoines, et dans la paroisse, y a la chapelle régulière de Saint-Vincent et celle de Saint-Blanchard, au bout de la grande salle de la Tour, en laquelle y a deux chapellains, fondés par les anciens Comtes pour y dire la messe.

Saint-Michel est aussy parroisse, et y a un fort beau prieuré de l'ordre de S. Benoist, dépendant, comme faict aussy la cure, de l'abbé de Saint-Laumer de Blois, et dans l'enceinte d'icelle paroisse sont les Cordeliers et Ursulines.

Saint-Martin, dict *le Viandier*, à cause du miracle qu'y fit autrefois S. Martin, archevesque de Tours, resuscitant un enfant mort, est aussy parroisse. Dans l'aile gauche de l'église, est la chapelle de Saint-Sauveur, fondée par Guillaume Barbou et Marion Grappe, sa femme, pour deux chapellains, qui doibvent une messe alternativement en icelle par chacun jour, et sont avec la cure en collation du soubz-doyen de l'église Cathédralle.

Saint-Saturnin est aussy parroisse, qui estoit autrefois hors la ville sur la douve du fossé de porte des Espars, où est encore le cemetière d'icelle. La cure a esté réunie à la mense capitulaire du Chapitre de Chartres, pour l'entretien des enfants de Musique de leur église, et dans le destroict d'icelle, y a une chapelle, dans le faubourg de porte des Espars, à l'endroict où estoit anciennement le couvent des Cordeliers, qui fut bruslé l'an 1568.

Sainte-Foy est pareillement parroisse, qui s'estend hors la ville par tout le faubourg Saint-Jean, à cause que l'église de la Magdelaine, où estoit la cure dudict faubourg ayant esté desmolie avec le couvent de Saint-Jean, dans la cour duquel elle estoit, la parroisse fut réunie avec celle de Sainte-Foy, comme dépendantes toutes deux de l'abbé dudict Saint-Jean. Dans la ville a esté basty de nouveau en ladicte parroisse le couvent des religieuses de Sainte-Marie, de l'ordre de S. Augustin.

Reste Saint-Hilaire, qui faict la septième des parroisses qui sont dans la ville. Elle estoit autrefois dans l'église de Saint-Père, d'où elle dépend, à l'autel du Crucifix, qui est soubz le pulpite; mais pour ce que les religieux en recepvoient de l'incommodité, elle fut bastie au lieu où elle est de présent.

Voilà toutes les églises, chapitres et communeautés qui sont dans la ville. Voyons maintenant celles qui sont hors d'icelle et dans sa banlieue.

La première et plus proche est celle de Saint-Maurice, collégialle et parroissialle, en laquelle sont neuf chapellains ou chanoines; l'ancien desquels s'appelle Chevecier, et un Mareglier avec deux Curés à la présentation desdicts chanoines. Ils estoient trois anciennement, qui furent réduits à deux seulement par le décedz de Me Michel de Lande, par Mre Léonor d'Estampes, lors Evesque de Chartres. Ils déservent par tour la parroisse de Saint-Maurice et de Saint-Lazare de Lèves, son annexe, dans laquelle l'abbaye de Josaphat et la chapelle régulière de Saint-Leu du Bois-de-Lèves sont bastis. L'abbaye de Saint-Cheron, de chanoines réguliers de S. Augustin, avec les prieurés-cures dudict Saint-Cheron et Saint-Barthélemy, du mesme ordre, suivent après. Dans la parroisse de Saint-Cheron est comprinse la chapelle de la Maladrerie de Saint-Georges-de-la-Banlieue. Suivent puis après, le Petit-Beaulieu, prieuré de l'ordre de Cluny, dépendant du prieuré de la Charité, lequel est dans la parroisse de Saint-

Brice; et le Grand-Beaulieu, aussy maladrerie, qui autrefois n'estoit de nulle parroisse, mais depuis certain temps les fermiers et serviteurs d'iceluy ont esté assignés à la parroisse du Couldray. Il y a six Confrères ou Prebstres qui, avec le Prieur, y font le service canonial (1). Ils estoient autrefois plus grand nombre et jusques à douze prebstres et trois clercs, avec trois condonés pour le service tant des confrères que des ladres. Il y avoit, le temps passé, des religieuses pour servir les malades, lesquelles furent mises avec celles de Belomer. La chapelle de Gourdès est dans la paroisse de Morancés. Saint-Martin-au-Val, prieuré de l'ordre de S. Benoist, dépendant de Mairemoustier, du costé de la porte Saint-Michel. Ils doibvent estre vingt religieux avec le Prieur, par les anciennes constitutions de la maison, et néamoins ne sont d'ordinaire que trois. La cure de Saint-Brice estoit autrefois dans la nef, à l'autel du Crucifix, mais l'église ayant esté ruisnée, durant les guerres des Anglois au pays Chartrain, elle fut divisée en trois, sçavoir : une portion fut attribuée à la chapelle de Saint-Thibauld-des-Vignes, dicte à présent Saint-Julian du Couldray, scize en la parroisse dudict Morancés; l'autre à la chapelle de Saint-Laumer de Luisant, et l'autre, demeura à Saint-Brice; les parroissiens desquelles, pour remarque de leur subjection à ce monastère, doibvent tous les ans se rendre avec leurs curés en ladicte église Saint-Martin, pour aller processionnellement à la Croix-Saint-Lubin avec les religieux, à la bénédiction des Rameaux. Ceste église de Saint-Lubin estoit anciennement une abbaye, laquelle fut joincte à celle de Saint-Père-en-Vallée, qui y establit un prieuré, pour un des religieux d'icelle, qui tous les sabmedys de l'année debvoit venir dire Complies audict Saint-Père et le lendemain faire l'eau béniste, moyennant quoy, il avoit double portion de religieux. Il n'y a plus à présent que le tiltre du prieuré, l'église ayant esté donnée aux Capuchins, qui y ont leur couvent.

Pour le regard du temporel, il y a à Chartres un Bailliage, qui estoit autrefois d'une plus grande estendue qu'il n'est aujourd'huy. On en a beaucoup distraict de Chastellenies, qu'on a érigé en nouveaux siéges ou attribué à d'autres. Par l'Edict des Présidiaux, le Roi Henri II y assigna un siége Présidial, com-

---

(1) *Statuta reformat. ejusdem priorat.* Ann. Dom. 1530.

posé de douze Conseillers, avec un Président, un Lieutenant Particulier, un Procureur et un Advocat du Roy, un Greffier ordinaire et un des appeaux, un Garde-des-Sceaux et scelleur, pardevant lesquels les appellations des juges de Dourdan, Estampes, Mortagne, Belesme, Longny, le Grand-Perche, le Perche-Gouet, Annet, Bréval et autres lieux ressortissent. Depuis on a adjousté un second Président avec un Advocat du Roy, lesquels, avec le Lieutenant-Général et conseillers cy-dessus, tiennent les plaids dudict bailliage, à différends jours toutefois. Il y a aussy un Lieutenant-Criminel, avec son lieutenant ou assesseur, et un greffier, pour rendre la justice aux nobles et autres de la campagne. Le Prévost, avec son lieutenant, deux conseillers et un greffier, est pour la rendre à ceux de la ville, tant pour le civil que pour le criminel; comme aussy le Vibailly, avec la mareschaussée, pour tenir la campagne nette de voleurs. Il y a de plus une chambre d'Esleus pour les Aides, composée de deux Présidents, lieutenants et conseillers, un procureur, deux advocats du Roy et un greffier, tous lesquels tiennent leur jurisdiction dans la Tour, ou Palais ancien des Comtes, qui leur a esté assigné pour cet effect, avec les prisons pour resserrer les accusés de crimes, ou détenir ceux qui sont obérés de debtes civiles. Il y a outre plus, un Magazin ou Grenier-à-Sel, qui a son Président, lieutenant, grenetier, controlleur, procureur et advocat du Roy et un greffier avec autres officiers.

L'Evesque a son juge à part, appellé *Chambrier*, qui tient sa jurisdiction dans la grande salle Episcopale, et a son lieutenant, procureur-fiscal et greffier pour sa justice temporelle; comme un Official vice-gérent, promoteur et greffier pour la spirituelle. Le Chapitre de Chartres a pareillement son juge temporel, appellé communément le *Maire de Loën*, à cause du lieu où il tient ses assizes, qui a ses lieutenants général et particulier, avec trois ou quatre advocats pour conseil, un procureur-fiscal, son substitut, greffier et tabellions. Il a semblablement son Official pour l'exercice de la jurisdiction tant ordinaire que privilégiée du Chapitre, pour rendre la justice aux ecclésiastiques et autres qui sont demeurants et habitués, tant en l'Eglise de Chartres qu'ès abbaye et parroisse de Neaufle, et soixante-onze autres cures et vicariats, et parroisse de Saint-Saturnin dans Chartres, qui dépendent nuement dudict Chapitre, et juger en appellation des officiaux dudict Neaufle, du Doyenné, Soubz-doyenné, Chancelier et Hostel-Dieu, lesquels ressortissent pardevant luy.

L'abbé et religieux de Saint-Père-en-Vallée de Chartres ont semblablement justice haulte, moyenne et basse, qu'ils font exercer par un Bailly, lieutenant et officiers comme dessus, sur leurs hostes et subjects, tant de la ville que forains. Les Marchands plaident pardevant les Juges-Consuls, la jurisdiction desquels est de fort grande estendue. Le Corps-de-Ville n'a aucune justice, mais seulement peut ordonner de la police, par l'organe du Lieutenant général, ou particulier en son absence; les ordonnances desquels sont mises à exécution par les Prévost et Maire de Loën, chacun dans son destroict. Ce corps est composé dudict Lieutenant-général, qui est comme Maire perpétuel, du Lieutenant-particulier, Procureur et Advocat du Roy, de huit Eschevins laïcs qui s'eslisent le dimanche devant la saint Remy, et de deux chanoines qui sont nommés par le Chapitre de la Cathédralle, à la Nativité de saint Jean-Baptiste, tant pour la conservation de son intérest particulier que de celuy du clergé et bénéficiaires de la ville et banlieue, et outre d'un advocat, pour haranguer les seigneurs de marque qui viennent en la ville faire les affaires d'icelle, avec un procureur et greffier. Les Mestiers ont aussy leurs juges et jurés, pardevant lesquels ceux qui désirent entrer en leur communeauté sont obligés faire chef-d'œuvre, s'ils veulent jouir des privilèges octroyés aux maistres en leur art ou mestier.

Voilà en somme la description de la ville de Chartres, selon qu'elle est à présent, tant en son assiette qu'en corps ecclésiastiques, que de judicature et autres communeautés qui sont en icelle, desquels nous pourrons encores parler cy-après aux rencontres. Venons maintenant à la description du pays Chartrain, tant ancien que nouveau, et particulièrement de tout le diocèse qui a succédé à la pluspart de l'estendue d'iceluy.

CHAPITRE IV.

Chorographie ou description du pays Chartrain, des Abbayes, Prieurés et autres bénéfices de marque, qui se rencontrent en iceluy et des bornes et limites du diocèse de Chartres.

DANS les premiers temps que les Gomérites s'habituèrent dans le pays Chartrain, il est à présumer qu'ayant des lieux et des terres à choisir, ils en prindrent par où ils voulurent, pour les cultiver, et selon qu'ils multiplioient par la fécondité des femmes, qui accouchoient dans ces commencements, par une insigne providence de Dieu, tous les dix moys d'un masle et d'une femelle, ils envoyoient leurs descendants peupler les lieux qui n'estoient encores habités; ils retenoient néamoins toujours sur eux quelque marque de supériorité pour les tenir en debvoir et en bonne intelligence les uns avec les autres. De ces peuplades de nos Chartrains, si nous voulons en croire à quelques escripvains, sont sortis les Manceaux, Angevins, Vendosmois, Orléanois, Tourangeaux et autres du costé de Normandie. Ce qui n'est tant esloigné de la raison, veu que César faisant les Chartrains proches des Armoriques ou Bretons-Gaulois, c'est-à-dire, qui parloient Gaulois ou François ou qui s'appelloient ainsy, pour avoir retenu chez eux l'ancien langage des premiers qui vindrent habiter les Gaules, et d'ailleurs le même autheur, ou comme d'autres le nomment Julius Celsus, descripvant la guerre qu'ils faisoient aux Berruiers, pour la conservation de leurs limites, il falloit que de son temps le pays Chartrain s'estendist jusques vers le Berry; d'autres lui baillant le Gastinois pour lisière et la rivière de Seine du costé de la Normandie pour bornes, c'est sans doute que le pays Chartrain s'estendoit bien loin. Mais par succession de temps, les lieux qui le composoient, estant tombés en la main de personnes puissantes et assés fortes pour se défendre contre ceux qui leur en voudroient contester la supériorité ou dépendance, secouèrent le joug de leur première subjection, et faisant bande à part se retirèrent de l'obéissance qu'ils debvoient à leurs autheurs, de manière que par ce moyen le pays Chartrain receut beaucoup de diminution. Si est-ce pourtant qu'il ne fut tellement réduit au petit-pied, qu'il ne luy restast encores assés d'estendue, comprenant soubz soy le *Genabum* des anciens, que quelques uns prennent pour Orléans, d'autres pour Gien, que César appelle *Forum Carnutum*, une partie du Gastinois et de la haulte et basse Beaulse, partie de la haulte et basse Soulongne, qui comprend Remorantin, Vatan et autres villes voisines, le Blésois et Vendosmois, qui depuis a fait partie de l'Anjou, le Dunois, l'un et l'autre Perche, la partie de Normandie qui l'avoisine, le Drouais, le Thimerais, le Mantois, avec le Pinserais et Hurepoix, qui font à présent autant de seigneuries distinctes. Les vestiges de sa grandeur sont demeurés en partie dans l'estendue du diocèse de Chartres, estimé le plus ample de toute la France et pour ce appellé en Cour de Rome, le *grand Diocèse*. Cinq archeveschés, qui sont : Paris, Sens, Bourges, Tours et Rouen, et les éveschés d'Orléans, le Mans, Séez et Evreux, l'environnent et lui servent de limites. Il contient neuf abbayes d'hommes de l'ordre de S. Benoist, à sçavoir : Saint-Père-en-Vallée de Chartres, Josaphat, Bonneval, Saint-Laumer de Blois, Pont-Levoy, Vendosme, Tyron, autrefois chef de huit abbayes en France et de deux ou trois en Angleterre et Escosse, Coulombs et Neaufle-le-Vieil : cinq de filles du mesme ordre : Saint-Avy, près Châteaudun, Saint-Remy-des-Landes, Saint-Cyr, Saint-Corantin et Arcisses, qui estoit cy-devant abbaye d'hommes et a esté depuis peu commuée en abbaye de filles, par bulles de Sa Sainteté. Il y a de plus trois abbayes de l'ordre de Cisteaux, branche de celuy de S. Benoist, sçavoir : l'Aumosne ou Petit-Cisteaux, et celles de Nostre-Dame-de-l'Eau et des Clairets, qui sont de filles, hormis la première. Il y en a six de chanoines réguliers : Saint-Jean-en-Vallée, Saint-Cheron-lès-Chartres, la Magdelaine de Chasteaudun, Nostre-Dame-de-Bourg-Moyen à Blois, Saint-Vincent-des-Bois, et Clair-Fontaine, baillée depuis peu aux Augustins réformés, qu'aucuns appellent Capuchins noirs, où, en 1642, je vis un ancien religieux aagé de cent six ans, qui avoit fort bon jugement.

Outre ces abbayes, il y en a encores quatre de l'ordre de Prémonstré, sçavoir : Joyenval, où l'on dict qu'un ange apporta l'escusson fleurdelizé qui a servy d'armoirie à nos Roys, Grandval, Aubecour et l'Estoile, et l'abbaye de la Guiche de l'ordre de Ste Claire. Il y a de plus dix-neuf chapitres ou églises collégiales, neuf prieurés conventuels, tant de l'ordre de S. Benoist que de S. Augustin; deux de l'ordre de Grandmont, un de Célestins; près de deux cens prieurés, trois couvents de frères Prescheurs, sept de Cordeliers, huit de Capuchins, un de Récolets, deux de Minimes, un collège de Jésuites, un autre de Pères de l'Oratoire, sans ceux qui sont entretenus ès autres villes et bourgades. Un couvent ou prieuré de filles de l'ordre de S. Augustin, dictes des Filles-Dieu dans un faubourg de Chartres, quatre d'Ursulines, cinq de Bénédictines, un de Ste Véronique, un du Calvaire, deux de l'ordre de Fontevrault, deux de Carmélites, trois de Ste Marie, un de Jacobines, un d'Hospitalières, vingt-cinq léproseries, vingt hostels-Dieu pour recevoir les malades et passants, neuf cens dix-sept cures, plus de cent cinquante chapelles fondées de bons revenus, sans beaucoup d'autres que je ne sçay pas, lesquels sont tous comprins dans l'estendue du diocèse de Chartres, qui a du midy au septentrion plus de quarante lieues de longueur, et du levant au couchant plus de vingt-huit lieues de traverse.

Il va de l'orient à quatre lieues de Paris, et commence à Saint-Germain-en-Laye, séjour très-aggréable de nos Roys, lequel, quoiqu'on le die de nul diocèse, et que l'Evesque de Paris prétende qu'il soit dans le sien, est-il que les prieur et curé d'iceluy respondoient anciennement à Chartres pour la justice spirituelle, et ay en ma possession des sentences de l'official dudict Chartres contre le prieur de Saint-Germain et son compagnon. J'ay semblablement un extraict des tonsures et des ordres conférés par l'Evesque dudict Chartres aux originaires dudict Saint-Germain, comme à ses diocésains; et le curé dudict lieu recepvoit les saintes-huiles du curé de Maule qui n'en est fort esloigné; maintenant il les prend à Paris, à cause qu'il a esté comprins dans le roole des décimes du diocèse de ladicte ville. De Saint-Germain, passant par Maisons-sur-Seine et Aschères, on s'en vient à Poissy, d'où, costoyant la rivière de Seine, on dévale à Mulanc, j'entends au fort, qui est au bout du pont vers la Normandie, lequel, avec l'isle et prieuré de Saint-Cosme et toutes les isles qui se voyent dans ce grand fleuve jusques à Mantes, ont esté adjugées à l'évesque de Chartres avec le pont dudict Mantes jusques à la loge des Portiers ou Guetteurs, par sentence des Requestes du Palais de Paris, dont n'est appel, du 24 mars 1489. C'est au bout de ce pont que se fait la séparation du diocèse de Chartres d'avec celuy de Rouen et son vicariat de Pontoise. Quittant Mantes on va jusques à Gillefosse, Roulleboise et Fresneuse, puis, rebroussant chemin par Perdreauville, la Forest et Berchères-sur-Vesgre, on va le long de la Chaussée-d'Ivry gaigner Annet, maison très-aggréable; d'où, costoyant le long de la rivière d'Eure le village de Soret (*Sorel*), va remonter le long de la rivière d'Avre par Musy, Saint-Remy-sur-Avre, Saint-Martin-de-Vieil-Verneuil, pour s'advancer jusques à Chesnebrun qui termine de ce costé-là le diocèse de Chartres, et le sépare d'avec celuy de Séez. De là, prenant par Saint-Maurice, l'on tourne vers le Grand-Perche jusques à l'abbaye des Clerets, de laquelle on s'advance à Montmiral, Mondoubleau et Vendosme, et, costoyant le pays du Maine, on laisse Montoire à droicte pour entrer dans le Blésois, où le diocèse s'estend jusques à Changey, près d'Amboise; d'où, après avoir passé la rivière de Loire, il va près de Mont-Richard, qui le sépare de l'archevesché de Tours, et, prenant son tour par Pont-Levoy, Cembin, Fresnes, Chiverny, Cour, Monts, Bracieux, Usseau et Saint-Dié, repasse la Loire pour revenir gaigner Mer et Villesanton; et, laissant Baugency qui est du diocèse d'Orléans, entre dans le Dunois, d'où, par Saint-Laurent-des-Bois, Ouzoy-le-Marché et Tournoisy, il tire à Patay, puis à Lugny (*Luigny*) et à la Maladrerie-d'Orgères, Fontenay-sur-Conie, Viabon, Immonville, Tancrainville, Rouvray, Interville, Angerville et Monarville, puis à Chalo-Saint-Mars qui touche le diocèse de Sens du costé d'Estampes, remonte par Saint-Hilaire, Boissy-le-Sec, Villeconin, Sermaise, Saint-Cheron-de-Mont-de-Couronne, Saint-Cyr, Bonnelles, Claire-Fontaine, les Essars, Chavenay, Davron, Joyenval, Chambourcy, Bailly, Noisy, Trianon et Soisy-aux-Bœufs, qui est la dernière cure du diocèse de Chartres de ce costé-là, et s'en va par Marueil rejoindre à Saint-Germain-en-Laye par lequel nous avons commencé.

Voilà les bornes et limites du diocèse de Chartres, dans lesquels sont enfermés les duchés dudict Chartres, d'Espernon et Vendosme, les comtés de Blois, de Montfort-l'Amaury, Rochefort, Dreux, Mantes, partie de celuy de Meulanc, de Dunois, du Perche, de Dourdan, de Chiverny et Nogent-le-Roy, et Mesley-le-Vidame de nouvelle érection, les marquisats d'Alluye, de Rambouillet et Maintenon; plusieurs vicomtés, baronnies et chastellenies, entre autres la baronnie de Pontgoën, appartenant à l'évesché de Chartres, de laquelle relèvent ledict marquisat d'Alluye et les baronnies de Brou, Montmiral, Authon et la Bazoche, qui composoient les cinq baronnies, dictes autrement le Perche-Gouët. Je ne parleray point des autres villes et bourgades fermées qui ne serviroient qu'à grossir cet escript, m'estant assez de faire congnoistre au lecteur, par ce que j'en ay dict, que le diocèse de Chartres a plus d'estendue qu'aucun autre de France.

CHAPITRE V.

De la haulte et basse Beaulse, du pays de Soulongne, et d'où ces deux provinces ont esté ainsy nommées.

CE n'est pas assés d'avoir parlé généralement du pays Chartrain, il est à propos d'en faire le détail et le descripre en particulier. Nous avons dict au chapitre précédent qu'il comprenoit la Haulte et Basse Beaulse, qui sont d'une très-grande estendue. La Haulte commence dans la forest Iveline, dont Chartres est la capitale, d'où, allant au Grand et Petit Perche, va gaigner la rivière de Loire dans le Blésois et la Touraine, vers Mont-Richard; d'où, revenant par Baugency, Meun, Toury et Estampes, qui sont dans ces termes de la Basse, de laquelle Orléans est le chef, et par partie du Gastinois, la vont finir à Pithiviers et Lorris. Je ne parleray icy que de la Haulte Beaulse comme appartenant proprement au Chartrain. Quelques-uns qui en ont voulu parler, la font un pays plain et eslevé, lequel, oultre les fourments et le bled et autres grains qu'il fournit en abondance, non seulement à ses habitants, mais encores à la France et pays estrangers, est malpropre à une bonne partie du reste, qui est nécessaire ou utile à la vie, et le descripvent et descrient tout ensemble par ce distiche :

*Belsia, triste solum, cui desunt bis tria solum,
Fontes, prata, nemus, lapides, arbusta, racemus.*

Comme aussy par ces autres :

*Belsia, dulce solum, tibi desunt flumina solum,
Fontes, prata, nemus, montes, virgulta, racemus,
Fructus, strata, panis, mulier, caro, piscis et ignis.*

Il n'y a point de doubte qu'il y a beaucoup de choses à désirer dans ce pays, qui le rendroient beaucoup meilleur et plus aggréable, si elles s'y trouvoient, mais comme tout pays n'est propre pour toutes à porter toutes sortes de fruits, la Beaulse, par l'abondance de ses grains, récompense la disette qu'elle peut avoir d'ailleurs. Je trouve néamoins que ceux qui la descrient tant ne l'ont pas bien considérée, veu que s'ils eussent prins la peine de la bien veoir, ils eussent recongneu qu'elle a ses fontaines et sources, desquelles quelques rivières tirent leur origine. Celle d'Eure, quoyqu'elle aye sa source dans le Perche entre Nully et la Lande en allant à Longny, si est-ce qu'elle se vient rendre dans la Beaulse par Courville, qui l'envoye contre l'orient par Saint-Luperce, Saint-Georges, le Pont-Tranche-Festu, Fontenay, Thivas et Morencés, d'où, descendant à Chartres, elle passe par le milieu de la ville basse, baigne ses murailles par dehors, et, par un autre canal plus bas, va se rejoindre à ces deux bras pour aller arroser de compagnie l'abbaye de Josaphat, d'où, coulant à Saint-Prest, elle y reçoit les eaux qui viennent des fontaines de Sours, Bretigny, Génarville et Houville, se rendre à Nogent-le-Phaye et passer par le gué et village d'Oysesme jusques à la Villette ; elle coule de là, le long de Jouy et Saint-Piat, jusques à Maintenon, Coulombs et Nogent-le-Roy, où elle commence à porter basteau ; de là, poursuivant son cours vers Mézières, elle l'enceint de ses eaux ; d'où, roulant jusques à Cerizy et Omeaux ; elle s'accroist à Fermincourt, qui est plus bas, de la Blaise, petite rivière qui prend naissance à Tréon, et passant à l'entour de Dreux, vient se mesler avec elle ; et, tirant pays le long de la forest de Crotais, va recepvoir à Motelles la rivière d'Avre, qui sort d'une fontaine entre l'Aigle et Verneuil, de laquelle elle baise les murailles; puis, descendant à Annet et Ivry, sort du diocèse de Chartres, pour aller, par Pacy et Gaillon, faire hommage des siennes à la Seine, avec laquelle elle se mesle au Pont-de-l'Arche.

Le Loir, duquel Tibulle faict une si honorable mention, s'il n'entend toutefois la Loire, le faisant entrer en comparaison avec trois des plus beaux et plus grands fleuves de la France, quand il dict :

Testis Arar Rhodanusque celer, magnusque Garumna,
Carnoti et flavi cœrula lympha Liger;

prend sa source dans notre Beaulse, en la paroisse des Corvées dépendant du Chapitre de Chartres, d'où, descendant par les estangs de Cernay près Villebon, va à Illiers en Beaulse, où il s'augmente du ruisseau de Montigny, procédant des estangs de Tyron et Brimont, et séparant le Perche-Gouët d'avec la Beaulse, vient près d'Alluie recepvoir les eaux de l'Ozanne qui descend de Brou, et passant toujours plus outre par Bonneval, reçoit un bras de la Conie, dont sera parlé ci-après, et poursuivant son cours par Marbouy (*Marboué*), va lécher le pied de la montagne de Chasteaudun, pour s'en aller à Cloye, où il prend en passant le petit ruisseau d'Hierre et la rivière d'Egre, desquels nous parlerons plus amplement quand nous traiterons du Dunois; estant arrivé à Cloye, il roule ses eaux vers Vendosme, qu'il sépare du Maine, et passant par Montoire, où la Braye, petite rivière qui sort de la Grève près Céton au Grand-Perche, se joinct au dessoubz, tire à la Chartre, au Chasteau-du-Loir et à l'abbaye de Wast, d'où traversant l'Anjou par le Lude, la Flèche et Durtal, il va recepvoir à l'isle de Saint-Aulbin près Angers, la Sarthe et Mayenne, lesquelles vont ensemble à Bouchemaine se descharger dans la Loire qui les porte noyer dans l'Océan Breton.

Dans la grande Beaulse est l'estang de Verde et la Conie, laquelle sortant de deux fontaines, l'une du costé de la forest d'Orléans près Artenay, l'autre de Lugny (*Loigny*), porte l'un de ses bras à Bignolet (*Baignolet*), village fort renommé pour la vénération de S. Sébastien contre la peste; l'autre à Varize, qu'il conduit par le lieu auquel il donne son nom de Conie et par Saint-

Christophle-en-Dunois, pour le perdre dans le Loir. Comme nous l'avons remarqué cy-dessus, son eau est noire et dormante, plus semblable à un marais qu'à une rivière; elle est fort poissonneuse, mais la qualité de l'eau luy teint la chair et la rend d'un mauvais goust. Elle produit quantité d'escrevisses fort grosses, lesquelles, s'estant desgorgées dans de l'eau claire et nette, sont d'une assés aggréable saveur. Cette rivière est au contraire des autres, ne s'enflant des pluies de l'hyver, en laquelle saison elle est presque à sec, et en esté, durant les plus grandes chaleurs, elle se trouble et desborde, qui est un signe de peste en l'automne, et de famine l'an suivant. Son cours n'est continu comme celuy des autres rivières, mais ayant faict veoir ses eaux par quelque traict de pays, elle se perd et cache soubz terre, et quelques lieues après, se remontre comme auparavant. Bouteraye, dans sa *Description du Dunois*, en parle de la sorte :

> *Est lacus informis, limo et malè olentibus undis,*
> *Qui numquam imbre tumet, rapido fit turgidus œstu.*
> *Venturas clades, bellumque, famemque, luemque*
> *Fatidica portendit aqua, insolitoque tumore*
> *Ullus præsago vates, nec certior amne*
> *Ludit; et occultis lacus ille* LACONIUS *undis*
> *Ac tellure cava tacite se sorbet et exit,*
> *Rursus mox se oculis subducit et occulit undas.*

L'on remarque de cette rivière, qu'estant à sec, le poisson se moule dans la bourbe et s'y nourrit et entretient, de sorte qu'en ayant affaire, l'on n'a qu'à fouir en terre pour en trouver. On dict le mesme de la rivière de l'Adour en Gascogne, comme par une grande merveille; mais sans aller admirer ailleurs ce que nous avons chez nous, pouvons dire le mesme de certain estang qui est en la plaine Beaulse, en la parroisse de Saint-Léger-des-Aulbées, lequel est couvert quelquefois de quinze à vingt pieds d'eau, et rempli de fort bon poisson, et d'autres fois demeure des sept et huit ans sans en avoir une goutte, ni pas un poisson. Les voisins d'iceluy le labourent, y sèment de l'avène, de l'orge et des pois qui y profitent à merveille, à cause du fond qui est limonneux; puis l'eau, y revenant, rapporte avec elle, par un secret admirable de nature, le poisson qui sembloit perdu. Ses eaux s'écoulent dans la Voise, qui naist d'une fontaine, au dessus du village de mesme nom, aussy dans la plaine Beaulse ; lequel ayant abbrevé, coule par Roinville et Poissac, où les eaux de l'étang de Chenevelles, se venant rendre au dessoubz d'Aulneau, passent par deux divers endroits dans le Guay-de-Longroy, et, s'en allant à Gallardon, reçoit en passant un petit ruisseau qui naist près d'Abluis (*Ablis*), et coulant par le village de Prunay, va se rendre au moulin Handret appartenant aux Célestins d'Esclimont, puis, traversant le bas du parc dudict lieu, entre dans la maison dudict Esclimont, dans la cour de laquelle elle faict tourner un moulin, et, sortie de là, s'enfuit le long de la vallée de Bouchemont, Bleurry et Monlouet, où, ayant meslé ses eaux avec celles de la Voise, passent par Gallardon, Yermenonville et Maintenon, se perdre dedans l'Eure.

Il s'en veoid une autre, qui prend son origine vers Gazeran et s'en vient par Espernon et Hermerey se rendre dans la mesme rivière.

Je pourrois faire estat de celles qui passent par Dourdan et Estampes, que je laisse maintenant, réservant d'en parler, lorsque je traicteray des lieux ausquels elles se rencontrent.

De tout ce que dict est, il se peut recongnoistre que la Beaulse n'est si dénuée de sources et fontaines et ruisseaux, comme l'on voudroit bien le faire croire. Je ne veux pourtant nier que dans la haulte Beaulse, il ne s'en trouve point, et que les puids y tarissent durant les ardeurs de la canicule, ou s'il y a de l'eau, elle est d'une mauvaise saveur, et desgoustante à boire, à cause de la marne, sur laquelle elle est, qui la rend fade et désaggréable au palais, mais ce défaut, n'estant universel, on ne doibt l'attribuer à toute la contrée.

Pour des bocages, il s'y en veoid assez, le bois y venant fort bien, et le manquement qu'on lui impute doibt plutost estre rétorqué contre la fainéantise des Beaulserons, qu'attribué au défaut du solage, qui se trouveroit fort propre s'il estoit cultivé.

Des prez, il s'en veoid en beaucoup d'endroicts et s'y en verroit bien davantage, n'estoit que les habitants employent tout en labour.

Pour des vignes, l'expérience faict assez congnoistre qu'il n'y a qu'à en planter, s'en trouvant quantité de clos dans la Beaulse, qui rapportent de très-bon vin; mais, comme la despense est grande pour cultiver la vigne et en avoir du vin, et le proffict modique, la vigne ne rendant bien souvent les frets qu'on y employe, et d'ailleurs, trouvant du vin à Orléans, au Blésois, Vendosmois, Dunois et pays Chartrain à bon compte, les rend plus négligents à planter des vignes et les cultiver.

Les fruicts n'y manquent pas, s'y en trouvant de fort bons, il ne tient qu'à planter de bons fruictiers, pour en avoir. Si les habitants des lieux vouloient prendre la peine d'y faire des pépinières, ou y planter des sauvageaux, et les greffer et enter, ils auroient autant de fruicts qu'ils pourroient souhaitter.

Pour le pain, c'est à tort qu'on s'en plaint, puisque c'est le pays où croist le plus beau et le meilleur fourment de toute la France, et en abondance.

La chair y est fort savoureuse, y ayant quantité de trouppeaux et nourritures, et de bons pasturages, qui rendent la chair des agneaux, moutons et veaux fort délicate. Pour les oyseaux domestiques, y a-t-il rien de meilleur qu'un chappon, ou autre volaille d'une cour de laboureur? Et de plus, y ayant du gibbier à foison et qui ne couste qu'à prendre, donnant bien souvent de l'exercice à la Noblesse, qui le poursuit à la chasse autant pour le plaisir que pour l'utilité, qu'est-ce qu'on pourroit souhaitter davantage? Bouteraye en faict une gentille description qui mérite bien trouver icy sa place. Il dict donc:

Belsia quidquid alit, seu quadrupes arva pererrat,
Seu volat alligerum, mansuetum sive ferinum,
Pinguius est reliquis animantibus atque palato
Suavius, ad pastum, quod major copia farris,
Perdices, alaudæ, et aves hyberna gregales,
Per sala quas dicunt vento pinguescere et aura,
Quæque coturnices in adulta messe salaces
Nidificant, auceps quas decipit illice cantu.
Sæpe grues, campis cum Martius hordea spargit
Adveniunt, quas insidiis ex ære canali
Trajicit oblongo, numerosis glandibus auceps.
Nobilitatis opus est generosum et honesta voluptas

*Alipedes, lepores latrante agitare canum vi,
Luctari cum illis cursu: quos Belsia gignit,
Præcipue antistant, et poplite et alite planta.*

Je ne veux perdre le temps à en dire davantage, pour l'honneur de ceste contrée, laquelle, si elle a quelques défauts pour les commodités de la vie, elle les répare par celles qu'elle prend chez soi.

Quand à son nom, elle est ainsy appellée par comparaison de la Béoce Grecque, à cause de sa fertilité, ou bien de la beauté de ses campagnes, lorsqu'elles sont couvertes de l'or de ses bleds et fourments. Aussy Cenalis (1) dict qu'elle est appellée *Bellasia;* et par une syncope, ou contraction, *Belsia* pour *Bella*, à cause de la beauté de ses blondes moissons. Budé dérive ce nom de *Bualta*, comme qui voudroit dire *Bene alta*, pour autant qu'elle est en une situation fort haute. Quoy que ce soit, Papire Masson veut que ce nom ne fust en vogue auparavant Fortunat, évesque de Poictiers, qui en a le premier usé, en la Vie de S. Germain, évesque de Paris : je ne sçay où il l'a veue, mais elle n'est pas parmy les œuvres que j'ay de luy.

Pour la Sologne, elle est pareillement d'une grande estendue, et se divise comme la Beaulse en haulte et basse. Elle faisoit jadis partie du Pays Chartrain, ainsy qu'il se justifie par les Comptes de la recepte du domaine de Chartres, dans lesquels il y a un chapitre en deniers comptés et non reçeus, soubz le titre: *Des Prévostés de la haulte et basse Sologne et de Remorantin*, jusques où elle s'estend, et par des sentences des Baillys de Chartres, sur les appellations dudict Prévost, dont j'en ay veu une du 21 febvrier 1490. Pont-Levoy, Fleury, Gergeau, Gien sont assis dans ladicte province, desquels je ne parleray point, pour ce qu'elles sont hors le diocèse de Chartres, excepté la première, qui aura son éloge cy-après. Les uns l'appellent *Siligoniam* du mot *Siligo*, qui signifie du fourment menu et blanc, duquel on faict le pain le plus blanc, à cause qu'il en provient en ce pays-là. Autres l'appellent *Secalauriam* du mot *Secale* qui signifie du sègle; autres escripvent *Sigalaunia;* autres *Sabulonia*, à cause des sablons noirs, dont est composé son terri-

---

(1) *Gallica historia*, lib. II, perioche 3. Budæus. Pap. Masson.

toire. Cenalis (1) dict qu'elle debvroit plustost estre appellée *Salictarium* à raison des saules noirs, qui se rencontrent le long des bordages des rivières de la grande et petite Sauldre, qui leur ont donné le nom. Le commun et ceux du pays les appellent *Sauldres*, qui sont comme les masles des marsaux. S'il m'est permis d'en dire mon advis, j'estimerois que le plus convenable nom de tous les dessusdicts, est *Sccalaunia*, d'autant que les sègles y viennent mieux que les fourments, qui s'y rencontrent plus rarement qu'en la Beaulse.

CHAPITRE VI.

Description du Blesois, du bastiment de la ville et de ce qui se retrouve de plus rare dans la province.

Quand au Blésois, il estoit anciennement dépendant de Chartres, pour le temporel, aussi bien que pour le spirituel. Sa principale ville, de laquelle il reçoit sa dénomination, est Blois. Denys Dupont, sur la Coustume de la mesme ville, escript (2) qu'elle fut bastie par les soldats de César, ce que néamoins je n'ay trouvé dans ses Commentaires. Cenalis veut qu'elle aye esté ainsy nommée, à cause des bleds qui croissent dans son territoire ou qui s'y conduisent pour estre transportés ailleurs, par la rivière de Loire, qui baigne le pied de son panchant. Pactius de Loches (3) luy donne une autre éthymologie, et dict que *Yvomadus, quidam juvenis de Britannia, secum habens mille viros a prælio cum Busone Carnotensi consilio rediens, locum in Comitatu suo, ubi remaneret, petiit, qui*

---

(1) Aymon., lib. II, *de mir. S. Bened.*, c. 8. Guil. Arm., *Philip.*, V. Pap. Mass., *Descript. fluminum Gall.*, p. 30. Cenalis. — (2) Denys Dupont, lib. II, perioche 3. — (3) Thoma Pactio Lochiensis, *Gesta Comit. Andegav.*

blandis blæsisque sermonibus cum decipiendo, locum super ripas Ligeris ad libitum impetravit, unde non villam, sed oppidum firmissimum, ne a Busone, vel alio, eriperetur, erexit. Quod cum diu post Buso aspiceret, iratus, ait : Hoc tibi non concessissem, si verbum patris filio dictum memoriter tenuissem :

> *Sermones blandos blæsosque vitare memento,*
> *Simplicitas veri fama est, fraus ficta loquendi.*

Yvomadus ejus iram mitigans supplicando, obtestando, castrum obtulit, sed Buso, ut erat benignus hominibus, jusjurandum ab eo suscipiens, Castellum istud concessit et a deceptione Blæsim vocavit.

D'où il se peut juger que Blois n'est si ancien qu'on pourroit estimer, et qu'il relevoit autrefois des comtes de Chartres, qui y faisoient leur séjour la pluspart du temps à cause de la beauté du pays, de la pureté de l'air, des commodités qui s'y rencontrent pour les nécessités du vivre, et du déduict de la chasse, tant à l'oiseau qu'aux chiens courants, qui y est très copieuse en toute saison; qui a donné sujet à nos roys d'y establir leur demeure; et à cause de cela occasionné aux autres, de l'appeler la Ville des Roys, lesquels, pour la bonté de son air, ont choisy cest endroict pour y nourrir leurs enfants. Ceste ville est assize, partie sur la pente d'une colline, partie sur un plain, qui se joinct avec le faubourg de Viane par un beau pont, soubz lequel passe la rivière de Loire. Papire Masson (1) prétend qu'elle est assize au lieu où estoit le *Corbilio* des anciens (que Strabon semble rejetter comme fable), qui estoit le marché de toute la France sur la rivière de Loire, où la Cise, petit ruisseau, vient mesler ses eaux avec celles de ceste plus grande.

L'histoire des seigneurs d'Amboise dict que, du temps de Clovis, sans spécifier lequel, l'assiégèrent pensant s'en servir comme d'une retraicte, pour y retirer les vols qu'ils pourroient faire entre Tours et Orléans; mais que Clovis, estant de retour de la guerre qu'il eut contre les Saxons, l'an x de son règne, il alla contre eux, les chassa, fit destruire ceste.

---

(1) Pap. Mass., *Descript. fluvium Gall.* Strabon.

ville, pour la replacer et rebastir ailleurs en un lieu plus commode.

Pour le spirituel, elle a son Archidiacre, qui est la huictième dignité en l'église de Chartres, lequel y tient un Official, promoteur et greffier, pour, avec son doyen rural, y avoir l'œil sur les bénéficiers qui dépendent de luy. Il y a deux belles abbayes, l'une de l'ordre de S. Benoist, fondée soubz le nom de Saint-Laumer, par le roy Raoul; l'autre soubz l'invocation de Notre-Dame-de-Bourg-Moyen, ordre des chanoines réguliers de S. Augustin, vers le temps d'Ives, évesque de Chartres. Il y a aussi deux chapitres, l'un de Saint-Sauveur, l'autre de Saint-Jacques. Le premier a esté fondé par les comtes de Blois, le second par les pèlerins de Saint-Jacques, originaires dudict Blois, en l'an 1362, lesquels, considérant que les pèlerins qui passoient par leur ville pour Compostelle, n'avoient aucun lieu pour se retirer, et estoient la pluspart du temps exposés aux injures de l'air, qui engendroient des maladies aux uns, et le trespas aux autres, sans trouver aucune assistance, meus d'un zèle charitable, acheptèrent, des aulmosnes qu'ils avoient amassées, plusieurs maisons contigues dans la Grande-Rue de Blois, qui furent amorties par Louis, comte dudict Blois et seigneur d'Avesnes, qui se mit en leur confrairie. Ils garnirent ces maisons de licts et utensiles nécessaires pour y recepvoir et y loger lesdicts pèlerins, et y commirent des personnes pour en avoir le soin. La dévotion s'augmentant, ils firent bastir une église en laquelle ils fondèrent un collége de huict chanoines, pour y faire le service canonial, tant la nuict que de jour, desquels le Prieur, curé de Saint-Honoré, en la paroisse duquel ceste église a esté bastie, debvoit estre l'un, et tous en la présentation du comte de Blois, et collation dudict collége, comme aussy toutes les chapelles et autres bénéfices qui seroient fondés en la mesme église, fors et excepté, s'ils se créoit quelque dignité, personat ou office en icelle, la collation en appartiendroit de plain droict à l'évesque de Chartres, qui ne pourroit néamoins en pourveoir aucun qui ne fust du corps dudict collége. En attendant, ils assignèrent deux portions de prébendes pour les pauvres dudict hospital, et commirent un chanoine pour avoir le soing de tout le revenu d'iceluy et le nommèrent aulmosnier, qui debvoit rendre compte tous les ans pardevant lesdicts chanoines et deux ou trois des confrères, la veille de la feste de saint Jacques (25 juillet), et un autre chanoine qui seroit en sepmaine pour l'office de l'église et pour administrer les sacrements aux autres chanoines, excepté le prieur de Saint-Honoré, bénéficiers d'icelle et leurs serviteurs, ainsy qu'il est plus amplement porté par la fondation et statuts dudict hospital, acceptés par Hervé, abbé de Bourg-Moyen, et frère Jean de Saint-Léonard, prieur-curé dudict Saint-Honoré, le lundy dans les Octaves de l'Assumption de Notre-Dame 1362, et approuvée et confirmée par Mre Jean d'Angerant, évesque de Chartres, le 13 d'apvril 1366. Il y a outre plus, deux autres corps ou communautés, sçavoir : le prieur-conventuel de Saint-Jean-en-Grève, dépendant de l'abbaye de Pont-Levoy, et l'autre de Saint-Lazare, léproserie de l'ordre des chanoines réguliers de S. Augustin, un collége de Jésuites, les couvents des frères Prescheurs, des Cordeliers, des Capuchins et des Minimes; les religieuses de la Véronique, celles du Mont-de-Carmel, avec les Ursulines et celles de l'Hostel-Dieu.

Pour le temporel, il y a un fort beau Bailliage pour régir, dans lequel il y a un Bailly, Lieutenant-général, Lieutenant-criminel, particulier et assesseur, procureur du roy, advocat et greffiers. Il y a encores un Présidial, composé d'un président et de sept conseillers, avec lesdicts procureur, advocat du roy et greffiers. Le Présidial s'estend sur six cents paroisses, entre lesquelles il y a dix-sept villes. Il y a de plus, une Chambre des Comptes, pour le domaine du Comté.

Outre les bleds, vins, fruicts et bois, dont le territoire Blésois abonde, il s'y rencontre près Orchèse, où l'on dict que César tenoit ses magasins de bleds, pour la subsistance de ses armées ès Gaules, une certaine terre semblable à celle qu'on appelle *Sigillata*, qui se trouve en l'isle de Lemnos, pour arrester le sang, de laquelle le Grand-Seigneur tire un grand proficit, et de plus il s'y recueille de la Régalisse, dicte en latin *Radix dulcis*, racine douce ou bois doux; du mot grec γλυκύρριζα ou *liquiritia*, qui ne cède en bonté à celle de la Pouille et principalement du Mont-Gargan.

Ceste ville a des fontaines et aqueducs creusés dans le rocher, soubz les voûtes duquel trois hommes de cheval passeroient de front. Elle avoit sa monnoye particulière, comme beaucoup d'autres villes, laquelle estoit marquée au coing et image de ses Comtes, qui avoient en teste une lettre hébraïque avec une fleur de lis, et le nom du comte escript à l'entour du rond de la pièce, et au revers, une croix, accompagnée d'un B, avec ces mots *Castro Blesis*.

Il est sorty de ceste ville beaucoup de grands personnages. L'on tient que Pierre l'Hermite, promoteur du premier voyage que les Chrétiens firent en Idumée (1095), pour le recouvrement de la Terre-Sainte, en estoit natif, combien que les autres disent qu'il estoit d'Amiens. Pour Pierre de Blois, jadis prévost en l'église de Chartres, et du depuis chancelier de Guillaume II, roy de Sicile, et encore de Henry II, roy d'Angleterre, et archidiacre de Battes (*Bath*), puis de Londres, au mesme royaume, il est certain qu'il y avoit prins sa naissance, comme luy-mesme le tesmoigne dans ses Epistres; Michel Boudet, évesque de Langres, auquel les œuvres dudict Pierre de Blois sont dédiées; Jacques Hurault, jadis chanoine de Chartres, puis évesque d'Authun et abbé de Saint-Laumer dudict Blois; Philippe Hurault, abbé de Mairemoustier, de Bourgueil et de Saint-Nicolas d'Angers; Jean de Morvilliers, évesque d'Orléans; Mathurin de la Saussaye, son nepveu, semblablement évesque d'Orléans; Claude Sublet, précepteur de Mesdames filles de France, abbé de Saint-Benoist-sur-Loire, de Ferrières, de Saint-Estienne de Caen et autres, dont il bailla celle de Saint-Éloy-Fontaines à M. Louis Chicoineau, aussy son nepveu, chanoine et archidiacre de Dunois en l'église de Chartres; Mre Philippes Hurault, chancelier de France et des ordres de Sa Majesté très-chrestienne soubz les deux Henrys III et IV; M^{rs} les Phelipeaux, secrétaires-d'Estat et autres, qui seroient ennuyeux à nommer. Les Estats-Généraux de France y ont esté deux fois, ès années 1577 et 1588, aux derniers desquels la France courut risque de se perdre.

Je ne peux sortir de cest aggréable pays sans faire mention du chasteau de Chambort, que le roy François I y fit bastir pour le déduict de la chasse, l'un des plus aggréables séjours qui se peut veoir en toute l'Europe. Ceste royale maison a sa veue sur Blois, duquel elle est esloignée de trois lieues. Elle est limitée de tous costés de prairies, eaux et forests. Entre les embellissements qu'elle a, c'est un escalier qui n'a son pareil en France ni ailleurs, pour estre tellement composé, que nombre de personnes y peuvent monter et descendre en même temps sans s'entrevoir, pour estre un de ses costés si industrieusement desrobé de l'autre qu'on ne peut le congnoistre. Son amplitude est telle qu'on y pourroit loger tous les princes d'Europe en mesme temps. Ses jardins sont admirables, particulièrement celuy de la Royne, qui contient cinq arpents de terre, au bout duquel, vers la forest de Blois, est une allée large de six toises et longue de plus de demie lieue, plantée d'ormeaux de six en six pieds, séparés et espacés l'un de l'autre se montants à plus de 6,000, si droictement alignés, que ceux du roy de Perse, tant loués par l'antiquité, ne paroistroient rien auprès. Je ne parle point de Chiverny et autres belles maisons qui sont dans le Blésois, pour ce que celle de Chambort leur dérobant tout ce qu'elles ont de beauté, elles sont beaucoup au-dessoubz de ceste royalle.

CHAPITRE VII.

Du Vendosmois et des Comtes et Ducs de Vendosme.

DE Blois je passe à Vendosme qui, du temps de Jules-César et de nos anciens roys, n'estoit qu'une forteresse, ainsy qu'il se recueille des *Commentaires* publiés soubz le nom de cest empereur et des escripts de Grégoire de Tours (1). Du depuis on a basty une ville au pied de la montagne sur laquelle ce fort estoit assis, laquelle est traversée par la rivière du Loir, qui la coupe en deux et la rend fort agréable. Guillaume le Breton appelle ceste rivière : *Ledericum,* quand il dict :

. . . . *Vindocinum*
Castrum forte nimis, populosa gente repletum
Quod Lidericus aqua subter fluit amnis amœna.

---

(1) Greg. Tur., lib. IX.

Ç'a esté volontiers pour la commodité de son vers, veu que Sidonius Apollinaire (1) le nomme *Ledum*, quand, parlant de certaines rivières, il dict :

> *Rhenus, Arar, Rhodanus, Mosa, Matrona, Sequana, Lædus, etc.*

C'est néamoins le *Liger* de Tibulle que Joseph de l'Escalle, en ses observations sur ce poëte, a mal prins pour la Loire (2), qui passe, dit-il, par les confins du Chartrain, quoiqu'elle n'en approche plus près que Blois. Ceste rivière prend sa source, comme nous l'avons remarqué cy-dessus, au village des Corvées, dans le pays Chartrain, auquel, pour ceste raison, Tibulle l'attribue à ce pays, qui faict assez recongnoistre que cest autheur ne doibt s'entendre de la *Loire*, qui a sa source dans le Vellay, bien loing de ceste province; où j'observe, en passant, qu'il ne fault lire dans Tibulle, *Carnuti et fluvii*, mais *flavi*, à cause que cest épithète peut estre donné aussy bien à Chartres qu'à Cérès, à cause de l'or des bleds et moissons qui se recueillent dans son territoire.

Soubz le règne de nos roys de la première ligne, Vendosme estoit soubz le royaume d'Orléans, ainsi qu'il se peut veoir dans Grégoire de Tours (3), et son territoire s'estend fort loing, commençant à Baugency et finissant en Anjou, ou, comme le disent les autres, en Saintonge. On le borne toutefois ordinairement de la Beaulse au levant, de l'Anjou au couchant, du Perche au septentrion, et de la Toureine au midy.

Ç'a esté un comté qui a longtemps résidé en la maison d'Anjou, en laquelle il estoit entré par le mariage d'Adèle, fille de Bouchard, comte de Paris, Melun et Vendosme, et d'Elisabeth, veufve d'Aymon, comte de Corbeil, dont quelques-uns ont escript qu'estoit venu le *Romant des quatre fils Aymon*; laquelle espousa Foulques Nerra, comte d'Anjou, qui, par ce moyen, fut aussy comte de Vendosme, que Regnaud, évesque de Paris et chancelier de France en 1005 et 1025, frère de ceste Adèle, luy laissa (4).

---

(1) Sid. Apoll., *Carm.* V, n° 103. — (2) Tibul., lib. I, eleg. VII. Scaliger, ibid. — (4) Greg. Tur., lib. IX, ch. 20. — (3) *Cart. Burgol.*; *Cartul.*

De ce mariage sortirent deux filles, l'une nommée Hildegarde, l'autre Adèle, comme sa mère; lesquelles, Regnault leur oncle, maria, savoir la première avec un puissant seigneur du Gastinois, nommé Albéric ou Aubry-le-Bref, d'où issirent Geoffroy et Foulques Richin, comtes d'Anjou et leurs suivants; la seconde avec Odo ou Eudes, que Du Chesne nomme Bodo de Bourgongne, comte de Nevers, fils de Landry, comte dudict lieu, auquel elle porta le comté de Vendosme. De ce Bodo et Adèle nasquirent quatre fils, Bouchard, Foulques surnommé *l'Oyson*, Guy et un duquel on ne trouve le nom (1).

BOUCHARD, fils aisné, fut mis en possession de comté de Vendosme, par Foulques Nerra, son ayeul; mais estant décédé sans lignée, du vivant de son père qui ne le survesquit guères, Adèle, sa mère, fit en sorte d'en faire investir son fils

FOULQUES, lequel, lui ayant fait beaucoup d'indignités, meue d'un juste dépit, elle vendit la moitié de ceste comté à Geoffroy Martel, son frère (2); et par indignation de quoy, ce Foulques usa de plusieurs violences contre ce sien oncle, duquel il relevoit l'autre moitié de ceste comté, laquelle ledict Martel confisqua sur luy par sa félonie. Par ce moyen,

GEOFFROY MARTEL fut comte de tout le Vendosmois, dont il jouit longtemps, pendant lequel luy et Agnès de Bourgongne, sa femme, veufve de Guillaume IV, comte de Poictiers et duc d'Aquitaine, fondèrent l'abbaye de la Trinité et le Chapitre de Saint-Georges dudict Vendosme. Du depuis et en 1050, à la prière de Henry Ier, roy de France, Geoffroy rendit audict Foulques ledict comté de Vendosme, exceptant l'abbaye et tous les biens qu'il lui avoit aulmosnés, qu'il voulut demeurer à jamais soubz les comtes d'Anjou. Il espouza Pernelle, fille de Guicher I, seigneur de Chasteau-Regnauld, autres disent de Lancelin de Baugency, de laquelle il eut Bouchard II, dict *le Jeune*, Eufrosine ou Nifrane, femme de Geoffroy, seigneur de Pruly et comte de Vendosme à cause d'elle; Agathe, mariée à

Vend., part. I, fol. 13, et part. II, fol. 28. Voy. *Hist. agrégat. des Ann. d'Anjou*, de J. de Bourdigné, part. II, c. 27 et 31. Ord. Vital., lib. IV, *Hist.*

(1) Duchesne en son *Hist. de Bourg.*, p. 373, ch. 48, lib. III. Sirmund., *in not. ad ep. Gaufredi Vindoc.* — (2) *Cartul. Vindoc.*, p. 11.

Raoul du Lude, fils aisné d'autre Raoul, vicomte dudict lieu. Foulques décéda à Ferrières en Touraine, l'an 1066; et elle, à Chasteau-Regnauld, le 1er novembre 1078.

BOUCHARD III du nom, succéda à son père; mais pour ce que son bas aage ne luy permettoit gouverner son estat (1), Guy, son oncle, en print le soing avec le nom de comte. Ce fut toutefois sans préjudice des droicts de son nepveu, auquel il remit le comté en 1075, et en jouit jusques en 1085, qu'il mourut sans avoir esté marié, tellement que ce comté vint à Eufrosine, sa sœur aisnée, et de par elle à son mary

GEOFFROY II, surnommé *Jourdain* et de *Prully*, fils aisné d'autre Geoffroy qui, le premier, inventa le déduict des tournois, et fut tué à Angers un jeudy-absolu de l'an 1066, durant les guerres d'entre Foulques Richin et Geoffroy, son frère, dict *le Barbu*, dont il portoit le party. Ce Geoffroy fils mourut au voyage de la Terre-Sainte, où il estoit allé avec notre comte de Chartres, Henry-Estienne, devant la ville d'Ascalon, en 1101, laissant, de sadicte femme Eufrosine,

GEOFFROY III, surnommé *Grise-Gonnelle*, lequel espouza Mathilde ou Mahauld, fille de Hugues, vicomte de Chasteaudun, veufve de Robert, vicomte de Blois, desquels vindrent Jean, Geoffroy de Lavardin et Simon (2).

JEAN fut comte de Vendosme après son père. Je n'ay point trouvé le nom de sa femme, mais seulement qu'il eut trois enfants, Bouchard, Lancelin et Jean, que ledict Bouchard appelle ses frères dans le Cartulaire de l'abbaye de Vendosme. Il vivoit encores en l'an 1177 (3).

BOUCHARD IV prenoit la qualité de Lavardin combien que Geoffroy de Vendosme, son grand-oncle, s'en dict seigneur. Cela se veoid par un tiltre de l'abbaye de Vendosme, par lequel il donne pour l'âme de Jean, son père, la terre, cens, terrages et reliefs qu'il avoit entre la rivière de B..... et la forest d'Aloye. Il hérita de son frère Lancelin, ainsi qu'il se veoid par le Cartulaire de ladicte abbaye, soubz ce tiltre : *Noticia Burchardi comitis, filii Joannis, de 40 solidis, quos dedit pro anima fratris*

---

(1) *Cartul. Majoris-Monasterii, in notitia de decima de Navolio.* — (2) Guil. Tyr., lib. X, c. 20 et 21. Sirmund., *ad ep. Goffredi Vind.*, 13, lib. I. — (3) *Cartul. Vind., carta* 223. Part. I, fol. 280.

sui Lancelini in stallis Sancti-Georgii. Dans le mesme Cartulaire, il se parle encores d'un Geoffroy, frère de Bouchard, qui peut estre celuy qui, en 1220, donna la somme de cent sols de rente, à prendre sur un four qu'il avoit achepté à Vendosme, aux religieux de l'Estoile. De ce Bouchard et Agathe, sa femme, nasquit

JEAN II, comte de Vendosme, qui espouza Marie, sœur du comte de Saint-Paul, de laquelle il eut Pierre, qui sera comte après luy, et luy succéda de son vivant : ce qui me le faict ainsy penser est certain accord passé, l'an 1239 au mois de décembre, entre ledict Pierre, qui prend la qualité de comte de Vendosme, et les religieux dudict lieu, comme fondé de mandement spécial de Mre Jean, son père, sur ce que défunt Jean, comte de Vendosme, avoit donné ausdicts religieux les bois et terres des Boulais et du Chastaignier, et Richard, vicomte de Beaumont, et Mathilde, sa femme, ceux de la Brosse. Je trouvè néamoins qu'en la mesme année, Hugues de Montigny prenoit la qualité de comte de Vendosme; et Du Tillet escript que, soubz le règne de Philippes Auguste, roy de France, Robert de Meulanc s'en disoit aussy comte ; ce qui est vray, comme nous le dirons cydessoubz. Après le décedz de Jean, Marie, sa veufve, convola en secondes nopces avec Ives de Vieupont, seigneur de Courville (*a*), duquel elle eut Ives de Vieupont, seigneur dudit lieu, Guillaume et une fille nommée Isabeau, qui fut mariée au seigneur de la Ferté-Besnard, ainsy qu'il se justifie par certaines lettres de l'abbaye de Saint-Jean-en-Vallée de Chartres, de l'an 1241, touchant la donation faicte par ladicte Marie au prieur de Saint-Nicolas dudict Courville, de vingt sols de rente qu'elle avoit acquis sur la recepte dudict bourg, veu que par ladicte lettre elle prend la qualité de : *Domina Curvævillæ, quondam comitissa Vindocinensis*, laquelle donation, Ives, son fils, confirme; et par autres lettres du prieuré de Chuisne, près ledict Courville, le mesme Ives et Isabeau, sa sœur, veufve du

---

(*a*) Souchet a fait, dans ce passage, une confusion entre les différents seigneurs de Courville. Comme on le voit par l'acte de janvier 1236, cité plus bas par Souchet, Marie épousa Robert, et non Yves de Vieuxpont, et ce fut du chef de son oncle Yves, et non de celui de son père, qu'Yves le jeune devint seigneur de Courville. (Arch. d'Eure-et-Loir, *fonds du prieuré de Chuisnes.*)

seigneur de la Ferté, confirment au prieur dudict Chuisne le droict d'usage qui luy avoit esté donné par Ives de Vieupont, son oncle, Robert, leur père, et Guillaume, leur frère, par lettres dactées du moys de janvier 1236. Il mourut de peste en Cypre (1248), d'où il fut rapporté à Vendosme (1).

PIERRE, fils dudict Jean, fut comte de Vendosme après son père. Cela se justifie par un tiltre du prieuré de Saint-Martin de Lavardin, dépendant de Marmoustier, par lequel, en l'an 1243, il céda au prieur du lieu l'eau du Loir, depuis les arches du pont jusqu'à la fontaine de Saint-Symon ou Sigismond, avec le droict de pesche en icelle, affin de faire le service de Jean, son père, et le sien. Il avoit prins alliance en la maison de Mayenne, de laquelle vint Bouchard suivant, et Geoffroy, sire de la Chartre-sur-Loir et de Lassay, ainsy qu'il appert par certaines lettres dattées du mercredy d'après la saint Martin d'hyver 1280, par lesquelles il consent que Mre Jean de Vendosme, son nepveu, aye la justice dès le Vau-de-Lauvert jusques au Pont-de-Braye. Car si Jean suivant estoit son nepveu, il falloit que Geoffroy fust frère de Bouchard. Il y avoit encore un autre fils qui s'appelloit Jean, avec lequel il fut pour Charles d'Anjou, roy de Naples, frère de S. Louis, roy de France, contre Manfroy, usurpateur du royaume dudict Naples, ainsy que l'a remarqué Guillaume de Nangis en la vie dudict S. Louis. En 1258, au mois de juillet, il transigea avec Charles, comte d'Anjou, pour la mouvance de Mondoubleau, qu'il maintenoit dépendre de luy, et laquelle il quitta audict comte moyennant mille livres que le roy luy paya, et moyennant lequel payement, la mouvance dudict Mondoubleau demeura au Roy (2); lequel bailla en contreschange à Macé, évesque de Chartres, le fief des Roches, dictes pour ce sujet *Les Roches-l'Evesque*, qui dépendoient du comte d'Anjou, pour estre tenu de luy à l'advenir par le comte de Vendosme et ses successeurs. Je croy qu'il ne vesquit guères depuis, d'autant que je vois que, incontinent après,

BOUCHARD V estoit en possession du comté, dès l'an 1260, auquel il avoit espouzé Marguerite de Beaumont, fille de Richard et Mathilde. Après le décès d'icelle, il espouza une Marie, de laquelle je ne trouve que le nom. Il fut, comme nous l'avons

---

(1) Belleforest, lib. IV, ch. 3. — (2) Inventaire des tiltres du Roy.

remarqué cy-dessus, à la guerre de Naples avec Charles d'Anjou, et est appelé par Nangis *miles audax et in armis strenuus*, et servant le Pape contre les Gibelins. Voulant aller, en 1270, au voyage de la Terre-Sainte, il fit partage à ses enfants, et assigna pour domaine à Marie, sa femme, la terre de Montoire, le moulin de Lavardin et la forest dudict Montoire. Il trespassa en 1277, laissant de sadicte femme : Jean, qui fut comte de Vendosme; Bouchard, seigneur de Bonneval-sur-Braye, qui vivoit en 1339; Pierre, chanoine de Tours dès 1309; et Agnès, qui fut mariée avec Mre Bouchard, fils de Mre Barthelemy, qui a donné le nom à l'Isle-Bouchard, par contract de l'an 1280 (1).

JEAN III succéda à son père, et espouza, en premières nopces, Aliénor, fille de Mre Olivier de Clisson, connestable de France; et en secondes, Aliénor de Montfort, fille de Philippes, seigneur de la Ferté-Alès (*la Ferté-Aleps*), fils puisné de Simon de Montfort, le fléau des Albigeois, laquelle luy apporta la seigneurie de Fontenille avec autres, en Gascongne et Languedoc. De leur mariage sortirent : Bouchard, qui luy succéda au comté de Vendosme; Jean, qui fut seigneur de Fueillet; Pierre, seigneur de Castelnau en Narbonnois et Luzignan (*Lésignan*), Tolosecte et Cornillat audict pays; et Jeanne, femme de Henry de Sully, bouteiller de France. Il mourut en 1297, et elle en 1340 ou environ, trouvant qu'en 1335 elle bailla à Mre Pierre de Vendosme, son fils, pour le droict qu'il avoit en la comté de Vendosme, ladicte seigneurie de Castelnau en Narbonnois.

BOUCHARD VI espouza Alix de Bretagne, troisième fille d'Arthur de Bretagne et d'Iolande de Dreux, en l'an 1320, et en eut Jean qui lui succéda, et Aliénor, espouze de Roger-Bernard, comte de Périgord; et Jeanne, dame de Bétancour, femme de Foulques de Valaines, qui décéda sans enfants en 1396, le 29 novembre. Du Tillet dict que ceste Alix de Bretagne estoit veufve de Jean de Chastillon, comte de Blois; en quoy il s'est trompé, prenant ceste Alix pour une autre de mesme nom, qui estoit fille aisnée de Jean Ier du nom, duc de Bretagne, et de Blanche de Navarre, sa femme; laquelle décéda en 1288, et fut enterrée en l'abbaye de la Guiche, près Blois, où ceste-cy mourut seulement en 1369, et fut inhumée en l'église des frères

---

(1) Invent. des tiltres du Roy (soubz Vendos., nombre 6).

Prescheurs du Mans, ainsy qu'elle l'avoit ordonné. Pour le comte Bouchard, il trespassa vers l'an 1347. Elle estoit dame de Fueillet, que son mari bailla à Jean, son frère; pour récompense de quoy, Jean, comte de Vendosme, son fils, luy délaissa le chasteau et chastellenie de Montoire.

JEAN IV, comte de Vendosme, espouza, le 8 mars 1344, Jeanne de Ponthieu, dame d'Espernon, fille puisnée de Jean de Ponthieu, comte d'Aumale, et de Catherine d'Artois, de laquelle il eut : Bouchard suivant, Simon, seigneur de Bonneval-sur-Braye, lequel décéda sans enfants de Jeanne de Montbazon, sa femme (1); et Catherine, femme de Mre Jean de Bourbon, qu'elle espouza, le 28 septembre 1364. Ce Jean, comte de Vendosme, fut envoyé par le roy, en 1356, par devers Charles d'Evreux, roy de Navarre, pour la réparation du meurtre commis en la personne de Charles d'Espagne, connestable de France. Il se trouva à la bataille de Poictiers, et décéda environ en 1364, veu que je trouve que ladicte Jeanne de Ponthieu se disoit veufve en ladicte année. Elle décéda en 1376, le 30 may.

BOUCHARD VII, comte de Vendosme et de Castres, succéda à son père, et espouza Catherine (*Isabelle*) de Bourbon, fille aisnée de Jacques de Bourbon, comte de la Marche, connestable de France, et de Jeanne de Chastillon, sa femme; de ce mariage vint une seule fille, nommée

JEANNE, laquelle, estant décédée, sans avoir esté mariée, laissa tous ses grands biens à sa tante Catherine de Vendosme, qui avoit, comme dict est, espouzé Jean de Bourbon, comte de la Marche, fils puisné de Jacques de Bourbon, connestable de France, et de Jeanne de Chastillon, sa femme; de laquelle il eut Jacques de Bourbon, comte de la Marche, puis roy de Naples et de Hongrie, par son mariage avec Jeanne de Naples, deuxième du nom, fille de Charles de Duras, roy de Naples et de Hongrie, et de Marguerite de Sicile, sœur de Ladislas, roy dudict dernier royaume. Néamoins, soit qu'il fut rassasié des intrigues de la Cour, ou qu'il fust meu de dévotion, il print l'habit du tiers-ordre de S. François à Besançon, et mourut en icelui, l'an 1438, et fut inhumé audict lieu (2). Dès 1386, ses père et mère luy avoient baillé en partage, comme à leur fils aisné, les

---

(1) Reg. du Parlement, 1376. — (2) Invent. de Vend., n° 19, art. 37.

comtés de la Marche et de Castres, les terres de Luze et autres; et, en 1403, firent partage soubz le scel du Chastelet de Paris avec ledict seigneur et à Mesdemoiselles Marie et Charlotte de Bourbon, leurs filles. Louis de Bourbon, second fils, eut le comté de Vendosme et la seigneurie d'Espernon, les terres du Val-de-Preaux et autres. Jean de Bourbon, dernier fils, eut les seigneuries de l'Escluse et de Carency avec toutes les terres que ses père et mère avoient en Picardie. A Annette, leur fille aisnée, qui fut comtesse de Montpensier, escheut la terre de Cailly et autres en Normandie et dix mille livres une fois payées. Marie fut dame de Bethencour par donation que luy en fit sa mère à Vendosme, ainsy qu'il se veoid dans l'extraict de l'inventaire des lettres de partages faicts entre les comtes et les comtesses de Vendosme et leurs cohéritiers, etc. (1) Et Charlotte espouza, en 1408, Janus (*Jean II*), roy de Hiérusalem, Cypre et Arménie, fils aisné du roy Jacques, premier du nom. Charles VI, roy de France, son cousin et parein, luy donna la somme de soixante mille escus d'or à 18 sols pièce, en faveur dudict mariage. Jean de Bourbon décéda seulement en 1403, d'autant que, comme il se veoid dans l'inventaire cy-dessus (nombre 10), il fit partage à ses enfants, et, au nombre onze, que, le 3 septembre audict an 1403, Louis, roy de Hiérusalem et de Sicile et duc d'Anjou, receut en foy Mre Louis de Bourbon, pour raison du comté de Vendosme, tenu en hommage-lige dudict roy, duc d'Anjou, du consentement de Madame Catherine de Vendosme, sa mère, à la charge qu'il porteroit les armes escartelées de Bourbon et Vendosme, qui sont : *Au premier et quatrième quartier semé de France, au baston de gueules brisé de trois lions d'argent, et au deuxième et troisième d'argent, au chef de gueules; et sur le tout un lion d'azur couronné et lampassé d'or, brisé dans l'espaule d'une fleur de lis d'or;* d'où il se peut recueillir que ledict seigneur, comte de la Marche et Vendosme, mourut audict an 1403, et ainsy, que ce

LOUIS DE BOURBON, comte de Vendosme et de Chartres (*Castres*), seigneur d'Espernon et Mondoubleau, put prendre possession en ceste année-là. Il fut marié deux fois, premièrement à Blanche de Roucy, fille de Hugues, comte de Roucy, et

---

(1) Invent., nomb. 24, *ut suprà*.

Blanche de Coucy, sa femme; duquel mariage ne sortirent d'enfants. Du second, qui fut avec Jeanne de Laval, fille aisnée de Jean de Montfort, qui print le nom de Guy XIII, sire de Laval, et d'Anne, héritière dudict Laval, il eut Jean de Bourbon, qui lui succéda, et une fille qui mourut sans avoir esté mariée. Il eut aussy un bastard, nommé Jean, qui fut seigneur de Preaux et Vançay. Louis décéda, en 1447, fort aagé, et sa femme en 1468, le 18 de décembre, au chasteau de Lavardin, d'où son corps fut porté à Vendosme, où il fut inhumé en la chapelle de Nostre-Dame de l'église de Saint-Georges, près le feu comte, son mary.

JEAN DE BOURBON V^e du nom, comte de Vendosme, seigneur d'Espernon, Mondoubleau, du Tail (*le Theil*) et Regmalard, espouza, dès 1446, Isabeau de Beauveau, fille unique et héritière de Louis, seigneur de Beauveau en Anjou, de Champigny en Touraine, et de la Roche-sur-Yon en Poictou, sénéschal d'Anjou et de Provence, et de Marguerite de Chambley, sa première femme. Il décéda en 1477, laissant, de sadicte femme : François de Bourbon, comte de Vendosme et de Saint-Paul; Louis de Bourbon, prince de la Roche-sur-Yon, dont sont venus les princes de Montpensier; Jeanne de Bourbon, joincte par mariage au duc de Bourbon; Catherine, dame de Curton; Jeanne, dame de Joyeuse; Charlotte, comtesse de Nevers; Renée, abbesse de Saintes, puis de la Trinité de Caen, et enfin de Fontevrauld; Isabeau, abbesse de la Trinité de Caen, après sa sœur. Il eut aussy deux bastards, Louis, évesque d'Avranches, et Jacques, seigneur de Bonneval.

FRANÇOIS, outre qu'il fut comte de Vendosme, le fut aussy de Conversan, de Saint-Paul, de Marle et de Soissons, vicomte de Meaux, seigneur de Champigny, d'Espernon, de Gravelingue, Dunquerke, Ham, la Roche-Bohain et Beaurevoir, et chastelain de l'Isle. Il espouza, au mois de mars 1488, dame Marie de Luxembourg, fille aisnée de Pierre de Luxembourg, deuxième du nom, comte de Saint-Paul et de Brienne, et de Marguerite de Savoye. Elle avoit espouzé en premières nopces Jaques de Savoye, comte de Romond, duquel elle n'eut d'enfants; et dudict François, eut : Charles de Bourbon; Jaques, mort jeune; Louis, cardinal, archevesque de Sens; François, comte de Saint-Paul et duc d'Estouteville; Antoinette, duchesse de Guise; et Louise, abbesse de Fontevrauld. Il dédéda à Versel (*Verceil*), en Piedmont, le 2 d'octobre 1495, d'où il fut rapporté inhumer à Saint-Georges de Vendosme. Sa veufve luy survesquit et mourut seulement le premier jour d'aoust 1545, et fut inhumée audict Saint-Georges, près de son mary, et son cœur à Cercamp, abbaye en Arthois, ou à Laon, d'où Louis, cardinal de Bourbon, son fils, estoit lors évesque.

CHARLES succéda à son père en la pluspart de ses seigneuries, et principalement de Vendosme, qui fut érigé en sa faveur en duché et pairie, par le roy François I, qui luy donna la lieutenance-générale et gouvernement de Paris et de l'Isle-de-France. Il espouza, le 18 mai 1513, Françoise d'Alençon, duchesse de Beaumont, fille aisnée de René, duc d'Alençon, et de Marguerite de Lorraine. Elle avoit espouzé en premières nopces François d'Orléans II, comte de Dunois et premier duc de Longueville. Elle eut de son second mariage plusieurs enfants : Louis de Bourbon, comte de Marle, qui mourut âgé d'environ trois ans, au chasteau de Vendosme, le 7 apvril 1517; Antoine de Bourbon, comte de Marle, puis duc de Vendosme et de Beaumont, et enfin roy de Navarre; François, duc d'Anguien; Louis, décédé enfant en 1525; Charles, cardinal de Bourbon, archevesque de Rouen; Jean, comte d'Anguien (*de Soissons*); Louis, prince de Condé; Marie, qui mourut sans estre mariée (1538); Marguerite, femme de François de Clèves, premier duc de Nivernois; Magdeleine, qui fut abbesse de Sainte-Croix de Poictiers; Catherine, abbesse de Nostre-Dame de Soissons; Renée, abbesse de Chelles; et Léonor, abbesse de Fontevrauld. Il décéda, le 25 mars 1538; elle, le 4 septembre 1550.

ANTOINE fut duc de Vendosme après son père; il espouza Jeanne, fille unique et présomptive héritière de Henry d'Albret, roy de Navarre, prince souverain de Béarn, etc., et de Marguerite de Valois, duchesse de Berry et douairière d'Alençon, en 1548, le 20 octobre. Leurs enfants furent : Henry, duc de Beaumont, qui mourut aagé d'environ deux ans, en 1553; Henry le Grand, roy de Navarre, puis de France; Louis-Charles, mort jeune; Magdeleine, qui décéda aussy jeune; Catherine, mariée avec le duc de Bar; et Charles, fils naturel, premièrement évesque de Lectoure, et après archevesque de Rouen, devant lequel, Antoine fut blessé, dont il mourut, le 17 novembre 1562. Quant à elle, elle décéda à Paris, le 9 juin 1572, et voulut que son corps fust porté inhumer à Lescar en Béarn, où elle gist avec son père.

HENRY II, roy de Navarre, son fils, fut duc de Vendosme après luy, ayant eu de Gabrielle d'Estrées, duchesse de Beaufort, un fils naturel, nommé César, qui nasquit à Coucy, au mois de juin 1594. Il luy donna ce duché de Vendosme, dont il jouit encores à présent. Il espouza, du vivant de son père, Françoise de Lorraine, fille unique de Philippes-Emanuel de Lorraine, duc de Mercœur et de Ponthieu, pair de France, et de Marguerite, fille de Sébastian de Luxembourg, duc de Martigues, d'où sont issus Louis de Vendosme, duc de Mercœur; François, duc de Beaufort; et Isabel, espouze du duc de Nemours.

Voilà ce que j'avois à dire des Comtes de Vendosme le plus briefvement que j'ay peu. Je ne parle point des cadets ou puisnés de ceste maison, seigneurs de la Chartre, d'où sont sortis nos vidames de Chartres, réservant d'en parler en un chapitre à part.

Ceste comté de Vendosme fut érigée en duché, comme dict est, par le roy François I, à son nouvel advenement à la couronne de France, le 14 mars 1514, en faveur dudict Charles, qui en fut le dernier comte et le premier duc. Pour ce faire on y joignit les chastellenies de Saint-Calais, Montoire, Laverdin, Mondoubleau, Trou (*Trôo*), les Roches-l'Evesque et Bonneval-sur-Braye, dépendant du Mayne et d'Anjou; lesquelles, depuis ceste érection, ont toujours esté subjetes au Lieutenant-général de Vendosme, lequel, par appel, congnoissoit des différends des habitants des lieux, dont y a deux réglements faicts entre ledict Lieutenant-général et les juges subalternes d'iceux; l'un en 1511, par Marie de Luxembourg, mère de Charles de Bourbon, premier duc; l'autre par ledict de Bourbon, le 16 juin 1524. C'est pourquoy lesdictes chastellenies ne sont point tenues aux charges extraordinaires desdicts Mayne et Anjou, ainsy qu'il fut jugé par arrest du Parlement de Paris, le 9 janvier 1570. Néamoins la cour des Aydes appointa, le 8 febvrier 1572, une cause qui estoit sur un pareil différend. Les autres appellations se relevèrent aux Grands-Jours de Vendosme, ainsy que l'a remarqué Chopin sur la coustume d'Anjou (1).

Dans l'église de l'abbaye de la Trinité de Vendosme, se void

---

(1) Chop., *In consuet. And.*, lib. I, ch. 65.

ceste larme qui tomba des yeux du fils de Dieu, lorsqu'il pleura sur le tombeau du Lazare, laquelle Geoffroy, fondateur d'icelle abbaye, avoit apportée du Levant. Elle est enclose dans un petit vase de crystal, tout d'une pièce, si artistement élabouré qu'on ne peut y veoir aucune souldure, ny l'endroit par lequel on y aye peu faire entrer ceste précieuse relique, laquelle est en un mouvement continuel. Pour la révérence de ce sainct reliquaire, on faict chacun an la solemnité de la Résurrection du Lazare, le vendredy d'après le dimanche de la Passion, auquel jour les religieux font une procession générale en laquelle assiste un criminel du pays, qui est délivré à cest effet, nud en chemise et la corde au col, portant un cierge en ses mains. Ce privilége a esté donné auxdicts religieux par Louis, comte de Vendosme, en suite d'un vœu qu'il fit, estant prisonnier en Angleterre; auquel ils ont esté maintenus par plusieurs arrests du Parlement de Paris.

Les abbés de ceste abbaye ont un autre beau privilége, qui est de prendre la qualité de cardinaux de S. Prisce, et de dépendre immédiatement du Saint-Siége; qui leur fut donné par Alexandre II, en 1063, et leur a esté confirmé par plusieurs Papes, ses successeurs, de quoy nous pourrons dire quelque chose, quand nous parlerons de la fondation de ce monastère, plus amplement en son lieu (1).

Vers l'an 1188, Vendosme ayant esté surprins par Henry II, roy d'Angleterre, il le donna à Robert, comte de Mulanc, son parent et partisan. De quoy Philippes Auguste, picqué, s'en alla avec une armée pour luy enlever. S'estant présenté devant Vendosme, les habitants refusèrent de luy ouvrir leurs portes, ce qui l'irrita encores davantage; pourquoy il luy fit livrer un assaut, la força et brusla, et rendit la seigneurie à Jean II, comte de Vendosme, son vrai et naturel seigneur, et donna tellement la chasse à Henry et Richard, son fils, qu'il les contraignit se renfermer dans la Normandie.

Le duc a ses officiers en ceste ville, à sçavoir : un Bailli, Lieutenant-général et particulier, un procureur-fiscal et greffier. Il y a de plus, pour le Roy, une Élection et un Grenier-à-sel, aux offices desquels le duc de Vendosme nomme (par lettres du roy

---

(1) Voy. liv. IV, ch. 1.

Louis XII, du 6 aoust 1500, et de François I, du 28 juillet 1515); il y a aussy des sergents pour le baillage, n'estant permis aux sergents-royaux d'exploiter dans iceluy, ni dans le Vendosmois; par arrest du 15 juin 1585 (1).

Entre les archidiacres de l'église de Chartres, le sixième prend la qualité d'archidiacre de Vendosme, qui a audict lieu un Official, vice-gérent, promoteur, greffier et appariteur, pour rendre justice aux ecclésiastiques en ce qui dépend du diocèse de Chartres dans le Vendosmois; Montoire, Laverdin et Saint-Calais, estant dans l'archidiaconé du Loir en l'église du Mans. En 1643, le 5 may, M. Antoine Le Maire, archidiacre dudict Vendosme et l'un des grands-vicaires du diocèse de Chartres, le siège Episcopal vacant, fit la translation des corps de S. Agil, Gilderic et Merald, abbés, des vieilles châsses de bois, ésquelles estoient leurs ossements dès l'an 1288, en autres neufves de mesme matière, qui avoient esté préparées à cest effect par les chanoines et chapitre de Saint-Georges de ladicte ville, qui les conservent et révèrent de longtemps en leur église; présents à ceste cérémonie : M^{res} Vincent Hemon, doyen; Antoine Hemon, thrésaurier; Antoine Lefebvre, chantre; Michel du Pont, prévost; Robert Gaing, soubz-chantre; et autres chanoines, bénéficiers et officiers, sçavoir : M^{res} Philippes Cadot, lieutenant-général, Michel du Pont, lieutenant-particulier; Michel Laboureau, advocat-fiscal; Philippes Lefebvre, procureur-fiscal; Ives Henriau et Charles Bernier, eschevins, et plusieurs autres, tant laïcs qu'ecclésiastiques.

Outre les églises de la Trinité et de Saint-Georges, il y a les parroisses de Saint-Martin et la Magdaleine, qui sont dans la ville; il y a encores celles de Saint-Bienheuré, qui est au faubourg, les Cordeliers et Capuchins avec des Ursulines et religieuses du Calvaire. Il y avoit un hospital, qu'on a prins pour establir un collége soubz la conduite des Pères de l'Oratoire. Il est sorty de ceste ville quelques gens doctes, comme Matthieu de Vendosme, abbé de Saint-Denys en France; Geoffroy, abbé dudict Vendosme; S. Arnould, moyne dudict lieu, soubz l'abbé Oldoric, évesque de Gap, par l'institution d'Alexandre II, pape; Jacques Aluet, qui a escript un livre de Poëmes, dédié au car-

---

(1) Voy. Chopin, *ut sup.*, p. 586.

dinal du Bellay; Claude de Regny, de chevcier de Saint-Georges de Vendosme, évesque d'Oléron, et plusieurs autres. Et combien que mon dessain soit de parler seulement de ceux du diocèse, je ferois conscience de passer soubz silence Pierre de Ronsard, prince des poètes françois, issu d'une noble famille du Vendosmois; ayant eu mesmement Charles de Ronsard, son frère, prévost en l'église de Chartres et prieur de Saint-Martin-au-Val dudict Chartres. Je n'oublieray en dernier lieu dire de ceste ville de Vendosme qu'il s'y faict un grand débit de gands, desquels il s'en trouve de si délicatement travaillés, que la paire est renfermée dans les coques d'une noix.

CHAPITRE VIII.

Description du Dunois et des singularités qui se retrouvent en l'estendue d'iceluy.

EN suitte du Vendosmois vient le Dunois, lequel, combien qu'il soit de l'ancienne contribution de Chartres, est néamoins du bailliage de Blois.

La principale ville de ceste province est Chasteaudun, jadis appelée *Rube clara,* par une corruption de langage, ou par une métathèse, ou transposition de lettres, au lieu de *Urbs clara,* ou *Rupes clara,* comme qui diroit *Roche claire,* d'autant que ceste ville estant sur un heurt, ainsy que le mot *dun* le signifie, qui, en ancien gaulois, est autant que *prominence, roc, montagne, élévation,* elle est veue de loing en temps calme et serain; ou bien, comme quelques-uns le disent, à cause qu'il ne se passe jour que le soleil ne l'esclaire et ne s'y fasse veoir, tout ainsy que le poète lyrique appelle Rhodes, *la Claire,* pour ce que ce bel astre y faisoit veoir sa lumière tous les jours.

De ses tours et clochers l'on peut découvrir jusques neuf à dix lieues, et tant que la veue peut s'estendre. Elle a son chasteau assis sur un roc pendant, fort bien percé et bâty et avec un tel artifice qu'il semble y estre attaché comme un nid d'hirondelle. Il a esté construit depuis que la seigneurie de ceste ville et province est tombée en la maison de Longueville, par le soin de Jean d'Orléans, cardinal de Saint-Martin-des-Monts, archevesque de Tolose et administrateur d'Orléans; lequel, après le décéds de François, duc de Longueville, son frère, et la prison de Louis, duc d'Orléans, son autre frère, se retira à Chasteaudun avec deux de ses neveux, mineurs dudict François, qui l'avoit nommé leur tuteur, et print plaisir à faire bâtir ceste maison.

La ville a esté autrefois plus grande qu'elle n'est, le malheur des guerres l'aiant rétrécie, comme on le veoid de présent. Son accès est de tous côtés fort difficile et pénible, estant sur une montagne où il faut monter de toutes parts.

Le païs est plus large que long, aiant pour limites l'Orléanois au levant, le Vendosmois et le Maine au couchant, les Chartrains et Percherons au septentrion, et les confins du Blésois au midy. Son élévation est de 48 degrés de la ligne équinoctiale; et lorsque ce païs estoit soubz les comtes de Chartres et de Blois, ils y tenoient un vicomte pour eux, pour y rendre la justice; lequel, comme les comtes, print l'épée pour la plume, et se rendit seigneur du païs. Je trouve toutefois que, dès le temps de Gontran, roi d'Orléans (1), soubz lequel estoit Chasteaudun, il y avoit un comte particulier audict lieu.

Le premier que je trouve qualifié vicomte de Chasteaudun, est un certain Rampon, du temps de Thibault le Tricheur, comte de Chartres, et soubz l'an 23 du règne de Lothaire, roi de France, qui revient à l'an 978, ce qui se veoid par un tiltre de l'abbaye de Bonneval, au diocèse de Chartres : et de lui sont descendus tous les vicomtes de Chasteaudun et comtes du Perche, qui ont esté du depuis; car, comme il se peut veoir par ledict tiltre,

GEOFROY, que j'estime estre fils de Rampon, luy succéda et espouza une Hermengarde, de laquelle il eut trois enfans : Hugues, Geofroy et Rotrou.

HUGUES, qui vivoit en 998 et 1004, espouza Hildegarde, veufve d'Ernaud, seigneur de la Ferté, dite du depuis au *Vidame*,

---

(1) Greg. Tur., *Gesta Franc.*, lib. VII, ch. 29.

à cause que les vidames de Chartres en furent seigneurs; de laquelle il eut

GEOFROY II, qui vivoit en 1028, du tems du roy Robert II. Il estoit frère utérin de Hugues de la Ferté, chanoine de Chartres, et depuis archevesque de Tours, et de Guillaume, seigneur dudict lieu de la Ferté. Il espouza une Mélisende, ainsy qu'il se veoid dans le Cartulaire de Saint-Père-de-Chartres, au titre de la donation que ceste dame fait audit monastère de son fief de Beaumont, de laquelle il eut

GEOFROY III, qui, par ledit titre, est dit neveu dudit archevesque de Tours; il succéda à son père ès comté du Perche et vicomté de Chasteaudun, et espouza une nommée Elvise ou Eluse et Helvise, ainsy qu'il se lit dans le Cartulaire du Doyenné de Saint-Denys de Nogent-le-Rotrou, dans l'acte de fondation d'icelui, fait par ledit Geofroy et elle; dans lequel est aussy fait mention du prieuré du Sépulchre de Chasteaudun, fondé par le mesme Geofroy. D'eux vindrent deux masles, Rotrou et Hugues, qui sont signés dans ledit acte; et par un titre concernant le prieuré de Verdois, qui se trouve dans le Cartulaire de l'abbaye de Josaphat, d'où il dépend, Hugues est dit fils de Geofroy et d'Helvise. Rotrou fut comte du Perche, duquel je ne parleray point maintenant, réservant de le faire au chapitre suivant.

HUGUES II fut vicomte de Chasteaudun, ainsy qu'il se justifie par certain titre du roy Louis le Jeune, dans le Cartulaire de l'abbaye de Bonneval, en date de l'an 1110; et par autre de ladite abbaye de Saint-Pierre-en-Vallée de Chartres, touchant la remise que Nivelon, vidame de Chartres, faict aux religieux d'icelle du droit et coutumes qu'il prétendoit avoir en la terre d'Emprainville, dans la paroisse de Damnemarie en Beaulse. Il espouza la sœur dudit Nivelon, ainsy qu'il appert par le mesme titre, laquelle s'appeloit Amicie, par l'ancien Nécrologe de l'église de Chartres, aux ides de janvier; lequel lui donne pour fils

ROTROU, de la femme duquel je ne trouve point le nom : je croy pourtant qu'elle estoit fille de Guérin de Domfront, pour ce qu'Ordéric Vital, dans le commencement du XIIIe livre de son histoire, dit que ce Guérin estoit bisaïeul de Rotrou, fils de Godefroy suivant; et ainsy la fille de ce Guérin pouvoit estre femme de ce Rotrou, et estoit de ce costé-là que venoit la parenté de Rotrou et de Robert de Belesme, qui s'entrefirent tant la guerre pour ce qui leur estoit écheu de la succession dudit Guérin, ainsy qu'il se peut veoir dans ledit Orderic. Je trouve plusieurs enfants sortis de luy, partie desquels sont dénommés dans le Cartulaire de Saint-Denys de Nogent-le-Rotrou, sçavoir : Geofroy, Hugues, Rotrou et Fulcois; partie dans celuy de Tyron (1), qui sont : Helvise, Habert, Béatrix qui fut mariée avec Regnaud de Chasteau-Gontier, et Aupech, c'est-à-dire *Espérance*. Geofroy fut comte de Mortagne au Perche, Rotrou fut seigneur de Montfort-le-Rotrou au Maine; de Fulcois et des autres je n'en trouve que les noms.

HUGUES III eut, pour son partage, la vicomté de Chasteaudun et de Mondoubleau, et espouza une nommée Marguerite, de laquelle il eut Payen, Geofroy et Hugues. Cela se veoid par un titre des Hospitaliers de Sours, près Chartres (2), pour la maison du Temple de Saint-Calais, où ladicte femme et ses enfants sont nommés; et encores par un titre de Geofroy suivant, de l'an 1205, concernant la ferme du Temple, près Mondoubleau, où ce Geofroy est dit fils de Hugues. Quant à Payen, il fut seigneur de Mondoubleau et vivoit en 1190, ainsy qu'il appert par un titre des mesmes Hospitaliers. J'estime qu'il décéda sans hoirs, veu que, dès 1202, Geofroy prenoit la qualité de seigneur de Mondoubleau, et donna avec Geofroy, son fils, la justice et seigneurie de Gormont aux religieux de la Magdaleine de Chasteaudun; et, en 1205, il transigea avec Jean, comte de Vendosme, et rescongneut que la tour, chasteau et ville de Mondoubleau estoit du fief-lige du comté de Vendosme, et qu'à raison de ce, il estoit son homme, et qu'il devoit luy en faire foy et hommage-lige, pour raison du bourg et du fief de Saint-Médard, la seigneurie duquel, Geofroy et Helvise (qu'autres appellent Louise) donnèrent ausdicts religieux; et aussy foy et hommage pour raison de la seigneurie de Saint-Calais; et encores, en 1238, que ledit Geofroy récompensa les religieux de Saint-Vincent du Mans, à cause de la démolition par luy faicte de l'église et prieuré de Mondoubleau, à cause qu'ils nuisoient à son chasteau dudit lieu; et étant ainsy, on peut dire que

GEOFROY IV fut vicomte de Chasteaudun et seigneur de

---

(1) *Cart. Tyronen.*, fol. 32, cap. 132. — (2) *Cart. domus hospit. Surd.*

Mondoubleau après Hugues, son père. Cela se recongnoist par certaines lettres de l'an 1205 (1), qu'il donna aux Templiers, près Mondoubleau, où il est dit que sa femme avoit nom Alix, son père Hugues, et son fils Geofroy; et par d'autres lettres de la mesme année, il recongnoist que lesdits Templiers avoient un bois en la forest du Bouchet pour leur usage, du consentement d'Alix, sa femme, qui, par recepte de l'Inventaire des titres du Roy (2), est appelée Alix d'Estreteval, de Geofroy, Alix et Isabelle, ses enfans.

GEOFROY V succéda à son père en ses seigneuries. Il espouza Clémence, fille de Guillaume des Roches, sénéchal d'Anjou, et de Marguerite de Sablé, veufve de Thibaud, dernier comte de Blois, dame du Chasteau-du-Loir, Maiet, Suze et Luplande, ainsy qu'il se lit dans les lettres du partage, que ledict des Roches, allant contre les Albigeois, en 1218, en fit à Jeanne, son aisnée, et à ceste Clémence.

Par un titre de l'abbaye de Vendosme, touchant le prieuré de Monfeillet, du 3 janvier 1230, il se veoid que elle avoit esté comtesse de Blois, et par le livre intitulé *Champagne et Brie*, qui se trouve manuscript en la bibliothèque de M. de Thou, il se lit qu'en la mesme année ils rendirent ce qu'ils prétendoient en la comté du Perche de la succession de Guillaume, évesque de Châlons, dernier comte dudit païs, à James ou Jacques de Chasteau-Gontier, l'un de leurs co-héritiers. De leur mariage ne sortit qu'une fille qui leur succéda audit vicomté de Chasteaudun et en ses autres biens, et avoit nom

CLÉMENCE, qui fut mariée avec Robert, frère de Jean I, comte de Dreux, duquel elle eut une fille, nommée

ALIX, qui espouza, en premières nopces, Raoul de Clermont, sire de Nesle, connestable de France, qui mourut en la bataille de Courtray; et depuis, en deuxièsme lit, Guillaume, frère de Robert de Béthune, comte de Flandres. Je ne sçai si elle avoit esté mariée davantages; mais je trouve, en 1226 (3), qu'un Jean de Beaumont prenoit la qualité de vicomte de Chasteaudun. Ce fut contre ceste fille qu'Alix, dame d'Estouteville, plaida pour avoir ce qu'elle prétendoit lui appartenir en la vicomté de Dunois;

---

(1) *Cart. domus hospit. Surd.* — (2) *Laiette VI de Champagne*, nomb. 57, 58 et 59. — (3) Invent. des tiltres du Roy (soubz Craon, n° 4).

car, comme il est porté par l'arrest qu'elle obtint (1) pour raison de ce, étant demeurée en bas aage, Geofroy, son frère, qui en avoit la garde, la maria au Levant, d'où, après la mort de son mary, étant de retour en France, elle poursuivit les héritiers de son frère, pour luy faire délivrance de la portion qui pouvoit luy compéter en la succession de ses père et mère. Il y en a qui écrivent que ce Guillaume de Flandres, seigneur de Terremonde, n'espouza pas la veuve de Rol de Clermont, mais Alix, leur fille aisnée, de laquelle il eut Jean de Flandres, dit *de Nesle*, à cause qu'il en fut seigneur, et de Terremonde; Guillaume de Flandres, sire de Berghes, Nieuport et Douze; et Guy de Flandres (2); lesquels deux derniers moururent sans lignées. Ils eurent aussi trois filles : l'aisnée fut Marie, femme du comte de Boulongne; Isabeau, dame de Brians, qui décéda sans hoirs, après son frère Jean; pourquoy Marie, comtesse de Boulongne, fut aussy comtesse de Blois, représentation n'ayant lieu, par la coutume du païs, en ligne collatérale. La dernière fut Jeanne de Flandres, laquelle décéda aussi sans enfans.

JEAN DE FLANDRES espouza Béatrix de Saint-Pol, de laquelle il eut : Jean, qui mourut sans lignée; Marie, dame de Nesle et de Terremonde, qui espouza Enguerrand ou Ingelger d'Amboise, qui, en 1334, étoit, à cause d'elle, seigneur de Mondoubleau et d'Amboise, d'où vint Jean d'Amboise, duquel et de Jeanne de Touars sortirent Pierre, seigneur d'Amboise, vicomte de Touars, et Ingelger d'Amboise, IIe du nom, qui laissa Louis d'Amboise, son fils, aussi vicomte de Touars, père de Françoise, duchesse de Bretagne, et de Marguerite, dame de la Trémouille.

BÉATRIX, deuxième fille de Jean de Flandres, et de Béatrix de Saint-Pol, fut mariée avec Guillaume de Craon, dit *le Grand*, seigneur de Sablé et vicomte de Chasteaudun, à cause d'elle, et seigneur de la Ferté-Besnard et de Saint-Aignan, qui fut père de Guillaume, Pierre, Jean, Gui, Marie et Béatrix.

GUILLAUME IIe du nom fut vicomte de Chasteaudun, seigneur de Moncontour et de Marnes. Pierre eut la Ferté-Besnard et espouza Jeanne de Chastillon, dame de Rozay en Tierache, fille de Gaucher de Châtillon, vidame en Laonnois, et de Marie

---

(1) Du Tillet, en la branche de Dreux. — (2) Corneille, Martin, Sainte-Marthe, Ouderghest. Ch. 131 et 141.

de Coucy (1). Ce fut luy qui blessa à Paris le connestable de Clisson, à cause de quoy la pluspart de ses biens furent confisqués; et n'eut qu'un fils nommé Antoine. Jean ne fut archevesque de Reims, ainsy que l'écrivent les sieurs de Sainte-Marthe, mais neveu d'iceluy, et fut seigneur de Dommart et de la Bernadière, chambellan du roy Charles VI; il fut marié avec Marie de Châtillon, sœur aisnée de ladite Jeanne, de laquelle il eut plusieurs enfans. Gui, aussy chambellan du mesme roy, espouza Blanche de Baux, fille de Bertrand de Baux, duc d'Andrie et comte d'Avalon, veuve de Jean d'Anghien, comte de Liège, dont issit Catherine de Craon, mariée à Pierre d'Evreux, comte de Beaumont; Marie espouza Hervé, sire de Mauny, chambellan dudit roy Charles VI, d'où sont sortis les sieurs de Mauny. Et quant à Béatrix de Craon, elle fut mariée avec Bernard, seigneur de Maulevrier, d'où sont issus : Jean, seigneur de Maulevrier; Marie, femme de Jacques de Momberon; Béatrix, femme de Paien de Charnoses, chevalier, sire de Clinchamp; et Marguerite, espouze de Charles de Coesmes.

De ce Guillaume II, vicomte de Chasteaudun, et de Jeanne de Montbazon, sa femme, fille de Regnaud de Montbazon et de Eustache d'Anthenaise, veuve de Simon de Vendosme, en 1374, issirent Guillaume de Craon, troisième du nom, sieur de Montbazon et de Saint-Maure, lequel décéda sans enfans en 1396, et fut enterré aux Cordeliers de Tours. Jean de Craon fut marié avec Jaqueline, fille de Jean, seigneur de Montagu, vidame de Laon, et de Jaqueline de la Grange, en 1399. Il fut tué à la bataille d'Azincour, et ne laissa de postérité. Marguerite de Craon, femme de Guy de la Rochefoucaud, laquelle, par partage fait avec ses sœurs, le 13 mars 1419, eut les terres de Montbazon, Saint-Maure et Brandon, et eut de son mary : Aimar de la Rochefoucaud, sieur de Montbazon, et Hector de la Rochefoucaud; Marie de Craon, dame de Précigny, Verneuil et Ferrières, fut accordée en 1396, avec Maurice de Mauvinet, chevalier, mais espouza du depuis Louis Chabot, seigneur du Petit-Chasteau et de la Grève, auquel elle apporta les terres et seigneuries de Moncontour, Marne, Monsoreau et Jarnac-sur-Charente et plusieurs autres terres qui vindrent à leurs descen-

(1) Inventaire des tiltres du Roy (Layette de Craon, nomb. 13).

dants; l'aisné desquels, nommé Thibaud Chabot, fut seigneur de la Grève, Moncontour, Margé et Précigny; Regnaud Chabot fut seigneur de Jarnac; Jeanne Chabot fut dame de Monsoreau, qu'elle porta à Jean de Chambar, son mari; d'Anne Chabot, deuxièsme fille, je ne sçay que le nom; Isabeau, troisièsme fille, fut mariée à Guillaume Oudard, sieur de Verrières en Loudunois, duquel elle eut Pierre, seigneur dudit Verrières, qui espouza Louise de Longny; et Guillemette, femme de Bertrand de la Jaille. Louise de Craon, quatrièsme fille, fut jointe par mariage à Miles de Hangest, dit *Rabache*, fils de Jean, seigneur de Hangest et Aubrécour, auquel, par traité dudit mariage, fait le 27 septembre 1404, elle porta 7,000 livres, et eut de lui Marie, dame d'Hangest et d'Aubrécour, qui espouza Beaudouin de Noielle, seigneur de Wathen, conseiller et chambellan du duc de Bourgongne, gouverneur de Péronne, Roie et Mondidier, qui mourut vers l'an 1464. La dernière des filles de ce Guillaume de Montbazon et de Jeanne, son espouze, fut Jeanne de Craon, de laquelle est fait mention dans le testament de sa mère, passé en 1344; par lequel, entre autres choses, elle luy donne son cercle d'or.

Ce fut ce Guillaume qui vendit sa vicomté de Chasteaudun à Louis, duc d'Orléans, qui le joignit au comté de Dunois et de Blois, qu'il avoit eus de Guy de Chastillon, par contrat du 23 mars 1391; celuy de la vendition de ladite vicomté fut passé le 13 octobre 1395. Quelques quarante-quatre ans après,

CHARLES, duc d'Orléans et de Valois, comte de Beaumont et seigneur de Coucy, fils dudit Louis et de Valentine de Milan, son espouse, échangea ledit comté de Dunois, avec Jean, son frère naturel, dit *le Bâtard d'Orléans*, pour les comtés de Vertus, chastel et chastellenie de Romorentin et Millansay, qui luy avoient été assignés auparavant par ledit Charles, duc d'Orléans, qui les reprint. Cet échange fut fait et passé à Calais, le 21 juillet 1439, en faveur dudit Jean, par ledit Charles, et de ses hoirs descendants de sa chair en légitime mariage, pour les tenir de luy en foy et hommage à cause de sa comté de Blois, et en ressort et souveraineté dudit comté de Blois, comme les autres vassaux, à la charge que ledit Jean ne ses hoirs ne pourroient vendre ni aliéner aucune chose desdits comté et vicomté, ni appartenances et dépendances d'iceux; avec retour à luy et aux siens, au cas que ledit Jean et ses hoirs vinssent à décéder sans enfans de leur chair, procréés en légitime mariage; leur permettant seulement de les pouvoir charger du douaire de leurs femmes, ainsy qu'il est porté par le contract de donation cy-dessus.

JEAN en porta la foy audit Charles, duc d'Orléans, dès le mesme jour et au mesme lieu, et luy en fit hommage, ensemble des villes et chasteaux, terres et chastellenies de Chasteaudun, Fréteval, Marchesnoir, la Ferté-Villenueil, Frementeau et toutes les terres et seigneuries adjointes ausdits comté et vicomté, leurs appartenances et dépendances, et en fut mis en possession par Hue de Saint-Mars, gouverneur et bailly du comté de Blois, le 8 mars ensuivant. Depuis ce temps-là, toutes ces seigneuries sont demeurées en la maison et famille dudit Jean d'Orléans.

Il espouza en premières nopces la fille de Jean Louvet, Président de Provence, qui luy porta de grands biens; mais n'ayant eu lignée d'elle, il espouza en second lict Marie de Harcour, fille de Jacques de Harcour, comte de Tancarville et Montgommery, de l'ancienne maison de Harcour, et de Marguerite de Melun, fille de Guillaume de Melun, et de Marie de Parthenay, à cause de laquelle les seigneuries de Parthenay, Vouvant et Mervant et autres vindrent en la maison de Longueville. Son trespas arriva l'an 1470, et fut inhumé à Cléry; et celuy de sa femme, en 1464. Leurs enfants furent : François d'Orléans, premier du nom, comte de Dunois et de Longueville; Jeanne, dame de Passavant, mariée à Louis de la Haye, seigneur dudict Passavant, fils de Jean de la Haye, et d'Isabeau de Blamont; Catherine d'Orléans, femme de Jean de Sarrebruche, comte de Roussy, fils puisné de Robert de Sarrebruche, damoyseau de Commercy, et de Jeanne, comtesse de Roussy, eut un seul enfant, qui mourut du vivant de son père, devant 1497, auquel an décéda ledict Jean de Sarrebruche à Montagu en Poictou.

FRANÇOIS D'ORLÉANS, seul masle desdicts Jean d'Orléans et Marie de Harcour, leur succéda. Dans le Thrésor des tiltres d'Alençon, soubz la cotte *pro*, il se trouve lettres du 9 novembre 1460, par lesquelles dame Catherine d'Alençon, duchesse de Bavières et comtesse de Mortaing, donne à damoiselle Catherine de Rohan, sa niepce, fille du vicomte de Rohan et de dame Marguerite de Lorraine, sa femme, et à François, fils du comte de Dunois, en contemplation du mariage qui se debvoit faire d'eux deux, toutes les terres et seigneuries à elle appartenantes de la succession de ses père et mère. Je ne sçay si ce mariage se fit, d'autant que je trouve que ce François espouza, dès l'an 1466, Agnès de Savoye, belle-sœur du roy Louis XI, fille de Louis, duc de Savoye, et Anne de Cypre, de laquelle il eut : François IIe du nom, comte de Dunois et premier duc de Longueville ; Louis d'Orléans, duc de Longueville après son frère, et Jean, cardinal, archevesque de Tolose et évesque d'Orléans.

FRANÇOIS II succéda à son père, et espouza dame Françoise d'Alençon, fille aisnée de René, duc d'Alençon, et Marguerite de Lorraine, de laquelle il eut une seule fille, nommée Renée, qui mourut avant son père, en l'aage de sept ans seulement, laissant ses oncles pour héritiers, sçavoir : Louis et Jean.

LOUIS Ier, duc de Longueville, se disoit marquis de Rothelin et comte de Neufchastel, à cause de Jeanne de Hochberg, dame desdicts lieux, de Sussemberg, Saint-Georges et Sainte-Croix ; il fut aussy seigneur de Longny au Grand-Perche, par eschange qu'il en fit avec les terres de Hanat, Bures, Ache et Enaberg en Hainault. Il mourut en 1518, laissant, de sadite femme : Claude d'Orléans, duc de Longueville, Louis d'Orléans, deuxiesme du nom, duc de Longueville ; François d'Orléans, marquis de Rothelin, et Charlotte d'Orléans, qui fut conjoincte par mariage, en l'an 1528, avec Philippes de Savoye, comte de Génevois, et depuis duc de Nemours, fils de Philippes, duc de Savoye.

CLAUDE D'ORLÉANS, fils aisné, fut tué d'un coup de mousquet, devant Pavie en 1525, sans avoir esté marié, et pour ce, sa succession vint à son frère,

LOUIS II, duc de Longueville et comte de Dunois, grand chambellan de France. Il espouza Marie de Lorraine, fille aisnée de Claude de Lorraine, duc de Guise, et d'Antoinette de Bourbon ; de laquelle il eut Louis, qui mourut à l'aage de huit ans, en la ville d'Amiens, en 1551 ; tellement que la duché de Longueville et comté de Dunois vindrent à

FRANÇOIS III, fils dudit Louis, premier du nom, marquis de Rothelin, comte de Neuchastel et Montgommery, vicomte de Melun, seigneur de Beaugency, Blandy et la Brosse d'Abbeville, du Crotoy et de Montreuil-sur-la-mer, espouza, en 1535, Jaqueline, fille aisnée de Charles de Rohan, seigneur de Gié, et de Jeanne de Saint-Servoin, de laquelle il eut: Léonor d'Orléans, duc de Longueville, et Françoise d'Orléans, femme, en second lit, de Louis de Bourbon, prince de Condé, et un fils naturel, nommé François d'Orléans, marquis de Rothelin, d'où sont descendus les marquis de Rothelin en France.

LEONOR D'ORLEANS, comte de Dunois, et duc de Longueville, d'Estouteville, marquis de Rothelin, prince de Chastellaillon, comte de Neuchastel, et Tancarville et autres lieux. Il fut conjoinct par mariage avec Marie de Bourbon, comtesse de Saint-Paul et duchesse d'Estouteville, fille unique de François de Bourbon, comte de Saint-Paul, et d'Adrienne, duchesse d'Estouteville : ceste Marie estoit veufve de Jean de Bourbon, comte d'Anghien, qui fut tué à la bataille de Saint-Quentin, et encores de François de Clèves, deuxièsme du nom, duc de Nevers, quand elle espouza ce duc de Longueville, duquel elle eut: Henry, duc de Longueville; François, comte de Saint-Paul, qui d'Anne de Caumont, eut Léonor, duc de Fronsac, lequel décéda sans être marié; Léonor, prince de Chastellaillon, décédé en jeunesse; Catherine et Marguerite ne voulurent estre mariées, et passèrent leur aage en œuvres et exercices de piété. La première fit venir les Carmélites d'Espagne, et les mit au faubourg Saint-Jacques de Paris, au prieuré de Notre-Dame-des-Champs, dépendant de Mairemoustier, par le délais que luy en fit Mre François, cardinal de Joyeuse, abbé de ce monastère, et y sont inhumées toutes deux; Antoinette fut joincte par mariage avec Charles de Gondy, marquis de Belisle, fils aisné d'Albert de Gondy, duc de Raiz, mareschal de France, et de Claude-Catherine de Clermont, qui la rendit mère de Henry de Gondy, duc de Raiz et de Beaupréau. Son mary estant mort en 1596, au Mont-de-Saint-Michel, elle se retira aux Fueillentines de Tolose en 1600, où elle demeura quelques temps avec grande édification jusques vers l'an 1610, que le pape Clément VIII luy enjoignit d'en sortir pour estre coadjutrice de madame Eléonor de Bourbon, abbesse de Fontevrauld, laquelle estant décédée le 25 de mars 1611, ceste vertueuse dame se retira à l'Encloistre-en-Gironde, au diocèse de Poictiers, monastère du mesme ordre, pour y commencer la réforme qu'elle y a establie, avec l'assistance du père Joseph du Tremblay, capuchin. Elle s'en alla du depuis à Poictiers, où elle fonda le monastère du Calvaire, dont elle a esté l'institutrice, auquel ayant rendu les derniers debvoirs à la nature, elle fut reportée en sa première retraicte des Fueillentines de Tolose, suivant qu'elle l'avoit ordonné. Léonor, sa dernière sœur, espouza à Rouen, en 1596, Charles de Matignon, comte de Torigny, fils de Jacques, seigneur de Matignon, mareschal de France, gouverneur pour le roy en Guyenne.

HENRY Ier, comte de Dunois et duc de Longueville, eut de grands biens : il espouza Catherine de Gonzague, fille de Louis de Gonzague de Clèves, duc de Nevers et Rethelois, et de Henriette de Clèves, de laquelle il eut un autre Henry, à présent vivant. Ayant esté commandé en 1595 par le roy Henry le Grand, qui avoit déclaré la guerre à l'Espagnol, de faire la reveue de toutes les villes de son gouvernement de Picardie, comme il entroit dans Dourlans, un soldat deschargea fortuitement son arme, dans laquelle il y avoit une balle, qui donna dans la teste de ce seigneur, qui mourut de ce coup à Amiens, où il s'estoit faict transporter pour se faire panser, et fut apporté inhumer en la Sainte-Chapelle de Chasteaudun, sépulchre commun de la famille des comtes de Dunois.

HENRY II, comte de Dunois, succéda luy seul aux grands biens de son père. Il espouza, en apvril 1617, Louise de Bourbon, fille aisnée de Charles de Bourbon, comte de Soissons, et d'Anne de Montafié; après le décès de laquelle il a prins alliance avec Anne de Bourbon, fille de Henry de Bourbon, prince de Condé, et de Charlotte-Marguerite de Montmorency, fille de Henri, duc de Montmorency, connestable de France, et de Louise de Budos, sa seconde femme, desquelles il a eu des enfants; l'aisné desquels porte le tiltre de comte de Dunois. Voilà les vicomtes et comtes de ce lieu, que j'ai peu remarquer.

La ville de Chasteaudun estoit de telle conséquence durant les roys de la première ligne, qu'estant tombée au lod de Sigibert, roy d'Orléans (1), il voulut y ériger un évesché, et introduire en iceluy, pour premier évesque, un certain Promotus, à l'institution duquel Papoul, évesque de Chartres, dans le diocèse duquel est Chasteaudun, s'opposa, et l'en fit débouter en certain concile; néamoins, pour ce qu'il avoit esté sacré évesque, fut

---

(1) Greg. Turon., lib. VII, ch. 17.

ordonné par les Pères assemblés en iceluy, qu'il jouiroit, sa vie durant, du revenu de Chasteaudun seulement.

C'est le suject pour lequel l'archidiacre de Dunois, en l'église de Chartres, tient le premier rang, après le grand-archidiacre en l'église de Chartres. Il a son Official, vice-gérant, promoteur, greffier et appariteur à Chasteaudun, pour rendre la justice aux ecclésiastiques de son archidiaconé. Il y a deux doyennés en iceluy, qui comprennent cent trente-trois cures, sans les abbayes, chapitres, prieurés et chapelles,

Dans la ville est l'église Saint-André, en laquelle y a un Collége de chanoines séculiers, comme dans l'abbaye de la Magdaleine un de réguliers, qui se dict estre fondé par Charlemagne. Le chapitre de la Sainte-Chapelle y a esté fondé du depuis par les comtes de Dunois. Les Cordeliers sont au faubourg de Saint-Valérien, et les Récolets en la Maladrerie de Saint-Lazare, sur un heurt, entre la ville et Saint-Avit, abbaye de filles de l'ordre de S. Benoist.

Pour la justice temporelle, le comte tient ses officiers à Chasteaudun, pardevant lesquels les chastellenies de Montigny-le-Ganelon, Courtalain, Moulitard, l'Esclère et Rabestan viennent par appel, et de là ressortissent à Blois, comme au principal siége royal. Il y a en oultre une Élection et Mareschaussée.

Les habitants sont d'un esprit subtil, et comprennent promptement une affaire, d'où est venu le proverbe : « *Il est de Chasteaudun, il entend à demy mot.* »

Le solage de Dunois est fécond, suivant les lieux qui luy servent de limites : du costé du Perche, ce ne sont que bois et forests, pasturages et estangs, capables d'élever quantité de bestail; du costé qui regarde l'Orléanois et Blésois, ce ne sont que vignes et bleds, fors vers la forest de Marchesnoir, où on veoid des arbres si antiques, qu'il semble qu'ils y soyent de la création du monde. Aussy ce pays n'a garde qu'il ne soit fertile, estant arrosé de rivières et ruisseaux qui luy causent ceste fécondité.

Le Loir passe au pied de la ville, et, se fendant en deux, faict une isle appelée *Chamars*, comme qui dirait *Champ-de-Mars*, pour ce qu'autrefois les habitants souloient aller esbattre là à tirer à l'oyseau, s'exercer à la lutte, et faire autres exercices pour les dieux à la guerre.

La Conie, plutost marais que rivière, passe par une partie du territoire dunésien, et vient faire présent de ses eaux au Loir à Escoublanc, une lieue au dessus de Chasteaudun. J'adjouste la rivière d'Egre, laquelle, prenant son origine au dessoubs de l'estang de Verde, passe par le milieu de la forest de la Ferté-Villeneuil, et, coulant tout doucement, va rendre son hommage au Loir, avec lequel elle mesle ses eaux, au prieuré de Bouche-d'Egre, environ demie-lieue de Cloye. Il se rencontre encore au mesme pays, un petit ruisseau plutost que rivière, appelé Hierre, copieuse en truites d'une très-bonne saveur, lequel, se faisant paroistre environ demie-lieue au delà de Chasteaudun, se cache incontinent ; et, traisnant ses eaux par dessoubz terre, environ demie-lieue, paroist de rechef, et se recache, pour se montrer encores, affin de s'aller noyer dans le Loir. Les habitants du lieu l'appellent *la Rivière sèche,* pour ce que bien souvent elle demeure à sec et sans eau. Il s'y veoid de plus la fontaine de Jallans, de laquelle Raoul Bouteraye, advocat au grand-conseil du Roy, en sa description de Chasteaudun, d'où il estoit natif, en parle ainsy :

> *Est prope Jalemum, præsaga, fatidicus fons,*
> *Lympha, portendit casus qui sæpe futuros,*
> *Fæcundus, sterilisve siet, vel lætifer annus,*
> *Civicus aut mavors, sive exterus arma minatur,*
> *Non cæli nimbis, nec Orione crescit aquoso,*
> *Cumque alii arescunt, rapido despumat in æstu*
> *Sub Cane et Ætherio, aut fervente Leone tumescit.*

Je ne veux obmettre l'estang de Verde, rendu célèbre par le témoignage d'Aymoin, qui escrit qu'au temps que Childebert, roy de France, et sa femme, furent empoisonnés, les eaux d'iceluy s'eschauffèrent tellement, qu'elles jettèrent quantité de poissons tout cuits sur son bordage. Ce lac ou estang a deux grandes lieues de long et deux cent cinquante pas de large, foisonnant en poisson et gibbier. Je ne doibs aussy oublier une autre merveille du Dunois, qui est le Gouffre des Cordeliers dudict Chasteaudun, qui se veoid dans leur jardin, soubz un roc, dans lequel toutes les eaux qui descendent des lieux circonvoisins se viennent rendre et perdre, en sorte qu'on ne sçait ce qu'elles deviennent. Il arriva néamoins une telle ravine d'eaux, le 15 d'aoust 1580, sur les onze heures du soir, que l'emboucheure de ce trou n'estant assés ouverte pour les recepvoir, elles regorgèrent tellement qu'elles s'espandirent par tout le couvent, couvrirent le grand-autel de l'église et montèrent à la haulteur de plus d'une toise par le cloistre. Ce petit déluge, qui sembloit debvoir renverser ceste maison, y fit un grand dommage. Les livres d'office, faicts d'un beau vélin et richement enluminés estant dans l'église, furent entièrement gastés et perdus; les ornements d'icelle à demy pourris, les murs de l'enclos ruinés, les arbres arrachés par la violence de cest impitoyable élément, qui tint les religieux assiégés dans leurs dortouers et chambres, sans pouvoir estre assistés d'aucun de dehors, jusques à ce qu'elles fussent écoulées. Ce qui est arrivé plusieurs fois du depuis, sçavoir : le dernier novembre 1609; le 3 décembre 1612, sur les onze heures du soir; en 1626, sur les neuf heures après midy, un sabmedy dans l'Octave de l'Ascension; le 7 juillet 1635, où l'eau fut à la hauteur d'un homme dans l'église, où elle fit un dégast nompareil. Mais la plus grande inondation qui se soit veue en ce lieu fut le 15 janvier 1651, où, sur le soir dudict jour, qui estoit un dimanche, l'eau entra jusques à la hauteur de deux pieds dans l'église et augmenta de telle sorte, la nuict d'entre le lundy et le mardy suivant, qu'elle avoit huict pieds de hauteur, et les couvertures du cloistre baignoient un pied dedans.

Je pourrois rapporter plusieurs autres particularités qui se trouvent dans le Dunois; mais mon premier dessain n'estant que de traicter en passant de ce qui se rencontre de plus remarquable dans le diocèse, je laisse à en faire une plus exacte recherche à quelqu'un du pays qui aura plus de congnoissance et de meilleurs mémoires que moy.

CHAPITRE IX.

Du Perche-Gouet et Cinq-Baronies, Grand-Perche, Terre-Françoise, Terres-Démembrées et autres.

Après le Dunois vient le bas et hault Perche, dont le premier est ordinairement appellé le Perche-Gouet, du nom de Guillaume Gouet, père et fils, anciens seigneurs d'iceluy. Il est composé pour la pluspart des baronies d'Authon, la Bazoche-Gouet, ainsy nommée pour la distinguer de deux autres de mesme nom ; Montmiral, Brou et Alluie, érigé à présent en Marquizat, toutes lesquelles baronies, à cause qu'elles sont cinq en nombre, sont dictes communément *les Cinq-Baronies*, et relèvent de l'évesque de Chartres, à cause de sa baronie de Pontgoen. Son étendue n'est pas grande, partie étant dans l'archidiaconé de Dunois, partie dans celuy de Chartres, et partie du costé d'Authon en l'archidiaconé de Monfort et doyenné de la Ferté-Besnard, en l'église du Mans.

Comme la pluspart dépendoit pour le spirituel du diocèse de Chartres, le total en dépendoit aussy pour le temporel, et les habitants desdites Cinq-Baronies y relevoient les appellations de leurs juges. Mais les évesques et le Chapitre de la cathédrale de Chartres et autres, tant ecclésiastiques que nobles, aiant tousjours eu de grands démeslés pour leurs seigneuries et justices avec les comtes d'icelle ville et leurs officiers, qui entreprenoient sur leur juridiction et faisoient ce qu'ils pouvoient pour la leur faire perdre, ils obtinrent, pour se maintenir contre leurs efforts, lettres des roys de France, attributives de ressort, addressantes aux juges royaux les plus proches, pour congnoistre de leurs différends et de ceux de leurs vassaux et sujets, sans qu'ils fussent obligés de procéder pardevant les officiers du comte de Chartres, ni les recongnoistre pour leurs juges, n'estant juste ni raisonnable qu'aucun soit juge dans sa propre cause. C'est pourquoy les uns et les autres ont été renvoiés, tantôt pardevant le prévost de Paris, en son siége de Poissy, tantôt pardevant le bailli d'Orléans, au siége particulier de Janville, ou bien pardevant celuy de Gisors, ainsy qu'il plairoit aux parties le demander, et procéder devant eux.

Cela se veoid par certaines lettres du roy Philippes, de l'an 1286, addressant au bailly de Gisors ou son lieutenant à Chartres, touchant la juridiction de Champfol, rendue contentieuse aux religieux de Saint-Père-en-Vallée dudit lieu par les officiers du comte, et par autres actes qui se trouvent au Thrésor des papiers du Chapitre de la cathédrale de ladite ville, des années 1299; du lundy d'après la feste de saint Martin d'esté de 1300; le lundy d'après la Décollation de S. Jean de l'an 1301; le jeudy d'après la Pentecoste, le Chapitre de Chartres fut assigné pardevant le bailly d'Orléans ou son lieutenant à Janville. En 1310, le jeudy d'après les Brandons, il fut encore assigné en cas d'appel audit Janville, à la requeste de M*re* Jean le Drouais, seigneur de Tachainville. Aux actes capitulaires de ladite église de Chartres de l'année 1314, le sieur de Courville fit donner assignation audit Chapitre pardevant le mesme juge. En 1319, Tassin de la Place, sergent du bailly de Gisors, bailla main-levée audit Chapitre de la saisie de son temporel. En la mesme année, je trouve encore, és dits regitres, une commission donnée par Nicolas Trouillard, prévost de Janville, le mardy d'après les Brandons, par laquelle est mandé à Jean Colrouge, sergent du baillage d'Orléans, d'ajourner les doyen, chanoines et Chapitre de Chartres, à compároir audit lieu pardevant ledit bailly d'Orléans, à Janville, au jeudy d'après *Lætare Jerusalem*; et, en 1322, le mercredy d'après la sainte Luce, ils sont encore assignés à comparoir à Gallardon, pardevant Jean Magni, lieutenant dudit bailly à Janville, d'où il appert que l'Évesque et Chapitre de Chartres, autres ecclésiastiques et nobles procédoient indifféremment pardevant les juges de Gisors et Janville, qui, pour ce, avoient des lieutenants à Chartres, ce qui se veoid dans les Cartulaires qui sont en la Chambre des comptes de l'église dudit Chartres, touchant Barjouville, ausquels est une commission du bailly d'Orléans, adressant à son lieutenant qui demeuroit à Chartres, en datte du 3 décembre 1332. Du depuis les évesques rescongneurent le bailly de Chartres, comme il se veoid par certain exploit qui est entre les papiers desdits sieurs évesques; du lundy 28 d'aoust 1465, donné par Chamaud, sergent royal, en vertu des lettres de *Committimus*, octroiées audit Chartres, le 26 may 1464, à l'encontre de Regnauld Menard, prévost royal audit lieu, par lequel exploit est porté, entre autres choses, que l'évesque avoit accepté le ressort de sa justice à Poissy, puis à Janville, jusques à ce que le duché d'Orléans fût baillé par le roy de France Charles VI, à Louis, comte de Valois, son frère, que Jean de Montagu, évesque dudit Chartres, qui estoit en crédit chez le roy, choisit de ressortir à Chartres ; ce qui luy auroit esté confirmé par le Roy et vérifié au Parlement de Paris. Ensuite de quoy se veoient plusieurs appellations des Cinq-Baronies relevées pardevant le bailly de Chartres, ès années 1474, jusques en 1478 ; voire, il s'en trouve de la justice de Brou, en 1483, pardevant le chambrier de l'évesque, nonobstant un arrest du 18 mai 1471, par lequel le comte du Maine et du Perche fut condamné aux dépens envers le duc d'Orléans, qui fut maintenu en la possession du ressort des Cinq-Baronies, en son siège particulier de Janville.

Quoyque la grâce fust non-seulement pour l'évesque, mais encores pour ses vassaux, néamoins les officiers de Janville, ausquels il faschoit de démordre et perdre une des meilleures pièces qu'ils aient, ont toujours tâché de se le conserver. Ce qu'ils ont si bien fait que, nonobstant tout ce qu'ont peu faire ou dire les officiers de Chartres, ils obtinrent arrest contre eux, le 20 décembre 1552 ; à l'exécution duquel les juges et conseillers dudit Chartres s'estant pourveus par appel contre la sentence de Mre Alain Chenu, lieutenant du bailliage d'Orléans, au siège de Loris, exécuteur d'iceluy arrest, et Me Aignan le Forestier, lieutenant dudit bailliage au siège de Janville, obtint arrest du 22 février 1553, M^e Le Maître tenant l'audience, par lequel toutes les appellations et ce dont avoit été appellé, furent mises au néant sans amende et sans despens, et au principal les parties appointées au conseil, et cependant, par provision, les Cinq-Baronies et l'abbaïe de Bonneval furent adjugées audit siège de Janville, nonobstant que, par le procès-verbal de l'exécution de l'édit des Présidiaux, fait par Me Jean Belot, conseiller en parlement, au mois de mai dudit an 1552, les sujets des Cinq-Baronies et de l'abbaïe de Bonneval eussent consenti ressortir à Chartres ; c'est pourquoy ceux de Chartres aiant renouvellé cest affaire, la Cour, par son arrest du 3 mars 1602, déclara que lesdites Cinq-Baronies et justice temporelle de l'abbaïe de Bonneval étoient, tant en première instance en cas royaux, qu'ès cas d'appel, du ressort et justice de Janville, siége particulier d'Orléans, et que la jurisdiction et cognoissance de tous procès et différends d'entre les habitans desdites Cinq-Baronies et sujets de l'abbaïe de Bonneval appartiendroient, audit cas, au lieutenant particulier dudit siége de Janville, et que les appellations interjettées par les sujets desdites baronies et abbaïe de Bonneval, des sentences et jugements donnés par ledit lieutenant de Janville, ressortiroient, en cas de l'édit, pardevant les juges présidiaux de Chartres, suivant la déclaration du roy du 12 septembre 1552, ce qui s'est observé jusques à présent; combien que sur la plainte rendue par les barons desdites Cinq-Baronies et leurs vassaux, aux états de l'an 1614 (1), il eut esté arresté en chambre de la noblesse, que le roy seroit supplié de dispenser les habitans des Cinq-Baronies et de la justice temporelle de l'abbaye de Bonneval, de la justice de Janville, et qu'ils ne recongnoitroient plus autres siéges royaux que celuy de Chartres.

Ces Cinq-Baronies ont autrefois appartenu à une seule personne, comme du tems de Guillaume Gouët, père et fils, qui leur ont donné le nom de Perche-Gouët, et depuis Robert de Flandres; mais aiant esté séparées et disjoinctes en diverses portions et étant tombées en d'autres familles, j'ay creu ne devoir m'arrester à déduire ceux qui les ont tenues, ce que je pourrai pourtant faire ailleurs pour le regard d'Alluie et Montmiral, des seigneurs desquelles sont descendus des empereurs et des roys.

Quand au Grand-Perche, il est de fort grande estendue, commençant à Verneuil et finissant à la Ferté-Besnard. Il comprend en son circuit les villes et bourgs de Mortagne, Belesme, Mamers, Mauves, La Perrière, Fueillet, Condé-sur-Huine, Nogent-le-Rotrou, Ceton, Regmalard et quelques autres qui sont, partie dans le diocèse de Chartres, partie dans celuy du Maine, partie dans celuy d'Evreux et de Séez. Quelques-uns l'ont étendu plus loin et l'ont fait voisin de la Bretaigne-Armorique, prenant les *Unelliens* pour les *Percherons*, qu'ils ont colloqués près la mer des Bretons. Marlian les nombre entre les Celtes qui avoisinent l'Océan, près des Angevins, de ceux de Vannes, de Lantriguier,

---

(1) *Mém. de M. des Essars.*

Cornouaille, Rennes, Séez, Évreux, Lisieux, Rouen, etc. En quoy il n'y a apparence quelconque, le Grand-Perche estant restraint entre le Maine, la Normandie, le Perche-Gouet et le Chartrain.

Si on veut le considérer comme il est de présent, il est divisé en trois portions, sçavoir : en Grand-Perche, Terre-Françoise et Terres-Démembrées, qu'on confond avec ceste seconde.

Les Terres-Françoises sont un petit ressort dans lequel est située la Tour Grise de Verneuil, séparée de la ville et de la Normandie par la rivière d'Avre, et duquel dépendent quelques parroisses qui vont jusques à Chesnebrun dans le diocèse d'Evreux, et dans l'élection dudit Verneuil, dont les appellations des officiers royaux, qui prennent qualité de bailly et lieutenant de la Tour Grise de Verneuil et Ressort-François, ressortissent, en cas de l'édit, au Présidial de Chartres, par déclaration du roy du mois de mars 1551, et de là au Parlement de Paris et non à celuy de Rouen.

Les Terres-Démembrées sont Chasteauneuf-en-Thimerais, Senonches, Bresoles et Chamrond, qui font un grand païs, lequel fut distrait il y a lontemps du Grand-Perche, bien que j'ai leu qu'il y avoit des seigneurs particuliers, en quelques uns d'iceux, dès auparavant l'an 1000. Les descendants desquels les aiant vendues, elles ne se sont trouvées unies qu'ès seigneurs de Chasteauneuf et ducs d'Alençon, par le moyen desquels elles seroient venues, partie au roy Henry le Grand, partie à messire Ludovic, prince de Mantoue et duc de Nevers.

Dès l'an 1293, le roy Philippes le Bel en donna partie à Charles de Valois, son frère, avec la comté de Chartres; après la mort duquel comte, arrivée au bourg de Patai-en-Beausse, en 1325, Philippes, Charles et Louis, ses enfans, partagèrent, en 1326, sa succession et celle de leurs mères, n'estant tous trois d'un mesme lict. Audit Philippes escheurent tous les biens, moïennant dix mille livres d'assiette de terre, de la monnoie lors courante, qu'il devoit bailler à son frère Charles; en contréchange de quoi, il lui bailla la comté et chastellenie d'Alençon, les chastellenies d'Essai, la vicomté de Toun et les terres de Cotentin, pour l'estimation de 5,404 livres 17 sols 6 deniers de rente, avec les chastellenies de Moulins et Bons-Moulins, pour l'estimation de 2,019 livres 9 sols de rente, ensemble les chastellenies de Mortagne et de Mauves, pour l'estimation de 1,887 livres 14 sols 8 deniers de rente, avec la forest de Belesme et autres rentes, sur le Thrésor de Paris, desquelles ledit Charles fut mis en possession.

Louis, leur frère, d'un troisiesme lict, estant peu après allé de vie à trépas, le 2 novembre 1329, Philippes et Charles, ses frères, partagèrent sa succession en 1335 : il avoit eu dans son lod de la succession de son père, le comté de Chartres et partie des seigneuries de Chasteauneuf-en-Thimerais et Senonches, avec celles de Chamrond, Verneuil et autres domaines, jusques à 9,000 livres en assiette de terre, de monnaie courante. J'ai dit, partie de Chasteauneuf et Senonches, pour ce que je trouve que Simon de Dreux y avoit quelque portion en 1330, et que Chasteauneuf fut acquis du depuis, par Pierre d'Alençon, de Jean de Ponteaudemer, chevalier, et de Philippes de Dreux, sa femme (1), du côté de laquelle elle venoit, et de Robert de Ponteaudemer, leur fils, moïennant 1,240 francs d'or; ainsy qu'il se veoid par le contract de ce, fait et passé pardevant Foucauld et Aubin, notaires au Chastelet de Paris, le 28 août 1370. Je trouve davantage dans l'inventaire des titres du Roy, concernant la Normandie (2), que Hervé de Lionne, chevalier, avoit cédé par échange, au roi Philippes III, dès l'an 1382, tout le droit qu'il avoit ès terres de Chasteauneuf et Senonches, et que Philippes de Valois, comme fils aisné de Charles, retint la comté de Chartres et autres terres, et bailla à son frère Charles 4,500 livres de rente, pour l'assignat de laquelle et pour rescompense de la terre de Courpotain, il lui laissa Verneuil avec ses appartenances, sans y comprendre Breteuil, Chasteauneuf, Senonches, Chamrond, Saint-Escolasse, Clapion et leurs appartenances, Belon le Trichard et Ceton et leurs appartenances, les fiefs et arrières-fiefs, avec le ressort de Nogent-le-Rotrou et leurs appartenances, pour les tenir en pairie (3), dont ledict Charles jouit jusques à son décedz, et assigna sur lesdites terres et fiefs de Nogent, le douaire de dame Marie d'Espagne, sa femme, ainsy qu'il se veoid par les lettres du roy Philippes de

---

(1) Invent. des tiltres de la maison d'Alençon, fait le 6 janvier 1526. — (2) En la Laiette de Neuchastel, nombre 6. — (3) Invent. des tiltres de la maison d'Alençon, lettres F et P.

Valois à elle données, au mois de décembre 1336, confirmatives dudict assignat. Après le trespas dudict Charles, Pierre, Robert et autres ses enfants les possédèrent, comme il se recongnoît par le partage fait entre lesdits Pierre et Robert, le 20 janvier 1367. Les comtés d'Alençon, Fougères et Domfront, les villes et chasteaux, chastellenies et terres de Verneuil, Chasteauneuf-en-Thimerais, Senonches, Bresoles et leurs appartenances escheurent audict Pierre, duquel elles passèrent à Jean Ier, duc d'Alençon, son fils, qui les laissa au sien du mesme nom, lequel, aiant forfait contre le roy Charles VII, fut, par arrest donné à Vendôme, le 10 octobre 1458, condamné à mort, et ses biens confisqués. Le roy ne laissa à René, fils dudict Jean, que le comté du Perche et lesdictes terres de Chasteauneuf, Senonches, Bresoles et Chamrond, avec leurs appartenances et dépendances, sans aucune dignité ni prérogative de pairie, avec laquelle son père les tenoit. Sa Majesté se réserva par cest arrest la foy et hommage de Nogent-le-Rotrou, qui appartenoit au comte du Maine, du côté de sa femme, laquelle il relevoit dudict duc à cause de son comté du Perche. Le roi aiant commué la peine de mort dudict Jean en une prison perpétuelle, il l'envoya dans la Tour de Loches, pour y passer le reste de ses jours, mais Louis XI, estant parvenu à la couronne, l'en mit dehors et le rétablit en ses droits et honneurs, et en tous ses biens, terres, seigneuries et hommages, non obstant qu'ils eussent esté unis et incorporés au domaine et patrimoine de la Couronne, par ses lettres de l'onziesme octobre 1461 (1). Ce duc s'estant rendu mécongnoissant de ceste grâce, et comme il estoit d'un naturel changeant et volage, s'estant laissé emporter à une entreprinse contre son libérateur et souverain, il fut derechef logé dans la mesme Tour de Loches, et depuis au Louvre, où, par arrest du 14 juillet 1474, il fut déclaré criminel de lèse-majesté, condamné à perdre la vie, tous ses biens confisqués au Roy, au bon plaisir duquel l'exécution fut réservée, comme s'agissant d'un prince issu du sang des rois de France. Il eut la vie sauve par la grâce que lui fit le roy, qui rendit audict René, en octobre 1483, toutes les terres et possessions de son père, qui les transmit à Charles, son fils, lequel estant décédé à Lion,

---

(1) Invent. des tiltres de la maison d'Alençon, lettres RR.

sans enfants, l'onzième d'avril 1525 (1), le roy François Ier fit saisir les duchés d'Alençon et comté du Perche, avec autres terres, prétendant que le tout étoit revenu à la Couronne, faute d'hoirs masles.

Dame Françoise d'Alençon, duchesse de Beaumont, fille aisnée et héritière de feu René, duc d'Alençon, et de Marguerite de Lorraine, sa femme, lors espouze de Charles de Bourbon, premier duc de Vendosme, et dame Anne d'Alençon, sa sœur, femme de Guillaume Paléologue, VIIIe du nom et XXIIe marquis de Montferrat (2), issu d'Andronic Paléologue, dict le *Vieil*, Empereur de Constantinople, s'opposèrent à la saisie faite par le Roy, soutenant n'avoir peu estre troublées, suivant la loi générale du royaume, qui veut que le mort saisit le vif son plus habile à succéder, et que si Sa Majesté prétendoit quelque droit en la succession de Charles, leur frère, il devoit y venir par simple action, les duchés d'Alençon et comté du Perche n'aiant point esté baillées en apanage, mais en absolue propriété, que les terres de Chasteauneuf-en-Thimerais, Senonches, Bresoles, la Bazoche, Chamrond et autres terres acquises par les ducs d'Alençon et comtes du Perche, ne pouvoient en tous cas estre reversibles à la Couronne, n'en aiant esté distraites, ni réputées unies à l'apanage, supposé qu'il y en eust aucun.

Le Procureur-général insistoit au contraire et soutenoit que le roy estant souverain en ses états, on ne pouvoit se pourvoir contre luy en complainte, qu'estant constant qu'Alençon et le Perche avoient esté donnés en apanage, on ne pouvoit révoquer en doubte leur retour à la Couronne, et que les terres de Chasteauneuf et autres aiant esté joinctes à l'ancien domaine du Perche, elles estoient censées et réputées de mesme nature et qualité, et partant inaliénables du domaine de la Couronne.

La cause tint six audiences, en l'an 1526, et fut appointée au Conseil, et enfin le roi Henry II laissa, au mois de juillet 1558, au duc de Vendosme pour tout droict en ladicte succession du duc d'Alençon, la terre et baronie de Chasteauneuf et Chamrond, et à Mre Louis de Gonzague, prince de Mantoue, troisiesme fils de Frédéric de Gonzague, Ier duc dudict Mantoue, et de Mar-

---

(1) Invent. des tilt. de la maison d'Alençon, lettres GG. — (2) Ibid., lettres OOO.

guerite Paléologue, fille aisnée de ladicte Anne d'Alençon, les terres de Senonches et Bresoles, qui furent expressément distraites et séparées de ladicte baronie de Chasteauneuf, tant pour le regard de la teneur féodale, que droit de baronie dudict Chasteauneuf, sans que le seigneur, baron du lieu, y pût prétendre aucun droit, ne sur ses vassaux ou arrière-vassaux estant ès dictes terres, lesquelles ou l'une d'icelles devoient, au choix dudict prince, estre tenues et mouvoir en plain fief à une foi et hommage du roy, à cause de son chasteau du Louvre, ainsy qu'il appert par la transaction qui en fut passée à Fontainebleau, le 22 février 1563, pardevant Lermente et Langlois, notaires et tabellions royaux, et enregistrée en Parlement, le dernier janvier 1565. Depuis, ces terres furent érigées en principauté, soubs le nom de Mantoue, à condition que les appellations des sentences des juges d'icelles se releveroient mesmement en Parlement, et la congnoissance des cas royaux fut attribuée au bailli de Chartres, ce que n'aiant esté vérifié au Parlement, du vivant de Henry II, il y fut enfin enregistré soubs Charles IX, son fils, en 1565, comme dit est.

Il y eut aussy le mesme jour semblable transaction, passée pardevant les mesmes notaires et tabellions, audict Fontainebleau, pour le regard de Chasteauneuf et Chamrond, entre le roi Charles IX et Mre Nicolas d'Agues, évêque et comte de Mende, chancelier de Navarre, au nom et comme procureur de madame Jeanne d'Albret, reine de Navarre, veuve de feu Antoine de Bourbon, et le roi Henry son fils, qui depuis a esté roy de France, quatriesme du nom et deuxiesme de Navarre, et d'autant qu'il avoit esté omis par ladicte transaction que les cas royaux se releveroient pardevant le bailli de Chartres ou son lieutenant, ledict seigneur roy Charles fit une déclaration, par ses lettres données à Saint-Maur-des-Fossés le 15 juin 1566, qui fut enregistrée au Parlement, l'onziesme juillet audict an, que le bailli de Chartres, ou son lieutenant congnoistroit des cas royaux desdictes chastellenies de Chasteauneuf et de Chamrond, comme il faisoit de Senonches et Bresoles, qui faisoient partie de ladicte baronie de Chasteauneuf, nonobstant que par le contrat fait avec ladicte dame Reine, il n'en fût fait aucune mention, pour, par ledict bailli de Chartres ou son lieutenant audict siége, en congnoistre et juger, tout ainsy qu'il faisoit de ceux de ladicte baronie et Terres-Françoises, du temps du feu sieur d'Alençon, ce qui estoit de toute ancienneté, veu que, dans le Trésor des Chartes de l'abbaïe de Saint-Père-en-Vallée (1), il se trouve un acte, du mois d'aoust 1297, par lequel le bailli de Chartres et d'Alençon tient ses assizes à Chasteauneuf, ce qu'il n'eust peu faire, s'il n'y eust eu aucun pouvoir.

J'ai esté peut-estre trop long en ceste déduction, j'espère néamoins qu'elle ne sera du tout inutile, pour ce qu'on peut apprendre par icelle comment ces terres et seigneuries estoient venues en la maison d'Alençon, et d'icelle, en la maison de Navarre, et depuis de France, de Mantoue et autres.

J'estimerois que Chamrond auroit autrefois appartenu aux comtes de Chartres, pour ce que je trouve que Gautier de Chastillon, qui descendoit de ceux de ceste maison, en jouissoit en 1230, et le vendit à Enguerrand de Marigny, duc de Longueville, lequel, aiant esté condamné à mort à la sollicitation dudict Charles de Valois, il pourroit avoir esté confisqué et donné à ce prince, duquel il serait venu à ses enfants.

Parmi les Terres-Démembrées, il s'en trouve d'autres que Chasteauneuf et celles desquelles nous avons parlé ci-dessus, sans comprendre Longny, la Louppe et autres, qui relèvent de l'évesque de Chartres, comme la Ferté-Ernaud, dicte à présent la *Ferté-au-Vidame*, pour ce qu'elle a dès longtemps esté dans la famille des vidames de Chartres, ainsy que nous pourrons veoir plus amplement ailleurs.

Quand aux seigneurs de Chasteauneuf-en-Thimerais, je trouve que le premier, qui a esté comme la tige des autres, s'appeloit Gazon ou Gaston du Châtel (2), pour ce que ç'avoit esté luy qui l'avoit fait bastir proche Thimer. On l'appeloit aussy Gazon le Grand, à la différence de ses successeurs de mesme nom, et vivoit environ l'an 1059 : il eut deux enfants de Frodeline, sa femme, que j'estime avoir esté fille d'Ingulfe Riboud, seigneur de Fontaine-la-Riboud, sçavoir : Hugues et Gaston. Ce qui me porte à faire ce jugement de ce mariage est qu'il se lit, dans le Cartulaire de Saint-Père-en-Vallée de Chartres (3), qu'Albert, fils dudict Riboud, et Alix, sa femme, donnèrent l'église de Saint-

---

(1) En la fenestre de Brezolles. — (2) *Cartul. Colomb. et Sancti-Petri Carnot.* — (3) Fol. 73.

Germain de Bresoles audict monastère de Saint-Père, du consentement de Guérin et Teudon, frères dudict Albert; et encores que ledict Albert avoit trois fils, sçavoir : Hébert, Hervé et Hugues, lesquels, estant décédés sans hoirs, Hugues, fils de Gaston du Chatel, hérita dudict Albert, ainsy qu'il se peut veoir au feuillet 78 dudict Cartulaire, ce qui ne peut avoir esté qu'à cause de la mère dudict Hugues qui estoit sœur d'Albert; et ainsy Hugues du Chatel fut seigneur de Chasteauneuf, Bresoles et Senonches (1). Estant décédé sans enfants, vers l'an 1060, toutes lesdictes seigneuries vindrent à son frère

GASTON, dit *Arpedes*, lequel espouza une nommée Mabile (2), de laquelle il eut

HUGUES II, qui lui succéda et espouza aussy une Mabile, fille de Robert de Belesme (3), dont vint une seule fille, nommée pareillement

MABILE, qui fut dame des lieux ci-dessus, qu'elle porta à Gervais de la Ferté, seigneur de son chef de Frièze et Molendon, son mary, vers 1120 (4); lequel eut d'elle : Hugues qui luy succéda, Gaston, qui fut seigneur de Regmalard, à cause de Fulcarde, sa femme, fille de Paien de Regmalard, de laquelle il eut Roscelin, père de Geoffroy de Regmalard, Eremburgie, religieuse de Belomer, Ives et Isabel.

Les troisième et quatrième enfants de Gervais et Mabile furent : Robert et Maurice, moines à Coulombs, en 1122 (5), Mabile, religieuse audict Belomer, et Isabel, de laquelle je ne trouve que le nom : ce fut ce Gervais et Mabile, qui fondèrent la léproserie de Saint-Laurent dudict Chasteauneuf.

HUGUES III, leur fils aisné, leur aiant succédé, fut accordé à Marie, fille naturelle de Henry Ier, roi d'Angleterre, qu'il n'épouza pas, mais une Auberte, sœur de Waleran, comte de Mulanc (6), de laquelle il eut les six enfants suivants : Hugues, Gervais, Waleran, Jean, Robert et Marguerite. Hugues succéda à son père, en la seigneurie de Chasteauneuf; Gervais print alliance en la maison des comtes de Nevers, en espouzant Mar-

---

(1) *Cartul. Sancti-Petri*, fol. 96 et 97. — (2) *Ibid.*, fol. 100, et *Cart. Colomb.* — (3) Order. Vital, lib. IV, p. 546. Ivo Carnot., epist. 261. — (4) *Cartul. Colomb. et Josaphat, et Cartul. Bellimarii.* — (5) *Cartul. Colomb.* — (6) Order. Vit., lib. XII, p. 676. Ivo, *lib. patrum*.

guerite, sœur d'Hervé, comte dudict lieu. De Waleran, je n'en trouve que le nom, non plus que Robert; Jean estoit décédé en 1184; et Marguerite fut religieuse à Belomer, que ses père et mère avoient fondé (1). Ce fut ce Hugues, qui fit bastir le chasteau de Senonches.

HUGUES IV espouza une nommée Marie, dont j'ignore la famille.

GERVAIS II, duquel je ne trouve de lignée; et ainsy toute la seigneurie de Chasteauneuf et autres lieux remonta à son oncle

GERVAIS III, qui laissa de ladicte Marguerite, sa femme, Hugues, Hervé et Gervais (2). Il fut au voyage du Levant avec Louis, notre comte de Chartres, environ 1206, d'où il apporta, de Constantinople, le chef de S. Mathieu l'apostre, qu'il donna à l'église de Chartres et un grand morceau de la vraie Croix, dont il fit présent à l'abbaïe de Saint-Vincent-des-Bois, fondée par Hugues III, son père.

HUGUES V fut seigneur de Chasteauneuf et Brezolles, et espouza Aliénor de Dreux, fille de Robert II, comte de Dreux, et d'Iolande de Coucy; lesquels estant décédés sans hoirs, vers 1214 (3),

HERVÉ, son frère puisné, fut seigneur desdicts Chasteauneuf, Bresoles, et Gervais fut chanoine de Chartres et depuis évesque de Nevers, qui décéda en 1225. Ce Hervé espouza une nommée Alix, autres disent Marguerite, et peut-être toutes les deux, aiant esté marié deux fois.

HUGUES VI leur succéda et estoit seigneur de Chasteauneuf, Bresoles et Senonches, en 1258 et 1266 : il avoit espouzé une nommée Agnès, de laquelle il eut Girard, Jean, Pierre, Waleran et une fille mariée à Hervé de Lionne, qui, en 1282, vendirent à Philippes III, fils de S. Louis, les parts et portions qu'ils avoient en la seigneurie de Chasteauneuf et Senonches, qui vindrent puis après à Charles, son fils.

GIRARD, qui, dans les registres de la cour de Parlement de l'an 1326, est dit héritier de Hugues, et prenoit la qualité de seigneur de Chasteauneuf et bailla à ses frères Bresoles et

---

(1) *Cartul. Bellimarii*, cap. 41. — (2) *Ibid.*, cap. 40. — (3) *Invent. des chartes du Roy* (Tiltre de Normandie, layette de Dreux, nombre 12). *Cartul. Bellimarii*, cap. 36.

autres terres; car je trouve qu'en 1280, Jean estoit seigneur dudict Bresoles en partie, qu'il vendit à Gilbert de Tillières, qui s'en qualifioit seigneur en 1287 et encores en 1337. Jean, fils de ce Gilbert, vendit sa portion à Jean, son cousin, en 1345, d'où vint encores un Jean de Tillières, qui vivoit en 1362 et 1399, et estoit père de Jeanne de Tillières, femme de Guillaume de Mélicour, seigneur dudit Bresoles, en 1454 (1), desquels issit Marc de Mélicour, seigneur dudit Bresoles en partie, la Guitterie, les Brouillards et Haut-Cherrié, en 1527; lequel eut Catherine de Mélicour, mariée avec un d'Achet, d'où vint Olivier d'Achet, seigneur desdits lieux. Pierre III, fils de Hugues et Agnès, fut aussi seigneur en partie dudit Bresoles et décéda en 1304, laissant Guillaume du Chatel son fils, seigneur du Luet-Cleret, qui espouza Olive du Chatel, de laquelle il eut Hugues et Hervé, qualifiés chevaliers : de Waleran je n'en trouve rien. Ce Girard espouza une Mabile, de laquelle il eut trois filles; de l'aisnée desquelles je ne trouve le nom, la deuxième avoit nom Anne, qui fut mariée avec Richard de la Roche, et fut dame en partie de Chasteauneuf et mère d'Estienne de la Roche, père de Marguerite, et Jeanne de la Roche; la troisième dudit Girard fut Constance, femme de Girard de Longni-au-Perche.

L'aisnée dudit Girard de Chasteauneuf fut mariée avec Simon de Dreux, auquel elle porta les deux tiers de Chasteauneuf et Senonches, vers l'an 1330; et de leur mariage vindrent Jean de Dreux, seigneur de Beaussard et de Chasteauneuf et Senonches en partie, et Philippe de Dreux, aussi dame en partie desdits lieux, laquelle fut alliée avec Nicole Buchet, sieur de Musi et de l'Ouie en Normandie, cedit Du Tillet en la branche de Dreux; mais plus véritablement à Jean de Ponteaudemer, chevalier, sieur du Quesnoi, duquel elle eut Robert de Ponteaudemer, qui vendirent, comme nous l'avons dit ci-dessus, ce qu'ils avoient ausdits Chasteauneuf et Senonches.

PIERRE d'Alençon, lequel eut, de Marie de Chamaillart, fille de Guillaume, sieur d'Anthenaize et de Marie de Beaumont,

JEAN I, duc d'Alençon, qui succéda à son père dans toutes ses seigneuries, et eut de Marie de Bretagne, fille aisnée de

---

(1) Adveux des seigneurs de Tillières aux comtes d'Alençon, et autres contracts.

Jean V° du nom, duc de ladite province, et de Jeanne de Navarre, un fils de mesme nom et un bastard, nommé Pierre, brave cavalier auquel il donna Galardon.

JEAN II print alliance en la maison d'Orléans, espouzant Jeanne, fille de Louis, duc dudit Orléans, et de Valentine de Milan, laquelle, estant décédée sans enfant, il convola en secondes nopces avec Marie d'Armagnac, fille aisnée de Jean IV° du nom, comte dudit Armagnac, de laquelle il eut un seul fils

RENÉ, lequel espouza Marguerite de Lorraine, fille de Ferri, comte de Vaudemont, et d'Iolande d'Anjou, dont issirent Charles, Françoise et Anne d'Alençon, desquelles nous avons parlé ci-devant.

CHARLES, ayant succédé à son père, décéda sans hoirs, pour quoy

FRANÇOIS I, roi de France, prétendant que les terres de Châteauneuf et autres ci-dessus devoient lui appartenir par droit de réversion à la Couronne, les fit saisir, et y eut procès entre ses descendants et lesdites Françoise et Anne d'Alençon, héritières de leur frère, jusqu'en 1563, que le roi Charles IX les délaissa à Jeanne d'Albret et Henri, roi de Navarre, son fils; lequel, étant parvenu à la Couronne, on prétendit que toutes les seigneuries qu'il possédoit, lors de son avénement à icelle, devoient y estre unies, par droit de réversion : néamoins Sa Majesté en fit distraction en 1600, et engagea Chamrond au sieur de Lionne Vologer (*Jean de Vauloger*) le 6 mai audit an, pour demeurer quitte envers lui de quelques sommes de deniers qu'il lui devoit, à condition toutefois qu'il le tiendroit en foi de Sa Majesté, à cause de son chasteau de Chasteauneuf. Messire André Hurault, sieur de Maisse, y avoit part aussi; mais ledit seigneur roi le retira de leurs héritiers en 1609, pour le réunir à son domaine, pendant l'engageure de Chasteauneuf. Il en a esté détaché du depuis; le sieur comte d'Orval, de la maison de Rosni, en estant possesseur en 1642.

CHARLES de Gonzague de Clèves, duc de Nevers, aiant acquis Chasteauneuf et les autres pièces, les laissa à la princesse Marie, à présent roine de Polongne, et à la princesse Anne, femme du Palatin (Édouard), ses filles; au droit desquelles la défuncte marquise de Comblisi, dite autrement la présidente de Jambeville, estant entrée, en a laissé la jouissance, ensemble de la terre de

Maillebois, près ledit Chasteauneuf, à Monsieur d'Anville, comte de Brion, sa vie durant seulement.

Voilà tous ceux que j'ai pu recongnoitre qui ont possédé Chasteauneuf depuis Gaston le Grand, qui le fit bastir et en print le surnom qu'il laissa à sa postérité.

Je ne parle point des seigneurs de la Ferté-Ernault, autrement *au Vidame*, réservant d'en dire quelque chose, lorsque je traicterai des vidames de Chartres. Je diray seulement, pour conclure ce chapitre, que j'ai veu une procuration passée pardevant Jean Guignard, notaire roial à Chartres, le jeudy 21 febvrier 1548, par laquelle les eschevins et habitans de Chartres récusent les juges de Montfort et Houdenc, sur l'enqueste qu'ils sont prêts de faire, pour les habitans de Dreux, Chasteauneuf et Bresoles, en l'instance qui est pendante au Grand Conseil, entre eux et ceux de Belesme et lesdits de Dreux, Chasteauneuf et Bresoles, pour montrer qu'ils sont du bailliage de Chartres et anciens ressorts d'icelui, et qu'en tous édits et cas roiaux, ils ont toujours recongneu le bailli de Chartres, et non celui de Montfort auquel ils vouloient se submettre.

CHAPITRE X.

Encores du Grand-Perche qui a autrefois relevé de Chartres, de ses Comtes, des Forests qui sont en icelui, et d'où il a prins son nom, et des Rivières qui ont leur origine audit païs du Perche.

Je ne croiois pas estre si long au chapitre précédent, mais voiant que j'avois encores à traicter du Grand-Perche, j'ai creu qu'il méritoit bien son chapitre à part, et pour ce, je l'ai séparé, et d'un j'en ai fait deux. Ce païs n'a pas toujours esté soubz un mesme seigneur, mais soubz plusieurs, particulièrement soubz les Rotrous et Talvas, les premiers desquels estoient seigneurs de Nogent-le-Rotrou ; les autres de Belesme et estoient continuellement en guerre à raison des bornes et limites de leurs terres. Henri Ier, roi d'Angleterre (1), ne trouva autre expédient, pour les appaiser, qu'en confiscant Belesme sur Robert, qui en estoit seigneur, et le donnant à Rotrou qui avoit espouzé Mahault, sa fille naturelle, qu'il fit, par ce moyen, seul comte du Perche.

Je ne m'empresse point à débattre qui est la capitale de ce païs, ou Mortagne, ou Belesme, laissant à ceux dudit païs d'en faire la discussion; et bien que j'aie Mémoires et pour l'un et pour l'autre, je me restrains à Nogent, qui est dans le diocèse de Chartres et fait partie du Grand-Perche, car ceux-là se sont grandement abusés qui l'ont mis dans le Perche-Gouet, ainsi qu'il se peut voir par deux titres de l'abbaye de Tiron, rapportés par moi sur le quarante-deuxième chapitre de la *Vie de Bernard*, abbé dudit lieu : au premier desquels Rotrou, comte du Perche, et Guillaume Gouet, seigneur du Perche-Gouet, amortissant aux religieux dudit Tiron tout ce qu'ils avoient acquis ou pourroient acquérir en leurs teneures, chacun énonce celles qui lui appartenoient, sçavoir Rotrou : Belesme, Mortagne, Nogent, la Perrière, le Teil, Preaux, Mauves, Regmalard, Argenviller, Montigni, Nonvillier, la Ferrière, Riverai, Champrond et Ceton ; et Guillaume Gouet : Montmiral, Authon, Saulses, la Bazoche, Brou et Alluie; où il se veoid nettement que Nogent-le-Rotrou est comprins dans le Grand-Perche et non dans le Perche-Gouet. Par le second, Rotrou donne aux religieux dudit Tiron un muid de sel, à prendre par chacun an sur la recepte de Nogent, et leur admortit tout ce qu'ils avoient ou pourroient avoir à l'advenir par aulmosne, don ou acquest, ou en quelque autre manière que ce peust estre, en ses terres, fiefs et domaines de Belesme, Mortagne, Nogent, etc; qui monstre évidemment que Nogent-le-Rotrou est comprins dans le Grand-Perche; d'ailleurs se gouvernant suivant la coustume du Grand-Perche et non suivant celle du Perche-Gouet, c'est un préjugé que Nogent est du Grand-Perche et non du Perche-Gouet

L'erreur peut être venue de ce que l'un et l'autre Perche ayant résidé en une mesme personne, soit en tout ou en partie, voyant

---

(1) Order. Vital.

Nogent énoncé avec le Perche-Gouet, on a creu qu'il en estoit, quoique néamoins il fust du Grand-Perche. Isabeau, fille de Valeran de Luxembourg, et de Jeanne ou Bonne, fille de Robert de Bar et de Marie de France, fille du roy Jean, les a tenues ensemble, ainsy qu'il se veoid par les lettres de provision de l'office de recepveur de Nogent-le-Rotrou, par elle baillées, en 1443, à Husson Gousse, par lesquelles elle expose que, par le traicté de mariage faict entre Charles d'Anjou, comte du Mayne, fils de Louis d'Anjou, et elle, les baronies, chasteaux, seigneuries d'Aluye, Brou, Montmiral, Authon et la Bazoche-Gouet, luy avoient esté baillées, avec les chasteaux, chastellenies, terres et seigneuries de Nogent-le-Rotrou, Molandon, la Ferrière, Montigny, Nonvillier et Riveray; auquel énoncé elle distingue Nogent-le-Rotrou d'avec le Perche-Gouet, comme estant seigneuries distinctes, relevant de deux divers seigneurs, sçavoir : le Perche-Gouet, de l'évesque de Chartres; et Nogent, autrefois des comtes dudit Chartres, et puis de ceux d'Alençon par attribution, et à présent du Roy.

Bry (livre Ier de son *Histoire du Perche et d'Alençon*, chap. 2), nie absolument que le Perche aye autrefois relevé du comté de Chartres; et, sur la fin du dernier chapitre du IIIe livre, il doubte que Nogent-le-Rotrou en aye dépendu. Quoy que c'en soit du Perche en général, il est trop clair que Nogent en relevoit, pour le nier, et trop certain pour en doubter. Il demeure d'accord d'avoir veu des tiltres, qui peuvent estre ceux de la fondation du doyenné de Saint-Denys audit lieu, par lesquels les comtes de Mortagne et seigneurs dudit Nogent déclarent que les dons et aulmosnes, qu'ils ont faits à ce monastère, ont esté du consentement d'Eudes, comte Palatin, et de Thibauld, comte de Champagne et de Chartres; mais il voudroit bien faire croire que ce n'estoit pas en qualité de seigneur de Nogent, qu'ils en recherchoient le consentement, mais comme vicomtes de Chasteaudun. Ce qui est une pure imagination, veu qu'il n'y a point d'apparence que les seigneurs de Nogent, voulant doter un monastère audit lieu, en eussent demandé la permission à ceux ausquels elle n'appartenoit pas, ne se pouvant prouver que Nogent aye jamais relevé de Chasteaudun ni de Blois, mais seulement de Chartres, ce qui se veoid nettement au feuillet 196 du livre appelé *Liber principum*, qui se trouve manuscrit parmy les Extraits de M. Pithou, des Droits des comtes de Champagne, qui est entre les mains de M. Du Puy, à Paris, où il est dit que : « *Joannes, Comes Carnotensis, dominus Oisiaci, et Eli-* » *sabeth, ejus uxor, Comitissa Carnotensis et domina Ambasiæ,* » *mense junii* 1227, *tenebant ex collatione G., Comitis Perti-* » *censis, consobrini dictæ Isabellis, centum libras terræ apud* » *Montigniacum-Captivum, quæ, post decessum ipsius uxoris,* » *debuerunt reverti ad Comitissam B., vel ad hæredes dicti Guil-* » *lelmi, secundum portiones quas habent in Comitatu Perticensi;* » *et ita promiserunt, quando receperunt hommagium ipsius* » *super medietatem Comitatus Perticensis.* » Duquel tiltre il appert que la moitié du Perche relevoit du comté de Chartres. Je veux bien que le comté du Perche relevast du Roy, à raison de quelques pièces dont il est composé; mais cela n'empesche pas qu'il n'y en eust quelques-unes, qui relevassent d'autres seigneurs particuliers, comme des comtes de Chartres, estant certain que le total n'a relevé du Roy que depuis que S. Louis eut acquis de Thibault, comte de Champagne, la féodalité de Chartres, ès moys de septembre et novembre de l'an 1234, pour la bailler à Pierre de France, son fils, soubz le tiltre d'Alençon, qu'il tira Nogent de la mouvance de Chartres, et l'attribua à Belesme. Ce qui se peut recongnoistre par certaines lettres du roy Philippe de Valois, données à Maubuisson-lez-Pontoise, au moys de may 1335; et encores, par autres données au Bois-de-Vincennes, 1337, au moys de juin, enregistrées au Parlement, le 22 d'aoust 1339, par lesquelles il déclare, en baillant le fief dudit Nogent à Charles, comte d'Alençon, son frère, que les fiefs et ressort dudit Nogent estoient de la mouvance de Belesme, comme ils le souloient estre du vivant de Charles de Valois, leur père, estant certain qu'auparavant ils estoient de Chartres.

Ledit Bry en demeure tacitement d'accord par le rapport qu'il faict d'une sentence donnée à Sauvigny, le 8 des calendes de juin 1107, par le pape Paschal II, entre les religieux de l'Ouye et ceux de Saint-Père-en-Vallée de Chartres, sur les prétentions que chacun d'eux avoit sur le doyenné de Saint-Denys dudit Nogent, veu que, par ladite sentence, ce Souverain Pontife expose que ce monastère estoit basty sur un lieu qui estoit du fief du comte Thibauld et d'Estienne, son fils. Parmy les tiltres de l'abbaye de Tyron, il s'en trouve un de l'an 1226, par lequel

Jean, comte de Chartres, comme seigneur du fief dominant, confirme tous les droits que Guillaume, évesque de Chaalons et comte du Perche, avoit donnés à l'abbaye d'Arcisses, qui dépendoit dudit Tyron, et Thibauld, comte de Champagne et de Brie, en accorde l'admortissement, en 1233, comme supérieur du fief; et par un tiltre des Clérets, du moys de mars audit an, le mesme seigneur prend qualité de comte du Perche. Voire après le délaissement que fit le roy Philippes de Valois à son frère dudit comté du Perche, et que par sesdites lettres patentes de l'an 1337, cy-dessus, ledit seigneur roy luy eust octroyé la congnoissance des appellations de ses juges, si est-ce que le bailly de Chartres, comme juge de la province, a tousjours eu la congnoissance, non-seulement des cas royaux, mais encores de plusieurs autres, ainsy qu'il se peut justifier par les registres du bailliage de Chartres, des années 1480 et 1481 et autres suivantes, dans lesquels se trouvent plusieurs actes et sentences concernant ledit Nogent et Regmalard, dont l'un ressort à Belesme et l'autre à Mortagne.

Que si l'on veut dire que cela pourroit estre advenu depuis l'arrest de condemnation donné à Vendosme, le 10 d'octobre 1458, contre Jean, duc d'Alençon, ensuite duquel le Roy se retint et à ses successeurs les foy et hommages, droits et debvoirs qui appartenoient audit duc, à cause de sa comté du Perche, sur Nogent-le-Rotrou, ses appartenances et dépendances, cela ne sert de rien, d'autant que, dans lesdits registres du bailliage de Chartres, il se veoid un acte pour les chanoines de Saint-Jean de Nogent, du 4 juin 1490; et le sabmedy 26 des mesmes moys et an, il s'y trouve l'entérinement d'une abolition pour Jean Clereau le jeune, les bailly, procureur-fiscal et recepveur de la seigneurie de Nogent-le-Rotrou; de plus, par sentence du 9 décembre audit an, Saint-Victor-de-Buton est déclaré estre du bailliage de Chartres, comme aussy la mestairie de la Marquehure ou Marquisure en la parroisse de Margon. En 1491, le 24 febvrier, y eust sentence au proffit de Mre François Dauvé, seigneur de la Ventrouse, contre le procureur du comte du Perche, par laquelle ledit Dauvé fut maintenu en possession de la rivière, garenne et pescherie, depuis le pont de Saint-Denys de Nogent, jusques aux moulins des Hays, en la parroisse de Maison-Maugis; de plus, le lundy 9 mars 1506 avant Paques, le bailly de

Chartres tint ses assizes dans Nogent; et, au registre de l'an 1509, le vendredi 20 juillet, il se lit que Mre Louis de Bourbon, prince de la Roche-sur-Yon, fit convenir M. Charles d'Illiers, chanoine et prévost d'Ingrey en l'église de Chartres, pour raison du retraict lignager de la terre et seigneurie de Regmalard, vendue audit d'Illiers par Mre François de Joyeuse, parent dudit de Bourbon : qui monstre qu'il falloit que Regmalard fust du bailliage de Chartres. J'adjousteray à ce que dessus que, dans les mêmes registres de la Troyne, greffier susdit, y a acte, du sabmedy 16 octobre 1507, par lequel Guillaume Bouffineau, procureur du roy au bailliage de Chartres, substitua Jean le Sueur, advocat et conseiller à Chartres, pour s'opposer à l'exécution de l'arrest de la Cour, donné au proffit de la dame duchesse d'Alençon, contre M^res Philippes et François de Luxembourg, seigneurs de Nogent-le-Rotrou, pour raison du ressort dudit Nogent, terres et lieux qui en dépendent; et quoyque, par arrest du 5 mars 1512, l'hommage et ressort dudit Nogent ayent esté déclarés estre et appartenir au comte du Perche, si est-ce que dans l'Inventaire des chartes de la maison d'Alençon, il est fait mention d'un appel d'une sentence rendue par le bailly de Chartres, ou son lieutenant extraordinaire à Belesme, le lendemain de la Saint-Martin 1516 (1). D'ailleurs, dans un roolle des villes closes estant au bailliage de Chartres et anciens ressorts d'iceluy, faict le 15 octobre 1541, signé Noël, greffier dudit bailliage, Belesme et Mortagne y sont compris; davantage, en 1539 et 1540, les nobles et les habitants du Perche baillent les déclarations de leurs terres pardevant le bailly de Chartres; et, en 1555 et autres années, les nobles sont appelés à Chartres pour le ban et arrière-ban, et ne se peut dire que le Perche aye esté éclypsé du bailliage de Chartres qu'autant qu'il a esté réuny au domaine du Roy et qu'on y a estably des juges royaux.

---

(1) Dans les registres du bailliage de Chartres se trouve un acte du 16 may 1548, par lequel il est porté qu'auparavant qu'on eust faict un siége royal à Blois, le bailliage d'iceluy dépendoit de Chartres, comme faisoit Chasteaudun et le pays de Dunois, la haulte et basse Solongne, le plat pays de Romorantin, le Grand-Perche et le Perche-Gouet, le comté de Dreux et la baronie de Chasteauneuf-en-Timerays, comme estant de l'ancien ressort du bailliage dudit Chartres. Et de faict, dans l'Inventaire des tiltres de la maison d'Alençon, y a Lettres royaux don-

Par toutes lesquelles pièces cy-dessus, il se prouve nettement que le Perche relevoit de Chartres, sinon pour le tout, à tout le moins en partie, et que ce n'a point esté par une usurpation de Thibauld, comte de Champagne, ni de sa mère, comme le dit Bry, sur la fin de son IIIe livre de son *Histoire du Perche*, prétendant que le comté dudit Perche dépendist d'eux; car ce n'estoit point une simple prétention, mais une pure vérité, ce droit leur estant acquis sur cette partie du Perche dans laquelle le Nogentois est comprins, dès le temps de Thibauld le Tricheur, comte du Perche et de Chartres, qu'il donna à Rampon, d'où sont yssus les comtes du Perche, le vicomté de Chasteaudun et la seigneurie de Nogent en propriété, s'en estant seulement réservé la mouvance, ce qui se recongnoit par le *Livre des fiefs du Comté de Champagne*, qui porte expressément que *Comes Carnotensis et Blesensis tenet Comitatum cum omnibus feodis eisdem appendentibus a Comite Campaniæ, et est suus homo ligius et Casteldun, et La Ferte-Villenueil*, etc. Et quelque peu plus bas : *Dominus de Sancto-Aniano tenet Sanctum-Anianum et Collem, et Remorantin, et Vestan à Ludovico Comite de honore de Blesis, et Comes Ludovicus tenet hoc a Domino Campaniæ, et* Nogentum-*le-Rotrou, similiter et Bray*. » Cela se veoid encores dans l'Inventaire des tiltres du roy (soubz le tiltre de Champagne 6 nombre 33) qui sont lettres de Rotrou de Montfort, du moys d'apvril 1226, par lesquelles il s'oblige envers Blanche, comtesse de Champagne, de tenir d'elle ce qui luy estoit escheu de la succession de Guillaume, comte du Perche, mouvant du comte de Chartres; et au feuillet 283 du livre manuscrit allégué cy-dessus soubz le tiltre de *Liber Principum*, il est dict que Geoffroy, vicomte de Chasteaudun, debvoit tenir de la comtesse de Champagne ce qui lui estoit escheu du comté du Perche et ses appartenances pour ce qui mouvoit du comté de Chartres, à la charge qu'elle payeroit le rachapt audit comte; et au feuillet 463 dudit livre, il est porté que *Anno*

---

nées à Paris le 14 mars 1494, par lesquelles il est mandé de permettre à la duchesse d'Alençon, comme garde du duc son fils, de faire la couppe du bois, vendition et bail à rente ès forests assizes à Chasteauneuf, Chamroud et Senonches, jusques à demi-lieue, s'il appert que ce soit le profit dudit seigneur et autres enfants.

1226, *Hamericus de Castro-Erardi, Alix de Fractavalle, Hugo de Feritate-Bernardi promiserunt, per fidem suam, quod tenebunt a Comitissa [Campaniæ] quidquid sibi eveniet ex excasura comitatus Perticensis, quod sit de Comitatu Carnotensi.* Peut-on appeler un droit qui est deub, usurpation? Et après tant de preuves, peut-on nier que le Perche, soit pour le total, ou en partie, aye relevé de Chartres? Ce qui pourroit avoir été le sujet pour lequel, par l'édict des Présidiaux, Nogent-le-Rotrou auroit esté attribué à Chartres, non pour en estre plus proche que du Mans, mais pour ce qu'il en avoit autrefois esté distrait.

Quand aux seigneurs qui ont possédé Nogent, nous en avons rapporté une partie au chapitre VIII précédent, traictant des vicomtes de Chasteaudun, veu que ce n'est qu'une mesme famille avec lesdits seigneurs de Nogent, dont Rampon a faict la souche: de luy issit

GEOFFROI I, qui eut d'Hermengarde, sa femme, Hugues, Geofroy et Rotrou.

HUGUES I succéda à son père et espouza une Hildegarde, de laquelle il eut un fils nommé

GEOFROY II, qui eut, d'une nommée Melisende ou Milesende,

GEOFROY III, qui s'allia avec une Helvise et fondèrent le Doyenné de Saint-Denis de Nogent-le-Rotrou; de leur mariage issirent Rotrou et Geofroy, qui se voyent signés dans l'acte de ladite fondation.

ROTROU I succéda à son père en la seigneurie de Nogent, qui fut appelé le *Rotrou*, à cause de luy, pour le distinguer d'avec plusieurs autres de mesme nom en France. De plusieurs enfants qu'il eut, lesquels nous avons rapportés audit chapitre VIII,

GEOFROY IV, son aisné, lui succéda en la seigneurie de Nogent et comté de Mortagne, et espouza, dict Orderic Vital (1), une Béatrix de Rochefort, qu'autres appellent de Roucy; de laquelle il eut Rotrou, que le mesme Orderic escript avoir esté leur seul et unique fils, ce qui se doibt entendre pour les masles seulement, veu qu'ils eurent encores trois filles, sçavoir: Marguerite, femme de Henry de Meulanc, comte de Warwuik (2) en Angleterre, qui en eut Roger et Robert de Neubourg; Ju-

---

(1) Order. Vit., lib. XIII, *Initio*. — (2) Id., lib. VIII.

liane, que Rotrou, par plusieurs titres de Saint-Denis de Nogent et de Tiron, appelle sa sœur, et dans la Vie de Bernard, abbé de ce dernier monastère, est dite fille de Béatrix, et par ainsy sœur de Rotrou (1); elle fut mariée à Gilbert de l'Aigle, desquels issirent : Richer, qui fut seigneur dudit lieu; Gilbert et deux autres nommés Geofroy et Engenufle, qui furent noyés passant en Angleterre, en 1119, avec Guillaume Adelin, fils unique de Henry I, roy d'Angleterre; ausquels quelques-uns adjoutent Rotrou, archidiacre d'Evreux et depuis archevesque de Rouen; mais en cela ils se trompent, ce Rotrou estant fils desdits Henry de Warwuik et de Marguerite du Perche; la troisiesme fille fut Margeline, ainsy appelée pour la distinguer d'avec ladite Marguerite, sa sœur. Rotrou, son frère, la maria avec Garsias, roy de Navarre, d'où vindrent Sanchez, roy dudit royaume, et Marguerite, femme de Guillaume, roy de Sicile; et dudit Sanchez, Blanche, comtesse de Champagne, de laquelle nous avons parlé cy-dessus, et Berengère, femme de Richard, roy d'Angleterre, ainsy qu'il se veoid par une descente (*généalogie*) baillée par Guillaume, comte du Perche, qui est insérée dans les extraits du feu sieur Pithou, à laquelle je défère plutôt qu'à tout autre témoignage.

ROTROU II succéda à son père en son comté du Perche, estant encores en son voyage de Hiérusalem, ainsy qu'il se veoid dans le Cartulaire de Saint-Denys de Nogent, et dans ledit Orderic (2). Il fut marié deux fois, la première avec Mahauld ou Matilde, fille naturelle de Henry I, roy d'Angleterre, qui, en considération de ce mariage, luy donna Belesme, qu'il avoit confisqué sur Robert, comte du lieu (3), par lequel moyen il fut seul comte du Perche; il n'eut qu'une fille de ceste femme, qui fut noyée en 1119, en ce signalé naufrage, où presque toute la fleur de la noblesse de France se perdit un jour de sainte Catherine; il maria ceste fille, nommée Philippes, à Hélie, second fils du comte d'Anjou, qui fut roy de Hiérusalem (4). Depuis il se remaria avec Hauvise ou Halvise, sœur du comte Patrice, anglois, de laquelle il eut Rotrou, Etienne et Geofroy, et après

---

(1) *Cartul. Tyron.*, ch. IV, et Sancti-Dion. Novig., *In Carta molend. de Levevilla.* — (2) Lib. XIII. — (3) Order. Vital, lib. II. — (4) Willel. Tyr., lib. XIV, ch. 1.

son décéds, qui arriva en 1143, devant une tour de la ville de Rouen, qu'il tenoit assiégée, le roy Louis le Jeune maria sa veufve avec Robert, comte de Dreux, son frère (1), lequel, pour ce sujet, se trouve quelquefois chez les historiens appellé comte du Perche.

ROTROU III succéda à son père et espouza Mathilde, sœur de Thibauld, comte de Chartres et de Blois; de laquelle il eut Geofroy, Henry, vicomte de Mortagne, qui eut d'une Georgie, sa femme, Hugues et Adélaïde ou Alix, que je trouve estre tous décédés devant leur ayeul Thibauld, duquel je ne trouve que le nom dans un tiltre de l'église de Chartres (2), touchant le droit de giste, que les comtes du Perche avoient au village de Grandhoux, que Geofroy cy-dessus quitte et remet au Chapitre d'icelle, du consentement de ses frères Estienne, Rotrou, Thibauld et Guillaume. Estienne prend la qualité de *Miles*, qui, selon le temps, vouloit dire Chevalier, par un tiltre de la mesme église de l'an 1202, par lequel il confirme le don que faict Jean de Frièze, aussy chevalier, à ladite église, de la justice qu'il pouvoit avoir sur la terre du Chapitre de Chartres, et outre, donne, pour faire son anniversaire en ladite église de Chartres, cinquante sols à prendre après son décéds sur le revenu de Longvillier. Depuis il fut en Sicile, au mandement de Marguerite, sa cousine, reyne dudit royaume, qui le fit son chancelier et évesque de Palerme. Mais les Siliciens estant révoltés contre leur reyne, il fut contraint de quitter le païs et se retirer en Hiérusalem, où il mourut en 1167, et fut inhumé dans le chapitre de la Patriarchale (3). Ce qui ne peut convenir au temps de cet Estienne, sinon que s'en fust un autre, oncle de cestuy-cy dont nous parlons. Rotrou fut premièrement thrésorier de Saint-Martin de Tours, et depuis évesque de Chaalons en Champagne. Guillaume fut chanoine et prévost en l'église de Chartres, et évesque dudit Chaalons en 1202, après son frère. Il y avoit de plus une fille, nommée Oraine, laquelle fut religieuse à Belomer, ainsy qu'il se veoid dans le Cartulaire de ladite maison (4).

GEOFROY III fut comte du Perche après son père, et espouza

---

(1) *Chron. Norm.* — (2) *Cartul. Carnot. eccl.*, carta 88. — (3) Guill. Tyr., ch. 19. Hugo Faloand. *Fazelli de reb. Siculis*, lib. VII, post. dimid., ch. 5. — (4) Chap. VII.

une Matilde ou Mahault, comme il se veoid par un tiltre de l'église de Chartres de l'an 1202, par lequel ceste Matilde donne soixante sols, monnoye d'Anjou, pour son anniversaire, et pareille somme, et de la mesme monnoye, pour celuy de Geofroy, son mary, à prendre sur la ferme de Marchéville, acquise par eux, constant leur mariage, payable au jour de la Purification; ce don faict du consentement de Thomas, leur fils, et d'Estienne, frère de sondit mary. Ils donnèrent le commencement à l'abbaye des Clérets, que leur dit fils acheva.

THOMAS succéda à son père et espouza une nommée Hélisende, ainsy qu'il se lit dans le Cartulaire dudit Belomer (1), en certain tiltre, par lequel elle assigne aux religieuses dudit monastère cinquante sols tournois de rente, payable par chacun an, au jour de saint Remy, sur la Prévosté de Mauves, pour faire son anniversaire et dudit Thomas, à condition toutesfois que Havoise de Saint-Hélier, religieuse audit lieu, en jouiroit sa vie durant, ce que Guillaume, comte du Perche, qui avoit succédé audit Thomas, son nepveu, confirma au mois de mars 1220 (2); et d'autant que dans la lettre de confirmation il appelle ce Thomas et Hélisende, ses nepveux, quelques-uns ont voulu dire qu'icelle Hélisende estoit sœur et non femme dudit Thomas, qu'ils veulent fort mal à-propos n'avoir esté jamais marié, et disent que ceste Hélisende mourut fort jeune, estant près de la reyne de France, ce qui est contre la vérité de l'histoire. Ceste femme s'estant remariée après la mort dudit Thomas, en l'an 1225, avec Garnier de Triangle, seigneur de Marigny, et néamoins ne laissoit, douairière du Perche, de prendre la qualité de comtesse dudit Perche. Que si elle eust esté sœur et non femme dudit Thomas, elle eust exclu ledit Guillaume de la succession de son nepveu, comme plus proche que luy. Que s'il appelle Hélisende sa niepce, c'est à cause de l'alliance qu'elle avoit avec son nepveu, et non pour ce que véritablement elle fust sa niepce. Thomas ayant esté tué en une bataille près Lincolne en Angleterre, en 1217, sans avoir laissé de lignée (3),

GUILLAUME, dernier masle des comtes du Perche, lui succéda en ladite comté, laquelle fut partagée après son décés entre

---

(1) *Cartul. Bel.*, ch. 22. — (2) *Ibid.*, ch. 23. — (3) Matth. Paris, *ad an.* 1217.

plusieurs cohéritiers. Ils se trouvent tous dénommés, tant dans les tiltres du Thrésor du Roy, soubz le tiltre de Champagne, que dans le Cartulaire de Champagne et extraicts qui en ont esté faicts par le feu sieur Pithou. Blanche, comtesse de Champagne, et Bérengère, sa sœur, veufve de Richard, roy d'Angleterre, y sont dénommées les premières; Rotrou, seigneur de Montfort, dict le *Rotrou*, au Mayne; Geofroy, vicomte de Chasteaudun; Alix de Freteval; Aymeri de Chastelerault; Jamet ou Jacques de Chasteaugontier en Anjou; Raoul, vicomte de Beaumont et de Sainte-Suzanne; Hervé de Gallardon et Alix, sa femme; Hugues de la Ferté-Bernard; Ela d'Almenesches, sœur de Robert, comte d'Alençon; Amaury, qu'autres appellent Maurice, de Craon; Robert Malet, et encores d'autres : les degrés de parenté, desquels je laisse à rechercher aux plus curieux, me contentant d'en parler seulement en passant, en ce qui peut concerner l'histoire générale du pays.

JAMET ou JACQUES de Chasteaugontier, fils d'Alard, seigneur dudit lieu, et d'Emine, fille d'André, seigneur de Vitré, ayant achepté les parts et portions de quelques-uns de ses compartageants, se porta pour seigneur de Nogent, tant de leur chef que du sien. Ils pouvoient estre tous cousins au quatriesme degré; d'autant qu'Alard, père de Jacques, estoit fils de Regnauld II, fils de Regnauld I, sieur de Chasteaugontier, et de Béatrix, fille de Rotrou premier du nom, comte du Perche. Ce Jacques espouza Havoise, fille de Mathieu de Montmorency, connestable de France, et d'Emme ou Anne de Laval, fille de Guy VI, seigneur dudit lieu, et d'Havoise de Craon. Cela se justifie par un tiltre de l'an 1230, au moys de juin, extraict d'un livre intitulé *Liber principum* (1), par lequel Mathieu de Montmorency, seigneur de Laval, appelle Jacques de Chasteaugontier son gendre; ce qui se confirme par autres lettres du moys de septembre 1239, par lesquelles Anne, comtesse d'Alençon (laquelle qualité elle retenoit pour ce qu'en premières nopces elle avoit espouzé Robert, comte d'Alençon), et dame de Laval, consent que Jean, seigneur de Chossent et de Laval, son troisième mary, donne à Jacques, seigneur de Chasteaugontier, en faveur du mariage d'Arige ou Havoise, fille de ladicte comtesse et femme

---

(1) Fol. 354. Invent. du Roy. Champagne, ch. 6, n° 65.

dudit Jacques de Chasteaugontier, la moitié de la ville de Melle, hors les forteresses de la terre de Champagne au pays du Mayne, avec le consentement de Guy VII de Laval, fils de ladicte comtesse d'Alençon, avec toute jurisdiction, à le tenir en fief du seigneur de Laval, selon les us et coustumes du pays du Mayne (1). Du mariage de ce Jacques de Chasteaugontier avec ladicte Havoise sortit une fille, nommée Henriette, laquelle fut mariée avec Geofroy de Pouencé; ce qui se veoid par une sentence arbitralle de l'an 1248, entre ledict Jacques de Chasteaugontier, seigneur dudit lieu et de Nogent-le-Rotrou, d'une part, et ledit Geofroy, sur le faict du partage de la terre, que ledit Jacques avoit donnée en mariage à Henriette, sa fille, femme dudit seigneur de Pouencé (2). C'est pourquoy ceux-là se sont trompés qui ont escript que la fille de ce Jacques s'appeloit Alix, et qu'elle fut mariée avec Pierre de Dreux, dict *Mauclerc*, veu que ceste Alix estoit fille de Guy de Thouars et de Constance de Bretagne, du chef de laquelle le duché de Bretagne vint audit Pierre de Dreux et à ses descendants. D'ailleurs, comment est-ce que ceste Alix auroit succédé audit de Chasteaugontier, estant trespassée dès l'an 1221, et luy, en 1257, estant encore vivant et seigneur dudit Nogent-le-Rotrou : ce qui se prouve par un accord passé en juin audit an, entre le roy S. Louis d'une part, et ledit de Chasteaugontier, seigneur de Nogent-le-Rotrou, d'autre part (3); par lequel ce seigneur cedde au roy le droit qui pouvoit luy appartenir aux chasteaux de Belesme, Mortagne, la Perrière, Mauves, Maison-Maugis, terres, forêts, revenus et autres appartenances, avec tout ce qui pouvoit luy estre venu à raison du comté du Perche, moyennant que le roy luy accorda et assigna pour luy et ses hoirs ledit lieu de Maison-Maugis, pour la tenir de luy en foy et hommage-lige, avec toutes ses appartenances, tant en terres qu'autres revenus quelconques à luy appartenant dans le destroit des chastellenies susdittes, jusques à concurrence de la somme de trois cens livres de rente annuelle en fonds de terre. Bry, qui rapporte ce tiltre entier (4), escript que la seigneurie de Nogent demeura en la famille du-

---

(1) Invent. des tiltres d'Alençon. — (2) Idem. — (3) Argentré, lib. IV, ch. 3. Sainte-Marthe, lib. XV, p. 1258. Invent. des chartes du Roy, tiltre du Perche, n° 1. — (4) *Hist. du Perche*, liv. IV, ch. 2.

dit de Chasteaugontier, et passa à sa postérité : je ne sais pas comment il le peut dire, veu que

JEAN I, duc de Bretagne, dit *le Comte Roux*, qu'on veut qui luy ayt succédé en la seigneurie de Nogent-le-Rotrou, n'estoit sorty de ceste maison de Chasteaugontier, combien qu'il y fust allié à cause de Blanche, sa femme, fille de Thibauld, comte de Champagne et roy de Navarre, parente dudit Jacques : aussy croy-je que Nogent seroit venu audit Jean de Bretagne plustost d'acquest que de succession ; mais de quel costé qu'il vint, Jean le laissa à son fils

JEAN II, qui espouza Béatrix, fille de Henry III du nom, roy d'Angleterre. Parmy les tiltres ou chartes du Chapitre de Saint-Jean de Nogent-le-Rotrou, il s'en trouve un datté du mardy devant la Pentecôte 1295, par lequel les chanoines d'iceluy promectent audit duc, comme seigneur dudit Nogent, de ne plus rien acquérir dans sa seigneurie. De ce mariage sortirent plusieurs enfants, entre autres :

ARTUS II, duc de Bretagne, qui fut aussy seigneur de Nogent-le-Rotrou. Il fut marié deux fois, la première avec Béatrix de Limoges, fille unique et seule héritière de Guy, vicomte dudit lieu, et de Marie de Bourgongne, de laquelle il eut : Jean de Bretagne, qui luy succédera au duché ; Guy, comte de Ponthieu et vicomte de Limoges ; et Pierre, mort sans avoir esté marié. La seconde fois il espouza Ioland de Dreux, fille de Robert IVe du nom, comte dudit Dreux, et de Béatrix de Montfort-l'Amaury, laquelle estoit veufve d'Alexandre III, roy d'Ecosse. Il eut d'elle Jean, dict *de Montfort*, qui, après le décéds de Jean II, son frère du premier lit, usurpa le duché de Bretagne sur Jeanne, dicte *la Boiteuse*, sa niepce, fille dudit Guy et de Marie d'Avogour, et femme de Charles de Chastillon, dict *de Bloys*, à laquelle le duché debvoit appartenir. Les filles de ce second mariage furent : Jeanne, femme de Robert de Flandres, seigneur de Cassel ; Béatrix, femme de Guy de Laval ; Alix, femme de Bouchard VI de Vendosme, comte dudit lieu ; Blanche, et Marie, qui mourut religieuse à Poissy.

JEANNE eut, pour sa part, la seigneurie de Nogent-le-Rotrou, et fut, à cause de Robert, son mary, qui estoit fils puisné de Robert de Béthune, comte de Flandres, et d'Ioland de Bourgongne, comtesse de Nevers, dame de Cassel, Alluie et Montmiral. De leur mariage sortirent un fils, qui fut Jean, et une fille nommée Iolande. Robert estant décédé en 1331, et Jean, son fils, en 1334, elle convola en secondes nopces avec Robert de Bar, seigneur de Pierrefont, fils puisné d'Edouard I, frère de Henry IVe du nom, comte de Bar, duquelle elle eut : Henry de Bar, seigneur de Pierrefont; Hugues, évesque de Verdun, et cinq autres fils, qui eurent pour sœur Ioland de Bar.

IOLANDE de Flandres ayant succédé à son frère, qui est en l'église des Jacobins de Chartres, où se veoid encores son épitaphe, elle espouza Charles, autres disent Henry IV, comte de Bar, fils aisné de Édouard I, comte de Bar, et de Marie, fille de Robert II, duc de Bourgongne (1), auquel elle porta les seigneuries de Cassel, Alluye, Montmiral et Nogent-le-Rotrou, qu'ils laissèrent à leur fils,

ROBERT, duc de Bar, marquis de Pont, seigneur de Cassel et autres seigneuries cy-dessus, auxquelles il adjousta Authon, Brou et la Bazoche, qui lui estoient venues de la succession de Robert de Bar, son ayeul (2), qui en avoit hérité, environ l'an 1292, de Marguerite, veufve de Charles, dit l'*Ancien*, frère de S. Louis, roy de Hiérusalem et de Sicile (3), sa tante, qui les avoit eues de sa mère Mahauld ou Matilde, comtesse de Nevers, femme d'Odet, fils aisné du duc de Bourgongne; et, par ainsy, Robert fut seigneur des Cinq-Baronies qui composent le Perche-Gouet, et de Nogent, qui est dans le Grand-Perche. Il avoit espouzé Marie de France, fille du roy Jean, et de Bonne de Luxembourg, de laquelle il eut plusieurs enfants, entre autres (4) :

BONNE de Bar, qui fut mariée avec Valeran de Luxembourg, chevalier, comte de Ligny et de Saint-Paul, seigneur de Fiennes, et fut sa seconde femme (5). Dès le 1er mars 1401, Robert, son père, luy donna les chastel, ville, terres et appartenances de Nogent-le-Rotrou, avec tout ce qui pouvoit lui appartenir en la succession de Marie de France, sa mère, en advancement d'hoirie. De leur mariage vinrent : Louis de Luxembourg, connestable de France; Pierre; Jacques, sieur de Richebourg, et Isabeau de Luxembourg.

---

(1) Vassebourg, lib. V. — (2) Inventaire d'Alençon. — (3) Coquille, *Hist. de Nevers*, p. 170 et 171. — (4) *Idem*, liv. VI. Symph. Champier. — (5) Invent. d'Alençon.

Ceste ISABEAU fut mariée avec Charles d'Anjou, comte du Maine, en 1443 (1), et n'estoit fille, comme l'on dit, de Pierre de Luxembourg et de Marguerite de Baux, mais dudit Valeran. Dès la mesme année, elle donna lettres de provision de recepveur de Nogent-le-Rotrou à Husson Gousse, en considération des bons services par luy rendus à son beau-frère, le comte de Saint-Paul ; et portent lesdites lettres que, par le traicté de son mariage, les baronies, chasteaux, terres et seigneuries d'Alluie, Brou, Montmiral, Authon et la Bazoche-Gouet, luy ont esté baillées, avec les chasteaux, chastellenies, terres et seigneuries de Nogent-le-Rotrou, Molandon, la Ferrière, Montigny, Nonvillier et Riveré. Quand audit Charles, il prenoit, en ses qualités, les tiltres de comte du Maine, de Guyse, de Gien et de Mortain, seigneur d'Alluie, Montmiral, Nogent-le-Rotrou et Molandon, lieutenant-général et gouverneur pour le Roy en pays de Languedoc et duché de Guienne. Il estoit troisiesme fils de Louis II, roy de Sicile et de Hiérusalem, duc d'Anjou, et d'Ioland d'Arragon. Le roy de Sicile, son frère, luy bailla le comté du Maine, pour son partage, dont il fit hommage au roy Charles VII, roy de France, son beau-frère. De son mariage avec ladite Isabeau vindrent : Charles d'Anjou, comte de Provence et du Maine, et Louise, femme de Jacques d'Armagnac, comte de la Marche et duc de Nemours. Il eut encores un fils naturel, nommé Louis, qu'on appelloit *le Bastard du Maine*, qui fut baron de Mézières en Touraine et séneschal du Maine. Ledit Charles mourut en 1473, et fut enterré à Saint-Sauveur d'Aix en Provence.

CHARLES, son fils, luy succéda : il prenoit, auparavant le décedsde son père, le tiltre de duc de Calabre, et espouza Jeanne, fille aisnée de Ferry de Loraine, comte de Vaudemont, et d'Ioland d'Anjou, sœur de René II, duc de Loraine. Le roy René de Sicile, n'ayant aucuns enfants masles, le déclara son héritier en ses royaumes et seigneuries, et le fit recongnoistre de son vivant comte de Provence et Forcalquier. Pour les couronnes de Naples et Sicile et Hiérusalem, il ne peut les obtenir du Pape Sixte IV. Il décéda le 11 décembre 1481, et fut inhumé près son père en ladite église d'Aix. Sa femme estoit décédée quelques moys auparavant, laquelle n'avoit laissé qu'une fille qui la suivit

---

(1) Sainte-Marthe, *Hist. générale de France*, lib. VI, p. 454.

incontinent après. Dès l'an 1475, Charles vendit à Louis, son frère bastard, les seigneuries de Montmiral, Authon et la Bazoche-Gouet pour cinq mille escus d'or; mais, après le trespas dudit Charles, sa succession estant venue à Louis XI, roy de France, qu'il avoit déclaré son héritier universel en toutes ses seigneuries, ledit roy Louis XI donna lesdites seigneuries de Montmiral, Authon et la Bazoche à Jacques de Luxembourg, chevalier de son ordre et son chambellan, pour luy, ses hoirs et ayant cause, par Lettres données à Touars, au mois de janvier 1481, à la charge de rembourser ledit bastard du Maine, comme il fit en 1482. Pour ce qui est de Nogent-le-Rotrou et autres terres du Grand-Perche, Brou et Alluie du Perche-Gouet, elles vindrent à

LOUISE, femme de Jacques d'Armagnac, fils de Bernard, comte de Perdriac, et de Léonor de Bourbon: il estoit duc de Nemours, comte de Castres, de Perdriac et de Beaufort, vicomte de Chastelerauld, de Carlat, de Murat et de Martigue, seigneur de Luze, de Condé, de Mayenne-la-Juhé, de Sablé, de la Ferté-Besnard et Cinq-Baronies, et pair de France. Le roy Louis XI, pour quelque mescontentement qu'il avoit receu de luy, luy fit coupper la tête en 1476. De leur mariage sortirent trois fils et autant de filles. Les masles furent: Jacques, décédé jeune; Jean, duc de Nemours, et Louis, aussy duc de Nemours après son frère, lequel fut tué en certain rencontre au royaume de Naples, où il estoit vice-roy pour Louis XII, roy de France. Les filles furent: Marguerite, femme de Pierre de Rohan, seigneur de Gié, mareschal de France et duc de Nemours à cause d'elle; Catherine, qui espouza Jean II, duc de Bourbon, et Charlotte, qui fut mariée avec Charles de Rohan, seigneur de Gié, fils dudit mareschal.

JEAN d'Armagnac succéda à Jacques, son père, et espouza Ioland de la Haye, à laquelle il bailla, pour récompense des terres qui luy appartenoient, qu'il avoit vendues, celles de Nogent-le-Rotrou, Maine-la-Juhé, la Ferté-Besnard et Sablé; au moyen de quoy, le vicomte de Martigues, comme prochain parent de ladite Ioland, prétendoit que lesdites terres luy appartenoient, et le sieur du Bouchage, ayant huit cens livres à prendre sur les biens de ladite Ioland, auroit prétendu y faire affecter la seigneurie de Nogent-le-Rotrou, dont il auroit esté débouté par arrest. Ce Jean, dès 1487, avoit retiré dudit Jacques de Luxembourg, chevalier, seigneur de Richebourg, lesdits Montmiral, Authon et la Bazoche-Gouet, dont il jouit quelques cinq ans; lesquels expirés, il vendit, en 1493, la baronie de Brou à Mre Florentin Girard, chevalier, sieur de Baranton, et à dame Marie Cholet, sa femme, pour le prix de huit mille livres, rachaptables de pareille somme dans trois ans, au lieu de Dangeau, où ledit de Baranton faisoit sa demeure: ainsy qu'il est porté dans le contract de vendition faict et passé à Poictiers, le 1er may audit an, pardevant G. du Puy et M. Rivière. Estant décédé sans enfants, ses seigneuries vindrent à

MARGUERITE d'Armagnac, sa sœur, laquelle, estant aussy trespassée sans avoir laissé de lignée, lesdictes seigneuries vindrent à ladite

CHARLOTTE, sa sœur, environ l'an 1501. Elle prenoit la qualité de vicomtesse de Martigues, baronne de Vere, l'Isle et Alençon, dame de Nogent et Pont-sur-Seine et de Nogent-le-Rotrou. Estant pareillement décédée sans hoirs, environ le moys de may 1504,

PHILIPPES de Luxembourg, cardinal, évesque du Mans, et

FRANÇOIS de Luxembourg, son frère, chevalier, chambellan du roy, et vicomte de Martigues, enfants de Thibauld de Luxembourg, seigneur de Fiennes, et de Philippes de Melun, se portèrent pour seigneurs de Nogent-le-Rotrou et chastellenies qui en dépendent, comme plus prochains parents desdits d'Armagnac, tous décédés sans enfants. Il se trouve un Compte dudit Nogent que Jacques Durand, recepveur du domaine dudit lieu, leur rendit en 1506, du revenu annuel de ceste seigneurie, pour les Cinq-Baronies. Antoine de Luxembourg, fils de Louis, comte de Saint-Paul, et de Jeanne de Bar, chevalier, chambellan ordinaire du roy, comte de Brienne, Roucy et de Chony, et sire d'Alluie, frère de Charles, évesque de Laon, en porta la foy à Erard de la Mark, évesque de Chartres, le 23 décembre 1510, comme sire d'Alluie, auquel seul appartient de porter la foy pour les autres; car pour la Bazoche-Gouet, Montmiral et Authon, ils appartenoient à dame Isabeau de Luxembourg, fille de Jacques et d'Isabeau de Robais, laquelle avoit espouzé Jean de Melun, chevalier, seigneur d'Espinay; et Marie de Melun, leur fille, veufve de Mre Jacques de Chabanes, chevalier, seigneur de la Pelisse, mareschal de France, composa du rachapt avec les officiers dudit prélat en 1514, au nom et comme soy faisant fort de ladite Isabeau de Luxembourg, sa mère. Je trouve néamoins que la régale estant ouverte en l'evesché de Chartres en l'an 1507, par le trespas de René d'Illiers, évesque dudit lieu, le roy Louis XII, et depuis ledit Erard de la Mark donnèrent, sçavoir : ce dernier, par acte du 24 febvrier audit an, passé à Bourges, à Mre Jean de Bruges, chevalier de l'ordre du roy, son conseiller et chambellan ordinaire, et son lieutenant en Picardie, sieur de la Grutuze (1), et à ladite Marie de Melun, sa femme, tout le revenu des Cinq-Baronies, depuis leur mariage, qui fut le 6 décembre 1506, jusqu'à ce que les héritiers de dame Charlotte d'Armaignac en eussent payé le rachapt, et que le Roy en eust autrement ordonné, et sans déroger au droit de régale, ainsy qu'il appert par l'enthérinement desdites lettres de donation, passées à Chartres le 30 apvril 1507 ; et par les offres de fief faictes par ledit de la Grutuze, il prend les qualités, outre celles cy-dessus, de prince d'Esteruchuse et seigneur des baronies de Montmiral, Authon et la Bazoche-Gouet, qu'il énonce luy avoir esté baillées en mariage avec ladite Marie de Melun, le sabmedy 6 mars audit an 1506. En l'année 1507, la duchesse d'Alençon, ayant faict saisir la seigneurie de Nogent-le-Rotrou, transporta tous les droits qu'elle pouvoit y prétendre, à

MARIE de Luxembourg, veufve de François, comte de Vendosme, fils de Jean II du nom, comte dudit lieu, et d'Isabeau de Beauveau, laquelle estoit fille de Pierre de Luxembourg IIe du nom, comte de Saint-Paul et de Brienne, et de Marguerite de Savoye, ainsi qu'il se veoid par un acquit à elle baillé par Marguerite de Loraine, fille de Ferry, comte de Vaudemont, et d'Ioland d'Anjou, espouze de feu René, duc d'Alençon, le 15 octobre 1515. Ceste saisie avoit esté faicte par ladite Marguerite pour raison du rachapt, qu'elle prétendoit lui estre deub par laditte comtesse de Vendosme et de Saint-Paul, comme dame de Nogent, dont ils chevirent et composèrent ensemble dès le 20 janvier de la mesme année 1507. Il se trouve aussy, parmy les titres de la maison d'Alençon, un cahier contenant l'appointement

---

(1) Procès-verbal de l'ancienne coustume d'Orléans.

faict entre ladicte comtesse de Vendosme avec ledit cardinal de Luxembourg, tant pour luy que François, son frère et son nepveu, touchand ledit Nogent-le-Rotrou, ensemble le don des rachapts ensuitte dudit appoinctement faict à ladite comtesse de Vendosme par ledit duc d'Alençon. Ceste Marie fit son entrée audit Nogent le 26 may 1516. Depuis elle bailla ledit Nogent-le-Rotrou à

CHARLES I, duc de Vendosme, son fils, lequel, estant décédé à Amiens, le jour de Pasques flories 1538,

ANTOINE, duc de Vendosme, son fils, et de Françoise d'Alençon, duchesse de Beaumont, fille aisnée de René, duc d'Alençon, et de Marguerite de Lorraine, luy succéda comme fils aisné dudit Charles, qui estoit fils de ladite Marie de Luxembourg. Il fut marié avec Jeanne, fille unique de Henry d'Albret, roy de Navarre : il jouit de Nogent jusques en 1550 qu'il le bailla, avec Beaugé, à Jean de Bourbon, comte d'Anghien, son frère, qui en jouit jusques à son décieds, arrivé en la journée de Saint-Laurens 1557, aagé seulement de 29 ans, ne laissant aucune postérité de Marie de Bourbon, fille unique et seule héritière de François de Bourbon, comte de Saint-Paul, et d'Adrienne d'Estouteville, sa femme. Depuis ce temps-là,

CHARLES de Bourbon, comte de Soissons, et HENRY de Bourbon, prince de Condé, ont jouy dudit Nogent; et ce dernier le vendit à Mre MAXIMILIAN de Béthune, duc de Rosny, en la famille duquel il est encores à présent.

Voilà tous les seigneurs de Nogent-le-Rotrou, depuis sept à huit cens ans, qui sont venus à ma congnoissance, ausquels ceux qui en auront une plus particulière pourront adjouster ceux desquels ils auront quelque mémoire.

Quand au spirituel, l'Archidiacre de Chartres, autrement dict *le Grand*, y a son Official, promoteur, greffier et autres officiers, pardevant lesquels répondent les curés et autres ecclésiastiques dudit Nogent et lieux circonvoisins : le Doyen de Saint-Denis y a un bailly et officiers pour les subjets de son doyenné.

Pour le nom du Perche, qui estoit une forest, qui s'estendoit jusques au Blésois, ainsy qu'il se lit dans la *Vie de S. Laumer*, quelques-uns estiment que ce nom luy a esté donné à cause des grandes perches, qui sont bois droits et longs, sans branches, desquelles l'on tiroit quantité des forests qui estoient encloses dans ceste province. Il n'y est demeuré que trois forests de considération qui s'y voyent encores de présent, mais comme réduittes au petit pied, et à bien moins qu'elles n'estoient : celle du Perche, de Reno et de Belesme.

Dans la première, la rivière d'Huisne, par quelques-uns appelée *Unella*, qui a donné le nom latin aux Percherons qui s'appellent *Unelli*, prend sa source, soit dans la parroisse de Saint-Denys, soit en celle de Saint-Hilaire de Soisay, d'où elle descend par l'estang de la Morinière à Blavou et à la Gravelle, puis à Saint-Jouin, Pont-d'Huisne, où, s'estant grossie de plusieurs ruisseaux, coule par Coulot, aux ponts de Mauves, et de là, entrant dans le diocèse de Chartres à Regmalard, Dorceau et Villeray, s'en va rendre à Nogent-le-Rotrou où elle s'enfle des ruisseaux de l'Osée et du petit Ronne. Au dessus de Nogent, elle reçoit la petite rivière d'Erre, qui descend par Masle, le Teil et Avezé à la Ferté-Besnard, où, enflée de la Mesme, autre rivière qui a sa source dans la forest de Belesme, elle descend par Saint-Martin-de-Vieil-Belesme, au Guay de la Cherue, Cissay, Igey, Marsilly, où, un peu au dessoubz, s'estant accreue de la rivière de Gemages et de Saint-Germain-de-la-Couldre, passe par Gastineau et Souvigné et s'en va rendre au faubourg de Saint-Antoine de la Ferté-Besnard. L'Huisne ainsy grossie et accreue, descend à Seaux, au Pont-de-Gennes, Champigny, Ivré et à Pontleue près du Mans, au dessoubz duquel elle entre dans la Sarthe, qui lui faict perdre son nom.

Il naist encores une autre petite rivière ou plustost ruisseau dans la forest du Perche, de l'estang de Tyron, qui passe au travers du monastère de même nom, et faict tourner un moulin dans la cour d'iceluy, et sorty qu'il est de ce monastère s'en va par Combres rendre dans le Loir a[u moulin de la Vallière, au-dessous d'Illiers.]

Non loing de là il passe encores à Moustiers-au-Perche un petit cours d'eau, appelé Corbion dans la *Vie de S. Laumer*, qui va faire présent de ses eaux a[u Loir près de Saumeray.]

Il y a de plus une autre rivière dans le Perche, qui sort de deux fontaines, l'une qui a sa source à Marchéville-au-Perche dans le diocèse de Chartres, l'autre à la Pelleterie ; le premier bras desquelles s'appelle Commeanche, et le second la Jambée, lesquels, venants à se rencontrer en un fourchon, s'en vont rendre dans l'Huisne au Moulin-Chevrel.

La rivière d'Avre, prend aussy son origine au Perche, au-dessus de Nonancour, laquelle, descendant par Saint-Rémy-sur-Avre à l'Estrée, abbaye de moysnes de Cisteaux, et Motelles, s'en vient rendre au dessoubs du Breuil-Benoist, monastère du mesme ordre, dans la rivière d'Eure, et sépare, de ce costé-là, le diocèse de Chartres de celuy d'Evreux, ainsy que le dit ce vers plus riche en rime qu'en quantité,

Avra, licet parva, Francorum dividit arva.

La rivière d'Eure y prend aussy sa naissance ainsi que nous l'avons remarqué au Vme chapitre précédent, laquelle, après avoir tourné vingt-quatre lieues ou environ de l'occident au midy, levant et septentrion, s'approche à quelques huict lieues de sa source, pour sortir hors du diocèse de Chartres, au-dessoubz de Monstrueil, près Dreux, d'où, tournant à l'entour de la forest de Crotais, elle gaigne Sorel, Annet et Ivry, où elle quitte le diocèse de Chartres. Passons maintenant au pays qui le suit :

CHAPITRE XI.

Description de Dreux et pays adjacents; d'où est-ce qu'il a prins son nom; de quelques-uns de ses Comtes et Vicomtes.

La ville de Dreux, d'où le pays Drocassin ou Drouais a prins son nom, vient ensuite du Perche, au regard de la Terre-Françoise et Terres-Démembrées, dont Longny et le Thimerais font partie. Il y en a qui rapportent sa fondation à Drius ou Druis, fils de Sarron, qu'ils prétendent avoir régné ès Gaules, environ l'an du monde 2067, et luy avoir donné le nom. Comme je tiens tous ces anciens roys comme fabuleux, aussy estimay-je plustost qu'elle a esté ainsy appellée du mot grec Δρῦς, qui signifie un Chesne, pour avoir été bastie dans le milieu des forests de Dreux et de Crotais, qui abondent en ces arbres, et estoient autrefois d'une bien plus grande estendue qu'elles ne sont à présent; ou bien des Druydes, philosophes, juges et théologiens des Gaulois, qui les appelloient *Drus* ou *Druydes*, qui s'assembloient en ce lieu, soit [pour] y vacquer mieux à l'estude des sciences, soit [pour] y faire leurs sacrifices avec plus de révérence et moins de destourbier, soit encores pour y observer le Guy, par l'abondance ou disette duquel ils jugeoient de la fertilité ou stérilité de l'année, soit enfin pour y juger et décider les affaires qu'ils avoient en main. Le mot de *Drus* ayant facilement dégénéré en celuy de *Dreux*.

Le Drouaisin n'est de grande estendue, non plus que la ville, qui est petite, mais bien troussée et gentille. Sa fondation est si ancienne que l'on remarque que les murailles estant tombées de vieillesse, elles furent restablies du temps de Clogion ou Clodion, l'un de nos roys de la première ligne des François. Elle fut honorée, disent quelques-uns, du tiltre de comté, en faveur de Robert, quatriesme fils de Louis le Gros, roy de France, et d'Alix de Savoye, sa femme, qui le luy baillèrent en appennage, dont il print le surnom. Je trouve néamoins que, dès longtemps auparavant et dès l'an 965, il y avoit un comte à Dreux, nommé Guillaume, qui approuve la donation faite par un certain Théodfred, de l'église de Saint-Georges-soubz-Motelles à l'abbaye de Saint-Père-en-Vallée de Chartres, ainsy qu'il appert par l'acte de ladite approbation, dans lequel il est faict mention de Landry, père dudit Guillaume. Dans le Thrésor des Chartes de la mesme abbaye de Saint-Père, il se veoid un tiltre, concernant la donation d'Armentières, qui fut faicte à icelle abbaye, par les nommés Erchenoulf et Roscelin, son fils, que Gaultier, comte de Dreux, approuve, et outre luy donne la cure de Rohère et son consentement et approbation pour ledit Armentières; encores, par autre tiltre touchant l'aleud ou fief d'Eschusselles donné audit monastère de Saint-Père par un Geoffroy et Joscelin, son fils, du temps de l'abbé Maynard, qui vivoit en 1011 et 1012, et plus bas du temps de Fulbert, évesque de Chartres, le mesme Gaultier aggrée ceste donation, en présence d'Eudes, comte de Chartres, de la reyne Berte, sa mère, et d'Agnès, sa sœur, fille de ladite Berte, qui apposèrent tous leurs noms audit acte. Je trouve de plus, dans un tiltre de Saint-Thomas d'Espernon, de l'an 1053, un Gazon de Dreux soubzsigné, comme en un autre instrument de Saint-Martin-des-Champs de Paris, de l'an 1070, un Otran de Dreux, avec plusieurs seigneurs, qui me donne la pensée qu'il pouvoit estre seigneur ou comte dudit Dreux. Quoy que c'en soit, il appert, par ce que dessus, que le comté de Dreux est plus ancien de 200 ans, que ceux-là ne le font, et qu'auparavant que Robert de France en eust esté appannagé, il y avoit desjà des comtes à Dreux.

Ce prince Robert fut marié en premières nopces par le roy Louis le Jeune, son frère, avec Havise, veufve de Rotrou. Comte du Perche, à cause de quoy il en print aussy le tiltre, combien qu'il y eust deux fils dudit Rotrou, l'un de mesme nom que son père, et l'autre nommé Geofroy (1), les autheurs du temps l'appellent néamoins comte du Perche, de Mortagne et Belesme, qualité qu'il retint toujours, encores qu'il eust rendu le Perche audit Rotrou, auquel les descendants de Robert le contestèrent. En secondes nopces il espouza Agnès de Braine, fille aisnée, disent quelques-uns, de Thibauld, comte de Champagne, et de Mathilde, héritière du royaume de Navarre, ou bien, comme le disent d'autres, de Hubert, comte de Vertus, et de la fille d'Estienne, comte de Champagne, qui estoit frère de Thibauld; en quoy ils se sont tous abusés, veu que la femme de Thibauld, comte de Champagne et roy de Navarre, s'appelloit Blanche et non Mathilde, et n'hérita du royaume de Navarre qu'en l'an 1234, après le décedz de Sance-le-Sage, son frère, arrivé le 7 d'apvril de la mesme année, plus de 80 ans après le mariage de ce Robert avec ladite Agnès, qui fut en 1153, ainsy qu'il se recongnoist par les lettres d'aggrément qu'en faict le roy Louis le Jeune, données à Paris audit an. D'ailleurs ceste alliance ne se trouve point dans la généalogie des comtes de Champagne, laquelle vraysemblablement n'eust esté obmise, si elle eust esté, ne pouvant y avoir alliance plus honorable qu'avec un fils et frère de roy de France. Je trouve à la vérité une Agnès, fille de Thibauld surnommé *le Grand*, comte de Chartres et de Champagne, et de Mahauld, fille de Beaudoin, comte de Flandres, la-

---

(1) Guill. Tyr., lib. XIII. Bry, *Hist. du Perche*, liv. III. Mathieu Paris.

quelle fut mariée avec Renauld de Mouçon, qu'aucuns intitulent comte de Bar. C'est pourquoy le continuateur d'Aimoin (1) nomme la comtesse de Bar entre les enfants dudit Thibauld.

Je n'estime néamoins que ce fust celle qui espouza Robert de Dreux, veu que celle dont parle cest autheur, en l'an 1153 auquel Robert espouza ceste Agnès, sa seconde femme, ne pouvoit estre la mesme, si elle estoit mariée au comte de Bar. Aussy les sieurs de Sainte-Marthe, en leur *Histoire généalogique de la maison de France* (2), ont remarqué que, par un tiltre de l'an 1150, ceste Agnès, qui fut mariée avec Robert de Dreux, estoit veufve de Milon, comte de Bar, qui estoit autre que celle qui avoit espouzé Regnauld de Mouçon, veu que ceste-cy estoit femme du comte de Bar-le-Duc, et celle-là, du comte de Bar-sur-Seine; estant constant qu'entre tous les comtes de Bar-le-Duc, il n'y en a pas un qui porte le nom de Milon, mais bien entre ceux de Bar-sur-Seine. De plus, Wassebourg remarque (3) que ledit Regnauld de Mouçon n'eust le comté de Bar-le-Duc qu'en 1115, après le déceds de Hugues, son frère, et que ladite Agnès, sa femme, estoit encores vivante en 1202; qui monstre évidemment que ceste Agnès, femme de Robert de Dreux, n'estoit fille de Thibauld, comte de Champagne. Elle ne peut non plus estre fille de ce comte Hubert et de la fille d'Estienne, frère dudit Thibauld, veu que c'est Estienne n'eut qu'un fils nommé Eudes, lequel, ayant esté privé de son bien par son oncle Thibauld, se retira en Angleterre vers l'an 1037, où le roy Guillaume II luy donna la comté d'Hildernesse, et de luy sont descendus les comte d'Aumale en Normandie. Pour ce que les sieurs de Sainte-Marthe estiment que ceste Agnès estoit fille d'André de Beaudiment, séneschal de Champagne et seigneur de Braine, je leur en laisse la preuve, n'en ayant rien veu. Ce fut ceste Agnès qui fit batir l'abbaye de Saint-Ived dudit Braine, de l'ordre de Prémonstré, au milieu du chœur de l'église de laquelle elle fut inhumée, où sa représentation se véoid sur une tumbe de pierre quelque peu eslevée, sur laquelle sont les armes de Dreux, de Blois, de Bar et de Champagne, qui montrent qu'elle estoit issue de ces maisons, ou y avoit quelque alliance. Pour celles de Dreux qui sont:

---

(1) Lib. V, ch. 43. — (2) Liv. XIV, p. 1200. — (3) *Histor. Belgione*, lib. IV.

échiquetées d'or et d'azur, de dix points à la bordure de gueules, Du Tillet veut que ç'aye esté celles de ladite Agnès, que Robert, son mary, fut obligé de prendre par le contrat de mariage avec elle, et les a transmises à sa postérité avec le nom de Dreux.

Soubz les comtes dudit Dreux, il y avoit des vicomtes; Robert IV, comte dudit lieu, achepta leur droit, environ 1281 ou 1299, pour ce que je trouve qu'un Richard de la Roche, seigneur de Chasteauneuf et Senonches en partie et vicomte de Dreux, en porta la foy au comte de Dreux en ceste année-là, ensemble des fiefs de Rotignon, Saint-Lubin-de-Cravant, Marcouville, Mausaises, la Roche en Brolaye, qui en compose la pluspart, et outre d'autres fiefs, terres et seigneuries proches de Longvillier-au-Perche où est le principal siége de la vicomté.

Depuis Jean de Dreux IIe du nom, dit *le Bon*, comte de Ponthieu et Joigny, la donna à Simon de Dreux, son puisné, seigneur de Beaussard, qui la laissa à Jean, son fils, duquel elle passa à Gauvain, seigneur de Beu et bailly de Chartres, lequel, s'estant déclaré pour l'Anglois, fut banni de France et privé de ses biens. Ceste vicomté vint néamoins à Alix, sa sœur, espouze de Macé de Gaumages, et d'eux à leur fille Isabeau, femme de Jean, seigneur de Prulay-le-Sanson, puis à Marguerite de Prulay, leur fille, femme de Jean de Havard, qui la laissèrent à Georges, leur fils, duquel et d'Antoinette d'Estouteville, sa femme, elle vint à Catherine de Havard, leur fille, femme de Charles de Boulainvillier, comte de Roussillon, et d'eux à Jean et Georges les Boulainvillier leurs fils; lesquels, estant décédés sans hoirs du vivant dudit Charles leur père, il fit partage à ses autres fils, Philippes et Adrian en l'an 1526; par le moyen duquel, le vicomté de Dreux demeura audit Adrian, baron de la Couldraye, au bailliage de Chasteauneuf-en-Thimerais, lequel le laissa à autre Adrian, son fils, et de dame Marie de Croy, fille de Ferry de Croy, chevalier de la Toison, seigneur de Reux, et de Lamberde de Brimeu, sa femme; d'où sont sortis les vicomtes de la Couldraye qui sont à présent.

Pour le comté de Dreux, il a aussy changé de mains plusieurs fois, veu que des descendants du roy Louis le Gros il tomba, par le default des masles, en la maison des vicomtes de Thouars et de Talmont, par le mariage de Jeanne, fille unique de Jean II, comte de Dreux, et de Perronnelle de Silly, sa seconde femme, avec Louis, vicomte de Thouars, fille du vicomte Jean, auquel elle porta ce comté, duquel elle avait hérité de Jeanne, sa niepce, fille de Pierre de Dreux, son frère; et pour ce ledit Louis print qualité de comte de Dreux. Ayant esté tué en la bataille de Poictiers, Simon, son fils, luy succéda; lequel, estant décédé sans enfants de Jeanne d'Arthois, comtesse d'Eu, sa femme, Perronnelle de Thouars, femme en premières nopces d'Amaulry de Craon et en secondes de Tristan Rouault, Jeanne, femme de Jean, sire d'Amboise, et Marguerite, femme de Guy Turpin, seigneur de Crissay et Culant, recueillirent sa succession, les deux tiers de laquelle demeurèrent à ladite Perronnelle, et le tiers, les trois faisant le tout, à ladite Marguerite: qui, en 1378, vendirent au roy Charles V leurs parts et portions, sçavoir ladite Marguerite, la sienne, sept cens escus, et ladite Perronnelle bailla sa part en contr'échange des seigneuries de Fontenay-l'Abbattu et Biron, scizes en Saintonge; et par ce moyen Dreux retourna au domaine du Roy. Charles VI, son fils, le donna du depuis à Mre Arnauld d'Albret, et à Charles, son fils, connestable de France: néamoins Mre Louis d'Orléans le tint quelque temps, comme aussy le duc de Suffolk, s'en estant emparé durant la guerre des Anglois contre la France, et en jouit jusques en 1435 qu'estant venue au duc de Bethfort, il le vendit à Philippes de Comines, sieur d'Argenton, sur lequel Alain, fils de Jean d'Albret, vicomte de Tartas, le rescouvra. Toustefois, Jean d'Albret, sire d'Orval, auquel Charles, son père, l'avoit donné en faveur de mariage, fut réintégré en la possession d'iceluy, par arrest de l'an 1515, contre ledit Alain.

Depuis, il seroit venu à Mre Charles de Clèves, à cause de dame Marie d'Albret, sa femme, fille dudit Jean; lesquels en jouissoient en l'an 1537, et le laissèrent à François de Clèves, duc de Nivernois, sur lequel le roy Henry II l'obtint, par arrest de l'an 1552, exécuté par M. de Harlay en 1557; et fut baillé du depuis à François, Monsieur, son fils, lequel, estant décédé sans hoirs, Henry III, son frère, roy de France, l'engagea pour trente mille escus à Mre Pompone de Belièvre, René, sieur de Villequier, Claude Marcel, et Robert Morin, intendant des finances, Jean le Camus, sieur de Saint-Bonnet, et Pierre Parent, secrétaire du roy; lesquels ceddèrent leurs droits aux sieurs d'O, Hurault et Villequier, des mains desquels ayant esté retiré, il fut baillé à Mre Charles de Bourbon, comte de Soissons, qui l'a laissé à ses enfants.

Les bourgeois dudit Dreux ont eu de tout temps droit de Commune; pour raison de laquelle ayant eu différend avec Robert I, leur comte, et Agnès de Braine, sa femme, ils s'accordèrent ensemble et transigèrent en la ville de Sens, en l'an 1180, et depuis, avec Robert IV, aussy leur comte et de Montfort, pour ladite commune, au moys de mars 1269, à laquelle le Maire qu'ils eslisent préside.

Pour contenter les curieux, je rapporteray le procédé qu'ils tiennent en ladite élection, pour estre assés remarquable. Le Comte, et à présent le Maire qui doibt sortir de charge, doibt prendre cent ou six vingt bourgeois dudit Dreux, qui sont choisis et nommés des habitants de chaque rue, lesquels, avec ledit Maire et six Pairs qu'ils appellent, eslisent quarante-deux bourgeois, desquels le Maire prend le serment de bien et fidèlement procéder en l'élection du Maire futur; ce qu'estant faict, ces quarante-deux en eslisent douze, desquels il ne peut y en avoir que deux parents jusques au troisiesme degré, lesquels eslisent le Maire, soit d'entr'eux, soit d'autres bourgeois de la ville. Ceste Commune a sa justice, qui luy fut octroyée par Robert, comte de Dreux et de Montfort, et Béatrix, sa femme, ainsy qu'il se veoid par la Charte qu'ils leur en donnèrent du sabmedy d'après la saint Clément, en novembre 1274; laquelle porte qu'ils leur octroyent la justice des cas, soit méfait, soit médit, ou chastel, d'où l'amende, par la coustume de la ville, monte jusques à soixante sols, ou à moins, et qu'ils pourroient exploicter et congnoistre ès cas dessusdits et justicier, et pour leurs amendes, aux us et coustumes de la ville, et avoir leurs prisons pour mettre leurs prisonniers.

Le Roy y a Bailly, Lieutenant-général, prévost, procureur et advocat du Roy, avec un greffier et sergents, Élection et Grenier-à-sel.

Le Chapitre de la cathédrale de Chartres a aussy justice dans la Boucherie et marché de Dreux, Omeaux, Cussé, Brissard, Fermencour (*Fermaincourt*) et autres lieux circonvoisins, mesmes a plusieurs autres beaux droits dans la ville à partir avec le Comte; pour la conservation desquels il y a aussy Bailly, lieutenant, procureur-fiscal et greffier.

L'Archidiacre de Dreux, en l'église dudit Chartres, y a le principal lieu de sa justice, pour laquelle il y a Official, vice-gérent, promoteur, greffier et appariteur.

Dans la cour du chasteau, qui est assis sur un roc, qui commande à la ville et au voisinage, est l'église de Saint-Estienne, de la fondation des anciens comtes, qui y ont mis un collége ou chapitre de douze chanoines qui, avec leurs chappelains et habitués, y font le service canonial et sont en la disposition et nomination du comte.

Sur la porte du Chasteau y a une chapelle appelée de Dannemarche, en la présentation de l'abbé de Saint-Vincent-des-Bois, à laquelle y a du revenu affecté pour quelque service qui s'y doibt faire.

Dans la ville est l'église parrochiale de Saint-Pierre, qui a Saint-Jean, son annexe, au faubourg de mesme nom.

Devant les Halles est l'Hostel-Dieu, où il y a un chapellain pour administrer les sacrements aux malades, et une religieuse pour les gouverner.

Aux faubourgs sont les chapelles de Saint-Gilles, à laquelle la léprosarie est annexée; de Saint-Martin, donnée aux religieux de Saint-Germain-des-Prez-lès-Paris, par le roy Henry I, en 1060, laquelle on a érigée en prieuré, tout ainsy que celle de Saint-Léonard, qui est en la disposition de l'abbé de Coulombs.

Les Capuchins furent establis au faubourg de Saint-Jean, environ l'an 1615 ou 1616, par les aulmosnes des particuliers. Mre Denys Hurault, abbé de Brueil-Benoist, donna le fonds sur lequel ils sont bastis; dame Anne de Montafié, veufve dudit feu comte de Soissons, avec quelques seigneurs du pays et les bourgeois, contribuèrent pour leur bastiment, qui n'est des moindres de la province. La piété des comtes de Dreux a paru en plusieurs endroits, particulièrement celle du comte Jean III, seigneur de Montpensier, lequel fonda, en l'église de Chartres, la chapelle dicte de Dreux, où à présent sont les images de S. Michel, S. Roch, et Ste Gertrude, en laquelle, néamoins, ne se trouve aucun revenu, soit pour avoir esté mal assigné, soit pour avoir esté mal administré par les titulaires. Outre ce, il donna à l'église susdite douze livres de rente annuelle et perpétuelle, à prendre également à la Nativité de Notre-Seigneur et de saint Jean, sur la prévosté de Dreux, pour l'entretien de deux torches de six livres chacune, pour estre allumées lorsqu'on montreroit les reliques qui sont en icelle, affin d'estre participant aux prières qui s'y font, ainsy qu'il se veoid par l'acte de ladite fondation, du vendredy d'après la feste de saint Georges 1331. Ça esté aussy de la libéralité des comtes dudit Dreux que le prieuré de Fermencour a esté fondé.

CHAPITRE XII.

De la ville de Montfort-l'Almaury, et de ses anciens Comtes et de leur véritable origine.

Du Drouaisin ou Drocassin l'on entre dans le comté de Montfort, qui est d'une grande estendue. Le roy Robert II, auquel il estoit venu de la succession de ses ancestres, le mit en quelque estime, y ayant fait bastir un chasteau auquel il faisoit souvent sa demeure, pour la chasse des bestes rousses, fit clore la ville de bonnes murailles, la flanquer de fortes tours, et bastir, en icelle, l'église de Saint-Pierre, qu'il donna à l'abbaye de Saint-Magloire à Paris, fondée par ses devanciers. La ville est haulte et basse et d'un difficile accès du costé du ponant. Elle est un des siéges qui ressortent par appel au Parlement de Paris; pour quoy elle a son Bailly, Lieutenant-général civil et criminel, advocat et procureur du roy et autres officiers de justice.

Ledict roy Robert donna ceste ville et comté à Amaulry, son fils naturel, qu'il avoit eu de Berthe, veufve d'Eudes, comte de Chartres, douairière de Nogent-l'Erembert (1).

Duchesne, en ses Antiquités des villes du pays Chartrain, en ses Généalogies, à la fin de son *Histoire de Normandie*, et en son *Histoire de Bourgongne* (2), escript que ledit Amaulry estoit

---

(1) Continuat. Aimoini, lib. V, ch. 46. — (2) Lib. III, p. 266.

fils de Guillaume de Hénault, fondé sur le dire d'Orderic Vital, qui en estoit mal informé; car il est certain qu'il estoit fils dudit Robert et de ladite Berthe, ainsy que nous le montrerons en son lieu.

Mais en attendant, pour ce que plusieurs parlent diversement des descendants de ceste maison qui s'est perdue dans celle de Bretagne, j'en déduiray icy la généalogie, pour la satisfaction du lecteur et esclaircissement de la vérité.

C'est AMAULRY qui faict la souche de ceste noble maison, estoit, comme dict est, fils de Robert II, roy de France, qui luy donna Montfort et Espernon, et espouza une nommée Matilde, qu'un certain tiltre de l'an 1053 appelle Bertrede, autres Gabrielle, fille d'Esverard de Montmorency, surnommé *le Grand*, de laquelle il eut deux enfants Simon et Mainier. Cela se veoid par les Cartulaires de Saint-Thomas dudit Espernon et de l'abbaye de Saint-Père-en-Vallée de Chartres. La Chronique de Morigny y adjouste une fille, qui avoit esté promise à Huon de Crécy, fils du comte de Rochefort, grand-maistre de France, laquelle se nommoit Luciane.

MAINIER ou Amaulry succéda à son père, suivant le continuateur d'Aimoin, et eut de sa femme, aussy nommée Matilde ou Mabile, Simon, et une fille mariée au comte de Meulanc. Ceste descente se veoid par le Cartulaire de Coulombs; mais j'estime que ces deux enfants moururent sans lignée, d'autant que

SIMON, leur oncle, obtint la comté de Montfort et eut plusieurs enfants des trois femmes qu'il espouza (1). De la première, appellée aussy Mabille, il eut Amaulry, dit *le Fort*, et Elisabeth, femme de Rol de Toëny, seigneur de Conches, duquel elle eut Roger et Rol, qui succéda à son père, et Godehilde, femme en premier lit, de Robert de Meulanc, et en second, de Bauldouin, fils d'Eustache, comte de Boulongne. De la seconde femme, Simon eut un fils de mesme nom, dit *le Jeune*, et la mère de Guillaume Crespin. De la troisiesme, nommée Agnès, fille de Richard, comte d'Évreux, fils naturel de Robert, archevesque de Rouen, fils du premier Richard, duc de Normandie, et sœur de Guillaume, comte d'Évreux, et sœur utérine de Rol

---

(1) Guill. Gemet., lib. VII, ch. 17. Du Tillet, en la branche de Montfort.

de Toëny, gendre dudit Simon (1), il eut Bertrade, mariée premièrement avec Foulques Richin, comte d'Anjou, duquel elle eut un fils de mesme nom, qui succéda à son père et de plus fut roy de Hiérusalem; et, ayant quitté ledit Foulques, s'abandonna à Philippes I, roy de France, et en eut Philippes, comte de Mantes, et non de Meun-sur-Yèvre en Berry, qui fut aussy, à cause d'Élizabeth, sa femme, fille de Guy Troussel, comte de Montlehéry; Fleury, qui fut marié, mais l'on ne dit le nom de sa femme, de laquelle quelques-uns escripvent qu'il eut une fille nommée Isabel de Nangies ou de Nainville, de laquelle issit Adelaïde, dame de Verusy, femme d'André de Baudiment, seigneur de Brenne en Champagne, qui le fit père d'Erard, qui espouza Philippes, fille puisnée de Henry, comte de Champagne, d'où sourdirent beaucoup de procès; Cécile, qui espouza, dans l'église de Chartres, en premières nopces, Tancred, prince d'Antioche, et en secondes, Ponce, comte de Tolose, fils de Bertrand, comte de Tripoli en Syrie; et une autre fille nommée Eustache, qui fut mariée à Jean, comte d'Estampes et de Corbeil. Outre ceste Bertrade, Simon eut encores un autre Amaury, lequel fut comte d'Evreux (2) après Guillaume, fils de Richard, son oncle. Du premier Amaury, fils de Simon et de Richilde ou Richeux, sa femme, fille de Baudouin, premier comte de Hénault, autres l'appellent Alix, sortirent Simon et Mabile, que j'estime estre décédée sans hoirs, veu que Richard, frère d'Amaury, du troisiesme lit, et encores après luy Simon, son nepveu, succédèrent à Montfort; et que cette Richilde, après la mort de son mary, qui fut tué d'un coup de lance en une querelle qu'il avoit contre Guillaume de Bretueil, se rendit religieuse à Maubeuge en Cambresis. Ordéric Vital escript (3) que Richard, frère d'Amaury, ayant succédé en biens de son frère et en ses querelles, fit la guerre audit Guillaume de Bretueil, lequel il contraignit de donner sa fille Isabel en mariage à Ascelin Goele, avec le chasteau et seigneurie d'Ivry, et que Guillaume, comte d'Evreux, ayant prins querelle avec Roger de Toëny, son frère utérin, pour quelques picoteries d'Elisabeth et Halvise, leurs femmes, qui s'entremorgoient, ceste dernière estant fille de

---

(1) Order. Vital., lib. XII, p. 838 et 839. — (2) Id., lib. V, p. 590. Corneille Martin. — (3) Lib. VIII, p. 685. Guill. Gemet., lib. VIII, ch. 17.

Guillaume I, comte de Nevers, et ne voulant céder à l'autre, Richard, qu'il appelle nepveu de Guillaume, comte d'Evreux, et fils d'Agnès, sa sœur, femme du dernier mariage de Simon, s'estant mis de son costé, fut tué d'un coup de traict devant Conches (1), où Guillaume d'Evreux avoit posé le siége, et fut porté enterrer au cemetière du prieuré de Saint-Thomas d'Espernon, près ses devanciers, Simon, son père, et ses autres enfants, de manière que le comté de Montfort vint par ce moyen à un autre

AMAURY, du troisiesme lit, lequel avoit espouzé une Mabile ou Mahauld, niepce d'Estienne de Garlande, grand-maistre de France, qui luy porta Rochefort, et en eut deux fils, Albert et Simon (2). Je trouve ceste descente dans le Cartulaire de Colombs, en un tiltre de l'an 1105, par lequel Amaury de Montfort donne aux religieux de ladite abbaye une maison, avec quatre arpents de terre sciz à Houdanc, qu'il avoit acheptés de Gilbert ou Guibert Pelevilain, et plusieurs autres choses énoncées audit tiltre, du consentement de Mabile, sa femme, en présence de Guy de Gallardon, Mainier ou Amaury de Maintenon, et Richard, escuier tranchant, avec l'aggrément d'Albert et Simon, ses enfants. Je trouve qu'il avoit aussy une fille qu'il avoit promise à Hugues du Puiset, que j'estime qu'elle n'espouza pas. Cest Amaury estant décédé en 1139, son fils, l'Appendix de Sigebert dict son frère,

SIMON, luy succéda, tant à Montfort qu'à Evreux, d'autant qu'en deux tiltres du mesme Cartulaire de Colombs, il est faict mention de ce Simon, fils d'Amaury ; par le premier desquels il s'intitule *Dei gratia*, *Comes Ebroicensis*, *strenuissimi Comitis Amaurici filius*, et confirme avec Mahaud, sa femme, le don que son père A., c'est-à-dire Amaury, et sa mère M., qui signifie Mabile, avoient faict ausdits religieux de Colombs à Houdanc ; et par le second, il appelle Amaury de Montfort son père. Ce Simon, dit *le Chauve*, comte d'Évreux, après le décéds de Simon, son ayeul, et d'un autre Simon, son oncle, et encores de son frère Albert, recueillit toute la succession de sa famille, et fut, par ce moyen, comte d'Évreux, de Montfort, Rochefort,

---

(1) Duchesne, en son *Hist. de Bourg.*, lib. III, p. 325. — (2) *Chronic. Mauriniac.*

seigneur d'Espernon et de beaucoup d'autres lieux. Guillaume de Jumièges escript que Robert, comte de Mulanc, luy avoit promis sa fille en mariage, laquelle, néamoins, il n'espouza, peut-estre à cause de parenté, ou pour ce qu'elle estoit en bas aage, n'ayant alors qu'un an, ou pour quelque autre sujet qui ne m'est pas congneu. Nous avons veu toutesfois qu'il avoit espouzé une Mahaud, dénommée dans le second tiltre de Colombs rapporté cy-dessus ; ce qui est confirmé par un autre de la léprosarie du grand Beaulieu-lez-Chartres, qui porte que Simon, comte d'Évreux, donne aux lépreux dudit lieu une maison et jardin sciz à Houdanc, présent Amaury, son fils, Euphémie, prieure de Haulte-Bruière, Joubert du Tremblay, Henri Morhier et plusieurs autres, pour le salut des âmes de ses prédécesseurs et successeurs, et spécialement pour les âmes de ses père et mère, pour la sienne et pour celle de M. sa femme, qu'en un autre tiltre il appelle Mahaud ; à la prière de laquelle il avoit fait ledit don, lorsqu'elle estoit malade audit Haulte-Bruière, l'an 1158 : de laquelle maladie je croy qu'elle mourut, pour ce qu'il espouza depuis Amicie, fille aisnée de Robert, comte de Leicestre en Angleterre, qui estoit fils de Robert de Beaumont, comte de Mulanc, et d'Elizabeth, fille de Hugues le Grand, comte de Vermandois, et d'Amicie, fille de Rol de Guadeo (1), qui peut estre celle qui lui avoit esté promise. Ce Simon, pour quelque mescontentement qu'il receut de Louis le Jeune, roy de France, se banda contre luy, se mit du costé d'Henri II, roy d'Angleterre, duquel il relevoit Évreux, et luy livra, en 1158 (2), Montfort, Rochefort et Espernon avec autres forteresses qu'il avoit en France, qui luy donnèrent bien des affaires, personne ne pouvant aller librement de Paris à Estampes, ni à Chartres, à cause des troupes Angloises qui estoient en garnison dans ces forteresses et couroient sur les grands chemins, ce qui l'obligea de faire trefves pour environ six moys, durant lesquels l'Anglois le maria avec ladite Amicie, promise à Richard Cœur-de-Lion, son fils. Il eust Bretueil en mariage et la comté de Leicestre après le décedz de son beau-père; et eut de ladite Amicie trois enfants, sçavoir : Simon et Guy, et une fille nommée Pernelle ou Perronnelle, laquelle fut mariée à Hugues,

---

(1) Guill. Gemet., lib. XIII, ch. 40 et 41. — (2) *Chronic. Norman.*

comte de Cestre, parent du roy Anglois, ou bien, comme d'autres le disent, à Barthélemy de Roye, grand-chambellan de France, qui fit bastir l'abbaye de Joyenval de l'ordre de Prémontré, au Val-de-Gallie, diocèse de Chartres, où il gist avec sa femme, Nicolas, son frère, Nicolas, fils de ce premier Nicolas, évesque de Noyon, qui décéda en 1239, le 13 février (1), et Jean, fils dudit Barthélemy. Après le décéds de Simon remarqué dans le Nécrologe ou livre des Obits dudit Haulte-Bruière, où il fut inhumé en 1174, ladite Amicie se remaria avec Guillaume des Barres, duquel elle eut un autre Guillaume, le plus accomply chevalier qui fut du temps de Philippes Auguste, roy de France; elle vesquit longtemps après, jusques en 1206. Elle donna à l'église de Chartres la somme de cent sols parisis de rente annuelle et perpétuelle, à prendre par chacun an, le lendemain de la saint Remy, sur la prévosté de Saint-Léger-en-Iveline, à peine de payer, par le prévost qui seroit lors, autant de cinq sols par chacun jour, qu'il seroit en demeure de payer lesdits cent sols parisis, applicables, sa vie durant, aux réparations de ladite église, et, après son trespas, pour estre distribuées aux chanoines présents à l'anniversaire qu'elle ordonnoit y estre célébré à son intention chacun an. Ce que Simon, son fils, confirma en 1215, auquel an elle pouvoit estre décédée.

SIMON succéda à son père et fut comte de Montfort, ce qui me fait juger qu'Amaulry, du premier mariage, pouvoit estre mort ou pourveu d'ailleurs, veu que je n'en trouve plus rien. Pour Guy, l'autre fils, il s'en alla au Levant, où il espouza la comtesse de Sidon, avec laquelle il revint en France durant la guerre contre les Albigeois (2). Il avoit eu Rochefort en partage, ainsy qu'il se veoid par un tiltre de Haulte-Bruière de l'an 1202, touchant la dixme des novales de Beynes. Il eut encores Rabastrux dans le Lauragais, pour récompense de ses conquestes sur les Albigeois. Je le trouve vivant en l'an 1221, au moys de mars, dans certain tiltre de Saint-Martin-des-Champs de Paris, par lequel il quitte le droit d'un cheval de dix livres parisis, qu'il prétendoit luy estre deub par le prieur dudit lieu à chaque

---

(1) Claude Emery, en ses *Antiquités de Saint-Quentin*. — (2) *Hist. Albigens*. Petri de Vall., ch. 14, 17 et 81. *Id.*, ch. 60, 71 et 74.

changement de prieur, et ne trouve quand il mourut, si ce n'est luy qui fut tué au siége de Varilles, près Pamiers, d'un coup de carreau tiré de la ville, en 1226.

Simon, après son retour de la Terre-Sainte (1), où il avoit accompagné son frère, se croisa par dévotion contre les hérétiques Albigeois, ainsy appellés, à cause que leur secte avoit commencé à Alby, principale ville de l'Albigeois au Languedoc; et, en 1209 et années suivantes, il les combattit avec tant de bonheur qu'ayant eu plusieurs advantages sur eux, il fut, du consentement de tous les chefs, esleu général de l'armée catholique (2). Le pape Innocent III lui donna toutes les conquestes qu'il pourroit faire de places, villes et chasteaux sur Raymond III, comte de Toulouse, fauteur de ceste hérésie, et sur autres seigneurs qui luy adhéroient; ce qui fut approuvé au concile de Latran, tenu au moys de novembre 1215, pour luy et ses successeurs. Il avoit espouzé, dit le Cartulaire de Beaulieu, une nommée Ève, qu'autres appellent Alix de Montmorency, de laquelle il eut Amaury, Simon, Robert, Guy, Philippes, autre Philippes, et Perronnelle, qui fut fiancée à Jacques, fils de Pierre, roy d'Aragon, qui fut tué en la bataille de Muret, mais espouza Pierre de Courtenay, seigneur de Conches et de Meun; et après son décedz elle convola en secondes nopces avec Henry de Sully. Il fut tué au siége de Tolose d'un coup de pierre, le 25 juin 1218; fut premièrement porté à inhumer à Carcassonne en l'église de Saint-Nazaire (3), d'où il fut, du depuis, rapporté en celle dudit Haulte-Bruière, où son effigie se veoid à costé de la grille du chœur des religieuses, avec celle d'Amaury, son fils, qui est de l'autre costé. Tous deux sont plus grands que le naturel, armés de toutes pièces, ayant le long de la cuisse un escu, *de gueules au lion léopardé d'argent, portant sa queue fourchée et passée en sautoir*, qui sont les armes des anciens comtes de Montfort. Sur la baze qui porte la représentation de ce Simon, sont taillés, à demi-bosse, des levriers; comme aussy dans son sceau, où il est représenté à cheval,

---

(1) Ann. Spondani ad an. 1201. — (2) Invent. des tilt. du Roy, Tolose, sac V, nomb. 73. — (3) Petri de Vall., ch. 85. Guill. de Podio in Laurent., ch. 30. *Cart. hospital. de Surdis.* Pierre de Saconay, *De la Providence de Dieu sur les Roys de France*, p. 140.

tenant un cor de chasse près sa bouche, et ayant un levrier à costé du cheval, avec ceste inscription à l'entour : 𝕾𝖎𝖌𝖎𝖑𝖑𝖚𝖒 𝕾𝖎𝖒𝖔𝖓𝖎𝖘 𝖉𝖊 𝕸𝖔𝖓𝖙𝖊𝖋𝖔𝖗𝖙𝖎; et au contre-sceau il y a un lion comme dessus.

AMAURY, son fils aisné, luy succéda en ses estats et print mesmes qualités que son père, de duc de Narbonne, comte de Tolose, vicomte de Béziers et Carcassonne, et seigneur de Montfort. Il espouza, du vivant de son père, une fille d'André de Bourgongne, comte d'Albon et Dauphin de Vienne. Duchesne la nomme Béatrix, fille dudit André et de Béatrix de Claustral, sa première femme, fille de Guillaume de Forcalquier, qui avoit esté promise au fils de Hervé de Donzy, comte de Nevers, et de Mahauld de Courtenay, lequel estant décédé, elle fut mariée audit Amaury, qui l'espouza à Carcassonne, encores qu'elle n'eust que dix ans. Le Charon, toutesfois duquel Duchesne ne s'esloigne pas, dit que ceste Béatrix fut mariée avec Démétrius de Montferrat, roy de Thessalie, fils de Boniface II, marquis de Montferrat, qui décéda sans enfants en 1227, et que la femme d'Amaury fut une autre fille dudit André et de Berte ou Béatrix, sa femme. Après le décéds de son père, il eut de grosses guerres sur les bras (1), les comtes de Tolose et de Foix faisant tout ce qu'ils pouvoient pour recouvrer sur luy les pertes qu'ils avoient faites en leurs seigneuries. Ce que recongnoissant, avec le peu de forces qu'il avoit pour leur résister, il quitta au roy Louis VIII, en febvrier 1224, le comté de Tolose et tout ce qu'il possédoit en Languedoc. Cela se veoid par un tiltre qui est en le Thrésor des chartes du Roy, du mois d'apvril 1229 (2), par lequel ledit Amaury recongnoist avoir transporté audit roy Louis, le droit qui luy appartenoit au comté de Tolose, vicomté de Béziers, et en toute la conqueste des Albigeois, et promet avoir aggréable le traicté de paix qui sera faict entre ledit seigneur roy et Raymond, comte de Tolose. Par le mesme traicté, il fut faict connestable de France, et se qualifie tel par un tiltre de Saint-Martin-des-Champs en certain acte d'eschange, faict par l'hoste-

---

(1) Guill. Armor., *Philippides* XII. Petri de Vall., ch. 79. Duchesne, *Hist. des Dauphins de Vienne*, p. 22 et en ses Preuves, p. 13. Charon, en son *Hist. univers. des Gaules*, ch. 33. — (2) Invent. des tilt. du Roy, Tolose, sac V, nomb. 74.

lier dudit monastère avec Aubert d'Andresel et Jeanne, sa femme, d'une rente de bled avec environ cinq arpents de terre, sciz à Crespières, que ledit Amaury amortit au moys de mars 1230. Comme aussy, par un aultre tiltre du 15 des calendes de juin 1234, donné en faveur de l'église de Chartres, au sceau duquel il est représenté armé et à cheval, l'espée au poing, et sur la barde du cheval est un lion rampant, la queue fourchée et passée en saultoir, et au contre-sceau, y a un guidon ou bannière emmanchée de trois dents sur deux et demie, entre deux fleurs de lis, autour duquel sceau est escript en lettres gotthiques ce mot : Veritas, qui estoit sa devise et cry d'armes, qui me faict croire que ça esté luy qui a donné les roses des deux vitres qui sont en l'église de Chartres, au dessus des chaires du chœur, du costé de la grande chaire épiscopale, ésquelles lesdites armes et guidon se voyent encores à présent, et que ça esté Pierre de Courtenay, son beau-frère, qui a donné le bas desdites vitres ésquelles les armes de ceste maison sont posées *d'or à trois tourteaux de gueules*. Quelques-uns disent que, vers l'an 1226, il y eut différend pour l'office de Connestable entre cest Amaury et Estienne de Garlande, qui renoncèrent à leurs prétentions en faveur de Rol de Vermandois, dit *le Jeune*, ce qui ne peut estre, veu qu'Amaury ne fut Connestable qu'en 1229, et posséda ceste charge jusques à son décеds, qui arriva en 1241. Dès 1239, estant allé avec autres seigneurs françois en la Terre-Sainte, pour le recouvrement d'icelle d'entre les mains des Infidèles, il fut prins prisonnier, et comme il eust esté délivré et s'en retournoit en France, il tomba malade à Ottrante où il décéda. Son corps fut porté à Rome, où il fut inhumé en l'église de Saint-Pierre (1); il laissa deux enfants de sa femme, desquels nous parlerons cy-après.

Quand à Guy, frère du connestable, il espouza Pernelle de Bigorre, fille de Bernard, comte de Cominges, et de Tiennette, comtesse de Bigorre, et fut tué au siége de Castelnaudari, en 1218 ou 1219, en assistant Amaury, son frère, qui ne laissa que deux filles, l'une nommée aussy Pernelle, qui fut joincte par mariage avec Rol Tesson, d'où vint Guillaume Tesson, chevalier normand; et Alix qui espouza Guillaume de Courtenay, sei-

---

(1) Nangis, *De Gest. Franc.* Raph. Vol... *Hist. de Foix*, lib. XXII, etc.

gneur de Champignelle et de la Ferté-Lupiere, de laquelle il eut Lore, comtesse de Turene ; Matilde ou Mahauld, mariée en premier lit au comte d'Auxerre, et en deuxiesme avec Philippes de Flandres ; Eschivard de Chabannes, comte de Bigorre, et Jourdain ; où je remarque en passant, pour plus grand esclaircissement, que Pernelle ou Perronnelle de Bigorre avoit eu cinq maris : le premier fut Gaston de Béarn, le second, Ninon Sanches d'Arragon, comte de Cerdagne, desquels elle n'eut d'enfants, voire par un abus qui estoit lors en pratique en Bigorre, elle se seroit séparée, de leur mutuel consentement, et auroit convolé en troisiesmes nopces avec Guy de Montfort, duquel elle eut lesdites deux filles ; après son décéds, elle espouza, pour quatriesme mary, Aimeri de Rancon, duquel elle n'eut point d'enfants ; et pour cinquiesme et dernier mary, elle eust Guy de Mathas, qui engendra Marthe, femme de Gaston, vicomte de Béarn, fils de Guilhem Raymond.

Quand à Simon, frère desdits Amaury et Guy de Montfort, ayant obtenu le comté de Bigorre par la donation que luy en avoit faict ledit Eschivard, il le transporta à Thibaud VII, comte de Champagne et de Brie, roy de Navarre, et se retira en Angleterre, s'estant picqué contre la royne Blanche, de ce qu'elle avoit empesché qu'il n'espouzast Jeanne de Flandre et de Hainault, veufve du comte Fernand. L'Anglois, bien informé de sa valeur et mérite, le recent fort bien ; et pour l'obliger à espouzer son party et l'arrester, luy fit espouzer Aliénor, sa sœur, et luy donna le comté de Leicestre, qui avoit autrefois appartenu à ses devanciers (1), et le fit séneschal d'Angleterre et de Gascongne ; cela se veoid par certain acte de confirmation dudit roy Henry III d'Angleterre, donné à Vendosme, le 21 janvier, l'an quinziesme de son règne, qui revient à 1250 (2), touchant la paix et l'accord faict entre ledit Simon, son lieutenant en Gascongne, et les Bourdelois, sur plusieurs démeslés qu'ils avoient eus ensemble. Ceste Aliénor, sa femme, estoit veufve de Guillaume le Mareschal, comte de Pembrok ; laquelle, après le décéds d'iceluy, avoit faict vœu de chasteté. Ce mariage

---

(1) Mathieu Paris, *in Henrico III*, ann. 1238. Pol. Virg., lib. XVI. Thom. Valsingham., ann. 1239. — (3) Invent. des tilt. du Roy (tiltres Guyenne, layette *Bordeaux*, num. 1).

ne se porta pas bien, et semble que Simon, espouzant cette femme, il espouzast son malheur, veu que ce qui les devoit lier avec le roy d'un nœud indissoluble d'amitié fut comme le motif de leurs querelles et discussions. En 1260, les premiers seigneurs d'Angleterre s'estant ligués contre leur souverain, à cause des grandes levées et extorsions qu'il faisoit dans son royaume, Simon se mit de la partie, et fut un des premiers à deffendre la liberté publique. S'estant mis à cet effect en campagne, il print le roy prisonnier, avec Édouard, son fils, lequel s'estant eschappé par la trahison de Gilbert de Claire, comte de Glocestre, qui estoit un des principaux du party qui se trouva du costé du roy, il fut vaincu par ledit Édouard, et tué avec Henry, son fils aisné, en une bataille donnée près l'abbaye d'Evesham, où il fut inhumé (1). Plusieurs miracles se firent à son tombeau, qu'on n'osa publier de crainte d'encourir la disgrâce du roy. Quelques-uns escripvent que le pape Clément IV le fit oster du cemetière où il estoit, pour ce qu'estant en Angleterre il l'avoit excommunié, et ne se seroit mis en peine d'obtenir son absolution. Sa teste, néamoins, ayant esté apportée en France, fut déposée à Haulte-Bruière, sépulchre de ses ancêtres, où elle se veoid encores entre les reliques de ce monastère. Il eust de ladite Aliénor cinq masles et une fille, sçavoir : Henry, qui fut tué avec luy, Simon, Guy, Amaury, Richard et Aliénor, desquels nous parlerons cy-après.

Pour Philippes, fils de Simon IV, je ne trouve point avec qui il fut marié, mais seulement qu'il assista S. Louis, roy de France, en son voyage d'outre-mer, et qu'il se servoit fort de son conseil (2); et que du depuis il suivit Charles d'Anjou en la Pouille, qu'il servit fort bien en ses guerres contre Conradin. Il estoit seigneur de la Ferté-Aleps en Beausse, et de plusieurs autres terres dans l'Albigeois; et de luy vint, entr'autres enfants : Jeanne de Montfort, laquelle espouza Guy, fils aisné de Regnauld, comte de Forest et baron du Beaujeu, qui succéda à son père, et eut de ladite Jeanne, Jean, qui fut aussy comte de Forest, et Regnald, chanoine et comte de Lion (3). Du Tillet, luy donne

---

(1) Pol. Virg., lib. XVI. Math. Paris. Nangis, *In vita S. Lud.* —
(2) Joinville, *Vita S. Lud.*, ch. 39 et 42. Nangis, p. 458 et 459. —
(3) Duchesne, *Hist. de Bourg.*, liv. III, p. 437.

deux filles, l'une mère d'un comte de Comminges, l'autre nommée Aliénor, comtesse de Vendosme. Quant aux enfants d'Amaury, connestable de France,

JEAN fut son aisné, et Amaury le second; le premier espouza Jeanne de Craon, et, en 1245, estant allé au voyage de la Terre-Sainte, il y fut prisonnier avec le comte de Bar; d'où, estant de retour en France, il décéda en 1248, laissant une seule fille nommée Béatrix, qui fut mariée à Robert IV, comte de Dreux, qui, à cause d'elle, le fut aussy de Montfort (1).

Le second, sçavoir Amaury, s'en alla en Calabre, où il fut comte de Squillace, et y mourut laissant une grande lignée, de laquelle je ne parlerai point pour estre hors de France. De ROBERT de Dreux et de BÉATRIX de Montfort, issit Ioland de Dreux, qui fut mariée, selon Nicoles Gilles (2), en premières nopces, avec le roy de Serie (*Syrie*), et en secondes, avec Arthur de Bretagne, qui fut comte de Montfort. De par elle, et par ce moyen, le comté de Montfort tomba en la maison de Bretagne.

Pour les enfants de Simon et d'Aliénor d'Angleterre, Henry, comme dict est, fut tué avec son père en une bataille près Evesham, le 30 d'aoust 1265;

Simon, ayant esté banny d'Angleterre, se retira en France, et se mit au service de Philippes le Hardy;

Guy, sieur de Beynes, qui avoit esté arresté prisonnier après ceste bataille, ayant trouvé moyen d'en sortir, s'en alla en Calabre trouver Philippes, son oncle, où s'estant faict paroistre aux occasions, et y ayant acquis de l'honneur, il passa en Toscane. Il espouza la fille d'Aldobrandin, dict *le Roux*, ou comme autres disent Raoul, comte d'Anguillaire (3); et, quelques années après, sçavoir en 1270, ayant eu advis que Henry, comte de Cornouailles, fils de Richard, roy des Romains, s'en retournoit du Levant où il estoit allé avec Édouard, son cousin, et passoit par l'Italie, le fut guetter à Viterbe; là où pour se venger de la mort de ses père et frère, ensemble de mauvais traictements qu'ils avoient reçus dudit Richard et du père d'Édouard, aydé de

---

(1) Nangis, p. 420 et 422. Joinville, *Vita S. Lud. Cart. Belliloci.* Nic. Gilles, fol. 105. — (2) Fol. 123. — (3) Math. Paris. Nangis, p. 480. Ann. Spondani ad anno 1271, num. 4.

Simon, son frère, qui estoit venu demeurer avec luy, les poignardèrent tous deux, ainsy qu'ils oyoient la messe en l'église de Saint-Laurent, et s'enfuirent après cest assassinat devers le beau-père de Guy. Le roy Philippes le Hardy en fut fort offensé contre eux ; et le pape Grégoire X, à la prière d'Édouard d'Angleterre, les excommunia, et d'autant que Simon décéda incontinent après ce meurtre, il condemna Guy à tenir prison perpétuelle; de laquelle ayant esté tiré par le pape Martin IV, de l'advis dudit Philippes le Hardy, auquel il avoit envoyé Gaultier de Fontaines, prévost d'Ingré en l'église de Chartres, son chapelain, pour luy envoyer quelqu'un des siens pour la conduitte de son armée contre Guy de Montfeltre, qui le troubloit en la Romandiole, Guy de Monfort fut général de l'armée papale, et poursuivit si chaudement son adversaire, qu'il le mit à la raison, et luy fit rendre tout ce qu'il avoit usurpé sur l'Église.

Son beau-père estant décédé cependant, il fut obligé d'aller se mettre promptement en possession des biens qu'il avoit laissés à sa femme, lesquels les comtes de Saint-Fleur et d'Anguillaire taschoient luy faire perdre. Depuis, en l'an 1287, ayant esté prins par Roger de Loric, Calabrois, général de l'armée navale du roy d'Arragon, avec plusieurs autres seigneurs, tous furent mis à rançon, excepté luy, sur lequel le malheur tomba, n'ayant pas peu estre délivré en façon que ce soit, Jacques, roy d'Arragon, voulant en cela gratifier à Édouard, roy d'Angletere, et le sacrifier à sa passion et à celle de son frère Alphonse, en se vengeant de Guy, petit-fils de Simon de Montfort, qui avoit tué Pierre, leur ayeul, en la bataille du Muret.

Guy, estant tombé malade en la prison, d'une maladie qui ne pouvoit se guérir que par la compagnie d'une femme, il ayma mieux mourir que se souiller avec une autre que sa légitime. Il laissa plusieurs enfants, entr'autres : Philippes de Montfort et Anastase, comtesse de Nole, femme de Romain des Ursins. Des fils est venue la maison de Montfort au royaume de Naples, qui a longtemps jouy du comté de Campo-Basso.

Il ne restoit plus en France que deux frères de Guy, Amaury et Richard ; le premier desquels, devant la mort de leur père,

---

(1) Charon, *Hist.*, ch. 135. Pandulfo Collenutio, lib. V. — (2) Ann. Spondani ad ann. 1287.

s'y estoit réfugié avec Aliénor, leur mère, et leur sœur de mesme nom. Il avoit esté destiné à l'Eglise, et avoit esté pourveu de la thésaurerie de l'église d'York, et estoit estudiant à Paris, du temps que son père fut tué; et sa mère, peu auparavant, estoit accouchée de Richard (1). Quelques années après, Lerlin, fils de Grifin, seigneur de Galles, rechercha la fille Aliénor en mariage. Le roy Philippe le Hardy la luy envoya avec son frère Amaury, que Polidore Virgile appelle Henry, ne se souvenant pas qu'il avoit dict que Henry avoit esté tué avec son père. Ayant esté prins sur mer par les coureurs d'Édouard I, roy d'Angleterre, qui avoit succédé à Henry III, il les retint prisonniers; il les délivra toutefois voyant que Lerlin luy faisoit la guerre, et, à la prière du roy de France, qui estoit intéressé dans l'affaire, la fit espouzer à Lerlin en sa présence; et pour Amaury, pour ce qu'il estoit clerc, il le rendit aux prélats d'Angleterre qui le détindrent longtemps en leurs prisons, d'où, à l'instance du pape, et à la diligence de Jean Pecham, archevesque de Canturbery, et des autres évesques qui en respondirent au roy, il fut délivré soubz certaines conditions.

Sa sœur n'eut grand contentement de son mariage avec le prince de Galles, estant décédée peu après ses espouzailles. Ainsy print fin ceste illustre maison en France et en Angleterre, au regard des masles, et passa par les filles en celle de Bretagne, laquelle, s'estant perdue dans celle de France par l'alliance d'Anne de Bretagne avec le roy Charles VIII et Louis XII, et de Madame Claude de France, leur fille, espouze de François I, le comté de Montfort est revenu à la Couronne d'où il estoit party. Il en a esté depuis distrait en faveur de Mre Jean-Louis de Nogaret de la Valette, duc d'Espernon, en la famille duquel il est encores de présent par engagement seulement.

Outre l'église parroissiale de Saint-Pierre dudit Montfort, il y a un prieuré fondé soubz le nom de Saint-Laurens, par Simon, comte dudit lieu, lequel le donna à l'abbaye de Saint-Magloire de Paris, fondée par Hugues le Grand, son ayeul, du temps de Louis et Lothaire, derniers roys de la seconde race, et le dota de plusieurs rentes et revenus, dont il obtint la confirmation du roy Philippes I, en 1072.

---

(1) Nangis, p. 487.

Depuis, on y a establi un couvent de Capuchins, et des religieuses de Sainte-Marie, fondées par Madame des Essars, et encores d'autres dans l'hospital.

Il y a outre la justice du Bailliage royal, une Eslection et Mareschaussée avec les officiers nécessaires pour l'administrer, comme aussy un Maistre des Eaux-et-Forests, qui a semblablement les siens à cause de la forest d'Iveline.

CHAPITRE XIII.

Des villes de Mantes, Meulan et Poissy, et pays circonvoisin dans lequel est assis le comté de Madrie.

Du Montfortois je passe au pays Mantois, ainsy nommé de Mantes, sa capitale, qui estoit autrefois chef d'un beau comté, réuny dès longtemps à la Couronne, par le roy Charles V, dit *le Sage*, qui l'eschangea, en febvrier 1369, avec Charles, roy de Navarre, pour Montpellier. C'est une belle place, bonne et forte, assize sur la rivière de Seine; laquelle a esté longtemps entre les mains des Anglois, sur lesquels le roy Charles VII eut bien de la peine à la reprendre (15 aoust 1449). Elle est la dernière du diocèse de Chartres de ce costé-là, les faubourgs qui sont delà le pont estant du diocèse de Rouen. Les isles qui sont dans la Seine avec le pont entier, du diocèse de Chartres, ayant esté adjugées à l'évesque dudit lieu par arrest du 24 mars 1483, nonobstant les oppositions et prétentions de Georges, cardinal d'Amboise, archevesque dudit Rouen, qui contestoit que ledit pont, jusques à la loge aux Portiers sur terre ferme, estoit, avec ledit pont, de son diocèse.

Il y a dans la ville deux églises, de Nostre-Dame et de Saint-Maclou. En la première, il y a un petit Chapitre composé d'un doyen et de sept chanoines, en la plaine collation du Roy comme comte, et ont chacun un vicaire qu'ils présentent audit comte, qui leur baille leur instruction sur ladite présentation; il n'y a que le doyenné seul auquel le Roy présente à l'évesque de Chartres, qui baille sa collation. Toutes les chapelles de ladite église, qui sont dix-sept, sont en la plaine disposition du comte, excepté la première portion de celle de la Trinité, à laquelle le sieur de Bouville présente au comte, qui baille l'institution; et celle de Nostre-Dame-de-Pitié, à laquelle ceux de la famille des Dunesmes de ladite ville présentent audit comte, qui pourveoit un chapelain. Il y a aussy parroisse en la mesme église, pour estre de laquelle, il faut estre clerc tonsuré ou officier du roy; autrement on n'y est admis, et peuvent seulement ceux qui ne sont de ceste qualité estre de la parroisse de Saint-Maclou. Ils se vantent d'avoir en ladite église de Nostre-Dame, le corps de S. Marcoulf, abbé de Nantueil en Normandie, avec ceux de S. Dommard et de S. Charioulf, ses compagnons. M. Simon Faroul, doyen de ladite église, a composé un livre de leur Invention, lequel a esté, pour le regard de S. Marcoulf, réfuté par Fr. Oudard Bourgeois, religieux bénédictin et prieur de Corbeny, au diocèse de Laon, qui maintient que le corps dudit sainct est audit Corbeny, appellé pour ce sujet ordinairement Saint-Marcoulf, où les roys de France, au partir de leur sacre, vont faire leur neufvaine, pour obtenir la continuation de la grâce que Dieu leur a donnée, par l'intercession de ce sainct, de guérir des escrouelles, en touchant les personnes qui en sont malades.

Hors la ville, il y a un très-beau monastère de Célestins, lequel, quoyqu'il soit sur une montagne, abonde en fontaines. Il est du diocèse de Rouen. Du costé de deçà est le couvent des Cordeliers, dans le diocèse de Chartres : depuis peu de temps on y a estably une maison d'Ursulines et d'Hospitalières.

L'Archidiacre de Poissy, autrement de Pinserais, en l'église de Chartres, y tient le principal siége de la justice ecclésiastique, pour l'exercice de laquelle il y a un Official, promoteur et autres officiers.

Le roy Henry II y establit un Présidial en 1552, auquel ressortist, en cas de l'édit, le bailliage dudit lieu, et quelques autres circonvoisins, à cause de la proximité de ceste ville, que aucuns mettent dans le Vexin françois, autres dans l'Isle-de-France, de celle de Paris : on y a tenu plusieurs assemblées, tant du clergé de France qu'autres. Philippes-Auguste s'y plaisoit, et en 1209 y tint son parlement, qui n'estoit encores sédentaire comme il est à présent, d'où il envoya le comte de Saint-Paul, avec une armée, contre le duc de Bretagne, et y ordonna la saisie du temporel des évesques d'Orléans et Auxerre, à faulte de l'avoir assisté comme il prétendoit qu'ils y estoient obligés ès guerres contre les Anglois (1). Le roy donna, en 1211, les priviléges aux bourgeois et eschevins de Mantes, leur promist le ban, et que personne ne pourroit vendre vin en la ville s'il n'estoit de la commune; y estant tombé malade, il y mourut le 14 juillet 1223. Philippe III, son successeur, leur donna, en 1274, la basse justice, que le prévost avoit en la ville et banlieue de Mantes, avec la garde des prisons (2). Charles V leur donna la franchise en 1376, et Charles VI leur octroya, en 1381, le droit d'instituer des officiers de police; et Charles VIII leur accorda un marché franc.

Quand à Meulanc, le fort et les isles qui sont de ce costé-là dans la Seine, avec l'isle et le prieuré de Saint-Cosme en l'isle Fresneuse, sont comprins dans ledit archidiaconé, combien que la ville soit du diocèse de Rouen; elle a eu autrefois ses comtes et vicomtes, qui ont tenu rang entre les plus grands seigneurs de France et d'Angleterre. On en peut veoir quelques-uns dans le livre qu'a mis en lumière Mre Nicolas Davanne (3). J'y eusse peu adjouster, mais ne voulant faire estat que de ce qui est de nostre diocèse, je laisse à d'autres d'en faire la recherche.

Poissy le suit de près, qui estoit au siècle de nos devanciers un lieu de plaisir, où les reynes de France faisoient leurs couches, et donnoient la première nourriture à leurs enfants, auparavant que Fontainebleau et Saint-Germain-en-Laye eussent esté bastis. La reyne Constance, femme du roy Robert II, y fit édifier l'église de Nostre-Dame en laquelle elle mit des chanoines réguliers, qui ont esté sécularizés du depuis, et au lieu d'un abbé y a eu un doyen et huit chanoines que le Roy institue, autant de vicaires, que le Chapitre présente à l'Archidiacre de Pinserais, qui les représente à leur évesque, qui leur donne leur collation. Quelques-uns veulent que ceste église de Nostre-

---

(1) Invent. des tilt. du Roy (soubz Craon). — (2) Chopin, *Cout. d'Anjou*, en la préface, et liv. I, ch. 30. — (3) *Vie et martyre de saint Nicaise, premier évesque de Rouen.*

Dame, estant tombée en décadence, Philippes le Bel, roy de France, la fit rebastir, et auprès un monastère pour les religieuses de S. Dominique, qu'il fit venir de Prouille, diocèse de Carcassonne, auquel le patriarche des frères Prescheurs, estant en ces quartiers-là contre les Albigeois, avoit retiré trois cents pauvres damoiselles qu'il faisoit vivre selon les constitutions de son ordre, et les y mit au lieu des chanoines; en quoy ils se sont trompés, veu que ce couvent de filles n'a esté basty que depuis le déceds et canonization de S. Louis, roy de France, et en sa contemplation; seulement, pour ce qu'estant nay dans le chasteau de Poissy, on l'a employé à y faire ceste maison de filles, dans l'église desquelles a esté posé le maistre-autel, au mesme endroit où ce saint avoit prins sa naissance, et receu le baptesme. Aussy ce bon roy avoit-il toujours une tendresse et affection pour ce lieu, se faisant appeler pour ce sujet *Louis de Poissy*, disant qu'il avoit receu là le plus grand bien et honneur qu'il eust peu désirer au monde, pour y avoir receu, non tant la vie du corps que celle de l'âme, par la grâce du baptesme; et s'il escripvoit à quelque particulier de ses amys, il se soubzscrivoit : *Louis de Poissy*, ou le *Seigneur de Poissy*.

Il y a eu autrefois une famille du nom de Poissy, au mesme lieu, que je crois avoir prins origine des anciens seigneurs d'iceluy, qui l'avoient possédé auparavant qu'il vint en mains du roy. J'en trouve, dès l'an 1073, qui paroissoient et estoient alliés aux meilleures familles et maisons du pays; s'ils ne sont fondateurs de Joyenval, ils y ont néamoins faict du bien, comme à Chambourcy et Davron, où il y en a quelques-uns d'inhumés, ainsy qu'il se veoid par les Nécrologes d'iceux (1). Ils portoient *lozangé d'argent et de gueules de dix points* 3. 3. 3. 1.

La ville de Poissy est fort marchande, et fournit Paris de bœufs, moutons, brebis et porcs; y ayant tous les jeudis marché, où chacun en vient vendre ou achepter. Il y a un Prévost pour la justice temporelle, qui a sa jurisdiction estendue sur Poissy, Triel et Saint-Germain-en-Laye (2); les appellations duquel ressortissent au Chastelet de Paris. Durant les différends des anciens comtes de Chartres avec l'Evesque et Chapitre de la cathé-

---

(1) Emoy, p. 300 de ses *Antiquités de Saint-Quentin*. — (2) Dubreuil, *Antiq. de Paris*, liv. IV.

dralle dudit lieu, les roys en attribuèrent la congnoissance au prévost de Poissy, pardevant lequel ils plaidoient, jusques à ce que les roys Jean et Charles, son fils, octroyèrent, par leurs lettres patentes, audit Chapitre d'avoir leurs causes commises nuement en la Grande-Chambre du Parlement de Paris, où, d'autant qu'on n'y instruit les procès, ils auroient esté renvoyés aux requestes du Palais. Combien que le principal tiltre de l'archidiacre de Pinserais, en l'église de Chartres, soit Poissy, si est-ce qu'il n'y tient le siége de la justice, mais à Mantes, comme nous l'avons remarqué cy-dessus. Ceste ville est assez plaisante pour avoir son assiette en un beau vallon, joignant le rivage de Seine, qui est limité, en son plan et estendue, de bocages et terres qui rapportent de bon fourment. On y a depuis peu basty un couvent de Capuchins pour la consolation des habitants.

Le pays s'estend dans le val de Gallie, qui est un des plus beaux et agréables de la France. Là, se voyent les abbayes de Joyenval, de l'ordre de Présmoustré, où nos anciens historiens disent (1) qu'un ange apporta à un hermite, qui faisoit sa résidence en ce lieu, un escu *semé de fleurs de lis*, que nos rois ont retenu pour armoiries du royaume; de Saint-Corantin et de Saint-Cyr, qui sont de filles de l'ordre de S. Benoist, avec les villages de Crépierres, Trianon, et quelques autres, qui abondent en ce qui est nécessaire pour la vie et usage de l'homme.

Les récents qui ont traicté de l'origine de nos roys de la troisiesme race les font sortir des comtes de Madrie, qui avoient leur domaine dans le Pinserais; car, comme il se peut veoir par quelques actes qui se trouvent dans les abbayes de Saint-Denis-en-France et de Saint-Magloire de Paris, le pays de Madrie s'estendoit, du Pinserais, bien loing au deçà et delà de Paris, duquel il descendoit par la forest Iveline jusques à Faverolles et Néron, près Nogent-le-Roy, par lequel, doublant, il s'en alloit prendre Dreux, pour passer jusques à la Croix-Saint-Leufroy, abbaye dans le diocèse d'Évreux, que le martyrologe Bénédictin dit estre assize *in pago Madriacensi* (2), et s'en retournoit gaigner la rivière de Seine dans le Vexin françois. Pour ce qu'il se trouve par certain tiltre rapporté par Bouchet en ses preuves de

---

(1) Nicoles Gilles. — (2) *Ad undecimum kal. julii.*

la *Vraye origine de nos Roys*, que Nebelon, qui se dit fils de Childebrand, prend qualité de comte de Madrie, on s'est imaginé que ce pays-là estoit une comté qu'il auroit laissée à Robert le Fort, l'un de ses descendants. Je trouve, à la vérité, qu'il y a dans le Pinserais certains ruisseaux qui ont leur source, l'un vers Garencières, l'autre des étangs de Haulte-Bruières et de la forest de Montfort, lesquels, s'estant joints ensemble, font une petite rivière, appelée la Mauldre, en latin *Maldra*, qui coule par Neaufle-le-Vieil, Beines, Maurepas et Maule, d'où elle s'en va descharger dans la Seine au-dessoubs de Mantes; et qu'autrefois il y avoit un bourg ou village de mesme nom dans icelle contrée qui portoit le nom de Madrie, d'où ce comté avoit prins sa dénomination. Ce que je ne me persuaderois volontiers, mais plustost que si ce pays a appartenu à Robert le Fort et à sa postérité, que c'estoit comme faisant partie de la comté de Paris, qui estoit en sa maison et famille. Laissant toutesfois ceste fusée à démesler à ceux qui en traictent à dessain, je repasse en Beaulse pour parfaire la description entière du particulier de nostre diocèse.

CHAPITRE XIV.

Du pays et ville de Dourdan, Hurepoix, Aulneau, Espernon, Gallardon et autres lieux voisins.

COMBIEN que la ville de Dourdan ne soit en Beaulse, mais en un pays particulier près du Hurepoix, qui le costoye, je ne laisse d'en faire icy estat, comme si elle en estoit une partie, à cause qu'elle y touche. Mais auparavant qu'en dire quelque chose, et afin qu'il n'y aye point d'interruption, je parleroy succinctement du Hurepoix, que Papire Masson (1) ap-

---

(1) *Descript. Gall. per flumina*, p. 188.

pelle *Urapisium*, et suit le Pinserais. Le pays est long et estroit, qui prend son commencement soubz le Petit-Pont, dans l'université de Paris, d'où, costoyant la Seine, qui luy sert de bornes de ce costé-là, il va par Corbeil, Melun, Montargis, Fontainebleau et Moret; d'où il s'estend jusques à Château-Regnard et Courtenay, où il est séparé du Gastinois par la Verrine, qui se descharge dans le Loing, puis descend à Estampes, d'où, tirant vers le couchant, s'en va gaigner Aulneau; et, passant le long de la Beaulse et pays Chartrain, vient se rendre dans le faubourg Saint-Maurice-lez-Chartres, d'où, rebroussant tout court vers Maintenon, Espernon et la forest Iveline, il s'en retourne vers le septentrion à Paris, pour se rejoindre à l'endroit d'où il est parti. Cela ainsy posé, ce pays costoye Dourdan du mesme costé au delà de la forest et des vignes, où il est composé de collines et vallons avec quelques petits bocages et arbres fruictiers propres à faire du cidre.

La ville de Dourdan est bastie dans un vallon au respect du voisinage, qui est plus éminent; et au pied d'iceluy, sur la pente septentrionalle, coule une petite rivière nommée Orge, qui a sa source à Bréthencour; laquelle, grossie des eaux de quelques fontaines qui s'en vont dégorger dedans, fait tourner le moulin du Comte; et, sortant de la ville après avoir baigné cinq ou six maisons, porte son eau aux tanneurs et parcheminiers qui ont leurs ouvrouers sur son bord, et de là, par Chastres (*Arpajon*) et Savigny, s'en va perdre dans la Seine. Il y a en ceste ville deux parroisses, l'une de Saint-Germain, qui est un prieuré, cure dépendant de l'abbaye de Saint-Cheron-lez-Chartres, à laquelle Goslin de Lèves, évesque de Chartres, le donna avec les Granges-le-Roy, pour ayder à la nourriture des religieux qu'il avoit de nouveau introduits en icelle abbaye; l'autre est de Saint-Pierre, en laquelle il y a un prieuré simple, dépendant de l'abbaye de Morigny, près Estampes. Dans le milieu de la ville est le chasteau, bien basty et flanqué de bonnes tours, environné d'un profond fossé revestu de pierres de taille et en forte deffense. La plus grosse et plus forte de ces tours estoit autrefois détachée de ce chasteau, dans le milieu du fossé, pour servir de retraicte en cas de nécessité, et n'y avoit qu'une entrée par un pont de bois en temps de paix, et par une casematte en guerre, jusques en 1608, que Mre Maximilien de Béthune, chevalier, seigneur de Rosny, qui jouissoit de Dourdan par usufruit, la fit joindre, par un terrain, au chasteau. C'est de ceste tour que relèvent tous les vasseaux du comté de Dourdan; sur le domaine duquel la reyne Marie de Médicis, veufve de Henry le Grand, a assigné à l'œuvre et fabrique de l'église de Chartres, la somme de trois cent soixante livres tournois de rente annuelle et perpétuelle, pour l'entretien de la lampe d'or qu'elle a donnée à ladite église, de cierges de cire blanche, pour brusler jour et nuit devant la Sainte-Châsse, ainsy qu'il est porté par ses lettres du 25 novembre 1621, deubment vérifiées en la chambre des Comptes et cour des Aydes, à Paris, l'année suivante.

Le grand Archidiacre de Chartres y tient un Official et officiers pour l'exercice de sa justice spirituelle : pour la temporelle, il y a un Bailly; les appellations duquel relèvent au Parlement de Paris, sinon, ès cas de l'édit, qu'elles ressortissent à Chartres. Il y a aussy un Prévost et Maître des eaux-et-forests, avec Election, qui estoit autrefois particulière, n'ayant point de bureau, et les collecteurs des tailles des parroisses qui sont dans le département d'icelle portoient leurs deniers au bureau de Chartres, jusques en 1577, qu'il en fust establi un audit Dourdan.

L'on a ignoré jusques à présent qui a posé les premiers fondements de ceste ville et luy a donné le nom. Il se veoid, à la vérité, dans la Vie de Ste Mesme, dite en latin *Maxima*, qu'elle estoit fille du roy Dordanus, qui veut dire qu'elle estoit fille du seigneur de Dourdan, ce nom *Dordanus* estant plutost appellatif que propre. Ainsy, en la Vie de S. Arnould, qui vivoit du temps de S. Remy, archevesque de Reims, et estoit son filleul, il est faict mention du comte Dordingus, qui pouvoit estre gouverneur, juge ou seigneur de Dourdan, ou Dourdanois, du mot de Dourdan, qui est appellé, par le continuateur d'Aymoin, *Dordings*.

Hugues le Grand, comte de Paris, se plaisoit audit lieu et y passoit une partie de son temps au déduict de la chasse qui y est belle, tant pour les bestes rousses que pour le vol à l'oyseau et autres. Elle pouvoit luy appartenir pour ce qu'il y rendit les derniers soupirs de sa vie, et de ce que Hugues Capet, son fils, et ses descendants s'y divertissoient aussy quelquefois; comme en leur propre héritage. Ils y avoient establi leur garenne pour pouvoir y chasser, et avoient obligé les habitants des Granges-le-Roy de bailler des pains au jour de Noël, pour la nourriture de leurs muttes de chiens, et des poules pour leurs oyseaux.

Estant tousjours demeuré entre les mains des roys de France de père en fils, S. Louis le bailla à la reyne Blanche, sa mère, avec Mulanc, Pontoise, Estampes, Corbeil, Melun, Crespy en Valois, la Ferté-Milon, et Pierre-Font, pour assignat de son douaire, en eschange d'Issoudun et d'autres terres en Berry, qui luy auroient esté données par Jean, roy d'Angleterre, en faveur de mariage; après le décèds de laquelle il assigna le douaire de Marguerite, sa femme, fille du comte de Provence, sur ledit Dourdan, et partie des autres lieux cy-dessus énoncés, avec Poissy, Vernon et la Ferté-Aleps, au lieu d'Orléans, le Mans, Mortaigne, Mauves, Checy, Chasteauneuf, Nonvillier et Cléry.

Philippes le Bel, roy de France, la bailla en 1307 à Louis, comte d'Évreux, son frère, pour la somme de quinze mil livres de rente en assiette de terre, qui luy avoient esté baillées pour partie de son appennage avec autres terres cy-dessus dénommées, sçavoir est la Ferté-Aleps et Mulanc. Dourdan vint du depuis à Louis, comte d'Estampes et seigneur de Lunel, fils de Charles, aussy comte d'Évreux et d'Estampes, fils de Louis, pareillement comte d'Évreux; lequel Louis second faisoit ordinairement sa principale demeure à Dourdan. Il fit plusieurs biens aux religieux de Saint-Cheron de Chartres résidents audit Dourdan. Je trouve, entre autres, qu'en l'an 1378, il leur donna « pour
» la grande amour, dévotion et affection qu'il avoit tousjours
» eue, et avoit en son église de Saint-Germain de sa ville de
» Dourdan, en laquelle il avoit receu le saint sacrement de bap-
» tesme, et pour les dévotes prières qui, en icelle, sont faites
» chacun jour, et perpétuellement seront faites pour le salut et
» remède de son âme, etc., aux religieux, prieur et frères de la-
» dite église Saint-Germain, etc., la queste des bleds et autres
» grains molibles en ses villes de la Forest-le-Roy, Auton, Riche-
» ville et le Bréau, pour iceux bleds et autres grains mener et
» faire moudre en leur moulin appellé *le moulin de Choiselier,*
» assis sur la rivière d'Orge, etc. »

Lescorné, en ses *Mémoires de Dourdan,* a laissé par écrit que ce comte Louis, n'ayant point d'enfans, et se voyant hors d'espérance d'en avoir, il donna, par donation entre vifs, du 9 novembre 1381, à Louis, comte d'Anjou, fils puisné du roy Jean, en considération de ce que le fils aisné dudit comte d'Anjou avoit espouzé la fille du comte d'Alençon, sa niepce, tous les biens desquels il estoit lors saisy, à la réserve de l'usufruit d'iceux qu'il se retint sa vie durant sur ledit comté d'Estampes ; mais que la veufve dudit comte d'Anjou, estant parvenue à la couronne de Sicile, auroit transporté à Jean, duc de Berry, tout le contenu de ladite donation, par ses lettres du 1er aoust 1385, dont il auroit recongneu le roy du vivant mesme dudit comte d'Estampes à la réserve que dessus. En quoy j'estime que Lescorné s'est trompé, l'un ne l'autre Louis d'Anjou n'ayant espouzé la fille du comte d'Alençon, attendu que le premier fut marié avec Marie de Bretagne, fille de Charles de Blois et de Jeanne *la Boiteuse*, sa femme ; et le second, son fils, avec Ioland d'Arragon, fille de Jean I, roy d'Arragon, et d'Ioland de Bar, en l'an 1400. Je ne veux pas nier que ledit Louis d'Évreux aye donné ou vendu ses comtés d'Estampes, Gien et Dourdan, à Jean, duc de Berry, pour ce que je trouve que ledit duc de Berry, du vivant de ce Louis, voyant qu'il n'avoit aucuns enfants masles, luy en estant mort deux, remit au roy Charles VI, Estampes et Dourdan ; et du depuis, du consentement du roy, en fit don et de Gien à Philippes, son frère, duc de Bourgongne, en faveur de Jean, comte de Nevers, son fils aisné, filleul dudit Jean de Berry, le 28 janvier 1387. Mais je sçais bien que ledit Louis estoit encores seigneur de Dourdan en l'an 1386, veu que par lettres données, le 20 janvier dans la mesme année, ledit Louis, comme seigneur de Gallardon, confirma et admortit au Chapitre de Chartres l'eschange fait avec Hues du Boullay et Marguerite, sa femme, de la terre de Germonval, près ledit Gallardon, contre certains droits que ledit Chapitre avoit au Boullay-Thierry, dont lesdits Hues et Marguerite estoient seigneurs ; et portent lesdites lettres qu'elles ont esté données par ledit Louis, dans son chasteau de Dourdan, qui monstre qu'il en estoit encores seigneur, à tout le moins par l'usufruit, en ceste mesme année.

Mais, sans m'amuser à une chose de si peu de conséquence, il est certain que Jean, duc de Bourgongne, laissa à Philippe II, son fils, dit *le Bon*, aussy duc de Bourgongne, les comtés de

Dourdan, d'Estampes et Gien, qui les donna à Jean de Bourgongne, comte de Nevers, son cousin-germain, fils de Philippes de Bourgongne, et de Bonne d'Artois, fille de Philippes, comte d'Artois et d'Eu, et de Marie de Berry; laquelle Bonne ledit Philippes le Bon espouza en secondes nopces, quoyque veuve de son oncle, par dispense du pape Martin V.

Ledit Jean, comte de Nevers, jouit de ces comtés jusques en 1446, que le procureur-général, qui prétendoit qu'Estampes et Dourdan faisoient partie du domaine du roy, les fit saisir, et, par l'arrest donné l'an suivant, il en fut évincé, de façon que ce Jean demeura sans aucuns biens, et fut nommé *Jean-sans-Terre,* jusques à ce qu'estant puis après venu en une meilleure fortune par le décedz de Charles d'Artois, son oncle, il eut le comté d'Eu, l'un des plus beaux de France.

Le sieur de Gobaches jouit durant ce temps-là de Dourdan, et jusques à ce que le roy Louis XII le vendit, avec Melun et Corbeil, à Mre Louis de Graville, admiral de France, lequel, dès la mesme année, il luy rendit par son testament, en recognoissance des bienfaicts qu'il avoit receu de sa libéralité. Depuis ce temps-là, Dourdan demeura entre les mains du roy, jusques sous le règne de Henry III, roy de France, lequel, pour la nécessité de ses affaires, l'engagea à Mre Henry de Lorraine, duc de Guise, qui en jouit sa vie durant; et après son décedz, en exécution de l'édit du moys de septembre 1591, pour la revente du domaine du roy, jusques à deux cens mille livres. Dourdan fut revendu en 1596, au sieur de Sancy, moyennant quarante mil escus, qui le céda à Mre Maximilian de Béthune, seigneur de Rosny, sur lequel le roy Louis XIII le retira en 1610, pour le bailler à la reyne, sa mère; laquelle en a jouy, pour partie de son douaire, jusques à son trespas, par lequel il le donna à la reyne Anne d'Autriche, son espouze.

De Dourdan l'on va par Châlo-Saint-Mars, pour aller gaigner le long du diocèse d'Orléans, le Blésois et Dunois. C'estoit de ce lieu d'où Eudes le Maire, dit *Châlo-Saint-Mars,* avoit prins sa naissance; à la mémoire duquel, comme estant issu de sa famille, je doibs ceste remarque, que comme dès longtemps Philippes I, roy de France, pour amour et charité (je me sers des propres termes des lettres du roy), et en révérence et honneur du Saint-Sépulchre d'outre-mer, auquel il s'estoit voué, avoit donné charge et envoyé, pour faire ledit voyage, un nommé Eudes le Maire, son serviteur et familier, et pour la charge qu'il avoit tant de ménage que de femme et de six petits enfants, lesquels il print en sa garde, et pour le récompenser, laissa, donna et libéralement octroya ausdits Eudes le Maire, sadite femme, et à ceux de leur postérité nais et à naistre, privilége qu'ils fussent francs et exempts de tous péages, barrages, ports, passages, navaiges, plaisages, entrées de vin, vingtiesme, douziesme et huitiesme, taille, taillons, fortifications, corvées, emprunts, travers, coûtumes, bois, chandelles, gardes, droits, gabelles et tous autres droits domaniaux, levés et à lever (1), et de toutes autres charges et servitudes quelconques : lesquels priviléges avoient esté depuis confirmés par les roys de France, ses successeurs, qui, affin que les descendants dudit Eudes sceussent à qui avoir recours quand aucun empeschement leur seroit donné, auroient commis les Maistres des requestes de l'Hostel, commissaires, gardiens et conservateurs desdits priviléges et juges, pour congnoistre, juger, discuter et terminer de toutes questions, procès et débats qui pourroient sourdre au moyen et pour raison d'iceux, qui auroient esté enregistrés ès registres des ordonnances de leur cour et auditoire du Palais à Paris. J'ay entre mes mains les lettres de feu Guillaume Souchet, mon bisaïeul, qui jouissoit desdits priviléges, à cause de Jeanne du Temple, sa femme, fille de Jean du Temple, et Agnès Chartier, qui, de père en fils, estoient descendus dudit Eudes le Maire, et n'ont été ostés à ceux de sa famille qu'en 1578, et encores par arrest du 24 mai 1596, par l'opiniastreté de quelques-uns d'icelle qui les vouloient trop estendre.

Au-dessus de Châlo-Saint-Mars, naist la rivière de Loët, dite en latin *Loa*, de la fontaine de Sainte-Apolline, qui va porter ses eaux dans l'estang de Moulineaux, et de là en la Juine, qui prend son origine dans la Beaulse, d'où, coulant à Estampes, à Villerey et Essone, elle se va rendre à Corbeil, qu'elle enrichit de ses bleds pour les conduire à Paris (2). Ceste rivière de Juine

---

(1) Chopin, *de sacra politica*, tit. II, art. 21 et 22, et *de jurisd. Andegav.*, lib. I, art. 8. Bouteraye, lib. I, *Hist. Franc.*, p. 269. Lebret., en ses *Arrests*. — (2) Pap. Masson, *Ann. in Lud. Gall.*, lib. V. *Mer des Histoires*, ch. 99, p. 2.

abonde en écrevisses, qui sont des plus grosses et des meilleures qui soient en France.

Rentrant dans le diocèse de Chartres, l'on trouve Rochefort, appartenant autrefois aux comtes de Montfort, desquels il vint, en 1188, à Guillaume des Barres, qui se croisa avec Louis le Jeune, roy de France, au voyage du Levant; et, par un partage fait entre Ioland et Jeanne de Montfort, en 1317 (1), il est porté que les appellations de Rochefort se releveroient audit Montfort, et se trouvent lettres du 14 juillet 1380, par lesquelles la comtesse de Roucy est authorizée, au refus de Louis de Namur, son mary, de vendre et aliéner de son patrimoine en cas de nécessité; ensuite de quoy elle vendit à Louis, duc d'Anjou, la chastellenie de Rochefort pour quinze mille livres d'or (2). Elle appartient maintenant à Mre Hercules de Rohan, duc de Montbazon, gouverneur de Paris.

Saint-Arnould-en-Iveline vient ensuite, bourg fort bien basty, le long duquel, par le dehors, coule le Rabet, petit ruisseau qui sert pour les tanneurs et tainturiers, et à faire tourner un moulin. De là l'on vient à Abluis (*Ablis*), autre petit bourg, de l'estang duquel, et de quelques sources vers Prunay, sort un ruisseau qui fait mouldre le moulin de Handret, appartenant aux Célestins d'Esclimont, et, passant au travers du parc dudit lieu, en va faire mouldre un autre dans la cour du chasteau; d'où sortant, s'en va par Bleury gaigner la Voise, près Gallardon. Ce ruisseau de la Voise passe au bas d'Auneau, célèbre dans nos histoires par la défaitte des Reistres en l'an 1588, le 25 novembre, par le duc de Guise; et, coulant au travers du Guay-de-Long-Roy, va se rendre audit Gallardon, et de là, comme nous l'avons dit cy-devant, se va desgorger dans la rivière d'Eure.

Gallardon est une ville ancienne, qui a eu longtemps ses seigneurs particuliers, qui en portoient le nom, desquels Madame Jeanne, reyne de France et de Navarre, l'acquist et la donna à dame Marie d'Espagne, comtesse d'Alençon, qui l'engagea à Philippes Lhuillier, capitaine de la Bastille, des mains duquel elle la retira du depuis, et vint entre celles de Pierre, comte d'Alençon et du Perche, puis de Jean, son fils, qui le donna à

---

(1) Baquet, *Droits de justice*, ch. 26. — (2) Chopin, *Coust. d'Anjou*, lib. III.

Pierre, son bastard. Je trouve néamoins un acte du bailliage de Chartres contenant les lettres du don, que le roy Charles VII fait, le 16 febvrier 1438, du rachapt deub par Pierre, bastard d'Alençon, à cause de la donation qui luy avoit esté faite de ceste seigneurie. Dans la mesme, il s'en trouve une autre qui dépend de la Tour de Marly (1), qui estoit anciennement dans la maison de Montmorency, et du depuis a appartenu à Mre Louis, comte de Crussol, qui la vendit à Mre Everard de Puissieux, dit *Capdorat*, en 1464; lequel, l'année suivante, la bailla au comte d'Alençon. Charles en fit hommage au roy, le 2 de septembre 1516, à cause de son comté de Chartres, duquel ses fiefs relèvent; après le déceds duquel ils auroient esté vendus au sieur de Refuge, duquel Mre Philippes Hurault, comte de Chiverny, chancelier de France, l'auroit acquis, et Mre Henry Hurault, son fils, l'auroit vendu à Mre Claude de Bulion, intendant des finances, en la famille duquel elle est encores de présent.

Je ne parle point icy d'Espernon, qui a esté longtemps dans la maison de Vendosme, et qui a esté distrait de Montfort et érigé en duché et pairie en faveur de Mre Jean-Louis de Nogaret de la Valette; auquel il y a un beau prieuré de l'ordre de S. Benoist, donné par Amaury I, comte de Montfort, par lequel il avoit esté fondé, à l'abbaye de Marmoutier.

Voilà ce que j'ay peu dire succinctement de toutes les villes du diocèse de Chartres, laissant à en escrire plus amplement à ceux qui ont plus de loisir et plus de congnoissance que moy, des particularités d'icelles et du pays; ce que j'en ay fait n'estant que pour les convier à suppléer à mes défauts.

Voyons maintenant quel estoit le gouvernement politique de nos anciens Gaulois et Chartrains, auparavant qu'ils eussent embrassé le Christianisme.

---

(1) Invent. des tilt. d'Alençon.

CHAPITRE XV.

De quelle sorte de gouvernement ont usé les anciens Gaulois, de leurs mœurs et façons de faire, en paix et en guerre.

COMBIEN que le gouvernement monarchique, qui ne dépend que d'un seul, aye tousjours esté estimé le meilleur par toutes les nations, si est-ce qu'il s'en est trouvé et trouve encores, qui luy ont préféré l'administration populaire, qui consiste en l'advis et jugement de plusieurs. Je laisse à part les raisons des uns et des autres, qui se peuvent veoir dans les autheurs qui ont escript pour et contre, et dis seulement que je ne peux estre de l'advis de ceux qui ont donné des roys à nos premiers Gaulois, qu'ils ont forgés à leur appétit, ou les ont tirés d'un supposé Bérose, qui en rapporte une grande liste, plus fabuleuse que véritable. Il y a bien plus d'apparence qu'ils se soyent gouvernés d'une façon aristocratique, veu ce qu'en escript César en ses *Commentaires*, que le gouvernement des Gaules estoit entre les mains des philosophes Druides et des nobles seulement, sans que le peuple y eût part; ce qui a d'autant plus de vraysemblance que, n'y ayant que trois sortes de gouvernement, le monarchique, où un seul commande; le démocratique, où le peuple a la surintendance; et l'aristocratique, où plusieurs, en certain nombre, des plus apparents entre les autres, tiennent la seigneurie souveraine, nos Gaulois n'ayant suivy les deux premiers, il faut qu'ils ayent embrassé le dernier. En quoy ils ont eu de la raison, d'autant que la puissance de commander souverainement devant, par discours et raisonnement naturel, estre baillé aux plus dignes et plus vertueux ou plus nobles, elle ne pouvoit estre mise en meilleure main qu'en celles des Druides, lesquels, faisant profession des lettres et de la vertu, s'estoient acquis un grand crédit parmy les peuples et les nobles, qui ne dédaignoient de suivre leur profession; et qui, d'ailleurs, avoient des richesses et commodités pour se maintenir, ils n'eussent peu trouver une forme de gouvernement plus plausible. C'estoit ceste forme de république que souhaittoit Platon, où les roys estoient philosophes, et les philosophes estoient roys, pour ce que la souveraine administration leur estant déférée, ils avoient plus d'intérest à la conservation d'icelle que le commun peuple, lequel, n'ayant que perdre et peu de résolution, l'abandonneroit au premier choq d'une disgrâce. Ce fut la seule raison pour laquelle Q. Flaminius laissa la seigneurie des villes de Thessalie aux plus riches, comme à ceux qui avoient plus d'intérest en la conservation de l'Estat, et pouvoient mieux le maintenir par leurs moyens et facultés, que les pauvres qui avoient assés affaire à leur entretenir. D'ailleurs, l'ordre estant nécessaire pour maintenir chacun en son debvoir, et n'y en ayant que peu ou point parmy le populaire, qui agit plus par passion que par raison, il estoit plus à propos que la chose publique fût commise à la direction des sages et authorité des nobles; aux uns pour la régir, aux autres pour la deffendre, et à tous pour la maintenir; et comme l'union est la mère de la paix, bien que leurs fonctions fussent diverses, ils convenoient néamoins tous en un mesme sentiment de bien faire, qui les tenoit en bonne intelligence.

Les Druides estoient particulièrement députés pour la religion, sans laquelle l'Estat est comme un corps sans âme, pour avoir soin des sacrifices publics et privés, de résoudre les points les plus difficiles de leur créance; instruire la jeunesse, qui estoit envoyée de toutes les provinces gauloises pour apprendre leur science, et juger des différends qui pouvoient arriver entre les particuliers. Ce qui les mettoit en un degré de respect si éminent, que leurs jugements passoient pour loix, ausquelles il n'estoit loisible de contredire. Que si quelqu'un ne vouloit acquiescer à leurs arrêts, la peine suivoit incontinent la faute, par une interdiction qu'ils faisoient au rebelle d'assister à leurs sacrifices et cérémonies publiques. Ceste peine estoit la plus grande qu'on eust peu leur donner, pour ce qu'ils estoient fuis d'un chacun, comme personnes exécrables, avec lesquelles ils ne vouloient communiquer, non pas mesme de parolle, craignant que, tout ainsy que les loups dérobent la voix à ceux qu'ils voient les premiers, il leur arrivast quelque malheur s'ils parloient avec eux. S'ils avoient quelques procès à vuider, ils n'estoient escoutés tandis qu'ils persistoient en leur contumace;

toute audience leur estoit déniée, et estoient rebutés des charges et honneurs, sans espérance d'y pouvoir parvenir.

Un seul de ces Druides présidoit sur les autres, et celuy qui approchoit plus près de ses vertus et capacité luy succédoit en la charge. Que s'il s'en trouvoit de concurrents, les autres Druides pouvoient choisir celuy qui leur plairoit le plus. Que s'ils ne pouvoient s'accorder, comme les affections des hommes sont différentes, ils en venoient aux mains.

Sur la fin de décembre, ou au commencement de janvier, voire, selon aucuns, en septembre, ils s'assembloient à Chartres ou ès environs, en un bois consacré, où ils se rendoient de toutes parts pour sacrifier ou vuider leurs différends et procès, à cause que ceste ville estoit comme au centre des Gaules. Si tous les autres Gaulois estoient obligés, depuis les enfants de quatorze ans jusques aux vieillards, d'endosser le harnois pour attaquer ou se défendre de leurs ennemis, les Druides seuls en estoient exempts, aussy bien que de tous subsides et contributions. César dit qu'ils usoient, en tous leurs contracts et affaires civiles, de charactères grecs, en leur doctrine, instructions de la jeunesse, et traditions de leurs dogmes; d'aucuns, une seule cabale suffisoit sans lettres ni escripture.

Quant aux nobles cavaliers, ils estoient seulement pour la deffense des autres, et presque toujours soubz les armes, pour attaquer ou repousser l'ennemy. Auparavant l'arrivée de César ès Gaules, il ne se passoit année qu'ils n'en eussent à quelqu'un. Allant en guerre, chacun menoit avec luy le plus de monde qu'il pouvoit, pour ce que leur honneur dépendoit du plus ou du moins, celuy qui en menoit le plus, estant le plus estimé. Il estoit facile aux riches de trouver ces escortes, pour ce que les pauvres estoient bien ayses de se mettre à l'abry des plus puissants, pour se mettre à couvert de l'indigence, et de se rendre vassaux et subjets de ceux desquels ils espéroient quelque faveur (1). Ils alloient en leurs assemblées tous armés, et de mesme en leurs sacrifices, banquets et affaires privées; et, à la fin d'iceux, s'ils avoient quelque chose à démesler avec quelqu'un, ils le vuidoient par les armes. Plutarque dit que les femmes délibéroient de la paix et de la guerre, et que ce qu'elles

---

(1) Athénée.

avoient résolu, étoit suivi. Aux Estats-Généraux, qu'ils tenoient tous les ans (1), d'où seroit peut-estre venu la coutume de tenir les Estats en certains endroits de la France, comme en Languedoc et Bretagne, voire les Parlements, deux ou trois fois l'an, auparavant qu'ils eussent esté rendus sédentaires, ils approuvoient le dire de leur prince par le cliquetis de leurs armes, frappant avec le bout de leurs lances ou javelines sur leurs targes et pavois. Strabon remarque (2) que si quelqu'un interrompoit celuy qui harangoit en quelque assemblée, il y avoit un officier qui luy commandoit de se taire, auquel, s'il ne vouloit obéir après une seconde et troisiesme monition, il luy couppoit telle portion de son saye, que le reste demeuroit inutile à servir. César, parlant d'Incliciomare (3), escript qu'aux assemblées on faisoit mourir le dernier venu, pour le punir de sa paresse. Ce que j'estime aussy véritable que ce qu'escrivent Plutarque et Strabon des cigongnes; qui, pour estre une fable, a donné sujet au proverbe des *Contes de la Cigongne*, pour une chose qu'on tient hors de croyance. Ils observoient la mesme forme en l'eslection de leur prince qu'en celle de leur grand-prebstre; sitost que l'un et l'autre estoient esleus, ils les eslevoient sur un bouclier, et les portoient sur leurs espaules, trois fois à l'entour de l'assemblée ou du camp, si ceste eslection se faisoit dans l'armée. Ce qui auroit peut-estre donné sujet à quelques seigneurs de porter les évesques en leur nouvel advénement en leurs églises, comme il s'est fait jusques à présent, et à nos premiers François, d'eslever leurs roys sur des rondaches, et les porter à l'entour du camp pour les mettre en possession de leur estat, les faire recongnoistre pour souverains, et leur faire serment de fidélité. Il n'y avoit que ceste différence que le Grand-Prebstre jouissoit de sa dignité à sa vie; le prince ou général de l'armée, seulement durant la guerre. Ils y alloient couronnés comme aux nopces, ou comme s'ils eussent esté asseurés de vaincre. Elian dit (4) qu'il n'y avoit point d'hommes sur la terre qui s'exposassent plus promptement aux dangers que les Celtes. César en donne la raison qu'estant imbus de la doctrine des Druides touchant l'immortalité des âmes, ils s'ex-

---

(1) Tacite. — (2) Lib. IV. — (3) Lib. VI. — (4) Lib. XII, *Variar. histor.*

posoient librement aux périls. Ils pouvoient aussy y estre portés
par un aiguillon de gloire, voyant qu'on louoit hautement, par
certains panégiriques, ceux qui avoient rendu preuve de leur
valeur. Retournés de la guerre, ils dressoient à la mémoire de
ceux qui avoient donné des témoignages de leur courage des
trophées, qu'à la façon des Grecs, ils laissoient à la postérité,
pour souvenir de leurs généreuses actions, et pour servir à leurs
descendants d'esperon à la vertu. Ils s'estoient rendus si redoutables à leurs voisins, que Saluste escrit que, de son temps, ils
avoient donné l'espouvante à toute l'Italie, au bruit de leurs
armes; et que si les Romains combattoient avec les autres nations pour la gloire, avec les Gaulois c'estoit pour la nécessité.
Aussy depuis qu'ils eurent ressenty leur addresse aux armes,
par la prinse de leur capitale, et par autres secousses qu'ils receurent de leur part, ils avoient fait un fond en leur espargne,
duquel l'argent ne se tiroit que lorsqu'il falloit faire la guerre
contre eux. Tite-Live (1) en a fait un plus sinistre jugement,
disant que les Gaulois, au commencement du combat, estoient
plus qu'hommes, à la fin, moins que femmes! Tesmoignage qui
porte son reproche avec luy, partant de la plume d'un fort ennemy du nom Gaulois, qui voudroit bien, par le rabais qu'il
fait de ceste nation, eslever la sienne par dessus les autres;
aussy est-il contredit en cela par Justin, qui escrit, en leur
louange, que les roys de l'Asie et d'autres provinces faisoient
telle estime de leur valeur, qu'ils estimoient ne pouvoir conserver ce qu'ils avoient d'acquis, ny recouvrer ce qu'ils avoient
perdu, sans leur assistance. La response qu'ils firent à Alexandre
le Grand, leur demandant ce qu'ils redoubtaient le plus, qu'ils
ne craignoient rien sinon que le ciel tombast, fut fort bien receue de lui. Ce prince, ambitieux au dernier point, s'attendoit
qu'ils luy dissent qu'ils ne craignoient que luy; mais, les oyant
chanter d'une autre gamme, il admira leur dire et honora leur
courage. Ils l'avoient en trop bonne assiette pour en user autrement, estimant la moindre retraicte pour une honteuse fuite.
C'est pourquoy Elian, faisant réflexion sur leur constance, escrit qu'ils estoient tellement accoustumés aux dangers, qu'ils ne
sortoient pas mesme de leurs maisons que le feu dévoroit, et

---

(1) Lib. X, *Décad.* 1.

les vents et tempestes ébranloient pour les faire tomber sur leurs testes. Flore rapporte un exemple notable du courage de certains Gaulois, lesquels, ayant esté prins en guerre et mis à la cadène, ne pouvant supporter l'insolence d'un barbare vainqueur, firent ce qu'ils peurent pour rompre leurs fers avec les dents, pour se tirer de la prison, qui leur estoit plus rude que la mort; ce que n'ayant peu exécuter, ils aymèrent mieux s'entre-estrangler, que survivre à leur malheur. Qui est-ce qui dira que c'est une action de femmes ou de personnes sans cœur? Je demeure d'accord, avec César, que les Gaulois sont fort prompts à entreprendre la guerre, et qu'ils ne sont d'une disposition pour en souffrir les fatigues; mais cela ne fait rien contre l'estime qu'on doibt faire de leur valeur, pour ce que ce défault provient du manque de résolution, mais de la température et disposition de leurs corps, que l'aër rend plus mols et délicats, et par ainsy moins propres à supporter la fatigue.

L'Espagnol, pour estre plus méridional, est d'un naturel plus tempéré, mélancholique et contemplatif, et pour ce plus ingénieux que le François, qui est toujours en action, à cause de son naturel bilieux et cholère, qui, comme le dit Tite-Live, ne peut se commander, lorsqu'il est préoccupé de ceste passion, qui le rend plus prompt, actif et diligent; dans son feu renverse, comme un foudre, tout ce qui luy faict résistance.

L'Italien, participant de tous les deux, a ses passions et actions plus modérées pour estre dans un climat tempéré au possible, entre le pôle et l'équateur, au milieu de l'Europe, de l'Afrique et de l'Asie, penchant un peu vers l'orient et le midy. Mais si les François estoient des cannes et personnes sans courage, pourquoy les Romains s'en seroient-ils servis en la bataille de Cannes, où, selon Tite-Live, par un ordre nouveau et particulier à eux seuls, ils combattirent tous nuds? Ce qui diminue tout à fait la foy de cet autheur, plus envieux de la vertu gauloise, qu'il n'est véritable en ses escrits.

Parmy nos anciens Gaulois, les gens de cheval estoient beaucoup plus en estime que l'infanterie. C'est pourquoy César employa la cavalerie gauloise contre Petreius et Affanius et les restes de la guerre civile. Leurs armes estoient une espée assés pesante, selon Polybe, et longue, ainsy que l'escrit Tite-Live, émoussée et sans pointe, dit Strabon, de laquelle ils ne pouvoient se servir que pour donner des estramassons et non des estocades, et pendoient, selon Diodore, ceste espée à leur costé gauche, avec une chaîne de fer. Ils se mettoient à couvert des coups avec une rondelle ou bouclier de leur hauteur, et se deffendoient avec deux dards ou demi-piques, le fer desquelles estoit d'un pied de long; leur casque, ou armet de teste, avoit sur le haut d'iceluy une petite creste ou huppe, semblable à celle des alouettes, qui donna sujet à César de nommer une légion de Gaulois, entretenue à ses gages, *Alouette*, comme au roy Henry le Grand, d'appeler les Chartrains et Beaulserons, *Alouettiers*, à cause de la quantité des alouettes qui se prennent en ce pays durant la saison d'hyver.

Nos Gaulois estant près de marcher en bataille, les Bardes, qui estoient leurs poëtes et musiciens, chantoient en vers, ou avec la seule voix, ou la mariant avec quelqu'instrument, les belles et généreuses actions par lesquelles leurs ancestres s'estoient signalés dans les occasions, pour les disposer à en entreprendre de semblables, et ne dégénérer de leurs vertus et prouesses, et blasmoient ceux qui avoient commis quelque lascheté, pour leur dire qu'ils devoient espérer mesme peine, s'ils tomboient en mesme faute. Ces poëtes ayant fait leur devoir, toute l'armée se mettoit à crier si épouvantablement et frapper si rudement sur leurs rondaches et escus, que tous les lieux circonvoisins retentissoient de ce grand tintamarre, et leurs ennemis en demeuroient espouvantés. Leurs bataillons marchoient au son de la trompette, et se ruoient de telle furie sur leurs adversaires, que, comme un torrent emporte tout par où il passe, ils jonchoient la terre de leurs corps, et s'ils demeuroient victorieux, ils leur couppoient les testes, qu'ils pendoient au col de leurs chevaux; et estant de retour chez eux, les attachoient aux portes de leurs villes, pour faire perdre aux autres l'envie de les aller attaquer.

César et Athénée disent qu'ils immoloient leurs prisonniers aux Dieux; ils eussent mieux parlé, s'ils eussent dit qu'ils les sacrifioient à leur passion, veu que, comme nous le ferons voir cy-après, c'est une pure calomnie qu'on leur impose qu'ils sacrifioient des hommes.

Retournés qu'ils estoient de la guerre, ils reportoient l'estendard qu'ils avoient tiré de leurs bois sacrés, qui leur servoient de temples, et le déposoient entre les mains du souverain des Druides, qui avoit la charge de le garder, jusqu'à ce qu'on en eût besoin. C'estoit comme l'Oriflamme, que nos roys vont prendre, aux guerres de conséquence, des mains de l'abbé de Saint-Denis-en-France, et luy rendent à leur retour pour la conserver. Ils déposoient aussy, en ces bocages et lieux destinés pour faire leurs sacrifices, les dépouilles et butin qu'ils avoient gaigné sur l'ennemy. Personne n'estoit assés hardy pour en enlever quelque chose, pour se l'approprier. Les estrangers mesme avoient ces lieux en vénération; tesmoin César, qui, ayant recongneu son espée pendue à un chesne, au lieu nommé *Vasso*, qu'on estime estre Polignac en Auvergne, laquelle il avoit perdue en un rencontre de Gaulois, n'osa la reprendre, quoyqu'il fust pressé de ce faire par ceux de sa nation, qui désiroient oster ceste marque de leur confusion.

Quand à leur disposition, ils avoient une grande agilité de corps, et peu se voyoient parmy eux qui fussent chargés de graisse. S'ils excédoient certaine mesure, cela tournoit plustost au blasme de la personne que de la nature. Ils portoient tous les cheveux longs, flottants sur leurs espaules, qu'ils se lavoient avec de l'eau de chaux estainte, pour les rendre blonds. Les filles de Gascongne s'en servent encores, ou de lexive de cendres, pour se les rendre roux. Leurs habits estoient de sayes de laine et de draps, bigarrés de diverses couleurs et à bandes, comme sont ceux des Suisses, et ne leur alloient qu'à la demie cuisse, le reste demeurant nud. Il y en avoit qui portoient des hauts-de-chausses, qu'ils appelloient braies, lesquelles estoient tout d'une venue et aussy larges par le bas que par le haut; car, comme ils estoient, dict Strabon, différents en langages, aussy l'estoient-ils en leurs habits et leurs mœurs; j'en (vis) autrefois en Gascongne qui leur alloient jusque sur les talons; et l'autheur sans nom de la *Vie de Louis le Débonnaire* (1), nous représente ce prince, lorsqu'il n'estoit que roy d'Aquitaine, en portant de la mesme façon, ce qui auroit donné le nom à la Gaule Narbonnoise, de *Gallia Braccata*, à cause que ceux de ceste province portoient des brayes ou hauts-de-chausses, ce que ne faisoient les autres. Leurs maisons estoient presque toutes, ou dans les

---

(1) Page 341.

bois, ou sur les eaux, pour avoir de la fraîcheur en esté, et du bois en hiver pour se chauffer (1). Ceux qui estoient en lieu où difficilement ils en pouvoient recouvrer, se servoient de pœsles, comme l'on fait encores en Allemagne.

En leurs banquets, ils n'estoient assis sur des siéges, mais estoient gisants à plaine terre, sur des peaux de loups et de chiens, et ceux qui avoient plus de moyen, sur des lits, et se faisoient servir par de jeunes garçons. Leurs principales et plus ordinaires viandes estoient la venaison ou chair de porc frais et salé, comme leurs breuvages, du lait, du cidre et de la bière, veu que, n'ayant encores apprins de cultiver la vigne, il ne se voioit du vin qu'aux tables des grands, qui en faisoient venir d'Italie ou d'Espagne.

Les femmes avoient le soin et gouvernement de la famille et de leurs enfants, dont les masles ne paraissoient point devers leurs pères, qu'ils ne fussent propres à porter les armes, ce qu'ils faisoient dès l'âge de quatorze ans. Les hommes en se mariant portoient autant à la communeauté que les femmes, au survivant desquels le tout appartenoit. Les maris avoient puissance de mort sur leurs femmes et enfants.

Ils comptoient par les nuits et non par les jours; qui avoit fait dire à César, qu'ils en usoient ainsy pour estre sortis de Dis, qu'il croyoit pour le Dieu de la nuit, ne sachant pas qu'ils tenoient ceste façon de nombrer de leurs ancestres qui comptoient tout de mesme. La preuve s'en peut veoir au premier chapitre de la Naissance du Monde, où Moyse commence par la nuit, disant : *Et factum est vespere et mane dies unus* (2). Coutume que l'Eglise a retenue, commençant les festes dès les premières Vespres, et non dès Matines. Ceste manière de compter par les nuits a esté longtemps observée en Gaules, ainsy qu'il se veoid dans la Loi Salique. Ce qui estoit aussy pratiqué par les Allemands, leurs voisins, comme l'a remarqué Tacite, et se peut lire dans le Code de leurs loix, et dans celles des Ripuariens, autrement dits Ribarols : c'est d'où nous avons retenu ceste formule de parler, *ennuit* pour dire aujourd'huy (3).

---

(1) Julian Apost., *In Misopogon*. — (2) Genèse I. — (3) Beda, *de ratio. temp.*, ch. *de die aliter, sentit. lex Salica*, tit. XXVI, num. 9, tit. XLVII, num. 2. Tacite, *in Germania legem Allem.*, tit. XXXVI, num. 2. *Leg.*

Ils commençoient leur année au solstice brumal, qui arrivoit, auparavant la réformation du Calendrier, le 12 décembre, lorsque le soleil entroit au signe du Capricorne, ainsy que l'a remarqué Bède en son *Livre des Temps*, qui appelle ce mois ou lunaison *sacrée*, pour ce qu'en iceluy ils faisoient la cueillette du guy et leurs principaux sacrifices. Il est vray qu'il se trouve des autheurs, qui leur ont fait commencer leur année avec les Hébreux, leur en donnant une sacrée et une prophane ou commune. La sacrée commençoit le 14 de la lune de mars, pour ce qu'en ce temps là, ou au mois d'apvril, dans la mesme lune, ils avoient heureusement abordé et prins terre aux costes de la Bretagne-Armorique; et la commune vers le 7 de la lune de septembre, qu'ils appeloient *Parthenon*, comme si, par un esprit prophétique, ils eussent préveu que la Vierge qui debvoit enfanter, debvoit aussy prendre sa naissance dans ce mois, et presqu'au mesme temps qu'ils commençoient leur année. Leurs funérailles estoient fort pompeuses, ainsy que l'escrit César.

Voilà en peu de mots quel estoit le gouvernement politic de nos anciens Gaulois et Chartrains, mais auparavant que de parler de l'administration des Druides, qui correspondoit à la spirituelle, voyons quels ils estoient.

CHAPITRE XVI.

Des Druides et de leurs diverses dénominations, de leurs habits, et honneur qu'on leur portoit.

Ce n'est pas assés d'avoir parlé des Druides confusément et en gros, aux chapitres précédents, il est à propos pour mieux entendre quels ils estoient, et les emplois qu'ils avoient, d'en traicter en particulier.

Ripuar., tit. XXXI, XXXII et XXXV, num. 1, 2 et 4. Beda, lib. *de ratio. temporum*.

C'estoit le nom commun des philosophes et sçavants des Gaulois, lesquels n'estoient distingués d'entre eux que par des noms d'offices. Ceux qui suivent le prétendu Bérose se sont imaginés qu'un certain Samothés, qu'ils feignent avoir esté frère ou fils de Gomer, autheur des Gaulois, ayant esté envoié par Noé du pays d'Arménie ès Gaules, environ cent cinquante ans après le déluge, il y régna l'espace de cent cinquante-cinq ans, durant lesquels il s'occupa à polir, par les règles de la philosophie et des arts libéraux, les esprits rudes et guerriers de ses sujets, les surnommant Samothées de son nom.

Après son deceds, ils luy substituent un certain Magus, qu'ils assurent avoir esté son fils, lequel, ayant suivy les traces de son père, communica à ceux de son aage les décrets de nature, qu'il avoit apprins de luy, auquel, voulant gratifier, ils prindrent le nom de Mages.

De mesme, Saron, descendu de Magus, ayant dressé des collèges où il enseigna les sciences, ses sectateurs quittèrent leurs premières dénominations pour prendre celle de Saronides.

Ils disent de mesme des Druides, qu'ils prindrent leur dénomination de leur roy Dreux ou Drius, fils de Saron, comme firent les Bardes de leur roy Bardus, fils de Drius, et ainsy des autres, qu'ils disent avoir prins leur nom de ceux qui leur avoient enseigné leur doctrine.

J'estime que ce seroit perdre le temps de réfuter une chose qui porte son rebut avec elle, et ne peut estre receue des personnes doctes, qui la réputeront tousjours plus pour fabuleuse que pour véritable.

Pour un premier pas, un autheur ancien n'a appelé nos philosophes Gaulois-Samothées, comme le veut et suppose Bérose, et ceux qui le reçoivent pour authentique; mais Samothées, en quoy il y a bien à dire. Diogènes Laertius, tout au commencement du premier livre de la *Vie des Philosophes*, parlant de ceux qui ont mis la philosophie en vogue, escrit qu'elle a commencé chez les Barbares, lesquels appelloient leurs philosophes de divers noms. Les Perses appelloient les leurs Mages, et peu de lignes après παρά τε Κελτῖς καὶ Γαλάταις τοὺς καλουμένους Δρυίδας καὶ Σεμνοθέους. Ce que dit pareillement Suidas, escrivant que Δρυίδαι παρὰ Γαλάταις οἱ φιλόσοφοι καὶ Σεμνόθεοι, et Ambroise, moine de Camaldoli, en sa version latine du grec de Laërtius, a remarqué expressément, en la marge, que ces philosophes des Celtes et Gaulois estoient appelés Semnothées et non Samothées. Clément Alexandrin leur donne le mesme nom, comme fait Gentian Hervet, son interprète, mal cité par Charron, au Chap. 17 de son *Histoire des Gaules,* où il le fait parler contre son sentiment, ainsy qu'il se peut veoir par la lecture d'iceluy.

Aussy ne peux-je me persuader que ces philosophes ayent esté nommés Samothées de leur roy, mais plutôt Semnothées, du mot grec σεμνεῖον, que Philon, juif, prend pour un monastère ou maison sacrée, en laquelle certains contemplatifs d'Egypte habitoient de son temps, à cause que de mesme les Druides estoient retirés en des colléges, où ils vivoient séparés du commun, comme moynes et cénobites. Qui a donné sujet à Ammian Marcellin de dire d'eux que *sodalitiis adstricti consortiis erant* (1). A la vérité, Jean Picard escrit, en sa *Celtopaidie,* qu'il y avoit, à douze milles de Langres (2), une villette appelée Samothée, entourée de toutes parts de forests fort espaisses, dans laquelle habitoient autrefois les Druides, ce qu'il dit volontiers selon le langage corrompu, estant plus véritable de dire Semnothées que Samothées, ainsy que nous venons de le montrer. Ou bien encore ces philosophes s'appelloient Semnothées, du nom σέμνος et de θέος, comme qui diroit graves, sérieux, méritant quelque révérence et respect par dessus les autres, comme serviteurs et officiers de Dieu, au culte duquel ils estoient destinés (3).

Ce qu'ils disent aussy que les philosophes gaulois s'appeloient Mages, de leur roy Magus, est une chose inventée à plaisir, tout de mesme que ce qu'ils advancent que ça esté ce roy qui a donné le nom à toutes les villes qui se terminent en *magus,* veu que, pour le premier, le mot *Magus* est Persique, comme l'a observé Bodin, et signifie « une science des choses divines et naturelles (4) »; et *Mage* ou *Magicien,* en la mesme langue, n'est autre chose que philosophe : qui fait dire à Platon, en son Alcibiade, que la magie estoit τῶν Θεῶν θεραπείαν, un culte divin ou des Dieux; comme à Celius Rodiginus, que le mot de

---

(1) Euseb., lib. I, *Hist. eccles.,* ch. 17. *Philo.,* περὶ τοῦ βίου θεωρητικοῦ ἱκετῶν. Am. Marcel., lib. XV. — (2) Picard, lib. III. — (3) Eusthatius, *Homeri interpreti Iliad.* — (4) Bodin, *in sua dæmonum,* lib. II, ch. 1.

μάγος se prend pour interprète et observateur des choses divines (1), et qui considère exactement les secrets les plus abstrus et cachés, et les découvre par la subtilité d'une science éminente. Qui a donné sujet à Genebrard de penser que le mot de *Mage* venoit de la racine hébraïque הָגָה *hags*, qui signifie méditer, d'où l'on auroit tiré le mot מְהָאִים *Magim*, c'est-à-dire méditants, spéculants et sages, considéré que, selon Ptolémée, au prologue de son *Almageste*, la méditation est la clef de la sagesse. D'où vient que les Chaldéens, les Perses, Syriens et Ethiopiens, et autres peuples orientaux, la langue desquels a une grande affinité avec celle des Hébreux, on appelle *Mages* leurs philosophes et sages, à cause qu'ils s'occupoient en la contemplation de choses divines et naturelles, duquel nom les autres nations se seroient servies pour honorer ceux qui s'occupoient chez eux aux sciences et à la philosophie. C'est pourquoy ceux-là se sont lourdement trompés, qui ont creu que le mot de *Mage* signifioit *Sorcier* ou *Enchanteur*, et que les Mages gaulois estoient des prestidigitateurs, qui se mesloient de deviner les choses, par le ministère des démons; veu que Pausanias, pensant blasmer les Druides, les loue plustost, en ce qu'il dit qu'ils ne sçavoient ni magie, ni divination; que si quelquefois ils devinoient l'advenir et tiroient des présages des choses sacrifiées, comme l'a laissé par escrit Diodore de Sicile, parlant des théologiens et philosophes gaulois, c'estoit par une longue expérience qu'ils avoient du passé ou de la congnoissance des astres, par laquelle naturellement on peut sçavoir beaucoup de choses. Ainsy, ces Arabes qui vindrent adorer le Sauveur du monde dans la crèche de Betheléem, treize jours après sa naissance, sont appelés *Mages* par l'évangéliste S. Matthieu, non qu'ils fussent prestidigitateurs et enchanteurs, mais pour ce qu'estant bien instruits et expérimentés en l'astrologie naturelle, ils auroient recongneu que ce météore qui paraissoit lors en la moyenne région de l'aër, n'estoit une vraye estoille, pour ce qu'elle avoit son cours extraordinaire, tirant du septentrion au midy; mais que c'estoit plustost quelque comète ou inflamation, qui présageoit quelque chose de grand, par son mouvement irrégulier qui les induisoit à la suivre, et marcher soubz sa con-

---

(1) Cel. Rodig., lib. V, art. 42.

duitte, jusques au lieu où reposoit ce nouveau nay, sur lequel ceste inflamation s'estant arrestée, ils recongneurent que c'estoient là que les fatigues de leur voyage se desvoient terminer, et que, suivant la prédiction de Baalam, duquel ils descendoient, le roy des Juifs estoit nay là dedans.

Pour le second, n'est-ce pas vouloir imposer trop librement, et se jouer de nostre crédulité, dire que ç'a esté ce Magus, roy imaginaire des Gaules, qui a donné son nom aux villes qui se terminent de mesme, veu que, quand bien mesme il auroit esté en nature, ces villes ont esté basties longtemps après luy. Peut-on dire avec vérité que ç'aye esté luy, qui a donné le nom de *Cesaromagus* à Beauvais, ou autre de mesme terminaison, comme *Juliomagus* à Angers, de *Noviomagus* à Noyon et Lisieux, veu qu'elles ont tiré leur nom de Jules-César, qui les fit bastir ou réparer, tandis qu'il fit séjour ès Gaules. Mais, sans nous amuser après ces noms fabuleux, il y a bien plus d'apparence qu'elles ayent prins leur dénomination de celuy de *magus* qui, en vieil gaulois, signifie *maison* ou *ville*, comme qui voudrait dire *maison* ou *ville* de César ou de Jules, ou bien nouvelle *maison*. Qui fait que Nicolas Serrarius rapporte ce nom à l'hébreu נרגה, *magon*, qui signifie *habitation* ou *habitacle* (1); chez Jérémie, ch. 9, et Nahum, ch. 2, et d'où la langue punique a tiré le mot *magar*, duquel est sorti celui de *magaria* et *magalia*, qui sont *cases*, *cabanes* et *habitacles de pasteurs*; et de vray, comment ce Magus auroit-il nommé *Cæsaromagus* en Angleterre, en la comté d'Essex, et *Noviomagus* en la comté de Surrey, appellée à présent Wooderte, d'autant que ce roy gaulois n'a jamais passé la mer pour aller en ceste isle.

Je n'ignore pas que Jean Balée et Guillaume Camden, historiens anglois, soutiennent le contraire, taschant de s'attribuer à leur nation, la gloire des lettres et sciences, et l'oster aux Bretons-Armoriques, chez lesquelles elles ont premièrement fleury. Impertinents en ce point, puisqu'il falloit que, si ce Magus les a portées en leur pays, elles fussent plustost en Gaules, dont il estoit originaire. Aussy, César escrit à leur confusion, que les bonnes lettres et sciences avoient commencé chez nos Bretons-Gaulois, et qu'avant son arrivée aux Gaules, le passage

---

(1) *Histor. Maguntina*, lib. I, ch. 4.

d'Angleterre n'avoit encores esté ouvert, estant le premier qui l'avoit entreprins.

Si Origènes dit (1) que les Druides estoient passés en ceste isle, laquelle, estant de tous costés entourée de l'Océan, fait comme un autre monde, pour polir et appriyoiser l'humeur farouche de ses habitants et leur donner la congnoissance de Dieu, ce n'a esté qu'après que César l'eut conquise, qui put donner son nom à ce *Cesaromagus* anglois, plus de douze ou quinze cens ans plus tard qu'ils ne posent ce supposé Magus.

Quand aux Saronides et Druides, qu'ils contestent avoir esté ainsy nommés de leurs roys, Saron et Dreux ou Drius, c'est ce qu'on nie aussy bien que le reste. Il est bien plus probable qu'ils ont esté ainsy dénommés des chesnes, parmi lesquels ils habitoient, que les Grecs appellent σαρωνίδες, ainsy qu'il se lit dans Callimaque, et δρυίους, comme l'a remarqué Suidas, desquels ils nommoient semblablement les Druides, qu'ils disoient faire leur résidence dans les chesnes creusés. Bibliander est de mesme opinion, quand il escrit, en son Commentaire de la raison commune de toutes les langues et lettres, que « *Galliarum sacerdotes nomine Græco dicti sunt Druidæ, quasi dicas quercuarios.* » Si ceste étymologie ne leur plaît, ils peuvent avoir esté nommés du mot hébreu דרש *darash*, qui signifie *rechercher curieusement*, pour ce que la principale occupation des philosophes est de faire une exacte recherche des causes, principes et effets des choses naturelles et supernaturelles, pour les sçavoir et enseigner.

Rouillard, en sa *Parthénie*, veut que le mot Druide soit purement gaulois et dérivé du mot *Dru*, qui signifie *fréquent*. Je voudrois bien déférer à l'authorité de cest escrivain, qui avoit de bonnes lettres; mais je ne peux luy accorder que le mot de Druide soit tiré de là, non plus qu'à Ammian Marcellin, qui les appelle *Drusidas*, ni que la ville de Dreux aye esté nommée de ce mot *Dru*; ni que le mont *Dru*, près Authun, et un autre, près Semur en l'Auxois, ou Flavigny, et encores cest autre, près Espices, au mesme pays, appelé Montgese, qu'on appeloit autrefois *Montdriu*, ayent prins leur dénomination de *Driu*, en la signification qu'il le prend; car *Dru*, en ancien Gaulois, ne signifie seu-

---

(1) *Homélie in Ezéchiel.*

lement une *fréquence*, mais encore *espaisseur, allégresse, disposition, forte vigueur*, et un *amoureux* ou *conseiller*. S'il le prenoit en ceste dernière signification, il y auroit plus d'apparence, d'autant que les Druides estoient les conseillers et juges des Gaulois, mais, persistant en ma première opinion, je dis, avec Pline (1), que les Druides sont ainsy appelés du mot grec δρύς, et la ville de Dreux de mesme, pour ce qu'elle fut bastie dans la forest de Dreux et de Crotais, qui sont composées, pour la pluspart, de chesnes; que les Druides y avoit un collége, et que le principal domicile de leur souverain prebstre estoit dans la forest d'Ivry, dans laquelle s'en voient encore les masures.

Il y avoit de plus une autre sorte de Druides, qu'ils appeloient *Eubages*, ou *Euages*, selon Marcellin (2), lesquels *Scrutantes summa et mirabilia naturæ pandere conabantur*. J'estimerois qu'ils auroient esté ainsy nommés du nom grec εὐάγης, qui veut dire *saint*, à cause d'une certaine apparence de sainteté, qui paroissoit en eux, et de ce qu'ils estoient employés aux sacrifices, comme nous le dirons au chapitre suivant.

Les Bardes estoient encores une autre sorte de Druides, ainsy appelés, non de leur roy Bardus, mais du mot gaulois *Bard*, qui signifie *poëte, chantre, ménestrier* et *jongleur* (3). Ce mot reste encores pour le jourd'huy en la Bretagne, en la mesme acception, d'autant que ceste sorte de gens s'occupoient, dit Diodore le Sicilien, à chanter les poésies qu'ils avoient composées, soit en l'honneur de Dieu, soit à la louange de ceux qui s'estoient comportés généreusement dans les occasions, soit pour blasmer ceux qui s'estoient poltronnement retirés du combat, ou avoient commis quelque lascheté indigne d'un homme de courage; qui a fait dire à Lucain, les apostrophant :

> *Vos quoque, qui fortes animas, belloque peremptas*
> *Laudibus in longum, vates, dimittitis ævum,*
> *Plurima securi fudistis carmina Bardi*(4).

Car c'estoit une coutume dans les premiers siècles de nos ancestres, que ceux qui avoient composé des vers les chantassent; pour ce estoient appelés ἀοιδοί, c'est-à-dire *chantres et philo-*

---

(1) Lib. XII, ch. 1 et lib. XVI, ch. 44. — (2) Lib. XV. — (3) Chasseneux et Sabell. — (4) Lucan., *de Bello Pharsalico*, lib. III.

sophes; ce qui pouvoit avoir prins son origine de ces Bardes, la secte desquels s'estant perdue, il en demeure quelqu'image en ces joueurs de violons, de viéles, de cymbales, flustes et tambours, qui s'en vont par les portes donner des aubades, que les Latins appellent *joculatores*, et les anciens François, *jongleurs*. Un ancien romant sans tiltre en parle de la sorte :

> *Moult fut predom le Vavasor,*
> *Il avoit mandé ses amis,*
> *Les bonnes genz de cel païs,*
> *Les chevaliers et les bourjeois,*
> *Et les nobles genz et courtois;*
> Jugleors *vindrent, sans mander,*
> *Car il ert large de donner.*

Ces Bardes, dont Montbard, près Brene, a prins son nom, estoient aussy emploiés par le prince ou souverain prebstre des Druides, sitost qu'il avoit recueilly le guy, pour aller par les bourgs, villes et villages, exhorter un chacun à se disposer pour le recevoir au commencement de l'année prochaine, pour les rendre sains et heureux tout le long d'icelle. Ce qu'a remarqué le poëte Ovide en ce vers

Ad viscum Druidæ, Druidæ clamare solebant.

D'où est venu la coutume, qui se practique encores parmy nous, d'aller, le premier jour de l'an, chez les parents et amis, demander les estrenes, que le vulgaire dit l'*Eguilanleu*, pour le *Guy l'an neuf*, pour ce que, ce jour-là, on distribuoit le guy pour estrene et comme par forme de bon augure, pour s'en servir le long de l'année de remède et antidote contre toutes sortes de maux et venins, et pour rendre leurs animaux féconds et propres à la génération, s'il estoit mis en infusion et beu, voire, pour présage d'une bonne année et plantureuse. D'où vient que les Picards encore ce jour-là crient : *Plante, plante!* pour demander une bonne et heureuse année; et les anciens appeloient ceste médecine faicte de guy, πανχρήστον, comme qui voudrait dire bon à tout, et propre pour la guérison de toutes sortes de maladies.

Strabon, parlant des Gaulois, Allemans et Espagnols, a laissé par escrit que, chez ces trois nations, les Bardes, devins qu'ils appellent *Vates*, et les Druides, estoient fort honorés, et discourant de leurs fonctions et emplois, « *Bardi quidem*, dit-il, *laudationibus, rebusque poëticis student. Vates autem sacrificiorum, naturaliumque causarum curæ dediti; Druidæ, præter causarum naturalium studia, moralem disciplinam exercent* (1). » En quoy je trouve qu'il en parle comme mal informé, veu qu'il est contredit en cela par César, lequel escrit des Allemans que « *Neque Druides habent qui divinis rebus præsint, neque sacrificiis student, Deorum numero eos solos ducunt, quos cernunt, et quorum opibus apertè juvantur, Solem et Vulcanum et Lunam, reliquos ne fama quidem acceperunt.* » Tacite, néamoins, escrit qu'ils célébroient, par leurs vers anciens, qui leur servoient d'annales, leur dieu Tuiscon, qu'ils disoient estre sorty de la terre, avec son fils Man, desquels ils se glorifioient estre issus, et qu'ils adoroient Mars, Mercure, Hercules et Isis. Je demeure d'accord qu'ils n'avoient ni Druides, ni Bardes, et qu'ils n'avoient que ces *Vates*, qu'ils employoient aux sacrifices de leurs dieux. Car, comme le remarque le mesme Tacite, les Germains estoient grands observateurs des auspices, augures, sortiléges et divinations, ce qu'ils avoient emprunté des Romains, depuis qu'ils furent soubz leur domination, n'entreprenant rien qu'ils n'eussent premièrement consulté leurs oracles ou devins, qu'ils appeloient *Vates*, pour sonder, par les entrailles des animaux immolés, ou par le vol et mouvement des oyseaux, quelle seroit l'issue des choses qu'ils voudroient entreprendre.

Diodore, parlant des Allemans et Gaulois, escrit qu'ils se servoient grandement de divinations, et qu'à cest effet ils immoloient des hommes. Cela est bon pour les Allemans, desquels Munster, escrivain de leur païs, dit qu'ils sacrifioient des hommes à Mercure, qu'ils appeloient Teuthatès, d'où ils auroient prins le nom de Teuthons (2). César dit le mesme des Gaulois, qui pouvoient estre ceux qui avoisinoient les Allemans, et avoient appris d'eux ces barbares procédés, que Tacite, qui avoit conversé parmy eux, ne qualifie de nom de sacrifices,

---

(1) Strab., lib. IV. — (2) Munster, lib. III, p. 268.

mais dit seulement que ces peuples faisoient ce qu'ils pouvoient pour attraper quelqu'un de leurs ennemis, chez lesquels ils vouloient porter la guerre, et qu'en ayant prins, ils le faisoient combattre, à armes esgales, contre l'un de leur nation, tirant augure de la victoire ou perte de leurs armées de celuy qui restoit vaincu, ou demeuroit maistre du champ.

Mais, laissant ces questions, qui pourront estre décidées ailleurs, il y en a qui adjoutent à nos Druides les *Patères* qui habitoient le Bessin, fondés peut-estre sur ce que dit Ausone, poëte bourdelois ou angoumoisin, en ces vers qu'il addresse à Attius, fils de Phébitius, tous deux grands rhétoriciens, qu'il fait sortir des Druides de Bayeux.

> *Tu Baiocassis stirpe Druidarum satus,*
> *Si fama non fallit fidem,*
> *Beleni sacratum ducis è templo genus,*
> *Et inde vobis nomine*
> *Tibi Pateras, sic ministros nuncupant*
> *Apollinaris mystici.*

Sur quoy un docte personnage remarque que ces prestres estoient appelés *Patères*, à cause qu'ils offroient à Apollon certaine liqueur dans des tasses ou des couppes, qu'ils appeloient *patères*, et *Phébiciens*, pour ce qu'ils estoient dédiés au culte de Phébus. Je demeure d'accord que ces prestres s'appelassent ainsy; mais je ne peux croire qu'ils fussent de l'ordre des Druides, qui n'avoient aucune idole ou représentation, comme nous le ferons voir au chapitre suivant; mais ils estoient plustost prestres romains, ou descendus de ceux que les Romains appeloient *Patères* et *Phébiciens*, lesquels ils avoient introduits en Gaule avec leurs superstitions et idolastrie du temps de leurs conquestes. Que si Ausone les appelle Druides, c'est à cause que l'on ne recongnoissoit chez les anciens Gaulois, autres prestres que de la secte des Druides, laquelle s'estant esclypsée au rencontre de la religion chrestienne, ceux qui auroient esté subrogés en leur place par les Romains auroient esté réputés pour Druides, et en auroient retenu le nom.

Ils pouvoient bien aussi estre appelés Patères, pour ce qu'ils devinoient avec des coupes plaines d'eau, dans lesquelles le démon leur faisoit voir la représentation de ce qu'ils cherchoient.

Ce qui estoit familier chez les Égyptiens, avec lesquels les Druides avoient quelque commerce, comme le prouve Jules Seranius (1), et se peut veoir dans la Genèse, ch. 24, vers. 5, quand le maistre-d'hostel de Joseph dit aux frères de son seigneur « *Scyphus quem furati estis, ipse est in quo bibit Dominus meus, et in quo augurari solet.* » D'où l'on ne doibt tirer que Joseph fust enchanteur ou devin, par le moien du diable; mais que, comme il avoit prédit par esprit de prophétie la famine qui devoit estre en Égypte, ce maistre-d'hostel croioit que ce fust par ceste route de divination, à laquelle les Égyptiens estoient addonnés, que Joseph se servist de sa couppe pour prédire les choses à venir.

Taillepied adjoute encore à ceux-cy les Corybantes et Tectosages, les premiers desquels nous reverrons en Phrygie, au mont Ida, au service de Cybèle, ou chez les Romains, qui luy avoient dressé un temple en leur Capitole, près de celuy de Junon Sospita, pour ce qu'elle n'a point esté congneue aux Gaules, et pour les derniers, nous les laisserons en leur pays du Languedoc, attribué à la nation des Tectosages; ce nom estant propre d'une nation et non d'une secte.

Quand à l'habit que portoient les Druides, ils ne l'avoient tous semblable. Ceux qui tenoient quelque rang parmy eux portoient une robe blanche, ceinte d'une fasce de cuir doré, avec un rochet par dessus, tout ainsy que les chanoines réguliers, et un bonnet blanc tout simple, à la différence de celuy du Grand-Prestre qui avoit deux bandes pendantes derrière, à la façon de celles des mitres de nos évesques, avec une houppe, ou floc de soye de mesme couleur au-dessus, pour le faire recongnoistre d'avec les autres.

Les Bardes avoient un habit enfumé, auquel estoit cousu un capuchon de mesme couleur, et par dessus un manteau attaché d'une agraffe de bois, auquel pouvoit aussy estre cousu un capuchon, comme il se veoit aux cappes de Béarn. C'est pourquoy Martial, en une de ses épigrammes, dit

Gallia Sanctonico vestit te bardocucullo,

pour ce que ceux de Saintonge portoient de ces cappes de son

---

(1) *De fato,* liv. IX, ch. 18.

temps, pour se mettre à couvert de l'incommodité des pluies. Domitius, sur la cinquante-quatrième épigramme de ce poëte, escrit que ce *bardocucule* estoit, *vestis gallica grossioris fili, facta compositione ex Bardis, qui poetæ sunt Gallicani, et cucullo; cucullus enim vestis grossior, capiti etiam tegendo apta*, et qu'il n'y avoit que le commun peuple qui portast cest habillement. Ce n'est pas pourtant le sentiment de Martial, lequel, au lieu sus-allégué, escrit que ceux de Langres le portoient d'escarlatte violette, quand il dit :

Urbica Lingonicus Tyrianthina bardocucullus,

qui n'estoit pas une couleur commune pour le simple peuple.

Tous les Druides estoient en grand honneur parmy les Gaulois, singulièrement le Grand-Prestre d'iceux. Quand ils alloient en public, ils se faisoient traîner avec des bœufs, dans un chariot fait en forme de navire, que Lucain appelle *rostratum covinum*, couvert par dessus en rond et ouvert par devant, à la façon des coches de campagne et des chariots sur lesquels les Romains combattoient, que Tacite, à ce sujet, appelle *covinarios equites* (1).

Si ces Druides estoient mariés ou non, je n'en sçaurois que dire; j'estime pourtant qu'ils n'estoient sans femmes, le célibat n'ayant encores esté introduit. Et de fait, je trouve dans Flavius Vopiscus, en la *Vie d'Aurélien*, que cest empereur, estant en France, consulta les femmes Druides pour sçavoir d'elles si l'empire demeureroit en sa famille. Et de mesme, il se lit qu'une femme Druide prédit à Dioclétian qu'il parviendroit à l'Empire Romain; comme ceste Aruna ou Aurinia, de laquelle parle Tacite, qui prédit à Marcomir, 430 ans auparavant la venue du Fils de Dieu au monde, par le moyen d'un spectre qu'elle luy fit veoir, ayant trois testes, que sa race se rendroit maistresse des nations désignées par les testes des trois animaux qu'elle luy faisoit veoir, sçavoir des Romains, représentés par l'aigle; des Germains, par le lion; et des François, par le crapaut. Comme il y avoit des pythonisses parmy le peuple de Dieu, il pouvoit y avoir des devins parmy les Gaulois. Pour moy, j'estime que ceste Vellada, que Tacite dit avoir esté

---

(1) *Glossarium vetus.*

fort honorée entre ses compatriotes, estoit quelque fameuse sorcière et devine; laquelle, par ses pronostications et rencontres à deviner, s'estoit acquise du crédit parmy eux. Il y en a tousjours eu entre les Allemans qui ont fait ce mestier. Basine, femme de Chilpéric, l'un de nos premiers roys de France, père du grand Clovis, fit veoir à son mary, la première nuit de leurs nopces, diversité d'animaux, par lesquels elle luy fit pronostic des roys qui debvoient sortir d'eux (1). Ces femmes, que nous appelons Égyptiennes, qui se meslent de dire la bonne-adventure et deviner, sont sorties de Bohesme, et déçoivent les ignorants par leurs mensonges et impostures. L'on ne peut pas dire pourtant qu'elles soyent ou ayent esté de la secte des Druides, lesquels, s'ils devinoient ou prédisoient quelques choses, ils le faisoient ou par la science qu'ils s'estoient acquise par leur estude et l'expérience du passé, ou par l'astrologie en laquelle ils estoient fort versés, où celles-cy ne le font par aucune science, mais plustost par rencontre, si elles disent quelque vérité.

CHAPITRE XVII.

De la Religion des anciens Gaulois, et qu'ils ne sacrifioient des hommes ; qu'ils n'avoient ni temples ni idoles, et sacrifioient seulement du pain, du vin et des taureaux.

Si nous voulions croire à César (2) et à ceux qui ont escrit après luy, nous trouverions que nos anciens Gaulois estoient fort adonnés à la religion et idolastrie; bien loin du sentiment de Cicéron, qui dit, en son oraison pour Marc Fonteie, que les Gaulois n'avoient ni foy ni religion. Ils veulent qu'ils

---

(1) Nicol. Gilles. — (2) *Comment.*, lib. VI.

adorassent particulièrement Mercure, soubz le nom de Teutathès; Mars, soubz celuy de Hésus; Jupiter, soubz celuy de Téranis; et Apollon, soubz celuy de Belenus; voire encores Minerve : de tous lesquels ils avoient la mesme opinion que les autres nations, qu'on leur offroit en sacrifice des hommes, qu'on esgorgeoit au pied des autels, ou qu'on faisoit mourir à petit feu dans des cages d'osier. C'est ainsy que le dit Lucain, en son premier livre de la *Guerre Pharsalique* :

> *Et quibus immitis placatur sanguine diro*
> *Teutates, horrensque feris altaribus Hesus,*
> *Et Taranis Scythicæ, non mitior ara Dianæ.*

Et encores en son troisiesme livre de la mesme guerre :

> *Structæ diris altaribus aræ,*
> *Omnisque humanis lustrata cruoribus arbos.*

Je ne veux absolument exempter tous les Gaulois de ceste cruauté, veu que, comme l'a remarqué Chasseneux, ceux d'Authun, ayant contracté amitié avec les Romains, pour leur gratifier, ils embrassèrent leurs superstitions et idolastrie, de sorte qu'il n'y avoit endroit en leur ville, où il n'y eust temple ou idoles, ausquels ils sacrifioient à la mode de ces dompteurs de l'univers. Leurs voisins en firent tout autant, ayant basty un temple à Jupiter à Flavigny, Joigny, Sémur en l'Auxois, à Auxerre, et un à tous les Dieux à Dijon. Ceux qui estoient du costé d'Allemagne peurent faire le semblable, à cause du commerce et fréquentation qu'ils avoient avec eux, et que s'il est vray ce qu'on dit, ils avoient desjà receu l'idolastrie dès le temps de Trebeta, fils de Ninus; lequel, chassé de son pays par Sémiramis, sa marastre, s'estoit réfugié en la Belgique, où il bastit la ville de Trèves, et y fit sa principale demeure. Tacite dit que les Allemans adoroient Mercure, et luy offroient des hosties humaines; de quoy Munster demeure d'accord, escrivant que les Saxons sacrifioient des hommes à Mercure, qu'ils appeloient *Irminsul*. Mais pour les Gaulois qui estoient plus avant dans le cœur de la France, ils se conservèrent en la religion de leurs ancêtres. C'est pourquoy le tesmoignage de César, ou de Julius Celsus, son secrétaire, ni d'Aimoin, qui n'en parle que d'après eux, n'est recevable, taschant d'attribuer à la nation gauloise les vices de la leur. Car on ne peut nier que les Romains ne sacrifiassent des hommes, tesmoins ces deux Gaulois, mary et femme, ces Grec et Grecque, qu'ils sacrifièrent au Marché des Bœufs, pour expiation de la faute qu'Opimia et Floronia, leurs vestales, avoient commise contre leur honneur et leur vœu de chasteté; ce qui passa pour divertissement et donner du plaisir : ainsy qu'il se lit de Néron, qu'il faisoit couvrir les Chrestiens de peaux de bestes sauvages, pour avoir le passe-tems de les veoir dévorer par des dogues, ou de les faire empaler tous vifs, et revestir de papiers gressés ou huilés, pour les faire brusler toute la nuit à guise de chandelle (1). Juvénal ne s'est peu taire de ceste cruauté, parlant de ceux qui fascheroient Tigillinus, disant, en se moquant de luy, qu'il leur feroit pareil traictement que faisoit Néron à ceux contre lesquels il estoit en cholère.

Tæda, dit-il, *lucebis in illa
Quâ stantes ardent, qui fixo gutture fumant* (2).

C'est ce que reprochoit Tertulian aux Romains, escrivant qu'ils appelloient par moquerie les Chrestiens *sarmentivos et semaxios, quia ad stipitem dimidii axis revincti, sarmentorum ambitu axurimur* (3). Les cruautés qu'ils ont exercées contre les Chrestiens, qui se peuvent lire dans Eusèbe et autres historiens, montrent assés que ces sacrifices et tourments inhumains estoient sortis de leur escole, lesquels ils avoient introduits soit de gré, soit de force, par tous les lieux où s'estendoit leur empire. César a peu, sans crainte d'estre contredit, publier le premier ces bourdes contre l'honneur des Gaulois, n'y ayant autheur de conséquence, qui aye parlé de leurs sacrifices de la sorte qu'il fait; aussy n'en doit-il estre creu, ses *Commentaires* estant farcis de quantité de sornettes, qui diminuent beaucoup de la foy qu'on pourroit adjouster à ses escrits. J'ay Suétone pour garend (4), quand il dit qu'Asinius Pollio disoit de cest escrivain qu'il les avoit composés avec aussy peu de vérité que de diligence : *Cum pleraque, et quæ per alios*

---

(1) Aymoin, *De gestis Franc.*, lib. I, ch. 6 et 7. Orose, lib. IV, ch. 12, ann. 4. Olymp., CXXXVIII. Tite-Live, Décad. III, lib. II, *sub fine*. Solin., lib. I. Tacit., lib. XV. Juvénal, sat. I. — (2) Sat. I. — (3) Tert., *in Apolog*. — (4) Suet., *in Julius Cesar*, ch. 56.

gesta temerè crediderit, et quæ per se, vel consulto, vel etiam memoria lapsus, perperam ediderit, existimatque rescripturum et correcturum esse : ce qui a quelqu'apparence, veu que Tacite, pressé de la vérité, escrit que chez les Celtes et les Gaulois *nulla simulachra, nullum peregrinæ superstitionis vestigium videre licebat* (1) : voire qu'ils n'avoient point de temples, pour ce que, par la congnoissance qu'ils avoient des choses célestes, ils ne se pouvoient persuader que l'immensité de Dieu peust estre renfermée dans l'estroit des parois, ni qu'il peust estre représenté par quelque espèce humaine, pour belle qu'elle fust, ne pouvant y en avoir aucune entre les créatures qui ne fust de beaucoup au-dessoubs. Ce qui est conforme aux Actes des Apostres (2), ausquel il est porté que Dieu n'habite pas dans des temples faits de main d'hommes, c'est-à-dire pour y estre comprins et resserré, comme un corps dans son lieu, et non comme nos novateurs l'expliquent. Je dis plus, que les Gaulois estoient tellement ennemis des idoles, qu'ils les destruisoient partout où ils en trouvoient, pour en faire perdre la mémoire. Je n'en veux autre preuve que le voyage que fit Brennus, leur chef, avec ses Sénonois et Chartrains, en la ville de Rome, où, sans aucun respect de Mars Capitolin, ils pillèrent son temple; et de là, estant passés en la Grèce, ils enlevèrent de celuy de Delphes toutes les richesses et présents qui avoient esté offerts à Apollon, adoré en iceluy par presque toutes les nations de la terre, qui y abordoient de toutes parts, ouïr les responses de l'oracle, qui y estoit en crédit. Autrement il faudroit condamner les Gaulois, estimés très-religieux par César, d'une très-grande impiété, de faire la guerre à ceux desquels ils espéroient la paix, combattre ceux qu'ils honoroient, et profaner les lieux que Tacite dit que *sola reverentia videbant*. Je sçay bien que les autheurs payens, pour plastrer plustost que couvrir la honte de leurs faulses déités, ont escrit qu'Apollon, ou le démon qui résidoit en iceluy, poursuivant la vengeance de ce sacrilége, lança des tonnerres, des foudres et feux sur ces Gaulois, pour les punir de leur crime. Mais, comme je ne doute point que le démon, qui se faisoit adorer en ce temple soubz le nom d'Apollon, ne feist tout ce qu'il peust pour maintenir l'honneur et le bruit qu'il s'estoit acquis, lequel il se

---

(1) Tacite, *in German.* — (2) *Act. apost.*, 7 et 10.

voyoit à la veille de perdre, s'il souffroit le mespris qu'avoient fait les Gaulois de son imaginaire déité; aussy peux-je dire asseurément que ces braves guerriers, imbus par les Druides qu'il n'y avoit qu'un seul Dieu qu'ils adoroient, et que tous les autres qu'on vouloit faire passer pour Dieux n'avoient leur apothéose que dans le caprice des hommes, se mocquèrent de toutes ces canonades paniques, et ne laissèrent, nonobstant tous ces tintamarres de l'aër, d'enlever leurs dépouilles et butin (1).

Les Gaulois n'avoient que les forests et bois les plus espois pour temples, ausquels ils se retiroient pour vacquer plus librement à leurs dévotions. Tacite, sus-allégué, disoit d'eux que *lucos ac nemora consecrant, Deorumque nominibus appellabant, secretum illud quod sola reverentia vident.* Et parlant des Suèves, peuples de l'Allemagne, issus autrefois de la province de Sena, il dit qu'au premier jour de leur année, ils s'assembloient dans une forest, qui leur servoit de temple, où si quelqu'un vouloit entrer, il falloit qu'il eust les mains et les pieds liés, que s'il venoit à tomber, il n'osoit se relever, et estoit obligé de se rouler jusqu'à ce qu'il fust dehors, pour tesmoigner son respect envers Dieu, qu'ils croyoient résider en ce lieu. Ce qui a du rapport avec la vision de Jacob, de ceste eschelle d'admirable hauteur, qui, de ses deux bouts, joignoit le ciel avec la terre, et par laquelle les anges montoient et descendoient, veu qu'en s'esveillant, il s'écria : « Vrayment Dieu est en ce lieu, et je » n'en sçavois rien. O que ce lieu est terrible ! il n'est autre que » la maison de Dieu et la porte du ciel (2), » et dressa au mesme lieu un autel de pierre, pour mémoire de ce qui s'y estoit passé, appelant ce lieu-là Bethel, c'est-à-dire Maison de Dieu, comme si Dieu eût habité là particulièrement. Et bien que Dieu veuille estre adoré spirituellement et en esprit, il requiert toutesfois un culte extérieur, par lequel on tesmoigne la déférence qu'on luy doit, qui est comme l'âme de la religion. C'est pourquoy Moyse, dès le commencement de son livre, fait mention des sacrifices d'Abel et de Caïn, l'un sanglant, par la victime d'un aigneau, l'autre incruent, par l'offrande des prémices du bled et du vin, comme s'il eût voulu prophétizer que ce seroit par ces deux sortes de sacrifices, l'un d'Aaron, sur la Croix, l'autre de Melchisédech,

---

(1) Appian. Alexand., *in Illirico.* Pausanias. Justinus. — (2) Gen., 28.

en la Cène, que nostre salut seroit opéré, et la faute de nostre premier parent seroit effacée après une longue suite de siècles. Il est vray que Caïn, par sa mauvaise inclination, se retira du culte du vray Dieu et l'attribua aux idoles, desquels il fut l'inventeur, ayant enseigné à ses enfants de rendre à l'ouvrage de leurs mains les honneurs qu'ils devoient à leur créateur. Tertulian escrivit contre ceste impiété, et fait mention en son Livre de celuy d'Enoch, dans lequel il prédit que ces esprits, qui se rebellèrent dans le ciel, concevroient une telle haine contre leur autheur, qu'ils remueroient contre luy tous les éléments, voire tout l'univers, pour se faire rendre l'honneur et le respect qui luy estoit deu. Aussi Philon escrit que ce fut Tubal-Caïn, fils de Lamech, un des descendans de Caïn, qui, le premier, fondit des idoles et les adora : action si déplaisante à Dieu qu'il se résolut, pour effacer la mémoire de ces impies, de submerger la terre par un déluge universel. Ce qu'ayant fait, et Noé, mieux instruit en la congnoissance de Dieu, après estre eschappé avec sa famille seule de ceste générale inondation, qui avoit noyé le reste des hommes, ne fust pas plustost sorty de l'arche, dans laquelle, par l'ordre de Dieu, il s'estoit sauvé, qu'il luy sacrifia le septiesme de tous les animaux qui y estoient entrés avec luy, ainsy que l'a remarqué Comestor (1), et obligea ses fils, selon S. Épiphane, par serment solennel, de faire le semblable et de l'enseigner à leurs neveux, pour en conserver la mémoire aux siècles à venir. Il n'y eust que Cham, esprit meschant et libertin, qui se montra désobéissant à son père, veu que, comme un autre Caïn, s'estant persuadé que le monde se gouvernoit plustost par la prudence humaine que par la providence divine, imbut ses descendans de ceste fausse doctrine, ensuitte de laquelle l'idolâtrie se fourra dans les plus saintes familles. Nachor et Tharé, neveux de Sem, adorèrent les idoles, au rapport de Suidas; et, dans la maison d'Abraham, que Dieu avoit choisi pour estre le père des fidèles, Ismaël faisoit des idoles d'argile qu'il contraignoit Isaac d'adorer (2). La vraye religion, néamoins, demeura en la maison de ce patriarche, du tems duquel n'y avoit encores eu aucun temple basty pour y adorer Dieu; il fit planter un bocage en Bersabée, où il invoqua le nom de

---

(1) *In Histor. scholastica.* — (2) Comest., *Hist.* 55.

l'Éternel (1), ce qu'il fit en souvenance de ce que Dieu s'estoit apparu à luy soubz la chesnaye, ainsy que tourne la version de Zurich, de la vallée de Mambré, croyant que Dieu se plaisoit en ces lieux, et qu'il les avoit destinés pour y estre honoré.

J'estimerois que les Druides, qui estoient grandement en vogue du temps d'Abraham, avoient eu quelque congnoissance de ce qu'avoit pratiqué ce patriarche, et qu'ils auroient, à mesme dessain, choisy les bois et les forests pour y faire leurs dévotions et sacrifices; mais, comme il n'y a rien de si saint dans la religion, dont on ne puisse abuser, et que le diable ne tasche de profaner pour donner sujet d'offenser Dieu, il suscita quelques uns d'entre le peuple de Dieu de se servir de ces bocages pour y idolastrer. C'est pourquoy Asa est loué au troisiesme *Livre des Roys* de les avoir ruinés, pour autant que Machaa, sa mère, y avoit dressé *idolum horrendum* (2), ou comme le tourne la version de Zurich *eo quod fecerat lucum ipsi Miplezeth*. Elle avoit fait planter un bocage à l'Horreur mesme, que nostre version commune interprète d'une partie de l'homme si déshonneste, que cela fait horreur de penser que ces gens eussent l'âme si salle et si brutale que de vouloir l'adorer. C'est pourquoy le temple de Hiérusalem ayant esté rebasty pour la seconde fois après le retour des descendans de Jacob de leur captivité de Babilone, Josephe remarque que ceux qui y alloient pour prier demeuroient tout estonnés de veoir cest édifice si magnifique, planté comme en un champestre, et sans estre accompagné d'aucun bocage, comme l'estoit le premier et ceux des Gentils. Dieu avoit commandé qu'on abbatist ces bouquets d'arbres, qui revestoient les temples par dehors; mais pour les Gentils, ils les conservoient chèrement, et n'eussent pas creu rendre l'honneur deub à leurs Dieux, si ce n'eust esté parmy les arbres et forests, ésquels mesme ils croyoient y avoir quelque divinité.

C'est ce que semble vouloir dire Sénèque, quand il escrit que *frequens lucus et conspectum cœli densitate ramorum aliorum alios protegentium submovens; illa proceritas sylvæ, et secretum loci, et admiratio umbræ in aperto tam densæ atque continuæ, fidem tibi numinis facit* (3) ». Et Apulée traitant un certain d'impiété, *nullum*, dit-il, *in villa ejus delubrum situm*,

---

(1) Genèse, 21. — (2) Reg. III, 15. — (3) Séneca, épit. 41.

nullus locus aut lucus consecratus (1). Et de mesme Pline, parlant des arbres dit que *hæ fuere numinum templa, priscoque ritu simplicia rura, etiam nunc præcellentem arborem dicant : nec magis auro fulgentia, atque ebore simulachra, quam lucos et in iis silentia ipsa adoramus.* Ce que Numa avoit apprins de Pythagore, disciple des Druides, selon S. Clément Alexandrin, lequel deffendit de mettre aucune idole en iceux, qui représentast un homme ou un animal, conformément à la doctrine et pratique des Druides, qui n'en avoient du tout; ce qui peut avoir trompé Tyrius Maximus, lequel, pour ne veoir point d'idoles ès bocages où les Gaulois faisoient leurs sacrifices, et rien que des arbres, il se seroit imaginé qu'ils adoroient Jupiter soubz la forme d'un chesne.

Il semble que Lucain aye eu la mesme pensée, quand, au IIIe livre de sa *Pharsalique*, parlant de ceste forest que César fist abbatre près Marseille, il dit :

*Simulachraque mæsta Deorum
Arte carent, cæsisque extant informia truncis.*

Il est vray que les Saxons ont esté si grossiers d'adorer un tronc de bois, qu'ils appeloient *Irminsul*, c'est-à-dire Colonne universelle, que Charlemagne fit abbatre en 772; et au Concile de Francfort, tenu en 794; canon 43, il ordonna que *de arboribus et lucis destruendis canonica observetur auctoritas*, mais cela estoit seulement chez ces peuples et non pour les Gaulois (2).

Je n'ignore pas qu'on dit que ces Druides révéroient une vierge qui devoit enfanter, j'en demeure d'accord, mais non qu'on luy aye dressé aucune image ou représentation. Véritablement il y a eu plusieurs endroits ausquels ceste vierge glorieuse estoit honorée, mais sans image, n'y ayant que ceste inscription *Virgini parituræ*, qui marquast la dévotion qu'ils avoient envers elle. Je ne sçay où François Dinet, au deuxiesme volume de son *Théâtre de la Noblesse Françoise* (3), a trouvé que nos ancestres, estant encores payens, furent inspirés à présenter leurs sacrifices sur un autel de la montagne de Chartres, où

---

(1) Apulée, apolog. 1. — (2) Author. incert. monach. S. Eparchii, Joann. Bar., in lib. III, *de moribus gentium*, ch. 13. — (3) Lib. I, ch. 2.

estoit escrit *Virgini pariturœ*, lequel ils gravoient en leur monnoye, ayant un Lion à ses revers avec le nombre de LXIV, qui dénotoit les provinces des Gaules, que Strabon escrit avoir esté en pareil nombre; car, si cela eust esté, la mémoire en eust esté plus célèbre, et quelque pièce de ceste monnoye pourroit encores se trouver dans le cabinet de quelque curieux, aussy bien qu'autres pièces antiques. Quoyque c'en soit, je tiens que c'est une erreur populaire que l'image de la Vierge, qui est à l'autel principal de la grotte qui est soubz l'église de Chartres, est une de celles que les Druides honoroient ès Gaules, veu qu'elle est d'une sculpture plus récente, quoyque le bois duquel elle est faicte paroisse fort antique, pour estre tout piqué et vermoulu, ne pouvant avoir résisté à tant de centaines d'années sans plus grande altération, sinon par un très-grand miracle. Cela ainsy posé que nos Druides et anciens Gaulois ne trempoient dans l'idolastrie, voyons maintenant quels estoient leurs sacrifices.

Pline, quoyque l'un de ceux qui ont taxé les Gaulois d'estre cruels en leurs sacrifices, si est-ce que, changeant d'opinion, il escrit que lorsque les Druides vouloient cueillir le guy, pour quoy faire ils usoient de leurs grandes cérémonies, le Grand-Prestre, revestu, comme nous l'avons représenté au chapitre précédent, s'en alloit comme processionnellement au lieu destiné pour en faire la cueillette. Les Eubages, ou plutost Euages, marchoient tous les premiers, conduisant deux bouvillons ou taureaux blancs, choisis pour le sacrifice. Les Bardes alloient après, chantants quelques hymnes appropriées à la solemnité du jour. Les escoliers, qui estudioient soubz eux, suivoient en grand nombre et bel ordre. Venoit après un héraut ou roy d'armes, tout seul revestu de blanc, qui avoit deux aëles attachées à son chapeau, et portoit en sa main un rameau ou branche de vervaine entortillée de serpents en forme de caducée. Après ce roy d'armes, marchoient, coste à coste, trois des plus anciens Druides, portant, l'un le pain préparé pour le sacrifice, l'autre un vase plein de vin, desquels Pline et Tacite, ignorants le mystère, disent que c'estoit pour banqueter; et le troisiesme, une main d'ivoire au bout d'une verge de mesme estoffe, qui représentoit la main de Justice qu'on a depuis portée au sacre de nos Roys, et qu'on représente assis dans leur throsne tenant icelle, pour leur faire souvenir qu'ils doivent la justice à leurs sujets; suivoit après le Grand-Prestre, tout seul, avec une gravité digne de sa qualité : si toutefois le Roy ou Prince esleu par le peuple assistoit à la cérémonie, ils marchoient en mesme rang, suivis de la noblesse et de la commune. Estant arrivés au lieu désigné, ils y trouvoient un autel préparé au-dessoubz de l'arbre dans lequel estoit le guy, où, après quelques prières, le Grand-Prestre offroit en sacrifice le pain et le vin qui avoient esté apportés, bruslant quelques parcelles du pain et répandant un peu de vin, qui estoit la libation des Anciens, gardant le reste pour estre distribué à ceux qui assistoient; ce fait, il montoit sur l'arbre, et avec une serpette d'or cernoit le guy à l'entour, l'enlevoit entier, et le laissoit tomber tout doucement dans le rochet des autres Druides qui attendoient soubz le chesne pour le recevoir. Ceste cérémonie achevée, le prestre descendoit et se faisoit amener lesdits taureaux blancs, lesquels il immoloit; et cela fait, chacun se retiroit chez luy.

Peut-on remarquer quelque chose d'inhumain en tout ce procédé? Où sont ces hommes qu'on sacrifioit, n'y ayant qu'une hostie pacifique, et holocauste d'animaux qui, tant s'en faut qu'ils fussent deffendus, qu'ils estoient commandés en l'ancienne Loy. Aussy y a-t-il bien de l'apparence qu'ils eussent apprins ceste façon de sacrifier des descendans de Noé, veu que Melchisédech, l'un d'iceux, que S. Hiérosme (1) et les docteurs des Hébreux tiennent avoir esté Sem, offrit à Dieu du pain et du vin en action de grâces de la victoire obtenue par Abraham à l'encontre de Cordolahomor et autres roys, et non un pain prophane et commun, présenté à ce patriarche et à ses gens par forme de régalement, ainsy que le disent Calvin et Kemnitius. Ce qui paroist assés par les termes desquels se sert Moyse qui en descrit l'histoire (2), disant expressément que Melchisédech, roy de Salem, offrit du pain et du vin à Abraham et à ses soldats, pour ce qu'il estoit prestre du Très-Haut; car, à quel propos exprimer si précisément que Melchisédech estoit prestre, s'il n'eust esté question que d'un simple présent de pain et de vin, et ne peut estre allégué là qu'à raison de sacrifice. C'est pourquoy David, prédisant les grandeurs du Messie, met, entre

---

(1) Hiérosm., *Epist. ad Evagrium*. — (2) Genèse, 14.

autres, qu'il seroit prestre selon l'ordre de Melchisédech, ce que S. Paul interprète de Jésus-Christ qui, en la dernière Cène, institua le sacrement de l'Eucharistie, soubz les espèces du pain et du vin, ce que personne ne doit trouver nouveau, considéré qu'en tous les sacrifices de l'ancienne Loy, il falloit qu'il y eût de la farine, des pains, tourteaux ou galettes pétris avec de la farine et de l'huile, desquels, comme nos Druides, ils brusloient un morceau avec la victime, et du vin duquel ils répandoient quelques gouttes sur icelle, et le reste se distribuoit aux prestres et au peuple qui le présentoit, pour le boire et manger ensemble.

Athénée et Macrobe ont remarqué que ceste coutume estoit observée presque par toutes les nations, de banqueter après le sacrifice. Les agapes et banquets de dilection que faisoient les premiers Chrestiens en peuvent faire foy, ésquels, après avoir receu la communion, ils se rangeoient pour manger ensemble. Nos Gaulois faisoient le mesme, ainsy que le semble dire Tacite en son IV⁰ livre des *Mœurs des Germains*, lorsque, parlant de Civilis, il dit que *vocavit Batavos sacrum in nemus, specie epularum*; car par là il veut dire que Civilis assembla les Hollandois dans un bocage, soubz prétexte de les vouloir traicter et régaler après le sacrifice; autrement à quel propos choisir un lieu sacré pour banqueter ensemble, le pouvant faire en leurs maisons particulières? Ainsy Moyse, voulant sortir de l'Egypte et s'enrichir des meubles précieux de ses habitans, les fit emprunter aux Israëlites, et feignit s'en vouloir aller sacrifier dans le désert et lieux écartés, pour les décevoir, comme Civilis fit les Romains, faisant semblant d'assembler ses compatriotes pour sacrifier et banqueter les uns avec les autres, où néamoins c'estoit pour résoudre de secouer le joug de la domination romaine et retrouver leur ancienne liberté. A quoy je peux adjouter ce qui se lit dans le Thalmud des Juifs, au livre *Béracoth*, c'est-à-dire des Bénédictions, et dans le Brévière intitulé *Mahzor Siddur tephiloth*, qui portent que les Juifs estant assis à table en jours de leurs grandes festes, le père de famille, ou le plus honorable de la compagnie, devoit prendre en sa main

---

(1) I Corint. II. Tertul., *Apolog.* 29. Chrisost., *in moral. homin.*, 27. Baron., *ad ann. concil. Leod.*, can. 28. *Cartag.* 3, can. 29.

droite une coupe plaine de vin, et dire ceste prière qu'ils appellent *Kiddusch*, c'est-à-dire Sanctification ; « Bény sois-tu, ô Sei-
» gneur nostre Dieu, Roy du monde, qui crées ce précieux fruit
» de la vigne » ; laquelle achevée, il devoit présenter ceste couppe aux assistans qui en beuveoient quelques gouttes les uns après les autres. Cela fait, le mesme père de famille ou le plus apparent de la trouppe prenoit un pain ou galette entière, laquelle tenant entre ses mains, il adjoutoit ceste autre prière : « Bény
» sois-tu, ô Seigneur, nostre Dieu, qui produis le pain de la
» terre ; » et rompant un morceau de ce pain ou galette avec tous les doigts, pour la raison là déclarée, leur en donnoit un fragment à chacun, qu'ils mangeoient sur le lieu.

De mesme, en l'ancienne Loy, les Hébreux, après avoir mangé l'aigneau Paschal, prenoient des *azimes*, ou pains sans levain, cuits soubz les cendres, ou comme d'autres disent, des gaufres avec du vin. Ce que fit le Sauveur de nos âmes en sa dernière Cène, ainsy que S. Jean, l'un des banquetans, l'a particulièrement remarqué, disant que *cœna facta surgit a cœna* (1), comme s'il vouloit dire qu'après le soupper mystique de l'aigneau Paschal, il se leva de table, et ayant osté ses vestemens que quelques-uns disent avoir esté une robbe, laquelle, pour ce qu'ils la prenoient pour soupper, s'appeloit *cenatria*, du mot *cœna*, il se ceignit d'un linge, mit de l'eau dans un bassin et lava les pieds à ses Apostres, ausquels, puis après, il donna son corps et son sang soubz les espèces du pain et du vin.

N'est-ce-pas presque la mesme chose que faisoient nos Druides, quand ils cueilloient la *Sélage* ou *Savine*, veu que, selon Pline, il falloit que le Druide, député pour ce faire, se fust lavé les pieds, et eust fait sacrifice de pain et de vin, puis, tenant sa main droitte couverte de sa robbe, avec la gauche nue, passée par dessoubs en croix, cueilloit sans ferrement ceste herbe, si addroictement qu'il ne sembloit y avoir touché.

Voudroit-on veoir une figure qui se rapportast mieux à la vérité de ce qui s'est passé au sacrement de l'autel, où le fils de Dieu lava les pieds à ses Apostres, et leur donna son corps et son sang en sacrifice éternel, soubz les espèces du pain et du vin. Que si, parmy les Juifs, il s'en est trouvé quelques-uns qui

---

(1) Baron, *ad annum* 34, num. 26 et suiv., *passim*.

n'ont pardonné à leurs propres enfans, qu'ils ont sacrifiés à l'idole Moloch, comme un particulier ne fait loy pour un général, si ceste inhumanité s'est rencontrée en un particulier, on ne doibt attribuer ceste faute à toute la nation. Je dis au semblable que s'il s'est rencontré parmy les Gaulois quelques-uns qui aient sacrifié des hommes, que ceste cruauté ne doit estre reprochée à tous les autres. Aussy César, qui a son dit et son dédit, n'en parle que comme de supplices desquels les Gaulois punissoient les larrons, qu'ils poursuivoient à outrance; qui fait que j'ai sa foy fort suspecte, quand il escrit que les Gaulois se servoient du ministère des Druides pour sacrifier des hommes, et que s'il ne se rencontroit des criminels, ils prenoient des estrangers ou innocents pour immoler au lieu. Car s'il est vray ce que disent Diodore et Strabon, le premier, que les Gaulois usoient de force civilités envers les estrangers, qu'ils invitoient à boire et manger avec eux; et le second, que les Druides estoient très-justes; quelle justice pouvoit-il y avoir en ces personnes qui faisoient mourir des innocens et qui ne leur avoient fait aucun mal? Au contraire, Chasseneux les purge de ce blasme, disant que les Druides qui avoient un collége sur le mont Dru, près d'Authun, du costé d'occident, voyant qu'ils n'avoient peu empescher que les habitans de ceste ville ne receussent les superstitions romaines, entre lesquelles passoient les sacrifices d'hommes, ne pouvant contempler qu'à contre-cœur un objet si déplaisant, et la religion de leurs ancestres foulée aux pieds, ou abandonnée par l'introduction d'une nouvelle, se retirèrent à Talan, demie-lieue de Dijon, et les Bardes à Fontaines, près la maison paternelle de S. Bernard, où, vivant suivant leurs règles anciennes, ils dressèrent un autel *Virgini pariturae*, à laquelle ils avoient une dévotion particulière, comme à celle qui par son enfantement devoit réparer le genre humain, et rendre à tous les hommes le salut qu'ils avoient perdu par la faute du premier de leur espèce. Car ce n'estoit à Chartres seulement où il y eust des autels dressés à son honneur, il y en avoit en beaucoup d'autres lieux de la France, comme audit Fontaines, à Nogent-soubz-Coucy, où ceste inscription se veoid encores sur un autel *Ara Virginis pariturae*, et en plusieurs autres endroits. Ce qui fait assés paroistre le peu de foy qu'on doit adjouter à César et autres, qui ont taxé les Druides d'une inhumanité de laquelle ils estoient bien esloignés.

Je pourrois asseurer que les Chartrains n'ont polu leurs mains ni leurs autels de ces horribles sacrifices, pour ce que, la vraye religion et le culte de Dieu estant imprimé en leurs cœurs, ils ont donné les premiers les mains au Christianisme, ainsy que nous le verrons cy-après, et ont embrassé une doctrine qui se trouvoit conforme à celle de leurs Druides; lesquels, ayant apprins, par la publication de l'Evangile, que ceste Vierge, qu'ils croyoient devoir enfanter, avoit mis au monde celuy qui estoit l'attente de toutes les nations, se rendirent à la vérité, recongnoissant que le tems estoit venu auquel leurs sacrifices de pain et de vin debvoient céder à celuy qu'avoit institué Jésus-Christ, soubz les espèces de ces choses, et l'holocauste des taureaux à l'immolation qu'il avoit faite de son corps sur l'arbre de la Croix, la figure à la réalité, l'ombre à la solidité, la nuit à la lumière.

Ce que je me persuade d'autant plus volontiers que je voy la religion chrestienne introduitte dans la ville de Chartres, dès aussitost qu'elle y fut publiée, et receue sans beaucoup de peine par les habitans d'icelle, qui y avoient une grande disposition, nonobstant tous les efforts que faisoient les Romains d'en empescher la publication et le progrès. C'est pourquoy je ne peux gouster ce qu'escrit Du Saussay, en la *Vie de Saint-Denys*, que ce saint fut mis à mort à l'instigation des Druides, qui n'estoient plus, d'autant que, comme a remarqué Suétone en la *Vie de Clodius*, cest empereur les avoit abolis (1), et d'ailleurs que leur secte s'estoit évanouie au lever du soleil de Justice, et esclypsée à la splendeur de la prédication de l'Evangile qu'ils avoient receu.

---

(1) Suet., *in Clodio*, ch. 25. Plutarq., lib. XXX, ch. 1.

CHAPITRE XVIII.

Quel langage parloient les anciens Gaulois, s'ils parloient le Grec, ou s'ils avoient un langage particulier.

JE ne sçaurois assés m'estonner voyant ce qu'escrit Génébrard (1) de nos Gaulois, qu'ils ont esté des lourdauts, rustauts, et sans congnoissance de lettres, jusques au tems de Cyrus, qui régna sur les Perses; que les Phocenses (*Phocéens*), s'en estant venus à Marseille, commencèrent à cultiver leurs esprits, et les rendre capables des sciences; d'autant que Cyrus n'ayant commencé son règne que vers le temps de Tarquin le Superbe, septiesme roy des Romains, qui estoit environ l'an 3474 du monde, ou selon Vignier 3569, et encores selon d'autres 3640, et Gomer avec sa famille estant venu aux Gaules, soit l'an 31 après le déluge, qui fut en l'an 1656 du monde, soit en 163 ou bien 240, selon Vignier, voire 370 selon le *Seder Ocam* des Hébreux, il y avoit, à le prendre de la dernière supputation, plus de quatorze cens ans d'intervalle, qu'on ne doit présumer que les Gaulois ayent demeuré sans loy, sans doctrine et exercice d'aucun art.

Je sçay bien que Strabon, natif de Cappadoce, pour avantager sa nation par une vanité grecque par dessus les autres, a escrit que les Phocenses, originaires de son païs, ayant basty Marseille (2), y avoient les sciences et bonnes lettres en telle réputation que les Gaulois, recongnoissant l'honneur et proffit que recevoient ceux qui s'addonnoient à l'estude d'icelles, s'y appliquèrent avec tant d'ardeur et de soin, qu'ils se rendirent les lettres grecques si familiaires, qu'ils escrivoient tous leurs actes publics et particuliers en ceste langue, qu'ils sçavoient comme leur naturelle, et voyant que les Romains l'avoient en telle estime qu'ils envoyoient leurs enfans estudier à Marseille, où le grec estoit aussy pur qu'en l'Attique, sa source, ils auroient gagé des hommes sçavants en ceste langue, pour les instruire en icelle, et polir leurs façons rudes et agrestes, par la science

---

(1) *Chronol.*, lib. I, p. 62. — (2) Strab., lib. IV.

et les lettres. Je ne doubte point que cela n'aye peu estre pratiqué en cette contrée, où l'humeur des habitans est assés brusque, prompte et fascheuse, mais de vouloir que l'ignorance et la barbarie ayent régné par les autres parties des Gaules jusques à la venue de ces Phocenses, c'est ce que je ne peux accorder. Je pourrois prouver facilement le contraire par les escrits de Bérose, Xénophon, Manéthon et d'Annius de Viterbe leur glossateur, qui ont laissé par escrit que les Grecs avoient tiré le caractère de leurs lettres de celles des Celtes et Gallo-Grecs, et que Saron, l'un de leurs roys, avoit le premier ouvert les escoles et gagé des régents pour les enseigner, mais

Mendaces odi : procul hinc, procul, Annius, esto,
Et quotquot verum non didicere loqui !

Je suivray plustost ce qu'en disent Diogènes Laërtius et S. Clément Alexandrin (1), que la philosophie et les lettres ont fleury chez les Barbares auparavant que chez les Grecs, qui ne les ont apprinses que d'eux, et que les Druides, philosophes des Celtes et Gaulois, ont esté les premiers qui leur ont enseigné toute sorte d'arts et sciences, ausquels ils ont excellé, et ce qu'escrit Guillaume Postel, en son *Traité des lettres Phéniciennes*, que, plusieurs siècles auparavant Cadmus, auquel les Grecs attribuent l'invention de leurs lettres, les Gaulois avoient déjà l'usage des leurs; qui montre évidemment que les Gaulois avoient non-seulement le charactère des lettres, mais encore les sciences, auparavant que les Phocences fussent venus aux Gaules, et qu'ils ne les ont apprinses d'eux.

Si l'on m'objecte que les Druides n'escrivoient rien concernant leur doctrine, se fiants en la bonté de leur mémoire, pour quoy ils n'avoient que faire de lettres pour la rédiger par escrit, je respons que ce n'est pas une conséquence, que les Druides n'escrivant rien, les autres Gaulois ne deussent non plus escrire. Les Egyptiens, selon Hérodote (2), ne communiquoient par escrit les mystères de leur religion qu'ils couvroient de quelques figures d'hommes, de parties d'iceux ou d'animaux, qu'ils appeloient lettres sacrées, mais en leurs affaires propres et civiles,

---

(1) Diog. Laert., *de vita philosop.*, lib. I. Clem. Alexand., *Lib. stomat.*
— (2) Herodote, *in Euterp.*

ils usoient de lettres Assyriennes et Phéniciennes, qu'ils appeloient populaires, lesquelles leur avoient, disoient-ils, été apportées par Mercure, qu'Eusèbe (1) dit avoir esté estimé de Moyse, et par Isis; de mesme, combien que les Druides n'usassent d'aucunes lettres, craignant que leur doctrine et les secrets de leur religion vinssent à estre découverts et congneus par le moyen de l'escriture, les autres Gaulois ne laissoient pas de s'en servir ès choses politiques pour asseurance de la foy publique et de la validité de leurs contracts. César et Strabon, aux lieux sus-allégués, en demeurent d'accord, en escrivant que les Gaulois faisoient leurs contracts et autres actes en charactère et langage Grecs. Ce que je réduits à quelque partie des Gaules où le Grec estoit commun comme en la Narbonnoise et en Provence, mais non pas en tout le reste d'icelle où ces lettres et charactères n'avoient cours.

Mais n'estant icy question que de la forme des lettres simplement, desquelles nos Gaulois se servoient, et non du langage duquel nous parlerons cy-après, il ne se peut nier que les Gaulois aient eu l'usage des lettres des premiers, puisque l'escriture estoit déjà en vogue auparavant le déluge; cela se veoid par ce que dit Tertulian des livres d'Énoch et autres, que Seth, fils d'Adam, grava sur deux colonnes les arts et les sciences, qui estoient de son temps, ce qu'il n'eut peu faire si les lettres n'eussent desjà esté trouvées. S. Augustin escrit qu'il couroit en l'église première quelques livres, qu'on tenoit avoir esté composés par Adam (2), lesquels ne furent pas receus pour canoniques, à cause de leur trop grande ancienneté, craignant qu'ils ne fussent supposés. Les Éthiopiens n'ont fait ceste difficulté, les ayant receus avec ceux d'Énoch, et conservés avec un très-grand soin (3). Josephe dit avoir veu une de ces colonnes dressées et gravées par Seth en la Sorie (*Syrie*), et Suidas escrit que Seth fut appelé Dieu par ceux de son aage, pour ce qu'il avoit inventé les lettres hébraïques, et donné les noms aux estoilles (4).

---

(1) Eusèbe, *de prepar. Evang.*, lib. IX, ch. 4. — (2) *Epist. Judæ.* Tertul., *de Idolatr.* et *de habitu mul.* August., *Civit. Dei*, XVIII, ch. 38. *Et contra Faustum*, dist. 17. S. Romans, duos libri *de l'origine des Langues*, ch. 85. — (3) Cedrinus. — (4) Joseph, Antiq. I, ch. 4. Suid., *in Histor.*

Voire, remontant plus haut jusques à Adam, il dit que les sciences estoient venues de ce premier des hommes (1), les lettres, les arts, les prophéties, sacrifices, purgations, loix et instituts, toutes les inventions, doctrines et tout ce qui estoit utile et nécessaire pour passer la vie. C'est l'opinion des anciens rabbins, qui enseignent que ce propagateur du genre humain, ayant esté chassé du paradis terrestre, après son offense, composa les pseaumes qu'on attribue à la pénitence de David, lesquels il escrivit en charactères hébraïques, qui estoient autres, selon Paul Cenalier, que ceux dont se servent les Hébreux, qu'il veut estre les Chaldaïques. Raziel a passé plus outre, disant que l'ange Raphaël apporta du ciel à Adam certaines figures de lettres pour s'en servir à escrire ses livres, lesquelles estoient de la mesme forme, signification et valeur que sont les hébraïques (2). Et de vray, l'usage des lettres est si ancien, que Pline semble avoir eu raison de dire qu'il estoit éternel (3), d'où il se peut conclure que, les lettres estant inventées avant le déluge, elles ont pu avoir passé jusques à Noé, qui les auroit communiquées à ses descendants, qui les auroient apprinses à leurs enfans et neveux, entre lesquels sont réputés les Gaulois. Ce qu'on ne peut nier, s'il est vray ce que disent le mesme Pline et Aristote (4), que Zoroastres (qu'on tient avoir esté Cam, fils de Noé) avoit rédigé par escrit deux millions de vers, touchant la magie et la religion, et que Sambetha, qu'on met la première des sybilles, et que quelques-uns estiment avoir esté la bru dudit Noé, avoit escrit quelques prédictions. Qui m'empesche d'estre de l'advis de Barrachias chez Reuclin (5), où il attribue à Moyse l'invention des lettres hébraïques, veu mesme que S. Augustin enseigne (6) qu'elles estoient auparavant ce législateur. Bibliander franchit librement, et en attribue l'invention à Adam, lequel, relevé de sa chute par la grâce de Dieu, auroit (dit-il) dépeint et représenté ses pensées et la mémoire du passé par ses escrits, ce soin appartenant à l'excellence et dignité du premier homme (7); et après avoir discouru de l'ex-

---

(1) Epiphan., *in Panario*. — (2) Raziel, lib. II, *Institut.*, et lib. *de Igne*. — (3) Pline, lib. VII, ch. 56. — (4) Lib. VII, *Oraculor Sybill.* — (5) Lib. II, verbo *Mirif*. — (6) August., 69, *in Exod.*, et 18, *in Civit.*, ch. 37. — (7) Bibliander, *in Comment. de Ratione communis ling. et litter. ar.*, cap. *de Origine litterarum*.

cellence des lettres, l'invention desquelles ne pouvoit, dit-il, appartenir à un autre qu'à ce premier homme, il conclud que l'escrit d'Énoch, qui a vescu huit cens ans avant le déluge, réfute toutes les opinions de ceux qui ont attribué à Moyse ou à Abraham l'invention des lettres, de façon qu'ayant suffisamment prouvé leur ancienneté, voyons maintenant si c'estoient les grecques ou d'autres qui fussent propres et particulières aux Gaulois, desquelles ils se sont servis.

Archilocus, chroniqueur grec (1), ayant escrit que Cadmus avoit porté en Grèce les lettres dont se servoient les Phéniciens, il adjoute qu'elles furent réformées par Homère, qui vivoit en l'olympiade XXIII, environ l'an du monde 3308, quelques huit vingts ans auparavant que les Phocenses vinssent en Gaules, et que les charactères d'icelles furent remis en une meilleure forme qu'ils n'estoient, veu que ceux que Cadmus avoit apportés sentoient trop leur antique barbarie, et n'avoient aucune convenance ou rapport, soit en la figure, soit en la gentillesse, avec les lettres Phéniciennes, ains ressembloient plustost à celles des Galates et Gaulois ou des Méoniens. Je tire ceste authorité d'un Grec, que les Gaulois avoient l'usage des lettres particulières à leur nation auparavant que les Grecs sortissent de la Phocide pour venir ès Gaules, et qu'elles estoient dissemblables en figure à celles des Grecs. Je dis plus que Cadmus, selon Génébrard (2), n'ayant porté les lettres de son païs qu'en l'an du monde 2727, ou après le déluge, en 1071, les Gaulois avoient les leurs plus de huit cents ans auparavant. Ce que les Grecs recongnoissent chez Varron (3), confessant que les lettres ne sont pas de leur crû ou invention, mais qu'elles estoient émanées des Barbares, chez lesquels elles avoient prins leur naissance. Ce qui ne s'accorde avec ce qu'escrit Elian (4), que les nations, qu'ils appeloient barbares, avoient tellement les lettres en mesprix, que les Thraces réputoient autant à déshonneur de les apprendre, que les autres à gloire de les sçavoir. Cela pouvoit estre bon pour les Thraces, qui ont tousjours fait profession d'ignorance, ou pour les Ephésiens, chez lesquels il n'estoit permis à personne d'exceller en quelque art ou science (5); mais

---

(1) *In libr. de Temporib.* — (2) *In Chronic.*, p. 89. — (3) *In Analogia*. — (4) Lib. VIII, *Dial. histor.* — (5) Sid. Apoll.

cela ne se peut dire des Gaulois, qui ont tousjours fait pareil estat de l'olive de Minerve et des lauriers de Mars, n'y ayant aucune apparence qu'estant, selon Solin, le plus ancien peuple de la terre, ils eussent vescu sans congnoissance des lettres.

Dire au certain quelles estoient ces lettres, il n'est pas possible, pour ne nous en estre demeuré aucun vestige. Postel croit que c'estoient les pures hébraïques, et celles dont on se servoit auparavant le déluge. S'il m'est néamoins permis d'en dire mon sentiment, j'estimerois, avec Bibliander sus-allégué, que, n'y ayant que la langue hébraïque au monde, il n'y a eu que des charactères conformes, pour pouvoir l'interpréter, mais que les langues ayant esté divisées en la structure de Babel, ce premier Alphabet auroit esté corrompu et d'autres inventés à leur imitation, de pareille signification et valeur, quoyque dissemblables en figures. Ceste multiplicité des charactères pourroit aussy estre arrivée de l'ignorance ou peu d'imagination des copistes et escrivains, lesquels n'en ayant pu concevoir et moings retenir la figure, ni eu la main assez habile pour les imiter et représenter, leur auroient peint des lettres mal faites et d'autre forme, lesquelles seroient passées en la mesme signification que leur prototype. Je ne veux toutefois nier que nos lettres approchassent des grecques, pour ce que Gomer estant issu de Japhet aussy bien que Javan, duquel les Grecs se vantent d'avoir prins leur origine, ils pouvoient avoir les mêmes charactères. Pline semble pencher en ceste opinion, disant « *Gentium consensus tacitus primus omnium conspiravit, ut Ionum litteris uterentur* (1). » Il pourroit aussy estre arrivé, d'ailleurs, que les lettres estant détériorées par le tems, comme nous le voyons ès nostres, qui ont grandement changé, depuis quelques centaines d'années, celles des Gaulois se seroient entièrement perdues, après la venue des Grecs à Marseille, desquels, par une légèreté assez ordinaire à ceste nation, ils auroient emprunté les charactères comme plus aggréables à la veue, et quitté les leurs qui n'avoient tant de politesse.

Les lettres ont leurs périodes aussy bien que les langues, et les figures anciennes des lettres à peine se peuvent-elles recongnoistre d'avec les nouvelles. Qu'on confère l'ancien grec avec

---

(1) Lib. VII, ch. 57.

celuy dont on se sert à présent, il s'y trouvera bien de la différence. J'ay pourtant bien de la répugnance à croire que les lettres grecques ayent esté en usage par toutes les Gaules, d'autant que si les charactères grecs avoient esté receus au lieu des gaulois, comme veulent les cy-dessus allégués, à quel propos. Chilpéric, un de nos roys, auroit-il adjouté à nostre alphabet, vers l'an 533, ainsy que le disent Grégoire de Tours, Vignier et autres (1), les lettres ΩΨΖΠ ou selon d'autres ΧΦΘ, veu qu'elles estoient déjà dans celuy des Grecs et partant eussent esté dans celuy des Gaulois.

Pour le langage, posé que les Gaulois se servissent pour escrire des charactères grecs, le langage n'estoit semblable. Strabon escrit (2) que, comme les Gaulois estoient différens en mœurs, ils l'estoient aussy pour le langage. On ne parle en Gascongne, Languedoc et Provence, ni en la Basse-Bretagne, comme l'on fait aux autres endroits de la France. Chacun a son langage particulier et ses dialectes propres; qui a fait dire au mesme Strabon, que ces premiers estoient différens et d'habit et de langage du reste des Gaulois, et qu'ils avoient plus de conformité avec les Espagnols, avec lesquels, quoyqu'ils ayent beaucoup de mots communs, il ne se peut dire que les Gascons, Languedociens et Provenceaux parlent espagnol, pour ce que ce ne sont les mots seuls qui font le langage, mais la tisseure, agencement et construction d'iceux en une oraison parfaite. Je veux qu'en la langue françoise il se trouve quantité de mots qui approchent du grec, mais c'est qu'on les a appropriés, faute d'autres, pour mieux s'expliquer, et, comme il y a bien de la différence entre la langue gauloise et françoise, ce n'est pas à dire qu'il se trouve des mots grecs en la françoise, qu'ils se doibvent pareillement rencontrer en la gauloise (3). Qu'on compare le langage du jourd'huy avec celuy du passé, l'on ne sçaura ce que c'est; qu'on baille à expliquer aux mieux entendus les serments réciproques que s'entrefont Louis et Charles, roys de France et d'Allemagne, fils de l'empereur Louis le Débonnaire, rapportés par Nithard en langue romande ou gauloise et allemande, et je m'asseure

---

(1) Grég. Turon., lib. IX, ch. 45. Vignier, *in Bibliotheca*. — (2) Lib. IV. — (3) Picard, *in sua Celtopedia*. Joachim Pirion, *in suo dialogo de lingua Gallica*. Du Barthas, en sa *Babylone*. Horat., *de Arte poëtica*.

qu'ils n'y entendront que le haut allemand. Fauchet a plustost deviné qu'expliqué celuy de Louis, qui correspond à l'allemand de Charles, veu qu'à peine les Allemans du jourd'huy le peuvent-ils recongnoistre pour leur langage.

Tous les Gaulois n'avoient qu'un seul parler, qui s'est corrompu, ou perfectionné, comme les autres veulent, par la fréquentation des peuples voisins, qui ont contribué quelque chose du leur pour le rendre plus intelligible, ou bien les François ont prins des autres langues quelques mots significatifs pour orner la leur et parler plus proprement. Mais cela n'empesche pas que les Gaulois n'eussent leur langage particulier, selon les lieux où ils habitoient. Ce qui se peut tirer de ce que dit César (1) d'Ariovistus, roy des Germains, qu'il avoit apprins la langue gauloise et la sçavoit bien parler, et envoya vers luy Marc Valère Porcilie qui entendoit et parloit le mesme langage, pour conférer ensemble. Je ne veux pas nier que ceux qui sont sur les lisières du royaume ne participent au langage de leurs voisins, comme Cousin escrit, en son *Histoire de Tournay* (2), que les Belges parloient l'allemand. Combien que, selon Beatus Rhinanus, ceux de Tournesis, Hainaud, de Liége, de Maestrich, de Tongres, Vermandois et les autres Belges ayent plustost usé de la langue gauloise. Aussy Suétone, en la *Vie de Galba* (3), donne un langage propre aux Gaulois, disant que ce prince Romain fut ainsy nommé de ce qu'il estoit fort gras, que les Gaulois disoient Galbé; et, en la *Vie de Vitellius*, il escrit que *Beco* (4), en vieux gaulois, signifioit, comme il fait encores, le bec d'un oyseau. D'autres disent pareillement que l'empereur Caracale fut ainsy appellé d'un habit à la Gauloise qu'il portoit ordinairement à la façon de nos cazaques ou caraques. Qui en voudra veoir quantité d'exemples n'a qu'à lire Le Charron en son *Histoire universelle des Gaules*, et autres qui en traictent amplement (5). Argentré, en son *Histoire de Bretagne* (6), escrit que la langue de la Bretonne-Bretonnante estoit la mesme que la gauloise, ce qui a du rapport avec ce que dit Tacite, en la *Vie d'Agricola*, que ce vieil langage gaulois estoit demeuré aux habitans de la princi-

---

(1) *Comment.*, lib. I, ch. 2. — (2) Lib. I, ch. 17. — (3) Ch. 3. — (4) *In Vitellio*, ch. 18. — (5) Lib. I, ch. 13. Picard, *in Celtopedia*. — (6) Lib. I, ch. 12.

pauté de Galles en Angleterre, qui approchoit fort du bas-breton, auparavant qu'il eust esté corrompu par les Saxons, qui se rendirent maistres de ceste province.

Vigenaire, en ses annotations sur les *Commentaires de César* (1), croit que cest ancien Gaulois estoit le Catalan ou Provençal, qui approche fort du Gascon ou de l'Espagnol. A la vérité, ce serment de Charles, rapporté par Nithard (2), a bien du rapport avec ces langues, mais je ne croy pourtant que ce fust la mesme, la catalane et provençale ayant esté gastée par les Goths et Wisigoths qui ont possédé ces pays-là, et que la pureté de la langue gauloise s'est perdue tout-à-fait avec les charactères qui servoient pour l'exprimer. Voire, qui plus est, Picard, en sa *Celtopédie* (3), escrit que, lorsque César vint ès Gaules, le langage gaulois avoit esté tellement altéré et corrompu, qu'il n'y avoit plus que les Celtes qui le parlassent, encore non pur ni dans sa naïveté, et que si les doctes et les nobles parloient le langage grec, cela estoit particulier pour eux et non général pour tous. Ce qui se peut prouver de ce qu'escrit le mesme César, qu'ayant receu advis que l'on dressoit une partie contre Quintus Cicéron, frère de l'orateur romain, il luy escrivit par un chevalier gaulois en charactères et en langage grec, affin que si sa lettre venoit à estre interceptée par les Gaulois, qui le tenoient bloqué, ils ne peussent descouvrir ce qu'il luy mandoit, d'autant qu'il se peut veoir par là, que si les charactères et le langage grec eussent esté familiers aux Gaulois, César eust, pour un grand cappitaine, commis un notable pas de clerc d'avoir commis son secret à une personne, laquelle, venant à décacheter sa lettre, eust descouvert sa pensée et intention.

Flavin escrit (4) que César, asseuré de la fidélité de ce Gaulois, luy avoit confié son secret, et que la lettre qu'il luy avoit baillée estoit seulement en lettres grecques, mais en langage latin; qui est retomber en une plus lourde faulte, pour ce que les Gaulois avoient l'usage de l'un et de l'autre; des charactères grecs, puisqu'ils s'en servoient pour escrire, et du langage romain pour la fréquentation et commerce qu'ils avoient avec les Romains, qui

---

(1) Fol. 13. — (2) Lib. III. — (3) *Ut sup.*, lib. III. — (4) *Du Théâtre d'honneur et de Chevalerie*, lib. II.

avoient fort en recommandation d'obliger ceux qu'ils avoient conquis d'apprendre leur langage ; et ainsy, si ceste lettre eust esté interceptée par les Gaulois, il eust pu s'en trouver quelqu'un qui l'eust interprétée. Il est plus probable que ceste missive fust conceue en lettres et langage grec, pour en oster la congnoissance aux Gaulois particuliers, qui se contentoient de leur langue maternelle, et n'usoient communément de la grecque. Flavin s'efforce de prouver le contraire par l'authorité de S. Hiérosme, luy faisant dire que, de son tems, on parloit grec à Trèves, qui estoit la capitale de la Belgique, et qu'en son Commentaire sur l'Epistre aux Galates, il auroit laissé par escrit, que les peuples de l'Hellespont, Eolide, Phocide, Ionie, et autres peuples de Grèce parloient le mesme langage qu'à Trèves. Ce que je ne sçay pas comme il l'advance, veu que S. Hiérosme dit seulement que les Galates ne parloient pas le pur grec, comme faisoit tout l'Orient, et qu'ils avoient un langage tout particulier, ressemblant presque à celuy qu'on parloit à Trèves ; cela se verra mieux par les paroles de ce Père : « *Unum est*, dit-il, *quod inferimus et promissum in exordio reddimus, Galatas, excepto sermone Græco, quo omnis Oriens loquitur, propriam linguam eamdem pene habere, quam Treviros ; nec referre, si aliqua exindè corruperint, cum et Afri-Phœnicam linguam nonnulla ex parte mutaverint, et ipsa latinitas et regionibus quotidie mutatur et tempore.* » Ce que ce Père attribue aux colonies que les Gaulois avoient menées en Grèce, ayant dit quelques lignes auparavant : « *Hinc utique Galatia provincia, in quam Galli venientes, cum Græcis se miscuerunt, unde primum ea regio Gallo-Græcia, post Galatia nominata est.* » Et un peu plus bas : « *Aquitania*, dit-il, *Græca se jactat origine, et Galatæ non de illa parte terrarum sed de ferocibus Gallis sunt profecti.* » D'où Flavin ne peut tirer autre conséquence, sinon que les Galates parloient presque comme l'on faisoit à Trèves, mais non que ceux de Trèves parlassent le grec comme les Galates. Et pour montrer davantage qu'on ne parloit grec par toute la France, mais gaulois, S. Irénée, grec de nation, et archevesque de Lion en Gaule, au prologue de son œuvre contre les hérésies, s'excuse s'il n'a escrit en termes plus polis et choisis, pour ce que, demeurant chez les Celtes, il estoit obligé de parler leur langage, qui ressentoit son barbare.

Qui montre nettement que les Celtes, qui sont les vrays Gaulois, n'entendoient et ne parloient le grec, puisque S. Irénée avoit esté obligé d'apprendre le leur pour se faire entendre à eux, et que partout ils avoient un langage particulier à leur nation. Ce qui se confirme par ce qu'escrit Sévère Sulpice (1), contemporain de S. Hiérosme, lequel, en son troisiesme dialogue de la *Vie de S. Martin*, archevesque de Tours, fait destination entre le langage celtique et le gaulois, introduisant un certain Posthumian auquel il fait dire à Gallus, autre disciple de S. Martin, qui estoit de la Gaule Belgique, « *vel Celticè, aut si mavis, Gallicè loquere, dummodo jam Martinum loquaris.* » D'où il se peut recueillir qu'autre estoit le langage celtique, autre le gaulois duquel on usoit en autres provinces de la mesme nation, ausquelles le grec n'estoit en usage, veu que si on l'eust parlé ès Gaules, ce Posthumian, qui estoit grec naturel, l'eust bien entendu. Le mesme se peut prouver de ce qu'escrit Sidoine Apollinaire, évesque de Clermont en Auvergne, en l'Epistre qu'il escrit et envoye à son beau-frère Hecdicius, fils de l'empereur Avitus, qu'il avoit fait venir de toutes parts en Auvergne des personnages doctes pour instruire la noblesse, et luy faire apprendre le latin et quitter « *sermonis Celtici scammam* » l'escaille du langage celtique, qui ressentoit son barbare. Ce qu'il n'eust escrit si le langage celtique eust esté le mesme que le grec, qui estoit en estime parmy les gens d'honneur et qui se picquoient de science, et duquel Sidoine n'estoit ignorant. Conclusion : doncque le langage de nos anciens Gaulois n'estoit le grec, mais qu'ils en avoient un propre et particulier, que parloient les Druides, aussy bien que le commun peuple, et que quand bien ils se seroient servis de lettres grecques, ils ne parloient pas grec pour cela, non plus que ceux qui, pour escrire en lettres italiennes, ne parlent pas italien.

---

(1) *De Vita Sancti Martini*, lib. III.

CHAPITRE XIX.

De la doctrine qu'enseignoient les Druides.

JE ne sçay à quel dessain nos Druides ont tellement caché leurs sciences, qu'ils n'en ayent voulu rien laisser par escrit, et que nous soyons contraincts d'aller mandier ailleurs ce que les autres devroient chercher chez nous, car le bien estant diffusif et communicatif de soy-mesme, et la science estant un bien de l'âme, ne demande qu'à se communiquer. César en donne deux raisons, lesquelles n'estant admissibles pour leur foiblesse, ne peuvent excuser ces sages, qui l'ont trop esté en ce rencontre, ayant peut-estre considéré la fin, mais non les inconvéniens qui pourroient s'en ensuivre.

La première raison qu'en rend César, est qu'ils craignoient que leur doctrine, se rendant trop commune par la communication qu'ils en feroient, devint mesprisable, soit envers leurs disciples, soit envers les ignorants qui n'en estoient capables.

L'autre, que la jeunesse qu'ils avoient soubz leur discipline, se fiant plus en leurs escrits qu'en leur mémoire, ne se mist beaucoup en peine d'apprendre, et ignorast la pluspart de ce qu'elle devoit sçavoir.

Nous eussions eu une grande obligation à leur mémoire, s'ils eussent rédigé par escrit leurs dogmes et enseignemens, pour ce qu'ils nous eussent relevés de la peine de nous rapporter de la vérité d'iceux à des autheurs qui, soit pour la haine, soit pour l'envie qu'ils ont portée à nostre nation, et la jalousie qu'ils ont eue d'advantager la leur par le mesprix et rabaissement des autres, les ont peu falsifier et nous donner des bourdes pour des choses certaines. Ceste négligence affectée ne peut estre louée ni bien receue, quoyqu'il y eust quelque apparence de justice en leur procédé, qui ne tendoit qu'à exciter leurs disciples de conserver, par leur mémoire, ce qu'ils avoient apprins d'eux. Mais comme tous ne l'ont si heureuse, elle pouvoit estre suppléée par les livres, qui eussent mieux conservé la science que ceste faculté, laquelle, pour estre habile, en perd plus qu'elle n'en retient. Ils ont, par ce moyen, donné beau jeu aux estrangers d'entrer en leurs labeurs, et se rendre propre ce qu'ils n'avoient que par emprunt d'eux, d'autant qu'estant les premiers qui se sont meslés des sciences, et d'en enseigner l'encyclopédie, s'ils les eussent escrites et laissées à la postérité, ils eussent peu recevoir la gloire que Pythagore, Anaxagore et Platon, qui avoient apprins des Druides la pluspart de ce qu'ils sçavoient, se sont acquis par les livres qu'ils ont publiés. Perse (1) avoit bonne raison de dire :

Scire tuum nihil est, nisi te scire hoc sciat alter.

veu que, comme disoit Lucilius, « *Scire hoc se nescit, nisi alios id scire nescierit* », d'où est venu le proverbe ancien : τῆς λανθανούσης μουσικῆς οὐδεὶς λόγος, qu'à une musique cachée point de parolle; comme qui voudroit dire qu'à une musique ou autre chose que nous ne voyons pas, on ne sçauroit qu'en dire.

Il ne faut pourtant en demeurer là ; puisque nous avons veu quelles estoient leurs lettres et leur langage, il faut maintenant sçavoir quelle estoit leur doctrine. César est le premier qui en a parlé, auquel je ne me fie que de bonne sorte, pour les raisons rapportées cy-dessus, et aymerois mieux avoir le tesmoignage de quelqu'un du païs que le sien, qui ne peut estre si certain que d'un, qui, de père en fils et par une traditive et cabale, auroit apprins quelle estoit ceste doctrine des Druides.

César dit donc qu'elle estoit « *Non interire animas, sed ab aliis post mortem transire ad alios atque hos maxime ad virtutem excitari putasse, metu mortis neglecto : multa praeterea de syderibus, atque eorum motu, de mundi ac terrarum magnitudine, de rerum natura, de Deorum immortalium vi ac potestate, disputasse et juventuti tradidisse.* » Je n'ay pas beaucoup de peine à me persuader que ces théologiens gaulois enseignassent l'immortalité de l'âme, pour ce que ceste doctrine estoit commune à beaucoup d'autres qui l'enseignoient comme véritable, combien qu'ils errassent en la façon de le dire. Pythagore et ceux de sa secte prouvoient ceste immortalité de l'âme, de ce qu'estant séparée d'avec le corps, elle passoit en un autre, soit d'homme, soit d'animal.

---

(1) Satyre 1.

Telle n'estoit l'opinion des Druides; mais que l'âme, après sa séparation d'avec son corps, subsistoit d'elle-mesme et passoit en une autre vie que la présente. Cela est aysé à inférer de ce qu'escrit le mesme César, que les Gaulois brusloient, avec leurs morts, les serviteurs et animaux qu'ils avoient le plus affectionnés durant leur vie, et escrivoient des missives à leurs amis, qu'ils croyoient vivre en certains lieux, où ceux qui décédoient les alloient trouver pour estre avec eux, leur prestoient de l'argent qu'ils debvoient leur rendre en l'autre monde, d'autant que s'ils eussent eu ceste opinion de la transmigration et passage de l'âme d'un corps dans un autre, ils n'eussent escrit à leurs amis, qui n'eussent plus esté les mesmes du paravant, mais d'autres. Aussy Pythagore, disciple des Druides, n'avoit apprins ceste doctrine d'eux, mais plustost des Égyptiens avec lesquels il avoit conversé, qui avoient les premiers, selon Hérodote (1), publié ceste métempsycose et transmigration d'âmes de corps en corps terrestres, aquatics ou d'oiseaux, dans lesquels aiant passés, retournoient, après une révolution de trois mil ans, dans un corps humain.

Le sire de Joinville, en sa *Chronique* ou *Vie de S. Louis* (2), escrit que les Béduins, sujets du Vieil-de-la-Montagne, avoient ceste opinion, que l'âme de ceux qui se faisoient tuer en obéissant au commandement de leur seigneur, passoit en un autre corps plus beau, avec lequel elle vivoit beaucoup plus à son aise, et que l'âme d'Abel estoit passée au corps de Noé, de Noé en celuy d'Abraham, et de cestuy-cy au corps de S. Pierre; et que, leurs jours estant comptés, ils ne pouvoient mourir qu'en celuy qui leur estoit déterminé; pour quoy ils ne vouloient s'armer allant en guerre, croyant que, s'ils le faisoient, ils contreviendroient à leur foy et croyance; et que quand ils maudissoient leurs enfants, ils leur disoient : « Maudit sois-tu, comme » l'enfant qui s'arme crainte de la mort », tenant cela à grande honte. Qui semble estre la mesme opinion des Gaulois, qui combattirent tous nuds en la bataille de Cannes. Comme aussy ce que rapporte Joinville (3) sus-allégué, « qu'un certain prince » chrestien estant mort au pays des Commains, on fit une fosse

---

(1) Clém. Alexand., I. *Stromat.* Eutrop., lib. I, ch. 2. Hérodote, *in Euterpe.* — (2) Ch. 36. — (3) Ch. 61.

» fort large dans terre, en laquelle on assit le corps de ce sei-
» gneur en une chaire fort bien et richement parée, et avec luy
» on mit le meilleur de ses chevaliers, tout vif et à cheval. De-
» vant que d'entrer en la fosse, ce chevalier prenoit congé du
» roy et des assistans, et prenoit une quantité d'or et d'argent,
» qu'on luy mectoit en escharpe, qu'il promectoit au roy de
» luy rendre, quand il seroit en l'autre monde. Ce fait, le roy
» luy bailloit des lettres par lesquelles il attestoit que ce preud-
» homme avoit bien vescu et l'avoit bien servy, et pour ce re-
» quéroit qu'on voulust le récompenser. Après avoir fait tout ce
» que dessus, ils couvroient de terre tant le chevalier que le
» mort, et jectoient par dessus des planches de bois bien che-
» villées, et faisoient sur leur tombeau un grand amas de terre
» et de pierres, en forme d'une montagne, pour mémoire de
» ceux qui estoient enterrés en ce lieu. »

Autant en faisoient les Gaulois, ainsi que l'a remarqué César, escrivant que les funérailles des Gaulois estoient somptueuses et magnifiques, faisant dresser de superbes monuments sur les corps ou urnes des trespassés, pour estendre leur mémoire au delà de la brièveté des siècles (1).

Ces Druides enseignoient aussi que Dieu, estant offensé par les hommes, ne pouvoit estre appaisé que par une victime homogène, et que la vie de l'homme ne se pouvoit racheter que par la vie d'un homme qui devoit estre Dieu et homme tout ensemble, et devoit pour ce naistre d'une vierge (2). Ce qui auroit donné sujet de croire qu'ils immoloient des hommes, et qu'ils avoient l'image d'une vierge qu'ils adoroient à Chartres, quoyque les hommes qu'ils faisoient mourir, fust plustost par supplice que par sacrifice, comme nous l'avons montré cy-dessus. On veut aussy leur attribuer qu'ils ont creu le baptesme, d'autant qu'ils portoient plonger leurs enfans dans l'eau, sitost qu'ils estoient nez, mais ils le pouvoient faire pour autre raison, y ayant plusieurs sortes de purifications entre les gentils.

Ces philosophes gaulois enseignoient aussy l'astrologie et congnoissance des astres, leurs mouvements et positions, leurs levans et couchans chroniques et cosmiques, leurs passions et deffaults, leurs conjonctions, élévations et rabaissements, leurs

---

(1) Pline. — (2) Vincent Quernau, en son *Tableau historial du monde*.

apogées et zénith, leurs périgées et nadirs ; bref, tout ce qui sert à ceste science qui estoit en vogue de leur temps, et l'avoient apprinse des enfants de Noé, ausquels elle estoit venue par une traditive d'Adam, qui avoit esté fort expert en cette science, et l'avoit enseignée à Enoch, son fils, qui en avoit composé quelques livres, et, par le moyen d'icelle, avoit préveu le déluge à venir (1). Ce que je ne crois pas véritable, pour ce que, ce cataclisme universel estant extraordinaire, et dépendant de la seule volonté de Dieu, il n'y a pas d'apparence qu'il peust estre préveu, selon l'ordre des choses secondes, hors desquelles il estoit.

Diodore le Sicilien (2) attribue l'invention de cet art aux Grecs et Thébéens, qui se glorifioient d'estre les plus anciens peuples de l'univers, et que la philosophie et astrologie avoient premièrement esté inventées chez eux. Ce qu'il advance plus par une vanité grecque que de vérité, veu que Dieu ayant créé le soleil, la lune et les astres pour signes des temps, des saisons et des ans, il en donna la congnoissance parfaicte à Adam, de mesme que des autres choses qu'il enseigna à ses descendans. C'est pourquoy Lactance est reprins d'avoir escrit (3) que l'astrologie, la nécromancie, la magie, l'aruspicine ou divination par l'inspection des entrailles des bestes, estoient de l'invention des malins esprits, d'autant que, quoy que ce soit des trois dernières, l'astrologie a prins son commencement avec le monde ; Dieu en avoit infus la congnoissance dans l'âme d'Adam, comme du reste de toutes les choses naturelles. Il est bien vray que Zoroastre, l'un des plus fameux magiciens et prestigiateurs du passé, en ayant abusé et s'en estant servy en autre façon que licite, ceste science ou art tourna en mesprix et fut deffendue, non absolument, mais à cause de l'abus qui se commettoit en icelle, voulant, par ses règles, congnoistre l'avenir, qui est au dessus des termes de sa notice. Je ne nie pas que, par la conjonction des astres, on puisse congnoistre les tems qu'il pourra faire, mais qu'on puisse deviner quel sera l'événement des choses, qui dépendent de Dieu seul, c'est où est la difficulté. Ce qui a donné sujet à S. Epiphane (4) de remarquer qu'Aquila de Pont, ce fameux interprète de l'Escripture, fut chassé de l'Église pour ce

---

(1) Plin., lib. VII, ch. 56. Joseph., *Antiq. jud.*, I. — (2) Lib. II. — (3) Lib. II, ch. 17. — (4) *Lib. de pond.*

qu'il s'amusoit à l'astrologie judiciaire, et à faire l'horoscope et nativité des personnes. Et non-seulement ceste judiciaire estoit deffendue chez les Chrestiens, mais encores parmy les Ethniques, ainsy qu'il se peut veoir chez Dion Cassius (1), qui rapporte que, du temps d'Auguste, les astrologues et prestigiateurs furent chassés de Rome, où par ces *prestigiateurs* il entend ceux qui s'appliquoient à l'astrologie judiciaire, contre lesquels Tacite rapporte un sévère arrest, nonobstant lequel ils ne quittèrent la ville. Car tant s'en faut que l'astrologie soit simplement deffendue, qu'elle sert pour montrer la grandeur et puissance de Dieu, l'excellence duquel se recongnoist par la noblesse de son ouvrage.

Plus on remarque de merveilles en ces arbres célestes, autant plus doibt-on estre porté à louer celuy qui les a formés. J'adjoute que, par la congnoissance qu'on a de leurs effets, ils servent à la conduicte des choses humaines, pour sçavoir le tems qu'il faut semer, planter, enter, médicamenter, saigner et faire autres actions qui dépendent mesmement de l'influence des astres, et la certitude desquelles se rencontre plus dans l'expérience que dans la spéculation. On void la mer plaine quand la lune est en sa rondeur, les os plains de leur mouelle, les conques remplies de leurs huitres et moules, ou lorsqu'elle est en son décours, l'eau de la mer est basse, les marées seulement demies, les os et les conques presque vuides, de sorte qu'au croissant et décours de la lune, il se fait en l'homme et ès animaux une estrange mutation de sang et d'humeurs dans leurs corps, voire dans les plantes qui en reçoivent du dommage (2). Le bois couppé en plaine lune est sujet à la vermoulure, et n'est bon à bastir; en la nouvelle, il y est fort propre. L'herbe qui est couppée en décours ne revient sitost qu'elle fait en nouvelle ou plaine lune; qui plus est, bien que nos esprits n'ayent rien de commun avec les astres, ils dominent sur nos corps, et, comme l'enseigne Galien, en plusieurs endroits de ses œuvres, et les médecins en demeurent d'accord, les affections et maladies de nos corps ont une sensible correspondance avec les astres, d'où vient que les Arabes ne recevoient aucuns médecins parmy eux, qui ne sceussent parfaitement l'astrologie, qui les fit appeler

---

(1) Lib. XLIX. — (2) Lib. XVIII, ch. 32.

par les Grecs *Iatromathématiciens*. Aussy estimay-je que nos Druides ne s'en servoient pour autre sujet, et que, s'ils devinoient quelque chose future, c'estoit plus de rencontre que de science, comme font nos composeurs d'almanachs.

Les Druides enseignoient de plus la Cosmographie et Géographie, ce qu'ils ne pouvoient faire sans la congnoissance des cercles célestes, de l'équateur, du méridien, des colures, des solstices, des zònes, du zodiaque, auquel sont les douze signes, des pôles et de leurs cercles, des climats pour pouvoir assigner les assiettes des villes et provinces. Ils avoient apprins ceste science de leurs devanciers, lesquels, estant venus de l'Asie habiter l'Europe et l'Afrique, avoient la congnoissance et scituation des terres, par lesquelles ils avoient passé. L'Amérique, qui à présent fait la quatriesme partie de l'univers, estoit incongnue à nos anciens, et n'y a guères que deux cens ans qu'elle a esté découverte par Améric Vespuce, florentin, qui luy a donné son nom. Il y a bien de l'apparence toutesfois que les habitans de ceste terre, qui est presqu'aussy grande que les trois autres, desquelles elle est divisée de toutes parts par les mers, soient sortis de mesme estoc que les autres hommes, et qu'ils ayent esté portés là par quelque inondation, des païs plus voisins ausquels ils n'ont peu retourner. Ces peuples, quoyqu'ils ayent vescu en une grande ignorance des lettres et sciences, recongnoissent pourtant, par une cabale et traditive, qu'il y a eu autrefois un grand déluge d'eau, qui auroit couvert toute la terre, mais y adjoutent tant de fables, qu'on n'en peut rien dire d'asseuré.

Quand je dis donc que les Druides enseignoient la Cosmographie, je l'entends de mesme que César pour la description universelle du monde, et la Géographie pour un dénombrement particulier de chaque province, lieu et païs, villes, bourgades, mers, fleuves, lacs, montagnes, promontoires et autres parties, desquelles le monde est composé; qui se subdivise en chorographie et topographie (1), qui sont descriptions de régions et lieux particuliers, sans considération des autres parties du monde, ni des lieux circonvoisins qui les bornent. Je croy bien qu'ils n'enseignoient ces sciences comme l'on fait à présent, l'expérience

---

(1) V. Maginum, *in Ptolome, cosmographiam.*

y ayant donné de grandes lumières, que peut-estre ces Druides n'avoient pas; car pour le jourd'huy, dans la géographie, on y employe beaucoup de choses qui concernent l'histoire, comme les origines des nations, les noms propres des choses, les œuvres les plus illustres et admirables de la nature qui se rencontrent dans certains lieux, sans entreprendre néamoins sur le philosophe physicien qui traicte de leurs causes, où ceste-cy ne discourt que de la superficie, de la terre et de l'eau, en tant qu'elle est habitée des hommes, des animaux terrestres, des oyseaux et poissons, et qu'ils se rapportent aux cercles de la sphère, desquels la cosmographie traicte particulièrement, et par dessus la géographie parle des cieux et de la terre, suivant la longitude et latitude des régions, de la diversité des ombres, selon la distance des lieux, des espaces d'entre les climats et degrés, de l'élévation du pôle, des tropiques, des solstices et autres cercles cy-dessus, que les astrologues se sont imaginés dans le ciel; des quatre parties du monde, de l'Orient, Occident, Midy et Septentrion; des vents Est, Ouest, Sud, Nord, correspondants à ces quatres parties, lesquels ils divisent en 8, puis en 16 et 32, et enfin 64, ausquels ils baillent chacun leur nom. Ils parlent des milles, stades et lieues Gauloises et Germaniques, des heures et minutes et autres choses, qui sont nécessaires pour l'intelligence de la géographie, laquelle, estant comprinse soubz la mathématique, en tant qu'elle considère la quantité, a aussy besoin de l'arithmétique, pour les nombres, fractions, sections, divisions, subdivisions et proportions, pour quoy l'on peut inférer qu'il falloit que nos Druides enseignoient aussy les nombres et l'arithmétique (1).

Pour la Musique qui est aussy une dépendance de l'arithmétique et des nombres, il n'y a point de doubte qu'ils ne l'enseignassent, puisque les Bardes, qui estoient de la secte des Druides, estoient musiciens, comme nous l'avons dit cy-dessus.

Quant à la Médecine, ils l'enseignoient pareillement, puisqu'ils la practiquoient, se servant de leur guy et sabine pour remède contre toutes sortes de maux.

Ils excelloient surtout en la Théologie, suivant laquelle ils enseignoient le culte d'un seul Dieu et bannissoient de leurs

---

(1) Strabon, lib. IV.

escoles celuy que les Gentils rendoient à plusieurs faulses et imaginaires divinités, contre ce qu'en dit César, ou par ignorance ou par malice, qui les fait adorer une pluralité de Dieux. Car, comme les Braomanes, selon Génebrard (1), estant sortis de la race d'Abraham, avoient conservé entre eux le vray culte de Dieu ; aussy les Druides, issus de la famille de Noë, avoient peu retenir ceste leçon de luy, touchant la congnoissance du vray Dieu. Je tire ceste conclusion de ce qu'enseignent de Noë les Hébreux et leurs docteurs, que Dieu avoit donné sept préceptes qu'ils appellent partie des fils de Noë, partie de nature, qui obligeoient aussy les Gentils, sçavoir est le premier, de n'adorer les idoles, le 2e de bénir Dieu, le 3e de garder le droit public, le 4e se garder de commettre inceste entre parents et toute autre fornication, le 5e de ne respandre le sang humain, le 6e de ne desrober, le 7e de n'oster aucun membre à un animal vivant; veu que, par les deux premiers, il deffend la pluralité des Dieux et commande le culte d'un seul, que les Druides observoient comme en ayant receu l'instruction des descendants de Noë. Je ne sçay où Taillepied a esté pescher les belles ordonnances qu'il a publiées en son IIe livre de la *République Gauloise* (2), et qu'il dit avoir esté faites par les Druides, veu qu'elles ressentent tout-à-fait l'impiété et l'idolastrie, leur faisant commander d'adorer plusieurs Dieux, qui estoit bien éloigné de la maxime qu'ils tenoient qu'il n'y en avoit qu'un.

Comme c'estoit eux qui administroient la justice, aussy enseignoient-ils le droit, selon lequel ils se gouvernoient, c'est ce que veut dire César que « *ferè de omnibus controversiis publicis, privatisve constituunt; et si quod est admissum facinus, si cædes facta, si de hæreditate, de finibus controversia est, iidem decernunt præmia pænasque constituunt*, etc. » et un peu plus bas : « *Hi certo anni tempore in finibus Carnutum, quæ regio totius Galliæ media habetur, considunt in luco consecrato; huc omnes undique, qui controversias habent, conveniunt, eorumque judiciis decretisque parent.* »

Les Gaulois, estant d'un esprit prompt et bouillant, sont plus sujets à entreprendre des procès que ne font les autres nations; qui a donné sujet à Bodin, en sa *République* (3), de dire que le

(1) *In Chron.*, p. 27. — (2) Ch. 6. — (3) Lib. VI, p. 227.

royaume de France a plus de loix et coutumes que tous les peuples qui l'avoisinent, et plus de procès que tout le reste de l'Europe. C'est pourquoy il y a toujours eu quantité de jurisconsultes et personnes sçavants en droit, soit pour l'enseigner, soit pour consulter et plaider, desquels il semble que les autres nations l'ayent apprins, ainsy que le dict Juvénal

Gallia causidicos docuit facunda Britannos (1),

et encores autre part :

Gallia vel potius nutricula causidicorum.

D'où vient que Budé attribue l'éloquence aux Gaulois, d'autant que, devant parler souvent en public, ils s'estudioient à bien dire.

Les Druides faisoient grand cas de la poësie ; pour faciliter ou ayder la mémoire de leurs escholiers, ils leur enseignoient leur doctrine en vers, qu'ils les obligeoient apprendre par cœur, ne mectant rien, comme nous l'avons dit cy-devant, par escrit, en quoy ils les occupoient l'espace de vingt ans, qu'ils devoient demeurer soubz leur férule et discipline, pour apprendre toute l'encyclopaidie de leur science, avant que d'estre receus en leur secte.

Rouillard s'est imaginé qu'ils avoient leur collége à Dreux, où ils faisoient profession d'enseigner. Il pouvoit bien y avoir quelques études particulières, tout de mesme qu'aux petites villes il y a des colléges pour les basses classes, mais non pour les hautes sciences, comme dans les universités. Dreux est trop petit pour contenir une si grande quantité d'escoliers qui se rangeoient soubz les Druides, et n'a peu estre plus grand en son estendue, estant borné de deux collines et d'une prairie qui le resserrent dans l'estroit d'un vallon. J'estime qu'il y avoit des colléges de Druides par toutes les bonnes villes des Gaules, mais que les meilleurs et comme les principaux estoient à Authun et à Chartres, où les plus sçavans d'entre eux demeuroient, d'autant qu'ils faisoient en ceste dernière ville leurs assemblées, ausquelles ils décidoient des plus importantes affaires de l'estat

---

(1) Juvénal, satyre XV.

et des particuliers, à cause que les plus qualifiés d'entr'eux estoient là, et que les lettres y florissoient plus qu'en autre endroit de la Gaule.

Voilà ce que j'ay peu trouver de la doctrine des Druides, digne de remarque, pour ce que le reste que j'ay veu semble plus tenir de la fable que de la vérité.

CHAPITRE XX.

Des conquestes des Chartrains aux païs estrangers, aus- quels leur nom est demeuré, et des guerres qu'ils ont eu contre les Romains, auparavant la Nativité de Nostre-Seigneur.

ON ne peut nier, d'après tout ce qu'ont escrit tant de graves autheurs (1), que les Gaulois n'ayent fait voler leur nom des premiers, presque par tout l'univers, par les glorieuses victoires qu'ils ont remportées des autres nations. Leur nom étoit si redouté dans les païs estrangers, et principalement parmy les Romains, qu'ils tenoient tousjours en cervelle, que sitost que ceux-cy avoient avis que les Gaulois se mectoient aux champs, ils déployoient leurs enseignes pour leur résister; mais comme je n'ay entrepris de traicter des Gaules en général, je me restraindray aux Chartrains qui ont eu part aux conquestes générales de ceste nation, ayant esté cueillir les palmes et les lauriers de leurs triomphes, jusques dans l'Idumée et au beau milieu de la Grèce. La première saillie que je trouve qu'ils ont faite, hors de leur terrouer natal, fut dès l'an 3415 du monde, que Tite-Live met soubz le règne de Tarquin l'Ancien (2), qui commença à gouverner l'état Romain, en la 2ᵉ année de la

---

(1) Tite-Live, *décad.* I, lib. X, et *décad.* IV, lib. III. — (2) Vignier, *in bibliot. histor.* Tite-Live, lib. V, ch. 340. Eutrop., lib. I, ch. 80.

XLIe olympiade, qu'il dit tomber en l'an 3415, que ces peuples estant augmentés en tel nombre que leur païs n'estoit suffisant pour les loger et nourrir, ils furent contraints d'en aller chercher d'autres ailleurs, où ils peussent trouver de quoy se contenter.

Ambigat, roy des Berruiers, qui commandoit à une partie des Celtes, désirant se décharger de tant de bouches, ausquelles son soin et son œconomie ne pouvoit satisfaire, se résolut les envoyer à la conqueste de quelques provinces, ésquelles ils peussent faire parler d'eux et y trouver leur compte. Son dessain aïant esté publié, ses voisins qui souffroient une semblable incommodité, désirants courir pareille fortune, joignirent leurs armes ensemble et se trouvèrent plus de trois cent mille combattans. Ambigat avoit deux neveux, fils d'une sienne sœur, l'un nommé Bellovèse, l'autre Sigovèse; il leur bailla la conduite de ceste armée, laquelle, pour estre trop grande en nombre, et de personnes de diverses provinces et humeurs, avoit de la peine à s'accorder. Ce que considérant, les deux frères partagèrent leurs trouppes, et s'estant séparés, chacun s'en alla à sa bonne fortune. Sigovèse avec les siens prindrent leur marche vers la Forest-Noire ou Hercinie et l'Allemagne, au delà du Rhin, où, après avoir surmonté beaucoup de difficultés et de peuples, ils s'espendirent du costé de l'Océan septentrional, outre les Riphées, où ils arrestèrent leurs demeures sur les confins de l'Europe. En passant, ils laissèrent dans l'Allemagne des peuplades de leurs gens, qui donnèrent le nom aux païs qu'ils avoient conquis : les Boïes ou Bourbonnois à celuy de Bavière et de Bohesme; les Chartrains ou Carnutes à ceux de Carinthie, appellée vulgairement *Karnten*, et à Vienne en Autriche qu'ils appelèrent *Carnutum* (1).

Bellovèse avec son armée, composée de Berruiers, Auvergnats, Sénonois, Authunois, Nivernois, Chartrains et Aulerces, que Fauchet veut estre ceux du païs de Caux, outre les Percherons et Manceaux, print sa route par le Daufiné et par le païs des Tricastrins qui sont en la Provence, où ils firent alte quelque tems, attendant la commodité de passer les Alpes. Leur premier bouillon s'estant refroidy à la veue de ces hautes montagnes, tous-

---

(1) *Annal. Metens.*, ad ann. 876.

jours couvertes de neiges, ne croyoient les pouvoir passer, personne n'en ayant encores fait l'ouverture. Il est vray que l'on dit que dès long-tems auparavant un certain Hercules leur en avoit frayé le chemin, mais beaucoup de doctes personnages réputants ce passage à une fable, je les suis volontiers. Ces Gaulois, bien empeschés de leur contenance et quasi dans le désespoir de pouvoir surmonter ces sourcilleuses pointes, qui semblent faire terreur au ciel, eurent avis que les Saliens, peuples d'alentour d'Arles, menoient guerre à certains estrangers, qui comme eux cherchoient à se loger; Tite-Live estime que c'estoient des habitans de la Phocide qui s'emparèrent d'une portion de ce quartier-là, et y bâtirent la ville de Marseille. Il pourroit néamoins se tromper, si ce que nous avons dit cy-dessus est véritable, qu'ils ne sortirent de leur païs que soubz le règne de Cyrus, qui est postérieur de 29 ans ou environ et du tems de Tarquin le Superbe, roy des Romains, et non de l'Ancien. Cela pourroit toutefois s'accorder, Vignier mettant deux venues de Phocides en Gaule, l'un en l'an 3407 du tems du premier Tarquin, la première année de la XLVe olympiade; l'autre en 3470, l'an quatriesme de la LXIe olympiade, environ 63 ans après, soubz Tarquin le Superbe. Quoy que c'en soit, ces Gaulois, ayant reprins courage, et s'estant résolus de se faire voye par les armes et de force, s'ils ne pouvoient par amitié, pour aller à la conqueste de quelques terres où ils peussent demeurer, voyant des estrangers en mesme peine, qui venoient attaquer ces Saliens jusques dans leur foyer, ils se mirent en estat de marcher, mais comme ils n'avoient encores arresté l'endroit où ils devoient aller, il survint un gentilhomme Toscan, nommé Aruns ou Arron, habitant de Clusi, lequel avoit esté contraint de quitter sa maison pour le sujet suivant:

Un certain jeune homme nommé Lucumon, des meilleures familles et plus riches de la ville, et beau à merveilles, estoit demeuré orphelin. Aruns fut esleu son tuteur, lequel print un grand soin de l'eslever et de le faire instruire en tout ce que pouvoit désirer une personne de sa naissance. Estant parvenu en un aage de penser de luy-mesme et manier son bien, Aruns s'offrit luy rendre compte de la gestion qu'il en avoit faite et de luy trouver party sortable pour le marier. Lucumon s'excuse et le prie d'avoir aggréable qu'il continue sa demeure chez luy, disant ne pouvoir aller pour estre mieux, après avoir receu de sa part tant de tesmoignages de sa bonne volonté envers luy. Ce n'estoit tant le respect que ce jeune homme portoit à son tuteur, qui l'empeschast de sortir de sa maison; une autre plus forte attache l'y retenoit, c'estoit la femme d'Aruns de laquelle il estoit coëffé, laquelle il entretenoit, mais non si secrètement que leurs amours ne vinssent à la congnoissance du mary. Eux se voiant descouverts, ils complotèrent de s'en aller ensemble, et le firent. Aruns se pourveut en justice, pour avoir raison de l'injure que luy avoit faite son pupille, et du deshonneur qu'il causoit à son mariage. Il ne le pust avoir à cause que Lucumon, plus fort en biens et amis, éludoit ses poursuittes; luy, désespérant de venir à bout de ses prétentions, et outré d'une juste douleur, print résolution de quitter le pays, pour n'avoir plus devant les yeux l'objet de son desplaisir. Il passa les Alpes et se rencontra près le lieu où ces Gaulois avoient leur quartier. Il s'accosta d'eux, et s'estant enquis du motif qui les y avoit appelés, il leur découvrit le sujet de son mécontentement et de sa retraicte de sa maison. Comme les Italiens pardonnent peu ou point les offenses receues, il sollicita ces Gaulois à prendre la justice de sa cause en main, le tirer de l'oppression, et de luy faire obtenir par les armes ce qu'il n'avoit peu avoir par les loix, les excite de passer en Italie, où il s'offre les conduire, les asseurant qu'ils y trouveront un païs à souhait, abondant en toutes sortes de biens et de richesses. Pour leur en faire venir le goust, il fit présent aux officiers et chefs de quelques bouteilles de vin, qu'ils trouvèrent si délicieux, que, sans délibérer davantage, ils résolurent d'en entreprendre la conqueste. C'estoit à qui endosseroit le harnois et trousseroit bagage des premiers pour passer les Alpes, et, dans ceste ardeur, ayant traversé les neiges, attaquèrent brusquement les Toscans, qui, ayant esté prins au dépourveu, furent bien heureux de leur abandonner leurs maisons, et s'enfuir dans les montagnes des Grisons et de la comté de Tyrol, qu'ils nommèrent Rhétie, du nom de Rhétus, leur chef.

Ces Gaulois, se voyant à franches coudées, et point d'ennemis sur les bras, partagèrent leurs conquestes, l'estendant de l'une à l'autre mer, dans la Lombardie, partie duquel aiant appris qu'il s'appeloit *Insubria*, retindrent ce nom, en mémoire d'un de pareille dénomination près Authun, et y bastirent la ville de Milan, qu'ils nommèrent ainsy, pour ce qu'en faisant les fondements d'icelle, ils trouvèrent un pourceau couvert à demy de soie, et à demy de laine, ou bien à cause que la pluspart de ceux qui la bastissoient pouvoient estre de Meun-sur-Yèvre en Berry, qu'Aimoin appelle *Mediolunum* (1), pour mémoire perpétuelle de leur païs natal.

Quelque temps après, une autre colonie de Chartrains vint au mesme quartier, avec les Vénitiens, qui sont ceux de Vennes en Bretagne, leurs alliés ou vassaux, ainsi que l'escrit Jean Le Maire (2), les Bourbonnois, Langrois, et Manceaux, qui s'estoient tous enrollés soubz les enseignes d'Elitonius : les Bretons aiant rencontré un lieu maritime approchant de l'aër de leur païs, y bastirent Venise; les Bourbonnois ayant chassé les restes des Toscans, de l'Umbrie, qui tenoient les Duchés de Spolète et d'Urbin, s'y habituèrent à la faveur de Bellovèse; les Langrois ou Sénonois se logeant près la rivière d'Ufens, appelée maintenant Chiusi, occupant tout ce qui est entre le Rubicon dit Concone, ou Pisarello et Lesis, qui est sur la marche d'Ancone, avec une partie de la Toscane; les Manceaux eurent pour leur département le païs Véronois et de Bresse, avec tout ce qui compose à présent le duché de Mantoue, qu'ils nommèrent Cénoman de leur nom, et les Chartrains eurent la marche Tarvisane proche de Vénise et des Cénomans, qu'ils appelèrent *Carnic* comme conquise par les Carnutes ou Chartrains (3).

Environ deux cens ans après, vers l'an 3741, selon Vignier (4), l'an 340 de la ville de Rome bastie, selon Eutrope, ou 364 selon Orose, Brennus, roy ou seigneur des Sénonois, aiant passé les monts avec son armée, en laquelle il pouvoit y avoir des Chartrains, pour avoir tousjours esté alliés, fut assiéger Clusi; les habitans effrayés envoièrent demander secours aux Romains, lesquels députèrent trois des Fabies, qui tenoient les premières charges dans leur ville, pour sçavoir quel mescontentement ils avoient receu d'eux pour les traiter d'hostilité. Ces députés furent fort bien receus des Gaulois, qui leur rendirent toutes sor-

---

(1) Aymoin, lib. III, ch. 1. — (2) Des *Illustrat. de Gaule*, liv. III. — (3) Munster, *Géograph.*, lib. II. — (4) Vignier, *In bibliot. histor.* Eutrop., lib. I, ch. 3. Orose, lib. III, ch. 2, et lib. II, ch. 17.

tes de civilités, mais quand ce fut à leur répondre, ils ne peurent en tirer autre raison, sinon qu'ils avoient le mesme qu'eux au regard de ceux d'Albe, des Fidenates et Ardeates, lesquels occupant plus de terres qu'ils n'en pouvoient labourer, s'en emparèrent de force, n'aiant peu en avoir de bon gré. Que ceux de Clusi ne leur avoient fait non plus de mal que les Veies, Capenates, une partie de Falisques et Volsques avoient fait aux Romains, qui les contraignoient par les armes à leur faire part de leurs biens, au refus de quoy ils les rendoient leurs esclaves, les pilloient et ruisnoient leurs villes et païs ; que de mesme, n'aiant de quoy vivre chez eux, ils estoient contrains d'en aller chercher ailleurs.

Les députés des Romains, aiant recongneu par ce discours que les Gaulois en vouloient avoir, et qu'à peine trouveroit-on moyen d'appointer avec eux, conseillèrent ceux de Clusi de sortir sur eux et de les repousser. Un de ces Fabies, nommé Q. Ambustus, estant monté sur un grand cheval, commença le premier à les escarmoucher à la veue de la ville, et s'estant prins à un puissant Gaulois, il le rua par terre. Il estoit sorti de la ville si secrettement, qu'il n'avoit encores esté apperceu, quand Brennus, le voiant s'amuser à despouiller ce Gaulois de ses armes, leva le siège pour l'aller mettre devant Rome et tirer raison de ceste injure.

Le Sénat et les Féciaux estoient d'advis qu'on livrast Fabius aux Gaulois pour en faire à leur volonté. Le peuple l'empescha, et, au lieu de leur satisfaire, eslevèrent Fabius tribun, qui estoit leur souverain magistrat, pour leur faire la guerre. La nouvelle en estant venue aux Gaulois, et que les Romains estoient sortis au nombre de quarante mille d'infanterie, il les furent attendre à l'embouchure d'Alia, autrement Curese, qui se descharge dans le Tybre, où ils les défirent entièrement. Si les Gaulois eussent sceu user de leur victoire, et la poursuivre avec la mesme chaleur qu'ils l'avoient emportée, Rome n'eust peu se sauver de leurs mains. La consternation y estoit telle parmy les habitans qu'il ne s'en peut imaginer de plus grande, mais les Gaulois, s'estant amusés après le butin, donnèrent tems aux Romains de se recongnoistre et de se retrancher dans leur Capitole, où ils avoient retiré ce qu'ils avoient de plus vénérable et précieux. Le 19 juillet suivant, qui fut trois jours après la bataille, l'an

3615, selon la supputation de Tite-Live, ou 3741, selon celle de Vignier, l'an 363, 364, ou 365 de la ville bastie, et la 2ᵉ de la XCVIIIᵉ olympiade, ils furent donner l'assaut à Rome, qu'ils enlevèrent, saccagèrent et pillèrent, bloquèrent le Capitole (1) qu'ils eussent aussy prins, sans des oysons, qui, s'estant mis à crier, éveillèrent les sentinelles et soldats, qui, estant courus aux armes, leur firent lascher le pied, et les obligèrent se retirer. Les Romains néamoins, recongnoissant à la contenance des Gaulois que quoyqu'ils eussent esté battus, ils n'avoient le courage abbatu, composèrent avec eux, et moyennant mille livres d'or, qui font quinze cens marcs de nostre poids, les firent desloger de leur païs (2); partie, ayant eu advis que leurs voisins estoient entrés à main armée en leurs terres, repassèrent les Alpes pour les en chasser; partie, n'aiant rien à perdre, se trouvant aussi bien en un autre païs qu'au leur, offrirent à Denys, tyran de Syracuse, de le servir contre les Locriens et Crotoniates, peuples assis vers la Pouille et Tarente, ausquels il faisoit la guerre (3).

Les Gaulois les aiant mis à la raison, ils passèrent en l'Esclavonie et en Thrace, où, malgré la résistance qu'ils trouvèrent, ils vindrent se reposer en Pannonie, qui fait portion d'Hongrie, où, aiant establi leur demeure, ils y passèrent un long temps en guerre contre leurs voisins, et, cent ans après, désirant faire parler d'eux, ils dressèrent une grosse armée, qu'ils divisèrent en deux, dont ils envoyèrent partie en Macédoine, soubz la conduite de Belge, l'un de leurs capitaines, l'autre dans la Grèce, commandée par Brenne, surnommée *Prause*, autre que le précédent, où ils mirent tellement l'épouvante, que les roys et seigneurs des provinces par lesquelles ils passoient, se sentoient bien heureux d'achepter la paix d'eux avec de grosses sommes de deniers. Il n'y eut que Ptolomée, surnommé *Ceranne*, c'est-à-dire, *Foudroyeur*, roy de Macédoine, qui voulut s'opposer à leur passage, aiant voulu achepter de luy la paix avec grand prix d'argent qu'il refusa. Ce que voyant, les Gaulois luy dénoncèrent la guerre, luy donnèrent bataille qu'il perdit avec

---

(1) Plin., *Fasti. capitol.*, lib. XXXIV, ch. 1. Tite-Live. Dyonis. Halic. Polybius. Strabon, lib. VI. — (2) Polyb., lib. I, et Plutarq., *de fortibus Roman.* — (3) Pausan., lib. X. Athen., lib. V. Appian. Justin., lib. II.

la vie. Ceux qui restoient de cette sanglante journée furent obligés d'appeler Philippes et Alexandre son fils, qui estoit déjà recongneu entre les belliqueux, affin de les deffendre contre ces guerriers. Mais la chance s'estant tournée, et Sostènes aiant arresté le torrent de leurs armes, Brenne, fasché que Belge eust perdu une si belle occasion de butiner un royaume qui s'estoit enrichi des dépouilles de tout l'Orient, amassa une armée de cinquante mille hommes de pied et douze mille chevaux, avec lesquels estant entré dans la Macédoine, il tua Sostènes, usurpateur du royaume, mit son armée en déroute, et pilla tout le païs, d'où il rapporta un très-grand butin; mais comme si ce ne luy eust esté assés de se revestir des dépouilles des hommes, il voulut avoir celles de leurs Dieux. Il donna pour cet effet jusques à Delphes, dans la Phocide, où Apollon avoit son temple, basty sur un des fourchons du Parnasse, où toute la Grèce avoit recours pour sçavoir son bonheur ou malheur, et y portoit des présents pour obtenir l'effet de ses demandes: il se rua dessus, le pilla, et enleva ce qu'il y trouva de beau et de bon, sans considération de celuy à qui il avoit esté dédié. Il en porta la peine, veu que le démon, qui se faisoit adorer en ce lieu soubz le nom d'Apollon, excita en l'aër tant de fouldres et tempestes, qu'il fit tomber sur ces sacrilèges, qu'il ruina la plupart de ceste armée, qui avoit donné de la terreur à tout l'Orient (1). Ceste disgrâce ne rabbaissa pourtant le courage des autres Gaulois, qui estoient demeurés pour la garde du pays, lesquels, ayant fait corps de quinze mille gens de pied et trois mille de cheval, retournèrent au Macédoine, où s'estant jettés sur l'armée d'Antigone, fils de Démétrie, le défirent entièrement; mais n'ayant sceu user de leur victoire, et s'estant amusés à recueillir le butin près la mer, ils perdirent la gloire de leur conqueste, aiant esté chassés par quelques nautonniers et Macédoniens, qui auparavant la bataille s'estoient retirés avec leurs femmes et enfants dans les forests prochaines; ce ne fut sans leur vendre assez cher leur victoire, considéré que Lutacie, l'un des chefs des Gaulois, aiant prins sur eux deux navires de guerre, avec trois brigantins, il fit passer ses gens dans l'Asie-Mineure, où nos Chartrains entre

---

(1) Polyb. Pausan. Athen., *ubi sup.* Justin., lib. XXXII. Plutarch., *in Parall.* Diodor., lib. III et V.

autres laissèrent la mémoire de leur nom au païs de Dardanie, en la ville de Carina, qu'ils y bastirent; depuis, aiant ouï parler des progrès que leurs camarades faisoient soubz Léonoric et Euthaire, dans le mesme païs, ils s'advancèrent jusqu'au bras Saint-Georges, où s'estant joints avec Nicomèdes, roy de Bithinie, le remirent en possession de la partie du royaume que Ziboëe, son frère, avait usurpé sur luy; pour récompense, ce prince leur aiant donné la Natolie, ils s'y habituèrent, et la nommèrent *Gallo-Grèce*, et y introduisirent le langage gaulois, tel qu'on le parloit à Trèves, ainsy que nous l'avons touché ci-dessus au XVIIIe chapitre.

Les Gaulois ne se contentèrent d'avoir porté leurs armes si loin, ils les approchèrent plus près contre les Romains, avec lesquels ils eurent de grandes prinses (1). Je ne sçaurois dire si nos Chartrains furent de la partie, pour ce que je n'en trouve rien, jusques à ce que César (2) estant venu pour conquérir les Gaules, ils furent obligés prendre les armes pour leur deffense; car bien que cest empereur escrive que la Gaule fust divisée en deux ligues ou factions, lorsqu'il y entra, sçavoir: d'Authunois et d'Auvergnats, qui s'entre-faisoient la guerre dès longtems, à qui auroit la préminence sur les autres, et que chacun fit son possible pour attirer ses alliés de son costé; les Chartrains néamoins, dans la pensée de Strabon (3), estoient très illustres, et alloient de pair avec les Auvergnats, durant les guerres desquels ils demeurèrent neutres, soubz l'obéissance de leur prince.

Les Auvergnats, ayant emporté le dessus des Authunois, par l'assistance d'Arioviste, roy des Germains, qui les vint secourir avec quinze mille combattans, furent cause des guerres qui se firent en Gaules, et enfin de leur perte, d'autant qu'Arioviste, aiant gousté la bonté du territoire Authunois, s'y trouva si bien qu'il n'en voulut sortir, et y fit venir de ses païs jusques à vingt mille hommes, qui tindrent les Francs-Comtois, qui s'estoient unis aux Auvergnats, et les Authunois qu'ils avoient vaincus, en une dure servitude, l'espace de quatorze ans.

Ceux-cy, ne pouvant plus souffrir l'insolence des Germains,

---

(1) Eutrop., lib. V. Orose, lib. VI, ch. 7. — (2) *Comment.*, lib. I. — (3) Lib. IV.

eurent recours aux Romains, qui leur envoièrent César pour les tirer de leurs misères.

Le lecteur remarquera icy, s'il luy plaist, qu'auparavant que les Gaules fussent réduites en provinces par les Romains, qu'elles n'estoient soubz la domination d'un seul, mais estoient distintinguées en Cités ou petites Républiques, qui se gouvernoient chacune selon leurs loix pour la police, quoyque, pour le gouvernement général, ils s'assemblassent tous les ans à Chartres, pour délibérer ce qu'ils avoient à faire. Corneille Tacite compte soixante-quatre de ces cités, qui usoient de mesme langage, loix, coutumes et magistrats, qui avoient leur authorité tellement limitée qu'il ne leur estoit loysible d'outre-passer. Ces villes toutesfois n'estant si puissantes les unes que les autres, les plus foibles se mettoient soubz la clientelle et protection des plus fortes, lesquelles, en voulant prendre avantage, furent cause de la division qui arriva entre elles, les unes voulans commander, les autres refusans d'obéir, et un sujet aux Romains de s'en emparer; car, voiant tous ces peuples divisés d'ensemble, ils les gaignèrent peu à peu, et enfin se rendirent maistres du total.

Tasgetius, issu de la race des roys ou gouverneurs de Chartres, aiant suivy la fortune de César, qui l'avoit recongneu fidèle en toutes ses guerres, et doué d'un grand courage et vertu, l'avoit remis en la dignité de ses ancestres; à peine en avoit-il jouy trois ans, que les Chartrains, s'estant mutinés contre luy, le tuèrent. César craignant que cette action portast les Chartrains à quelque révolte, dépescha promptement L. Plancus, qui estoit en la Gaule Belgique, avec une légion, pour les tenir en debvoir, et commission d'y prendre son quartier d'hiver, et de luy envoier ceux qui avoient esté cause de ce meurtre, pour en faire justice. Ceux de Sens, leurs alliés, en avoient voulu faire autant à Cavarin, sorty de l'ancienne race de leurs seigneurs, qu'ils avoient esleu pour leur roy ou gouverneur; mais, par un plus heureux rencontre, il esluda leurs embusches et s'enfuit vers César. Ceux-cy, avec les Chartrains, prévoiant que leurs entreprinses leur seroient chèrement vendues, et que leur crime ne demeureroit impuny, appelèrent Induciomare, roy de Trèves, à leur secours, résolus de deffendre leur peau contre qui les attaqueroit.

Ce prince s'estoit acquis une grande authorité parmi les Gaulois, qui passoient par une partie de ce qu'il vouloit, desquels ayant composé une armée, la mena attaquer Labiénus, qui estoit en son quartier d'hyver, et s'y estoit bloqué. Ce capitaine Romain le laissa faire ses approches, et, aiant prins son tems, se jecta sur luy, le tua et mit son armée en desroute. Il ne mit par ce moyen fin aux troubles, excités par les mutins, veu que les Liégeois, à la suscitation de leur roy Ambiorix, se jectèrent au despourveu sur les légions que César avoit laissées ès Gaules, soubz la charge de Sabinus, et les mirent en pièces; ils en eussent fait autant sur une autre conduitte par Q. Cicéron, si César n'eust lui-mesme prins la peine de venir la deffendre. Tant s'en faut que pour cela la guerre demeurast assoupie, que ceux de Trèves et du Liége la recommencèrent encores plus forte qu'auparavant, dès l'année suivante. Cela occasionna César d'aller premièrement contre les Sénonois et Chartrains, qui avoient intelligence avec eux, lesquels, aiant receus à composition par l'entremise de ceux de Reims, ausquels ils estoient alliés, il leva une compagnie de leur ville et province, pour mener contre les Ménapiens, qui sont ceux de Gueldres et de Clèves, qui avoient assisté ses ennemis, et n'avoient voulu le recongnoistre; lesquels il rendit tributaires, print Trèves de force, et la bailla à Cingentorix qui avoit disputé la principauté de Trèves avec Induciomare, pour récompense de sa vertu et de sa fidélité qu'il avoit recongneue en luy, contraignant les Tréverois avec leur roy Ambiorix, se sauver à la fuitte dans les forests prochaines, pour sauver leurs vies. César (1), estimant avoir rendu la paix aux Gaules, et donné ordre partout, s'en alla pour passer son quartier d'hiver en la Lombardie, pour estre plus proche de Rome; sur un faux advis que les Auvergnats et Chartrains receurent qu'il estoit fort empesché en ladite province, levèrent leurs enseignes, sçavoir ceux-là soubz Vercingentorix, ceux-cy soubz Cotuat ou Connetodun, leurs chefs, et se desclarèrent contre luy, pensant recouvrer leur ancienne liberté, comme firent tous les autres Gaulois, excepté ceux de Langres et Trèves. A la nouvelle que César recent de ceste révolte il repassa promptement les monts, et poursuivit les rebelles si vivement que, les

---

(1) *Comment.*, lib. III.

aiant battus, ils se tindrent cuoys quelque tems, et luy envoièrent les clefs de leurs villes, avec leurs ostages. Plusieurs villes méditoient soubz main une rébellion pour secouer le joug importun des Romains et se mettre en liberté. César, en aiant eu le vent, donna le soin des quartiers d'hiver à Marc Antoine, et partant de Beaune avec sa cavalerie, passa en Berry où commençoit l'émeute pour estouffer ceste menée dans son berceau, et en empescher le progrès qui eust esté très-préjudiciable aux siens. Au bruit de sa venue, la ligue se dissipa, et chacun s'en retourna chez soy, donnant par leur escartement moyen à César de faire ce qu'il voulut.

Il ne fit grand séjour en Berry, où aiant apporté le calme par sa présence, et donné aux rebelles l'abolition de leur révolte telle qu'ils la désirèrent, il s'en retourna à Beaune. Il n'y fut pas plus tost arrivé, que les députés de Berry vindrent luy demander secours contre les Chartrains qui leur avoient dénoncé la guerre. César, sans se faire prier, sachant par practique que la diligence est nécessaire à un chef d'armée auquel le dilayement est souvent préjudiciable et luy oste le moyen d'avancer ses affaires, print deux légions et s'en courut à Chartres. Les habitans, qui ne pensoient à rien moins qu'à sa venue, aiant esté avertis de sa marche par leurs espions, s'enfuirent, qui çà qui là, par les forests qui estoient fréquentes en ce païs, nonobstant la rigueur de l'hiver, délibérés de ne l'attendre. Ces nouvelles aiant esté rapportées à César, il s'arresta à Orléans ou Gien, et ne laissa d'envoyer ses coureurs de tous costés, pour les attirer au combat. Pas un ne parut pour les repousser et leur contester l'entrée de leur païs. Ce que voiant, les Romains se retirèrent aux villes voisines de leurs alliés, et César, cependant, tira en Beauvoisis, où il avoit eu avis qu'on remuoit. Aiant mis la paix partout, il marcha contre ceux de Sens, et envoya C. Fabius contre les Chartrains, lesquels, quoyque souvent mattés, n'avoient encores entendu à aucun accord (1). A son approche ils se soubsmirent à luy, et attirèrent avec eux la pluspart des Bretons qui avoisinent l'Océan, avec lesquels ils estoient alliés, lesquels recongneurent Fabius et le receurent pour les Romains.

---

(1) Orose, lib. VI, chap. 9.

César craignant que les Beauvoisiens se rebellassent derechef, les aiant toujours recongnu promps à se révolter, il laissa Marc Antoine en leur province, et luy print la route de Chartres, en intention de chastier les habitans d'icelle, de la rébellion par eux commise l'année précédente, et, par une punition exemplaire, donner de la terreur aux autres qui voudroient faire le semblable. La crainte toutefois qu'il avoit qu'exerçant la sévérité du chastiment sur plusieurs n'excitast quelque rumeur, il se contenta de prendre Guturnat, chef des mutins, qu'Orose nonime *Domulacus*, qui estoit celuy qui avoit corné la guerre contre les Romains, pour le faire mourir, et expier par son sang le crime de toute sa ville.

Ce fut au grand contentement de toute la soldatesque, qui rapportoit à son invention toutes les fatigues et traverses qu'ils avoient souffertes en la pluspart des Gaules. César, contre son inclination, mais selon la sévérité des loix romaines, le fit battre de verges, et après luy fit coupper la teste. Orose adjoute qu'il fit pareil traictement à tous ceux qui avoient porté les armes contre luy, voulant intimider les survivans à ce qu'ils ne fissent le semblable, s'ils ne vouloient encourir mesme peine.

Il ne se fioit que de bonne sorte aux Chartrains, qu'il avoit irrités par ce chastiment, de manière qu'estant sur le point de passer les Alpes, pour aller prendre son quartier d'hiver delà les monts, il laissa, pour les tenir en bride, quatre légions dans la Gaule Belgique, deux dans l'Authunois, deux en Touraine, et deux en Limosin, pour rompre et empescher la communication qu'ils pourroient avoir ensemble.

Ayant achevé ses guerres des Gaules, qu'il conquit en moins de dix ans, ou, comme le dit Velleius Paterculus, en neuf estés, il s'en retourna à Rome, où le soubçon d'affecter l'Empire, luy advança ses jours; car, estant entré au Sénat, les ides c'est-à-dire le 15 de mars, il y fut poignardé par Decius Brutus et Caius Cassius, et plusieurs autres, qui avoient complotté de le faire mourir, et receut vingt-trois coups de dague (1).

Ceste funeste mort, indigne de ce grand capitaine, qui en

---

(1) Eutrop., lib. V, ch. 5, et lib. IX, chap. 17. Oros., lib. VI, ch. 17. Suet., *in Jul. César*, ch. 80 et 82.

méritoit une plus honorable, pour avoir prins de force, durant la seule guerre qu'il fit ès Gaules, huit cens villes, subjugué trois cens nations, mis à mort un million d'hommes, en avoir prins autant, de trois millions qui se présentèrent devant luy, et avoir beaucoup contribué par ses soins à la splendeur et majesté de l'Empire Romain, arriva l'an du monde 4085, selon Vignier, l'an I de la CLXXXIVe olympiade, et 709 de la ville de Rome bastie, 42 ou 43 ans devant la naissance du fils de Dieu en terre.

Octave César, fils de sa sœur, luy succéda; la 27e année duquel nasquit la Vierge bienheureuse qui devoit enfanter, laquelle nos Druides attendoient depuis tant de siècles. C'est où je termineray ce premier Livre, pour commencer le suivant par la naissance du Sauveur du monde, et autres ensuitte jusques à nostre aage.

HISTOIRE
DU
DIOCÈSE ET DE L'ÉGLISE
DE
CHARTRES.

LIVRE SECOND.

CHAPITRE I.

De la Naissance du Fils de Dieu en terre, et de la véritable année en laquelle il print chair humaine, nasquit et mourut.

OUR donner commencement à ce second Livre, je commenceray volontiers par ces vers du poëte Mantuan (1), quoyqu'escrits par luy à autre dessein, qui reviennent néamoins fort bien au mien :

---

(1) Virg., eclog., IV.

Ultima Cumæi venit jam carminis ætas ;
Magnus ab integro seclorum nascitur ordo,
Jam redit et Virgo, redeunt Saturnia regna,
Jam nova progenies cælo demittitur alto.

Car y a-t-il chose qui puisse mieux convenir à la naissance du fils de Dieu, qui avoit esté, dès le tems de Tarquin l'Ancien, prédite par Amalthée, qu'aucuns appellent Démophile ou Hiérophile, autrement la Sybile Cumane ou de Cumes, de laquelle ce poëte entend parler. Il pouvoit avoir les livres qu'elle avoit composés, mais n'entendant de qui elle vouloit parler, il s'en servoit pour gratifier Salonin, fils de Pollion, auquel il attribuoit ce qui estoit deub à Jésus-Christ. Qu'on confère les vers de cest autheur avec ceux de ceste Sybile, rapportés par Stratonic, évesque de Cumes, et Antoine Possevin, en son *Traité de la Poésie et Peinture* (1), et l'on trouvera que j'ai raison de le dire : je suis en cela l'opinion de S. Augustin, lequel en ses livres de la *Cité de Dieu*, escrit, parlant de Porphire : *Vestra, ut tu ipse scribis, oracula, sanctum immortalemque confessa sunt. De quo etiam Poëta nobilissimus, poëticè quidem, quia in alterius obumbrata persona, veraciter tamen, si ad ipsum referas, dixit :*

Te duce si qua manent sceleris vestigia nostri,
Irrita perpetua solvent formidine terras.

Lesquelles paroles ne peuvent estre entendues que de Jésus-Christ, qui seul a payé, par l'effusion de son sang, le deub que nous avions contracté avec l'Enfer par l'offense de nostre premier père, et pour quoy le Père Éternel voulut qu'il eust nom Jésus, pour ce qu'il desvoit sauver son peuple de ses péchés (2), prérogative qui n'appartenoit qu'à luy seul, comme l'ont bien sceu remarquer S. Chrysostôme et S. Anselme. C'est pourquoy il a voulu, par une dispensation divine, que ce nom de Jésus fust posé sur sa teste au titre de la Croix, affin qu'on sceust qu'il mouroit pour le salut des hommes. C'est ce que veut dire l'Évangéliste S. Matthieu (3), que les Romains mirent sur son chef la

---

(1) Stratonicus et Anton. Possevinus, lib. X, ch. 27. — (2) Matth., 1. — (3) Matth., 27.

cause de sa mort, sçavoir : *Jésus, roy des Juifs*, veu que la cause pour laquelle il souffroit l'ignominie de la Croix n'estoit autre sinon qu'il estoit Jésus, c'est-à-dire *Sauveur*, et qu'il avoit esté ordonné dans le décret divin qu'il mourroit pour satisfaire à l'offense de nostre premier père, et de tous ses descendans qui avoient péché en luy.

Virgile, à la vérité, entendoit dire (dit Servius), par ces vers, que soubz le Consulat d'Asinius Pollio, la paix seroit universelle et les guerres prendroient fin; ce que n'estant arrivé ni devant ni après, ce Consulat, estant tombé soubz le triumvirat d'Auguste, Marc Antoine et Lépide, l'an IV de l'Empire d'Auguste, auquel toutes choses estoient dans une extresme confusion, il est vray de dire que ce n'a point esté d'Asinius Pollio que ces prédictions de la Sybile ont esté faites, mais de Jésus-Christ, lequel, pour montrer qu'il venoit pour faire nostre paix avec son Père, voulut naistre en un tems où la paix estoit universelle par tout l'Empire Romain.

Je ne veux m'amuser à descripre sa naissance ni les actions de sa vie, estant contenues dans les Codes sacrés, mais seulement à déterminer l'année dans laquelle il a prins chair au ventre de la Vierge (1), qu'il est nay et est mort, pour ce que de ceste congnoissance dépend la vérité de nostre chronologie, en laquelle, si on vient à manquer, ce n'est plus une véritable histoire, mais un conte de vieille. Pour éviter donc de tomber en ceste faute, il est besoin de remarquer que les années ont esté comptées diversement par les nations; les uns réduisant l'année à quatre moys, qui correspondoient aux quatre saisons, comme les Égyptiens, au dire de Solin; les autres à trois, comme les Arcadiens; les autres à six mois. Les Juifs les comptoient par lunes; les Romains, auparavant Numa, la faisoient de treize mois, jusqu'à ce que ce roy Romain les eust remis à dix (2), composant son an de 354 jours, qui fait l'an lunaire, qu'il commençoit en mars : recongnoissant toutefois une grande inesgalité dans le cours de la lune, il le corrigea et y adjouta deux mois, janvier et febvrier. Mais tous, tant qu'ils ont esté, ne sachans au certain les mouvemens du soleil et de la lune, et à quels

---

(1) Hugo Floviacensis, *in Chronic. ad Ivonem Carnot. episc.* — (2) Beda, *de Ratione temporum.*

instants se faisoient leurs conjonctions et séparations, ils n'ont peu réduire l'an à un nombre de jours asseuré; au contraire, l'ignorance qu'ils avoient des choses célestes, et des minutes et secondes qu'il faut adjouter ou diminuer pour les réduire à leur point, leur an civil estoit tellement déréglé que, par une succession d'années, l'hiver se pouvoit trouver en esté, et l'esté en hiver. Pour à quoy donner quelque remède, Jules César fit venir d'Égypte Sosigènes Alexandrin, très-expert mathématicien de son tems, avec lequel, par l'intercalation de quelques jours et heures, il réduisit l'an à 365 jours et un quart de jour, qui font six heures, augmentant l'année de Numa de onze jours, desquels on a composé l'Epacte, qui n'est que ceste excrescence d'onze jours de l'année du soleil par dessus celle de la lune, et par ce moyen conforma l'année au cours du soleil, ainsy que le faisoient les Egyptiens; et ordonna que ces quatre quarts de jour, qui revenoient à vingt-quatre heures, se fist au bout de chaque quatriesme année, en un jour naturel, qu'on intercaleroit sur la fin de juillet, et depuis au déclin du mois de febvrier, sçavoir le VI des calendes de mars, auquel jour, pour ce qu'on répétoit le VI des calendes, qui estoit passé dès le jour précédent, ceste année s'appeloit *Bissextile* ou de *Bissexte*. Depuis, ayant esté recongneu qu'il y avoit à redire, et que l'année contenoit seulement 365 jours 5 heures 49 minutes 16 secondes, ou bien, selon Ptolomée, 45 minutes deux cinquiesmes de minute, ou bien encore un centiesme de jour, de manière que, laissant l'année au point où elle estoit, il se trouvoit, par les tables d'Alphonse, roy d'Espagne, 10 minutes d'erreur et 44 secondes, lesquelles, jointes ensemble en 400 ans, faisoient changer les solstices et équinoxes de place et avancer de trois jours, ce qui donna sujet au pape Grégoire XIII, de corriger le calendrier Romain en 1582 et oster dix jours du mois d'octobre, combien qu'il deust en avoir levé plustost quinze, pour y trouver mieux son calcul.

Cest an, ainsy réduit, fut appellé Julian, à cause que Jules César en avoit esté autheur; mais tous les escrivains ne demeurans d'accord de l'an, ni de son institution, il sera à propos de nous en éclaircir, auparavant que passer plus outre, d'autant qu'en aiant prins le nostre, il nous doit servir de règle, pour ce que nous en dirons cy-après.

Censorin escrit (1) que la correction du calendrier Romain, faite par Jules César, arriva l'an de son troisiesme Consulat, avec M. Emile Lepide, qui fut l'an de la ville de Rome bastie 708, et le 4ᵉ de la CLXXXIIIᵉ olympiade, par lesquels on comptoit au précédent; selon Joseph de l'Escale (2), le 3ᵉ de ladite olympiade, mais que le premier an Julian ne fut publié qu'ès calendes de janvier de l'an suivant, 709 de la ville bastie, soubz le 4ᵉ consulat dudit César, et le premier bissexte fut seulement en 710, ou comme le veut Baronius, 711 (3), laquelle opinion a plus d'apparence que l'autre, d'autant que le bissexte se faisant seulement de quatre ans en quatre ans, le premier de l'an Julian n'a pu estre plus tost qu'en 711 de la ville bastie, voire en 712. De l'Escale l'avance plus tost, et dit qu'il n'y eut point de bissexte, six ans devant et cinq ans après la naissance du fils de Dieu, qu'il dénie, quand et quand, qu'il soit nay en l'année de bissexte, voulant que ce ne fust qu'en la suivante. Je demeure d'accord qu'Auguste César ayant recongneu que les pontifes de son tems, qui estoient chargés de soigner à ceste intercalation, en avoient mal fait leur devoir, faisant leur bissexte seulement de trois ans à la façon des Grecs, et qu'ils avoient intercalé douze ans au lieu de neuf, estant parvenu à la dignité de pontife, pour esviter semblables fautes, ordonna, l'an 39 de son empire, environ trois ans devant la naissance de Jésus-Christ, affin de remettre les choses en estat, qu'on laisseroit escouler douze ans sans aucune intercalation, pour oster trois jours qui se trouvoient de trop, lesquels estant passés, il remit cette intercalation ou bissexte, l'an 8 après la nativité de Nostre-Seigneur, ce qui a esté toujours observé du depuis.

Il est vray qu'encores que les bissextes aient esté gardés, on ne comptoit pas nos années de l'incarnation, nativité ou passion de Jésus-Christ, mais par les consuls et olympiades, ou bien encores par les années de la ville de Rome bastie. Pour la première façon de supputer, elle print son commencement avec les Consuls, lesquels ayant esté esleus au lieu des Roys, qui commandoient à Rome, et a duré jusques au temps de l'empereur Dioclétian, qui voulust qu'on comptast les années par celles du règne des Empereurs; la seconde manière commença avec

---

(1) *De die Natali*, ch. 20. — (2) Joseph Scaliger. — (3) *In apparatu*.

certains jeux qu'on faisoit en l'Elide, province du Péloponèse, au solstice d'esté, en l'honneur de Jupiter Olympien, premièrement de cinq en cinq ans, et depuis de quatre en quatre ans, ausquels ils furent réduits par Iphitus, en l'an du monde 3227 ou 3228; la dernière commença aux Palilies, qui estoit la feste de Palès qu'ils disoient estre la mère des Dieux, que les Romains célébroient l'onze des calendes de may, revenant au 21 d'apvril, auquel jour Romulus avoit fondé la ville de Rome, l'an 24 ou 25 d'Iphitus, et le premier de la VIIe olympiade. Ces manières de compter furent abolies par Denys Petit, qu'on dict *Dyonisius exiguus*, scythe de nation, mais abbé à Rome, en l'an 532, qu'il commença son époque de la Nativité de Nostre-Seigneur.

Tous les autheurs ne demeurent néamoins d'accord d'icelle, et la mettent ou plus tost ou plus tard. F. Antoine Capel, cordelier, a escrit que le fils de Dieu estoit nay l'an Julian 39; Kepler, l'an Julian 40; Dekerius, jésuite, l'an Julian 41, soubz le consulat d'Auguste, pour la XIIe fois, et Corneille Sulla. Pontac demeure d'accord qu'il est nay l'an 41 d'Auguste, presqu'achevé, et le 42e commençant, l'an de Rome bastie 752, mais ne demeure d'accord de ces consuls, qu'il nomme Auguste pour la XIIIe fois avec Plantius Silvanus, indiction IV et l'an 4 de la CXCIV^e olympiade. Tertulian dit simplement que ce fut l'an 41 de l'empire d'Auguste, qui revient au 42e de Julian. Severus Sulpitius veut que ç'aye esté l'année d'après, soubz le consulat de L. Passienus et C. Calvisius. Gourdon met ceste naissance plus bas, soubz le consulat de Cn. Lentulus et M. Valerius Messala ou Messalin, l'an 41, commencé par Auguste, et penchant sur son déclin, l'an de Rome bastie 750, et le 3e de la CXCIV^e olympiade. De l'Escale escrit que ç'a esté l'an 44 de Julian, le 3e de la CXCIV^e olympiade, le cycle 19 de la lune, le 8 de celuy du soleil, le 7e de la correction intercalaire du Bissexte, et le 27 de la victoire d'Auguste au promontoire Actique, dit à présent *capo Figalo*, contre Marc Antoine et Cléopastre, royne d'Egypte. Paul Petau demeure d'accord que Jésus-Christ est nay soubz le consulat d'Auguste et de Plantius Silvanus, mais il prétend que ç'a esté en l'an 751 de la ville bastie. Bibliander est de mesme opinion que c'estoient les mesmes consuls, et néamoins tient avec Eusèbe et Eutrope que ce fut l'an 42 d'Auguste.

Ceste diversité d'opinions se peut concilier, si l'on rejette les trois premières de Capel, Kepler et Deker, avec celle de l'Escale, comme troublant l'ordre receu en l'Eglise. J'estime pour moy que la vraye année de la nativité du fils de Dieu, fut l'an 43 de Julian, l'an 2e de la CXCIVe olympiade, le 750e de Rome bastie, le 9e du cycle solaire, le 1er du lunaire, l'an 41 d'Auguste sur la fin, huit jours devant les calendes de janvier de l'an suivant, auquel Jules César avoit mis le commencement de l'année Romaine, au lieu du premier jour de mars.

Je prouve mon assertion parce qu'il est certain, ainsy que Gourdon l'asseure, que Jésus-Christ nasquit l'an 750 de Rome bastie, et l'an Julian ayant commencé 708 d'icelle, il est constant que l'an 750 de Rome estoit le 43 de Julian, et partant que Jésus-Christ estant nay l'an 750 de la ville bastie, il est nay l'an 43 de Julian. Il en est de mesme de l'an 2 de la CXCIVe olympiade, lequel, concourant avec l'an 750 de Rome bastie, et l'an 43 de Julian et le 41e d'Auguste, on ne peut nier qu'il ne soit nay en ceste année-là.

Quand est du 9e cycle solaire, et du 1er du cycle lunaire, il ne s'en peut douter, veu que le cycle solaire ordinaire estant de 28 ans, et le grand de 28 fois 28 ans, qui font 784 ans, en remontant jusqu'à 750 de Rome bastie, depuis l'an 776 de Jésus-Christ auquel le 2e a commencé, il se trouvera que l'année en laquelle le Verbe éternel print chair en la Vierge, estoit le 9e du premier cycle solaire de la grande année du soleil.

Pareillement pour le cycle de la lune, il se trouvera que c'estoit le 1er du cycle décennovenaire. Car si l'on remonte de l'an 532 de Nostre-Seigneur, qui est le dernier du grand cycle Paschal de 532 ans, qui consiste en 28 cycles de chacun 19 ans, il se trouvera certainement que l'an de l'Incarnation et Nativité du fils de Dieu, est le 1er du premier cycle décennovenaire desdits 532 ans.

Je sçay bien que l'abbé Denys, qui a dressé ledit cycle Paschal, le commence à la Nativité de Nostre-Seigneur, mettant l'an 2 de ce premier cycle, pour l'an 1er de Jésus-Christ, qui pourroit, ce semble, arrester quelqu'un, et luy faire dire que si son opinion estoit véritable, nous nous mescompterions d'un an; mais qui prendra garde que Jésus-Christ estoit desjà nay huit jours devant le commencement de l'an subséquent, il demeurera d'accord de ce que je dis.

Quand est des consuls soubz lesquels nasquit le Verbe incarné, la plus probable opinion est de ceux qui disent que ç'a esté sur la fin du consulat de Cn. Cornelius Lentulus et Messala ou Messalinus Cotta, veu que, comme nous l'avons rapporté cy-dessus, Jésus-Christ estant nay l'an 2 de la CXCIV[e] olympiade, et l'an 750 de Rome, auquel ces deux estoient consuls, ainsy que l'a remarqué Gourdon en sa *Chronologie*, période IX, l'an du monde 4001, il s'ensuit que ç'a esté soubz leur consulat qu'il est nay. Je veux bien que l'an I de Nostre-Seigneur aie couru tout le tems du 13e consulat d'Auguste et de Marc Plantius, à la réserve de huit jours sur la fin, sçavoir jusques au 25 décembre, auquel jour commença l'an second, de manière que, comme l'on compte les années des Roys du jour de leur avénement à la Couronne, et celles des Papes de leur couronnement, si bien qu'encores qu'il n'y aie qu'un jour, on ne laisse de dire l'an Ier du règne d'un tel roy, ou du pontificat d'un tel pape, jusques à l'an révolu, ou a deu commencer le premier an de la Nativité de Nostre-Seigneur, dès l'instant qu'il nasquit, soubz le consulat de Lentulus et Messala, et le second seulement soubz celuy d'Auguste et de Plantius.

Il y a une difficulté pour le moys et le jour. Un certain Sethus Allemand et Matthieu ou Macé Beroald tiennent que le fils de Dieu est nay au milieu du mois de septembre, au mesme temps de l'équinoxe d'automne; en quoy ils se contredisent manifestement, d'autant que l'équinoxe revenoit auparavant la correction du calendrier, au 25 du mois, voire le dernier jour d'iceluy, et ainsy ne pouvoit estre au milieu. Toutes les raisons qu'ils allèguent pour fonder leur opinion ne leur peuvent servir, pour estre contre l'Escripture, et la commune croyance de l'Eglise, qui mettent la Nativité du Sauveur du monde, au solstice brumal et le 25 de décembre. S. Epiphane, Paul Orose, Philastrius la reculent de treize jours (1), et disent qu'il nasquit le 6 de janvier, jour de l'Epiphanie, que les Grecs expliquent de l'apparition du fils de Dieu en chair, comme de fait ce dernier commence son année à la présence, c'est-à-dire, à la venue de Jésus-Christ au monde, comptant depuis la captivité de Babilone jus-

---

(1) Epiphan., *Lib. contra heres.* Orosius, lib. VI, ch. 18. Philastrius, *de Heredib.*

ques à la présence de Nostre-Seigneur, 430 ans ; à quoy il semble que l'Eglise donne son suffrage, ajoustant à l'hymne de Sedulius qu'elle chante ce jour : *Gloria tibi, Domine, qui apparuisti hodie*, etc. Il ne faut pourtant entendre ceste apparition de la première que Jésus-Christ fit en sa naissance, ainsy qu'il se peut receuillir du pape Pélasge II, lequel, en sa 9º épistre, distingue l'apparition du fils de Dieu au jour de sa Nativité, d'avec la démonstration qu'il fit de son pouvoir et divinité au jour de l'Epiphanie, ès trois miracles qu'il opéra à trois diverses fois, le premier faisant paroistre un comète dans l'aër aux trois Mages ou Roys, pour les conduire jusques dans la crèche de Bethléem, où ils le recongneurent pour Dieu, luy offrant de l'encens, comme remarquent les Pères ; le second quand, par l'attouchement de sa chair, il sanctifia les eaux du Jourdain, et institua le sacrement de baptesme, eslevant l'élément de l'eau par dessus sa nature, en le rendant capable de produire un effet surnaturel, qui est la grâce, laquelle netoye nostre âme, comme l'eau fait le corps, ce qu'il n'eust peu faire, s'il n'eust esté Dieu, auquel seul l'institution des sacrements appartient ; le troisiesme et dernier, quand il convertit l'eau en vin, aux noces de Cana en Galilée, de façon que ceste apparition estant autre que celle de sa nativité, et l'Eglise croyant que ç'a esté le 25 décembre qu'il se fit veoir au monde, en sa naissance, nous pouvons croire asseurément avec l'Eglise qu'il est nay le 25 décembre (1).

Je ne m'amuseray point à réfuter l'opinion de ces hérétiques, desquels parle S. Clément Alexandrin (2), qui disoient que le fils de Dieu estoit nay le 25 du moys Pacon, qui est le 15 de may, ni de ceux qui dogmatizoient qu'il estoit sorty du ventre de sa mère le 24 ou 25 du mois de Pharmuth qui est le 20 ou 21 d'avril, après ce que je viens de dire.

Reste à sçavoir le jour et l'heure que ce bonheur arriva au monde de le veoir converser en chair avec les hommes et se montrer en tout semblable à eux.

Quelques Pères ont esté d'avis, par une certaine convenance et rapport avec Adam, que, comme ce propagateur du genre humain avoit esté créé le premier vendredy du monde, sur les

---

(1) Isid., *de Divinis officiis*, ch. 26. Eusèbe, *Emis. ser. de Epiphan.* — (2) Stromat. 1.

neuf heures du matin, que, tout de mesme, le second Adam, qui devoit estre le réparateur des hommes, avoit esté enfanté par la Vierge, sa mère, en mesme jour et heure. Ce qui ne se peut soutenir au regard de l'heure, après ce qu'en escrit S. Luc, que ce fut sur la minuit, et la coutume que l'église a conservée jusques à présent d'en faire la mémoire à minuit. Pour le jour, le sixiesme concile de Constantinople (1) l'arreste le dimanche, que je suis d'autant plus volontiers, que je trouve au droit du 25 décembre, dans nos kalendriers, la lettre B, qui estoit la dominicale de l'an 1er du premier cycle lunaire, auquel Nostre-Sauveur nasquit. Car bien que, selon Baronius et autres, l'année auquel le Verbe incarné vint au monde deust estre bissextile, elle ne le fut toutefois, mais simple, et eut la lettre B pour dominicale, suivant ce que nous avons dit cy-dessus, de l'avis mesme de Baronius, qui escrit que douze ans se passèrent sans bissexte, et n'y en eut qu'en l'an 8 de Nostre-Seigneur, selon la supputation de Denys Petit, auquel A. G. furent la marque du bissexte, et ainsy en remontant jusques au dernier bissexte précédent, il se trouvera qu'en l'an I du premier cycle décennovenaire, B estoit la lettre dominicale, et que ce fut en cest an que nasquit Jésus-Christ. Ce qui se peut aussy prouver par le tems ou année de sa passion, qui fut l'an 34 de son aage, commencé de trois mois dès le 25 décembre de l'an précédent, pour ce qu'en remontant jusques au jour de sa nativité pour y trouver les 33 ans et 3 mois parfaits et accomplis au jour de ses douleurs, en comptant les mois solaires, il faut nécessairement qu'il aye esté incarné au ventre de sa mère, et soit issu d'iceluy l'an et jour que nous avons assignés cy-dessus.

Les Gaulois célébroient, selon Bède (2), leurs Pasques tous les ans, le VIII des calendes d'avril, en quel jour qu'elle peust arriver. Ce qu'ils changèrent puis après, et prindrent la coutume de marquer la passion de Nostre-Seigneur le 25 mars, et la résurrection, le 27 suivant. Cela se veoid encores dans les calendriers des anciens bréviaires et messels à l'usage de Chartres, esquels il se lit : le 25 mars, *Jesus Christus crucifixus est*; et le 27 du mesme mois, *Resurrectio Jesu Christi*. Quoyque ceste opi-

---

(1) *Concil. collect. af.*, t. II. Petro Crabes., ch. 8. — (2) *De Natura rerum*, ch. 47.

nion approche fort près de la véritable, elle n'est pas néamoins la vraye, d'autant qu'en tout le deuxiesme cycle décennovenaire, Pasques n'ont peu estre le 27 mars, mais seulement le 28; ce qui peut se prouver par l'épacte courante en l'an 34, en laquelle Nostre-Sauveur souffrit, laquelle portoit XV, ausquels adjoutant 25, faisoient 40 et trois mois à commencer en janvier, comme il se doit faire, suivant les règles du Calendrier réformé, faisoient 43, desquels ostant 30, reste 13, qui est justement la veille de la plaine lune, auquel jour les Juifs mangeoient l'aigneau Paschal, sur le vespre où ils en commençoient la cérémonie. D'où je conclus que Nostre Seigneur fit la Cène ce jour-là avec ses Apostres, après laquelle estant allé au jardin des Olives, y fut prins et crucifié le lendemain, qui estoit le 26 mars; le 27 tout entier, il se reposa au tombeau, et résuscita le 28, auquel jour Pasques se rencontrent en l'an 34, et la lettre dominicale G. Je le prouve davantage par le nombre d'or qui estoit aussy XVI en la mesme année, après lequel la troisiesme lettre dominicale suivante montroit le jour de Pasques, de manière que la troisiesme lettre dominicale, après ledit nombre d'or XVI, se trouvant en 34, le 28 mars, il n'y a point de doute que Pasques ne fussent ledit 28 mars, et ainsy que Jésus-Christ souffrit le 26 mars et non le 25. Ce qui ne se peut nier après ce qu'en dit l'évangéliste S. Jean, qui met la passion du fils de Dieu un vendredy, et l'approbation qu'en fait l'Eglise, veu que la lettre A se trouvant le 26 de mars en un vendredy, on ne peut dire que Jésus-Christ aye souffert le 25 mars, mais le 26.

C'est pourquoy je ne sçaurois estre de l'opinion de Petau (1), lequel escrit, en son *Rational des Temps*, que Nostre-Seigneur souffrit soubz le consulat de Venicius et Longin Cassius, l'an 76 de Julian, de l'ère commune le 31, l'an de Rome 784, et le 2ᵉ de la CCIIᵉ olympiade, veu que ce fut, selon Cassiodore, soubz le consulat de Tibère, pour la cinquiesme fois, l'an de Julian 77, de l'ère commune 34, de la ville bastie 784, et l'an 4 de la CCIIᵉ olympiade. Ce qui se peut vérifier davantage par ce qu'escrivent François Lucas et Corneille de la Pierre, en leurs *Commentaires sur les Évangélistes*, que Nostre-Seigneur veid quatre Pasques depuis son baptesme, voire cinq selon de l'Es-

---

(1) Parte 2, *sui Rationalis*, et lib. IV, t. 4.

cale (1), de sorte qu'aiant esté baptisé sur le commencement de sa trentiesme année, il veid la première Pasques dès icelle, et la quatriesme en l'an 34, qui est sa dernière, en laquelle il souffrit. Tout ce qu'il allègue pour appuyer son opinion ne luy peut servir, pour ce que son fondement estant faux, tout le reste l'est de mesme. Il se fonde sur ce que S. Paul vint à Rome, l'an 25 après la Passion de Nostre-Seigneur, l'an 2 de Néron, qui estoit, à ce qu'il dit, l'an centiesme de Julian, et le cinquante-cinquiesme depuis la Nativité de Jésus-Christ, voulant conclure de là, qu'ostant 25 ans desdits 55, il ne reste que 30, qui est l'an auquel mourut Nostre-Seigneur, ou sur le commencement du suivant, qui estoit 31 ; mais à cela on respond que le vingt-cinquiesme an d'après la Passion de Nostre-Seigneur, et le deuxiesme de l'empire de Néron, ne se rencontrèrent l'an 100 de Julian, ni le cinquante-cinquiesme de sa Nativité, comme il le dit, mais l'an de Julian 101 et le cinquante-huitiesme de la Nativité, desquels ostant 25, restera 33, qui, avec les trois mois courans du depuis jusques à la Passion du fils de Dieu, font la véritable année en laquelle il mourut, sçavoir 34, comme de deux mois vingt-cinq jours.

La preuve qu'il prétend faire de son assertion par la mort de S. Pierre et S. Paul, ne conclud davantage, veu qu'estant véritable que ces deux apostres souffrirent l'an 14 de l'empire de Néron, et le 35e depuis la Passion de Nostre-Seigneur, ces deux années ne concourent, comme il l'entend, avec l'an de Julian 112, ni 67 de Jésus-Christ, d'autant que ce dernier se rencontre avec l'an de Julian 110 ; mais avec l'an de Julian 112 et le 69e de Jésus-Christ, desquels ostant 35, reste 34, qui est le temps de la Passion de Nostre-Sauveur, et de mesme des autres preuves qu'il allègue.

Ce qu'il escrit que le fils de Dieu mourut un vendredy 23 mars, qui estoit le 15 de la lune, en l'année 31, qui avoit pour lettre dominicale G, ne fait rien contre nostre opinion ; car, outre la response cy-dessus, on peut dire qu'en ceste année-là, la nouvelle lune fut dès l'onziesme et non le douziesme de mars ; et ainsy que le quinziesme de la lune n'arriva le 23 dudit mois, mais le 25. Ce qui se justifie par le nombre d'or courant, en

---

(1) *De emendat. temporum.*

ladite année, qui estoit XIII, lequel, se rencontrant avec la lettre dominicale G, l'onziesme de mars, montre que la nouvelle lune arrivoit ce jour-là, et que le quinziesme d'icelle tomboit le 25 du mesme mois, qui fut le jour de Pasques.

La vérité de nostre assertion se veoid clairement par ce qu'escrit Bède, que l'an de l'Incarnation de Nostre-Seigneur 701, indiction 14, quelques-uns de ses confrères estant allés à Rome, virent, en l'église Sainte-Marie, un jour de Noël, auquel commençoit l'an 702, escrit sur tous les cierges, *A Passione Domini nostri Jesus-Christi anni sunt DCLXVIII*, ausquels, si on adjoute seulement 31, selon l'opinion de Petau, il se trouvera 699 ans, ou suivant la nostre, en adjoutant 34, on trouvera nectement 702 ans. J'adjouteray pour dernière preuve, que le grand cycle Paschal de 28 fois 19 ans, contenant 532 ans, estant achevé à pareil an de Nostre-Seigneur, que le 34 suivant, qui est 566, se trouve pareil au 34 de Nostre-Seigneur, soit en la 14e indiction, soit en la 15e épacte, nombre d'or 16, lettre dominicale C, Pasques le 28 mars, cycle solaire 15 et autres conditions qui montrent certainement la vérité de mon dire, et que l'an 34 de Nostre-Seigneur est le véritable, auquel il souffrit pour nous en croix.

Devant que finir ce chapitre, je diray encores, pour l'éclaircissement de ce que je traitte en iceluy, que l'année de l'Incarnation commençoit autrefois le jour de l'Annonciation; celle de la Nativité, le jour de Noël (1), quoyque Bède escrive en son livre des *Arguments de la Lune*, que *Anni ab Incarnatione Domini mutantur 8 Kalend. januarii*. Celle de la Passion, le Vendredy aoré (Vendredi-Saint). La première s'appelle l'an de Grâce, à cause de l'union du Verbe avec la nature humaine, qui est la plus grande grâce que Dieu aye peu faire à l'homme. La seconde s'appelle l'an de Nostre-Seigneur, pour ce qu'il est nay en iceluy. La troisiesme s'appelle l'an de Salut, ou *Restitutæ vel reparatæ salutis*, pour ce que le fils de Dieu, en sa passion, a opéré nostre salut, ainsy que le dit le Prophète (2). Ce que j'escris, pour ce que beaucoup, les confondans, ont causé plusieurs erreurs en l'histoire. L'an de l'Incarnation n'a sitost esté receu en l'Eglise Romaine, qui le confondoit avec celuy de la

---

(1) Bibliand., *Lib. de supput. temporum*, p. 27. — (2) *Psalm.*

Nativité, ainsi que fait Bède cy-dessus allégué, et n'a commencé à en user qu'au tems du pape Eugène IV, que quelques dataires s'advisèrent aux bulles papales, vers l'an 1416 ; ne laissant d'user en autres choses, de l'ancienne supputation de la Nativité de Nostre-Seigneur, où commençoit l'année Romaine, ainsy qu'il se void par tous les anciens Martyrologes, et se prattique encores à la datterie, et se dit d'ordinaire *Annus Domini* (1).

En France, on commençoit l'année à Pasques, ce qui s'y est gardé jusqu'en 1567, que, par déclaration du roy Charles IX, il fut ordonné qu'on n'y compteroit plus, et qu'on commenceroit l'année le 1ᵉʳ janvier.

L'on adjoutoit à ces supputations les années du pontificat des Papes, qui commença à se pratiquer du tems de Paschal II, qu'on remarque avoir esté le premier qui en a usé en ses bulles, quoyque je trouve ceste prattique plus ancienne dans les Epistres décrétales de ses prédécesseurs. Il en est de mesme des indictions, qu'on y adjoutoit encore pour la vérité et certitude des actes ausquels ils estoient apposés, avec les années du règne des Roys et Empereurs, pontificat des Papes et des Consuls qui estoient lors.

La Nouvelle XLVII de Justinian en fait mention, cest Empereur ordonnant par icelle qu'à l'advenir l'on apposeroit aux contrats le nom de l'Empereur et Consuls, avec l'indiction ; qui a donné sujet à quelques-uns de penser que ç'avoit esté Justinian qui avoit institué lesdites indictions, quoyqu'elles soient plus anciennes. De l'Escale veut qu'elles ayent commencé en Antioche, l'an d'Eusèbe 1194 et 1969, environ la guerre de Pharsale, en laquelle Jules César surmonta Pompée, six ans du consulat de Plancus et Lepidus. D'autres disent que telles indictions n'ont commencé qu'en 1312, soubz l'empire de Constantin. Bède escrit que les Romains ayant surmonté tout l'univers, ou partie d'iceluy, ils obligèrent chacun de leurs sujets à leur paier certain tribut de cinq en cinq ans ; les premiers cinq ans en monnoie de cuivre, les cinq suivans en monnoie d'argent, et les cinq derniers en monnoie d'or, ce qu'ils re-

---

(1) Joann. Lucidus., *De emendatione tempor. opusc. de vera Passi. Christi die*, ch. 13.

commençoient après que le dernier estoit expiré, et ordonnèrent qu'aucun livre, ordonnance ou édit n'eût lieu, si l'année de l'indiction n'y estoit apposée. En quelque façon qu'elles aient esté ordonnées, ç'a esté avec raison, veu que ceste manière de supputer les années a servi pour remédier aux faussetés qui pouvoient arriver aux actes publics et particuliers. Il faut néamoins prendre garde, pour éviter confusion, qu'il y en a de trois sortes : la Papale, qui commence à Noël, avec l'année Romaine; la Commune, qui commence en janvier; et l'Impériale, en septembre.

J'ay traitté à dessain de ces manières de supputation, par forme d'advertissement au lecteur, affin qu'en estant fait mention en beaucoup d'endroits de ceste œuvre, il puisse éviter les achronologismes, et ne se tromper.

CHAPITRE II.

Du temps que l'Evangile a esté publié à Chartres et par qui.

Poursuivant maintenant mon dessain, je ne m'amuserai point à faire un dénombrement des actions du Fils de Dieu, depuis sa naissance jusqu'à sa passion, les Evangélistes l'aiant descrit en leurs codes sacrés, je commenceray seulement par la publication de l'Evangile qui a esté faite à Chartres et lieux circonvoisins, après que le mesme Sauveur du monde fut monté aux Cieux.

L'autheur du Catalogue manuscrit de nos Evesques de Chartres, dressé l'an IX du pontificat de Jean Fabri ou Lefebvre, qui vivoit en 1389, a laissé pour escrit que, dès l'an 33 ou 34 de la Nativité de Nostre-Seigneur. S. Pierre envoya S. Savinian et S. Potentian à Sens pour y annoncer l'Evangile, lesquels, estant venus à Chartres, y trouvèrent la pluspart du peuple desjà chrestien, qui avoit dressé une chapelle sous l'invocation de la Vierge-Mère, laquelle ces saints dédièrent à Dieu, et cependant envoyèrent S. Altin et Eoald ou Oudard à Orléans, et s'en allant de Chartres y laissèrent S. Aventin, leur disciple, qu'ils avoient ordonné évesque, et retournèrent à Sens.

Voilà un très-mauvais commencement pour cest autheur, qui peut discréditer son œuvre ; car pour un premier, comment est-ce que ces saints Savinian et Potentian eussent esté envoiés dès l'an 33 de Nostre-Seigneur, veu qu'il n'avoit encores souffert l'opprobre de la Croix? Secondement, comment eussent-ils trouvé des chrestiens à Chartres, où l'Evangile n'avoit encores esté publié? En troisiesme lieu, comment eussent-ils envoyé S. Altin et S. Eoald à Orléans, qui ne fust basty que plus de deux cents ans depuis? Quatriesmement, comment eussent-ils envoyé S. Eoald qu'ils ne congnoissoient encores, et qui ne fust par eux converti que quelque temps après leur retour à Sens, d'où ce saint estoit originaire?

L'ancienne Chronique de l'église de Chartres le raconte un peu autrement, et dit, qu'après le martyre de S. Estienne, les Juifs persécutant les nouveaux chrestiens, les contraiguirent s'enfuir en diverses provinces, pour éviter le danger auquel ils se trouvoient parmi eux. Ce que considérant, la Magdaleine, Ste Marthe, sa sœur, et S. Lazare leur frère, ils se mirent sur mer avec Maximin, S. Altin et Eoald, et surgirent en Provence, d'où ces deux derniers vindrent jusques à Chartres, où ils trouvèrent une église bastie, qu'ils dédièrent en l'honneur de la Vierge.

Mais qui ne veoid le peu de foy qu'on doit à ceste opinion, veu que si après le martyre de S. Estienne, qui arriva sept mois après l'Ascension de Nostre-Seigneur, plusieurs fidèles, se voyant malmenés des Juifs, s'écartèrent et se retirèrent de Jérusalem, ils ne sortirent pourtant de la Palestine, en laquelle ils demeurèrent pour prescher l'Évangile. Il se lit à la vérité dans les anciens légendaires, que les Juifs, pour haine qu'ils portoient à la Magdaleine, qui avoit la première publié la résurrection de Jésus-Christ, et au Lazare qui confessoit hautement tenir la vie de lui, l'aiant retiré des horreurs de l'enfer, des ombres de la mort et de la pourriture du sépulchre, en le résuscitant, pour quoy, dès le vivant du Sauveur du monde, ils avoient complotté le tuer, et encores à Ste Marthe, qui le logeoit chez elle, ils les mirent dans un navire sans voiles ny rames, les abandonnant à la mercy des vagues et des vents avec Ste Marcelle, leur servante, S. Maximin, leur directeur, et S. Chelidoine, qu'on dit avoir esté l'aveugle-né de l'Évangile ; tous lesquels, conduits par la Providence divine, vindrent débarquer à Marseille, l'an 35 de la Nativité de Nostre-Seigneur, où S. Lazare fut évesque, et S. Maximin s'estant transporté à Aix, y exerça la mesme fonction, et pour Ste Marthe, elle passa à Tarascon, entre Avignon et Arles, où elle enseigna aux habitans du païs la foy en Jésus-Christ.

Toutes les raisons apportées cy-dessus combattent aussy ceste opinion, ausquelles il se peut ajouter que ceste histoire est arguée de faux, par quelques escrivains (1), qui soutiennent que la Magdaleine n'est jamais venue en France, non plus que S. Lazare et les autres sus-nommés, qui ne passèrent, disent-ils, la Grèce, où l'empereur Léon VI fit bastir une église à leur mémoire, dans laquelle il les fit poser en honneur et révérence. Grégoire de Tours dit expressément (2) que le corps de la Magdaleine fut ensevely en Ephèse, combien que d'autres estiment que les reliques de ceste sainte pénitente aient esté transportées, excepté le chef de S. Maximin, en Provence, en l'abbaye de Vezelay, par Gérard, comte de Bourgongne ; et quand à Ste Marcelle, il s'en trouve qui asseurent qu'elle mourut en l'Illyrie ou Esclavonie, qui rend tout le reste fort suspect. De plus, quand bien S. Lazare et ceux qui estoient avec luy seroient abordés à Marseille, l'an 45 de Jésus-Christ, comme aucuns le disent, sçavoir onze ans après sa passion, ils ne peuvent conclure de là que S. Savinian et S. Potentian, Altin et Eoald fussent venus avec eux, mesmement n'ayant aucun escrivain authentique qui le die. J'adjoute aux raisons précédentes qu'Apollonius, qui vivoit 220 ans après Jésus-Christ, rapporté par Eusèbe et S. Clément Alexandrin, plus ancien d'environ 40 ans, escrivant que ce Sauveur du monde deffendit à ses Apostres et disciples de sortir de douze ans de la Judée, quelle apparence y a-t-il qu'ils aient esté prescher l'Evangile ailleurs, avant les douze ans expirés, s'ils

---

(1) Sigebert, *ad ann.* 45. — (2) Gregor. Turon., *de gloria confess.*, ch. 30. Cedanus, *in Comment. hist. Leon. imperat. Basilii filio.* Zonaras, Ann. Franc., *Hist. franc. à Ludovico pio ad Robertum reg. ann.* 868, lib. III, p. 335.

n'eussent voulu se montrer désobéissans au commandement qui leur avoit esté fait du contraire.

L'on peut objecter que S. Luc escrit aux Actes des Apostres (1) que, peu après le martyre de S. Etienne, la foy fut annoncée en plusieurs endroits par ceux que les Juifs avoient chassés de Hiérusalem, dès l'année mesme de la mort du fils de Dieu; que d'autres publient que S. Jacques le Majeur s'en alla en l'an 37 en Espagne, pour y prescher l'Evangile, et qu'y aiant laissé deux de ses disciples, il s'en retourna en Judée; que, dès l'an 38, S. Pierre se transporta en Antioche; que S. Philippes, l'un des 72 disciples, fut envoié en Samarie, en l'an 35 pour y prescher l'Évangile (2), où, aiant converti quantité de personnes, S. Jean et S. Pierre y furent envoiés pour les confirmer; que S. Thadée, non l'apostre, mais un autre de mesme nom, du nombre des disciples, fut envoyé vers Abgare, roy d'Edesse, pour l'instruire en la religion chrestienne, et ainsy des autres : dont on voudroit tirer une conséquence qu'il en seroit sorty d'autres de Judée pour venir en Gaules.

A cela on peut respondre que bien que quelques-uns fussent sortis de Hiérusalem, à cause de la persécution qu'on exerçoit contre eux, si est-ce que les Apostres n'en sortirent point, ainsy qu'il se peut veoir au mesme endroit. S. Pierre, S. Jean, S. Philippes, S. Thadée, ni les autres susnommés n'ont outrepassé la deffense de leur maistre de sortir de douze ans de Judée, allant en Samarie, Antioche et Edesse qui estoient voisines; et quand à S. Jacques le Majeur, Baronius, après Roderic Ximenés, archevesque de Tolède, le plus fameux historien d'Espagne, soutient qu'il n'y fut de son vivant, et que le premier qui prescha à ceux de ceste nation fut S. Paul, et que pas un des disciples ou apostres ne sortirent de la Judée, pour aller prescher ailleurs, qu'après l'an 41, voir plus tard. Car bien que S. Pierre fust allé en Antioche, métropole de la Sorie, de laquelle la Palestine et Hiérusalem dépendoient, il ne s'en alla à la sortie d'icelle aux provinces plus éloignées, mais après y avoir commencé, non accompli sept ans de résidence, il s'en retourna vers l'an 44 en Hiérusalem, où il ne demeura guerres, qu'il ne fust serré par

---

(1) *Acta apost.*, 8. — (2) Cornel., a Lapide, *in acta.* Vasenain, *Chron. franc.* Carafa, *de Reg. Hispania sub Nerone*, anno 57, p. 613.

Hérodes Agrippe, roy de Judée, lequel, ayant fait coupper la teste à S. Jacques le Majeur, prétendoit en faire autant à S. Pierre, si Dieu, exauçant les ferventes prières des fidèles, ne l'eust délivré miraculeusement de ses mains, de façon que ce prince des Apostres, voyant qu'il n'estoit en asseurance de sa vie dans la Judée, il s'en retourna à Antioche, où après avoir subrogé Evodius pour évesque, il s'achemina à Rome, où il arriva en l'an 45 avec quelques-uns des disciples du fils de Dieu et des siens.

Qui a donné à quelques-uns sujet d'escrire que les premiers qui vindrent annoncer l'évangile à Chartres, n'y arrivèrent que l'an 46 ou 50 après la Nativité de Nostre-Seigneur, que S. Pierre, estant venu comme dit est, à Rome, envoia S. Savinian aux Gaules, pour y prescher la foy; lequel, aiant ouï dire qu'une Vierge qui devoit enfanter estoit honorée à Chartres, print de là occasion de s'y transporter pour recongnoistre ceste vérité; auquel lieu aiant trouvé un autel, érigé *A la Vierge qui devoit enfanter*, leur annonça que ce que leurs pères attendoient depuis tant de siècles estoit arrivé, Dieu aiant faict incarner son fils au ventre de ceste vierge, lequel estant Dieu et homme, il l'avoit fait naistre en tems, quoyqu'il [fût] éternel, et avoit voulu qu'il souffrit la mort sur l'arbre de la Croix, pour le rachat des hommes, qui avoient péché contre luy en nostre premier père, et, les aiant instruits des mystères de nostre religion, il les avoit baptizés, et leur avoit laissé S. Aventin pour leur premier pasteur, affin de cultiver ceste nouvelle plante, et les maintenir en la foy qu'ils avoient receue.

Quelques autheurs veulent que dès ce premier voyage, S. Pierre envoia S. Martial prescher l'évangile à Tolose, Bourdeaux, Agen, Limoges et autres endroits d'Aquitaine; S. Trophime, à Arles; S. Crescent, à Vienne en Dauphiné; S. Ursin, à Bourges; S. Julian, au Mans; S. Xiste, à Reims; S. Mauge, à Chaalons; S. Eutrope, à Saintes; S. Austremon, à Nevers et Clermont en Auvergne; S. Savinian, à Sens, et autres en divers lieux. En quoy certainement ils se sont trompés, non-seulement pour ce qu'ils confondent trois voiages que S. Pierre fit à Rome, en un seul, mais encores, pour ce qu'aucuns d'iceux furent envoiés, non par S. Pierre, mais par S. Clément, son successeur, et que Grégoire de Tours a laissé par escrit que S. Martial, S. Denys,

S. Trophime, S. Paul Serge, S. Austremoine, S. Saturnin et S. Gatian, archevesque de Tours, n'ont esté envoyés et ne sont venus ès Gaules que du règne de Dèce, qui vivoit en 252, et S. Ursin et autres cy-dessus, encores plus bas. Ce qui auroit donné sujet à quelques sçavans de ce tems de douter de la venue de ces saints aux Gaules, pour y prescher l'évangile, et y planter la foy, qu'ils reculent près de trois cens ans plus tard, qu'elle n'a esté receue en l'Eglise, par un commun consentement des fidèles. Ce qu'estant d'une très grande conséquence, pour ce que si chacun estoit libre de révoquer en doute l'espoche qui a esté establie et receue, tant ès églises particulières qu'en la générale, touchant leur establissement, et d'en escrire suivant son sentiment, nous n'aurions rien d'asseuré ni de véritable à ce regard. C'est pourquoy y trouvant l'église Chartraine intéressée, pour le tems auquel l'évangile y a esté presché, j'ay creu qu'auparavant de passer plus outre, il ne seroit hors de propos de veoir les raisons de ces autheurs, qui font ce qu'ils peuvent pour introduire ceste nouvelle opinion, affin que par les responses qu'on y fera, le lecteur juge de la vérité.

CHAPITRE III.

Examen de l'opinion de Grégoire de Tours, touchant la venue de S. Trophime, S. Denys et autres ès Gaules, pour y annoncer l'Evangile et y planter la foy.

La première raison qu'apportent les autheurs de contraire opinion à la commune est fondée sur l'authorité de Grégoire de Tours, lequel, au premier livre de son Histoire, chapitre 30, escrit que : « *Sub Decio et Grato consulibus, sicut felici recordatione retinetur, primum et summum Tolosana civitas Saturninum cœperat habere sacerdotem* »; et faisant un dénombrement de ceux qui avoient esté envoiés aux Gaules, en mesme tems, il ajoute : « *Hi ergo missi sunt Turonicis, Gatianus episcopus; Arelatensibus, Trophimus episcopus; Narbonæ, Paulus episcopus; Tolosæ, Saturninus episcopus; Parisiacis, Dionysius episcopus; Arvernis, Stremonius episcopus; Lemovicinis, Martialis est destinatus episcopus.* »

La seconde raison, ils la tirent de Sévère Sulpice qui escrit que « *Sub Aurelio, Antonini filio, persecutio V agitata, ac primum intra Gallias martyria visa, seriùs trans Alpes Dei religione suscepta.* »

Leur troisiesme raison est tirée de quelques actes particuliers des Eglises, qui mettent la venue de ces prélats cinquante ans plus bas que les premiers.

Contre la première raison, je dis qu'elle est fort mal fondée sur l'authorité de Grégoire de Tours, d'autant qu'il n'est esgal à luy-mesme, disant en son Histoire, au lieu sus-allégué, que S. Saturnin n'est venu ès Gaules que soubz Decius, et escrivant en son premier livre des Miracles, que ce saint aiant esté ordonné par les disciples des Apostres, il fut envoyé ès Gaules ; qui est une pure contradiction, n'y aiant plus aucun disciple de Jésus-Christ, ni de ses Apostres, du règne de Decius.

On repart que Grégoire de Tours, ayant escrit son livre des Miracles auparavant son Histoire, a peu se rétracter en ce second et corriger ce qu'il avoit avancé au premier. A quoi l'on peut répliquer par la confession de Grégoire mesme; le livre des Miracles a esté escrit après l'Histoire. Voilà comme il en parle sur la fin du Xe livre de ladite Histoire « *Decem libros Historiarum, septem Miraculorum, unum de Vitis patrum scripsi.* » Lesquels il est probable qu'il a composés suivant l'ordre qu'il les met, de manière qu'usant du mesme raisonnement que ces Messieurs, nous pouvons dire que Grégoire, aiant composé les livres des Miracles après son Histoire, s'est rétracté de ce qu'il avoit escrit en celle-ci ; et partant, que, disant en son livre des Miracles que S. Saturnin avoit esté envoié par les disciples des Apôtres, il en doibt plustost estre creu, que de ce qu'il dit en son Histoire, qu'il a esté envoié soubz Dèce. Les raisons qu'ils rapportent, pour confirmation de leur dire, ne leur peuvent servir, entre autres celles qu'ils allèguent de ces deux amants dont Grégoire fait mention au premier livre de son Histoire, ch. 42; desquels il dit avoir parlé en son livre des Miracles (1), ni de S. Servais, en son livre de la *Gloire des Confesseurs*, ch. 71, duquel il est dit en son Histoire, lib. II, ch. 5, qu'il en a escrit en son livre des Miracles; ni de S. Avi, duquel il escrit au VIIIe livre, ch. 2, de son Histoire, qu'il en a fait mention audit livre des Miracles, qui est celuy des Confesseurs, ch. 90; voulant prouver par là que l'Histoire de Grégoire de Tours est postérieure et escrite après son livre des Miracles, ou de la Gloire des Confesseurs; à laquelle on leur respond que la conséquence n'est pas nécessaire, que pour estre fait mention d'un livre dans un autre, que celuy dont il est fait mention dans cet autre, soit composé le premier, veu qu'il se peut faire que celui qui a composé le premier, en le revoiant, a adjouté qu'il en a parlé ailleurs, quoique ce livre soit postérieur à l'autre. Cela se veoid assez ordinairement dans Baronius, lequel, dans son Martyrologe, en plusieurs endroits, renvoie à ses Annales, qu'on ne peut nier avoir esté escriptes et publiées après son Martyrologe (2); de sorte que la raison qu'ils allèguent ne leur peut servir. D'ailleurs, du tems d'Aimoin, qui vivoit en [1008], il n'estoit pas certain que ceste Histoire fust de Grégoire de Tours, veu qu'au premier livre de son Histoire, il dit « *Verum in chronica, quæ dicitur Gregorii et putatur esse Turon. cpis.* » Ce mot *putatur* tesmoigne qu'on doutoit que ceste Histoire fust de Grégoire de Tours. De plus, la déposition d'un tesmoin vacillant n'est receue en justice, pour le chap. *ex parte et in præsentia ex. de probat*. Davantage le tesmoignage d'un seul n'est convaincant, par le chap. *Licet universis ex. de testib*. J'adjoute à ces raisons que Baronius, de l'authorité duquel je fais bien autant d'estat que de celle des asserteurs du Tourangeau, l'argue de mensonge, tant en ses Annales qu'en son Martyrologe Romain, au dernier desquels il dit que Grégoire s'est aussi bien trompé au tems qu'il assigne pour la venue de ces prélats ès Gaules, qu'en plusieurs autres choses de son aage, qui diminue beaucoup la croiance qu'on pourroit avoir en lui. En sixiesme lieu, Hilduin, abbé de Saint-Denys en France, rapporte ceste bévene à la simplicité du personnage, qui a farci ses œuvres de quantité de discours, qui tesmoignent trop la bassesse de son esprit, y

---

(1) *De gloria confess.*, ch. 32. — (2) Voy. Lindanus, *in martyrol. Baronii*.

fourant tout ce qu'on lui disoit. En septiesme lieu, Gabriel de Puiherbant escrit en la *Vie de S. Saturnin*, que Grégoire de Tours n'est suivi en ce qu'il rapporte de la mission de S. Denys et de S. Martial. En huitiesme lieu, on ne peut dire que S. Trophime, S. Denys et autres dénommés au texte de Grégoire, n'aient esté disciples de S. Paul, puisque cela se veoid aux Actes des Apostres; lequel aiant souffert dès l'an 69, il est certain de dire que lesdits Trophime et autres estoient vivans en ceste année-là, et qu'il n'est probable qu'ils aient vescu jusque soubz Decius, où S. Denys eust deub avoir plus de 243 ans. Car s'il est vray que S. Denys eust 25 ans lors de la Passion du Sauveur de nos âmes, en 252 il devoit avoir 243 ans, qui n'estoit un aage propre pour estre envoié en mission, où il faut des personnages vigoureux et forts, pour en supporter la peine et le travail, et non des vieillards, qui n'ont besoin que de repos.

Bosquet respond que « *Longior vita primis fidei preconibus data est, ut liberiùs et diucius religioni addesse possent.* » Il est vray qu'il s'est trouvé des disciples des Apostres, qui ont vescu longtemps, mais le plus ancien n'a passé sept vingt ans; il devoit nommer quelqu'un de ceux qu'il prétend avoir vescu un si grand aage, s'il vouloit en estre creu, n'estant assés de dire, où la preuve est nécessaire pour appuier une opinion, qui combat la raison et met l'authorité de l'Escripture en compromis; qu'il die où fut S. Martial et les autres, qu'il allègue si bien cachés durant cest intervalle de tems, qui courut depuis l'an 68 jusqu'à l'an 252, qu'on ne les veist, ni qu'on ouist parler d'eux. Estoient-ils du nombre de ces sept dormants, qui passèrent quatre-vingt-un ans comme si ce n'eust esté qu'une nuit, sans estre descouverts; estant disciples de Jésus-Christ ou de ses Apostres, estoient-ils en si peu de considération qu'ils n'eussent esté congneus, et qu'ils n'eussent présidé à quelqu'église particulière, comme beaucoup d'autres; se tenoient-ils coy, sans s'employer à la prédication de l'Evangile, et à enseigner les peuples en la croyance d'un vray Dieu, pourquoy ils avoient esté choisis et envoiés par l'univers? Abus.

Les asserteurs de la contraire opinion disent que S. Denys, dont parle Grégoire de Tours, n'estoit l'Aréopagiste, disciple de S. Paul, mais un autre qui ne fut envoié à Paris que soubz Dèce, qui argue cest autheur d'imprudence d'avoir meslé un saint pour un autre parmi ceux qui n'estoient de son siècle. Mais ils seront forts empeschés à soutenir leur assertion, après ce qu'en ont escrit Baronius, tant en son Histoire qu'en ses notes sur le Martyrologe Romain ; Hilduin, abbé de Saint-Denys en France, en ses Aréopagétiques ; Dom Hugues Ménard, en sa collation de l'unique S. Denys, par laquelle il soutient et montre que l'Aéropagite et l'Evesque de Paris estoit un mesme personnage ; Dom Germain Milet, en ses Vindices de l'Église Gallicane, pour son Aréopagite S. Denys et plusieurs autres, qui font veoir que S. Denys l'Aréopagite estoit le mesme qui avoit présidé en l'église d'Athènes et en celle de Paris. L'Eglise, dès sa naissance, auroit-elle esté tellement embrouillée de ténèbres, qu'on n'eust peu, au travers d'icelles, recongnoistre la vérité, jusques à près de quinze ou seize cens ans, que quelques-uns, plus pour corrompre que pour édifier, se sont avisés de révoquer en doute ce qui avoit esté tenu pour certain et constant par toute l'antiquité, que S. Denys, évesque de Paris, estoit le disciple de S. Paul, et l'Athénien, qui avoit esté envoié aux Gaules par S. Clément pour y prescher l'Évangile. Le Martyrologe Romain le porte expressément, disant, le 7 des Ides d'octobre « *Lutetiæ Parisiorum, natalis SS. Martyrum Dionysii Areopagitæ, episcopi, Rustici presbyteri, et Eleutheri diaconi, ex quibus Dionysius, ab apostolo Paulo baptizatus, primus Atheniensium episcopus est ordinatus ; deinde Romam veniens, à B. Clemente Romano Pontifice in Gallias prædicandi gratia directus est, et ad præfatam urbem deveniens, cum ibi per aliquot annos, commissum sibi opus fideliter prosequeretur, tandem a Præfecto Fescennino post gravissima tormentorum genera, unà cùm sociis gladio animadversus, martyrium complevit.* » A qui doibt-on plustost croire, à l'Eglise, ou à sept ou huit personnages, qui ont publié l'opinion de Grégoire de Tours, qu'ils deffendent comme si c'estoit un oracle, combien qu'elle soit faulse. On ne peut manquer de suivre la croyance de l'Église, laquelle, estant conduite par le Saint-Esprit, ne peut errer. Je sçay bien que ce n'est un article de foy que S. Denys, l'évesque de Paris, soit l'Aréopagite : j'aime pourtant mieux suivre le sentiment universel de l'Eglise, confirmé par l'antiquité, et conforme à la raison et à l'Escriture-Sainte, que l'opinion de peu de personnes appuiée sur un foible fondement.

Ceux de la contraire opinion pensent se sauver par un eschapatoire trop grossier, qui est, que les Martyrologes n'ayant esté dressés que par le commandement de l'empereur Charlemagne, qui en donna la charge à Usuard, moine bénédictin de Saint-Germain-des-Prés-lez-Paris, ce religieux y auroit travaillé si négligemment, qu'il y auroit inséré beaucoup de choses contre la vérité de l'histoire. Ce qui est advancé par eux trop hardiment, d'autant que S. Hiérosme et Eusèbe, qui vivoient dans le IVe siècle, avoient, longtems devant Charlemagne, réduit en espitome les Actes des Martyrs, pour estre leus en l'église, les veilles de leurs festes, affin d'avertir les fidèles du jour de leur passion, et en faire mémoire aux *Communicantes* du canon de la messe, ainsy qu'il se pratiquoit par le passé : semblablement Bède avoit dressé le sien dès l'an 734, près de cent ans devant que Usuard eust pensé à composer le sien, qu'il a adressé avec une exacte recherche de ce qu'il y a inséré. Cela se veoit dans l'espitre qu'il en escrivit à Charlemagne, en laquelle il dit, que s'il avoit changé ou ajonté quelque chose à ceux de S. Hiérosme, d'Eusèbe, de Florus et de Bède, il l'auroit fait après l'avoir recherché « *Sagaci indagine* », qui n'est y avoir travaillé si négligemment que ceux de contraire opinion le disent.

Qui plus est, ces Messieurs ne veulent admettre aucun tesmoignage que de ceux qui ont esté du tems mesme que les choses se sont passées, comme s'il se pouvoit trouver, dès le berceau de l'Église, des escrivains qui eussent rédigé par escrit tout ce qui se seroit passé dans ces commencemens, outre les escrivains sacrés. A la vérité S. Clément I, ordonna des notaires pour recepvoir et descrire les actes des Martyrs, pour en conserver la mémoire, ausquels S. Fabien en adjousta encore d'autres. Mais si on leur en produit quelques-uns, ils crient qu'ils sont supposés et ne sont authentiques, comme s'ils estoient eux seuls arbitres de l'antiquité. Reçoivent-ils les livres des *Constitutions Apostoliques* et autres œuvres de S. Clément, les *Epistres* de Pie I à S. Just et à S. Vere, évesques de Vienne; celles d'Eleuthère aux provinces des Gaules, de Calixte I, aux prélats des mesmes provinces, de S. Anaclet et de plusieurs autres, qu'ils rejettent comme illégitimes, encores que les anciens Pères de l'Eglise, les aient recongneues pour avoir esté escrites par ceux dont elles portent le nom et en ayent extrait leurs canons, pour servir de règle et de loy, ainsy qu'il se veoid dans les Décrets d'Ives, Burchard et Gratian. D'ailleurs la demande qu'ils font qu'on leur fournisse le tesmoignage des escrivains du tems est du tout incivile, d'autant qu'ils ne peuvent ignorer, s'ils sont tant soit peu versés en l'histoire ecclésiastique, comme ils en font le semblant, que tous les Actes des Martyrs furent bruslés par édit de Dioclétian et Maximian, son collègue à l'Empire, en 303 ; desquels si quelques-uns ont évité les flammes, ils ont esté tellement corrompus par les ennemis de nostre religion, ou par des ignorans qui se sont voulu mesler de les remettre et restituer, qu'ils ont perdu toute l'authorité que l'antiquité pouvoit leur donner.

C'est de quoy se plaignoit Arnobe (1), qui vivoit trois cens ans et plus auparavant Grégoire de Tours, que « *neque omnia conscribi, aut in aures omnium pervenire potuerunt gesta gentibus in ignotis, et usum nescientibus litterarum, aut si qua sunt litteris conscriptionibusque mandata, malevolentia Dæmonum, quorum cura et studium est hanc intercipere veritatem et consimilium his hominum interpolata quædam et addita, partim mutatæ, atque detracta verbis, syllabis, litteris, ut prudentium tardarent fidem, et gestorum corrumperent authoritatem.* » Ce n'est pas pourtant à dire que ces actes soient faux absolument, et qu'on n'en puisse tirer la vérité de l'histoire, si on fait quelque réflexion sur iceux, mais que tout ainsy que l'eau est moins pure, plus elle s'esloigne de sa source, contractant de la bourbe, ou quelqu'autre vice de la terre, par où elle passe, de mesme, ces actes ayant esté restitués par des ignorans, qui estant esloignés des tems ausquels les choses se sont passées, et n'en estant bien informés, les ont produits et mis au jour avec moins de sincérité qu'ils ne debvoient. Croyent-ils que les actes de S. Saturnin soient rapportés fidèlement par ceux desquels Grégoire de Tours les a prins, puisqu'il s'en trouve d'autres au mesme saint qui sont du tout contraires, et de la validité desquels nous parlerons ci-après.

Mais pour leur faire veoir que l'authorité de Grégoire de Tours ne leur peut servir, je rapporteray un autheur plus ancien que luy, qui parle tout autrement en la *Vie de S. Genouf, premier*

---

(1) *Advers. gentes*, lib. I.

Evesque de Cahors, au chapitre 10 d'icelle; parlant des Apostres S. Pierre et S. Paul il escrit que « *commisso insistentes strenuè negotio, per optimos quosque suorum, nihilominus et ipsi Galliam aggrediuntur, ut eam cœli terræque subderent imperatori : ex quibus Austremonius atque Martialis fuere, qui a B. Petro directi sunt, quorum primus Arvernis, postea martyr gloriosus; sequens vero signis et virtutibus confessor clarissimus, Lemovicis datur. A beato quoque apostolo Paulo, Narbonensibus antistes ordinatus est Paulus, et Arelatensibus Trophimus, de cujus prædicationis fonte, tota fertur Gallia fidei rivulos suscepisse. Ab iis igitur atque plurimis aliis, qui de vivo deliciarum Dei fonte, sanctis propinantibus Apostolis, abundantius hauserant, Gallia jam partim, ut prædictum est, fidei rivulis irrigata constabat.* » Où l'autheur de ceste vie fait veoir nettement que les quatre évesques susnommés, que Grégoire de Tours prétend estre venus soubz l'empire de Dèce, avoient esté envoyés ès Gaules par S. Pierre et S. Paul pour y annoncer l'Evangile. Qu'est-ce que nos adversaires peuvent dire contre, si véritablement cette vie a esté mise en lumière par Sébastus, ainsy qu'il l'escrit lui-mesme soixante ans après la mort de Decius, veu qu'elle a esté composée trois cens ans ou environ plus tost que Grégoire eust paru au monde, et eust couché quelque chose par escrit. Je ne veux pas néamoins faire bouclier de ce passage contre eux, pour ce que je remarque dans cette vie quelques points qui semblent répugner au tems qu'on dit que ce qui est contenu en icelle est arrivé, mais je peux m'en servir pour justifier contre eux et leur autheur Grégoire, que ç'a esté de tout tems que l'Eglise a receu ceste croyance que ces quatre prélats avoient esté envoiés par les Apostres, ce qui diminue de beaucoup de l'authorité dudit Grégoire, de laquelle ils veulent se servir pour faire passer la Vie de S. Saturnin pour authentique.

Mais pour faire veoir davantage la fausseté de ce qu'escrit Grégoire de Tours, sans m'occuper à faire veoir que S. Gratian est venu plus tost qu'il ne le met, je m'arresteray à ce qu'il dit de S. Trophime, pour justifier contre luy le contraire. Pour un premier, il ne se peut nier que ce saint fût disciple de S. Paul, puisque cet apostre des Gentils l'asseure luy-mesme, en sa deuxiesme épistre à Thimotée, chap. 4, disant qu'il avoit laissé

Trophime malade à Milet, ou comme d'autres lisent à Malte. Cela est confirmé par une Chronique manuscrite avec un Catalogue des Evesques de Narbonne, qui porte que S. Trophime arriva à Arles en l'an 61 de Nostre-Seigneur, avec S. Paul, qui l'en ordonna évesque, lorsqu'il en partit pour l'Espagne, et que, passant par Narbonne, il envoya Torquatus avec six autres de sa suitte, en la province de Galice pour y prescher l'Evangile, tandis qu'il se reposeroit avec Serge Paul, qu'on tient avoir esté ce proconsul de Cypre, dont il est fait mention aux Actes des Apostres, et s'occuperoit cependant à la conversion des habitans d'icelle ville; en laquelle après qu'il eut fait quelque séjour, il donna jusques en Espagne, d'où, s'en retournant à Rome, il laissa ce Serge Paul pour évesque à Narbonne, et prenant son chemin par Vienne, il reprint avec luy S. Crescent, qu'il y avoit laissé, il y avoit environ deux ans, et l'emmena en Asie, laissant S. Zacharie en sa place, pour y prescher l'Evangile. Le Martyrologe de Bède en parle ainsy, le 4 des calendes de janvier : « *Apud Arelatem natale S. Trophimi episcopi, et confessoris, discipuli apostolorum Petri et Pauli. Eodem die S. Crescentii apostoli, Pauli discipuli, Viennensis ecclesiæ primi doctoris.* » Le Romain en parle presqu'en mesmes termes, que la Vie de S. Genoulf, au mesme jour « *Natalis*, porte-il, *S. Trophimi, de quo scribit Apostolus ad Timotheum, Trophimum reliqui infirmum Mileti. Hic ab apostolis Romæ ordinatus est episcopus et ad Arelatem, urbem Galliæ, ob Evangelium prædicandum directus, ex cujus fonte, ut B. Papa Zozimus scribit, tota Gallia fidei rivulos accepit, qui apud eamdem urbem in pace quievit.* » Ce qui prouve l'ancienneté de la Vie de S. Genoulf, de laquelle ce pape Zozime qui vivoit en 417 et 418 a prins ces dernières paroles, desquelles Baronius conclut que Grégoire de Tours erre manifestement, quand il asseure que S. Trophime a esté envoié ès Gaules, du temps de l'empereur Dèce. Ce qui est si certain que personne n'en peut douter, d'autant que ce n'estoit point S. Trophime qui occupoit la chaire d'Arles en ce tems-là, mais un certain Martian, contre lequel S. Cyprian escrivit au pape S. Etienne, en l'an 258, six ans après la prétendue mission de S. Trophime, le priant de le déposer et le priver de sa prélature, pour ce qu'il estoit tombé dans l'erreur de Novatus, ainsy qu'il se peut veoir par la 67ᵉ épistre de ce

Père. Dire que ce Martian avoit succédé à S. Trophime, il n'y a aucune apparence, d'autant que les tables de l'église d'Arles y répugnent, substituant à ce dernier S. Rieul qui y avoit esté laissé par S. Denys, venant en France, d'où l'ayant retiré, pour venir fonder l'église de Senlis, S. Felicissime fut subrogé en son lieu, auquel S. Cresantin et Irate succédèrent, et après eux vint ce Martian, environ le tems de Dèce, tellement qu'il ne se peut dire que S. Trophime eust esté envoyé ès Gaules, soubz le règne de cest Empereur, sinon qu'on vueille dire qu'il y aye eu six évesques à Arles en moins de six ans, ce qui n'est pas probable. J'adjouterai à tout ce que dessus la remontrance que les Evesques de la province d'Arles font à S. Léon I, qui vivoit en 450, environ 289 ans après Dèce, que « *Omnibus regionibus Gallicanis notum est, sed nec sacrosanctæ Romanæ ecclesiæ habetur incognitum, quod prima inter Gallias Arelatensis civitas missum a beatissimo Petro apostolo S. Trophimum habere meruit sacerdotem, et exinde aliis paulatim regionibus Galliarum donum fidei, et religionis infusum, priusquam alia loca ab hoc rivo fidei, quem ad nos apostolicæ institutionis fluenta miserunt, meruisse manifestum est sacerdotem.* » Ce que ces Evesques n'eussent osé représenter à ce Pape, s'il n'eust esté véritable, de manière qu'il ne se peut dire que S. Trophime aïe esté envoyé ès Gaules soubz l'Empire de Dèce, mais du tems de S. Pierre et S. Paul.

On peut tirer la mesme conclusion de ce qui se lit dans un vieil Martyrologe manuscrit, qui est en ma possession, touchant la mission de S. Paul à Narbonne, veu qu'il est porté par iceluy, les ides de décembre : « *Apud Narbonam Natale S. Pauli confessoris, quem B. Apostolus ordinatum eidem urbi destinavit antistitem, quique cum eodem Apostolo ad Hispanias prædicandi gratia pergens, ibidem relictus est, urbi prædicationis officio non segniter impleto, clarus miraculis coronatus quievit,* » qui sont presque les mesmes mots, desquels usent Usuard et Bède en leurs Martyrologes, l'onziesme des calendes d'apvril, d'autant qu'il paroist par là que ça esté, non soubz Dèce, mais par S. Paul qu'il a esté envoyé.

Quand à S. Saturnin, j'y trouve plus de difficulté, considéré qu'il semble que Baronius vueille donner les mains à Grégoire de Tours, demeurant d'accord que S. Saturnin n'est venu ès

Gaules que du tems de Dèce. Le motif de sa croyance a esté que dans les actes de ce saint il se trouve qu'il a souffert soubz Dèce et Gratus, de sorte que sans considérer si ces actes estoient authentiques ou non, il s'en est contenté sans y faire autre réflexion ; que s'ils les eust examinés de près, il eut trouvé qu'ils ne sont nullement recevables, estant *absque die et Consule* et sans nom d'autheur, qui diminue beaucoup de la croyance qu'on pourroit y ajouter, joint ce qu'escrit ce docte Cardinal, si bien inspiré de l'histoire ecclésiastique, que la foy du Tourangeau est suspecte et combat la vérité. C'est pourquoy je m'estonne que ce sçavant personnage n'a tiré la mesme conclusion pour S. Saturnin que pour les autres ci-devant, ne devant les séparer, puisqu'ils estoient comprins ensemble, car disant que S. Trophime, S. Austremoine, S. Martial et les autres estoient venus ensemble avec S. Saturnin, c'estoit une conséquence nécessaire que si les dessus nommés estoient venus du tems des Apostres, et non de celuy de Dèce, qu'il falloit tout de mesme que S. Saturnin fût venu du tems des Apostres non de celuy de Dèce. Ce raisonnement est si convainquant que Grégoire de Tours n'a osé s'en reculer en son premier livre des Miracles, demeurant d'accord que l'opinion vulgaire estoit qu'il avoit esté ordonné par les disciples des Apostres, qui l'avoient envoié à Tolose.

On pourroit m'objecter que celuy qui a escrit la Vie de S. Genoulf, dont il est faict mention cy-dessus, dit la mesme chose que Grégoire de Tours, escrivant au chap. IX du Ier livre d'icelle que « *Decii temporibus, alii etiam a sede Apostolica æquè Gallias directi traduntur, ex quibus præstantissimus atque sanctissimus Saturninus, urbis Tolosanæ primus episcopus fuit, qui post aliquod tempus sui adventus, ibidem martyr emicuit gloriosus.* » Il faut que je confesse que, lisant ce passage, il m'a donné d'abord dans la veue, et m'a fait incliner du costé de Grégoire, mais ayant examiné ce qui est porté dans cette vie, j'ay esté désabusé, y ayant en icelle des erreurs insupportables, la première quand il escrit : « *Igitur Incarnationis Dominicæ anno ducentesimo quadragesimo septimo, millesimus ab urbe Roma condita completus est annus* (1). » Où je remarque deux fautes, l'une en ce qu'il compte par l'an de l'incarnation de

---

(1) Bibliander, *de Temporum, partitione* 27.

Nostre-Seigneur, laquelle forme de supputation n'estoit encores en usage, et ne l'a esté qu'en l'an 531, que Denys Petit ordonna et régla ses cycles décennovenaires par ceste époque, pour faire perdre la mémoire de la supputation qu'on faisoit par les ans de l'empire de Dioclétian, qui avoit enjoint par son édict à tous les sujets de l'empire Romain, de nombrer leurs années de la première de son administration, et celle des Cophtes Chrestiens d'Egypte, qui comptoient leurs années de la 19e de ce prince, qu'ils appeloient *Aeram martyrum*, pour ce que ç'avoit esté en ceste année là, qui tomboit en la 303e de Jésus-Christ, que ce tyran avoit eiveu une très griefve persécution en l'église; l'autre, c'est qu'il met l'an millénaire de la ville de Rome bastie en 247, lequel tombe précisément en 250. Secondement il dit que S. Sixte II a esté onze ans Pape, qui est contre la vérité de l'histoire, ce souverain Pontife n'aiant rempli la Chaire de S. Pierre qu'onze mois douze jours, depuis le 26 d'aoust 360 jusqu'au 6 du mesme mois 361. Tiercement, que les parens de S. Genoulf mirent leur fils, qui n'avoit que cinq ans, soubz la discipline de S. Sixte, lequel le recognoissant bien morigené, et qu'il ne beuvoit point de vin, le promeut aux ordres sacrés et le fit prestre, et tout d'une suitte l'ordonna Evesque, et l'envoia aux Gaules pour y semer la parolle de Dieu; en quoy on peut remarquer une ignorance ou simplicité insupportable, veu que si l'on examine ce narré, il se trouvera que S. Genoulf a esté ordonné prestre et évesque à l'aage de quinze ans, voire, suivant la véritable scéance de S. Sixte, à cinq ans, qui est un aage trop infime pour avoir de la science, pour paître et régir un troupeau d'hommes, qui requiert une haute doctrine et prudence, les saints canons et constitutions ecclésiastiques requérant un aage plus mur et avancé, qui est celuy de trente ans, pour estre emploié en une telle fonction. Quatriesmement il assigne le martyre de S. Sixte soubz Dèce, combien qu'il aie esté soubz l'empereur Valérian, neuf ans après le trespas de Dèce, qui mourut en 252 et S. Sixte en 361. Il y a beaucoup d'autres choses à contredire en ceste vie, de laquelle on peut juger par cest eschantillon, si on peut s'en servir, pour appuier l'opinion de Grégoire de Tours, touchant la venue de S. Saturnin ès Gaules; c'est pourquoy ayant recognu ces fautes, j'ay dit cy-dessus, parlant de la mission de S. Austremoine, S. Martial,

S. Paul Serge, et S. Trophime, que je ne voulois en faire bouclier ; sinon pour faire veoir que ces deux autheurs se contredisans l'un l'autre, l'un disant que ces quatre prélats avoient esté envoyés par S. Pierre et S. Paul, et l'autre soubz l'empire de Dèce, on ne peut tirer rien d'assuré de leur dire, et dans ce doute j'ai mieux aimé me ranger à l'opinion commune, qui est que tous les Evesques dont parle Grégoire de Tours ont été envoyés ès Gaules par les Apostres, ou leurs disciples, que soubzcrire à celle dudit Grégoire.

Si l'on dit que Baronius, dans son Martyrologe Romain, a mis que S. Saturnin avoit souffert soubz Dèce, je l'accorde, mais je responds que ça esté une grande hardiesse à ce docte escrivain de le mectre de son propre mouvement ; le nom de celuy soubz lequel ce saint a souffert ne se trouvant point dans les Martyrologes de S. Hiérosme, d'Eusèbe, de Bède, Florus et Usuard, ni dans l'ancien Romain, s'i lisant simplement le 29 novembre : « *Eodem die apud Tolosam, beati Saturnini episcopi, qui in Capitolio ejusdem urbis, a paganis tentus, atque a summa Capitolii arce, per omnes gradus præcipitatus, capite colliso, excussoque cerebro, omni corpore dilaniato, dignam Christo animam exhalavit,* » n'estant probable que tous ces autheurs eussent passé soubz silence que S. Saturnin eust souffert le martyre soubz Dèce, si cela fût arrivé.

Aussy ce qui me porte à croire tout le contraire, est une autre Vie de Saint, que celle que produisent nos asserteurs de l'opinion du Tourangeau, qui dit expressément que S. Saturnin a esté premièrement disciple de S. Jean-Baptiste, puis de Jésus-Christ, et qu'il a esté envoyé à Tolose par S. Pierre : « *Anno quinto decimo imperii Tyberii Cæsaris* (dit ceste vie), *nova virtus præcursoris eremi, nova conversatio turbas confluentas ad vocem clamantis in deserto compulerat. Cujus vitam admirabilem, genere insignis et moribus, Saturninus cognoscens et approbans constanti animo discipulum se futurum disposuit* (1), » et quelques pages après : « *Christo namque conjunctior et Evangelii observator domesticus, numquam ab ipsius absedebat præsentia, ita quod nullius celebritatis miraculorum defuisse legatur. Nam et in curandis langoribus et suscitandis mortuis Je-*

---

(1) Lectione I.

sum semper videre promeruit, et turbis ex quinque panibus refectis, fragmentorum cophinos cum reliquis collegit discipulis, etc. (1); et encores plus bas : « *Tandem vero Spiritu-Sancto ad plenum refertis discipulis, sua quemque recepit regio in omnem terram gentibus prædicandis. Petro autem Antiochiæ residente, nutu ejus et apostolici Senatus decreto dilectus, electus a Deo mittitur Saturninus, talentum sibi creditum, creditoris ad gloriam relaturus*, etc. (2). » Dans l'hymne des premières vespres de l'office de ce saint, qui se fait en l'Eglise qui est consacrée soubz son nom, en la ville de Chartres, l'on chante : « *Tibi, Christe, rex cœlorum, supplicando psallimus, qui beatum Saturninum decorando martyrem innovasti, baptizando illum manu propria;* » et en la Prose qui se chantoit anciennement en ladite église, en la Messe du jour de la feste, ces mots y sont exprès notés : « *Stirps regalis, quam Joannis decet eruditio, baptismatis lavat amnis Christi ministerio, cui dedit Petri manus, fungi Pontificio.* » Pourquoy ne peust-on pas dire que ceste vie, qui a esté récitée depuis tant de siècles, dans une église bastie en l'honneur de ce Saint, ne soit aussy authentique que celle qu'on nous veut faire recevoir soubz la seule authorité de Grégoire de Tours, qui, après ce que nous avons dit cy-dessus, demeure sans authorité? La Vie qu'ont ceux de Tolose, qui doivent avoir des actes plus certains que les autres, puisque ça esté en leur ville que ce saint a souffert le martyre, la mémoire duquel y peut avoir esté mieux conservée qu'ailleurs, porte que S. Saturnin leur fut envoyé par S. Pierre avec S. Papoul, et qu'estans arrivés en ceste capitale de la Septimanie, pour y prescher l'évangile, S. Saturnin se confiant de la capacité de son collègue, il le laissa à Tolose, pour y faire les mesmes fonctions qu'il y eust faites, et s'en alla par la Novempopulanie, (qui est la vraie Gascongne), où il s'arrêta à Eaulse, lors grande cité et des principales du païs, où il convertit grand nombre d'habitans, ausquels pour les confirmer en la religion qu'ils avoient embrassée, il ordonna le nommé Paterne pour évesque, et dressa un oratoire ou chapelle en l'honneur de la Vierge glorieuse, en laquelle ces nouveaux Chrestiens s'assembloient pour faire leurs dévotions; de là il s'en alla à Vauclere, où aiant fait quelque séjour, sur l'avis

---

(1) Lectione VIII. — (2) Lect. IX.

qu'il receut du déceds de S. Pierre, il bastit une petite église soubz le nom de ce prince des Apostres, non loin de la ville d'Auch qui a succédé à Eaulse, en sa dignité de Métropole, a peu avoir esté ruinée par les barbares. Paterne le pressoit de donner jusqu'au païs des Sebrarbat, qui est la Navarre; il luy laissa donc la direction des âmes acquises de nouveau à Jésus-Christ et s'achemina à Pampelune, où il avoit déjà envoié S. Honeste, l'un de ses disciples, qui l'avoit mis si bien dans l'esprit des habitans, qu'ils n'avoient plus grande passion que de le veoir. Le fruit qu'ils en receurent surpassa l'espérance qu'ils en avoient, aiant converti en sept jours quarante mille âmes à Dieu. Tous les escrivains Espagnols luy rendent cest honorable tesmoignage. Vaseus entre autres rapporte de Beuter, que S. Pierre envoia de Rome en Espagne S. Saturnin, qu'on ne peut dire avoir esté autre que celuy duquel nous parlons, pour ce qu'il adjoute « *postea Tolosanum episcopum* » pour y prescher l'évangile. « *Venit ergo Pompelonem, et septem dierum spatio, quadraginta hominum millia ad Christum convertit, ut Pompelonensis legit ecclesia, et intus Firminum civem Pompelonensem, episcopum et martyrem,* » qui est S. Firmin qu'il envoia à Agen pour y estre le premier évesque, d'où il passa à Angers et de là à Amiens, où il souffrit le martyre. Je sçay bien qu'il y en a qui rejectent ceste mission ou envoy de S. Firmin, plus de 234 ans après, et mettent sa mort soubz Dioclétian; ce qui ne peut estre quand bien on demeureroit d'accord de la mission et passion de S. Saturnin soubz l'empire de Dèce. Mais comme cela n'est point de mon sujet, j'en laisse la discussion à ceux qui y ont le principal intérest. Je dirai seulement qu'après ceste si merveilleuse conversion des Navarrois à la foi, S. Saturnin alla jusqu'à Tolède, où aiant emploié deux ans à prescher l'Evangile, sur la nouvelle qu'il eut que S. Papoul, visitant le diocèse de Tolose, où il l'avoit laissé, pour cultiver ceste jeune plante de fidèles, avoit esté cruellement massacré dans le Lauragais, près du lieu qui depuis fut appelé du nom de ce saint, il reprint la route de Tolose, pour y secourir les fidèles, qui estoient les premiers de ses travaux. Son arrivée ne peust estre si secrette dans ceste grande ville qu'elle ne fust bientost divulguée par les malins esprits, qui rendoient les responses de ce qu'on leur demandoit, lesquels estant demeurés muets à la présence de ce saint, pressés enfin par les prestres des idoles dans lesquelles ils estoient, respondirent que Saturnin leur ostoit la parolle, et qu'ils n'espérassent rien d'eux tandis qu'il subsisteroit dans leur ville. Ayant ainsi recongneu d'où leur venoit ceste disgrâce, firent appréhender S. Saturnin, lequel aiant conduit au Capitole, qui estoit le lieu où ils faisoient leurs sacrifices aux démons, et aiant trouvé un taureau sur le lieu, préparé pour immoler, lièrent le saint par les pieds et par les mains, et l'attachèrent à la queue de cest animal furieux, lequel irrité par les coups d'aiguillons, dont ces peuples idolastres le pressoient, l'emporta le long des degrés de ceste maison commune, et le traisna jusqu'au lieu où est à présent l'église de Taur, érigée en mémoire de ce que le taureau s'y arresta et s'y coucha; pourquoy se veoid la représentation de cest animal couché, en plusieurs endroits de l'Eglise, que S. Silve, successeur de S. Saturnin, fit bastir, et que S. Exupère, qui vivoit vers le tems de S. Hiérosme, dédia en l'honneur de ce saint. Fortunat, évesque de Poitiers, parle d'une, qu'il dit avoir esté édifiée par un certain Launebodie et Beretrude, son espouse. Ce n'est pas de celle-ci qu'il entend parler, mais de l'autre, en laquelle les reliques de ce saint furent cachées par deux femmes chrestiennes, lesquelles, nonobstant le danger où elles s'exposoient d'estre mises à mort par un peuple furieux, ramassèrent le corps, et l'ensevelirent et cachèrent dans un marais ou lac, non guères esloigné de là, où du depuis ceste église fut construite. L'on tient que ce fut dans ce lac que les Tectosages, qui habitoient Tolose, jectèrent durant une peste tous les thrésors et dépouilles, qu'ils avoient butiné sur les estrangers, lesquels Q. Cepio s'estant mis en devoir de faire pescher, tous ceux qui en prirent quelque chose moururent misérablement. Ce qui a donné lieu au proverbe, *Aurum Tolosanum*, pour une chose qui tant s'en faut qu'elle profite à celuy qui la possède, qu'elle lui porte plutost malheur.

Mais pour faire veoir davantage que les Tolosains ont toujours creu que S. Saturnin leur avoit esté envoyé par S. Pierre, j'ay veu autrefois dans le cloistre de l'Eglise Saint-Estienne, Cathédrale de Tolose, sur le pilier, qui fait un angle d'iceluy devant la porte de l'église, pour entrer audit cloistre et aller à la chapelle de Saint-Jacques, la représentation d'un S. Pierre assis, tenant ses clefs, à l'entour de laquelle est escrit :

Petrus pontificem benedicens mittit ad urbem;
Pro populi cura concessit ei sua jura.

Et sur l'autre costé, se veoid l'image de S. Saturnin, sur lequel ces mots *Sanctus Saturninus*, sont gravés, lequel tient une crosse épiscopale, comme l'aiant receue de la main de S. Pierre, avec ceste inscription qui descrit ce que signifie ceste crosse, en ces mots :

Curva trahit, quos recta regit, pars ultima pungit.

D'ailleurs, sur le frontispice de l'église de Saint-Saturnin ci-dessus qui regarde l'occident, y a plusieurs figures, l'antiquité desquelles tesmoigne qu'elles y ont esté mises dès le bastiment et édification d'icelle, entre lesquelles il y en a deux de marbre, dont l'une représente un Roy assis sur son throsne, à l'entour du diadesme duquel est escrit en lettres gothiques :

Judicat Antonius rex servum regis alius.

Tout joignant ceste figure, est celle de S. Saturnin, à costé de laquelle le vers suivant se lit :

Cum docet Antonium, non timet exitium.

et sur l'autre costé, le long de ladite figure, se veoid cest autre vers :

Ecce Saturninus, quem miserat ordo Latinus.

De l'autre costé, à mesme hauteur que les deux figures précédentes, se voient les images de S. Saturnin et de S. Martial, cizelés sur le marbre, dont le premier est en posture d'un baptizant une fille plongée dans une cuve, à la façon de nos fonts baptismaux, jusques au nombril, à costé duquel est escrit en semblables lettres :

Jure novæ legis sanatur filia regis;

et au pied de ladite image de S. Saturnin se lit :

Cum baptizatur, mox mordax lepra fugatur;

et tout vis-à-vis est la représentation de S. Martial, tenant une crosse épiscopale, comme assistant S. Saturnin en ceste cérémonie, à costé de laquelle est ce vers :

Hic socius socio subvenit auxilio.

Qui fait veoir que l'opinion commune du tems du bastiment de ceste église estoit que S. Saturnin et S. Martial estoient venus ensemble à Tolose. Ce que Grégoire de Tours ne nie pas, au contraire il l'assure, mais il se trompe en l'assignation du tems qu'ils y furent envoiés; car y a-t-il apparence qu'on eust eu ceste effronterie d'exposer à la veue de tout le monde leurs représentations et images, comme aiant esté envoiés par ce prince des Apostres en Languedoc et en Aquitaine, pour y annoncer l'évangile.

Si l'on veut dire que ces sculptures ne sont si anciennes qu'elles puissent persuader que S. Saturnin ait esté envoyé par S. Pierre, veu qu'il n'y a qu'environ six cens ans qu'elles ont esté faictes, qui ne peut avoir esté qu'en 1080, ou après qu'Yves, nostre évesque de Chartres, aiant réformé les chanoines réguliers de S. Augustin, en France, Isarnius, évesque de Tolose, les introduit en son église, à la persuasion de Guillaume, comte dudit Tolose, et de Raymond son frère, comte de Rhodés, et pour leur commodité leur fit bastir des lieux réguliers avec un cloistre, aux coings duquel il fit entailler ces représentations; je respons qu'il faut qu'il y aïe plus de onze cens ans au regard de celles qui sont dans l'église de Saint-Saturnin, que ces figures y aient esté posées, si elles y ont esté mises avec le bastiment de l'église; mais pour celles qui se trouvent au cloistre de Saint-Estienne, quoique plus récentes de cinq cens ans, elles n'y eussent esté taillées, si ceux qui les firent faire n'eussent désiré transmettre aux siècles suivants la mémoire de ceux par le soin desquels ils avoient receu la foy de Jésus-Christ, qui estoient S. Saturnin et S. Martial, duquel nous parlerons cy-après, mais pour suivre l'ordre qu'a tenu Grégoire de Tours, nous dirons plutost de S. Denys évesque de Paris, et ensuitte des autres, desquels pour ne rebuter le lecteur, par la longueur d'un chapitre nous ferons le suivant.

CHAPITRE IV.

Du temps que S. Denys, évesque de Paris, S. Austremoine et S. Martial ont esté envoiés aux Gaules, pour y prescher l'Evangile.

Bosquet, en son *Histoire de l'Eglise Gallicane*, partie ou livre premier, voulant prouver que S. Denys, l'évesque de Paris, n'est l'Aréopagite, rapporte un discours fait par un certain clerc de l'Eglise d'Angoulesme, au concile au synode de Limoges, tenu en 1031, par lequel il dit que S. Denys, évesque de Paris, est venu fort tard en France, et remontra qu'il avoit creu jusqu'alors que S. Denys l'Aréopagite et l'évesque de Paris fussent le mesme personnage, mais qu'aiant leu Bède, sur les *Actes des Apostres*, il auroit recongneu que l'Aréopagite estoit un autre que celuy de ceste première ville des Gaules, qui n'estoit qu'un avec le Corinthien. Il est vray que Bède le dit, mais il ne dit pas que S. Denys l'Aréopagite n'estoit le Parisien, ni que le Corinthien aie esté l'évesque de Paris. Les plus doctes se trompent bien souvent, et ne peuvent sçavoir tout; Bède sçavoit beaucoup comme ses escrits le tesmoignent, mais on ne peut nier qu'il ne se soit trompé en cest endroit, l'Aréopagite et le Corinthien estant deux personnages différents, entre lesquels ont couru plus de soixante ans; l'Aréopagite estant mort, selon la plus commune opinion en l'an 109 et le Corinthien en l'an 172; d'ailleurs dans la Bibliothèque de l'Eglise de Chartres, il se trouve une Vie de S. Denys, escritte en vieux caractères, laquelle porte disertement que l'évesque de Paris estoit l'Aréopagite. Ce clerc rapportoit beaucoup d'authorités de S. Jean l'Evangéliste et de S. Clément, pour establir son dire, qui ne lui peuvent néamoins servir que pour faire veoir son impertinence; ce qu'il ajoute de la passion de S. Marcel, qu'il fait frère de S. Marcelin, S. Saturnin et S. Denys, le confirme tout à fait, faisant pour parvenir à sa prétension un discours, qui seroit propre à déduire devant des enfans ou à des personnes ignorantes et privées de raison et jugement pour le croire.

Il dit donc que Marcel, jeune enfant qui estoit soubz la discipline de S. Sixte, pape, voiant que son maistre estoit grandement tourmenté, de supplices, il en fut espouvanté ; ce que S. Laurens recongnoissant, il luy conseilla de se retirer et de s'en aller trouver sa mère Marcelle et ses frères Marcelin et Denys, qui avoient esté envoiés par S. Clément pape, pour prescher ès Gaules. Marcel, suivant le conseil de S. Laurens, se mit en chemin avec un nommé Anastase, que le Martyrologe Romain fait soldat, et s'en vindrent à Argenton en Berri, où aiant esté arresté par le Président du lieu, pour sçavoir qui ils estoient, d'où ils venoient et où ils alloient, S. Marcel luy dit qu'ils estoient Chrestiens, qu'ils venoient de Rome, et s'en alloient à Tolose visiter ses frères Saturnin et Denys. Je ne voy point là encores qu'il soit dit que ce S. Denys fut évesque de Paris, ni qu'il soit venu en Gaules soubz Dèce ou Dioclétian, au contraire, il se veoid qu'ils y avoient esté envoiés par S. Clément pour y prescher l'Evangile.

Le lecteur prendra garde, s'il luy plaist, que ce qu'il ajoute est tout à fait ridicule, que Marcel estoit un jeune enfant, c'est-à-dire qui n'avoit que de sept à quatorze ans, dans lequel septenaire l'enfance est comprinse, sinon qu'il voulut dire adolescent, qui faisoit encores ses estudes, soubz S. Sixte, qui vivoit en 260, estoit fils de ceste Marcelle qui avoit esté envoiée par S. Clément, en Gaules, avec ses enfans Marcelin et Denys, cent soixante ans auparavant ou environ. Car si ces deux frères avoient esté envoiés par ce souverain Pontife, il faudroit que c'eust esté vers l'an 100 de Nostre-Seigneur, auquel an ils devoient avoir à tout le moins vingt-cinq ou trente ans, pour pouvoir estre ordonnés Evesques et estre envoiés en mission, tellement qu'au temps de Dèce qui ne régna qu'un an, depuis l'an 252 jusqu'à l'an 253, ils eussent deub avoir plus de neuf vingt ans, et leur mère plus de deux cens et tant d'années, qui n'est pas un aage pour avoir un jeune enfant, qui fût soubz la discipline de S. Sixte, qui souffrit le martyre l'an 261, sous Valerian, successeur de Dèce, et y eust eu une grande distance d'aage entre ces frères, les deux premiers desquels devoient estre morts il y avoit quelque huit ans, s'ils moururent soubz Dèce, quand Marcel vint pour les trouver après le martyre de S. Sixte ; qui est une chose tout à fait impertinente et sans raison. Et de fait nous avons justifié ci-dessus que S. Denys avoit 243 ans soubz Dèce, qui est un aage auquel on ne peut estre envoié en mission. D'ailleurs que ces Messieurs produisent un seul autheur qui die que S. Denys, l'évesque de Paris, et S. Saturnin, fussent frères, veu que, soit que S. Denys d'Athènes soit celui de Corinthe, qui aie esté évesque de Paris, ils ne peuvent avoir esté frères de S. Saturnin, le premier estant d'Athènes, le deuxiesme de Corinthe et le troisiesme de Patras, lesquelles villes, bien qu'elles soient dans la Grèce, sont néamoins fort éloignées les unes des autres, et situées en diverses provinces; la première estant dans l'Attique, la seconde aux Dardanelles et la troisiesme au Péloponèse ou Morée. Qui n'est pas pour estre frères; et quand bien cela seroit, que S. Denys et S. Saturnin fussent frères, cela seroit pour nous, considéré que S. Denys aiant esté disciple de S. Paul, et seroit décédé en 109, aagé de cent ans, S. Saturnin n'auroit peu estre guères moins jeune, et n'auroit peu passer jusques au règne de Dèce; la vie de l'homme n'estant de si longue durée, et n'estant estimée par le droit qu'à cent ans.

Ce clerc d'Angoulesme pouvoit avoir leu que S. Clément envoiant S. Denys ès Gaules, lui avoit donné pour compagnons, S. Saturnin, S. Marcel, S. Eugène, S. Rieul, S. Lucian, S. Sanctin, S. Antonin, S. Rustic et S. Eleuthère, et qu'estant arrivés à Arles, S. Denys, comme le chef de la mission, dépescha S. Marcel et S. Eugène en Espagne, S. Saturnin et S. Antonin en Aquitaine, mais il ne pouvoit pas dire que S. Marcel fust frère de S. Denys et de S. Saturnin.

Pierre des Noëls dit presque la mesme chose (1); que S. Clément aiant envoié S. Denys ès Gaules, il luy donna pour compagnons S. Rustic et S. Eleuthère, ausquels il associa S. Marcelin et S. Saturnin évesques, et S. Lucian prestre, qu'il envoia S. Marcelin en Espagne, S. Saturnin en Aquitaine et S. Lucian à Beauvais; de tout lequel narré je demanderois caution, attendu qu'il y a quelque chose à redire, ne trouvant aucun Marcelin qui aie esté envoyé évesque en Espagne, de ce tems là, mais quoique c'en soit, il n'y a pas un mot que S. Denys et S. Saturnin fussent frères de S. Marcelin.

---

(1) Lib. IX, ch. 41.

Pour S. Marcel, l'autheur de la Vie de S. Genoulf dit (1) qu'il fut martyrisé soubz Dèce à Argenton en Berri, avec S. Anastase, gendarme ; mais il ne dit point qu'il fut frère de S. Denys, ni de S. Saturnin, ni de S. Marcelin, non plus que Adon, Usuard et autres, qui ont composé des Martyrologes, qui disent seulement, le 29ᵉ jour de juin, que ces deux Saints souffrirent le martyre ensemble.

Ce seroit perdre tems de vouloir réfuter ces contes faits à plaisir par cest Angoulmoisin, qui tiennent plus de la fable que de l'histoire, et ne peuvent estre partis que d'un ignorant personnage sans raison ; car quelle convenance y a-t-il de ces Actes de S. Denys rapportés par cet Angoulmoisin, qui disent que S. Clément aiant consacré évesque un certain Philippes, il l'envoia prescher en Espagne, et S. Denys en Gaules, avec Marcelin, Saturnin et les autres susnommés, et ce qui est porté en ceste passion de S. Marcel, sinon une conformité de noms.

Ce que recongnoissant Bosquet, il se range d'un autre costé, et rapporte, dit-il, les actes de S. Denys, prins de cinq manuscripts, *optimæ notæ*, lesquels ne parlant un seul mot de S. Clément, il conclud par là que S. Denys n'a esté envoié par ce souverain pontife ; mais rétorquant la mesme façon d'argumenter contre luy et ceux de son opinion, n'estant point dit en iceux que S. Denys aie souffert soubz Dèce, il est donc vray de dire que S. Denys n'est pas mort soubz Dèce ; au contraire, leur montrant par autant de Légendaires, Bréviaires, Manuscrits et imprimés, autres que ceux dont se sert Doublet en ses *Antiquités de l'Abbaye de Saint-Denys, en France* (2), et d'aussi bonne note que ceux qu'ils pourroient produire, que ces mots sont disertement escrits en iceux : « *Sanctus igitur Dionysius, qui, tradente Clemente, Petri Apostoli successore*, et non comme ils allèguent, *ut fertur, a successoribus Apostolorum, verbi divini semina gentibus eroganda susceperat*, etc. Qu'est-ce qu'ils pourront dire ? veu que, par leur mesme raison, l'on peut conclure avec plus de raison que S. Denys aiant esté envoié par S. Clément il estoit donc du tems de S. Clément et que S. Clément estant décédé dès l'an 102, il falloit que S. Denys eut esté envoié ès Gaules auparavant l'an 102, qui est ce que nous demandons.

---

(1) Lib. , ch. 9. — (2) Lib. I, ch. 2.

Aussy, comme par un remors de conscience, tant la vérité est difficile à déguiser, ils ont mis ces mesmes mots, *ut fertur a successoribus Apostolorum*, à la marge, par un alias, et Bosquet, au chapitre dernier de son premier livre, est forcé de recongnoistre que S. Denys a esté envoyé aux Gaules par S. Clément, mais il dénie que ce fût l'Aréopagite. Encores que j'aye montré ci-dessus que S. Denys évesque de Paris et l'Aréopagite n'estoit qu'un, j'y adjouterai que, comme l'a remarqué Baronius, la pluspart des Apostres et des disciples de Notre-Seigneur estant décédés, et que ceux qui avoient esté envoiés aux provinces et villes particulières, pour y publier l'Evangile, avoient paié ce qu'ils devoient à la nature, S. Clément qui restoit de ce nombre, se voiant préposé au gouvernement de l'Eglise universelle, tascha par ses soins de réparer ceste perte, et d'envoier d'autres ouvriers en leur place, pour cultiver les églises particulières qu'ils avoient plantées avec tant de sueurs, arrosées de leur propre sang et conservées contre la rage des tirans, avec tant de peine et souffrances (1). Ce que n'aiant peu estre qu'après le meurtre de Domitian du vivant duquel S. Clément aiant esté esleu pour successeur de S. Pierre, il n'eut presque le tems de se recongnoistre, à cause de la persécution que ce prince cruel exerçoit contre les Chrestiens avec tant de violence, qu'ils n'osoient se descouvrir. Le seul soupçon de participer à leur croiance estoit criminel, et n'y avoit que l'exil, la mort, ou privation des biens, qui expiast la faute. La passion avoit tellement aveuglé cet Empereur, qu'il ne congnoissoit ni pardonnoit à personne, non pas mesme à ses plus proches parens et intimes amis. Qui me donne la pensée que S. Clément estoit bien empesché à tenir le timon de sa barque (2), pour parer aux vagues qui menaçoient de l'absorber dans ceste tempeste, et la croiance que ce fut seulement après l'an 99, à tout le moins au mesme an, qu'il envoia des Missionnaires aux provinces esloignées, pour y prescher l'Evangile.

Baronius veut que ç'aie esté devant l'an 98 (3), qu'il envoia S. Denys, S. Taurin, S. Eutrope, S. Cheron, S. Lucian et autres aux Gaules, voire que ce fut en ceste année qu'ils souffri-

---

(1) Tertull., *de Proscript.*, ch. 12. — (2) Euseb., *in Domit.*, lib. III. Suét., *in Domit.*, ch. 15. — (3) *Ad ann.*, num. II.

rent le martyre soubz Domitian. Ce que, sauf le respect deu à la mémoire de ce docte personnage, si bien mérité de l'église, n'a peu estre, si ce que les autres asseurent est véritable, comme je croy qu'il l'est, que S. Denys avec les susnommés ne vindrent ès Gaules que du temps de Nerva successeur de Domitian (1). Car on ne peut nier, après ce que tant d'escrivains en disent, que S. Jean l'Evangéliste aiant esté accusé d'impiété, c'est-à-dire d'estre chrestien, il fut conduit à Rome en l'an 92 de Jésus-Christ, selon Eusèbe en sa Chronique, voire en l'an 96, suivant Herman le Retore, où, par le commandement de Domitian, il fut jecté dans une cuve ou chaudière d'huile bouillante, de laquelle estant miraculeusement sorti sans lésion, il fut relégué en l'isle de Pathmos ditte *Palmosa*, en laquelle il demeura jusqu'au règne de Nerva, s'occupant à la conversion des infidèles, qui habitoient en icelle, et à composer son Livre des révélations, qu'il y avoit euës, que nous apelons *Apocalypse*, en l'an 97, sous le XVIIe Consulat de Domitian et de Tite Flavius, ou Fabius Clément (2). S. Denys l'Aréopagite estoit encores pour lors à Athènes, d'où il avoit esté ordonné Evesque par S. Paul, lequel escrivit à ce saint Evangéliste pour le consoler, l'exhortant à la patience et l'asseurant que bientost Dieu, meu de ses souffrances, le retireroit de l'affliction en laquelle il estoit, et le rendroit à son église, en laquelle il promettoit le visiter. Ce qui ne pust arriver du tems de Nerva, lequel, aiant succédé à Domitian en l'Empire, révoca tous les bannis et exilés, et les renvoia en leurs maisons, avec deffense à ses officiers d'en rechercher aucun pour crime d'impiété ou pour avoir fait profession de la religion des Juifs, soubz laquelle la religion Chrestienne estoit comprinse (3); de sorte que S. Jean jouissant du privilège ou bénéfice du prince, il s'en retourna à Ephèse où il estoit encore vivant soubz l'empire de Trajan et y mourut l'an 104, le dernier de tous les Apostres, aagé d'environ 93 ans (4): il y fut visité par S. Denys sur la fin de la mesme année 98, et en ceste entrevue, S. Jean conseilla à S. Denys de faire un

---

(1) Tertull., *de Proscript.*, ch. 36. Hierom., *in B. Matthœ.*, 92, ch. 23. Usuard, Ado, *in Martyrol.* — (2) Eusèb., lib. V, ch. 8. Iren., *Hyff.*, lib. V. S. Athanas., *in Syriasi méthaph.* — (3) Suét., *in Domit.*; *in Nerva.* — (4) Eusèb., lib. III et V, ch. 23.

voyage à Rome pour veoir S. Clément et conférer avec lui pour l'accroissement de la foy. S. Denys, persuadé par cest apostre de passer en l'Occident, voulut auparavant donner ordre à ses affaires et laisser un successeur en son église, qui eust soin de la maintenir et la conserver en la croiance qu'il y avoit enseignée.

Estant de retour à Athènes, il fit choix du nommé Publius, personnage de probité et suffisance, duquel il estoit asseuré, et l'aiant fait aggréer aux fidèles, il le consacra évesque d'Athènes et se démit entièrement de son administration sur lui. Tout ainsy disposé, il se mit en chemin avec quelques-uns de ses disciples et se rendit en la capitale du monde, où s'estant abouché avec S. Clément, ce souverain Pontife lui représenta le pauvre estat de l'église des Gaules, qui estoit sur le point de trouver son cercueil dans son berceau, pour n'avoir plus personne qui la maintînt; tous ceux qui avoient esté envoiés en ces fleurissantes provinces, par les Apostres ou leurs disciples, estant décédés soit par le martyre, soit de leur mort naturelle, qu'elle avoit besoin d'un homme de mérite et considéré en l'église, pour l'appuier en son penchant ou la relever de sa cheute, que s'il lui plaisoit rendre ce service, si aggréable à Dieu, si utile aux fidèles qui estoient demeurés comme des brebis sans pasteur, et si honorable pour lui, d'entreprendre le voiage des Gaules, pour les assister en la conservation de leur croyance, il feroit un acte d'une très-haute charité; qu'il avoit du monde avec lui, qui seroit bien aise de tesmoigner son zèle à la convertion des âmes, que s'il n'en avoit assés, il s'en trouveroit d'ailleurs qui seroient bien aises de l'accompagner en un si pieux dessain, qu'il n'avoit qu'à choisir ceux qu'il recognoitroit les plus propres pour une telle entreprinse, ausquels il imposeroit les mains, et leur donneroit tout le pouvoir nécessaire pour ceste mission, et les assisteroit de tout son pouvoir. Ces allées et venues ne furent d'un seul mois, il en fallut plusieurs pour aller d'Athènes à Ephèse, retourner d'Ephèse à Athènes pour donner ordre à une église qui n'estoit encores parfaitement establie, y constituer un évesque et préparer ce qui estoit nécessaire pour son voiage de Rome, d'où je conjecture qu'il s'en alla bien du tems à tout cela, et que S. Denys ne pust venir aux Gaules plustost qu'en l'an 99 ou 100. Ce qui peut se confirmer par ce que je veoid escrit sur l'entrée de la grotte de Saint-Denys-de-la-Chartre à Paris, où ce saint fut constitué prisonnier quelque tems après son arrivée en cette capitale des Gaules, lequel en parle en ces termes :

> En l'an soixante six de salut et de grâce
> A S. Denys prison fut ceste obscure place.

D'autant, qu'ajoutant ces soixante-six ans depuis l'an de salut, c'est-à-dire de la Passion de Nostre-Seigneur aux trente-quatre commencés dès sa naissance, il se trouve justement cent ans courants.

Je ne suis ignorant qu'il se lit en certains bréviaires que S. Denys aiant eu avis que les bienheureux apostres S. Pierre et S. Paul avoient esté emprisonnés à Rome, il s'y transporta pour leur rendre quelqu'assistance et service, pour ne demeurer méconnoissant de la grâce qu'il avoit receue de ce martyre; il s'arresta avec S. Clément, qui estoit au lieu de S. Pierre, lequel l'envoia par après à la conversion des Gaules. Ce qui ne peut compatir avec la vérité de l'histoire, pour autant que, combien que S. Clément eust esté désigné par S. Pierre pour son successeur, il laissa néamoins S. Lin et S. Clet, qui avoient esté coadjuteurs de S. Pierre de son vivant, exercer les fonctions Papales, s'en vouloir s'en entremettre qu'après le trespas du dernier, lequel estant arrivé le 26 d'apvril de l'an 93, il print possession de la chaire de S. Pierre, en laquelle il demeura neuf ans, et jusques au troisiesme de l'empire de Trajan, soubz lequel il souffrit le martyre.

D'où je conclus que S. Denys n'a pu estre envoié aux Gaules plustost qu'au tems que nous lui avons assigné, sçavoir en l'an 99 ou 100 de Nostre-Seigneur et qu'il y mourut seulement en l'an 109. Car s'il est vray qu'il eust cent ans lors de son martyre et vingt-cinq lorsque le Sauveur du monde rendit les derniers soupirs de sa vie sur l'arbre de la Croix, il avoit cent ans accomplis en l'an 109, et ainsy, on peut véritablement asseurer que S. Denys est mort soubz Trajan et non soubz Dèce, ou Dioclétian, et que s'il s'en trouve quelqu'un de pareil nom, qui aie vescu ou souffert soubz ces Empereurs, que ce n'a point esté l'Aréopagite ou l'Evesque de Paris, mais qu'il faut que ce soit quelqu'autre.

Pour S. Austremoine, Savaron, en ses *Origines de Clermont*, ne trouvant la suitte des prélats de sa ville, et se fondant sur le dire de Grégoire de Tours (1), a mis sa venue soubz Dèce, ce qu'autres pareillement ont suivi, et néamoins Guy Coquille ou qui que ce soit, sur la fin de l'*Histoire de Nevers*, escrit qu'il fust envoié par S. Pierre en laditte ville; où après avoir résidé quelque tems, il alla à Clermont en Auvergne, où il endura le martyre; ce qu'il dit avoir esté extrait de la Vie et Histoire de S. Cassius, évesque de Clermont, mise en lumière par René Benoist, et de fort anciens manuscrits qui se trouvent en l'église dudit Clermont et du monastère de Saint-Allire au mesme diocèse, et d'une légende qui est en l'abbaie de Saint-Victor, à Paris. Il le fait aussy disciple de Nostre-Seigneur, comme fait pareillement Baronius (2), lequel est d'avis qu'il aie esté envoyé par S. Pierre. A qui croira-t-on? A Grégoire de Tours? Ce n'est pas mon opinion, pour ce qui en a esté dit ci-dessus, ce sera donc aux autres, qui asseurent qu'il estoit disciple de Jésus-Christ, et partant qu'il n'a peu aller jusques soubz Dèce, qui est bien probable. Pour ce qui est de sçavoir s'il a esté disciple de Notre-Seigneur, nous en parlerons au chapitre suivant, expliquant comment ce mot de disciple se doit prendre.

Pour ce qui concerne S. Martial, bien qu'il ne soit fait aucune mention de lui dans les livres sacrés, si est-ce que Mre Pierre Hubert, évesque de Saint-Papoul, a laissé par escrit qu'il avoit veu à Rome, dans un ancien livre des Evangiles, au 18e chapitre de S. Matthieu, le mot *Martialem* au lieu de *parvulum*, qui est en nostre édition (3). Robert, chanoine régulier de Saint-Marian, dit qu'il estoit ce petit enfant que Jésus-Christ mit et proposa au milieu de ses Apostres, quand ils l'interrogèrent qui estoit celuy qu'il pensoit devoir estre le plus grand au roiaume des cieux. Comestor estime qu'il estoit ce petit garçon dont il est parlé en S. Jean, ch. 6, qui avoit cinq pains d'orge et trois petits poissons, lorsque le fils de Dieu en fit la multiplication. Pierre de la Mare dit *de Palude* raconte que S. Martial avoit sur le front le vestige des deux doigts que Nostre-Seigneur lui avoit apposés en le bénissant, comme il se veoid sur celuy de

---

(1) *Hist.*, lib. I, ch. 30, et *Gloria confessorum*, ch. 130. — (2) *Ad ann.* 46. — (3) Vincent Belvac., 9. *Suc. hist.*, ch. 39. Matth., 19.

la Magdelaine, où la chair est encores toute vermeille. Le pape Jean XX, escrivant à Jourdain, évesque de Limoges, en l'an 1031, dit que S. Martial aiant receu le S. Esprit avec les Apostres, il eut le don des langues et que « *Principi Apostolorum adhæsit, utpote carne propinquus et baptismate filius, à quo præcipiente Christo, ad prædicandum provinciis Galliarum, est destinatus,* » et définit qu'il peut estre appelé Apostre, et sa fête célébrée soubz le nom d'un Apostre. Ce qui fut confirmé au concile de Bourges tenu la mesme année, « *quia,* porte ce concile, *etsi reliquarum gentium Apostolus non est, totius tamen Galliæ ad Christianismum convertendæ princeps et Apostolus est.* » Le Martyrologe de l'église de Limoges, auquel lieu S. Martial a fini sa course, en rend ce tesmoignage : « *Apud Aquitaniam provinciam Galliæ, civitate Lemovicas, Natalis sanctissimi Martialis, qui unus ex septuaginta duobus discipulis electus, magnum meritum ad prædicationis officium cum Petro Apostolorum principe, complevit; postea vero, jubente Domino, Aquitaniam convertit.* » La Croix, en son *Histoire des Evesques de Cahors*, escrit que S. Martial amena avec lui en Querci S. Amateur, que le commun du païs appelle S. Amadou, qu'on tient estre celuy qui aidoit S. Joseph à porter Jésus-Christ en son bas aage, lequel, s'estant retiré dans une roche appellée encores à présent Rocamadou, où y a une grande dévotion, il y passa ses jours en estime de grande sainteté. Je ne fais ici estat des Epistres qui courent soubz le nom de ce saint, aux Tolosains et Bordelois, ni de ce que rapporte Guillaume Durand, en son *Rational du divin office* (1), que S. Pierre aiant envoié S. Martial avec S. Front pour prescher l'Evangile aux Gaules, S. Martial estant décédé en chemin à vingt journées de Rome, S. Front retourna vers S. Pierre, pour luy donner avis de ce qui se passoit, auquel S. Pierre donna son baston, pour poser sur le corps du deffunct, ce qu'aiant esté fait, vingt jours après, S. Martial revint en vie comme auparavant, et laissa ce baston à Bordeaux, pour ce que cela estant contesté par quelques-uns ne peut servir pour l'establissement de nostre opinion : et néamoins de ce qui a esté dit ci-dessus il se peut conclure que si S. Saturnin, S. Austremoine et S. Gatian ont esté envoiés en

---

(1) Lib. III, ch. 15.

Gaules avec S. Paul Serge, S. Denys, S. Trophime et S. Martial qui ont esté disciples des Apostres, desquels n'y avoit pas un longtems auparavant celui de Dèce, que S. Saturnin, S. Austremoine et S. Gatian n'ont esté envoiés soubz Dèce, mais bien au précédent, et qu'ainsy ce qu'escrit d'eux Grégoire de Tours ne peut subsister. Ce que nous confirmerons davantage au chapitre suivant.

CHAPITRE V.

Que l'opinion de Sévère Sulpice que les Martyres n'ont est éveus ès Gaules, si tost, pour ce que la religion Chrestienne n'a esté receue au-deça des monts que fort tard, n'est recepvable.

Respondant maintenant à la seconde raison de nos adversaires, prinse de Sévère Sulpice qui estoit que les martyres des Chrestiens n'ont esté veus ès Gaules si tost, d'autant que la religion chrestienne n'i avoit esté receue que fort tard, ou bien il entend que l'Evangile n'i a esté publié si tost qu'ès autres endroits, mais bien plus tard; ou bien que la foy n'a esté receue universellement par les Gaules que bien tard au respect des autres nations.

Pour le premier, on peut asseurer que l'Evangile y a esté annoncé dès la naissance de l'église, si ce que disent quelquesuns est véritable, que peu de tems après le martyre de S. Estienne, S. Lazare, S. Maximin et autres de leur compagnie le publièrent et preschèrent en Provence. Mais le plus certain est que les Apostres et disciples commencèrent par la Judée, d'où ils s'espandirent par tout l'Univers, selon le commandement qu'ils en avoient receu du fils de Dieu, en S. Marc, 16. Ce qu'ils accomplirent après qu'ils eurent receu le S. Esprit (1), ainsy

---

(1) Les *Serm. in natali apostol. Petri et Pauli.*

que l'a remarqué le mesme évangéliste en ces termes : « *Illi autem prædicaverunt ubique,* » où par le mot *ubique*, Bède, Maldonat et François Lucas entendent qu'ils furent aussy prescher aux Gentils, partout où ils peurent, sans aucun choix de lieu ou nation. C'est pourquoi Corneille de la Pierre a remarqué, sur le 9ᵉ verset du second chapitre des Actes des Apostres, que le S. Esprit estant descendu sur eux, il leur donna la congnoissance des langues étrangères entre lesquelles il nombre celle des Gaulois, ausquels ils devoient bientost estre envoyés. Il n'y a point toutefois de doute que la Judée et les provinces plus proches d'icelle n'aient receu l'évangile des premiers, et qu'en comparaison d'eux, les provinces plus éloignées ne l'aient receu plus tard, mais cela n'empêche pas qu'il n'y aie esté annoncé dès le premier voyage que S. Pierre fit à Rome, d'où il envoia S. Martial en Guienne, S. Savinian et S. Potentian en France, S. Aphrodise à Béziers, et ainsi des autres qui furent espars çà et là, ausquels il en adjoignit d'autres en ses second et troisiesme voiages. C'est pourquoy Tertulian, en son *Livre des Prescriptions*, dit que les Apostres, « *Primo per Judæam, contestata fide in Jesum Christum et ecclesiis institutis, dehinc in orbem profecti, eamdem doctrinam ejusdem fidei rationibus promulgarunt; et proinde ecclesias apud unamquamque ecclesiam condiderunt, a quibus traducem fidei et semina doctrinæ cæteræ ecclesiæ exinde mutuatæ sunt, ut ecclesiæ fiant, ac per hoc et ipsæ Apostolicæ deputantur ut soboles Apostolicarum ecclesiarum. Omne genus ad originem suam censeatur necesse est.* »

Ce qui a donné sujet au pape Innocent I, qui vivoit en 417, d'escrire que personne ne doutoit de son tems, pour estre notoire à un chacun, que les églises d'Italie, des Gaules, des Espagnes, de Sicile et d'Afrique n'eussent esté instituées par S. Pierre et ses successeurs, qu'il avoit ordonnés évesques, à quoy s'accordent les prélats de France assemblés à Troislé *(Trosley)* près Soissons, en l'an 909, soubz Hervé, archevesque de Reims, définissant au chapitre ou canon 15 de ce Concile, que : « *Cum generaliter ab uno capite Christo super petram, I. super confessionem Petri, sit ædificata ecclesia, manifestum tamen est per omnem Italiam, Gallias, Hispaniam, nullum instituisse ecclesias, nisi eos, quos venerabilis Petrus, aut ejus successores, instituerunt sacerdotes.* » où, par ces successeurs de S. Pierre, tant le Pape

Innocent que ces évesques du Concile de Troislé entendent S. Lin, S. Clet et S. Clément, que ce prince des Apostres avoit luy-mesme ordonnés évesques, et ses coadjuteurs, lesquels, par le décèds des premiers envoiés par S. Pierre, y en substituèrent d'autres en leur lieu et place, et en envoièrent aux endroits ausquels il n'y en avoit point, particulièrement S. Clément qui envoia S. Chéron à Chartres, après la mort d'Aventin, nostre premier prélat, S. Denys à Paris, S. Nicaise à Rouen, S. Taurin à Evreux, S. Eutrope à Saintes, S. Ursin à Bourges et autres en diverses provinces des Gaules, où la foy fut preschée et receue en fort peu de tems, de sorte qu'en celuy auquel vivoit Tertulian, qui estoit en l'an 200, il y avoit grand nombre de Chrestiens. Je l'apprens de lui-mesme escrivant contre les Juifs, quand il leur dit : « *In quem alium universæ gentes crediderunt, nisi in Christum, qui jam venit ? Cui enim et aliæ gentes crediderunt etc. Hispaniarum omnes termini, et Galliarum diversæ nationes, etc. in quibus omnibus locis, Christi nomen qui jam venit regnat.* »

Nos censeurs disent que cela se doit entendre aussi bien de la Gaule Cisalpine que de la Transalpine : on les prent au mot, mais on l'estend aux diverses nations par toute l'estendue des Gaules, tant en la Narbonnoise qu'Aquitanique, Celtique ou Belgique qui composent diverses nations, ausquelles Arnobe escrit y avoir eu des Chrestiens, sans nombre. Ils confessent bien que du tems de Tertulian, la foy avoit esté publiée à Lion, à Vienne, à Valence, à Albi, à Authun et Dijon, qu'ils veulent faire passer pour diverses nations de la France, combien que ce ne soient que villes, qui ne font une nation, mais seulement une assemblée de quelque peuple, où la nation s'estend davantage ; et s'entend d'un peuple de tout un païs, comme Lion ne comprend que la seule ville de Lion, mais non tout le païs du Lionnois, non plus que Vienne et Valence tout le païs du Dauphiné, mais leur seul territoire. Aussy ne peuvent-ils se restraindre à ces villes, il faut qu'ils confessent qu'on a envoié des prédicateurs aussi bien en la Gaule Celtique et Belgique, comme nous le montrerons ci-après par la confession mesme de Grégoire de Tours leur coryphée, qui demeure d'accord que S. Ursin a esté envoié à Bourges par les disciples des Apostres et S. Eutrope à Saintes par S. Clément.

On dit, pour ce premier, que Grégoire de Tours s'est trompé et qu'il s'est rétracté au 29ᵉ chapitre du premier livre de son Histoire ; mais je n'y vois point d'autre rétractation, sinon que s'estant enferré mal-à-propos en son opinion, qu'il rapporte au chapitre 28 précédent, de la mission de S. Martial, S. Trophime et autres soubz l'empire de Dèce, il n'en a voulu démordre, et a mieux aimé nier une vérité apparente qui est que si S. Ursin eust esté disciple des Apostres et envoié par eux, il n'auroit peu parvenir soubz l'empire de Dèce, auquel n'y avoit plus de disciples des Apostres vivans, que de confesser qu'il eust esté envoié par eux, combien que ce feust la commune opinion. Car s'il est vrai, comme l'asseurent quelques-uns, que S. Ursin fust Nathanael duquel il est parlé en l'Evangile (1), c'est sans doute qu'il a esté l'un des disciples non-seulement des Apostres, mais de Nostre-Seigneur. L'église de Bourges le tient constamment par une tradition de père en fils (2), de laquelle on ne doit témérairement se retirer, ne s'y rencontrant aucune absurdité, comme il n'y en a point à dire que Nathanael fust S. Ursin qui pouvoit avoir deux noms comme S. Matthieu qui avoit nom aussi Levi, et plusieurs autres parmi les Juifs, qui avoient pareillement double dénomination. Il n'y a guères d'apparence que ce Nathanael, qui avoit receu cest éloge d'honneur, de la bouche du fils de Dieu, d'estre vrai Israélite, fust demeuré les bras croisés et sans rien faire, où tous les Apostres et disciples travailloient en la vigne de Dieu. Qu'on montre en quelle église il a esté assigné, pour l'exclure de celle de Bourges. Ce que personne n'aiant encore fait, au contraire plusieurs graves autheurs aiant laissé par escrit que Nathanael et S. Ursin n'estoient qu'un mesme personnage, pourquoi ne pourra-t-on pas dire que S. Ursin estant disciple de S. Pierre, a esté envoié à Bourges par les disciples des Apostres, c'est-à-dire par S. Lin, S. Clet ou S. Clément ; Grégoire de Tours le disant mesmement, qui, pour raison de ce, est argué par le docteur d'Espence sur la deuxiesme à Timothée, d'un manquement de mémoire, pour en avoir autrement parlé en son *Histoire*, qu'il n'a fait en son *Livre de la Gloire des Confesseurs* (3), et ainsi, on peut nier

---

(1) Joann., 1. — (2) Voy. Claud. Robert., *in Bituric episcoporum serie.* — (3) Ch. 80.

absolument que S. Ursin aie esté envoié aux Gaules sous l'empire de Dèce. Ce que rapporte Grégoire en son *Histoire* (1), que les Chrestiens, qui estoient à Bourges, s'addressèrent à un Léocadius, qui estoit de la race de Vectius Epagatus, qui souffrit le martyre à Lion, pour achepter sa maison, et y faire une église, ne fait rien contre nous; car il n'est pas dit là que S. Ursin voulust achepter ceste maison pour y bastir une église, mais les Chrestiens. Voire, il n'est parlé là un seulement de S. Ursin, et est dit seulement qu'un quidam des disciples de ces évesques, que cest autheur veut avoir esté envoiés soubz Dèce, estant venu à Bourges, y annonça la foy de Jésus-Christ, ou par ce quidam, on peust entendre aussitost un autre que S. Ursin, duquel on ne peut pas dire que Grégoire de Tours n'eust la congnoissance, puisqu'il avoit parlé de lui disertement en son *Livre de la Gloire des Confesseurs*, qu'on veut qu'il aie composé avant celuy de son *Histoire*, et pouvoit aussi tost nommer S. Ursin que dire un quidam. De plus, ce lieu de Grégoire bien entendu ne peut s'expliquer autrement, sinon que, après que la paix eust esté donnée à l'Eglise par les Empereurs, qui succédèrent à Dioclétian (2) qui avoit fait abbatre tous les temples et oratoires des Chrestiens, ceux de Bourges se voiant en la liberté de le faire, voulurent rebastir le leur, et pour en édifier un beau et capable de contenir ceux qui se convertissoient de jour à autre, à l'exemple de Constantin qui avoit embrassé la foy de Jésus-Christ, ils voulurent achepter la maison de Leocadius, qui pouvoit estre de la race de Vectius Epagatus, et qui avoit souffert le martyre à Lion, vers l'an 179, du temps du pape Eleuthère, en quoi il n'y a aucun inconvénient.

Quand à S. Eutrope, nos censeurs procèdent de mauvaise foy, disant que Grégoire de Tours n'assigne aucun temps à sa mission (3), veu que cet autheur escrit que ce fut soubz S. Clément: « *Eutropius quoque Martyr*, dit-il, *Sanctonicæ urbis a beato Clemente episcopo fertur directus in Gallias, ab eodem etiam Pontificalis ordinis gratiâ consecratus est.* » Tellement que S. Clément aiant siégé dans la chaire de S. Pierre depuis l'an de Nostre-Seigneur 93 jusques en 102, il faut conclure que S. Eutrope a

---

(1) Lib. I, ch. 3. — (2) Eusèbe, lib. III. Théodoret, lib. III, ch. 15. — (2) *De Glor. Mart.*, lib. I, ch. 56.

esté envoié par S. Clément, environ l'an 100, auquel S. Denys et autres ci-dessus desnommés furent envoiés pour prescher l'Evangile aux Gaules. Quand à l'histoire de la passion de S. Eutrope (1) que ces Messieurs disent ne se trouver point, un docte personnage de ce temps a laissé par escrit que S. Denys l'avoit recueillie et l'avoit envoiée à Rome à S. Clément, qui peut justifier que ce prélat estoit décédé devant ce Souverain Pontife, et auparavant S. Denys; et ainsi que S. Clément aiant souffert le martyre, dès l'an 102, il falloit que S. Eutrope fût mort au précédent, et partant que les martyres eussent esté veus aux Gaules, dès le commencement que la foi y fut publiée.

Je ne prétends respondre à tout ce que ces Messieurs avancent contre l'opinion commune, mais seulement deffendre ceste dernière, qui a eu cours par toute l'Eglise par tant de siècles, quoiqu'en vueille dire Sévère Sulpice qu'on fait parler à mon advis contre son intention; et quand bien elle seroit telle qu'ils nous la représentent, elle n'est de telle authorité, qu'elle puisse renverser la croiance de toute l'Eglise.

Le canon *Sancta Romana*, disti. 16 descrédite entièrement son Dialogue entre Posthumian et Gallus, qui fait le IIIe livre de la *Vie de S. Martin*, d'escrite par cest autheur, le nombrant entre les livres apocryphes, soubz ces mots : *Opuscula Joviniani et Galli*, et Bellarmin, en son *Livre des Escrivains ecclésiastiques*, remarque qu'il le faut lire prudemment, à cause des erreurs, qui se trouvent en ses livres, d'autant que sur ses vieux ans estant tombé en l'hérésie des Pélagiens, ceste faute a beaucoup diminué la croiance qu'on eust peu avoir en lui. Je veux bien que, comme l'a escrit Trithème, il garda le silence jusques à sa mort, pour avoir trop parlé, affin de corriger, en se taisant, le péché qu'il avoit contracté en parlant, mais il ne dit pas qu'il se fust destrompé de l'erreur des Pélagiens, auquel il estoit tombé, ny qu'il s'en fust rétracté, qui rend tousjours sa foi suspecte et douteuse, et bien que ce qu'il escrit dans son histoire ne soit articles de foi, si est-ce qu'estant contre celle de l'histoire, on ne vouldra s'en rapporter à lui, mesmement trouvant de la contradiction en son dire; car, après avoir escrit dans son histoire que la première persécution contre les Chrestiens

---

(1) Du Saussay, en son *Martyrologe Gaulois*.

avoit commencé à Rome soubz l'empire de Néron, laquelle fut poursuivie par toutes les provinces, qui luy estoient sujectes, ainsy que l'a remarqué Paul Orose (1), disant que *Nero primus Romæ Christianos suppliciis et mortibus affecit, ac omnes Provincias pari persecutione excruciari imperavit*, qui est-ce qui croira qu'elle n'aie passé jusques dans les Gaules, qui estoit une province assés considérable pour l'y faire avancer, estant mesmement assés proche de l'Italie, ou plusieurs souffrirent lors.

S. Pierre avoit desjà envoié ses disciples ès Gaules, S. Zacharie à Vienne, S. Savinian et S. Potentian à Sens, et autres qui furent envelopés en ceste borrasque la mesme année du maytire des bienheureux Apostres, qui arriva l'an de Jésus-Christ 69, et le 13ᵉ de l'empire de Néron, qui fait veoir que les martyres ne furent exercés aux Gaules fort tard, puisque ce fut dès le commencement de la publication de l'Evangile, et la raison que Sévère rapporte est très impertinente, que c'estoit à cause que la foi n'y avoit esté receue que fort tard; d'autant que si par ce mot de receue, cest autheur a entendu que la foi Chrestienne n'avoit esté embrassée généralement par tous les peuples des Gaules que fort tard, comme je lui donne volontiers les mains, il faut pareillement qu'on m'accorde qu'en ce tems-là il n'y avoit plus de martyres, les persécutions aiant cessé par la démission de Dioclétian, lequel, s'estant dépouillé avec son collègue Maximian de la pourpre impériale, et Constantin s'en estant revestu, la paix fut donnée à l'Eglise, et la liberté d'embrasser la religion Chrestienne, à toutes sortes de personnes; voire dès auparavant, il y avoit quantité de Chrestiens dans les Gaules, comme l'a bien sceu remarquer Arnobe (2) qui vivoit environ l'an 300, quand il escrit contre les Gentils: *Si in Asia et Syria idcirco mures et locustas effervescere prodigialiter voluerunt, quod ratione consimili habitarent in eorum gentibus Christiani in Hispania, Gallia, cur eodem tempore horum nihil notum est, cùm innumeri viverent in his quoque Provinciis Christiani.*

Que si l'on m'objecte que Sévère Sulpice, parlant de la Touraine, il escrit que *Antè Martinum pauci admodum immò penè nulli in illis regionibus Christi nomen receperant*, ce

---

(1) Lib. VII, ch. 5. — (2) Trithem., *De viris illustrib.*

qu'estant après l'an 400, on peust dire que la foi n'a esté receue en France que fort tard, je responds que je ne veux pas nier qu'il n'y eust encores des infidèles par la France, particulièrement dans les villages, les habitans desquels on a eu beaucoup de peine à convertir et à réduire à l'obéissance de l'Evangile ; c'est pourquoi pour dire un infidèle, on usoit du mot *Paganus*, pour faire veoir que c'estoit les païsans particulièrement qui estoient demeurés en leur infidélité, où ceux des villes avoient receu le doux joug de Jésus-Christ, voire mesme quelques villages. C'est ce qu'enseigne Eusèbe, qui vivoit un siècle entier devant Sévère Sulpice, quand il escrit que Dieu se servit de Tibère, empereur, *ut absque ullo obstaculo in ipsis dumtaxat initiis Evangelii sermo usquequaque percurreret. Unde factum est ut repentè quasi cœlitùs lumen ostensum, aut radius quidam solis erumpens, totum orbem claritate superni luminis illustraret, ut compleretur illa Prophetia quæ dixerat :* « *In omnem terram exivit sonus eorum* », *Evangelistarum scilicet et Apostolorum,* « *et in fines orbis terræ verba eorum.* » *Ex quo et per omnes civitates ac vicos, immensæ multitudinis velut messium tempore frumenta ad areas, ita ad ecclesias populi congregabantur.* D'où il se peut recueillir que, dès l'an 300, la foi avoit esté receue dans les villes et villages ; car, comme l'a remarqué S. Hilaire, qui vivoit quelque cinquante ans après, escrivant sur le pseaume 147 : *Prædicationis regni Dei non fuit lenta properatio sed in omnem terram indefessa mobilitate et celeri transcurrit.* Qui montre que la foi ne fut receue si tard ès Gaules, comme le dit Sévère Sulpice. J'adjouste que S. Martin trouva en France des Evesques, quand il y vint, et par conséquent des Chrestiens. S. Hilaire estoit évesque de Poitiers : *Cujus tunc in Dei rebus spectata cognita fides habebatur,* avec lequel S. Martin se retira et fut fait exorciste de sa main. Il y eut semblablement un synode ou assemblée d'Evesques des Gaules, à Nismes, du tems de l'épiscopat de S. Martin, qui avoit esté esleu évesque de Tours. Or, comme une eslection de prélat ne se faisoit en ce tems-là que par un clergé et le peuple, il falloit donc qu'il y eust à Tours un clergé et un peuple, et partant des Chrestiens, et ainsy la foi n'a esté receue si tard ès Gaules que Sulpice l'escrit.

De plus, si ceux de contraire opinion veulent nous opposer ce passage de Grégoire de Tours en l'Epistre escrite à Ste Radegonde, roine de France, par ces sept Evesques, dont il fait mention, il sert plustost contre eux, que contre nous, d'autant que disant *que cum ipso Catholicæ religionis exortu cœpissent Gallicanis in finibus venerandæ fidei primordia respirare, et adhuc ad paucorum notitiam tunc ineffabilia pervenissent Trinitatis Dominicæ sacramenta : ne quid minus acquireret quam in orbis circulo prædicantibus Apostolis. B. Martinum peregrina de stirpe ad illuminationem patriæ dignatus est dirigere misericordiâ consulente. Qui licet Apostolorum tempore non fuerit, tamen gratiam Apostolicam non effugit.* Il ne veut pas dire qu'ès Gaules, du tems de S. Martin, personne, ou fort peu, ne sçavoient le mystère de la Trinité, pour ce que S. Hilaire avoit escrit déjà *douze livres* de ceste matière à l'encontre des Ariens qui en avoient particulièrement aux trois personnes divines, qui avoient esté preschées dès le commencement par les Apostres. Car Jésus-Christ les aiant envoiés pour annoncer son Evangile, il leur avoit commandé qu'après avoir esté instruits des mystères de nostre religion, ils eussent à les baptizer au nom du Père et du Fils et du Saint-Esprit, qui sont les personnes de la Trinité ; ils ne pouvoient le faire sans leur expliquer quelles estoient ces personnes, qui estoit leur enseigner le mystère de la Trinité, aiant particulièrement affaire à des hommes faits, qui se convertissoient du paganisme à la religion Chrestienne, lesquels il estoit nécessaire d'instruire, auparavant que de leur conférer un sacrement, qui est comme la porte par laquelle ils entrent en l'église. C'est pourquoi le pape Alexandre I, en son Epistre I, escrivoit à tous les orthodoxes de croiance à Dieu, en diverses provinces, en l'an 130 ou environ : *Fidem S. Trinitatis sic docendam à patribus accepimus, vobisque tradendam subditis destinamus*, et rapporte divers passages de l'Escriture, par lesquels ce mystère se peut prouver, mais disant qu'il tenoit la foi de la Trinité, de ses pères, c'est-à-dire des Apostres, il n'y a point de doute que ce mystère n'aie esté congneu dès le commencement de la prédication de l'Evangile, non-seulement à Rome, mais par tout l'univers. C'est pourquoy S. Chrysostôme, escrivant sur ces parolles de l'Apostre en son Epistre aux Romains : *Quoniam fides vestra annuntiatur in universa mundo*, dit que : *Tanta erat crucifixi potentia ut evangelii sui verbum corum quoque diffunderet*, et un peu plus bas : *Non enim alicubi stetit veluti alligata verbi prædicatio, sed vehementius igne rapido universum orbem corripuit.* Ce qui est appuié du dire d'Egesippe, lequel, parlant de Jésus-Christ, escrit que *Ex quo cœpit congregatio Christianorum, et in omne hominum penetrare genus : nec ulla natio Romani orbis remansit, quæ cultus ejus expers redderetur*. Mais un certain Père le dit plus clairement, parlant de la paix, qui fut en l'Eglise dans l'intervalle qui courut depuis la persécution de Néron jusques à celle de Domitian, en ces termes : *Præsentissimo pacis illius commodo utentes Apostolorum legati Gallias adventantes, Gallos plerosque ritus Christiani sanctitate imbuerunt* (1). Donc ce mystère n'avoit commencé à estre congneu aux Gaulois du tems de S. Martin, mais dès le tems des Apostres.

Que s'ils n'en veulent croire aux Pères de l'Eglise, ils s'en rapporteront peut-estre plustost à un athée (2) qui vivoit du tems de S. Paul et soubz l'empire de Trajan, lequel en son *Philopatre*, parlant de cest Apostre en la personne de Triephon, dit qu'il avoit esté baptizé par lui et conseilloit à Critias de jurer, non par Jupiter, mais *Deum altè regnantem, magnum, ætherium, atque æternum, filium patris, spiritum ex patre procedentem, unum ex tribus, et ex uno tria*, par lesquelles parolles il confesse la Trinité des personnes en une unité d'essence. Je n'allègue point le Symbole de S. Athanase, qui avoit demeuré à Trèves, qui estoit nombrée entre les bonnes villes des Gaules, où il fait recongnoistre qu'il estoit bien instruit en ce haut mystère de la Trinité, plus de cinquante ans auparavant que S. Martin parust. Il est bien vray néamoins que l'hérésie d'Arius s'estant fort avancée du temps de ce prélat, Dieu le suscita à son Eglise, pour s'opposer aux blasphesmes de cest imprudent hérétique; mais de cela l'on ne peut tirer que les Martyrs n'ont esté veus aux Gaules que fort tard, pour ce que la foi n'y avoit esté receue que fort tard, ce que nous justifierons encore davantage aux chapitres suivants.

---

(1) S. Leo, *Serm. I de Apostol. Petro et Paulo*. — (2) Lucian., *in Philipator*.

CHAPITRE VI.

Continuation des Responses faites aux raisons des Adversaires, pour le maintien de l'opinion de Sévère Sulpice.

Il ne sera pas malaisé de respondre à la troisiesme raison de nos adversaires touchant les Actes particuliers des Eglises, desquels ils se servent pour prouver leur assertion, pour ce que la plupart sont faux, ou ont esté falsifiés par ceux qui les ont voulu restablir après l'incendie, qui en fut fait par le commandement de Dioclétian, environ l'an de Nostre-Seigneur 303. Car sachant que S. Clément avoit institué en l'église sept notaires, qui devoient exactement rechercher les Actes des Martyrs, et que le pape Fabien y en auroit ajouté autant, mesmement qu'il auroit acheté les Actes Proconsulaires, pour quoy il avoit esté mis à mort, croiant ruisner la religion Chrestienne par le bruslement de ces Actes, qui contenoient la vie, passion et mort, de ceux qui avoient souffert pour la confession de Jésus-Christ, la mémoire desquels se perdroit avec le tems, auroit fait un édit par lequel il commandoit qu'ils fussent jectés au feu. La recherche en fut si exacte que c'est une merveille si quelques-uns se sont sauvés et soient demeurés en la mesme sincérité, en laquelle ils avoient esté conceus et escrits ; car pour les autres qui ont esté restablis du depuis, on y a meslé tant de sornettes, que, comme les mouches mourantes dans l'onguent en font perdre l'estime, ces additions les font mespriser à cause de leur impertinence et peu de jugement et raison de ceux qui les ont publiés et mis au jour. Nous avons faict veoir ceste vérité par le tesmoignage d'Arnobe, qui vivoit en ce tems-là, et la lecture de la pluspart nous le fait recongnoistre. Ils ne se trouvent conformes les uns aux autres, et s'il y a du manquement en l'un, il y a du superflu en l'autre, qui est contre l'ordre de l'histoire, qui doit estre esgale en tout et partout.

Nos adversaires nous inculquent de la Vie de S. Saturnin, comme si elle estoit escripture de foi, à laquelle on deust croire aveuglément, et pour ce qu'elle est rapportée par Grégoire de

Tours, où néamoins, ni l'authorité de cest autheur, ni la foi de celui duquel il la rapporte, ne peuvent induire à croire ce qui est dedans icelle, pour n'estre conforme aux autres, qui se trouvent diverses de celle-là! J'en ai trois manuscrites, lesquelles ne se rapportent nullement; l'une dit que S. Saturnin a esté envoié par S. Pierre (1), l'autre ne cotte point par qui, mais dit seulement qu'il a esté envoié aux Gaules soubz Decius et Gratus; l'une dit qu'il estoit accompagné lors de sa prinse *presbytero uno et duobus Diaconibus*, l'autre qu'il l'estoit *duobus presbyteris suis*. L'une dit qu'il estoit disciple de Jésus-Christ, l'autre qu'il estoit deux cent cinquante deux ans après. Eux-mesmes nous objectent que la pluspart des Vies des Saints ont esté supposées ou interpolées et farcies de resveries de quelques idiots, et veulent que nous croions plustost à celle que Grégoire de Tours rapporte de S. Saturnin, qu'aux autres, qu'ils disent n'avoir esté mises en lumière par personnes, qui fussent présentes à leurs martyres, ou du temps qu'ils les ont souffert. Or, je leur demande si Grégoire de Tours estoit du temps de S. Saturnin, ou si celui duquel il en a prins la vie estoit lui-mesme présent lorsque ce saint endura, ils ne peuvent asseurer l'un ne l'autre, d'autant que Grégoire de Tours escrit luy-mesme, à la fin du Xe livre de son *Histoire*, qu'il l'a composée l'an 21 de son épiscopat, qui tomboit en l'an de Nostre-Seigneur 633, qui est 413 ans après le règne de Dèce, et l'autheur de ceste vie n'a peu estre que longtems après, rescongnoissant qu'il ne tenoit que par tradition ce qu'il en escrivoit, qui est, comme porte celle que j'ay manuscrite : *Ante annos satis plurimos, id est Decio et Grato consulibus, sicut fideli recordatione retinetur, primum et summum Christi Tolosæ civitas S. Saturninum cœpit habere sacerdotem*, qui sont presque les mesmes paroles dont se sert Grégoire de Tours. Combien y a-t-il de choses, qu'on a voulu autrefois faire passer pour Actes des Saints, lesquels sont rebuttés et rejectés par l'église, et que nos correcteurs n'admettront volontiers : révèrent-ils ceux qu'on escrit de la Magdelaine, de Ste Marthe, de S. Front, évesque de Périgueux, et autres de mesme farine, qui ressemblent plus à des romans, qu'à une véritable histoire? C'est ce que je ne

---

(1) Vincent Belv., lib. IX, ch. 112.

crois pas qu'ils voulussent faire, tant ils sont délicats en leur croyance. Et pour ce, sans nous arrester davantage à réfuter ceste raison, je passe aux autres raisons, objections ou arguments, qu'ils apportent contre nous, pour fonder leur opinion; pour lesquelles rembarrer, je dis que :

C'est mal à propos que nos adversaires reprennent Paul Diacre, dit autrement Varnefroy, de ce qu'il escrit, en son *Livre des Evesques de Metz*, que S. Pierre envoia en icelle ville S. Clément, qu'on tient avoir esté oncle de S. Clément premier du nom, Pape : *Virum egregium ac meritis probatum, sublimatum Pontificali dignitate, cum quo pariter (sicut antiqua tradit relatio) ad eas, quæ præcipuæ erant Galliarum urbes, verbo fidei obtinendas, alii quoque religiosi Doctores ab eodem Apostolorum Principe missi sunt.*

Un d'entre eux, confondant ce que cest escrivain en dit là, avec la Vie du mesme Clément, qu'il prétend avoir esté escrite par le mesme autheur, dit, pour ses raisons à l'encontre, qu'il y a beaucoup de choses en icelle, qui repugnent à la vérité de l'histoire, tant de ce saint, que de la générale. Il dit entre autres choses qu'il ne se trouvera point que Pierre aïe envoié à Brindesi, dit en latin *Brondusium*, un certain Luce pour évesque, attendu qu'il n'en est fait aucune mention dans l'histoire ecclésiastique du passé; 2° Qu'on ne sçait qui est cest Anathelius, que l'auteur de ceste vie escrit avoir esté envoié par S. Pierre, à Milan, veu que la plus commune opinion est, que le premier évesque de ceste ville a esté S. Barnabé; 3° Qu'il est porté par icelle que S. Marc, l'Evangéliste, fut envoié par le mesme prince des Apostres à Aquilée pour y faire les fonctions épiscopales; combien que S. Hiérosme et ceux qui ont faict estat des lieux, ausquels ce saint a annoncé l'Évangile n'en fassent aucune mention; 4° Que cest autheur se trompe, quand il dit que c'estoit une tradition ancienne d'envoier aux principales villes des Gaules des docteurs très-religieux, ne pouvant montrer que S. Pierre en eüe envoié à Lion, quoiqu'elle soit une ville des plus importantes de la France ; 5° Que le mesme escrivain ne peut montrer que *Stola* fust un vestement, ou habit propre aux premiers évesques ou prebstres du tems des Apostres ; 6° Que la formule, *in nomine summæ et individuæ Trinitatis*, fust lors en usage.

Je ne voudrois me mectre en peine de respondre à ces objections, si je ne recongnoissois qu'elles sont advancées par nos adversaires, qui croient par ce moyen pouvoir énerver et rendre inutile l'authorité de cest escrivain, qui bat en ruine leur opinion, en quoi toutesfois ils se trompent, pouvant plustost servir à confirmer la nostre. Ce qui se verra par la response que nous ferons à chacune d'icelles.

Je respons donc à la première, qu'encores que l'histoire ecclésiastique ne parle aucunement de Lucius, c'est mal conclus qu'il n'a esté évesque de Brindesi, veu que l'histoire ecclésiastique ne parle de tous ceux, qui ont eu charge en l'église, estant comme moralement impossible de le pouvoir faire. J'ay Eusèbe de Césarée pour garand, lequel au IIIe livre de son *Histoire*, parlant de ceux qui estoient en mission, ausquels S. Pierre escrivoit, il dit de tous ceux-là que *Si qui constantes in fide et æmulatores verbi Dei reperti sunt, etiam regendas ecclesias, quas Apostoli fundaverant, susceperunt, quorum nomina non est facile explicare per singulos.* Aussi de vouloir tirer ceste conclusion que ce Lucius n'a esté évesque de Brindesi, pour autant qu'il n'est fait aucune mention de lui dans l'histoire ecclésiastique du passé, il n'y a personne de sain jugement qui l'approuve. Car, comme cet argument seroit très impertinent, Robert, père de Hugues Capet, ne se trouve point dans la liste ancienne des rois de France, donc il n'a esté roi de France ; suffisant qu'on puisse prouver par actes particuliers qu'il a porté le sceptre et la couronne Gauloise, aussi est-ce assés qu'il soit fait mention de ce Lucius ès tables de son église, comme du premier évesque qui y a esté constitué, ainsi que l'a remarqué Philippes Ferrier, au fueillet 26 de sa *Nouvelle Topographie sur le Martyrologe Romain*, lettre B, soubz le mot *Brundesium*. Aussi peust-on dire que c'est le mesme, dont parle S. Grégoire-le-Grand, au livre IX de son *Registre*, épistre 73, et Baronius dans son *Martyrologe*, l'onziesme de janvier.

Pour le second, je demeure d'accord que S. Barnabé a esté envoié à Milan par S. Pierre, pour le premier évesque du lieu, mais cela n'exclud pas que S. Anathole n'y aie aussi esté envoié, comme il arriva en l'an 58, après que S. Pierre eut fait revenir S. Barnabé vers lui pour l'employer ailleurs. Le Martyrologe Romain en fait mention le 25 septembre en ces termes : *S. Ana-*

tolonis, episcopi, qui B. Barnabæ apostoli discipulus, in ejus locum ecclesiæ Mediolanensis episcopus successit, qui justifie que ce S. Anathole a esté évesque de Milan.

Quant à la troisiesme, est-ce une bonne raison, pour prouver que S. Marc n'a esté pourveu de l'église d'Aquilée, d'alléguer que S. Hiérosme, ni ceux qui ont parlé des lieux ausquels cest Evangéliste avoit annoncé l'Evangile, n'en ont fait aucune mention (1), pour ce qu'ils n'estoient obligés d'escrire tout ce qu'avoit fait S. Marc, n'aiant pas creu que ceste observation fust assés glorieuse, pour honorer la mémoire de cest Evangéliste, que S. Pierre n'y avoit envoié en icelle ville qu'en attendant et pour un tems, son dessain estant de le promouvoir ailleurs, comme il fit puis après, l'aiant envoié en Alexandrie, où il finit ses jours. On ne doit pas nier pourtant qu'il n'aie présidé à l'église d'Aquilée, à tout le moins qu'il n'y aie demeuré, veu que plusieurs sont de ceste opinion que S. Pierre l'y envoia, comme en un lieu de retraicte, pour y escrire en grec l'Evangile, qu'il lui avoit dicté (et pourquoi il l'appelle sien), et l'avoit rédigé en latin en la ville de Rome. Car le dessain de ce prince des Apostres n'estant de retenir toujours près de lui, en l'Occident, ce sien disciple, mais de l'envoier au Levant, pour y annoncer un Christ crucifié, il voulut qu'il emportast avec lui son Evangile tourné en grec, pour le prescher à des Grecs. C'est pourquoi Pierre des Noëls, aiant escrit que cest Evangéliste avoit esté envoié par S. Pierre à Aquilée, *Ibi*, adjouste-il, *Evangelium suum quod alias Romæ latinis litteris conscripserat, iterum Græco eloquio enarravit.* Mais pour ce que nos censeurs ne reçoivent pas volontiers le tesmoignage de cest autheur, je leur produirai celui d'un autre, sçavoir d'Orderic Vital, qui avoit escrit auparavant lui que S. Pierre avoit envoié S. Marc à Aquilée, ce qu'il n'eust fait, s'il ne l'eust trouvé dans quelque escrivain plus ancien que lui.

Quand à la quatriesme raison, je respons qu'encores qu'il ne se trouve précisément que S. Pierre aie envoié quelqu'un pour prescher l'Evangile à Lion, ou en qualité d'évesque, ce n'est pas une conséquence qu'il n'en aie point envoié aux autres villes comme nous l'avons veu aux chapitres précédents; la moisson

---

(1) Luitprand, lib. I, ch. 3.

estant grande, et y aiant peu d'ouvriers, on ne pouvoit fournir partout. *Non enim*, comme l'a bien sceu remarquer S. Epiphane, *omnia statim potuerunt Apostoli constituere : presbyteris enim, opus erat et diaconis; per hos enim duos ecclesiastica compleri possunt. Ubi verò non est inventus quis dignus episcopatu, permansit locus sine episcopo; ubi autem opus fuit, et erant digni episcopatu, constituti sunt episcopi.* De manière qu'il ne faut s'estonner si, dans ces commencements, S. Pierre n'envoia pas d'évesque à Lion. Il y en a néamoins qui ont laissé par escrit que S. Longin ou Longis, qui ouvrit le costé du Fils de Dieu, le jour de ses souffrances sur la croix avec le fer de sa lance, se retira au Lionnois en certain endroit, où depuis fust bastie l'abbaïe de l'Isle-Barbe, où partie de ses ossemens sont encores en vénération et honneur. Ce qu'estant venu à la congnoissance du Prince des Apostres, il se seroit servi de son ministère comme de celui d'un des disciples de son maistre, pour y faire les fonctions épiscopales. Néamoins ceste opinion n'estant bien receue, pour ce que les Martyrologes, tant anciens que nouveaux, disant qu'il souffrit le martyre en Cappadoce, je suis plustost le tesmoignage de ceux qui disent que S. Pierre, aiant envoié S. Zacharie à Vienne, qui n'est distante de Lion que de cinq lieues, il l'avoit chargé de prendre garde à ceste dernière. En quoi il y a quelqu'apparence, veu qu'Eusèbe a remarqué que les Chrestiens, qui estoient en ces deux villes, avoient une grande communication ensemble et ne faisoient qu'une Eglise, jusqu'à ce que S. Clément envoia S. Photin à Lion. Sévert enchérit là-dessus et escrit que S. Photin fut envoié en ceste ville de la Celtique par S. Pierre, ainsi qu'il l'a leu en certaine pancarte de ladite abbaïe de l'Isle-Barbe; ce que je ne baille pas pour chose si certaine qu'on n'en puisse douter, n'y aiant apparence que ceste pancarte eust duré tant d'années. Pour S. Zacharie, nos censeurs révocquent en doute qu'il aie esté envoié à Vienne, dont nous parlerons ci-après.

Je respons à la cinquiesme raison, que ce qu'ils escrivent ensuitte de la Vie de S. Clément, qu'il lia un dragon avec son estolle, n'est point dans Paul Diacre, en son *Livre des Evesques de Metz*, comme nos censeurs le disent, qui est une preuve que la Vie de S. Clément n'est sortie de la veine de cest escrivain, mais plustost d'un autre, qui l'a ajouté. Je n'en ai leu aucune que ce qu'en escrit Vincent de Beauvais, qui véritablement fait mention de ceste estolle, et du miracle arrivé par icelle, au sujet de ce serpent. Ce qu'il doit avoir prins de quelque ancien autheur, disant qu'il a tiré ce qu'il en dit des Actes de ce saint : mais sans nous arrester à rechercher par qui ces Actes ont esté mis en lumière, ny d'où Vincent les a prins, je soutiens que l'estolle estoit un ornement d'évesque et de prebstre, du tems mesme des Apostres. Car bien que les anciens usurpassent le nom d'estolle pour toute sorte de vestement, comme il se veoid dans Nonius Marcellus (1) du mot grec στολή, qui signifie vestement, bien le prinsent pour un habillement de femme, si est-ce qu'il estoit aussi commun pour ceux des hommes, ainsi qu'il se veoid dans Plutarque en la *Vie de Dion*, quand il parle de Denys l'Ancien, tyran de Syracuse, en S. Marc, 16, en S. Luc, 15, et en plusieurs autres endroits. Je dis plus que ceste forme de vestement estoit propre du Grand-Prestre des Juifs, ainsy qu'il est porté au Lévitique, 16, où il est dit que le Grand-Prestre *induetur stola linea et vestibus sanctis*, et au 3e d'Esdras, chap. 4, quand le roi Darius commanda de rebastir le temple de Hiérusalem : *Sacram stolam jussit dari (sacerdotibus) in qua deservirent.* Et au chap. 5 du mesme livre, ce prince ordonna *dari stolas sacerdotales centum* aux prestres qui serviroient au Temple. Cest habit avoit esté ordonné par la bouche de Dieu à Moyse, en l'Exode, 28 : ποιήσεις στολὴν ἁγίαν Ἀάρων τῷ ἀδελφῷ εἰς τιμὴν καὶ δόξαν. Ce qu'il répète par plusieurs fois dans le mesme chapitre. Josèphe en fait aussi mention au XVIIIe livre de ses *Antiquités*, ch. 8; et semblablement Eusèbe, livre I de son *Histoire*, ch. 6, et disent tous deux qu'Hérodes, roi de Judée, s'en estant emparé, il la tenoit dans la tour Antonia, jusqu'à ce que Vitellius la fit rendre au Souverain-Prestre, qui estoit lors, pour s'en servir quand il seroit besoin. C'est ce qui a fait dire au pape S. Anaclet, en sa deuxiesme Epistre, *de Ordinatione Archiepiscoporum*, parlant d'Aaron et de ses deux fils que : *Hoc fuit inter Aaron, summum sacerdotem, et filios ejus, qui sacerdotes erant, quod Aaron super tunicam accipiebat poderem, stolam sanctam et coronam auream*, etc., dont S. Augustin, livre II, sur l'*Exode*, quest. 114, parle semblablement; comme

---

(1) Balsamon, *In VI synod. in Trullo*, can. 27. *In VII synod.*, can. 16.

fait aussi S. Hiérosme en son Epistre à Fabiola, que Zonaras, en la *Vie de Michel Stratiot*, tome I de ses *Annales*, appelle ἱεραρχικὴ στολὴν; que Hiérosme Volfius a tourné *Pontificiam stolam*. Téodoret, livre II de son *Histoire*, chap. 27, parle aussi de l'estolle sacrée, tissue de fil d'or, que l'empereur Constantin avoit envoiée à Macaire, évesque de Hiérusalem, pour la décoration de son église, et s'en revestir durant qu'il administreroit le baptesme; mais pour montrer plus précisément que l'estolle estoit un ornement épiscopal du tems des Apostres, il se lit dans le 8e Concile de Constantinople, tenu en 869, que S. Jacques le Mineur, premier évesque de Hiérusalem, par l'eslection faite de sa personne par les autres Apostres, portoit une estolle, que ce Concile appelle ἱερατικὴν στολὴν τοῦ ἁγίου Ἰακώβου τοῦ ἀδελφοθέου, que Nicétas tourne *Pontificalem habitum S. Jacobi, apostoli, fratris Domini*, laquelle Théodose, patriarche d'icelle ville, envoia à Ignace, patriarche de Constantinople, ainsy qu'il se peut veoir par l'épistre qu'il lui en escrit, rapportée dans la première action de ce Concile. Les diacres portoient aussy des estolles, ainsi qu'il se lit dans le Pontifical grec, en la deuxiesme partie duquel il est dit que οἱ διάκονοι ἐνδυόμενοι τὰς στολὰς αὐτῶν, doibvent dire la mesme oraison que récite le Patriarche en prenant la sienne.

L'Eglise de Besançon se vante d'avoir chez elle l'estolle de S. Estienne, l'un des premiers diacres de l'Eglise naissante, institué par les Apostres, laquelle luy a esté donnée par l'impératrice Ste Hélène, comme une prétieuse relique de ce saint; et Childebert, roy de France, donna celle de S. Vincent, martyr, à l'église qu'il fit bastir soubz son nom au faubourg de Paris (plus congneue maintenant par l'appellation de Saint-Germain-des-Prés)(1), après son retour de Saragosse en Espagne, où on lui en avoit fait présent, qui fait assés veoir que l'estolle estoit un ornement pontifical, sacerdotal et diaconal dès le tems des Apostres. Mais comme toutes choses s'altèrent et sont sujectes aux changements, ces estolles ont esté réduictes au point que nous les voions à présent, depuis qu'on a introduit les Aulbes entre les ornements ecclésiastiques, et ont esté faites en la forme d'un collier (2), pourquoy on les appelle aussi *Ora-*

---

(1) Ado Vien et Sigebert, ann. 542. Aimo., lib. II, ch. 20. — (2) Durand, *Rationab.*, lib. III, ch. 50.

ria, qu'il n'estoit permis indifféremment de porter à tous ceux qui estoient initiés aux ordres sacrés, mais seulement aux évesques, prebstres et diacres, encore avec ceste différence que les évesques la portent pendante de costé et d'autre, à cause de la croix qu'ils portent pendue à leur col, et leur descend sur la poitrine; les prebstres la portent passée à l'entour du col, en forme de sautoir, c'est-à-dire de croix de S. André, sur l'estomach, suivant ce qui est porté au Concile III de Bracaie, canon 3, que : *Sacerdos Missam celebraturus, non aliter accedat, quàm Orario utroque humero circumseptus, sicut et quando fuit consecratus, ita ut de uno eodemque Orario cervicem pariter, et utrumque humerum premens, signum in suo pectore præparet Crucis; si quis aliter egerit, excommunicationi subjaceat.* Qui fait que Hesichius l'appelle Ὡράριον τῶν ἱερέων, comme propre et appartenant aux prebstres et à leur ordre. Néamoins le Concile de Laodicée, et Zonaras veulent qu'il ne soit permis aux ministres inférieurs de porter ceste estolle; non pas mesme aux soubz-diacres : τοῦτο γὰρ τῶν διακόνων ἐστίν, cela estant propre aux diacres, ou comme le dit Balsamon Ὡράριον φέρειν μόνων ἐστὶ τῶν διακόνων, lesquels le doibvent porter en forme d'escharpe de dessus l'espaule gauche par dessoubz la droite, conformément à ce qui est dit au IVe Concile de Tolède, canon 39, rapporté au canon *Unum orarium*, dist. 25. Or, quel inconvénient y a-t-il que S. Clément, évesque de Metz, aie porté ceste estolle, puisqu'elle estoit un habit pontifical, et qu'il en aie lié un dragon, tout ainsi que le fit S. Nicaise au village de Vaux dans le païs Vexin, et S. Romain, son successeur en l'évesché de Rouen, et S. Arnould, archevesque de Tours, en Espagne.

Nos adversaires auront bien de la peine à nier le miracle de S. Romain, veu que c'est d'où est venu le privilége de la *fierte* de ce saint, qu'un criminel lève tous les ans, avec cérémonie, en ladite ville de Rouen, la veille de l'Ascension de Nostre-Seigneur, en mémoire du miracle qui se fit à tel jour par ce saint; lequel, aiant baillé son estolle à un condamné à la mort pour lier un serpent grandement nuisible aux habitans, l'amena devant tout le peuple qui impétra son pardon. Ce qu'estant venu à la congnoissance des rois de France, ils auroient donné ce privilége au Chapitre de la métropole de Rouen, de pouvoir délivrer tous les ans, à pareil jour, un criminel en levant et portant la *fierte*, c'est-à-dire la châsse de S. Romain. Pourrait-on nier une chose si congneue, confirmée par tant d'arrêts des Cours souveraines de Paris et Rouen, sans faire un effort à la vérité, qui se fera toujours recongnoistre telle qu'elle est, au travers des plus espoisses ténèbres! Que si ces saints ont peu faire ce miracle, et Ste Marthe un pareil avec sa ceinture, pourquoi S. Clément de Metz n'en aurait-il peu faire autant?

Au dernier, concernant la formule : *In nominæ sanctæ et individuæ Trinitatis*, soit qu'elle fust en usage ou non pour lors, je ne trouve point qu'elle soit insérée dans les Actes de S. Clément, rapportés par Vincent de Beauvais au livre préallégué, ni dans Pierre des Noëls; seulement je lis dans le premier que S. Clément dit à ce dragon ou serpent : *In nomine Jesu Christi crucifixi, præcipio tibi, Draco funestissime*, etc., où il n'est parlé un seul mot de Trinité. Aussi semble-t-il que la formule rapportée par Vincent fust celle qui estoit usitée par les Apostres et leurs disciples, l'aiant retenu de leur maistre, qui, les envoiant prescher par l'univers, comme il paroist en S. Marc, 16, dit « Qu'ils » chasseroient les démons en son nom, parleroient toutes sortes » de langues nouvelles, osteroient les serpens, etc. » Qui fait que S. Luc, au chap. 3 des Actes des Apostres, a remarqué que S. Pierre et S. Jean, allant au temple à l'heure de none, ils rencontrèrent un boiteux à la porte, qui leur demanda l'aumosne, auquel S. Pierre aiant dit qu'il n'avoit ni or, ni argent, mais qu'il lui donnoit ce qu'il avoit; et, le prenant par la main, lui dit : *In nomine Jesu Christi Nazareni, surge et ambula*, et lui restitua sa santé. Qui auroit donné sujet aux premiers Chrestiens de se servir de ceste formule, de laquelle on use encores en l'Eglise. Il n'y a rien pourtant qui empesche que S. Clément n'aie peu se servir de la première formule, considéré que le Fils de Dieu, donnant la mission à ses Apostres, leur enjoignit de baptizer au nom du Père, du Fils et du Saint-Esprit, qui font la Trinité de personnes, en une unité d'essence, de laquelle il estoit besoin d'instruire le peuple, qui a de la peine à concevoir et comprendre ce mystère, qui n'est un sujet valable pour rejecter et débattre de faux les Actes de S. Clément ou les arguer de supposition; nos censeurs estant obligés, après le déni qu'ils ont fait que S. Clément eut esté envoié à Metz, de prouver qu'il n'y a point esté, ce qu'ils ne peuvent faire, en disant que ceste formule n'estoit en usage.

Ce point estant vuidé, voyons les autres raisons qu'ils ont à dire contre nous, desquelles et de nos responses nous ferons le chapitre suivant, pour donner tems au lecteur de reprendre son haleine.

CHAPITRE VII.

Continuation desdites Responses.

Sur ce que nous avons dit ci-dessus que S. Zacharie, évesque de Vienne, avoit esté le premier martyr des Gaules, et S. Savinian et S. Potentian ensuitte, qui auroient souffert des premiers en la ville de Sens; ceux de la contraire opinion l'ont nié hardiement, et, pour appuier et deffendre ceste négation, apportent plusieurs raisons, lesquelles comme elles sont communes, aussi les responses que nous y ferons pourront servir pour toutes les autres qu'ils pourroient apporter au mesme sujet. La première raison qu'ils produisent est, que si S. Zacharie eust esté évesque de Vienne et y eust souffert le martyre pour le soutien de la foi, il eust deu estre honoré et vénéré, comme celui qui leur auroit annoncé l'évangile et les auroit engendrés en Jésus-Christ, où au contraire il seroit demeuré enseveli dans l'oubliance plus de huit cens ans, sans qu'il fust fait mention de lui ni de son martyre. A quoi je respons qu'Adon, son successeur, qui vivoit en l'an de Nostre-Seigneur [708], qui sçavoit ou devoit sçavoir les antiquités de son église et le nom de ceux qui l'avoient précédé en sa dignité, le met pour premier évesque de Vienne, comme font tous ceux qui en ont parlé. 2° Jean le Lievre, chanoine de Vienne, en l'Histoire qu'il a composée de cette Métropole, chapitre 7, escrit que S. Zacharie estoit du nombre des disciples de Jésus-Christ, qui avoit esté envoié à Vienne par S. Pierre, premier pasteur, auquel pour témoignage de bienveillance, il donna la nappe, sur laquelle le fils de Dieu institua, en la dernière Cène qu'il fit à ses Apostres, le Sacrement de son corps et de son sang en l'Eucharistie, laquelle après XVI siècles, s'est conservée en son entier et est encore vénérée en ladite église de Vienne. 3° Que S. Paul aiant laissé audit lieu S. Crescent, lorsqu'il fut en Espagne, et S. Pierre y aiant envoié S. Zacharie, cet apostre des Gentils reprint à son retour ledit S. Crescent, qu'il emmena avec lui. 4° Que S. Zacharie, vacant à sa charge et faisant tout devoir d'un bon pasteur, auroit esté lapidé à Vienne par la populasse, émeue contre lui par les prestres des faux Dieux, hors la porte Triumphale, autrement Gratienne, et son corps jecté à la voirie, lequel aiant esté secrettement inhumé par les Chrestiens en un lieu congneu de peu de personnes, près des murailles de la ville, il y demeura longtems sans honneur, d'autant qu'on n'osoit le descouvrir durant les persécutions, qui survindrent en l'église, de crainte qu'on ne lui fît souffrir un second martyre. 5° Qu'aiant souffert soubz Trajan, il est appelé *Protomartyr Galliarum*, à raison de la Gaule Narbonnoise, et de l'une et l'autre Aquitaine, desquelles Vienne a prétendu obtenir la Primatie. 6° Que la paix aiant esté rendue à l'Église, ce saint se manifesta par quantité de miracles, qui se firent à son tombeau, qu'on avoit enfermé dans une petite chapelle, où les fidèles alloient faire leurs dévotions, jusques à ce que le pape Innocent IV, estant à Lion en 1249, envoia, à la prière des Viennois, frère Hugues de Saint-Cler, cardinal de Sabine, autrefois religieux profès de l'ordre des frères Prescheurs, au couvent de Vienne, avec Jean Cajetan, aussi cardinal, du titre de Saint-Nicolas *in Carcere Tulliano*, pour lever les ossements de ce saint prélat, les enclorre dans une châsse et les transporter en l'église de Saint-Pierre, en ladite ville; et pour augmenter le culte de ces saintes reliques, ce Pape donna cent jours de vrai pardon à ceux qui, estant confessés et communiés, visiteroient ladite église de Saint-Pierre de Vienne, le 26 mai; auquel se fit la translation de son corps, et qu'on voit aussi avoir esté celui de son décèds en l'an 101, ainsi qu'il est exposé dans la bulle du mesme Innocent, de ladite année 1249; de toutes lesquelles responses, il se peut veoir que S. Zacharie a esté envoié à Vienne par S. Pierre, qu'il en a esté le premier évesque, et qu'il estoit desjà, auparavant le pape Innocent, en honneur et respect chez les Viennois, puisqu'ils lui demandèrent permission de faire la translation de ses reliques.

Leur seconde raison est que S. Zacharie, n'aiant esté inscrit dans le Martyrologe Romain, ny en celuy d'Usuard, il y a grande apparence qu'il n'a esté évesque de Vienne, d'autant que s'il eust présidé en l'église dudit lieu, ce dernier autheur, qui a fait une exacte recherche par toutes les églises de France du temps de Charlemagne, des saints qui estoient vénérés en icelles, n'eust obmis d'en faire mention dans le sien. Response : Que la conséquence est très-impertinente, pour ce que c'est autant que qui diroit : S. Aventin ne se trouve dans le Martyrologe Romain, ni S. Malard, ni S. Papoul ; donc, ils n'ont esté évesques de Chartres ; lesquels néamoins sont honorés comme saints dans leur diocèse. Tous les saints ne peuvent estre inscrits dans le Martyrologe, auquel il y en a plus d'obmis que d'escrits : mais c'est très-mal conclud : ce saint n'est point dans les Martyrologes, donc il n'a pas esté évesque d'un tel endroit, pour ce qu'il y a, dans le Martyrologe, beaucoup de Saints et de Saintes qui n'ont esté évesques, et que tous ceux qui ont esté évesques n'y sont insérés.

Leur troisiesme raison est que Grégoire de Tours n'en parle aucunement, combien qu'il aie fait mention de plusieurs, tant martyrs que confesseurs, ès livres qu'il a escrit de leurs miracles, de leur gloire, des vies des Pères et de son Histoire. Response : Que Grégoire de Tours n'avoit entreprins d'escrire tous les Saints, mais seulement ceux desquels il avoit particulière congnoissance, y en aiant eu beaucoup, qui estoient venus à sa notice, desquels il n'a rien couché par escrit, combien qu'ils eussent assés de recommandation pour cela. Il a parlé de Ste Monegunde, damoiselle chartraine, aux chapitres 19 de la *Vie des Pères*, et 24 de la *Gloire des Confesseurs*, et n'a rien dit de S. Calétric, évesque de Chartres, son frère, haut loué par Fortunat, et par les Actes de sa vie, qui sont gardés en l'église dudit Chartres. Est-ce-à-dire pour cela qu'il n'a pas esté évesque de Chartres ? D'ailleurs Grégoire, voulant montrer que son intention n'a esté d'escrire de tous les évesques qu'il congnoissoit, il a escrit au VIIIe livre de son *Histoire*, chapitre 39, que *Multi eo anno sacerdotum ex hoc mundo migraverunt, quod prætirire volui, eo quod unusquisque urbe sua reliquerit monumenta*. Qui fait entièrement contre nos adversaires, veu que par là il tesmoigne assés qu'il faut s'en rapporter à la traditive, ou actes des Eglises, que ces prélats ont administrées. De plus Grégoire de Tours ne recongnoist aucuns martyrs plus anciens aux Gaules que ceux de Lion, qui souffrirent soubz Marc-Aurèle; comment donc aurait-il peu parler de S. Zacharie, qui estoit mort quatre-vingt ans au précédent?

Leur quatriesme raison est que celui qui a compilé le Martyrologe Romain s'est trompé, aiant prins un Zacharie de Lion, pour l'évesque de Vienne, déceu par la communication qu'avoient ces deux villes pour leur proximité. Response : Que ces Messieurs se sont trompés eux-mesmes, veu que le Martyrologe Romain distingue ces deux saints Zacharies, l'un de l'autre, faisant la feste de l'évesque de Vienne, le 26 mai, et celle de celui de Lion, qu'il qualifie prebstre et non diacre, le second de juin ; et ainsi ne peuvent estre un mesme et ne sont confondus : voire Bède, pour plus grande distinction, remarque dans le sien, que ce fut ce dernier, qui rendit les derniers debvoirs à S. Irénée, évêque de Lion, et qui l'inhuma après le martyre qu'il endura soubz l'empereur Sévère, vers l'an 180.

Pour cinquiesme raison, ils allèguent qu'Adon n'a point inséré S. Zacharie dans son Martyrologe, qui estoit un lieu plus propre à le mettre, qu'en son Histoire, dans laquelle il faut qu'il aie esté adjousté par un autre. Response : Que ces Messieurs supposent faux que Adon, qui a escrit l'Histoire, soit le mesme que celui qui a compilé le Martyrologe, y aiant bien de la différence entre eux, l'un estant évesque de Vienne, l'autre de Trèves (1). Ils ont, disent-ils, des autheurs qui soutiennent qu'ils ne sont qu'un mesme; et nous en avons aussi qui maintiennent qu'ils sont deux, et qui ont bien autant d'authorité que ceux qu'ils pourroient alléguer. Davantage, quand bien ce Martyrologe, publié sous le nom d'Adon, seroit véritablement de celui de Vienne, quelle obligation auroit-il eue de mectre et répéter en icelui ce qu'il avoit si nettement escrit dans son Histoire, que *Sub Trajano imperatore, gloriosissimus senex Zacharias, Viennensis ecclesiæ episcopus, martyrio coronatur.* Veu que le Martyrologe n'estant qu'une histoire racourcie et épitomée d'une plus grande de la vie du saint, duquel on doit célébrer le lendemain la feste, c'est assés de l'avoir exposée dans

---

(1) Voy. Severt., *in Archiep. Vienn.*

l'histoire générale, sans la répéter en une particulière. Mais posé qu'il n'y aie qu'un seul Adon, archevesque de Vienne, disant que S. Zacharie a esté évesque de Vienne; pourquoi nos censeurs ne lui croiront-ils pas, et se mettent-ils tant en peine de le contredire, et soutenir que S. Zacharie n'a point esté évesque de ceste métropole? Car, selon le dire de Grégoire, leur coryphée, chacun descrivant les Actes de leurs prélats, ceux de Vienne avoient escrit ceux des leurs, aussi bien que les autres; lesquels Adon avoit peu avoir leus, et ainsi en avoir une particulière congnoissance. Que s'il y a deux Adons, dont l'un a escrit l'Histoire, l'autre le Martyrologe, Adon de Trèves, qui estoit fort esloigné, et n'avoit jamais eu communication des Actes de l'église de Vienne, pour pouvoir parler ou escrire de ce qui s'y estoit passé, et partant, il ne faut s'estonner s'il n'en a rien dit dans son Martyrologe. De plus, Adon, quel qu'il soit, disant au prologue sur son Martyrologe, que son intention n'avoit esté que d'estendre un peu plus long ce que ceux qui l'avoient précédé au mesme genre d'escrire avoient rédigés en peu de parolles, et n'aiant rien trouvé dans les autres de S. Zacharie, il ne se seroit pas mis en peine de l'insérer dans son livre.

Leur sixiesme raison est que l'on ne trouve aucuns Actes de la vie dudit S. Zacharie, ni son tombeau, ni aucun ancien escrivain qui fasse mention de lui, ni qui die qu'il a esté congneu à l'Eglise Romaine et Gallicane auparavant Adon, ny qu'il aie souffert le martyre soubz Trajan. Response : Qu'il se peut fort bien faire qu'il ne se trouve aucuns actes de lui, mais on ne sçauroit conclure de là qu'il n'a pas esté évesque de Vienne. Car, bien qu'il ne se rencontre aucuns Actes de S. Aventin, premier évesque de Chartres, ce seroit mal conclu qu'il n'auroit esté évesque dudit lieu, puisque les vieux Légendaires de l'église le portent. Combien se trouvent-ils d'évesques dans les Catalogues qu'on a dressé de leurs devanciers et successeurs, ausquels il n'y a que le seul nom, sans autre chose de leur vie; et néamoins, par une constante tradition, on les honore et révère, comme aiant présidé aux églises ausquelles on en fait la mémoire. D'ailleurs, leurs Actes peuvent-ils pas avoir esté bruslés dans le général incendie des livres et commentaires, ausquels estoient descrits les Actes des Martyrs en suitte du commandement de Dioclétian, qui les fit dévorer aux flammes, et réduire en cendres; et ainsi, tous les Actes de ce saint auroient esté bruslés, sans qu'aucun se soit mis en peine de les renouveler; ou bien ils auroient esté bruslés par les Goths, durant qu'ils possédèrent Vienne, lesquels estant Ariens faisoient autant de mal ou plus aux Catholiques que les Gentils; ou bien encores par les hérétiques de nostre tems, qui s'emparèrent d'icelle ville, la ruinèrent et pillèrent en 1567, et y bruslèrent tous les papiers de l'église métropolitaine et autres, soubz la scéance de Vespasian Gribaldi, archevesque du lieu. Mais s'il n'y eust point eu d'Actes de la vie de S. Zacharie, d'où est-ce que Lelièvre, chanoine de la métropole, et l'abbé Dubois, célestin de Lion, eussent prins ce qu'ils en ont laissé par escrit. Quand au sépulchre, il a esté longtems dans une chapelle près les murailles de la ville, et à présent les reliques de ce saint sont dans une châsse en l'église Saint-Pierre, où elles ont esté transportées à la diligence des Viennois, qui devoient en avoir quelque congnoissance, puisqu'ils en sollicitèrent la translation. A ce qu'ils disent que ç'a esté Adon, qui en a parlé le premier dans son Histoire, et qu'auparavant lui, on n'en avoit point ouï parler, s'ils eussent leu Bède, qui venoit plus de deux cens trente ans plus tost qu'Adon, l'un estant en vie en l'an 702, comme nous l'avons montré au premier chapitre de ce IIe livre, et l'autre en l'an 929, comme il se peust recueillir de ce qu'escrit ledit Adon, sur la fin de son Histoire, en laquelle il fait mention de Louis d'Outremer, fils de Charles le Simple, et d'Ogine, sa femme, qui décéda en 954, ils eussent trouvé qu'on en avoit parlé plus tost qu'ils ne le cottent, et que, puisqu'il estoit congneu à un Anglois, qu'il devoit l'avoir esté auparavant aux Gaulois et à l'Eglise Gallicane. Pour le temps que S. Zacharie a souffert le martyre, il faut que ç'aie esté avant l'empire de Trajan, si ce que l'abbé Dubois a escrit, en son *Traicté de la Ville et Evesques de Vienne*, qui est après la Bibliothèque de Fleuri, est véritable, que les Apostres, c'est à sçavoir S. Pierre et S. Paul, envoièrent S. Martin à Vienne, au lieu de S. Zacharie, qui devoit, suivant ceste supputation, estre mort soubz Néron, soubz lequel ces Apostres avoient signé leur foi par l'effusion de leur sang; et par ceste raison, S. Zacharie pourroit véritablement estre appelé le premier martyr des Gaules. Que si ceux qui en ont parlé ont mis son martyre soubz Trajan, ils se sont certainement trompés. Mais pour une bévue telle que celle-là, on ne doit nier que S. Zacharie n'a pas esté évesque de Vienne, non plus que S. Trophime d'Arles, S. Paul Serge, de Narbonne, S. Denys, de Paris; pour avoir esté posés par Grégoire de Tours, soubz le règne de Dèce, combien qu'ils fussent du tems des Apostres, puisqu'ils estoient leurs disciples.

Leur septiesme raison est qu'aiant conféré le Martyrologe d'Adon avec son Histoire, il s'y trouve de la contradiction; disant au premier, que S. Crescent estoit disciple de S. Paul, et au second, qu'il estoit *Discipulus Apostolorum*. Response : Il n'y a point de contradiction entre Adon de Vienne et celuy de Trèves, que ces Messieurs confondent en un, encores que véritablement ils soient deux d'un mesme nom, voire, quand bien il n'y en auroit qu'un; d'autant que combien que S. Crescent fust compagnon de S. Paul et son disciple (1); si est-ce qu'on peut dire que cest apostre des Gentils, aiant amené S. Crescent avec lui à Rome, où il estoit coadjuteur de S. Pierre en la doctrine, qu'ils communiquoient également à leurs disciples, S. Crescent peut estre appelé valablement disciple des apostres S. Pierre et S. Paul, qui sont toujours entendus par ce mot d'Apostres, quand il est proféré absolument sans autre addition; car, tout ainsy qu'un escholier prenant deux leçons de deux divers professeurs, l'une le matin, l'autre de relevée, peut estre réputé disciple de tous les deux professeurs, rien n'empesche qu'il ne puisse séparément estre censé et appelé disciple de celui qui enseigne le matin et de celui qui lit l'après-dinée; de mesme, S. Crescent estant avec les apostres S. Pierre et S. Paul, a peu absolument, estre appelé disciple des Apostres, et en particulier disciple, tantost de l'un, tantost de l'autre. C'estoit une practique receue d'en user de la sorte, ainsi qu'il se peut recongnoistre par l'Epistre cy-dessus cottée, que les Evesques de la province d'Arles escrivirent à S. Léon I, par laquelle ils énoncent, tantost que S. Trophime avoit esté envoié à Arles par S. Pierre, tantost par les Apostres, à cause qu'il estoit aussy disciple de S. Paul.

A la vérité, nos censeurs prennent bien de la peine pour prouver que S. Crescent n'a point esté à Vienne, et n'est jamais venu ès Gaules. Jaçoit que d'autres plus doctes que moi aient

---

(1) Ireneus, lib. III.

assés respondu à ceste objection, si est-ce que je ne peux m'empescher que je ne die, que c'est avoir trop de bonne opinion de sa personne de préférer son caprice à la croiance commune de l'Eglise, qui est la colonne et firmament de la vérité, et laquelle estant régie et gouvernée par l'esprit de Dieu, ne peut errer ; laquelle tient pour certain que S. Crescent est venu aux Gaules, et approuve ce qui se lit dans le Martyrologe Romain, le 27 juin, qui porte les paroles suivantes (1) : *In Galatia sancti Crescentis, discipuli B. Pauli apostoli, qui in Gallias transitum faciens, verbo prædicationis multos ad fidem Christi convertit : rediens vero ad gentem, cui specialiter datus erat episcopus, cùm Galatas ipsos usque ad finem vitæ suæ in opere Domini confirmasset demùm sub Trajano martyrium consummavit*, etc., et le 29 décembre, il dit : *Viennæ in Gallia sancti Crescentii, discipuli B. Pauli apostoli, et primi ejusdem civitatis episcopi.*

Nos adversaires voiant que ceste authorité a plus de poids que celle de quantité de Martyrologes qu'ils opposent, desquels ils ne sçauroient tirer ce qu'ils avancent, que S. Crescent n'est jamais venu ès Gaules ; ils disent, pour la ruiner, que ces dernières paroles du Martyrologe Romain y ont esté adjoustées de quelques livres apocryphes, dont ils ne rapportent une seule preuve ; et bien qu'ils concluent que ce saint a esté en Galatie, puisqu'il y est mort, ils ne peuvent pourtant nier qu'il ne soit venu aux Gaules, s'il n'a esté premier évesque de Vienne, qui est une ville située aux Gaules, n'y aiant aucune contradiction à maintenir l'un et l'autre qui a peu s'estre fait en divers tems. Eusèbe, en son Histoire, le dit expressément : *Memoratur*, dit-il, *ex comitibus Pauli Crescens quidam ad Gallias esse profectus.*

Pour ce que ce tesmoignage importune ces Messieurs, ils disent que Christoforson a tourné *Galatiam*, non *Galliam*, mais j'en appelle à tesmoin tous les lecteurs, qui peuvent juger de la vérité en lisant que ce docte personnage a cotté à la marge εἰς Γαλλίαν, et non Γαλατίαν ; et à l'autre marge, il y a *Crescens comes Pauli in Galliam missus*. Beat Renan tourne simplement *in Galliam*, conformément au texte d'Eusèbe, combien que nos correcteurs veuillent sans raison et sans preuve que Christoforson a corrigé ce lieu d'Eusèbe d'un certain manuscrit, à

---

(1) Voy. Severt., *in Archiep. Vienn.*

l'aide duquel il a restitué Γαλατίαν, qui est autant que s'ils ne disoient rien, d'autant qu'ils devroient dire d'où est ce manuscrit.

Dire que S. Epiphane lit *Galliam*, ils respondent qu'il s'est trompé (1); si Théodoret, ils disent qu'il a mal entendu ce passage; si Adon de Trèves, en son Martyrolôge, ils opposent que ç'a esté lui qui l'a le premier fait évesque de Vienne. Si Adon de Vienne, en son Histoire, où il escrit que ce passage ou voyage de S. Crescent à Vienne arriva la seconde année de l'empire de Néron, que S. Paul, allant aux Espagnes, laissa S. Trophime à Arles et S. Crescent à Vienne, ils taschent d'éluder ceste authorité, disant qu'il n'est pas certain que S. Paul aie esté en Espagne (2), contre ce qu'en escrivent les Pères et les historiens Espagnols, qui en parlent affirmativement, et disent que cest apostre aiant descouvert son dessein aux Romains par ces parolles, qu'il escrit au 15º chapitre de l'Epistre qu'il leur adresse: *Cùm in Hispaniam proficisci cœpero, spero, quod prætericns videbo vos* (3), il l'auroit effectué, après avoir esté délivré de sa première prison, en l'an 61 de Nostre-Seigneur, qu'il se seroit transporté en ces provinces pour y annoncer l'Evangile. C'est pourquoi Sophronius, patriarche de Hiérusalem, a laissé par escrit que l'Italie, les Gaules et les Espagnes avoient esté illustrées par le passage de S. Paul; ce qu'il n'auroit escrit, si cest apostre n'eust esté en Espagne et ès Gaules. Nos censeurs opposent qu'il pourroit y avoir esté aussi bien par mer que par terre; on leur accorde, veu que S. Hiérosme, en ses Commentaires sur Isaïe, escrit, parlant de S. Paul, que *per Pamphiliam et Asiam, et Macedoniam et Achaiam et diversas insulas atque provincias, ad Italiam quoque (ut ipse scribit), ad Hispanias alienigenarum portatus est navibus*. Mais cela n'empesche pas que cest apostre n'y aie aussi esté par terre, aiant peu faire l'un et l'autre en divers tems.

Leur huictiesme raison est qu'il ne se trouve aucune église dédiée sous le nom de S. Zacharie, contre la practique des anciens Chrestiens, qui bastissoient des églises et oratoires et les dé-

---

(1) *In Epist. II, ad Timoth.*, nomb. 4. — (2) Hierosnim., *in Isaï*, c. II. S. Epiph. — (3) Cornel. a Lapide, *in Epist. ad Romanos*, Carafa Vasenain. *Chron. Hisp.* Chrysomes, *de Laudibus Hispanis.* Jacob Fabert, *Explicatio in Epist. ad Rom.*

dioient et consacroient à leurs évesques, qui avoient enduré le martyre. Response : Que comme ces Messieurs ne veulent rien croire sans pleige, nous leur demandons qu'ils aient à faire apparoir de ceste pratique, qu'ils disent avoir esté parmi les premiers Chrestiens, de dresser des églises et oratoires à la mémoire de leurs prélats qui avoient signé leur doctrine de leur sang, et ce, par autheurs qui aient esté de leur tems, en quoy ils seront bien empeschés. Je ne veux pas nier qu'on en aie dressé à quelques martyrs pour honorer leur mémoire, que les Grecs appeloient μαρτύρια, ainsi qu'il se peut voir dans les Conciles de Gangres et de Calcédoine (1), aux Actes desquels il est fait mention du Martyre, c'est-à-dire de l'Eglise de sainte Euphémie : et les Latins les nomment Confessions ou Mémoires, comme le fait S. Augustin en ses livres de la *Cité de Dieu*; mais la liberté d'ériger ces Eglises, Oratoires ou Mémoires, n'aiant esté donnée aux Chrestiens qu'après que la paix leur fust envoiée du Ciel sous Constantin le Grand, qui permit de restablir les anciennes églises qui avoient esté renversées par édit de Dioclétian. Comment peuvent-ils sçavoir qu'on n'y en avoit point basty en l'honneur de S. Zacharie, sinon qu'ils demeurent d'accord que l'on n'en dressoit point pour les autres, n'estant de pire condition qu'eux ? Car, si les autres Chrestiens dressoient des oratoires ou chapelles sur les tombeaux des Evesques et Martyrs, ceux de Vienne eussent-ils eu si peu d'amour pour leur pasteur, qu'ils n'en eussent faict autant? N'estant pas imaginable qu'estant les premiers convertis à la foi, ils feussent demeurés seuls à ne pas rendre ce respectueux devoir à celui qui avoit respandu son sang pour les y confirmer. Mais que pensent-ils que fussent ces anciennes églises, qui estoient, disoient-ils, sur les sépulchres des Martyrs? Ce n'estoient pas des édifices élevés, comme on les veoid à présent, mais certains caveaux et lieux sousterrains et secrets, dans ces cimetières où l'on portoit les corps des Chrestiens, et dans lesquels leurs amis et parens alloient faire leurs prières en cachette, de crainte d'estre descouvers; sur lesquels, la persécution estant passée, les fidèles dressèrent des églises, autrement les lieux où ils s'as-

---

(1) Can. 9. Conc. African., can. 50, S. August., in lib. XXII. *Civit. Dei*, 8 et 10. Theodorat, lib. IX et XV, etc., etc.

sembloient, qu'ils appelloient à raison de cela Eglise ou Congrégation, par une métonimie, prenant la chose qui contenoit, pour celle qui estoit contenue; mais estoient certaines salles et lieux escartés et secrets, auxquels les Chrestiens s'assembloient pour prier durant la persécution. C'est pourquoy Cecilius objectoit aux Chrestiens dans Minutius Felix, qu'ils n'avoient nuls autels, nuls temples, nuls simulacres congneus, qu'ils ne parloient jamais en public, qu'ils ne s'assembloient jamais librement. Ce qu'estant ainsi, comment eust-on peu dresser des églises aux premiers Evesques martyrs, les reliques desquels estoient courues par les Gentils, pour les perdre et dissiper, et empescher qu'elles fussent en quelque honneur et vénération parmi les fidèles (1). Ce qui auroit donné sujet aux premiers Chrestiens de les cacher aux lieux les plus secrets et moins congneus, où beaucoup sont demeurés ensevelis dans l'oubli, sans qu'on aie peu sçavoir où leurs corps reposent. Que si l'on en a descouvert quelques-uns, après longues années, ç'a esté plustost par miracle que par l'exacte recherche qu'on en aie faite. Ils en croiront peut-estre à Grégoire de Tours, de l'authorité duquel ils font si grand estat, lequel, en son premier *Livre des Miracles*, chapitre 26, rapporte que S. Eutrope, évesque de Saintes : *Quia, eo tempore, instante persecutione, neque digno loco sepultus, neque a Christianis debito honore veneratus est, valdè datum est oblivioni cum Martyrem fore*. Ce qui ne fut recongneu qu'après plusieurs années, que Palais ou Palladius aiant basty une église soubz le nom de ce saint, il y fit mettre ses reliques; lesquelles aiant esté descouvertes, on recongneut par la cicatrice qu'il avoit à la teste, qu'il avoit souffert le martyre. Il escrit tout de mesme au chapitre 47 précédent, que les corps de S. Gervais et S. Protais furent longtems cachés et ne furent trouvés que par la révélation qui en fut faite à S. Ambroise. J'adjouterai encores, pour justifier que ce n'estoit point une practique ancienne de bastir des oratoires sur les reliques des Evesques, ce que cest autheur escrit en son *Livre de la Gloire des Confesseurs*, de S. Ursin, évesque de Bourges (2), que *In campo inter reliqua sepulchra populorum sepulturæ locatus est. Non enim populus ille intelligebat sacerdotes* (par

---

(1) Eusèbe, lib. V, chap. 1. — (2) *De glor. conf.*, ch. 8.

quel mot il entend les Evesques, ainsi qu'en plusieurs endroits de ses œuvres) *Domini venerari cisque reverentiam debitam exhibere.*

Pour ce qu'il appert par ce passage, que ce n'estoit une practique parmi les anciens Chrestiens de dresser des oratoires à leurs premiers Evesques, puisque ceux de Bourges n'en dressèrent à S. Ursin, leur premier évesque. Voire, mais comment les eussent-ils dressés si, comme le dit cest autheur, ce peuple ne sçavoit encore l'honneur qu'il devoit rendre à la mémoire de son évesque, laquelle avoit demeuré incongneue jusqu'au temps de Probianus, qui lui succéda, selon Chenu et Robert, en l'an 557, que ce saint s'estant apparu à Auguste, de la maison de l'évesque de Bourges, Désiré ou Didier, lui déclara le lieu où gisoit son corps, lequel il lui commanda de transférer en la basilique de Saint-Symphorian. Appelle-t-on une practique des anciens Chrestiens de lever les corps de leurs premiers Evesques, de quatre à cinq cens ans après leur mort ? Il est vrai que la persécution estant cessée, l'on érigea des temples aux martyrs, beaucoup plus beaux et amples que n'estoient les premiers, ainsi que l'escrit Eusèbe (1) ; et les Papes qui sont venus du depuis, et les Conciles ont ordonné qu'on ne dédieroit des églises, s'il n'y avoit un corps ou reliques des Martyrs en icelles, suivant ce que S. Jean dit en son Apocalypse, qu'il avoit veu soubz l'autel, les âmes de ceux qui avoient esté massacrés pour la parolle de Dieu, comme l'ont remarqué Duranti et Viegas ; mais ce n'est pas à dire pour cela que les peuples fussent obligés de dresser des Oratoires, Chapelles ou Eglises à leurs premiers Evesques, et partant, l'argument que nos adversaires veulent tirer contre l'épiscopat et martyre de S. Zacharie, est trop foible pour faire brèche à l'opinion receue de lui en toute l'Eglise, et la faire perdre après tant de siècles qu'elle y dure.

Leur neufiesme raison est que le nom de S. Zacharie ne se trouve point dans les litanies de l'Eglise de Vienne, et, s'il y a esté mis, ce ne peut avoir esté que depuis 1577 ; et partant que S. Zacharie n'a point esté évesque de Vienne. Response : Voilà une estrange façon d'argumenter ; S. Zacharie n'est point dans les litanies de l'Eglise de Vienne, donc il n'en a pas esté évesque.

---

(1) Duranti, *de Ritib.*, lib. I, ch. 25, nomb. 4. Viergas, *in Apocalip.*

Je ne sçais s'ils trouveroient bon qu'on dit : S. Ereptiol et S. Exupérance ne sont point dans les litanies de l'Eglise de Constance en Normandie, donc, ils n'en ont pas esté évesques, quoiqu'ils soient recongneus, l'un pour le premier prélat, l'autre pour le second de ce diocèse. Combien y a-t-il de litanies ès églises, où il ne se trouve pas un des évesques d'icelles? A la vérité, leurs noms se pourroient trouver insérés dans les anciennes litanies, lorsque chaque diocèse avoit ses usages, offices et bréviaires particuliers et séparés ; mais, depuis qu'on a receu en beaucoup d'églises le Bréviaire Romain, on s'est contenté des litanies que l'on y a trouvées, sans se mectre en peine d'y ajouter les Saints du diocèse, ce que néamoins on ne devoit omettre; et ceux qui ont conservé leurs anciens usages, et les ont réduits en tant qu'ils ont peu, à l'office Romain, y ont laissé ceux qu'il leur a pleu, ou y ont inscript ceux qu'ils ont voulu. Ainsi, à Constance, S. Ereptiol et S. Exupérance ne sont point dans les litanies ésquelles se lisent les noms de S. Land et Romphaire, quoiqu'ils n'aient succédé aux précédents que fort longtems après. C'est donc un mauvais argument de vouloir conclure qu'un n'a esté évesque d'une église, pour n'estre inséré dans les litanies d'icelle; ce qui, néamoins, quand la conséquence seroit bonne, ne pourroit leur servir contre S. Zacharie, lequel a une litanie particulière, ainsi que l'escrit Jean Le Lievre, chanoine de Vienne (1), laquelle la procession de ceste métropole chante un des jours des Rogations, en passant par devant une maison de la ville, assés proche de l'église des Carmes, où se veoid une pierre, ou gros caillou coloré et teint comme du sang, qu'on tient estre de celui de S. Zacharie, devant lequel on s'arreste pour y dire ladite litanie avec autres prières, composées expressément en l'honneur de ce saint. Ce qui lui est beaucoup plus honorable et glorieux à sa mémoire que d'estre envelopé avec d'autres, en une litanie générale.

Leur dixiesme raison est que S. Zacharie a esté incongneu, disent-ils, à Bède, puisqu'il n'en a fait aucune mention dans son Martyrologe; et partant, que si ce saint a esté, qu'il faut reculer son martyre au temps de la cinquiesme persécution, qui fut soubz l'empire de Marc-Aurèle. Voilà une forme d'argu-

---

(1) Ch. 8.

menter toute nouvelle, où la conclusion est vitieuse, pour ce que *ex puris negativis nihil conficitur*. Or, dire que S. Zacharie n'a point esté, pour ce que Bède n'en fait point de mention dans son Martyrologe, revient à cet argument : Tout ce qui n'est point dans le Martyrologe de Bède n'a point esté; or, S. Zacharie n'est point dans le Martyrologe de Bède, donc, S. Zacharie n'a point esté. Ou bien à celui qui suit : Tout ce qui n'est point dans le Martyrologe de Bède, doit estre reculé jusqu'à la cinquiesme persécution; S. Zacharie n'est point dans le Martyrologe de Bède, donc S. Zacharie doit estre reculé jusqu'à la cinquiesme persécution! Lesquels arguments peuvent facilement s'éluder, pour n'estre en forme, et contenir une fallace, que les logiciens appellent *Non causa ut causæ*, en niant la majeure et mineure qui sont faulses en diverses sens. S. Zacharie se trouvant dans le Martyrologe de Bède, le VII des Calendes de Juin, en ces termes : *Viennæ Passio S. Zachariæ, secundi ejusdem urbis Episcopi*. Ce que nos correcteurs pourront lire, s'ils en veulent prendre la peine, dans ledit Martyrologe, imprimé avec les autres œuvres dudit Bède (à Basle, l'an 1563, chez Jean Heduage; tome III, colomne 419, ligne 40). Et qui plus est, ils le recongnoissent eux-mesmes puisqu'ils le rapportent en mesmes termes (1), de manière qu'ils ne peuvent asseurer que S. Zacharie a esté incongneu à Bède, pour ne l'avoir mis dans son Martyrologe, puisque par leur confession mesme il s'y trouve.

Nous ferons ici une pause pour reprendre haleine, affin de leur respondre à ce qu'ils objectent contre la mission des SS. Savinian et Potentian, qu'ils ne traictent avec plus de civilité.

---

(1) § XV. *Dissertatione* 2, p. 70.

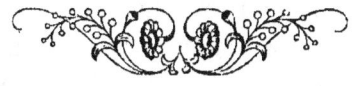

CHAPITRE VIII.

Response à l'objection, que font les asserteurs des opinions de Grégoire de Tours et Sévère Sulpice, touchant la mission de S. Savinian et S. Potentian à Sens.

CES Messieurs nient tout à plat que S. Savinian et S. Potentian aient esté envoiés par S. Pierre en la ville de Sens, contre la croiance commune, et arguent leurs actes de supposition et de fausseté. Les moiens qu'ils produisent contre, sont plusieurs. Le premier, que les Actes de ces saints ne sont authentiques, d'autant qu'ils sont sans autheur, et n'y a personne d'authorité qui les appuie. Pour ce qu'ils se doutoient bien qu'on retorqueroit le mesme argument contre eux pour les Actes de S. Saturnin, ils viennent au devant, et disent qu'il y a bien à dire entre ces Actes ; ceux de S. Savinian et S. Potentian estant sans nom d'autheur, et n'aiant personne qui les appuie, ou ceux de S. Saturnin, bien qu'on ne sache l'autheur d'iceux, ils sont appuiés de l'authorité de Grégoire de Tours ; qui est autant que s'ils ne disoient rien, pour ce que cest escrivain est sans authorité, après ce que nous en avons dit ci-dessus, de manière que, s'ils veulent qu'on les croie pour les Actes de S. Saturnin, il faut qu'ils demeurent d'accord de ceux de ces Apostres de Sens, n'estant plus obligés de leur déférer qu'eux à nous.

Le second moien qu'ils allèguent est que les Actes de ces saints ont esté fabriqués depuis que le pape Jean VIII a donné aux archevesques de Sens la qualité de Primat, affin de pouvoir la retenir contre ceux qui la leur pouvoient contester. Comme par le droit civil *Dicenti incumbit probatio* (1), aussi nos controlleurs devoient prouver qui les a fabriqués, ce que ne faisant pas, on ne doit avoir aucun esgard à ce qu'ils avancent ; car, encores que Surius les rapporte de Pierre des Noëls, qui vivoit en 1460 (2), ce n'est pas à dire qu'ils aient esté fabriqués par

---

(1) Le Titia. *De soluto matrimonio*, lib. XXIV. — (2) Lib. II, ch. 25.

ledit des Noëls, veu que Vincent de Beauvais, qui vivoit en 1240, selon Trithemius, qui sont deux cent vingt ans plustost, les rapporte, ou l'extrait d'iceux, du livre de son *Mirouër historial*, qu'on ne peut dire non plus qu'il les aie fabriqués, d'autant qu'il les rapporte des Actes qu'il avoit veus, tirés des églises anciennes, ausquelles ils avoient esté conservés. De plus, Bède, qui vivoit en 702, plus de cent soixante-dix ans devant Jean VIII, qui n'entra en la chaire Papale qu'en 871, faisant mention de S. Savinian et S. Potentian en son Martyrologe, comment leurs Actes auroient-ils esté fabriqués depuis le pape Jean VIII, qui mourut en 881?

Ils opposent que, par ces Actes, ces Saints sont disciples de Jésus-Christ, desquels, il n'est en aucune façon parlé aux Actes des Apostres, ni dans les Epistres de S. Paul, ni dans les escrits des escrivains apostoliques, ni ne sont entre les soixante-douze disciples, rapportés par Dorothée, *in Synopsi*, et partant, qu'il est faux que ces Saints aient esté des soixante-douze disciples. Ces raisons ont quelque apparence, mais ne sont véritables; car, en quel lieu des Actes et des Epistres de S. Paul les noms de ces septante-deux disciples sont-ils énoncés, pour mectre hors de leur nombre S. Savinian, S. Potentian et S. Altin. Il s'y en trouve quelques-uns, mais non pas tous, et S. Luc (1), qui a le premier escrit que le fils de Dieu avoit choisi soixante-douze disciples, a-t-il exprimé leurs noms, et ceux que rapporte Dorothée peut-on dire qu'ils soient les mesmes que ceux que Jésus-Christ choisit? Non certainement, considéré qu'il a farci de plusieurs mensonges son escrit, comme l'a remarqué Baronius (2), et qu'Eusèbe, qui estoit de son temps, escrit qu'il n'a point trouvé leurs noms en aucun autheur. Ce qui a donné sujet de croire que les noms de ceux que cest autheur rapporte sont pour la pluspart supposés et non de lui, pour les faire passer soubz son nom comme fort anciens. Mais qu'il soit vrai ou non, l'on ne peut dire qu'il n'y aie eu plus de soixante-douze disciples, d'autant qu'il est porté aux Actes des Apostres (3) que S. Pierre se leva au milieu des disciples, qui estoient environ six-vingt, qui excède le nombre de ces soixante-douze, de qua-

---

(1) Luc, 20. — (2) *Ann.* 45, num. 44. Eusèbe, lib. 1, ch. 14. — (3) *Acta* 17.

rante-huit; et S. Paul, en sa première aux Corinthiens, chapitre 15, escrit que Jésus-Christ *Visus est plus quàm quingentis fratribus simul, ex quibus multi manent usquè adhuc*, où, par ce mot de *fratribus*, l'Apostre entendoit les disciples, du nombre desquels les SS. Savinian, Potentian et Altin pouvoient estre, mesmement n'y aiant aucun escrivain qui die qu'ils n'en estoient pas, que nos controlleurs, qui le dénient sans aucun fondement que de leur caprice, devoient rapporter, s'ils en sçavoient quelqu'un. Autrement ils ne peuvent nier que le mot de Disciple fust le nom qu'on donnoit aux fidèles auparavant qu'ils eussent esté appelés Chrestiens, ainsi que l'a remarqué Eusèbe (1), et Hugues de Fleuri après lui, en sa *Chronique*, qui a couru longtems mal-à-propos soubz le nom d'Ives, évesque de Chartres, disant que *Illi qui ad fidem convertebantur et baptizabantur, non Christiani, sed discipuli tantùm cognominabantur; nec erat ulla nominis distinctio, inter cujusdam Dositheï, sive Theodæ, sive Joannis Baptistæ Christique discipulos, sed æqualiter omnes adhuc discipuli dicebantur : sed florentissima apud Antiochiam, ecclesia congregata, primò Christi discipulos cœpit appellare Christianos, discernens eos à communi præfatorum vocabulo discipulorum.* Que si Vincent de Beauvais et Pierre des Noëls ont escrit que ces saints estoient du nombre des soixante-douze disciples, ils pourroient s'estre trompés, s'il estoit constant qu'ils fussent hors de leur nombre; mais cela n'estant encores bien certain, on ne peut l'alléguer contre eux, et en tout cas ils pourroient estre du nombre des autres disciples. Ce que ces autheurs aiant trouvé et n'aiant creu ou sceu qu'il y eust d'autres disciples que les soixante-douze qui avoient esté choisis par Jésus-Christ, ils auroient laissé par escrit qu'ils estoient du nombre des soixante-douze disciples, mais cela n'empesche pas qu'ils ne feussent du nombre des disciples en général, qui suffit pour asseurer qu'ils estoient du nombre des disciples.

Pour ce qui est de la Primatie, que ces Actes de S. Savinian portent qu'elle lui fut donnée par S. Pierre, lorsqu'il l'envoia à Sens, quel inconvénient trouvent-ils pour l'impugner? Je ne veux point mettre en jeu les 2e et 3e Epistres du pape Anaclet,

---

(1) Lib. I, ch. 3.

ésquelles il dit disertement que les Apostres, s'entend S. Pierre, S. Paul et S. Clément, ordonnèrent des Patriarches, Primats, Métropolitains et Evesques aux villes des provinces, où les Romains tenoient leurs Officiers, ni ce qu'en ont escrit les papes Anaclet I, Estienne I et autres (1), d'autant qu'ils ne plaisent à nos controlleurs, qui, comme s'ils estoient les seuls juges de toute l'antiquité, n'admettent que ce qu'il leur plaist, et pour leurs raisons, disent que les Archevesques, Patriarches et Primats du diocèse n'estoient encores en usage de ce tems-là en l'Eglise, et n'y ont esté qu'après le Concile de Nicée, auquel le nom d'Archevesque fut attribué premièrement aux seuls Evesques, plus illustres, qui gouvernoient les églises de Rome, d'Alexandrie, d'Antioche et de Hiérusalem, tant s'en faut que ce nom d'Archevesque fust donné à tous les Métropolitains, comme le porte ceste Espitre du pape Anicet aux Evesques de la Gaule : si dirai-je pourtant que j'ai leu le Concile de Nicée, et en grec et en latin (2), et que dans icelui, il ne se parle un seul mot d'Archevesque, ni de Patriarche, ni de Primat, mais seulement de Métropolitain, d'Evesque et de Chorévesque, ainsi que pourront recongnoistre ceux qui voudront prendre la peine de lire ce Concile; duquel il se peut recueillir seulement, selon l'explication que veulent lui donner nos censeurs, que aiant quelques Prélats qui vouloient s'attribuer, à cause de leurs églises, quelques prééminences par-dessus les autres, le Concile de Nicée restraignit ceste prétention à celles de Rome, d'Anthioche et d'Alexandrie, d'où il appert qu'auparavant le Concile de Nicée, les mots de Patriarche et Primat estoient en usage, et qu'ils furent délaissés à ces trois églises seulement, d'autant qu'elles avoient esté fondées et establies par S. Pierre, qui avoit siégé aux deux premières et envoié S. Marc, son disciple, en la troisiesme; car, pour l'église de Hiérusalem, on ne peut recueillir du canon 7 de ce Concile de Nicée qu'elle aie esté déclarée Patriarchale en icelui, mais seulement qu'en raison que la religion Chrestienne avoit commencé en icelle, il auroit esté ordonné qu'elle auroit la quatriesme scéance ès Conciles et Assem-

---

(1) Anicet. 1. *Epist.* Stephan. I. *Epis.* 2 *et hab. dist.* Urbe 23. *Dissert.* 2 — (2) Conc. Nicen., can. 6 et 7. Conc. Afric., *in iisdem quod est* dist. 65. *Mos annus perduret.*

blées après les trois Patriarches susnommés, par honneur seulement, sans que cela peust faire préjudice à l'église Métropolitaine de Césarée, de laquelle elle dépendoit, et à laquelle elle devoit demeurer sujecte, ainsi qu'auparavant, comme à la Métropole de la Palestine. Ce qui s'observoit encores du tems de S. Hiérosme; ainsi qu'il se peut recongnoistre par l'Epistre de ce Père, qu'il escrit à Pammachius. Mais parce que cet ordre ou règlement n'est pas nettement expliqué dans le Concile de Nicée, il le faut rechercher dans l'action 16e de la seconde partie de celui de Chalcédoine, où ce 6e canon des Pères assemblés à Nicée est plus estendu et conceu en ces termes : *Quod ecclesia Romæ semper habuit Primatum* (τὰ πρωτεῖα), *teneat autem et Ægyptus, ut Episcopus Alexandriæ omnium habeat potestatem, quoniam Romæ episcopo hæc est consuetudo; similiter autem et qui in Anthiochia constitutus est, et in cæteris Provinciis, Primatus habeant Ecclesiæ civitatum ampliorum* : Ce que le grec dit plus clairement (1) : ὁμοίως καὶ κατὰ τὴν Ἀντιόχειαν καὶ ἐν ταῖς ἄλλαις ἐπαρχίαις τὰ πρωτεῖα σωζέσθω ταῖς ἐκκλησίαις. I. *Similiter et secundùm Antiochiam et in omnibus aliis provinciis Primatus servetur Ecclesiis.* Ce qui est expliqué davantage ensuitte, quand il adjoute : *Eas autem, quæ sunt in barbaris gentibus Dei Ecclesias, gubernari oportet secundum hanc quæ per Patres consuetudo tenet.*

D'où il se peut inférer que combien que le Concile de Nicée ait réglé qu'il ne devoit y avoir que trois Patriarches, c'estoit sans préjudice des Eglises, qui estoient hors de la Grèce et de l'Asie, qui pouvoient retenir leurs anciennes coutumes, de manière que s'il y en avoit de Primatiales ailleurs, qui sont bien confondues avec les Patriarchales (2), elles pouvoient demeurer en leurs anciennes possessions et dignités, de sorte que S. Pierre pouvant avoir donné à S. Savinian la Primatie, c'est-à-dire un certain pouvoir sur les cités de la Province de Sens, il pouvoit en user, et ses successeurs après lui. Ce qui ne doit estre trouvé estrange, veu que le pape Hilaire, qui vivoit en l'an 460, déclare Primat le plus ancien Evesque de la province (3), et qu'au

---

(1) Fol. I, Ep. 39. aid. Sirmund 1ᵘ Conc. Gall. — (2) *Alii Papæ decret.* 12. *Bulla confirmationis primati Eccles. Lugdunensis.* — (3) Conc. Taurinen., can. 1.

concile de Turin, tenu auparavant et dès l'an 397, la Primatie ou Primauté, fut confirmée à Proculus, évesque de Marseille, sur ses paroisses et sur ses disciples, ou évesques, qui avoient esté ordonnés par lui ; tellement que S. Savinian aiant envoié des évesques à Chartres et à Troies, il pouvoit estre appelé leur Primat par la mesme raison. D'ailleurs les Apostres et premiers souverains Pontifes aiant envoiés leurs disciples, ou autres, qu'ils rescongnoissoient propres pour la prédication de l'évangile par les provinces, ils les dispersèrent aux grandes et meilleures cités, ausquelles il y avoit plus de monde, affin d'avoir plus de moien d'espandre cette semence, pour la faire multiplier davantage, et posèrent les Patriarches et Primats aux très grandes villes, les Archevesques et Métropolitains aux plus grandes, et des Evesques aux moindres, qui n'estoient en si grande considération (1). Ce qui pourroit avoir donné sujet au jurisconsulte Modestin, en la loi : *Si duas*, liv. III. *ff. de excusat. tut. et tempor. corum*, de faire ceste partition des cités en trois, des moindres, de plus grandes, et de très grandes, qu'il appelle *Metropoles Gentium*, que la glose sur le mot *Maximæ* prend pour les villes Métropolitaines et Archiépiscopales. Mais d'autant que le mot de Métropolitain emporte plus qu'Archevesque, j'estimerois que ce seroit les villes ausquelles on avoit establi des Primats, qui sont appelés par Balsamon ἐξαρχοὺς τῆς ἐπαρχείας, *Principes sacrorum Provinciæ*, ou Métropolitains et Primats des provinces, que le mesme autheur sur le 13ᵉ canon du concile de Carthage confond et prent pour une mesme qualité, et ausquelles villes ou cités, qui tenoient les premiers rangs dans les provinces, se faisoient les assemblées du païs, et qui pour ce sujet s'appelloient dans Tite-Live et Pline (2) *Capita regionum*, ou Métropoles, comme les mères des autres villes, d'où on envoioit les colonies ailleurs, dans les autres provinces, ou bien, pour ce qu'en icelles demeuroient les Préfets du Prétoire, comme celui des Gaules résidoit à Tours : à cause de quoi

---

(1) Dist. 21. can. *Cleronix in Doc.*, lib. VII. *Ethinolog.*, ch. 12. Modestinus, *Si duas ff. excusat. tut. et temporum*. — (2) Plutarch., *in Numa*. Balsamo. conc. Calcéd., epist. Advent., epist. Metens. ad Nicol. I, apud Sirmund. f° 3. Conc. can., p. 242. T. Livius, lib. V, ch. 25. Plinius, lib. III, ch. 29.

Philippes Bertier (1) en sa deuxiesme Exercitation. ch. 4. prétend qu'il y a Primatie. Aussi est-elle appellée la Métropole des Gaules dans le Code Théodosien, et très grande, par Zozime. Liv. III, qui pourroient lui avoir acquis ce droit de Primatie. Pour les plus grandes cités, c'estoient celles où le mesme Balsamon met ἐξάρχους τῆς ὅλης διοικήσεως, qui équipole à Archevesque et Métropolitain, qui avoit des Provinces, c'est-à-dire, d'autres villes soubz lui. En ces cités, les Propréteurs, Proconsuls et Présidents faisoient leur résidence, et se lit dans la Notice de l'Empire d'Occident, qu'il y avoit à Sens, un Président pour les Romains; et pour les souverains Pontifes y ont establi un Archevesché, d'autant qu'aiant désiré former l'estat ecclésiastique sur le modèle du civil, ils conservèrent aux cités, en la distribution des offices et dignités de l'église, le mesme rang qu'elles tenoient soubz l'Empire, tant que faire se peut, et l'ordre n'en a esté changé que lorsqu'il a pleu aux souverains Evesques d'en créer de nouvelles dans les provinces, pour en honorer les principales villes d'icelles: mais cela n'empesche pas que les Apostres, envoiant S. Savinian à Sens, ne lui eussent donné la Primatie ou surintendance sur les évesques, qui devoient estre un jour soubz sa direction et de sa dépendance.

On pourroit opposer ce qu'escrit Filesac, en son livre: *de sacrâ Episcoporum auctoritate* Ch. 8 § 10, que le Primat n'est le mesme que le Métropolitain, et le prétend prouver par le recueil des canons ou décrets que le pape Adrian donna à Angilramne, évesque de Metz, au 25ᵉ desquels il dit qu'il se lit: *Nullus Archiepiscoporum, qui primas sedes tenent, appelletur Primas, aut princeps sacerdotum, aut summus sacerdos, vel aliquid hujusmodi, sed tantum qui in Metropoli sedet, aut Metropolitanus aut Archiepiscopus vocetur, et ille qui primam sedem retinet, tantummodo primæ sedis appelletur Episcopus*, et adjoute qu'en la nouvelle édition des Conciles, on a adjouté le mot *Nisi*, après ceux-ci : *Nullus Archiepiscopus, nisi qui primas sedes tenet*, qu'il conteste devoir estre effacé. Je ne sçai pas de quelle édition des Conciles il prétend parler, mais ces décrets du pape Adrian ne se trouvent ni dans l'édition de Crabbe, cordelier de Malines, imprimée à Colongne, en 1551, ni en

---

(1) Diatribe II, ch. 4.

celle de Binius, imprimée à Paris en 1636. Je ne sçai aussi s'il y en a une autre, pour n'avoir veu que celles-là, mais je peux assurer qu'aiant cherché aux endroits qu'il cite des Conciles de Carthage 3 et 7, sous le nom du concile Africain, comme aussi du livre VII des capitulaires, ch. 17, il n'y a rien qui approche de ce qu'il dit. Je trouve bien dans le 3º Concile de Carthage, ch. 26, ce canon : *Primæ sedis Episcopus non appelletur Princeps sacerdotum, aut summus sacerdos, aut aliquid aliud hujusmodi, sed tantùm primæ sedis Episcopus*, qui ne sert de rien pour prouver ce qu'il veut, ce canon se devant seulement entendre du Pape, qui doit estre appellé seul Evesque du premier siège, qui est celui de Rome, et non des autres Primats, et tout de mesme ce qu'il rapporte du Concile Africain, où il n'y a que les mesmes canons du Concile de Nicée, et quand aux Capitulaires, il se trouve seulement livre VII ch. 341. *Nulli alii Metropolitani appellentur Primates, nisi illi qui primas sedes tenent, et quos sancti Patres synodali et Apostolicâ auctoritate Primates esse decreverunt. Reliqui verò qui alias Metropolitanas sedes sunt adepti, non Primates, sed Metropolitani vocentur.* Qui ne fait rien contre ce que disent Vincent de Beauvais et Pierre des Noëls; car, ce capitulaire ne dit pas absolument qu'aucun Métropolitain ne sera appelé Primat, mais qu'il n'y aura que ceux qui occupent les premières chaires ou églises, soit par décret de quelque synode, ou par l'authorité du Saint Siège, et pour les autres, qui occupent les églises Métropolitaines, qui ne sont de ceste qualité, ils s'appelloient simplement Métropolitains, et non Primats, de manière que S. Savinian, tenant son authorité des Apôtres, il pouvoit estre appelé Primat. Autrement Messieurs nos censeurs doibvent montrer par authorité d'escrivains authentiques, que ce privilège ne lui avoit esté donné par les Apostres.

Il se pourroit faire que tous les Métropolitains usurpoient la qualité de Primat, comme de fait ces deux qualités se trouvent confondues dans l'Epistre 91, que S. Léon, pape, escrit à Théodore, évesque de Frïouli ou Fréjus, et estoit besoin de les distinguer, comme ils le sont à présent, pour éviter confusion; car, tous les Métropolitains ne sont Primats, comme il se veoid des Archevesques de Tours, Auch et Tolose, et de quelques autres, ausquels vont les appellations des officiaux des Evesques, leurs suffragants, et des leurs, au Primat, et de celui-ci au Pape; qui commet *in Partibus*. Néamoins cela se pratiquoit encore du tems du pape Adrian, que les Métropolitains se disoient Primats, ainsi qu'il se peut veoir dans Flodoard, livre II, chap. 17, en l'Epistre que ce pape escrit à Tilpin, archevesque de Reims; aiant esté lui qui a renouvelé ce décret que les Métropolitains ne s'appelleroient plus Primats, et qu'il n'y auroit que ceux qui l'estoient d'ancienneté, qui en pourroient retenir le titre; ainsi qu'il est porté par le 25ᵉ chapitre des décrets qu'il donna à Ingilramne, évesque de Metz, rapportés par Sirmond en son troisiesme volume des *Conciles de France*. Aussi ces Messieurs ne laissent pas se tromper, disant que ce fut seulement le pape Jean VIII, qui donna ceste qualité de Primat à Ansegise, Archevesque de Sens, veu qu'en l'Epistre que ce Pape escrivit aux Evesques de France et d'Allemagne, il n'est parlé un seul mot de Primat, ni Primatie, mais seulement qu'il faisoit Ansegise, son Vicaire, pour prendre garde en son absence à ce qui se passeroit en leurs provinces, et pour assembler les Synodes, toutesfois et quantes que la nécessité le requerroit.

Je ne suis ignorant qu'Aimoin, livre V de son *Histoire* chap. 33, interprète ce Vicariat pour institution de Primat, donnée à Ansegise; mais qui voudra considérer les termes, dont il use, et le procédé, qui fut tenu au Concile de Pontygon, qui est dans le diocèse de Chaalons, soubz la Primatie de Lion, où il prétend que ceste Primatie fut instituée et receue, et dont il rapporte les décrets, il se trouvera que ce n'est qu'un Vicariat, que le pape Jean octroia à Ansegise, archevesque de Sens, pour représenter sa personne ès causes qu'ils traicteroient en son absence, et pour ce, on lui donne rang après les Légats de ce souverain évesque de Rome. Ce qui paroist dans les signatures de ce concile de Pontygon, où Ansegise signe immédiatement après Jean, évesque de Tuscoli, en ces termes : *Ansegisus, Senonum Metropolis Episcopus sanctæ et apostolicæ sedis per Domnum Joannem, summum Pontificem, Papam, Vicarius, interfui, consensi et subscripsi*, où, si c'eust esté en qualité de Primat, les Archevesques de Reims, de Lion, de Vienne lui eussent contesté la préséance, se prétendans Primats, mesme celui de Vienne, qui se dit Primat des Primats, ou celui de Lion, ceste assemblée se faisant dans un diocèse de sa suffragance. Il est vray que dans autres Actes de ce Concile, rapportés par Sirmond, nombre 7 (1), les Evesques de France recongnoissent Ansegise pour Vicaire du pape Jean, et Primat des Gaules et de Germanie. Mais dans les Actes du Concile de Pavie, tirés de Saint-Remy de Reims, rapportés par le mesme, ensuitte de ces derniers Actes, nombre 6, Ansegise est appellé simplement Vicaire du Saint-Siège. Taveau, en son *Catalogue des Archevesques de Sens*, escrit que ce fut en ce Concile de Pontygon, qu'il fut salué comme Primat des Gaules et de Germanie, au rapport d'Odoran, moine de Saint-Pierre-le-Vif.

Le fragment de cest Odoran, qui se trouve après les *Annales de France* ramassées par Pithou, porte bien qu'Ansegise succéda à Wenilon en 865, en l'archevesché de Sens, qu'en 876, ce concile de Pontygon fut tenu, et qu'Ansegise mourut en 883 ; mais pas un mot de Primat, aussi estimai-je qu'Ansegise pouvoit estre desjà Primat, et que ce Vicariat, que le Pape Jean lui donna, ne fut qu'une amplification de sa dignité, pour la tenir à tiltre plus avantageux que les autres, qui prenoient la mesme qualité en France ; car, si selon Severt (2), les archevesques de Lion et de Vienne ont prins le tiltre de Primats, à cause que S. Irénée avoit esté recongneu par les Evesques des Gaules, ausquels il présidoit, et d'autant que Vienne estoit plus ancienne que Lion, on pourroit dire la mesme chose pour Sens, qui estoit semblablement plus ancien que Lion (3), et que S. Savinian y avoit esté envoié en mesme tems que S. Zacharie à Vienne ; mais sans me mettre davantage en peine de prouver la Primatie de Sens sur les Gaules et la Germanie, que je n'asseure ni ne nie, y aiant des raisons pour et contre, est-ce à dire qu'il faille rejecter les Actes de S. Savinian, à cause que Vincent de Beauvais et Pierre des Noëls lui ont attribuée, cela ne faisant rien contre la vérité du reste contenu ésdits Actes ; car parlant selon la practique de leur tems, comme on qualifioit Primats les Archevesques de Sens, ainsi que les cardinaux Du Prat, en la publication du concile de Sens, tenu à Paris en 1528, Jean de Nanton en celui de 1428, Jacques Davy, cardinal du Perron en celui de 1611, et longtems auparavant, Seguin en celui de Saint-

---

(1) Page 445. Conc. Ticinens. — (2) In Decret., § 3. — (3) *In sacerd. Lugdun.*, § 2.

Denis en France, l'an 1000, en prenoient la qualité; ils ont creu qu'elle leur estoit veneue de ce premier Apostre de Sens.

Contre ce que nos censeurs allèguent que celui qui a escrit les Actes de ces saints estoit ignorant et mal versé en la congnoissance des affaires de l'Empire, quand, parlant des enfants de Louis le Débonnaire, il fait son second fils du mesme nom, Empereur, quoyqu'il ne l'aie jamais esté, on leur respond que c'est chercher, comme l'on dit, un nœud dans un jonc, et faire paroistre trop de passion à vouloir picoter, d'appeller un autheur avoir mis un mot, duquel la suitte ou tissure de son discours l'obligeoit se servir, pour n'interrompre l'ordre naturel, qui devoit estre entre ces frères et celui de leur naissance, plustost que de leurs dignités, attendu, que, mettant Louis qui estoit le second en l'ordre de la génération, entre son aisné et son puisné, qui effectivement ont esté Empereurs, il ne pouvoit escrire autrement qu'il a fait, disant : *Tempore Lotharii, Ludovici, et Caroli Imperatorum*, sinon qu'il eust dit : *Tempore Lotharii Imperatoris, Ludovicis regis et Caroli Imperatoris*; ou bien encores : *Tempore Lotharii et Caroli, Imperatorum, et Ludovici, Regis*; au dernier desquels l'ordre de la naissance eust esté violé, pour ce qu'on eust mis ce troisiesme devant le second. C'est estre bien délicat et trop exact de prendre à si peu de chose, qui ne vaut pas la peine d'estre considérée, et pour laquelle on ne doit appeller une personne absolument ignorant.

Aussi ne rencontrent-ils pas mieux, quand ils allèguent que Pierre des Noëls, duquel ils prétendent que Surius a extrait les Actes qu'il rapporte de ces Saints, appelle Cenilon, l'archevesque de Sens, qui fit la translation de leurs reliques, ne considérant pas que c'est aussitost une faute du compositeur, ou correcteur de l'imprimerie, que de l'autheur, qui auroit prins un C pour un G, et un U pour un N, ce qui arrive souvent en imprimant, ceux qui se meslent de la composition et correction, prenant une lettre pour une autre, pour ne sçavoir les noms propres, ausquels il est si facile de se tromper, quand ils s'escrivent diversement, comme il appert en celui-ci, qu'on escrit Wenilon, ou Genilon, desquels deux noms, ce prélat est indifféremment appelé dans le concile tenu à Savonnières, qui est au faubourg de la ville de Toul, en 859; en celui de Vernes, tenu en 844; en la préface du concile de Meaux, en 845; en celui de

Paris, 846 et 847; en celui de Carisi, en 848; en l'Epistre qu'il envoie la mesme année à Amulus, archevesque de Lion, qu'il qualifie seulement de Métropolitain; au concile de Tours, tenu en 849; en celui de Soissons, en 853; et de Vermerie en la mesme année, et en plusieurs autres ésquels il est toujours appelé Wenilon: en la soubscription du concile de Tousi, il est nommé Wanelon, ou Ganelon, les doubles W se prononçant comme un G; et en la cause 3, quest. 9. can, il est dit: *Galion, Senensis Archiepiscopus*, et pour ceste mesprise voudroit desbattre de faux les canons de ces Conciles et du décret.

Contre la huitiesme raison de nos controlleurs, je dis que si Usuard escrit que S. Savinian et S. Potentian ont esté envoiés par le Pontife Romain, c'est mal-à-propos qu'ils le reprennent, veu que parlant simplement du Pontife Romain et sans adjoint, cela ne se peut entendre que de S. Pierre qui par emphase est appelé Pontife Romain, pour avoir esté le premier qui a siégé en la ville de Rome; autrement, qu'ils nous cottent le nom du Pape qui les a envoiés. Alléguer qu'Usuard estoit proche de Sens et ne pouvoit ignorer l'ancienne tradition de l'église de ceste ville, je l'accorde, mais que peuvent-ils tirer de là? Sinon leur confusion; puisque, disant que ces saints y ont esté envoiés par le Pontife Romain, qui comme dit est, se réfère à S. Pierre, il faut malgré eux qu'ils recongnoissent que ces saints ont esté envoiés à Sens par S. Pierre.

Leur neuviesme raison est tout à fait sans raison, qu'ès Litanies de Sens, insérées dans le Manuel d'icelle, imprimé en 1555, ces deux saints Savinian et Potentian sont mis seulement après S. Laurens et S. Vincent, diacres, d'où ils voudroient bien conclure qu'ils n'ont souffert le martyre qu'après ces deux lévites, le premier desquels souffrit en 263, soubz l'empire de Valérian; le second en 303, soubz le règne de Dioclétian; et partant, que S. Savinian et son collègue n'ont peu avoir subi le martyre qu'après Dioclétian, ou, en tout cas, sur la fin de son administration de l'Empire Romain. Mais on leur respond qu'ils ne sçauroient tirer de cet argument aucune bonne conséquence; pour ce que les noms des Saints ne sont mis dans les Litanies selon la chronologie, ou ordre des tems qu'ils ont vescu, ou souffert le martyre, mais selon le rang qu'ils ont tenu, de Patriarches, Prophètes, d'Apostres, Disciples, Martyrs, Confesseurs, Vierges et Veufves ; voire, ainsi qu'il a pleu à ceux qui les ont dressés. Car, quelle raison ont eu ceux qui ont disposé les Litanies du bréviaire Romain, de mettre S. Fabian, pape et martyr, après ces deux Diacres, veu que, comme Pontife Romain, et aiant souffert le martyre, dès l'an 252, soubz Dèce, il devoit estre mis devant S. Laurens, qui ne triompha des feux et des bourreaux, que soubz Valerian, qui ne commença sa persécution contre les Chrestiens, qu'en 260, en laquelle il enveloppa S. Sixte II, et son diacre S. Laurens ; et de mesme on peut dire de S. Vincent, qu'aiant souffert soubz Dioclétian, cinquante ans après S. Fabian ils devoient estre inscrips dans les Litanies après ce Pontife Romain. Entre les Confesseurs, Evesques et Docteurs de l'Eglise, S. Grégoire est mis le premier devant S. Ambroise et S. Augustin, qui estoient près d'un siècle devant lui : entre les Confesseurs non Pontifes, S. Benoist est mis devant S. Antoine (1), quoiqu'il fust postérieur à cetui-ci de près de deux cent ans, l'un estant mort en 358, l'autre en 543. S'il falloit juger du tems qu'ont souffert les martyrs par l'ordre qu'ils tiennent dans les Litanies, S. Savinian et S. Potentian sont tant dans les anciennes, escrites à la main, qu'ès imprimées en 1555, incontinent après S. Clément, qui est le quatriesme entre les martyrs ; qui feroit veoir comme ils sont des premiers martyrs de l'église, incontinent après les Apostres, dont nos correcteurs ne demeurent d'accord.

Leur dixiesme raison est qu'Adon doit estre corrigé en son Martyrologe, par celui d'Usuard, quand il dit que ces deux Martyrs ont esté envoiés par les Apostres, pour ce que cetui-ci estant plus proche de Sens qu'Adon, et plus ancien, il avoit mieux sceu que ce dernier par qui ils avoient esté envoiés, voire, que Robert d'Auxerre, qui vivoit il n'y a qu'environ 450 ans. A quoi on leur respond, que si Adon doit estre corrigé par Usuard, comme plus ancien, Usuard le doit estre par Bède, qui estoit devant lui. Or, est-il que Bède, en son Martyrologe, porte le 31 décembre : *Senonis, beatorum Savini et Potentiani, qui a Beatis Apostolis ad prædicandum directi, præfatam urbem martyrii sui confessione illustrem fecerunt.* Où, par les bienheureux Apostres, il entend S. Pierre et S. Paul, comme

---

(1) Osmensis.

nous l'avons montré ci-dessus, comme estant par excellence ainsi appellés par-dessus tous les autres de leur collége, d'ou l'on peut conclure que ces saints ont esté envoiés à Sens par S. Pierre et S. Paul.

Contre l'onziesme raison, qui est que chacun, du tems d'Adon et de Robert, chanoine régulier d'Auxerre, taschant de tirer l'origine de son Eglise des Apostres, auroit porté ceux de Sens au mesme dessain, pour avoir la préférence sur Paris, qui se glorifie d'avoir receu la foi par S. Denys, envoié par S. Clément, disciple et successeur des mesmes Apostres, on leur respond que ceste raison est tout à fait impertinente, veu que l'Eglise de Paris ne pouvoit lors contester ceste primauté de tems contre l'Eglise de Sens, à laquelle elle estoit sujette, et l'a esté jusques en l'an 1622, qu'elle en fut distraitte et séparée, et érigée en Archevesché par le pape Grégoire XV, par sa bulle du 13 des calendes de novembre audit an, et de plus, pour ce que nous l'avons montré ci-dessus de S. Innocent I, et du concile de Troislé, toutes les églises de France recongnoissoient avoir esté instituées par S. Pierre.

Contre leur dernière raison qui est, que Melchior Canus (1) escrit contre Vincent de Beauvais que : *Non tam dedit operam, ut res veras certasque describeret, quam ne nihil omnino præterirct, quod scriptum in schedulis quibuslibet reperiretur*, je dis que Hilduin et Baronius escrivent le mesme de Grégoire de Tours, qui a rempli ses œuvres de quantité de choses, qui tesmoignent sa simplicité et trop grande facilité à croire, y emploiant beaucoup de discours, desquels il se fust bien passé, et que, si les Actes de S. Savinian et S. Potentian ne sont authentiques pour ceste raison, ceux de S. Saturnin ne le doivent non plus estre par là mesme. Pour ce que si ces Messieurs désirent de Vincent un plus ample tesmoignage, pour confirmer la vérité de son dire, nous en demandons tout de mesme de Grégoire, que Baronius argue de mensonge, tant en ses *Annales* qu'en ses *Notes sur le Martyrologe Romain*, qui diminue beaucoup de la croiance qu'on pourroit avoir à ses escrits (2).

De toutes lesquelles responses, ci-dessus rapportées, il se prouve que les Evesques, dont parle Grégoire de Tours, ne sont

---

(1) Lib. II. *De locis*. — (2) Ann. 1000, num. 9 et *in Martyr*. octobr.

venus soubz Dèce, mais plutost du tems mesme des Apostres ou voisin d'iceux, et que la foi Catholique n'a esté receue si tar dès Gaules que le dit Sévère Sulpice, et que les martyrs y ont esté veus dès la naissance de la religion Chrestienne, et sitost qu'elle y a esté preschée; mais c'est le malheur du tems, auquel personne ne veut croire que ce qu'il lui plaist, et où il se trouve des esprits qui, pour montrer qu'ils en ont et faire parler d'eux, sont bien aises de révoquer en doubte tout ce qui estoit establi par l'antiquité, n'en considérant peut-estre la conséquence qui en est très-dangereuse, que pensant esclaircir trop la vérité, on la pert et n'y a plus rien d'asseuré, de manière que nous pouvons faire la mesme que le comique qui dit (1) :

> ..... *Nostra ætas non multum fidei gerit,*
> *Tabulæ notantur, adsunt testes duodecim*
> *Tempus, locumque scribit Actuarius ;*
> *Tamen invenitur Rhetor, qui factum neget.*

CHAPITRE IX.

Que S. Savinian et S. Potentian ont esté les premiers qui ont annoncé l'Evangile à Chartres, y ont mis S. Aventin pour premier Evesque du tems de S. Pierre, et ont souffert le martyre à Sens, soubz Néron.

Aiant respondu le plus brièvement qu'il m'a esté possible aux arguments et raisons de ceux qui veulent que la religion Chrestienne n'aie esté publiée que fort tard ès Gaules, je dis que S. Savinian et S. Potentian y ont esté envoiés des premiers par le prince des Apostres, vers l'an 68 de Nostre-Seigneur; je me fonde sur leur légende manuscrite de l'église de Chartres, qui porte qu'ils ne s'acheminèrent en Italie pour y trou-

---

(1) Plaute, *Aulula.*

ver S. Pierre, qu'après que Néron eut ouvert la porte à la persécution, qu'il excita contre les fidèles, ce qu'estant arrivé en l'an 68, auquel an les bienheureux apostres S. Pierre et S. Paul se rendirent à Rome pour conforter les premiers Chrestiens parmi les tourmens et supplices, on peut dire que ces Saints ont esté envoiés aux Gaules en la mesme année ou la suivante. A la vérité, Odorant, moine de Saint-Pierre-le-Vif de Sens, et La Saussaie (1) leur assignent la première : je me range fort volontiers de leur costé, veu que S. Savinian et ceux de sa suitte estant en Gaules l'année que les bienheureux Apostres souffrirent le martyre, qui fut en l'an 69, ils devoient y avoir esté envoiés par eux auparavant. Mais, comme j'ai assés parlé d'eux au chapitre précédent, je ne répèterai rien de ce que j'en ai dit, et rapporterai seulement ce que je trouve escrit d'eux dans de vieux manuscrits de ladite église de Chartres.

Il y a entre autres une vieille Chronique, qui porte que S. Savinian et ses associés vindrent premièrement audit Chartres, devant que d'aller à Sens, du vivant mesme de la Vierge, qu'ils trouvèrent estre honorée par les habitans et qu'on chantoit en sa louange, l'hymne de laquelle se sert l'Eglise Universelle à sa gloire, aux festes ou offices célébrés en son honneur, commençant par ces mots : *O gloriosa Domina;* et desquels mots le dernier estoit changé en *fœmina*, et au lieu qu'il y a aux quatre strophes : *Lactasti sacro ubere*, on disoit à Chartres : *Lactas sacrato ubere*, comme si la Vierge glorieuse y eust esté présente à alaiter son fils. Je ne veux pas nier que ces Saints ne soient venus à Chartres devant qu'aller à Sens, et que la Vierge n'y fust en quelque vénération, puisqu'il y avoit un autel dressé à une Vierge qui devoit enfanter, mais de demeurer d'accord qu'on y chantast l'hymne *O gloriosa fœmina*, etc., du vivant mesme de la Vierge, c'est ce que je ne peux faire pour deux raisons : l'une, que la Vierge estoit décédée pour lors, aiant rendu ses derniers devoirs à la nature, dès l'an 48 de Nostre-Seigneur, selon Eusèbe (2), vingt ans ou environ auparavant que ces Saints fussent venus à Chartres; l'autre, que selon Henri Bebel, professeur au collége de Tubinge, et Josse Clicthoüe, autrefois

---

(1) *Hist. d'Orléans.* — (2) *In vivo.* Baronius, *Martyrol. ad 15 an. in annunciat. incarn.* 48 *num.*

chanoine théologal en l'Eglise dudit Chartres, aux notes qu'ils ont faictes sur cet hymne, enseignent qu'elle a esté composée par Fortunat, évesque de Poictiers, qui vivoit plus de 560 ans après la Nativité de Nostre-Seigneur. Je ne sçai pas toutesfois comment ils l'advancent, d'autant que je l'ai point trouvée dans les Œuvres de l'autheur auquel ils le donnent; mais quoique c'en soit, elle ne pouvoit encores estre chantée en l'Eglise de Chartres, quand ces Saints y arrivèrent, puisqu'elle n'estoit encore composée.

Cette Chronique adjoute, avec autant d'impertinence, qu'ils trouvèrent la pluspart du peuple Chartrain desjà instruit de la religion Chrestienne. Car, comment cela auroit-il peu estre, s'ils n'avoient encores ouï parler de Jésus-Christ? Ils pouvoient bien avoir apprins des Druides, qui avoient érigé en cet endroit un autel à la Vierge qui devoit enfanter, qu'une femme demeurant vierge enfanteroit un fils qui devoit estre quelque chose de grand, puisque à son égard les loix de la nature seroient enfraintes, ne pouvant permettre qu'une vierge soit mère, ny qu'une mère soit vierge. Ceste persuasion, de laquelle ils estoient imbus par leurs docteurs et théologiens, peut bien les disposer à croire ce que ces Saints leur preschèrent; mais d'avoir creu en Jésus-Christ auparavant qu'ils en eussent ouï parler, il n'y a personne de jugemens qui voulust l'asseurer.

Tout ce que dit ceste Chronique, avec ce qui est contenu dans une autre, que j'ai manuscripte en vers ou rimes gauloises, sont contes faits à plaisir, composés par des personnes qui avoient plus de simplicité que de science, ou beaucoup de tems à perdre pour s'amuser à escrire des mensonges pour des vérités, qui ne pouvoient donner que de mauvaises impressions à ceux qui les liroient. Ceste dernière donc porte, entre autres choses, que les Druides aiant apprins par la lecture du prophète Isaïe qu'il sortiroit une Vierge de la racine de Jessé, et qu'une fleur sortiroit de sa tige, sur laquelle fleur l'esprit de Dieu reposeroit, ils auroient creu que ceste prophétie se devoit entendre de Jésus-Christ et de sa mère, laquelle devoit le mectre au monde, sans préjudice de sa pudicité, et qu'aiant quitté le culte des Idoles, ils s'appliquèrent entièrement au culte de ceste Vierge, à laquelle ils dressèrent un image, tenant son petit fils dans son giron, avec une chapelle, en laquelle ils la révéroient, et envoioient tous les ans en la Judée, pour s'enquérir si cesté prophétie estoit point accomplie; qu'aiant apprins les merveilles qui s'estoient passées en la naissance de Jésus-Christ et jours suivants, ils auroient creu que ceste prophétie estoit accomplie, et pour ce, ils auroient honoré publiquement ceste Vierge, et composé en sa louange l'hymne ci-dessus, qu'ils chantoient dans la grotte qui est soubz la grande église de Chartres. Que S. Savinian et S. Potentian, aiant instruit le peuple de ceste Vierge, de son enfantement sans lésion de sa virginité et des autres mystères de nostre religion, ils dédièrent soubz son nom; et aiant laissé S. Aventin, l'un de leurs compagnons, pour assister ces nouveaux convertis, avec un clergé suffisant pour l'aider en un si saint exercice, s'en allèrent à Sens, où estoit leur assignation.

Il se seroit bien pù faire que les Druides, qui attendoient l'enfantement de ceste Vierge, en aiant esté deuement informés par la prédication de ces Saints, ils auroient librement donné les mains et se seroient rendus à la vérité du Christianisme, et que les mesmes Saints aiant rencontré des esprits si bien disposés, y auroient laissé des ouvriers, pour les confirmer en leur croiance, et leur apprendre la façon d'un autre culte envers Dieu, qu'ils n'avoient encores practiqué, et qu'après que ces Saints y eurent establi un ordre, se seroient rendus en leur département de Sens, qui estoit la Métropole des Gaules. Mais de croire que ces sages Théologiens envoiassent de tems en tems en Judée, pour apprendre l'accomplissement de ceste prophétie, je n'y vois aucune apparence, tant pour l'esloignement des païs, que de la difficulté des chemins et grande despense qu'il eust convenu faire dans un voiage si lointain. Il y en a davantage en ce que ceste mesme Chronique escrit que quelques tems après que ces Saints furent arrivés à Sens, et qu'ils y eurent converti quelques habitans, ils envoièrent S. Eoald, l'un d'iceux, avec S. Altin, pour visiter les Chrestiens de Chartres. L'histoire d'Orléans porte qu'ils prindrent leur chemin par le Gastinois, (où ils avoient dressé une chapelle, au lieu, où est le monastère de Ferrières, auquel ils avoient donné le nom de Béthléem, en mémoire du Mystère de la naissance du fils de Dieu, qui y estoit arrivé); et se rendirent au lieu appelé *Genabum* qui estoit fort fréquenté, pour estre le marché où les Chartrains portoient leurs denrées, pour les conduire par la Loire aux autres contrées de la France et païs estrangers; où aiant annoncé l'Evangile, ils y convertirent nombre de peuple qu'ils baptizèrent et y bastirent une chapelle soubz le nom de S. Estienne, premier martyr, et y instituèrent Alixitus, qu'autres appellent Alitus, Alipitus et Auspicius, pour évesque.

C'est d'où ceux d'Orléans se sont imaginés que S. Altin a esté leur premier évesque, ce qu'ils ne peuvent asseurer, s'ils ne demeurent aussi d'accord qu'il l'a esté de Chartres; car n'estant venu en l'un et l'autre lieu qu'en passant, il ne peut estre dit évesque d'iceux, mesmement de ceux d'Orléans, la ville desquels n'estoit encore bastie, et ne l'a esté de plus de deux cens ans, après ce voiage de S. Altin, d'autant que s'il en faut croire à Glaber Rol, à Martin Polonois et Munster (1), ceste ville n'a esté bastie qu'en l'an 263 ou 276, par l'empereur Aurélian, qui lui donna son nom. La Saussaie, en ses *Annales d'Orléans*, le recongnoist de bonne foi, comme font les sieurs Le Maire et Guyon en leurs histoires de la mesme ville, demeurants d'accord que S. Dioclet, ou Diopet, qu'on met ordinairement, dans les Catalogues des évesques d'Orléans imprimés, pour premier prélat de son diocèse, n'a vescu qu'environ l'an 345. Qui fait assés congnoistre que ceste ville là n'a commencé d'avoir un évesque particulier plustost que ce temps là. Le grand intervalle, qui a esté entre S. Altin ou Alitius, son prétendu successeur immédiat jusqu'à Diopet, qui est pour le moins de 275 ans, descouvre clairement ceste vérité. Car, pourquoi y auroit-il eu un interstice de tant d'années entre ces évesques s'il y en eust eu un plustost, veu que le clergé et le peuple n'eussent manqué après son décèds d'en eslire et substituer un en son lieu? Guyon, en son *Histoire des Evesques d'Orléans*, pense s'eschapper, disant qu'il peut y en avoir eu d'autres pendant ce laps de tems, mais que leurs noms et leurs actes estant demeurés cachés soubz la poussière de l'antiquité, on en a perdu la congnoissance. Je l'en croirois fort volontiers, s'il y avoit quelque vraisemblance en son dire, mais deux choses combattant contre, l'une qu'Orléans n'estant encores construit,

---

(1) Glab., lib. II, ch. 5. Mart. Polon., *in Aureli*. Munster, *Cosmograph.*, lib. II, p. 90.

et estant au plus une bourgade dressée pour la commodité du commerce, il ne pouvoit y avoir d'Evesque, cela estant expressément deffendu par les canons Apostoliques; l'autre, que ceux qui en ont escrit, ne s'accordent entre eux du rang ni du tems qu'ont siégé leurs évesques, non pas mesme de leurs noms. Guyon met après S. Altin, Alipitus, Auspicius et Diopet. Christophle Poirier, prebstre Orléanois, en son Catalogue manuscrit des Evesques d'Orléans, par luy dressé en 1597, lequel j'ai par devers moi, met Dioclopitus, ou Dioclitus, successeur immédiat de S. Altin, et après lui Alitus ou Alixitus et Auspicius; après lesquels il fait une éclypse de cent treize ans, comme lui-mesme le recongnoist en l'advertissement au Lecteur, jusqu'à Désinian, que tous font succéder à Diopet. La Saussaie met S. Altin, Alipitus, qu'il confond avec Auspicius, et n'en fait qu'un, auquel il donne Diopet pour successeur. Démocharès obmet Alixitus et Auspicius. Taveau loge Alixitus plus tard que les autres. Chenu, Severt, Robert, aux Catalogues qu'ils ont escrit des Evesques d'Orléans, s'accordent avec Guyon pour les rangs, mais non pour le reste; qui fait veoir, que dans une si grande confusion, on ne peut asseurer qu'il y aïe eu aucun évesque establi à Orléans, auparavant ce Diopet, qui y fut institué, après qu'Aurélian l'eust fait bastir, et lui eut donné le nom de ville.

Je ne prétens pas ici vuider ceste question, qui mérite une plus exacte discussion. Je dirai toutesfois que S. Altin n'a point esté évesque d'Orléans, quoiqu'il aïe annoncé l'Evangile au lieu où ceste ville a esté du depuis construicte, non plus que de Chartres, combien qu'il y aïe fait la mesme fonction, d'autant que, quoiqu'il eust esté ordonné évesque par S. Savinian et S. Potentian, voire par les Apostres, il n'avoit esté attaché à aucune ville particulière, ni désigné pour un certain lieu fixe et arresté; mais pouvoit aller çà et là, pour y annoncer l'Evangile et faire toutes les fonctions appartenans et dépendans de sa dignité, aux lieux où il n'y avoit point encores de pasteurs institués. Ce qui a peu donner sujet à quelques-uns de dire que S. Altin estant venu d'Orléans à Chartres y ordonna S. Aventin pour évesque, encores que ce fust S. Savinian, qui lui eust institué. J'ai veu autrefois dans les escritures d'un nommé Pèlerin, grand Archidiacre de Sens, contre Mre Nicolas de Thou, évesque de Chartres, par lesquelles il exposoit que S. Altin avoit esté envoié à Chartres par S. Savinian, pour faire mettre en possession S. Aventin de son évesché par S. Eoald ou Oudard, que S. Savinian avoit ordonné diacre, d'où les archidiacres de Sens ont prins prétexte et fondé leur droit d'installer les évesques de Chartres et autres de la suffragance de Sens, en la première entrée qu'ils faisoient en leurs églises; en possession duquel droit, ils ont esté maintenus et gardés par plusieurs Arrêts de la Cour, comme les évesques de Chartres d'estre les doiens des suffragans des archevêques de Sens, à cause que S. Savinian et S. Potentian estoient venus audit Chartres, auparavant qu'à Sens et aux autres églises de la Province. Ce qui leur auroit esté conservé au démembrement qui a esté fait de l'église de Paris de celle de Sens, et en l'érection qu'on en a fait en métropole et archevesché de ceste première.

De ce qui est dit ci-dessus, et de ce qui est porté dans le Catalogue des Evesques de Chartres, l'on peut recueillir que S. Aventin fut ordonné évesque dudit lieu seulement en l'an 69, d'autant qu'estant dit par icelui, que ce fut du tems du martyre des bienheureux Apostres que S. Altin et S. Eoald vindrent audit Chartres, où ils en receurent les nouvelles, il est nécessaire de conclure que ces Apostres aiant souffert le martyre en l'an 69, que ç'a esté la mesme année que S. Aventin a esté ordonné évesque dudit Chartres, où il siégea l'espace de 30 ans, lesquels adjoutés ausdits 69, font 99 ans, qui est le tems qu'on assigne à la mission de S. Cheron, qui succéda audit S. Aventin, ainsi que nous le dirons ci-après.

Tout ce qui me met plus en peine est que, dans le narré de ce qui se passa à Chartres, tandis que S. Altin, S. Eoald ou Oudard y furent, il n'est fait aucune mention de S. Aventin, et ne sçait-on s'il est martyr ou confesseur. Les Légendaires de l'église de Chartres disent seulement que S. Altin et S. Eoald aiant converti par leur prédication beaucoup des habitans du lieu, ils dédièrent une chapelle ou oratoire dans la grotte où la Vierge qui devoit enfanter estoit révérée, et qu'ils ordonnèrent un Evesque et un Clergé, pour y chanter les louanges de Dieu; ce qui doit estre rapporté à S. Savinian et non à eux, ainsi que je l'ai montré ci-dessus.

Ils disent de plus que le service se faisoit tout bas, pour ce que ces premiers Chrestiens, n'osant se descouvrir à cause que Néron avoit commandé par tout l'Empire Romain de poursuivre et mettre à mort tous ceux qui se trouveroient faire profession de leur religion, ils s'assembloient en des lieux cachés et retirés, en mémoire de quoi, l'Eglise de Chartres a retenu et conservé ceste coutume de ne respondre à quelques versets de la Messe et du reste de l'Office; bien que quelques escrivains en rapportent d'autres raisons.

Les nouveaux convertis n'aiant néamoins peu si bien faire qu'ils ne fussent descouverts, Cyrin ou Quirin, gouverneur de la ville pour les Romains, craignant que ces assemblées secrettes que faisoient les fidèles fussent au préjudice de l'Estat ou de la Religion qu'il professoit, envoia ses gardes et autres pour massacrer ceste sainte trouppe, laquelle fut passée au fil de l'espée, et, baignant dans son sang, jectée dans un puids très-profond, proche du lieu où ils estoient congrégés. Mais ce fut toute autre chose, quand il sceut que Modeste, sa fille, avoit esté enveloppée dans la mesme disgrâce, d'autant qu'estant outré à merveilles d'une perte si sensible, il voulut s'en venger sur ceux qu'il croioit avoir donné le sujet. Il fit soigneusement rechercher S. Altin et Eoald, lesquels aiant esté trouvés et prins, les fit constituer prisonniers en des basses-fosses et cachots qui se voient encores à présent ès grottes de l'église de Chartres. Chargés de chaînes et de ceps, où ils n'attendoient que l'arrest de leur condamnation, Dieu pourveut à leur liberté par la mort de celui qui vouloit leur oster la vie; car ce gouverneur, estant décédé dès le mesme jour d'une mort subite, les Chrestiens coururent aux prisons, d'où ils tirèrent tous ceux qui, dans l'ardeur de la cholère de ce seigneur, y avoient esté mis. Par ce moien, ces courageux athlètes eurent la clef des champs, Dieu réservant à une autre fois la gloire de leur triomphe et l'honneur de leur couronne, et s'en retournèrent à Sens, rendre compte de leur négoce à S. Savinian, comme au supérieur de leur mission.

En tout ce discours, pas un mot de S. Aventin, qui me met d'autant plus en peine, que moins j'y trouve de moien d'esclaircissement. Car qu'estoit-il devenu durant ceste borrasque? Où s'estoit-il retiré où caché? Ce seroit faire tort à sa glorieuse mémoire de le soubçonner, comme un mercenaire, d'avoir abandonné son trouppeau, lorsqu'il avoit plus besoin de son assistance contre la rage des bourreaux qui, comme les loups ravisseurs, en auroient fait un horrible carnage. Dire qu'il eust esté esgorgé avec ses ouailles, le Catalogue de nos Evesques y répugne, lequel lui donne trente ans de séance, ce qui ne pourroit estre, si une mesme persécution l'eust emporté avec les autres martyrs. J'estimerois plustost qu'il auroit esté soubstrait par les fidèles avec S. Altin et S. Eoald, desquels, les deux derniers s'en retournèrent à Sens, et lui s'arresta à Chartres, où, ceste borrasque estant passée, il acheva le reste de ses jours en paix, à la conduicte de son trouppeau. Je dis cela d'autant plus hardiement, que je ne vois point que ceste persécution, encommencée par ce gouverneur Quirin contre les Chrestiens de Chartres, aie esté poursuivie, ny qu'un autre gouverneur aie esté subrogé en sa charge. Ce qui pourroit estre arrivé par la révolte des Gaules contre Néron, en la mesme année que C. Jule Vindex, propréteur des Romains en ceste province, avec toute son armée se rébella contre ce prince, qui s'estoit rendu si odieux à ses peuples par ses méchancetés, que tous conspirèrent à sa ruine. Il avoit assés affaire à parer aux coups de son malheur, aiant ses plus proches pour ennemis, et ses plus familiers pour adversaires; de manière que, pour prévenir l'ignominie, qu'il prévoioit devoir recevoir pour chastiment de ses crimes, il se donna d'une dague dans le sein, et satisfeit ainsi à la haine de ses sujets. Ainsi finit Néron, et en lui la race des Césars, l'an 32 de son aage, le 14e de son empire et le 70e de Nostre-Seigneur.

Galba, son successeur, aiant esté autrefois lieutenant des Gaules soubz Caligula, leur fut assés favorable, et les laissa en paix, qui ne dura davantage que son empire, borné de sept mois seulement.

Othon lui succéda, qui rapporta la guerre dans les Gaules; car, après le meurtre de Galba, trois partis s'y formèrent, l'un en sa faveur, l'autre en considération de Vitellius, le troisiesme pour Vespasian. Celui de Vitellius fut le plus fort, et poursuivit tellement Othon, qu'il le contraignit céder à son bonheur, et de se donner lui-mesme d'un poignard soubz la mamelle gauche, si avant, qu'il en perdit la vie, le troisiesme mois cinq jours de son empire.

Vitellius entretint la guerre dans les Gaules, et les honneurs lui aiant changé les mœurs, ne se souvenant plus de sa première condition, et que, d'un misérable étrilleur de chevaux, il estoit parvenu à la pourpre, mesprisa tout le monde et s'abandonna à toute sorte de vices. Son faste le fit abandonner de ses favoris, et son luxe lui concilia la haine de ses plus intimes. Les Gaulois ne furent des derniers à lever les armes contre lui, se déclarant pour Vespasian, lequel estant parvenu à l'empire par la mort honteuse de ce monstre, qui sembloit n'avoir vescu que pour manger, et non manger pour vivre, et que la fortune, comme si elle en eust voulu faire son jouet, l'eust eslevé au plus haut point d'honneur pour le faire tomber au plus bas de l'ignominie ; ils se réveillèrent de l'assoupissement auquel ils estoient, changeant d'affection pour ce prince, et se disposant à recouvrer leur ancienne liberté. Le bruit couroit que les Gaulois qu'Othon avoit envoiés contre Vitellius s'estoient donné la foi, auparavant que de partir, d'y faire leur possible à la première occasion qu'ils en trouveroient, si les guerres civiles continuoient entre les Romains. Ceste conjuration aiant esclaté, on envoia, par toutes les provinces des Gaules, des personnes de créance pour pratiquer un soulèvement général : il se fit en effet, mais il fut incontinent appaisé par Mutian et Petilius Cerealis, et par la mort de Valentin, et après plusieurs batailles données dans la Gaule-Belgique, les Gaulois s'accommodèrent avec Vespasian qui, par ce moien, demeura paisible [possesseur] des Gaules.

Estant décédé après un empire de dix ans, Tite, son fils, lui succéda, qui ne régna que deux ans deux mois et vingt jours : prince qu'on dit qui devoit, ou n'avoir point régné, ou régner plus longtems, à cause de son naturel doux et affable, qui le rendit si aimable à un chacun, qu'il estoit appelé communément l'*Amour et les Délices du genre humain!* Tandis qu'il régna il n'espandit le sang de ses sujets, ainsi qu'avoient fait ses devanciers, non pas mesme de ceux qu'on accusoit d'impiété, qui estoient les Chrestiens.

Domitian, son frère, d'un naturel cruel et farouche, qui brusloit d'envie de se veoir sur le throsne des Césars, lui aiant avancé ses jours, se revestit de la pourpre et print en main le gouvernement des affaires. Mutian en faisoit la plus part, tandis que ce prince, enfermé dans sa chambre avec un haras de femmes, passoit son tems à enfiler des mouches, ou les brocher avec une aiguille. La guerre, qui s'estoit eschauffée ès Gaules et en la Germanie auparavant qu'il parvint à l'empire, lui rompit ce sot divertissement, pour le faire occuper en un plus honorable emploi. Suétone escrit qu'il n'estoit nécessaire et qu'il l'entreprint contre le sentiment des amis de son père. Je suis pourtant plustost ce qu'en escrit Tacite, qu'il le fit non tant pour contrequarrer les actions généreuses de son frère, que pour s'acquérir la gloire d'avoir dompté des nations accoutumées à vaincre. C'est ce que Mutian lui sceut bien faire gouster, lorsqu'au passage des Alpes, il lui découvrit ce qu'il ne lui pouvoit plus céler, que, quand il y alloit de l'Estat, ou que les provinces des Gaules estoient en danger de s'éclypser de l'Empire, il falloit que l'Empereur marchast en personne pour conduire l'armée, que ceste nation ne se gouvernoit pas comme les autres, contre lesquelles il suffisoit d'avoir un lieutenant; mais que, contre le Gaulois, la présence de l'Empereur estoit nécessaire, que, dès Lion, il avoit deu faire recongnoistre les forces et la fortune de l'Empire, et tesmoigner par effet que, s'il avoit du bon en ceste guerre, il viendroit bien à bout de plus grandes.

Il ne fut plustost monté sur le throsne des Césars, qu'il fit mourir quelques Philosophes, et chassa ceux de ceste profession de Rome. Il en voulut fort aux Juifs, qu'il chargea de gros tributs, qu'il exigea d'eux avec tant d'empressement et de sévérité, que, si quelqu'un soubçonné de suivre leur religion faisoit refus de paier, il le faisoit visiter, pour recongnoistre s'il estoit circoncis, et le faire mourir. Entre les cruautés qu'il exerça, il fit mourir son neveu Fabius Clemens, consul, mari de Flavia Domitilla, sa cousine, pour ce qu'il estoit chrestien, et plusieurs autres, qui tenoient la mesme foi, furent tués ou proscripts ou privés de leurs biens ou honneurs. Il creut faire une grande grâce à ceste dame, de la relgéuer en l'isle Palmarole, autrement Pandateria, ès environs de Naples, où son exil lui estoit plus insupportable que la mort. Aussi les déplaisirs qu'avoit ceste dame de se voir si indignement traictée, d'une personne de laquelle elle devoit apparemment mieux espérer, furent cause d'avancer les jours de ce brutal; d'autant qu'un certain Estienne, affranchi par ceste Dame, picqué de veoir que son mari et elle estoient si peu considérés pour leur haute condition, se résolut avec quelques siens affidés d'en dépescher le monde. Ce qu'il exécuta aux despens de sa vie, qui lui fut ostée par ceux qui accoururent au bruit des conjurés, mais trop tard, pour ce que ce Prince avoit desjà receu le coup de la mort.

J'ai fait ce discours, pour faire veoir que si il y a eu quelques poursuites, faites contre S. Aventin, pour le fait de la religion, tandis qu'il présida à l'église de Chartres, que ce ne peut avoir esté que soubz Vespasian ou Domitian, qui persécutèrent les Chrestiens, soit, pour ce qu'ils détestoient le culte des faux Dieux et refusoient leur présenter de l'encens et les adorer; soit à cause qu'il y en avoit plusieurs parmi eux qui descendoient des Juifs, que ces Empereurs avoient en aversion, et principalement ceux qui estoient de la race de David, contre lesquels ils avoient publié des édits pour exterminer en haine de Jésus-Christ, qui estoit issu de la famille de ce roi de Judée, que les Chrestiens recongnoissoient et adoroient pour leur Dieu, et tenoient leur nom de lui. Néamoins, si S. Aventin a souffert le martyre, il y a plus d'apparence que ç'auroit deu estre soubz Domitian, plustost que soubz Vespasian, d'autant que la persécution excitée soubz le premier fut universelle par tout l'Empire Romain, et si cruelle qu'Hérodian escrit qu'il n'obmit rien pour tesmoigner une extresme cruauté; et d'ailleurs que la séance de S. Aventin se rencontre précisément dans l'an 15ᵉ de l'Empire de la vie de Domitian et le 99ᵉ de Nostre-Seigneur, auquel les trente ans qu'on dit qu'il a gouverné l'église Chartraine se trouvent accomplis. Voilà ce que j'ai peu conjecturer, mais non asseurer de nostre premier Prélat.

CHAPITRE X.

Que S. Cheron a esté Evesque de Chartres après S. Aventin.

Les anciens Catalogues de nos Evesques de Chartres substituent S. Optat à S. Aventin, et disent qu'il commença son siège dès l'an 63, qu'il continua l'espace de quarante ans, jusques en l'an 103. En matière de chronologie, une faute en attire bien souvent une autre, qui fait que l'auteur de ce Catalogue, s'estant trompé dès le commencement en son calcul, ne peust se tirer de l'erreur auquel il est tombé, et plus il se peine pour s'en démesler, plus il s'y embarasse. Severt l'aiant recongneu a voulu lui donner la main pour lui aider à en sortir, escrivant dans l'ordre qu'il a dressé, de la séance des Evesques de Chartres, que cest Optat n'avoit pu commencer qu'en l'an 76 de Nostre-Seigneur, et finir qu'environ l'an 103. Mais tout ainsi qu'un qui preste la main à un qui se noie s'expose au péril de de se noier avec lui, cest autheur, croiant mieux rencontrer que l'autre, a fait encores pis, prenant les ans à la Nativité de Nostre-Seigneur, qui devoient seulement commencer à la Passion; car, persistant en nostre assertion, que S. Aventin ne peut estre mort qu'en l'an 99, après la naissance du fils de Dieu, comment est-ce qu'Optat auroit commencé dès l'an 76? Aussi se justifiera-t-il par la suitte, de ce qui se dira dans ce chapitre, qu'il ne peut avoir occupé la chaire de l'Eglise Chartraine, que longtems après, si nous demeurons d'accord avec Baronius, que la pluspart des Apostres et disciples de Jésus-Christ et autres, qui avoient esté envoiés çà et là pour prescher l'Evangile, estoient décédés soit de mort naturelle, soit par le martyre; et ainsi estoient despourvues d'assistance, pour résister à ceux qui pourroient impugner leur doctrine, et en danger de perdre la foi, qui leur avoit esté annoncée, tellement que pour les confirmer en icelle et résister aux hérétiques, qui taschoient de la sapper dès le fondement, et aux tyrans, qui faisoient ce qu'ils pouvoient pour ébranler leur constance par l'appréhension des tourmens et par la sévérité des supplices, il fut nécessaire d'en envoier de plus hardis et courageux pour en prendre le soin ; ce qui donna sujet à S. Clément, qui monta sur le throsne des Papes, l'an 93 de Jésus-Christ, d'envoier aux Gaules un essain de nouveaux prédicateurs, après la mort de Domitian, pour y provigner la religion, qui y avoit esté plantée.

Il se trouve des autheurs qui disent que ce fut l'an 98 de Nostre-Seigneur, que ce souverain Pontife envoia S. Denys avec une trouppe de personnes choisies, qu'il dispersa en certains lieux de la Celtique, et entre autres S. Cheron qui eut Chartres en partage, pour y aller annoncer l'Evangile. En quoi ces escrivains n'ont laissé de se tromper, puisque S. Aventin occupoit encores le siège Chartrain en l'an 99, et que quoique S. Denys eust des habitudes avec S. Cheron et se congneussent, S. Cheron estoit venu à Chartres auparavant que S. Denys partist de Rome pour Paris.

Nos controlleurs disent que ces Actes ne sont authentiques : ils le sont pour le moins autant que ceux de S. Saturnin, dont ils font grand estat, pour ce qu'ils sont (disent-ils), appuiés sur l'authorité de Grégoire de Tours, qui leur sert, comme une pièce de bois pourri, pour étaier ou soutenir le faix d'un pesant bastiment. Il n'est à propos de rapporter ici les raisons déduites ci-devant, qui détruisent ceste authorité imaginaire qu'ils voudroient lui donner. Car s'il y avoit quelque obligation de le croire, il y en a bien autant pour ces Actes de S. Cheron, qui sont pour le moins aussi anciens que Grégoire de Tours ; veu qu'ils ont esté composés devant l'an 630, auquel tems il se veoid que Clotaire, roi de France, fit construire une église sur le tombeau de S. Cheron, avec une maison régulière proche, pour personnes ecclésiastiques, qui y debvoient chanter les louanges de Dieu jour et nuit. Cela se veoid par le fragment d'une pierre qui estoit autrefois sur le sépulchre de S. Cheron, renversé et rompu ès derniers troubles de la France, en 1568, par les hérétiques, et laquelle, pour mémoire, a esté enclavée dans la muraille de l'église, près la porte à main gauche, par laquelle on descend du chœur de ladite église aux criptes qui sont soubz le grand autel d'icelui, sur laquelle pierre se lit, en lettres gothiques, CLOTHARIUS REX, qui fut celui qui mit, pour premier abbé de ceste maison, un nommé Aper, vers l'an 650, soubz la séance ou prélature de S. Papoul, évesque de

Chartres, duquel Grégoire de Tours fait mention dans son *Histoire*. Que si Grégoire de Tours dit qu'il rapporte les Actes de S. Saturnin, *Sicut fideli recordatione retinetur*, celui qui a composé la Vie de S. Cheron, qu'on tient estre cet Aper, dit semblablement qu'il la rapporte *fideli narratione*, pouvant avoir entre ses mains les Actes originaux de ce saint : tellement que ce n'a point esté Usuard, qui en a parlé le premier, comme le disent nos censeurs, ni ce n'a pas esté lui qui l'a donné à congnoistre; puisqu'il estoit honoré en une chapelle ou oratoire particulier, dressé peu après son décéds, au lieu où son corps fut trouvé. Il se peut faire qu'il aie esté le premier qui l'a inséré dans le Martyrologe, mais cela n'empesche pas qui ne fust congneu auparavant, y aiant plusieurs églises anciennes dans le Diocèse de Chartres, qui sont soubz l'invocation de ce saint. Au surplus, je ne m'estonne pas si Usuard n'a point cotté le tems, ni soubz quel empereur il mourut, veu que ces Actes n'en disent rien; mais l'autheur de la Vie de ce saint, remarquant en icelle que il mourut allant à Paris, pour rendre visite à S. Denys, on peut dire qu'il est mort vers ce tems-là, qui estoit celui de l'empire de Trajan : que si Galesin a adjouté au sien que ce fut soubz Domitian, il s'est trompé, comme nous le déduirons ci-après.

Au reste, je ne sçai pas comme Messieurs nos censeurs advancent que dans les anciennes litanies de l'église de Chartres, le nom de S. Cheron est inséré après celui de quelques martyrs qui ont souffert soubz Marc-Aurèle, pour ce qu'il est, tant dans les anciens manuscrits qu'ès imprimés depuis 1533, incontinent après S. Denys et ses Compagnons, et a esté adjouté aux litanies des derniers Bréviaires, sans ordre de tems, mais seulement en celui de Martyr, n'estant point en celles des anciens.

Quand à la Prose qu'ils rapportent de S. Piat et disent avoir esté composée par Fulbert, évesque de Chartres, elle ne se trouve ni dans les œuvres de ce docte Prélat, lesquelles sont manuscrites dans la Bibliothèque de l'Eglise dudit lieu et ne ressent aucunement son style: voire celle qui se trouve dans lesdites œuvres, a un autre commencement et une autre fin, que celle qui est dans les Messels et qui se chantoit ordinairement en l'église, auparavant qu'on en eust abrogé l'usage; car celle qui est parmi lesdites œuvres, se commence par ces mots *In tellure Beneventi*, et celle qui est dans les Messels *Beneventanis finibus;* et quoiqu'elles estoient les mesmes en substance, si sont-elles fort différentes en termes ; et de l'une et de l'autre, nos controlleurs n'en peuvent pretendre aucun avantage, quoiqu'il soit dit par icelles, que S. Piat vint avec S. Denys, et qu'il souffrit le martyre soubz Maximian, collègue de Dioclétian, d'où ils voudroient prétendre que S. Cheron estant venu ès Gaules avec S. Denys, qu'ils n'y seroient arrivés que soubz l'empire de Dioclétian, et que S. Piat y aiant enduré, que de mesme S. Denys et S. Cheron y auroient laissé la vie ; mais on leur nie absolument que S. Piat soit venu ès Gaules avec S. Denys et S. Cheron, ce premier y estant arrivé plus de deux cens ans après les autres, comme nous le justifierons ci-après. L'erreur est venue de ce que certains escrivains, ne sachant assés distinguer les tems ont confondu trois missions en une. Celle de S. Martial, Savinian et Potentian et autres, par S. Pierre ; celle de S. Denys, Rustique, Eleuthère, Nicaise, Escobille ou Scubicielle, S. Eutrope, S. Cheron, S. Taurin, etc., par S. Clément ; et celle de S. Piat, S. Quentin, S. Crespin et Crespinian, etc., soubz Dioclétian ; combien qu'elles soient diverses. La Prose de S. Denys, qui est dans le Messel Chartrain, loge S. Denys soubz Domitian ; qui n'est pas le faire venir ès Gaules soubz Dèce, ni soubz Dioclétian, y aiant trop à dire des uns aux autres.

Mais que diront-ils, si j'advance que S. Cheron a esté évesque de Chartres, et qu'il a succédé à S. Aventin : cela n'est pas porté ouvertement dans sa Vie, mais on ne peut nier qu'il n'y soit implicitement, comme nous le verrons ci-après.

Ils allègueront contre, que S. Cheron n'a esté que diacre, tel qu'il est représenté en son habit et non en celui d'évesque, et que dans sa Vie il est dit : *Fertur habuisse consensum usque ad sextum gradum*, c'est-à-dire, qu'il estoit monté jusqu'au diaconnat, qui est le sixiesme degré pour parvenir à la prebstrise ; mais je peux responde que, du tems des Apostres et de l'église première, le sixiesme degré de l'ordre estoit le sacerdoce ; le subdiaconat n'estant point compté entre les ordres sacrés, et n'y a esté nombré que longtems après ; cela se veoid au Concile d'Agde (1), qui fut tenu l'an 506 de Jésus-Christ, au 66ᵉ Canon, duquel il est dit que *Non oportet sacratos ministros li-*

---

(1) Dist. 21, *de Decretis.*

centiam habere in secretarium, quod Græci Diaconion appellant, ingredi, ce que le Concile de Laodicée, soubz le pape S. Sylvestre, interprète des soubdiacres, depuis le canon 21, jusqu'au canon 26, mais particulièrement par le canon 24, où il est porté que *Non oportet sacro ministerio deditos à presbytero usque ad diaconum et reliquum ecclesiasticum ordinem, id est usque ad subdiaconos,* etc., où il sépare le subdiaconat d'avec les Ordres sacrés de Prebstrise et de Diacre; ce qui est répété en termes exprès au chapitre : *Miramur ex. de serv. non ordinand.,* etc., et par le canon : *Nullus in Episcopum,* dist. 60; de façon qu'on peut dire que S. Cheron estant parvenu au sixiesme degré de l'Ordre, il estoit Prebstre et non-seulement Diacre.

Je ne veux point me servir de l'authorité de Pierre des Noëls, ni de S. Antonin, archevesque de Florence (1), qui disent disertement que S. Cheron fut ordonné prestre par S. Clément; à cause que leur tesmoignage n'est agréable à nos censeurs, et qu'ils meslent quelques choses qui sont contre la vérité des Actes de ce saint, que nous avons manuscrits; mais, comme l'a remarqué Baronius (2), s'il falloit rejecter les Actes de ceux qui sont maintenant bienheureux dans les cieux, pour quelque je ne sçai quoi qui se trouve mal couché en iceux, il y en auroit fort peu qui ne portast son rebut, s'y pouvans trouver en tous quelque chose à corriger, n'y aiant que l'Escriture-Sainte qui aie ce privilége d'estre exempte de répréhension. C'est pourquoi, s'ils ne leur en veulent croire, ny à Aper, qui nous a publié la Vie de ce saint auparavant Grégoire de Tours, voions si, par les raisons suivantes, nous pourrons gagner quelque chose sur leur esprit.

La première, que S. Cheron estant chef d'une mission, il falloit qu'il fust prebstre, d'autant qu'il est nécessaire en une mission qu'il y aie un prebstre pour ouïr les confessions, absoudre des péchés, consacrer le corps et le sang du fils de Dieu, et faire autres fonctions qui sont hors le pouvoir d'un diacre, et ne peuvent estre exercées que par un prebstre; tellement que si S. Cheron n'eust esté que diacre, il n'eust peu estre chef de ceste mission. Or qu'il fust chef de ceste mission, il appert en ce qu'il

---

(1) Pet. de Natalis, *in Catalog. SS.,* lib. V, ch. 6. Anton., I p. *Chron.,* § 2. — (2) *In nov. Martyrol. octobris.*

est dit qu'il avoit des disciples, desquels il estoit supérieur. Ce qu'il n'eust peu estre, s'il n'eust esté que diacre, qui, selon l'éthimologie de ce nom, signifie un ministre et serviteur, d'autant que les diacres ne sont que ministres pour servir aux prebstres dans l'exercice des mystères sacrés, et ne leur est loisible de baptizer, ni prescher sans licence particulière des supérieurs, mais ne peuvent point du tout consacrer le corps et le sang du fils de Dieu, n'aiant le caractère requis pour ce faire, et peuvent seulement le distribuer aux fidèles, et nullement confesser et absoudre les péchés. Si S. Philippes, l'un des disciples de Jésus-Christ, a presché et baptizé, quoiqu'il ne fust que diacre, il ne se lit point pourtant qu'il aie remis les péchés, ni consacré ou dit messe, tant s'en faut; je conclus de là que S. Cheron estoit évesque, veu qu'aiant esté envoié par S. Clément pour faire une mission, il falloit non-seulement qu'il fust prebstre, mais encores évesque, pour ce que, dans la naissance de l'église, les souverains Pontifes n'envoioient personne pour estre chef d'une mission, qu'ils ne lui eussent imposé les mains et ordonné évesque.

Si l'on m'allègue que, par les Actes de S. Denys et de S. Nicaise, il est porté que S. Rustic et S. Yon, compagnons du premier, et S. Quirin, collègue du second, estoient prebstres, et néamoins il n'y a personne qui die qu'ils fussent évesques : j'en demeure d'accord d'autant que n'estant chefs de leur mission, il n'y avoit de nécessité de les ordonner évesques. Que si S. Denys, supérieur d'icelle, eust trouvé bon de les envoyer quelque part pour faire les fonctions épiscopales, il eust fallu qu'il les eust ordonnés évesques, comme il se lit qu'il fit à S. Sanctin, lorsqu'il l'envoia à Chartres (1); cela se veoid dans les leçons II et III de la veille de l'Octave de la feste de S. Denys, dans l'ancien Bréviaire de Paris, où il est dit que *destinatis sociis per diversas civitates ad dolos Diaboli destruendos, et populos Domino acquirendos Sanctinum ordinavit episcopum et Carnotum, eos illuminare, qui in tenebris et umbrá mortis erant, inspirante Domino, misit,* etc. D'où je tire que dans les commencements de l'Eglise, on n'envoioit personne pour prescher en une cité ou bonne ville, et y faire les fonctions épiscopales, qu'il

---

(1) Vinc. Belvac., liv. X, ch. 22.

ne fust évesque; et partant, qu'il suffit que S. Cheron aie esté envoié par S. Clément à Chartres, qui estoit ville de considération ainsi qu'il se peut voir dans les *Commentaires de César*, pour dire qu'il a esté évesque de Chartres. Ce qui ne peut se conclure de S. Yon, ni des autres susnommés qui ne furent envoiés qu'en des bourgades, ou par la campagne, où il n'estoit permis d'instituer des évesques, mais seulement des prebstres ou des corévesques, que le canon 57 du Concile de Laodicée appelle περιόδευτας *Circuitores*, et Balsamon sur icelui ἐξάρχους (1), qui avoient soin de visiter les paroisses des villages, tout ainsi que font les Archidiacres, les Archiprestres et Doiens ruraux, pour recongnoistre ce qui s'y passoit, mais n'y pouvoient faire aucune fonction épiscopale qui concernast l'imposition des mains, excepté pour la confirmation qu'ils pouvoient donner avec les ordres mineurs (2), comme il se lit dans le 10ᵉ Canon du Concile d'Antioche, et ce que le pape Damase leur oste par son Epistre V, les remectant au seul rang des prebstres, comme représentant les septante-deux disciples, qui estoient moins que les Apostres (3).

D'ailleurs, ces Messieurs nos adversaires, ne sont ignorans qu'en l'Eglise première, ces deux noms de Prebstre et d'Evesque estoient synonimes et se prenoient l'un pour l'autre, quoique avec quelque restriction : cela se peut apprendre de S. Paul, lequel, escrivant à Tite son disciple, dit qu'il l'avoit laissé en Crète, pour corriger ce qu'il trouveroit de manque et constituer des prestres par les cités (4), lesquels, deux lignes après, il qualifie du nom d'évesques, et aux Actes des Apostres, le mesme S. Paul, aiant faict assembler les anciens, que le grec appelle πρεσβυτέρους, il les nomme un peu plus bas évesques; de mesme escrivant aux habitans de la ville de Philippes, il adresse sa lettre à tous les Saints qui sont à Philippes avec les Evesques et Diacres, lesquelles parolles, selon S. Hiérosme (5), ne peuvent s'entendre des évesques en l'acception que nous prenons ordinairement ce mot, ne pouvant, ni ne devant y avoir qu'un

---

(1) Dist. 80. *Episcop. illud sane, non bene*. — (2) *Synod. d'Augustodum*, can. 7. *Concile Acyran.*, can. 13. — (3) Dist. 21. Canon *Cleros*. — (4) Ad lib. II. *Ratio officio*, ch. II. Chrysost., *in Epistol. ad Phillip*. — (5) Ch. 17, 20 et 28. *Epist.* 1, *ad Jacob.* 80 *in illis*.

évesque en une cité ou ville, et que, par ce mot d'évesque, il faut entendre les prebstres. Il n'y a point de doute, et personne ne le peut nier, que S. Pierre et S. Jean n'aient esté Apostres (1), et par conséquent évesques, et toutefois, tous deux en leurs Epistres ne prennent que la qualité de prebstres. Ce qui s'est conservé plus de mille ans après eux en l'Eglise, veu que Fulbert, qui fut esleu évesque de Chartres seulement en 1007, escrivant à Francon, évesque de Paris, et à Avesgaud, évesque du Mans, il ne les qualifie que de *Patres* et *Consacerdotes;* et encores à l'évesque de Laon, et à Roland, évesque de Senlis, il s'appelle simplement *Carnotensium Sacerdos* (2). S. Augustin, en son xxe Livre de la *Cité de Dieu*, escrit que *Episcopi et Presbyteri propriè dicuntur Sacerdotes* (3).

Ce n'est pas que, du tems des Apostres, il n'y eust de la distinction entre les prebstres et les évesques, tant pour le degré de l'ordre que pour la jurisdiction; car, autrement à quel propos S. Paul eust-il dit en la première Epistre à Timothée, que les prebstres qui gouvernent bien sont dignes d'un double honneur, principalement ceux qui travaillent en la parolle et en la doctrine, c'est-à-dire qui s'occupoient à prescher et endoctriner, tels que doibvent estre les évesques et docteurs, qui sont plus en estime que ceux-là, qui s'emploient seulement à ouïr les confessions et administrer les sacrements. Et S. Hiérosme (4) recongnoist que de son tems on observoit que les enfants qui avoient esté baptizés par les prebstres des villages ou bourgades, c'est-à-dire par les curés, allâssent recevoir l'imposition des mains, à sçavoir la confirmation, des évesques, ce qui auroit esté establi en l'Eglise par les Apostres (5), considéré qu'aux Actes d'iceux, il est porté que S. Philippes le Diacre, aiant converti plusieurs personnes en la ville de Samarie, et les aiant baptizées, sur l'avis qu'en eurent les Apostres, ils envoièrent S. Pierre et S. Jean pour leur imposer les mains et leur faire recevoir le S. Esprit. C'est pourquoi S. Epiphane, plus ancien que S. Hiérosme, parlant des évesques (6), il dit que ceux-ci engendrent les Pères, c'est-à-dire des Evesques et des Prebstres,

---

(1) Ch. 5. — (2) Epist. 22, 27, 29, 31, 32, 42, *et aliis Concil. Aureli.*
— (3) *Civitat.*, lib. XX. *Hist.*, lib. IV, ch. 15. — (4) *Adversus Lucianus.*
— (5) Num. 8. — (6) Lib. III, ch. 75.

qui sont nos pères spirituels, où les simples prebstres et curés ne produisoient que des enfans par le baptesme.

Je dis plus qu'ils ne peuvent nier que S. Cheron n'aie esté évesque, sa Vie portant qu'il a conféré le sacrement de Confirmation qui, de droit divin, n'appartient qu'aux évesques; car, comment nos censeurs expliqueroient-ils ces parolles : *Postulantes ut ab ipso acciperent Christi signaculum;* et celles-ci : *Manus impositione acceptâ baptismatis undâ,* qui sont les termes desquels on se sert pour baptizer la Confirmation. S. Lin, en son Livret de la Passion de S. Paul, sur la fin, parlant de S. Tite et de S. Luc qui estoient évesques, l'un de Crète, l'autre de Patras en Achaïe, ainsi que semble le dire S. Paulin, évesque de Nole, dit d'eux : *Imponentes eis mox manus et dantes signaculum sanctificationis perpetuæ.* S. Léon I, en son Epistre 35, à Léon, évesque de Ravenne, il lui mande sur la fin que, s'il se trouve quelqu'un qui aie esté baptizé par les hérétiques, il ne doit de rechef estre ondoié, mais confirmé, *ut per episcopalem manus impositionem, virtutem Sancti-Spiritus consequatur.* S. Cyprian, en plusieurs endroits de ses œuvres, mais particulièrement en l'Epistre qu'il escrit à Jubaian, appelle nettement le sacrement de Confirmation ; *Manus impositionem et signaculum dominicum* S. Ambroise le nomme (1) *Spirituale signaculum ;* Prudence, en sa *Psycomachie* et livre I contre Symmache, dit que c'est *signaculum frontis,* qui sont tous mots synonimes, qui ne signifient qu'une mesme chose, sçavoir la Confirmation. Eusèbe le dit en termes fort exprès, au IIIe livre de son *Histoire Ecclésiastique,* ch. 17, de la version de Christoforson, évesque de Cestre en Angleterre, quand, parlant d'un certain jeune homme, que S. Jean l'Evangéliste avoit baillé en garde à un évesque, il escrit que *Episcopus ille adoles centulum sibi concreditum in domum suam recipiens, educavit pro suo, in officio continuit, fovit humaniter, ad extremum baptismi sacramento illuminavit. Posteà verò, ubi sigillo Domini, id est, sacramento confirmationis tamquam perfecta tutaque ejus animi custodia, obsignasset,* etc. Où il se veoid que le baptesme et ceste consignation ou sceau sont distingués l'un de l'autre, et que ce dernier ne se doit interpré-

---

(1) Lib. III, *de Sacram.* et lib. II, *de hiis qui initiantur mysteriis.*

ter du signe de croix que le prebstre imprime au front de celui qu'il prétend baptizer, ni de l'onction qu'on fait à l'enfant dans les cérémonies du Baptesme sur le sommet de la tête, à la poitrine et aux espaules; ceste onction sur la teste de l'enfant n'aiant esté introduitte que plus de trois cens ans du depuis l'institution du baptesme; mais de celle qui se fait après le baptesme par l'évesque, quand il confère la Confirmation; car, comme le dit le pape Innocent I, en son Epistre à Decentius, bien qu'il soit permis aux prebstres d'oindre les baptizés du Cresme; il ne leur est toutefois loisible de les oindre au front, cela estant réservé aux évesques seuls, quand ils donnent le S. Esprit en la Confirmation; ce qui avoit esté dit par S. Denys l'Aréopagite, qui vivoit au mesme tems, que *baptizatum albâ veste indutum ad Pontificem ducunt. Ille divino ac deifico prorsus unguento virum signat.* C'est pourquoi S. Urbain I, pape, en son Epistre décrétale, ordonna que tous les fidèles seroient obligés de recevoir le S. Esprit après le baptesme par l'imposition des mains des évesques, affin d'estre trouvés plainement Chrestiens : de laquelle ordonnance les hérétiques de nostre tems ont voulu conclure que l'institution de la Confirmation venoit de ce Souverain-Pontife, qu'ils nient néamoins estre Sacrement; combien qu'il aie esté institué par Jésus-Christ, mis en usage par les Apostres, et receu en l'Eglise dès leur tems; qui fait que ce sacrement estoit particulièrement appelé le sacrement de l'imposition des mains par S. Eusèbe, pape, et qu'au Concile de Lérida, il fut ordonné qu'un homme lai pouvoit baptizer en cas de nécessité; mais que, si le baptizé survivoit, il le falloit conduire à l'Evesque, *ut per manus impositionem perfici posset.* C'estoit aussi la coutume en l'Eglise première de recevoir la Confirmation, incontinent après le baptesme, ainsi qu'il se veoid aux Actes des Apôtres, chap. 8, que les Samaritains, aiant receu le baptesme, les Apostres envoièrent S. Pierre et S. Jean pour leur imposer les mains et faire descendre le S. Esprit sur eux (1).

---

(1) Dionysi Areop., ch. 2. *Lib. Papa*, epist. 3. Eusèb., *Hierarc.*, lib. II. Urban. 1, *in decretal. rit. et habit. consist.*, dist. 5. Tertulian, *de resurrect. Carnis et Baptism.* Ibid., PP. ep. III. *Concil. Arelaten. II*, can. 17. Gregor. III, ad Bonifac. Mogunt. *Zacharias ad eumdem.*

D'alléguer que l'imposition des mains se trouve prinse bien souvent en autre sens, ainsi que remontre Tarasnis, patriarche de Constantinople, au deuxiesme Concile de Nicée, disant que ce mot χειροθέσια se prend pour Bénédiction et Ordination; je l'accorde d'autant, que cela fait pour appuier nostre assertion, veu que disant que S. Cheron a usé de l'imposition des mains en ce sens, qui n'appartient qu'aux évesques, il faut nécessairement conclure que S. Cheron aiant imposé les mains, c'est-à-dire aiant ordonné quelques-uns et les aiant initiés aux ordres sacrés, il a esté évesque. Mais cela ne pouvant s'inférer de ce qui est escrit en la Vie dudit Saint, mais seulement de l'imposition des mains, qui se faisoit après le baptesme, qui est la Confirmation; je persiste aux mesmes termes qu'auparavant.

Je ne suis ignorant que l'administration de ce sacrement a esté autrefois concédée à des abbés et simples prebstres, mais ce n'a esté que par une dispense et privilège spécial que cela a esté concédé par les Papes à quelques abbés, pour les tonsures et les quatre ordres mineurs seulement, affin que leurs religieux n'eussent sujet de vaguer hors de leurs monastères en allant prendre ces ordres ailleurs; et de mesmes ceste grâce a esté accordée à de simples prebstres, en des endroits où les évesques n'estoient en assés grand nombre, pour satisfaire à leur debvoir. Mais ceste practique n'a esté introduite que longtems après celui de S. Cheron, lorsque la moisson estant grande, il n'y avoit assés d'ouvriers pour y estre emploiés; autrement il n'y a point de doubte que la collation de ce sacrement appartient à l'évesque seul, exclusivement à tout autre; et pour ce, nous pouvons dire que S. Cheron, aiant conféré ce sacrement, estoit évesque, et qu'aiant esté envoié à Chartres, ç'a esté en qualité d'évesque, n'y en aiant lors aucun. Ce seroit avoir trop mauvaise opinion de ce Saint, de penser qu'il eust voulu entreprendre d'y faire aucune fonction épiscopale, non pas mesme presbytérale, s'il n'eust esté authorisé de ce faire, estant estroictement défendu par les saints canons et particulièrement par ceux des Apostres, d'exercer aucune fonction ecclésiastique dans le diocèse d'un évesque sans sa permission et consentement (1): ce seroit té-

---

(1) *Can. Apost.*, 32, 38, dist. 80 *in Trid. sess.* 2, *de reform*. Balsamon, sur le canon des Apostres. Le 64ᵉ *conc. in Trull*. Rodolph., lib. II.

mérairement présumer du procédé de ce saint, lequel venant pour publier et prescher une loi, qui ne respire que charité et humilité, eust voulu pescher contre elles par une action reprochable, et démentir son dire, par une entreprinse ambitieuse, usurpant sur autrui une authorité, qui ne lui eust appartenu.

Je me sers pour dernière raison de celle qu'apportent Messieurs nos censeurs, pour montrer que S. Zacharie n'a point esté évesque de Vienne, pour autant que, par une coutume pratiquée, disent-ils, dans l'antiquité, sitost qu'un évesque estoit mort martyr, ses parroissiens dressoient à sa mémoire, une église, chapelle ou oratoire sur le lieu où il estoit inhumé, ce que n'aiant fait à S. Zacharie, ils en concluent qu'il n'a point esté évesque de Vienne; et moi, je dis que, comme la négation d'une proposition est l'affirmation de l'autre, que les Chartrains aiant dressé une chapelle sur le tombeau de S. Cheron, incontinent après son décieds, ils l'ont recongneu pour leur évesque. Ce n'est pas que je fasse beaucoup d'estat de ceste raison, mais si nos controlleurs veulent qu'elle passe pour eux, pourquoi nous refuseront-ils le mesme passe-droit?

L'on dit que S. Cheron a toujours esté représenté sous la forme d'un diacre, et non d'un évesque, et que, partant, il n'a esté évesque. A quoi je respons que c'est une erreur des peintres, qui ont ignoré que c'estoit la forme ancienne de représenter les martyrs, avec ceste sorte d'habits dont usoient les diacres, non pour ce qu'ils fussent initiés à cet ordre, mais par ce que le pape Eutichius, ou Eutichian, avoit ordonné, vers l'an 277, qu'on n'enterreroit plus aucun martyr qu'avec une dalmatique rouge, qui est l'habillement d'un diacre, ou avec une chasuble qui est l'ornement d'un prebstre. Or, d'autant qu'il n'y avoit lors grande différence entre les dalmatiques et chasubles, ainsi qu'il se peut remarquer aux anciennes églises, comme en celle de Chartres, où les dalmatiques et chasubles, desquelles se servent les officians durant le Caresme et l'Advent, sont presque semblables, ces peintres se seroient imaginé que ces chasubles estoient des dalmatiques, et pour ce, l'auroient représenté avec cest habit. D'ailleurs s'il n'a esté revestu en évesque et paré d'ornemens pontificaux, il n'y en avoit encores de ce tems-là de propres, qui n'ont esté introduits que peu après et avec le tems, pour faire esclatter davantage ceste éminente dignité en l'Église. Il n'y a point de difficulté que les Apostres n'aient esté évesques, mais, qu'on m'en monstre un seul, qui soit revestu en évesque, fors S. Pierre à cause de sa qualité de Pontife romain. Combien y en a-t-il d'autres, desquels on ne révoque aucunement en doubte l'Episcopat? S. Martin estoit évesque de Tours, et néamoins il est ordinairement représenté en soldat, monté sur un cheval; S. Caprais a esté recongneu en un Synode provincial de Bourdeaux, pour évesque d'Agen, quoiqu'on le despeigne armé tout à blanc et en gendarme; S. Hubert a esté évesque de Liège, et toutefois on le représente en chasseur. Et qui voudroit dire qu'ils n'ont esté évesques, pour n'avoir esté représentés avec l'habit et l'ornement deu à ceste dignité, il seroit contredit par toutes les églises, ésquelles ces saints Prélats ont présidé, et par les Actes que nous avons d'eux, qui tesmoignent qu'ils ont esté évesques.

Si on objecte que S. Cheron ne se trouvant point inscript dans les Diptyques sacrés de l'Eglise de Chartres, ni au Catalogue ou dénombrement de ses Evesques (1), on peut dire qu'il ne l'a point esté d'icelle, veu que c'estoit une coutume d'inscripre dans les Diptyques des églises les noms des évesques des lieux, pour en faire mémoire à la messe, en priant pour les trespassés. A quoi je respons : Qu'il n'a pas esté seul, qui a esté obmis, soit par la négligence, soit par l'ignorance de ceux qui ont dressé ces catalogues de nos évesques, ou de ce qu'ils ont creu que S. Cheron n'y aiant guères siégé, et S. Sanctin n'y estant demeuré, Aitard n'en aiant eu que l'administration, ils ne devoient en faire mention dans le dénombrement qu'ils ont fait des autres, lesquels nous avons trouvé du depuis devoir y estre insérés.

Quand au tems que S. Cheron est venu à Chartres, il ne se peut establir que par conjecture, qu'y aiant esté envoié par S. Clément, au mesme tems ou environ qu'il envoia S. Denys à Paris, qui fut l'an 99 ou 100, on peut dire qu'il y est venu en l'une de ces deux années, et qu'il y a demeuré jusqu'en l'an 104.

Pour son martyre, comme c'est la cause qui fait le martyr et non la peine, il semble que S. Cheron ne doit estre compté en leur nombre, n'estant mort simplement pour la deffense de

---

(1) Durand, *Diebus eccles.*, lib. I, ch. 43, num. 9, *quent.*

la foi, mais plustost par accident, ainsi qu'il est porté dans sa Vie.

Celui qui l'a descritte raconte que, s'estant mis en chemin avec ses disciples, pour aller à Paris conférer avec S. Denys, il fut rencontré à trois lieues de Chartres, par des voleurs lesquels leur demandèrent la bourse. Tandis qu'il les amusoit de belles parolles, ses disciples épouvantés s'enfuirent dans le bocage prochain, pour garandir leur vie. Mais ces impitoyables, voiant qu'ils n'avoient rencontré ce qu'ils cherchoient et qu'ils n'avoient trouvé qu'un sol (j'estime que c'est un escu), que ce saint avoit sur lui pour la dépense de leur voiage, lui couppèrent la teste de despit et le laissèrent là. S'il n'y avoit eu autre motif, pour faire perdre la vie à S. Cheron que celui-là, on ne pourroit en faire un martyr. Il pourroit toutefois estre arrivé que ces voleurs aiant recongneu à ses discours, ou à son habit, qu'il estoit un de ceux qui estoient venus, pour ruiner le culte des faux Dieux et prescher une religion nouvelle, ils l'auroient tué en haine de cela; ce qui auroit donné sujet de le réputer pour martyr (1), et lui rendre les honneurs, qu'on déféroit à ceux qui avoient souffert pour le nom de Jésus-Christ; comme on a toujours fait en l'Église, depuis sa mort, de laquelle elle fait mémoire tous les ans le 28 mai. On ne peut néamoins douter que son trespas n'aie esté aggréable devant Dieu, à cause du miracle, qui se fit alors, qui est, que ses disciples qui s'estoient cachés dans le bois voisin, ouïrent une voix dans l'obscurité de la nuit, semblable à celle de leur maistre, laquelle les exhortoit à se consoler, et d'aller au lieu, qu'il leur avoit montré, auparavant leur départ, auquel il avoit choisi sa sépulture, et qu'ils le trouveroient là. A peine l'aube avoit dissipé les horreurs de la nuit, qu'ils se rendirent au lieu où ils avoient laissé S. Cheron, où ne l'aiant trouvé, ils donnèrent jusqu'à Chartres, où ils rencontrèrent ce saint à genoux, tenant son chef sur sa main droite, soit qu'il l'eust apporté lui-mesme par un insigne miracle, soit qu'il y eust esté conduit ou transporté par le ministère des Anges.

Leurs larmes servirent à laver ce corps, qu'après les prières ordinaires, ils inhumèrent dans une grotte, sur laquelle quel-

---

(1) François Durand, liv. III de son *Acte de noblesse*, ch. 3.

ques années après un nommé Sechrannus fit bastir une église, qui fut en grande estime et fort fréquentée pour les miracles qui s'y faisoient, lesquels rendirent ce lieu si vénérable, que chacun désiroit y trouver sa dernière demeure, pour participer aux mérites de ce Saint, comme à la terre qu'il avoit sanctifiée par l'attouchement de ses os. Je ne rapporte point ici ses miracles, en laissant le débit à un religieux de l'Abbaïe, qui y a esté édifiée, qui est prest de mettre en lumière les Actes de ce Saint, où je m'assure qu'il ne les oubliera.

CHAPITRE XI.

Que S. Sanctin a esté évesque de Chartres, puis de Meaux, et l'avoit esté auparavant de Verdun.

CESTE vérité est trop constante pour la nier, que S. Sanctin a esté évesque de Chartres. Il n'y a de différend que pour la façon qu'on le dit, et aux circonstances, et non en la substance qui se trouve égale partout. Cela se congnoistra par le rapport des opinions des particuliers, desquelles nous pourrons eslire la meilleure et plus probable. Tous conviennent que ce saint a esté envoié à Chartres par S. Denys, évesque de Paris, mais ils ne s'accordent tous pour le tems, les uns l'avançant, les autres le reculant : la décision dépend de sçavoir celui auquel S. Denys vint en France, pour ce que de celui-là, on pourra sçavoir l'année, ou à peu près, que S. Sanctin a peu estre envoié à Chartres. Quelques-uns escrivent, et il se peut recueillir de ce que nous avons dit ci-devant, qu'après le martyre des bienheureux S. Pierre et S. Paul, S. Denys et ses compagnons estant venus à Rome, ils furent envoiés par S. Clément, successeur de ces Apostres, pour annoncer l'Evangile ès Gaules, où l'an 70 de son âge, de Jésus-Christ l'an 96; il souffrit le martyr soubz Domitian, empereur, qui eut la deuxiesme persécution contre les Chrestiens.

Il n'est pas besoin de s'arrester à réfuter ceste opinion, que nous avons improuvée ci-devant (1) et montré qu'elle ne se pouvoit soutenir, pour ce que S. Denys ne pouvant avoir esté envoié aux Gaules par S. Clément qu'après le retour de S. Jean l'Evangéliste de son exil, qui fut l'an 99 de Jésus-Christ, soubz l'empire de Nerva, il ne peut, ny ses compagnons, estre venus ès Gaules, ny avoir souffert le martyre soubz Domitian, qui n'estoit plus.

La plus véritable opinion est que S. Denys ne s'est acheminé aux Gaules que soubz Nerva, lequel ne régna qu'un an quatre mois sept jours, estant décédé le 24 janvier de l'an 100 de Nostre-Seigneur; et ainsi que lui, ny ses compagnons, ne sont arrivés ès Gaules plustost que l'an 100 (2); car l'opinion de ceux qui escrivent que S. Denys a fini ses jours l'an premier de l'empire d'Adrian, n'a aucune apparence pour estre receue, veu que cest empereur n'a commencé à régner qu'en l'an 119, auquel S. Denys estoit mort. Cela se veoid dans Michel Syngelus, ancien autheur, qui a descrit la vie, passion et mort de ce saint évesque, qu'il dit avoir subi le martyre soubz l'empire de Trajan, et dans les Actes du mesme S. Denys, qui disent que ç'a esté soubz le pape Anaclet, lequel aiant esté mis à mort en l'an 118, il s'ensuit que ce n'a peu estre soubz Adrian que S. Denys est parti de ce monde. Suidas, qui vivoit, ainsi que l'a remarqué Hiérosme Wolfe, en son Epistre liminaire sur sa version de cet autheur (du grec en latin), soubz l'empire d'Honorius et Arcadius, qui se revestirent de la pourpre l'an 395, fait mention de Syngelus en la Vie de S. Denys, qu'il a mise au jour, et se trouve dans Aloysius Lipomanus, où il dit que *Provecta jam et decrepita ætate, Dionysius spiritus martyrio pro Christo consummatur. Trajano Cæsare imperante, quo etiam tempore divinus Ignatius immortalitatem strenuè usquè ad finem pro Christi fide certando est adeptus, laudationem in magnum Dionysium scripsit Michaël Syngelus, Hierosolimitanus*, etc. D'où Baronius recueille et conclud (3) que S. Denys n'a peu souffrir qu'en l'an 109, auquel S. Ignace triompha aussi des lions, des feux et des bourreaux, ou bien le suivant. En

---

(1) Baron., ad ann. 109, num. 39. — (2) Bède, *Martyrol. ad 3 octobri*. — (3) Ad 109, num. 44.

quoi il y a bien de la vraisemblance, veu que ce saint personnage n'estant arrivé à Paris qu'en l'an 100 de Jésus-Christ, il lui falloit du tems pour s'employer à la conversion du peuple d'icelle, qui estoit adonné à la superstition des faux Dieux, y establir la religion Chrestienne, y bastir trois églises au nom de la Trinité, qui est celle de Saint-Benoist, en l'honneur de la Vierge, à Nostre-Dame-des-Champs; et la dernière sous l'invocation de Saint-Estienne-des-Grecs, ce qui ne peut avoir esté accompli en peu de tems (1).

Si l'on vouloit dire que je suis demeuré d'accord au quatriesme chapitre de ce livre, que S. Denys fut emprisonné en la Chartre, où est à présent l'église qu'on appelle Saint-Denys-de-la-Chartre, l'an 66 d'après la passion de Nostre-Seigneur, et le centiesme de sa naissance, qui pourroit faire présumer que ce prélat a esté martyrisé et est mort dès la mesme année, je respons qu'il est besoin de remarquer que Sisinnius Fecenninus, qui avoit esté envoié aux Gaules pour promouvoir la persécution contre les Chrestiens, y fit deux voyages, au premier desquels il auroit fait constituer prisonnier S. Denys et ses compagnons, mais qu'aiant esté incontinent révoqué par Nerva, qui permit aux Chrestiens l'exercice libre de leur religion, ils auroient esté eslargis, et ne furent reprins qu'au second voiage qu'il y fit, quelques huit ou neuf ans après, que ces Saints ayant été reprins, ils endurèrent le martyre.

La recherche contre les fidèles n'estoit si grande en l'Occident qu'en l'Orient, où plusieurs hérétiques s'estant meslés parmi eux, et les Juifs, qui faisoient ce qu'ils pouvoient pour recouvrer leur liberté, avoient excité de grands troubles, pour réprimer lesquels, il avoit esté besoin d'user de main-mise; mais, comme l'on veid que les supplices n'en pouvoient arrester le cours, on se servit d'un autre expédient contre eux, qui fut de les envoier aux mines, où on avoit besoin de monde pour tirer, trier, laver, afiner et épurer l'or, ou aux carrières pour coupper le marbre, le scier et polir. Ces lieux estoient remplis de martyrs, ausquels on crevoit un œil et couppoit une jambe, avant de les y envoier, pour les faire pastir davantage. S. Clément (2), comme

---

(1) Bochard, *Divino missæ sacrificio*, t. II, ch. 18. *Catalog. Episc. Parisi.* — (2) *De Legibus*, lib. II.

chef des Chrestiens, et de ceux qui vouloient, disoient ces infidèles, introduire un nouveau culte dans l'ancienne religion, contre l'expresse deffense de la République, et de faire des assemblées et confréries nocturnes contre les lois des Douze-tables et les édits du Prince, fut relégué en l'isle de Chersonesse au-delà du Pont-Euxin, vers les Palus-Méotides, où il fut enfin par sentence d'Aufidian, président de ceste province, précipité dans la mer, une ancre au col. Mais tant s'en faut que ces cruelles procédures empeschassent le progrès de la religion, qu'elles servoient plustost de paille pour allumer davantage, dans le cœur des fidèles, une ardeur et désir de souffrir, qu'ils les tesmoignoient dans les tourmens. De quoi Pline le Jeune (1), gouverneur de Bythinie, estant estonné, et voiant que la force ny les supplices ne pouvoient emporter le dessus de leur résolution, ny la calomnie triompher de leur innocence, escrivit en leur faveur à Trajan, lequel adouci ou persuadé par ses lettres, ordonna qu'on leur laissast la liberté de leur croiance, avec deffenses de les poursuivre pour leur religion, sinon, en tant qu'estant requis de sacrifier aux Dieux, ils en fissent refus. Ce qui ne peut arriver qu'environ l'an 104, veu qu'en ceste année seulement, Pline avoit esté pourveu du gouvernement de Bythinie.

Durant ce tems-là, la persécution dormoit ès Gaules, et les fidèles jouissoient de quelque repos, pendant lequel S. Denys envoia S. Antonin à Chartres, après le décads de S. Cheron, pour y annoncer l'Evangile, et S. Sanctin à Verdun, qu'il en retira pour l'envoier en la place de S. Antonin, audit Chartres, en l'an 104 (2).

Vincent de Beauvais (3), quoiqu'il ne parle de l'année, rapporte des Actes de ce Saint, décrits autrefois par Hincmar, archevesque de Reims, en son Epistre à Charles le Chauve, empereur et roy de France, que *Præfatus Dionysius Sanctinum ordinavit episcopum et Carnotum misit ad prædicandum, ubi cum aliquandiù commorari disposuit. Postea verò Meldensium urbi episcopum cum esse constituit.* D'où je conclus que S. Sanctin demeura à Chartres, comme Evesque, environ trois ou quatre ans et jusques vers l'an 108, qu'il fut transféré à Meaux.

---

(1) Epist. xcvii, lib. I. — (2) Du Saussai, *in Martyrol.* Richard Wassebourg, art. 3 du prologue de l'*Histoire de Belgique.* — (3) Liv. X, ch. 22.

Je prouve ma conclusion par Doublet, en ses *Antiquités de Saint-Denys* (1), qui escrit que S. Sanctin fut envoié à Verdun au mesme tems que S. Cheron à Chartres, et par ce qu'en dit le sieur Du Saussai en son *Martyrologe Gaulois* (2), où parlant de Saint-Denys, il escrit que cest Apostre de Paris *ob Galliæ Belgicæ sollicitudinem, misso Virodunum municipium Treverensis tractus, Sanctino*; et deux pages après, *Quæ causa fuit* (adjoute-t-il) *ut etiam dùm imminere sibi videret B. Dionysius supremum agonem, Sanctinum, quem Virodunæ abductum, ad Carnotenses primùm miserat, indè Meldensibus præfecerat pastorem, ad se cum Antonino presbytero evocavit.* Et au supplément qu'il a fait dudit Martyrologe, le 5 des nones d'octobre, il dit encores, que ces deux saints, Sanctin et Antonin, des premiers disciples de S. Denys, *interiorem Galliam facibus evangelicæ doctrinæ illustrarunt, Viroduni, Carnoti, Meldis Christi trophæa erexerunt*. Ce qu'il n'auroit avancé, comme il est exact à prendre garde à ce qu'il produit en public, s'il n'en avoit eu de bons mémoires, comme de ce qu'il rapporte encores dans son Martyrologe, le 5 des ides du mesme mois, que S. Sanctin, aiant esté envoié à Verdun, avec la qualité d'évesque, et y aiant trouvé le peuple facile et disposé à recevoir les impressions de sa doctrine, il y auroit establi un clergé, auquel, après avoir donné pour prélat le nommé Maur, il s'en seroit retourné vers S. Denys, qui l'auroit constitué évesque de Meaux.

Richard de Wassebourg, autrefois chanoine de Chartres, et depuis archidiacre en l'église de Verdun, escrit « qu'en
» l'an 1044 (3), la famine estant très-grande par la France,
» quelques marchands de ceste dernière ville estant allés à
» Meaux, acheptèrent le corps de S. Sanctin, qu'ils transpor-
» tèrent chez eux, et le déposèrent en l'abbaïe de Saint-Vannes
» dans une châsse, autour de laquelle fut escrit ce qui suit :
» *Hic jacet S. Sanctini pretiosissimum corpus, qui fuit Sanctæ Ec-*
» *clesiæ Virdunensis doctor et episcopus primus, Meldensium a*
» *S. Dionysio Areopagitâ pastor consecratus, dum ipsius jussu,*
» *post martyrium ejus, cum Antonino Romam tenderet, et per*
» *hanc civitatem transitum faceret, Verbumque civibus prædi-*

---

(1) Livre XIV. — (2) Pages 711, 726, 727 et 1,176. — (3) *Hist. de Belgique*, liv. IV.

» *caret, et quamplurimos ad fidem Christi convertisset. Dei*
» *nutu in ecclesiâ Sancti-Petri, in quâ baptismi sacramentum*
» *fecerat, ipsamque episcopali benedictione consecraverat, om-*
» *nibus Christianis applaudentibus episcopus est electus. Posteà*
» *secundum S. Dionysii præceptum Romam tendens, in Italiâ*
» *condiscipulum febre validâ jàm defunctum, meritis illustra-*
» *vit, et cum ipso perfecto spiritali negotio, ad urbem Virdu-*
» *nensem est reversus, Meldisque virtutibus plenus, in pace de-*
» *functus est.* » Auquel endroit, bien qu'il ne soit parlé de
Chartres, si est-ce qu'on ne doit nier que S. Sanctin en aie esté
évesque, chacun ne parlant que de ce qui le touche; mais après
ce qui a esté dit ci-dessus et ce qu'ajoute ledit sieur Du Saussai
en la page suivante, que S. Sanctin fut aussi envoié par S. Denys à Chartres, et que plusieurs graves personnages dignes de
foi, ont escrit et avancé la mesme chose, j'estime qu'on n'en doit
plus douter. Ceste opinion a esté receue en l'église, veu que
Pamelius, homme très-savant et fort versé en l'antiquité, en a
fait mention en ses notes et observations sur Tertulian, faisant
un dénombrement de ceux qui ont les premiers annoncé l'Evangile en certaines villes, disant que S. Sanctin a esté évesque de
Chartres, de Meaux et Verdun. Ce que porte semblablement le
Bréviaire de Meaux, qui fait ceste remarque, qu'en signe que ce
Saint a autrefois présidé en l'Eglise chartraine, il y a en icelle
une chapelle soubz son nom qui, véritablement, est de si ancienne fondation, qu'on n'en trouve aucune mémoire.

Gabriel de Puy-Herbauld, en son *Histoire et Vies des Saints*,
escrit en ces termes : « S. Sanctin fut ordonné, par S. Denys,
» évesque de Meaux; mais premièrement par lui en Chartrain,
» pour prescher. » Ce que je crois qu'il avoit prins d'un ancien
manuscrit qui estoit en son estude ou monastère de Haute-
Bruières, que j'ai veu autrefois; ensemble ce qu'il a escrit en
la Vie de S. Denys; « qu'il ordonna S. Sanctin évesque et l'en-
» voia à Chartres pour y estre quelque tems, pour délivrer des
» ténèbres les esleus de Dieu captifs. Par après il l'envoia pour
» pasteur et évesque en la cité de Meaux; » ce qui ne doit estre
trouvé estrange puisque comme nous l'avons remarqué cidevant, l'épiscopat estoit affecté seulement à la personne et non
à aucun lieu : de manière qu'après ces tesmoignages on peut
asseurer que S. Sanctin a esté évesque de Chartres.

Quand au tems que S. Sanctin a tenu le siége de ceste église, il pust estre celui que nous lui avons assigné ci-dessus, depuis l'an 104 jusqu'à l'an 108, attendu que, comme le rapportent les Actes de ce Saint, il ne fut envoié à Meaux que quelque tems auparavant le martyre de S. Denys, lequel estant arrivé en l'an 109, il s'ensuit que S. Sanctin peut avoir résidé à Chartres, jusques vers ce temps-là, que la persécution contre les Chrestiens passa les monts et establit sa tyrannie ès Gaules, plus par la malice des présidents Romains que par mauvaise affection que Trajan eust pour eux. Car Sisinnius Fescenninus ne fut plustost de retour à Paris, qu'il se saisit de S. Denys et de ses compagnons, ainsi qu'ils estoient occupés à la célébration des mystères divins en l'église de Nostre-Dame-des-Champs, estimant en leur mort étouffer la religion qui ne faisoit que naistre. Ce fut où l'obstination combattit contre l'obstination, les tyrans pour faire pastir, les fidèles pour souffrir, les uns et les autres pour avoir le dessus, chacun de son adversaire. La gloire du combat demeura aux Martyrs qui, après avoir enduré les feux, les chevalets, les fouets, les grilles et autres supplices, laissèrent les bourreaux plustost las et recreus que satisfaits de leurs peines; de manière que ce Président se voiant vaincu par leur généreuse résolution et constance, leur fit enfin coupper les testes, croiant, par ceste dernière action de sa cruauté, abbatre la religion Chrestienne, de laquelle ces Saints avoient jetté les premiers fondemens dans la capitale des Gaules. Mais de tous ses efforts, il n'en emporta que de la confusion, veu que, tant s'en faut, que les tourmens qu'il avoit fait souffrir à ce bon vieillard S. Denys, qui estoit asgé de plus de cent ans, et à ses compagnons abbaissassent le courage des fidèles, qu'au contraire ils relevoient leurs désirs de participer à leurs souffrances pour avoir part à leurs couronnes, et quoique les ruisseaux de Paris portassent en abondance le sang de tant d'innocens (que cest impie fit passer par le fil de l'espée), dans les eaux de la Seine qui en furent teintes, pour porter jusques dans celles de l'Océan les tesmoignages de sa cruauté, il ne peust effacer la foi de Jésus-Christ qu'ils avoient empreinte dans leurs cœurs, en laquelle ils demeurèrent fermes, jusques au dernier soupir de leur vie.

CHAPITRE XII.

D'Optat, Valentin et S. Martin-le-Blanc, évesques de Chartres, et du tems qu'ils ont peu tenir leur scéance.

C'EST en cet endroit que commence la fusée, que nous avons bien de la peine à démesler touchant le successeur de S. Sanctin en l'évesché de Chartres. Le Catalogue de nos évesques substitue Optat à S. Aventin, sans faire aucune mention de ce dernier; qui me fait penser, que ça esté cet Optat, qui a succédé immédiatement à S. Sanctin, après qu'il fut passé à Meaux. Dire si ce fut aussitost que ce Saint y fut transféré, il est fort difficile, et ai bien de la peine à me le persuader, veu que la persécution excitée par Trajan contre les Chrestiens s'exerça en ceste province avec beaucoup de rigueur, et si S. Optat eust esté institué évesque de Chartres par S. Denys, il eust difficilement évité les mains de Fescenninus, qui faisoit rude guerre aux Chrestiens, particulièrement aux évesques. S. Nicaise, qui avoit eu son département à Rouen, en ressentit des premiers les effets, d'autant qu'estant dans le Wecassin avec ses compagnons, à travailler puissamment en la vigne de Dieu, fut couronné par martyre, deux jours après le supplice de S. Denys. Ils estoient alors à Gavi, bourg situé sur la rivière d'Epte, à demi-lieue au-dessoubz de la Roche-Guion, où, après avoir annoncé l'évangile à Meulanc et à Mantes, ils avoient converti Ste Pieme, dame du lieu, quand ils furent prins, et leur fit coupper les testes. Je ne sçai si ce Président Romain passa plus outre et s'il se transporta jusques en nos quartiers pour y faire le semblable envers les Chrestiens, qui y estoient, d'autant que je n'en trouve rien par escrit, mais ceste persécution de Trajan aiant continué tout le tems de l'empire d'Adrian, qui estoit ès Gaules, en l'an 124, à peine nostre Prélat eust-il peu se mettre à couvert de cest orage. Car estimer qu'il eut gouverné l'église Chartraine par quarante ans, comme le dit le Catalogue de nos Evesques, sans avoir esté descouvert ny poursuivi par les ennemis de nostre religion, qui faisoient tous leurs efforts pour l'anéantir, c'est ce qui est difficile à croire : il est vray que les

Gentils, voiant qu'ils n'en pouvoient avoir la raison par les tourmens, s'advisèrent de les battre d'une autre façon. Il sembloit que toutes les plumes des escrivains idolastres ne fussent taillées que pour escrire des libelles diffamatoires, calomnies et invectives contre ceux qui professoient le Christianisme, ausquels ils attribuoient les crimes et vilainies, qui se commettoient par les Gnostistes, Marcionistes, Valentinians, Ophites et autres hérétiques, que l'Enfer avoit suscités contre l'Église pour troubler son repos, et empescher son accroissement. Adrian recongnoissant que c'estoit avec trop de fiel qu'on escrivoit contre les fidèles, l'innocence desquels paroissoit autant en leurs actions, que la calomnie de leurs haineux par leurs livres, rescrivit en l'an 126 à Minutius Fundanus, proconsul d'Asie et autres Présidens des provinces, qu'ils n'eussent à les condamner s'ils ne congnoissoient en eux autre crime que celui de leur religion, et que, si quelqu'un les accusoit mal-à-propos, ou en fît la justice.

La vérité de nostre religion commençoit à paroistre au travers de l'obscure ignorance, et les plus sages des Gentils, persuadés par les puissantes raisons des Chrestiens, se rangèrent au culte du vrai Dieu. Il n'y avoit que les prestres et sacrificateurs payens, qui empeschoient le commun peuple de venir à sa congnoissance ; leurs intérests particuliers leur faisoient corner partout la persécution contre les fidèles, laquelle passa jusques dans les Gaules, où elle dura autant que la vie de cest Empereur, lequel estant tourmenté d'un flux de sang, pour expiation de celui qu'il avoit fait respandre à tant d'innocens, n'y pust trouver remède qu'en périssant de faim.

Antonin dit *le Pieux*, natif de Nismes, lui aiant succédé l'an 140, la persécution eut non-seulement quelque relasche, mais encores, durant son règne, la religion Chrestienne fit de grands progrès, et s'espandit, comme l'escrivent S. Justin martyr et Tertulian, jusques aux lieux plus éloignés de l'Univers. Que si nostre Optat a peu éviter les borrasques de la persécution et se conserver dans son Diocèse durant quarante ans qu'on veut qu'il l'aie gouverné, il n'a peu quitter sa place à un autre qu'en l'an 148. J'en rabattrois volontiers quelques années, mais n'en trouvant rien par escrit, non plus que du suivant, je suis contraint m'en rapporter à ce qu'en dit le Catalogue de nos Evesques.

L'autheur d'icelui substitue à cest Optat le nommé Valentin et dit qu'il commença sa séance en l'an 103, et la continua cinquante-trois ans. Je ne peux lui accorder l'un ne l'autre, pour ce que le contraire se veoid par ce que nous avons dit ci-dessus, et dirons ci-après. Il y auroit néamoins moyen de concilier ce tems, si comme nous l'avons desjà remarqué, cest autheur comptoit ses années de la Passion de Nostre-Seigneur, au lieu qu'il les prend de la Nativité, d'autant qu'adjoutant les trente-quatre ans de la vie de Jésus-Christ à ces cent trois ans, feroient justement cent trente-sept; desquels assignant à Optat vingt-neuf ans, qui ont couru depuis S. Sanctin, jusques à ceste année, il se trouveroit qu'il a peu aller jusques à ce tems-là, auquel Valentin lui auroit succédé; mais comme des conjectures ne sont des vérités, je ne m'empresse point à défendre ceste opinion, la décision de laquelle je laisse à ceux qui en auront plus de lumières. Quoique c'en soit, je ne sçaurois dire si Valentin a esté Confesseur ou Martyr, pour ce que je ne sache personne qui en parle. Que s'il a esté du tems d'Antonin, auquel du commencement de son Empire, la persécution fut chaudement poursuivie et ne cessa qu'environ l'an 154, qui est le tems qu'on assigne à Valentin, je douterois que ce Prélat eust peu s'en garandir; car, comme l'a remarqué Eusèbe (1), le courant de ce torrent ne pust estre arresté, sinon lorsque Dieu se mit de la partie, arma le Ciel et les élémens, pour punir l'audace de ces impies, qui l'avoient persécuté en ses membres, et vouloient ravir à ses autels les encensemens et parfums qui lui estoient deus, pour les donner aux démons, et pour venger le sang de tant d'innocens, qui avoit esté espandu pour la gloire de son nom. Ces fléaux de l'ire de Dieu donnèrent tellement dans l'esprit de ce prince, assés débonnaire de son naturel, qu'il fit deffense de plus tourmenter les Chrestiens, qui, par ce moyen, trouvèrent quelque repos dans leurs peines.

Cest édit ne fust toutefois de longue durée, veu que Marc-Aurèle Antonin dit *le Philosophe*, et Lucius Verus Antonin, aiant succédé à Antonin le Pieux, qui les avoit adoptés par le commandement d'Adrian en l'an 163, la persécution recommença de plus belle contre les Chrestiens, dès la première année de

---

(1) Lib. IV, ch. 12.

leur empire, car bien qu'ils n'eussent fait aucun édit contre ceux qui faisoient profession de ceste religion, si est-ce qu'indirectement et soubz main, ils en commandoient et souffroient la poursuitte.

Cela se peut veoir par l'édit que fit Marc-Aurèle, qu'un chacun eut à sacrifier aux Dieux à peine de la vie, et par la response qu'il fit au président des Gaules sur ce qu'il lui avoit demandé ce qu'il feroit d'Attalus et autres Chrestiens qu'il tenoit prisonniers à Vienne et Lion (1); par laquelle il lui mandoit qu'il tourmentast cruellement ceux qui confesseroient Jésus-Christ et renvoiast quittes et absoubs ceux qui voudroient s'en dédire. Ce qui occasionna aux gouverneurs des Provinces de recommencer leurs poursuittes contre les fidèles, ésquelles S. Photin, évesque de Lion, et quarante-huit martyrs avec lui, furent mis à mort; S. Verus, évesque de Vienne; Auspice, d'Apt; Pelerin, d'Auxerre; Paterne, de Colongne sur le Rhin; et plusieurs, tant évesques qu'autres de tout âge et sexe, eurent part à leurs couronnes comme à leur croiance. S. Justin aiant présenté à ces Empereurs sa seconde Apologie pour les Chrestiens, ils la lui firent [signer] de son sang. Leur règne ne fut rempli que de carnages et de meurtres. Marc-Aurèle estant ès Gaules pour dresser son armée contre les Marcomans, qui taschoient de secouer le joug des Romains, incité par les prestres des idoles, qui croioient que le sujet de tous ces mouvemens estoit le mesprix qu'on faisoit de leurs Dieux, fit prendre plusieurs, tant évesques qu'autres, qu'il fit exposer aux tourmens, résolu d'abolir la religion Chrestienne, en sorte qu'il n'en demeurast seulement la mémoire. Aiant du depuis esté contre les ennemis de l'Estat, tantost vainqueur, tantost vaincu, il défendit par édit, que les Chrestiens n'eussent à estre inquiétés pour leur religion, avec deffenses, sur peine du feu, de les accuser, sinon pour autres crimes, qu'il permettoit en faire la justice (2).

Le sujet s'en veoid dans Eusèbe, lequel raconte, qu'i aiant une légion de Chrestiens en l'armée de cest Empereur, dite de Melite ou de Malte, comme toutes les compagnies d'icelle fussent gravement tourmentées de soif à cause de l'excès de chaleur qu'il faisoit, et fussent hors d'espérance de pouvoir recouvrer de

---

(1) Metaphrastes, Eusèbe, liv. IV, ch. 1. — (2) Eusèbe, liv. V.

l'eau, le Préfet du Prétoire les pria d'impétrer la pluie de leur Dieu, qu'on disoit ne leur refuser les choses qui lui demandàssent pour leur soulagement (1). Ceste légion ne se seroit plustost mise en devoir de prier, que les foudres et tonnerres furent ouïs bruire dedans l'air avec une grande suitte de pluie, qui leur fournit abondance d'eau pour estancher leur soif et celle de leurs chevaux et autres animaux, pour la conduicte de leur bagage; de quoi Marc-Aurèle adverti, auroit fait cest édit en faveur de nostre religion.

Ceste grâce fut quasi aussitost perdue qu'accordée, veu que dès l'an 179 la persécution recommença plus cruelle que devant, de manière que Sévère Sulpice, parlant d'icelle, dit que ce fut, lorsqu'on commença à veoir des martyrs ès Gaules, non qu'il n'y en eust auparavant, comme nous avons fait veoir ci-dessus qu'il y en avoit eu, mais qu'il y en avoit eu fort peu, en comparaison de ceux qui souffrirent en ceste dernière.

Si Valentin se pust sauver devant le véhément procédé d'icelle et parer à la disgrâce qui en enleva plusieurs, soit prélats ou autres de tout sexe, je n'en rapporte. J'estimerois pourtant que ceste année auroit esté la dernière de sa vie et de sa prélature, combien que le Catalogue de nos Evesques porte que ce prélat aie esté en la chaire de l'église de Chartres cinquante-trois ans; l'autheur d'icelui a voulu faire son compte, sans se proposer qu'il a pu y avoir quelqu'intervalle et interstice de tems, depuis Optat jusqu'à cetui-ci, qui n'a pas esté rempli, et que, durant la persécution, à peine pouvoit-il y avoir quelqu'un qui peust se vanter d'estre en asseurance de sa vie. On pourra dire le mesme de moi, que je veux faire aussi le mien; il est vrai, mais c'est sans préjudice de la vérité que je cherche le plus qu'il m'est possible. Aussi je ne donne donc pas ces conjectures pour certitudes, desquelles je laisse le jugement aux mieux entendus en l'histoire et chronologie, au sentiment desquels je déférerai toujours très-volontiers.

Ce qui suit n'est pas moins difficile à sçavoir, d'autant qu'on veut que Valentin, aiant paié ses derniers devoirs à la nature, S. Martin, dit *le Blanc*, lui aie succédé et tenu sa séance environ quarante-quatre ans; c'est ainsi que l'escrit l'autheur du

---

(1) Tertulian, ch. 5, *cogit.*

Catalogue de nos Prélats, et dit qu'il commença à occuper la chaire Chartraine dès l'an 150. Comme il s'est trompé en son calcul, dès le commencement, il a peu facilement tomber en ceste faute, en lui assignant un tems qui ne peut compatir avec ce que nous avons dit ci-dessus. Pour moi, je lui donnerois les dernières années de Marc-Aurèle, qui mourut à Sirmisch en Hongrie, le 15 mars 182, ou les premières de Commode, son successeur, soubz lequel la religion Chrestienne commença à respirer et receut un grand avancement, jectant ses fondemens si profonds qu'elle n'a peu du depuis estre renversée. D'un mal, Dieu tira un bien. Ce prince, addonné à ses plaisirs, aimoit éperduement une Martia, chrestienne, qu'il print pour concubine, laquelle sceut si bien mesnager les affections de ce prince, qu'elle disposoit de lui ainsi qu'elle vouloit : ce fut un moien pour mectre les Chrestiens bien près de lui ; lesquels il laissa en repos tout le long de son règne qui fut de douze ans, depuis l'an 182, jusqu'au mois de décembre de l'an 194, qu'il fut estranglé par ses haineux (1). Il sembloit que sa mort deust apporter du changement à l'Estat et à la religion, d'autant que plusieurs compétiteurs muguetoient l'empire et taschoient de se revestir de la pourpre. Ælius Pertinax, issu d'un potier de terre de Gênes ou d'Ast, ville du Montferrat, qui avoit, par sa vertu et vaillance, passé par tous les degrés d'honneur, monta sur le throsne des Césars, par l'eslection de sa personne, que firent les soldats du Prétoire dont il estoit Préfet. Le Sénat approuva ce choix le premier de janvier suivant, et lui confirma l'Empire. Comme il s'emploioit par ses vertueuses actions à relever l'Estat que son devancier avoit, par ses vices, presque mis à bas, ceux mesmes qui l'avoient revestu de la pourpre impériale, l'en privèrent pour le couvrir de celle de son sang.

Didius Julianus, qui avoit practiqué sa mort pour succéder en ses honneurs, ne fut plus heureux ; car, bien qu'il fust personnage excellent, et en paix et en guerre, et qu'il eust esté eslevé en ceste dignité malgré le Sénat et le peuple, par les soldats qui espéroient quelque argent de lui, ne la garda guères, qu'il ne fust paié de la mesme monnoie qu'il avoit fait à son devancier, aiant esté mis à mort peu de tems après.

---

(1) Herodian. — (2) Diod., Eutrop., Eusèbe, *in Chronic.*

Pescenninus Niger, Clodius Albinus et Septimius Severus, qui commandoient aux armées Romaines en Syrie, Bretagne et Pannonie, désirans avoir part au gasteau, se cantonnèrent chacun au païs où il estoit; Sévère se fit saluer empereur à Vienne en Autriche, et non à Chartres comme quelques-uns l'ont escrit, déceus par le mot *Carnutum*, qu'on attribue à l'une et à l'autre de ces villes; mais se voiant des compétiteurs sur les bras, rechercha Albinus d'accommodement, et aiant gaigné les soldats prétoriens, fit tuer par eux Julian, lesquels proclamèrent Sévère empereur, le premier de juin suivant.

Cetui-ci, aiant establi ses affaires, créa Clodius Albinus, général des armées des Gaules et de Bretagne, et s'en alla avec la sienne au Levant où Pescenninus lui tailloit de la besongne.

Ces troubles firent la paix des Chrestiens, qui jouirent de la douceur du repos parmi le tumulte des armes, et faisoient leur possible pour avancer autant l'estat de l'Eglise, que ces Empereurs s'efforçoient d'estendre les ailes de l'aigle Romaine, de laquelle chacun prétendoit avoir quelque plume. Plusieurs synodes se tindrent à cest effet, tant à Rome qu'à Lion, des évesques de France, qu'ailleurs, touchant la feste de Pasques, qu'on célébroit, les uns le jour qu'elle arrivoit, les autres le dimanche suivant(1). Ceste diversité avoit engendré quantité de différends, pour ausquels coupper chemin, il fut arresté que ceste feste ne se célébreroit doresnavant que le dimanche d'après le quatorze de la lune de mars, et si le dimanche tomboit en ce jour, on la reculleroit au dimanche prochain, affin de ne la célébrer en mesme jour que les Juifs, veu que, comme l'escrivoit le pape Victor à Polycrates, l'Eglise conduite d'un seul esprit, ne doit avoir qu'un mesme sentiment, et n'estant qu'une, ne peut souffrir diverses opinions.

Cependant Sévère, aiant le dessus de Pescenninus, ne fut plustost arrivé à Rome, où il pensoit se reposer, qu'il lui fallut rendosser le harnois, pour aller contre Albinus, qui vouloit s'emparer des Gaules (2); lui aiant donné deux fois bataille, près Tournon, et l'aiant tué en la seconde, fit jecter son cadavre dans le Rhosne et deschargea sa cholère sur quelques seigneurs,

---

(1) Baronius, *Chronic.*, ad ann. 187, lib. V. *Histor.* — (2) Eusèbe, *in Chronic. Dio.* Herodian.

tant Gaulois qu'autres, qui avoient suivi la fortune de ce sien adversaire.

Cette victoire lui arriva en l'an 199, après laquelle, se voiant à franches coudées par la mort de deux puissans ennemis, il s'attacqua à plusieurs citoyens romains, que le seul soupçon de leur avoir favorizé soubz main, les rendit criminels et les fit mectre à mort.

Toutes ces bagarres ne troublèrent point le repos des Chrestiens, de quoi ceux qui avoient leur religion à contrecœur estant jaloux, faisoient tout ce qu'ils pouvoient pour les mectre mal avec cest Empereur, qui estoit aussi sévère en effet qu'il l'estoit de nom. Leur modestie passa pour crime, et leur vertu pour vice. On les accusa d'estre demeurés seuls muets, à l'entrée de cest Empereur, retournant chargé de palmes et de lauriers en sa capitale, lorsque les autres citoyens le recevoient avec acclamation et cris de réjouissance, pour avoir défait les ennemis de l'Estat. Un soldat Chrestien, pour s'estre trouvé sans couronne de laurier en ceste cérémonie, fut cassé, mal mené, et en danger de perdre la vie; ce qui donna sujet à Tertulian, ce grand homme des âges passés, de composer ce beau *Traicté de la Couronne du Soldat*, pour l'excuser, et d'addresser son apologie aux magistrats de ceste ville, dame de l'Univers, pour justifier l'innocence des Chrestiens contre les calomnies que leur imposoient les Gentils. Cela n'empescha pas qu'on ne fit la recherche de ceux de ceste profession, lesquels ne voulant jurer par le génie du Prince, qui estoit le plus grand serment qui se pust faire lors, on les mectoit à mort (1). Sévère mesme aiant dompté les Parthes, fit un édit en l'an 204 (2), portant défenses, soubz grosses peines, de professer la religion des Juifs ou la Chrestienne. Ce fut lors que commença la cinquiesme persécution, que Sévère Sulpice met la sixiesme, si violente et si cruelle, qu'il sembloit qu'elle fust l'avant-courière de l'Ante-Christ, et que tout l'Univers fust déjà aux symptosmes de sa dernière résolution.

Il est vrai que l'Orient se sentit plus de cest orage que l'Occident, où d'autres fusées se dévidoient : les Bretons, sortis de

---

(1) Tertulian, *in Apologia et adversus*, ch. 2. — (2) *In Spartian.* Eusèbe, *in Chronic. et Hist.*, ch. 2 et 6.

leur isle, avoient envahi les terres de l'Empire, pour desquelles les chasser et se les conserver, Sévère fut contraint de laisser les Chrestiens en repos pour courir au plus pressé, faire retirer ces séditieux en leur païs, et les punir de leur présomption. Tandis qu'il est après les chastier et donner la mort à quantité de personnes, il trouva la sienne à York, l'une des principales villes de ceste isle, en laquelle il décéda en febvrier 213.

Nostre Prélat n'alla si avant, si tant est qu'il fust passé à une meilleure vie quelques années auparavant, et que S. Anian lui eust succédé dès l'an 200 ou environ, comme l'escrit l'autheur du Catalogue des Evesques de Chartres, Severt dit, en celui qu'il a mis au jour, qu'il tint sa crosse jusqu'en l'an 214; s'il avoit quelqu'un pour confirmer son dire, je l'embrasserois fort volontiers, pour ce que dans les apparences, il peut avoir passé les deux cent ans; mais qu'il y aie esté jusques à quatorze ans après, c'est ce que j'ai de la peine à me persuader, pour la raison que nous dirons ci-dessoubz, quand nous parlerons de S. Anian.

Roulliard, en sa *Parthénie*, dit qu'il fut surnommé *le Blanc*, ou *Candide*, à cause de la pureté de ses mœurs; j'estime néamoins que ce nom lui auroit esté donné plus tard, et après qu'on eut dressé à Chartres une église soubz celui de S. Martin de Tours, que, pour les distinguer, on nomma, l'un le *Viandier*, pour ce qu'au mesme endroit il avoit donné la vie à un enfant; et l'autre *le Blanc*, à cause peut-estre, que son image estoit de pierre blanche. Je ne le dis sans raison, d'autant qu'en la grande église de Chartres, y aiant plusieurs images de Nostre-Dame et de S. Jean-Baptiste, taillées d'un marbre blanc ou pierre blanche, on les appelle Nostre-Dame-la-Blanche et S. Jean-le-Blanc, à la distinction des autres images des mesmes Saints, qui sont peints de couleur. Car il est bien certain que la représentation, qui estoit sur le grand-autel de son église auparavant les troubles, estoit d'un évesque, taillé d'une pierre blanche, auquel à cause que ce Prieuré despend de l'abbaïe de Marmoutiers, qui a S. Martin de Tours pour patron, on subrogea un cavalier, qui donnoit partie de son manteau à un pauvre, en laquelle posture on le représente d'ordinaire; le tout d'une pierre fort blanche, qui pourroit lui avoir donné le nom de Saint-Martin-le-Blanc; qui diroit qu'il auroit eu ce nom pour autant qu'il estoit habillé de blanc; peut-estre ne rencontreroitil pas mal, car tout ainsi que le Flamen-Dial ou Grand-Prestre de Jupiter estoit revestu d'une robe blanche, durant le sacrifice, que les anciens appeloient *puram vestem*, et nous l'avons veu de nos Druides, à cause que, selon les Perses, ceste couleur estoit la plus aggréable à Dieu, les évesques de l'Eglise naissante estoient parés de blanc; cela se veoid de S. Jacques, l'évesque de Jérusalem, de l'apostre S. [Barthélemy] dans Abdias (*a*), et encores le Pape, comme l'évesque des évesques, porte ordinairement une sottane blanche, de manière que ce prélat, estant vestu de blanc, pourroit avoir prins le nom de S. Martin-le-Blanc.

S'il a esté Martyr ou Confesseur, il ne s'en trouve rien, mais seulement qu'aiant rendu ce qu'il devoit à nature, il fut inhumé en l'église qui est soubz son nom, qui estoit lors un cemetière commun, où on enterroit les cadavres de ceux de la ville, d'autant que, selon la loi des Douze-Tables, il n'estoit permis d'inhumer personne dans les cités. Il n'y avoit qu'à Sparte, ou à Lacédémone, où ils pussent enterrer leurs morts dans la ville proche les temples, toutes les autres nations les enterroient dehors sur les chemins, pour la raison qu'en rend Varron (1), jusques à ce que ceux qui avoient triomphé, obtindrent ce privilége des Romains, de faire ériger dans leur ville leurs sépulchres et tombeaux, puis les Empereurs et Vestales, et enfin tous les autres obtindrent pareille grâce soubz l'empereur Léon le Philosophe, qui leva ceste défense. L'on faisoit à ce sujet de petits caveaux et souterrains, pour les mectre, d'où les grottes et cryptes qui se veoient encores soubz les églises sont la marque; pour ce que les corps des martyrs aiant esté inhumés en iceux durant la perécution, on auroit, icelle passée, basti sur ces Catacumbes ou plustost Catacombes des églises, en leur mémoire; c'est pourquoi, l'Eglise jouissant du bonheur de la paix, on érigea sur la grotte, en laquelle gisoient les os de S. Martin, un temple à son honneur, dans lequel les évesques de Chartres choisirent peu après leurs sépultures; lesquels s'y voioient auparavant que l'impiété Huguenotte les eust boule-

---

(*a*) Abdias, évèque de Babylone. Voy. *Historia certaminis apostolici* (Parisiis, 1571, in-8°). *Vestibus colore albo, clavato purpura*, lib. VIII, fol. 96°.

(1) *De Ling. latina.* Juvénal, satyre I. Propert., lib. IV, élégie 7. Onuphr., *de urbe Roma*.

versés et ruinés, durant les deux siéges posés en 1568 et 1591, devant Chartres, par ceux de ceste secte. Celui de S. Martin se recognoissoit par dessus tous les autres par ce distiche, gravé sur le couvercle de sa tumbe.

> TE COLUIT, CHRISTE, MARTINUS CANDIDUS ISTE,
> QUEM MODO TU RECREAS, ET RECREANDO BEAS.

J'estime néamoins que ces vers sont de postérieure édition que l'église. Ceste sorte de rythme n'aiant esté en vogue que longtems après, vers l'an mille.

Je ne peux obmettre en cest endroit, qu'au mois de mars 1651, comme l'on faisoit refaire la vouste de la grotte, qui est soubz le grand-autel de ladite église, qui estoit tombée dès 1642, on trouva dans l'autel de ladite grotte certains ossemens, lesquels, dans le doubte qu'ils ne fussent de ceux de nos anciens pasteurs, pour n'en avoir rien trouvé par escrit, en furent ostés et mis ailleurs, en attendant qu'il plaise à Dieu révéler de qui ils sont, y aiant de l'apparence qu'aiant esté tirés de leurs tombeaux durant la fureur des hérétiques, qui s'attaquoient aussi bien aux morts qu'aux vivans, on les auroit mis dedans cest autel, sans sçavoir particulièrement de qui ils estoient. Ce que j'escris, afin qu'on s'en puisse souvenir.

CHAPITRE XIII.

De S. Aignan ou Anian, l'évesque de Chartres, et de ses sœurs : Monde, Donde et Ermenonde ; ensemble de Sévère, évesque dudit Chartres.

Nos Légendaires et la Vie de S. Aignan, nous apprennent que ce prélat succéda à S. Martin-le-Blanc ; l'autheur du Catalogue de nos Evesques dit que ce fut l'an 200 de Nostre-Seigneur ou environ, et qu'il occupa la chaire de l'Eglise Chartraine quarante-cinq ans. Severt, en celui qu'il a dressé

An. 200.

An. 215. des mesmes Prélats, dit qu'il commença à gouverner en l'an 215 seulement, et tint sa crosse jusqu'en l'an 260, qui font précisément les quarante-cinq ans qu'on attribue à sa séance. Mais, comme ceste conjecture n'est appuiée d'aucune authorité, elle ne peut passer pour certaine, s'il n'y alloit que de deux ou trois ans, je les passerois fort volontiers à cause du mot environ, qui dit quelque chose de plus ou de moins devant ou après; mais quinze ans passent trop avant, pour lui assigner le tems de son élection, comme celui de quarante-cinq, pour son administration.

Ce saint personnage nasquit d'une noble famille (près de Chartres), que ses vertus rendirent plus recommandable. Car, bien que, selon Aristote, en ses *Politiques*, l'extraction serve pour retenir la qualité de noble, si est-ce que, selon le mesme et Platon, la vertu qui la suit lui donna sa perfection. Ainsi donc, les vertus qui esclatoient en sa conduitte portèrent le clergé et le peuple à le désirer pour pasteur, après le décéds de S. Martin : au tombeau duquel aiant esté trouvé, il fut prins et enlevé jusques en l'église, où l'on estoit assemblé pour l'élection d'un nouvel évesque; c'est d'où peut estre venu la coutume de porter les nouveaux prélats depuis Saint-Martin-au-Val jusques en la Cathédrale, et que dès la veille de leur entrée en leur église, ils passoient la nuit en celle de Saint-Martin, à cause qu'on y auroit trouvé S. Aignan en prière.

L'Eglise estoit encores pauvre pour lors, et ses ministres ne vivoient que du travail de leurs mains, ou des aulmosnes des fidèles. Nostre Chroniqueur veust qu'il dotast celle de Chartres de son patrimoine, qui estoit fort ample, et persuada à ses sœurs de faire le mesme, les consacrant à Dieu et leur imposant le voile virginal; mais je doute autant de ceste donation que de celle qu'on dit que les Druides firent à ladite église après leur conversion à la foi, la saisissant de tous les biens qu'ils possédoient; veu que, comme l'a remarqué Anastase le Bibliothécaire, en la Vie de S. Corneille, pape, l'Eglise n'avoit en ce tems-là que des meubles, ce qui se peust prouver de ce qu'il escrit que ce Souverain Pontife bailla devant sa mort, qui arriva en l'an 255, tous les biens de l'Eglise Romaine à Estienne, son archidiacre; et de ce qui est porté en la Vie de S. Sixte II, que S. Laurent distribua aux pauvres tous les thrésors de l'Eglise, ce qu'ils n'eussent peu faire, s'ils eussent consisté en immeubles. An. 215.

Aussi ai-je de la peine à croire que ces trois sœurs, que nos anciens manuscrips nomment Monde, Donde et Ermenonde, aient donné à l'Eglise de Chartres ces trois villages, qu'on dit avoir prins leur nom d'elles, sçavoir : Mondonville, Dondainville et Ermenonville. Considéré, qu'Albert, doien, et le Chapitre de Chartres escrivant à Hugues, archevesque de Tours, autrefois prévost de leur église, pour l'absence de Fulbert, leur évesque, qui estoit à Rome, pour leur faire faire raison de certaines injures qu'on leur avoit faites, restitution de ce qu'on avoit prins sur eux, et faire réparer la maison qu'on leur avoit ruinée et abbatue audit Ermenonville, ils appellent ce village *Ermenulphi villam*, qui porte le nom d'un homme et non d'une fille; de plus, dans le Livre de l'Evesché de Chartres, appelé le *Parchemin*, ceste Ermenonde est nommée *Ermenildis*, comme pareillement en la Légende de S. Aignan, leçon VII, où il est dit que ces trois sœurs vivoient avec leur frère, non loing du tems des Apostres et Martyrs; ce qui se peust entendre de la persécution qui fut soubz Sévère, empereur, durant laquelle S. Aignan et ses sœurs vivoient, laquelle ils évadèrent, Dieu voulant conserver nostre Prélat pour le bien de son Eglise, et ces filles, pour l'édification des fidèles.

La mort de cest Empereur, aussi sévère d'effet que de nom, donna moien aux Chrestiens de respirer et de se rasseurer de l'appréhension qu'ils avoient eue des tourmens avec lesquels on exerçoit leur constance. Les défiances qui furent entre Marc-Aurèle, Antonin Bassianus, surnommé *Caracale*, à cause qu'il portoit une cazaque ou caraque à la Gauloise, et son frère Septimius Geta, enfans de Sévère, qui s'estoient emparés de l'Empire, leur donnèrent ce repos (1). Ce morceau, quoique grand, estoit trop petit pour deux; n'estoit assés pour rassasier leur appétit, chacun l'envioit pour soi et ne vouloit de compagnon, on sait par trop que

Non capit una duos Majestas regia fratres,
Fraterno rubuit sanguine Roma recens (2).

---

(1) Spartianus. Scaliger. Tertulian, *ad siv.* Herodianus, liv. IV. —
(2) Michael Verin, *in distichia*.

An. 215. Antonin, s'estant rendu le plus fort, pour y parvenir, fit poignarder Geta, son frère, dans le giron de Julia, leur mère, empourprant son sein du sang de son cadet pour se revestir de la pourpre de l'Empire. Cas estrange! L'ambition est aveugle et ne congnoist personne, elle ne pardonne pas mesme à son sang. Caracala, se voiant sans compétiteur, deschargea sa mauvaise humeur sur les partisans de son frère; il en fit mourir plus de vingt mille, sans les Sénateurs et amis de son père, qu'il ne traita avec plus de civilité. Les fidèles, durant ces troubles domestiques, jouissoient d'une profonde paix, que la mort eust peu leur ravir, ostant la vie à cest homme qui ne respiroit que sang et cruauté, si Opilius Macrinus, préfet du Prétoire, qui s'estoit fait saluer Empereur par l'armée, eust eu loisir de se recongnoistre; mais aiant esté tué avec Diadumène, son fils, qu'il avoit associé à l'Empire, en une émeute de soldats, qui, dès leur vivant avoient déféré les marques de ceste première dignité à Marc-Aurèle Antonin, fils de Caracala et de Semiamire, fille de Mesa, sœur de l'impératrice Julia et de Mammée, ils demeurèrent à couvert de la crainte qu'ils pouvoient attendre d'une nouvelle persécution. Marc-Aurèle, dit autrement *Heliogabale*, estoit lors trop jeune, pour l'émouvoir, et vivant soubz la tutelle de sa mère, femme lascive et addonnée à son plaisir, lui laissoit prendre le sien.

Ce prince, n'aiant personne qui réprimast les fougues de son asge et donnast un frein à ses passions, se laissa emporter au vice, de manière que, par la saleté de ses actions, s'estant acquis la haine de ses peuples, ils l'enlevèrent du nombre des vivans avec sa mère qui, ce faisant, porta la peine de sa mauvaise conduitte en son éducation. Alexandre, cousin-germain du défunt, de par sa mère Mammée, print, du consentement du Sénat, des soldats et du peuple, le gouvernement de l'Estat, le 6 mars 224 (1). Ce Prince donna aux Chrestiens de grands tesmoignages de son affection, à cause de sa mère, qui estoit de leur religion. Encores qu'il ne se fust déclaré de leur costé, il en avoit de grands sentimens, et tenoit dans son cabinet les images d'Abraham et de Jésus-Christ crucifié; il donna aux fidèles la place delà le Tybre, sur laquelle ils firent bastir une

(1) Dio. Herodian. Lamprid, *in Heliogabalo et aliis.*

église en l'honneur de la Vierge, qui fut la première qui se veid An. 224. dans Rome. Il leur eust fait plus de bien, sans l'empeschement que Paul et Ulpian, fameux jurisconsultes, ses principaux conseillers et grands ennemis de la religion Chrestienne, y apportèrent. Sa mort, arrivée à Maience, le 18 mars 237, par la trahison de Jules Maximin, tribun, qui lui osta la vie et à Mammée, sa mère, cuida renverser tous les projets des fidèles, qu'ils taschoient d'affermir soubz le règne de ce prince (1).

Maximin estoit natif de Thrace, de si vile extraction qu'on le fait fils d'un berger, estant tribun des nouveaux soldats, il fut à l'instant salué Empereur par eux. Comme il haïssoit son prédécesseur, il n'aimait guères ses serviteurs; ce qu'il fit paroistre envers quelques-uns d'iceux, qui faisoient profession du Christianisme, lesquels il attaqua des premiers (2). Maximin, son fils, qu'il avoit associé à l'Empire, ne les traicta avec plus de douceur, poursuivant avec beaucoup d'animosité la sixiesme persécution, que son père avoit entreprinse avec trop de chaleur. Ils en avoient particulièrement aux évesques, pour ce qu'ils découvroient par leurs prédications et escrits la vanité de la religion des Gentils; leur cholère s'attacha enfin jusques aux moindres clercs, et d'eux, au reste des Chrestiens de toute condition, âge ou sexe. Les officiers faisoient plus de mal que ces Princes, qui estoient dans l'Esclavonie, assés empeschés contre les Marcomans qui leur tailloient de la besongne. A Rome, l'insolence de Sabinius, gouverneur de la ville, et de Vitalian, préfect du Prétoire, porta le peuple à se ruer sur eux et sur leurs soldats, desquels ils firent main-basse sans merci de personne. Ceste sédition passa jusqu'en Afrique, où Capellatius, préfect de la Mauritanie, investit Carthage, la print, avec Gordian le jeune, qui estoit dedans, qu'il fit passer au fil de l'espée, et pilla ceste superbe cité, qui avoit esté contendante de Rome (3). Ceste nouvelle aiant esté apportée à Gordian le père, il se pendit de despit, et le Sénat, effraié de ces émotions, choisit vingt hommes, entre lesquels Cl. Maximus, Papienus et Celius Balbinus, furent proclamés Augustes, qui associèrent Gordian, neveu de ce dernier, avec eux, et le déclarèrent César. Durant ces

---

(1) Lamprid., *Juli. Capitolinus*. — (2) Eusèbe, liv. VI. *Hist.*, ch. 21. Lamprid, Capitol. — (3) Capitol et Herodian.

An. 237. troubles, Maximin et son fils furent déclarés ennemis de l'Estat par le Sénat, qui envoia de toutes parts solliciter les provinces à se révolter contre eux. Se voiant de puissans ennemis sur les bras, ils cessèrent la persécution contre les Chrestiens, pour se conserver la vie qu'ils vouloient leur oster. Ils ne peurent toutefois si bien faire que la mort, qu'ils avoient procurée à tant de Martyrs, ne les attrapast devant Aquilée, qu'ils avoient assiégée en retournant à Rome, où ils s'attendoient de punir les rebelles, ne prenant garde qu'ils en avoient parmi eux, qui les privèrent de la vie, et eslevèrent Gordian le jeune pour empereur, lequel à peine avoit atteint l'âge de seize ans.

Cela se passa en l'an 241, auquel S. Aignan peust terminer sa course, pour, après tant de tempestes, aller surgir au port d'un repos éternel. Les habitans de la principale ville de son diocèse, conduisirent son convoi avec larmes, en l'église qu'il avoit fait bastir soubz le nom de S. Pierre et S. Paul, ou, comme d'autres ont escrit, soubz celui de S. Denys, qui a cédé à son nom, et l'inhumèrent dans la grotte qui estoit dessoubz avec ceste épitaphe sur la couverture de sa tumbe.

CORPUS IN HIS CRYPTIS ANIANI, PRÆSULIS OLIM CARNUTUM, RECUBAT; SPIRITUS ASTRA COLIT.

Par succession de tems, s'estant fait nombre de miracles au sépulchre de ce Saint, ses ossemens furent levés et mis dans une capse sur le principal autel de son église, où ils sont encores à présent. Quand à ses sœurs, on tient qu'après leur trespas, elles furent inhumées près leur frère. J'ai eu autrefois la mesme pensée, voiant trois tombeaux en ceste grotte, qu'on disoit estre de ces trois vierges. Je change maintenant d'opinion, que ces sépulchres aiant esté ouvers depuis quelques années, on y auroit trouvé des ossements de plus de personnes que ces trois filles. J'estimerois plustost que ceste église aiant esté rebastie à la moderne telle qu'on la veoid pour le jourd'hui, on trouva quantité d'os espars en divers endroits çà et là, lesquels aiant esté ramassés, et mis dans ces trois tombeaux, pour y attendre leur dernière résurrection, il se pourroit bien faire que ceux de ces filles y eussent esté enclos avec les autres, si tant est qu'elles eussent receu leur dernière demeure en ladite église; mais, comme je ne le nie, aussi ne l'asseurai-je pas.

Je remarquerai néamoins en passant, qu'au tems qu'on as- An. 241.
signe à la séance de S. Aignan, la permission d'enterrer les
corps dans les villes n'avoit encore esté donnée; on les portoit
dehors, où estoient les cemetières. Il y en avoit trois à Chartres,
le grand, qui estoit celui de Saint-Barthélemi, celui de Saint-
Martin-au-Val, et le troisiesme dit cemetière Haslé, derrière
l'église de Saint-André; dans ce dernier, se veoid encores un
caveau enclavé dans la muraille de la ville, dans laquelle sont
trois tumbes de pierre en forme de cercueils, eslevés de terre,
qu'on dit estre de trois Pucelles. Le jour des Trépassés, la procession du Chapitre et parroisse dudit Saint-André, passant par
dedans ce cemetière, s'arreste devant, et y fait quelques prières,
comme je l'ai veu faire, estant chanoine de ladite église. Je me suis
diligemment enquis de ceux que je croiois pouvoir m'en donner
quelque esclaircissement, et n'ai peu en sçavoir autre chose,
sinon que trois Pucelles avoient eu leur sépulture au mesme
endroit; ce qui m'auroit fait penser, dans des ténèbres si espoisses, que ce pouvoit estre les tombeaux de ces trois sœurs,
lesquelles, pour avoir fait vœu de virginité, estoient appelées
les Trois-Pucelles, et que lorsqu'on enferma ce cemetière dans
la ville, leurs ossemens aiant esté rencontrés à l'endroit où l'on
devoit faire les fondemens des murailles, on les transporta dans
la grotte de Saint-Aignan, avec autres, laissant ces trois tumbes
pour mémoire de leur première sépulture : de quoi chacun esti-
mera ce qu'il lui plaira, pour n'estre qu'une simple conjecture.

Sévère succéda à S. Aignan, suivant le Catalogue de nos
Evesques, sans nous découvrir autre chose de lui que le nom.
Le tems que les récens lui donnent estant sans appui d'aucun
autheur de marque ne peut estre receu, soit pour son entrée en
la chaire Chartraine, soit pour la séance en icelui. Sévert asseure qu'il ne commença sa prélature qu'en l'an 251. Je ne sçai
où il l'a prins, mais je sçai bien que son calcul ne peut s'accorder
avec la vérité du tems auquel ce prélat a peu avoir vescu; tout
ce que j'en peux dire est que je crois qu'il monta sur le siége
Chartrain du tems de Gordian, qui print les resnes de l'Empire
en l'an 241, et les quitta en l'an 246 : l'Eglise estoit lors en
pleine paix ès Gaules, et les Chrestiens jouissoient de la liberté
de conscience sans que, durant le gouvernement de ce Prince,
on osast procéder contre eux, pour l'exercice de leur religion.

An. 241. Ce repos continua soubz les Philippes père et fils, lesquels, quoiqu'ils fussent Chrestiens, souillèrent toutesfois leurs mains dans le sang de Gordian, qui leur avoit procuré leur advancement. Ceste funeste mort causa de sanglantes tragédies; ces deux Philippes aiant esté paiés en mesme monnoie, l'un aiant esté tué à Vérone, l'autre à Rome en l'an 252.

Dèce monta incontinent sur le throsne des Césars, à la faveur de l'armée qui estoit en Esclavonie. C'estoit un homme cruel, qui ne respiroit que le sang, lequel, pour le peu qu'il régna, fit, comme un loup ravissant, un tel carnage dans la bergerie du fils de Dieu, que, s'il n'y eust pourveu par sa miséricorde, son trouppeau couroit risque d'estre perdu et ruiné. Les fidèles, épouvantés par la cruauté des tourmens qu'il avoit inventés pour les faire mourir, ne sçavoient à quoi se résoudre, à fuir ou périr. Plusieurs, se défians de leurs forces, sauvèrent leur vie par la fuite, errans par les solitudes et déserts, aimant mieux tomber à la merci des bestes les plus farouches, qu'en celle de ce cruel tyran. Les moins résolus renoncèrent à la foi, les autres, plus courageux, triomphèrent par leurs souffrances, des supplices qu'on leur fit souffrir. L'horreur se voioit partout, les villes baignoient dans le sang des martyrs; et les maisons des fidèles destituées de leurs hostes, servoient de domicille aux hiboux; c'estoit fait de l'Eglise, que cest impitoyable avoit réduite aux abois, si Dieu n'eust prins sa cause en main, et ne l'eust retiré du monde; ce qui arriva, aiant entreprins la guerre contre les Goths, qui courroient la Mœsie et la Thrace, que, voiant son armée en déroutte, pensant se sauver, fut emporté par son cheval dans le profond d'un marais où il fut englouti, comme si l'Enfer eust ouvert ses entrailles pour le recevoir et lui faire souffrir des peines éternelles, pour des passagères qu'il avoit fait endurer aux Martyrs.

Les fidèles trouvèrent le calme après ceste tempeste, et comme l'on dit que l'huile jectée sur les vagues irritées appaise leur courroux, le choix fait de C. Vibius Trebonianus Gallus, personnage d'un naturel doux et paisible, pour tenir le timon de l'Empire, calma cest orage qui agitoit l'Eglise, à laquelle la pluspart de ceux qui s'en estoient fuis, pour l'appréhension des supplices, retournèrent de l'exil qu'ils s'estoient volontairement subi, pour jouir du bénéfice de la paix qu'ils croioient establie (1). En quoi ils furent abusés, d'autant que Gallus, aiant An. 255. créé Auguste son fils Volusian, ils recommancèrent, dès l'an 255, à persécuter les Chrestiens avec tant de cruauté et d'empressement, que S. Cyprian, qui vivoit de ce tems-là, a laissé par escrit qu'il croioit que l'Univers fust desjà aux symptosmes de sa fin (2). Dieu, d'un autre costé, pour l'expiation de tant de sang répandu, affligeoit le monde de ces trois fléaux, peste, guerre et famine; lesquels les Gentils, au lieu de recougnoistre la main de Dieu, vengeresse sur eux pour leurs crimes, imputoient tous ces malheurs au mesprix que faisoient les Chrestiens de leurs Dieux.

La saignée que C. Julianus Emilianus fit de ces Empereurs, l'an 257, donna quelque soulagement à ce mal, et délivra les fidèles de leurs appréhensions; mais, tout ainsi que les fréquentes éclypses de soleil ou de lune ne présagent rien de bon, toutes ces soustractions d'Empereurs ne pouvoient présager que du mal. Cest Emilian ne fut sitost revestu de la pourpre, qu'il la lui fallut quitter avec la vie, pour en reparer Valerian et Galien, son fils (3).

Tandis que ces tyranneaux jouoient au boute-hors, l'Eglise recouvra la paix qu'elle avoit perdue, et sembloit que la cour de ces princes fust l'Eglise mesme; tous ceux qui faisoient profession de piété et vertu y estant les biens-venus: l'obstination néamoins de quelques évesques, enfarinés de l'hérésie de Novatas, prestre Carthaginois, qui refusoient de recevoir à pénitence ceux qui, durant la chaleur de la persécution, avoient apostasié de la foi, cuida tout gaster (4). Plusieurs Synodes se tinrent pour cest effet ès Gaules, où, à la prière des prélats, le pape Estienne, déposa Martian, évesque d'Arles, qui maintenoit ceste doctrine à cor et à cri (5).

S. Cyprian donnoit pareillement de la peine à l'Eglise d'Afrique, soutenant qu'on devoit rebaptizer ceux qui avoient receu le sa-

---

(1) Jornandès. Zonaras. Zozimus. Eusèbe, lib. VII, ch. 1. — (2) Cyprian, *de Laude, martyr*. Trebell. Pollio, *in Gallianis*. — (3) Aurel. Victor, *in Gall*. Orosi, lib. VII, ch. 21. Eutrop., lib. IX. Eusèbe, lib. VII, ch. 9. Cassiodor, *in Chronol*. Epiphan., *de Mensuris*. — (4) Eusèbe, lib. VII, ch. 7. — (5) Eusèbe, lib. VII, ch. 4. Cyprian., *Epistol. ad Stephan. papam*.

An. 257. crement de baptesme des mains des hérétiques et schismatiques ; mais les fidèles receurent leur plus rude secousse, par la malice d'un certain Egyptien, lequel, par ses charmes, porta Valérian à exciter la huitiesme persécution contre eux, pendant laquelle S. Sixte II, pape, S. Laurent, son archidiacre, S. Cyprian, évesque de Carthage, et plusieurs autres souffrirent le martyre, et quantité d'évesques furent chassés de leurs siéges et relégués en divers endroits (1).

Je ne sçai si nostre Sévère participa à leurs combats et couronnes, trouvant de lui que le nom et le rang. Il est constant toutesfois que la persécution ne marcha d'un pas esgal par les Gaules, aiant esté plus grande en certains endroits qu'aux autres. Elle ne passa pourtant ni le Rhosne, ni la Loire, qui pourroit l'avoir mis à couvert de l'orage pendant deux ans et demi qu'elle dura. Ceste poursuite contre les Chrestiens eust peu continuer plus longtems, si Valerian n'eust esté [défait] par Sapor, roi des Perses, lequel, pour dompter l'orgueil de ce prince, se servoit de son dos comme d'un avantage pour monter à cheval, et le fit enfin escorcher tout vif et saler, pour récompense de ses cruelles actions (2).

Galien demeuré seul, avec beaucoup d'ennemis sur les bras, qui faisoient tous leurs efforts pour avoir, comme l'on dit, cuissé ou aile de l'aigle Romain, fit cesser la persécution, révoquant tous les édits et déclarations que son père avoit faits au préjudice de la religion chrestienne, permettant aux fidèles l'exercice libre d'icelle, et leur rendant les cemetières qu'on leur avoit ostés (3). Ce ne fut qu'avec beaucoup de traverses qu'ils jouirent de ceste grâce, à cause que ce prince, aiant tantost du bon, tantost du pire, ils se ressentoient de sa bonne ou mauvaise fortune, mais ils cuidèrent perdre toutes leurs espérances et les ensevelir avec ce prince, qui fut tué à Milan avec son frère et ses enfans, par Clodius, pour s'ouvrir le chemin à l'Empire, duquel il s'empara aussitost.

Les Gaules eurent bien à souffrir soubz Galien, d'autant que, se fiant beaucoup en la valeur et probité de Posthume, sage et

---

(1) Eusèbe, liv. VII, ch. 9. August. Hieros. Sévère Sulpice, Cyprian, *Epist. ad Sever.* — (2) Trebell. Pollio, *in Valerian.* Eusèbe, lib. VII, ch. 9. Eutrope, *Sext. Aurelian.* — (3) Eusèbe, lib. VII, ch. 13, 14 et 18.

avisé capitaine, il lui bailla l'administration d'icelles, avec la conduite de Salonius, son fils, pour le dresser au maniement de l'Estat, duquel il l'avoit désigné successeur. Mais l'aversion que les Gaulois avoient de cest Empereur, donnèrent la hardiesse à Posthume de se défaire du fils et se révolter contre le père, sur lequel il usurpa les Gaules, desquelles il jouit sept ans.

An. 269.

Lollian lui rendit la pareille, aiant tué cest empereur avec son fils du mesme nom, et usurpé sur eux l'Estat Gaulois, qu'il ne garda guères, veu que, pressant par trop les soldats au travail, ils le tuèrent, par la menée de Victorin, qui se fit déclarer Empereur (1); dignité qu'il n'eut que fort peu, aiant esté assassiné par un sien secrétaire dans Cologne, pour avoir souillé sa couche, et attenté à l'honneur de sa femme.

Victorin, son fils, passa le pas avec lui, et furent tous deux mis en un mesme tombeau, hors la ville avec cette inscription : Ci gisent les deux Victorins, Tyrans (2). Marius, fils d'un mareschal, lui succéda, pour trois jours seulement, aiant esté tué par un soldat, qu'il avoit mesprisé. Tetricus fut proclamé Empereur des Gaules et des Espagnes et en print les marques à Bordeaux. L. Domitie Aurelian, qui avoit succédé à Quintile, frère de Clode, voulant estouffer toutes ces séditions, qui travailloient l'Estat, et ranger au devoir ceux qui les avoient excitées, marcha tout aussitost contre Tetricus, lequel, ne se sentant assés fort pour résister à ce compétiteur, remit toutes ses prétentions à Aurelian, qui le receut en grâce et le fit correcteur de Sicile, audeçà du Phare, et advança ses enfans. Se voiant sans résistance, il commanda la neuviesme persécution, qu'il fit cruellement exercer tandis qu'il fut ès Gaules, où il bastit Orléans, qu'il nomma de son nom. Elle ne cessa que par sa mort, qui arriva en l'an 277. Ce peust estre soubz le règne de ce Prince ou de Probus, que nostre Prélat mourut. Je ne croi pas que ce fust par martyre, d'autant que la persécution ne passa jusques à Chartres, combien qu'elle s'exerçast à Sens, Authun, Auxerre et Troies, où plusieurs souffrirent pour le soutien de la foi, n'aiant veu aucun autheur, qui die qu'elle vint jusques en nos quartiers. Ce qui m'arreste, pour n'en dire davantage.

(1) Trebell. Pollio. — (2) Vopiscus. Zonaras.

CHAPITRE XIV.

De Castor, évesque de Chartres, et de ce qui se passa durant sa scéance.

An. 272.

SI ce fut incontinent, ou quelque tems après le trespas de Sevère, que Castor lui succéda, je ne sçaurois le dire, d'autant que la persécution, excitée par Aurelian, empeschoit la liberté des Chrestiens, qui n'osoient se descouvrir pour la crainte des peines. J'estimerois qu'ils n'auroient si viste procédé à l'élection d'un successeur, mais qu'ils auroient attendu après le décéds de cest Empereur, que Clodius Tacitus, chef du Sénat romain, aiant esté proclamé Empereur en sa place, révoca à son avénement tous les édits que son prédécesseur avoit faits au désavantage de nostre religion, et commanda qu'on eust à faire cesser la persécution par toutes les provinces de l'Empire (1): vers lequel tems je m'imagine que nos Chartrains auront peu procéder à l'élection de Castor; car, bien que ce Prince ne tint les resnes de l'Estat que six mois, si est-ce que les brouilleries, qui arrivèrent entre Florian, son frère, qui, par droit de succession, s'estoit emparé de ceste dignité, et M. Valerius Probus, qui avoit esté esleu par les soldats donnèrent du relasche aux fidèles; car cest Empereur estant assés empesché à se défendre contre les Germains et François, qui estoient entrés ès Gaules soubz leur chef Crocus, laissoit les Chrestiens en repos. Aiant dompté, près Arles, l'audace de ceux-ci, il accourut d'un mesme pas contre Procule et Bonose, qui s'estoient déclarés Empereurs des Gaules, des Espagnes et Bretagne, à Constance sur le Rhin, qu'il deffit, et contraignit ce dernier à se pendre. Il avoit encores les Germains et François en teste, lesquels, pour venger la mort de leurs compatriotes, qui avoient esté défaits à Arles, couroient les terres de l'Empire; et les Orientaux, qui, d'un autre costé, lui donnoient des affaires par leur révolte: tandis qu'il consultoit contre lesquels il iroit, ses soldats le tuèrent à Sirmisch, et élevèrent Marc-Aurèle Carus,

---

(1) Vopiscus, *in Aureliano*. Onuphri.

originaire, disent quelques-uns de Narbonne, mais plus proba- An. 282.
blement de Naronne en l'Esclavonie, qui, au mesme tems, associa Carus et Numerianus, ses enfans, qui ne jouirent guères de ceste grâce ; le premier aiant esté assommé du fouldre, le second tué à Rome par Arius Aper, son beau-père, Préfect du Prétoire, qui affectoit l'Empire (1).

Les soldats, indignés de cest assasin, esleurent Aurelius Valérius Dioclétian, affranchi d'Amillinus, sénateur Romain, qui marcha incontinent contre Carinus ou Carausius, qui avoit esté proclamé Empereur des Gaules, lequel il défit (2). Pensant estre en repos, il vit tout d'un coup la Bretagne, la Mauritanie, l'Egypte et plusieurs autres provinces soulevées contre lui. Les Gaules ne furent des dernières, aiant levé leurs estendars soubz la conduite d'Amand et Elian, qui donnèrent à leurs trouppes le sobriquet de *Bagaudes*. C'estoient personnes de vile condition et paysans ramassés qui, se sentant oppressés de tributs qu'on imposoit sur eux, s'eslevèrent contre ceux qui avoient charge de les exiger, lesquels, par mocquerie, on appeloit *Bagaudes*; d'autres veulent qu'ils eussent prins ceste dénomination de ce qu'ils s'estoient soulevés à l'entour de Paris, vers Saint-Maur-des-Fossés, où Jules César, après avoir prins Melun, avoit fait un fort entouré de profonds fossés, remplis d'eau de la Marne, pour resserrer les Parisiens, et empescher qu'il ne leur vînt des vivres du costé de la Brie, et y mit une garnison qu'il nomma des *Bagaudes* ou des *Baudets*, qui donna le nom à ce fort et au païs voisin. Il s'en veoid quelques marques dans le tiltre de donation faite de ce lieu à Bledegesile, archidiacre de l'église de Paris, l'an 645, par Clovis II, roi de France, où il est dit que ce fort avoit esté ruiné par Maximilian Hercules, que Dioclétian avoit créé Auguste, qui fut lorsqu'il marcha contre les Bagaudes et les défit.

Ce fut en ce tems-là que la légion Thébaine, de laquelle S. Maurice estoit chef, fut décimée, pour n'avoir voulu sacrifier aux idoles, et que S. Piat, S. Quentin, S. Crespin et S. Crespinian et autres leurs compagnons, vindrent ès Gaules pour y annoncer l'Évangile (3). La persécution avoit esté si cruelle soubz

---

(1) Vopiscus. *Aurelian. Victor*. — (2) Eutropius Mamertinus, *in Panegyri*. — (3) Sext. *Aurel. Victor.*

An. 282. Decius, qu'il estoit demeuré fort peu d'évesques et de personnes qui peussent maintenir la religion Chrestienne, de manière qu'il en fallut envoier d'autres où il n'y en avoit point. Mre Jean Cousin, en son *Histoire de Tournai* (1), demeure d'accord que S. Piat, estant venu ès Gaules, passa à Chartres, où il annonça, dit-il, ainsi que l'escrit l'abbé Heriman, la foi de Jésus-Christ. Cela pourroit bien estre arrivé, s'il n'y eust point eu d'Evesque; mais les autres disans que c'estoit du tems de Castor, il n'y a d'apparence que S. Piat, qui avoit esté député pour les Païs-Bas, eust voulu entreprendre sur l'authorité du prélat Chartrain; si ce n'est qu'il eust esté prié de ce faire par lui; car c'estoit une practique ancienne entres les Evesques que, quand quelqu'un d'iceux passoit par une église, le Diocésain le prioit de donner quelque prédication à son peuple; ce que S. Piat auroit fait; et aiant séjourné quelque tems à Chartres, pour apprendre les cérémonies de ceste Eglise, qui a tousjours conservé ses particulières, il s'en alla à Tournai où il souffrit le martyre.

Tous sont d'accord de l'année, ce dernier autheur disant que ce fut le premier jour d'octobre de l'an 299; d'autres, à mon advis, plus véritablement, en l'an 303, durant la persécution de Dioclétian; car, ceux-là, qui mectent sa venue dès l'an 69 avec S. Denys, se sont lourdement trompés, aussi bien que celui qui s'est laissé emporter au dire de certain manuscrit qu'il allègue, qui porte que ce fut l'an de la Passion de Nostre-Seigneur 274, soubz l'empire d'Aurèle, qui exerceoit la dixiesme persécution, que S. Piat vint à Rome, où, s'estant associé à Sts Victoric, Fuscian, Quentin et quelques autres, il s'achemina avec eux aux Gaules, veu qué, par ce que nous avons dit ci-dessus, cela ne peut estre, ceste faute venant, comme nous l'avons remarqué, de l'ignorance des escrivains, lesquels, pour n'avoir sceu distinguer trois diverses missions, les ont confondues en une (2).

Ceste vérité se peut recongnoistre d'ailleurs, Aurèle n'aiant tenu l'Empire que depuis l'an 271 jusqu'en 277 de la Nativité de Nostre-Seigneur, que si c'eust esté de la Passion, c'eust deû estre en l'an 308, auquel S. Piat avoit souffert le martyre, et de plus, la dernière persécution n'aiant esté soubz Aurèle, mais

---

(1) Lib. I, ch. 12. — (2) Duplessis, en son livre de l'*Assertion de l'épiscopat de S. Piat*, p. 15.

soubz Dioclétian, soubz lequel plus vraisemblablement mourut An. 285.
S. Piat, on ne peut soutenir ceste opinion, non plus que celle
de Molanus, qui veut que ç'aie esté dès l'an 284, que ce saint
décéda. D'autant que si S. Piat vint ès Gaules l'année qu'y arriva
la légion Thébaine, Sigonius (1), personnage grandement versé
en l'histoire, disant que ce fut la seconde année de l'empire de
Dioclétian, ce n'a peu estre que l'an 285, veu que cest Empereur ne commença qu'en l'an 284, et n'excita sa persécution
qu'en l'an [303], durant laquelle S. Piat souffrit.

Quelqu'un pourroit doûter si Castor n'auroit point esté enveloppé dans cest orage, considéré que Zozime escrit que Dioclétian estoit à Chartres après qu'il se fust démis de l'Empire; où
il auroit peu faire mourir ce Prélat; mais on peut lui respondre
que, quoiqu'il se lise dans le grec de cest autheur que Dioclétian
estoit ἐν καρνούτω, πόλει κελτικῇ, à Chartres, ville Celtoise ou des
Celtes, ou Gaulois (2), ce passage a esté corrompu par quelqu'un, qui auroit fait glisser ces deux derniers mots de la marge
dans le texte, ne sachant pas que Vienne en Autriche, où estoit
véritablement Dioclétian, s'appelle *Carnutum* (3) aussi bien
que Chartres, et que les Romains y tenoient une légion dite
Ala Fabiana, avec une colonie appelée *Colonia Carnutum*,
ainsi que l'a remarqué Onufre : c'est aussi où le préfect *Lætorum Teutonissanorum* demeuroit, selon Gui Pancirola, sur la
Notice de l'Empire. Cela se verra mieux par ce qui suit, que
Maximien estant venu ès Gaules il en chassa les Hérules et
Bourguignons, qui y estoient entrés avec les Allemans, qu'il repoussa par delà le Rhin, avec perte de leurs meilleurs hommes,
si qu'ils ne peurent de longtems rien entreprendre contre l'Empire. De là, tournant ses armes contre Carausius qui s'estoit
emparé de la Grande-Bretagne, ne pouvant le combattre faute
de vaisseaux, se jecta sur les Hollandois et François qui estoient
parmi eux, des derniers desquels aiant recongneu les forces,
taschèrent de les gaigner par présens et les avoir pour amis.

Dioclétian travailloit d'un autre costé à remettre au devoir
les Goths, Scythes et Boëmes, qui couroient les terres de l'Empire; mais, comme il se voioit de grandes affaires sur les bras,

---

(1) Lib. I, *de Imp. Occident.* — (2) Zozimus, lib. II. — (3) Mamian.
Marcellinus, lib. XXX. Onufrius. Guido Pancirola, *in Notic. Imperii*.

An. 291. il se rendit à Milan, où se trouva pareillement Maximin, pour délibérer entre eux des moiens de s'en démesler ; ils résolurent enfin d'associer Constantius Chlorus, tiré d'un monastère, ainsi appelé à cause de sa couleur pasle tirant sur le verdastre, et Galerius Maximianus, dit Maximin par les Grecs et Latins, qui avoit esté berger, pourquoi on lui donna le surnom d'Armentarius. Ce qu'ils firent l'an suivant qu'on comptoit 291, et en mesme tems se séparèrent chacun de son costé : Constance fut en Bretagne, Galerius en Allemagne, pour défendre les limites du Danube, Dioclétian en Egypte, et Maximian en Afrique, où, tous estant venus à bout de leurs intentions, Dioclétian, enflé de l'heureux succès de leurs armes, s'appliqua, en l'an 298, à faire bastir les bains qu'il nomma de son nom *Thermas Diocletiani*, à la construction desquels il emploia tous les soldats Chrestiens, qui estoient en son armée. Ce fut une des premières attaques qu'il donna à la religion Chrestienne, pour ce qu'aiant esté occupé aux guerres dès son arrivée à l'Empire, il n'avoit rien peu entreprendre sur icelle ; mais, s'en voiant délivré par une ferme paix, il vint à tel point de présumption, qu'il se fit adorer comme Dieu, et fit un Edit avec son collègue, en l'an 300, par lequel ils enjoignirent de brusler tous les livres des églises, ésquelles estoient contenus les Actes des Martyrs, et ce qui s'estoit passé de plus remarquable, depuis la naissance de nostre religion, et qu'on eust à abattre toutes les églises des Chrestiens (1). L'exécution en fut poursuivie avec tant d'ardeur, qu'en un mesme jour, qu'on dit avoir esté celui de la Passion ou Ressurection du fils de Dieu, elles furent toutes mises par terre, sans qu'il en demeurast une seule sur pied Pour les livres, il y eut plus de difficulté, combien que peu aient esté sauvés de l'incendie. Je crois que tous ceux de l'église Chartraine furent consommés par les flammes, ne nous en estant resté aucuns de ce tems-là, et s'il s'en trouve quelques-uns, ils n'ont esté descrits que confusément et sans ordre, depuis le règne du grand Clovis, nostre premier roi Chrestien. Ces Empereurs ne sévirent seulement contre les morts, ils voulurent que les vivans y eussent leur part, faisant en l'an 302 un cruel carnage des fidèles, qu'ils firent mourir de diverses sortes de supplices.

---

(1) Eusèbe, lib. VIII, ch. 3. Aug., *de Baptismo*, lib. VII, ch. 2.

La Gaule Belgique s'en ressentit plus que la Celtique, Rectius   An. 303.
Varus y aiant esté envoié par ces tyrans, lequel fit mourir
S. Quentin, S. Piat, S. Crespin, S. Crespinian, S. Aron et plusieurs autres en divers endroits, de sorte qu'il sembloit que ce ministre des passions de ces Princes voulust noier ceste province dans le sang chrestien.

Ceste persécution, qu'on tient la dixiesme, ne cessa pas par la déposition volontaire que ces Empereurs firent de la pourpre (1), l'un à Nicomédie, l'autre à Milan, bien qu'elle ne fust si cruelle ès Gaules qu'ailleurs, veu que Constance se les estant retenues pour son partage avec la Grande-Bretagne et l'Espagne, comme il estoit d'un naturel fort doux et benin, il la fit cesser peu à peu. Estant décédé à York, le 8 des calendes d'aoust : Constantin, son fils, et d'Hélène, fille de Coël, l'un des rois de ce riche païs, lui succéda à l'Empire. Sitost qu'il en eust prins les marques et que les nouvelles en furent venues à Rome avec son portrait, suivant la coutume (2), Maxence, gendre de Maximian, ou comme d'autres disent son fils supposé par Eutropia, sa femme, voulant avoir part au gasteau, se déclara aussi Empereur. Constantin lui fit parler d'accommodement et lui proposa de l'associer avec lui à l'Empire ; il veut tout ou rien. Galerius, adverti des excès que Maxence commettoit à Rome, dépescha contre lui Sévère, qu'il avoit créé César. Maxence, ne se sentant assés fort pour résister aux armes de Sévère, cousit la peau du renard à celle du lion, et aiant corrompu les chefs, vint facilement à bout de ce sien adversaire qui, s'en retournant de Ravenne à Rome, fut tué par ses soldats (3).

Maximian, fasché de tous ces désordres, eust bien voulu remonter, comme l'on dit, sur sa beste, et reprendre le gouvernement de l'Estat. Il en escrivit à Dioclétian, qui vivoit privément en Dalmatie, près Salone, ou, comme quelques-uns ont voulu dire, estant lors à Vienne en Autriche. Cetui-ci n'aiant voulu entendre à la proposition de Maximian, ce dernier se retira vers Constantin, qui estoit lors en Picardie, où il fit la loi des Vétérans, en la ville de Beauvais, où, sur le bruit que les François

---

(1) Eusèbe, *in Chron.* Zozimus. — (2) Eusèbe, lib. I, *de Imp. Const.* Socrates, lib. I. Zozim. Victor. Gallianum, *in Paleograph.* Gourdon Victor, *in Muniam.* — (3) Eutrop. Vict.

An. 311. s'estoient emparés des Gaules de ce costé-là, Maximian print prétexte de lui vouloir donner sa fille Fauste en mariage, qui n'estoit qu'un leurre pour l'attrapper, et puis après s'en deffaire. Son dessain estant descouvert, Constantin le fit retirer à Marseille, où aiant esté surprins, il fut pendu, ou contraint de se pendre lui-mesme (1).

Galerius voiant d'autre costé qu'après l'assassin de Sévère, il n'avoit plus personne pour gouverner l'Italie en son absence, il créa César Licinius, qui estoit lors à Vienne en Autriche, et non à Chartres, comme l'a escrit Functius, et l'envoia avec une puissante armée contre Valens, qui prenoit la qualité d'Empereur d'Orient (2). Maxence, pour contre-carrer Galerius, créa aussi son fils César, qu'il appela Aurèle-Valère Maixent, lequel descouvrit aussitost la mauvaise volonté qu'il avoit pour les Chrestiens, desquels il fit une grande boucherie. Arius travailloit aussi l'Eglise de son costé en Orient; aiant infecté de son hérésie ceste belle partie du monde, qui ne commença à respirer qu'en l'an 311, qu'un ulcère survenu aux parties honteuses de Galerius lui apporta la mort. Peu auparavant, recongnoissant que la main de Dieu l'avoit touché pour le punir de tant de sang innocent respandu par ses ordres, il révoca tous les édits qu'il avoit publiés au désavantage de la religion Chrestienne, défendit de poursuivre extraordinairement ceux qui en faisoient profession et promit de rétablir les Eglises qui avoient esté abattues, afin de prier Dieu pour sa santé et l'heureux succès des affaires de l'Empire (3). Maximin en fit autant, pour lui complaire, mais il ne fut pas plustost arrivé au Levant qu'il recommença avec Licinius à tourmenter les fidèles de plus belle.

Constantin cependant, ne pouvant digérer l'affront qu'il avoit receu de Maxence, qui avoit refusé son amitié et fait abattre ses images, tourna ses armes contre lui et le défit. Ce fut lors, que le signe de la croix s'apparut au ciel à cest Empereur, avec une asseurance de la victoire, qui estoit escrite à l'entour; ce qui lui fit changer les Cornettes Romaines ou *Labarum*, et l'aigle avec le nom de Christ ☧, qui depuis servit de principal drap-

---

(1) Nazarius. Panegyr. — (2) Eutrope, lib. X. Zozimus, lib. II. — (3) Eusèbe, lib. VIII, ch. 2 et lib. IX, ch. 1 et 8.

peau de l'armée, auquel un chacun se rangeoit dans les dangers ; An. 322.
c'est aussi ce qui a donné sujet aux princes Chrestiens de mectre la croix dans leurs drappeaux de guerre, pour donner de la terreur à leurs ennemis (1).

Dioclétian que Dieu avoit réservé jusques en ce tems-là pour veoir, contre son gré, rétablir les Eglises qu'il avoit fait ruiner, la religion refleurir, les Evesques retourner en leurs sièges avec autant de gloire qu'ils en avoient esté chassés avec honte, et, pour comble de douleur, un Empereur favorable aux Chrestiens, assis sur son throsne, mourut la mesme année que Maximin Licinius, qui avoit chassé tous les fidèles de son palais et méditoit leur ruine, trouva la sienne dans sa révolte contre Constantin, entre les mains duquel estant tombé, il le fit estrangler.

Ce fut vers ce mesme tems, que nostre prélat Castor rendit ses derniers devoirs à la nature, si tant est qu'il aie régi l'Eglise Chartraine par quarante trois ans. Je trouve à la vérité, par certains anciens mémoires, que ce Prélat vivoit du tems de Licinius, empereur, quoique l'année ne soit cottée, qui peust avoir esté celle-ci, qui fut la dernière de l'un et de l'autre, pour ce qu'à peu près les années qu'on assigne au gouvernement de nostre Castor, se terminent et finissent en icelle.

CHAPITRE XV.

D'Africain et Possesseur, évesques de Chartres, et de quelques choses notables qui se passèrent durant le tems de leur scéance.

L'AUTHEUR du Catalogue de nos Evesques, subroge Africain à Castor, sans nous donner autre instruction de lui, que de son nom et du tems qu'il lui assigne, pour exer-

---

(1) *Acta concilii Nycæi*, lib. I, ch. 3. Zonoras. Eusèbe. Sozim. Eutrop. Nazarius, *in Panagyr*. Aur. Vict. Eutrop., lib. X. Eusèbe, lib. IX, ch. 8. Sigonius, *ad. ann.* 322, 323 et 324.

An. 324. cer sa prélature, il lui donne quarante quatre ans, qu'il veut avoir couru depuis l'an 324 jusques à l'an 368. Severt rapporte de Taveau en son *Histoire des Evesques de Sens*, qu'il ne gouverna l'Eglise Chartraine, que quarante ans, depuis l'an 339 jusques à l'an 379. Je ne sçai si Taveau a composé deux *Histoires des Evesques de Sens*, mais je sçai bien qu'en celle que j'ay il n'y en a pas un mot. Cela n'empesche pas que si véritablement Castor est décédé soubz, ou au mesme an que Licinius, Africain ne lui aie succédé en la mesme année ; je n'estime pas pourtant, qu'il aie continué son administration tout le tems qu'ils lui baillent, ne pouvant me persuader que y aiant eu plusieurs Conciles et Synodes dans les Gaules, il ne s'en trouvast quelqu'un auquel il eust soubzsigné, s'il avoit tenu sa crosse quarante ans (1). A la vérité le baptesme de Constantin aiant donné la paix à l'Eglise et fermé la porte à la persécution des fidèles, il n'y avoit rien qui peust retarder l'eslection d'un pasteur du diocèse de Chartres, après le trespas de Castor ; ce que je croi aussi, mais, que l'aiant régi une si longue suitte d'années, sans faire quelque glorieuse action, qui eust peu perpétuer sa mémoire, c'est ce que je ne peux accorder. Tout ce que je peux présumer de lui est qu'il gouverna son église avec une grande tranquilité, puisqu'il n'y avoit personne qui la peust troubler, ou l'empescher en ses fonctions.

L'Eglise d'Orient ne goutoit ce repos, estant agitée de l'hérésie d'Arius, qui y avoit causé de grands troubles ; l'appui qu'il avoit trouvé en Eusèbe, évesque de Nicomédie, en Eusebia, femme de Constantin le jeune, et en un autre Eusèbe, enuche, son grand Chambellan, rendoit son parti plus fort. L'empereur Constantin le Grand estoit fort empesché à recoudre ceste déchireure qu'Arius avoit faite, et réunir tous les évesques qu'il avoit divisés par son hérésie. Il practica le Concile d'Arles, dès l'an 314, et celui de Nicée en l'an 327, de trois cent dix-huit Prélats pour concilier ce Schisme (2). Les Ariens en avoient fort à S. Athanase, évesque d'Alexandrie, la bonne renommée duquel ils deschiroient par leurs calomnies et mensonges ; Constantin recon-

---

(1) Baronius, *in Martyr. ad* 22 *august.* — (2) Eusèbe, *de Vita Constant.* lib. III, ch. 13 et 14, et lib. IV, ch. 47. Hieronim., *in Chronic.* Sozomen, lib. II, ch. 29.

gnoissant qu'il y avoit plus de justice du costé de ce Prélat que de vérité de celui des Ariens, craignant qu'il ne lui arrivast du mal par les embusches de ses ennemis, le relégua à Trèves, plus pour conserver sa personne que pour leur faire plaisir, affin que, leur ostant le sujet de leurs plaintes, on les mit en leur tort, s'ils ne vouloient se rendre à la raison ; mais leurs fourberies aiant esté recongneues, S. Athanase fut remis en son église plus glorieusement, qu'ignominieusement il n'en avoit esté osté.

An. 327.

La discorde avoit semblablement jecté son fiel sur les enfans de Constantin, lequel, sur la fin de sa vie, aiant partagé son empire entr'eux, Constantin, le plus jeune, ne voulant se contenter de son lod, tascha de s'emparer de celui de Constans, son frère : la mort défila ses dessains à Aquilée, où il trouva son tombeau, au lieu de throsne qu'il espéroit y establir (3). Constans, aiant ceste espine hors du pied, croioit avoir ses coudées franches, et estre en repos, quand il apprint que les François sortis de leurs Palus, le voiant esloigné en Hongrie, entrèrent dans les Gaules, qu'ils ravagèrent sans merci ; Constans, adverty de leur marche, s'avança à grandes journées, pour les en faire retirer (4) : ce qu'aiant fait avec un grand bonheur, il ne jouit pas deux ans entiers de ceste félicité, qu'ils ne lui procurassent de nouveaux affaires.

Magnence affectoit l'empire des Gaules : les François aiant eu advis que Constans estoit allé au devant pour rompre ses dessains, se ruèrent sur les païs les plus proches et s'en rendirent les maistres. Magnence, issu de parens Gaulois, se voiant sans compétiteur par la mort de Constans, print le nom d'Auguste à Authun, et créa incontinent Césars, Decence et Didier, ses frères ; il laissa l'aisné aux Gaules, pendant qu'il fit un voyage à Rome où, abusant insolemment de son authorité, il fit mourir plusieurs personnes de condition. Veteranius, qui commandoit l'armée de Hongrie, craignant que Magnence, aiant dompté l'Italie, ne portast ses armes contre lui, se fit proclamer Empereur à Sirmisk. Nepotian, fils d'Eutropie, sœur du grand Constantin, s'imaginant que c'estoit plustost à lui qu'à des estran-

(1) Aurel. Victor. Sigonius, lib. V. — (2) Zozimus, lib. II. Aurel. Victor., et alii.

An. 351. gers de sa famille, à qui ce morceau devoit appartenir par droit de consanguinité, print le nom d'Auguste, qu'il garda seulement vingt-huit jours, Anicet, qui avoit esté commis par Magnence au gouvernement de Rome, lui aiant fait coupper la teste.

Constance, qui estoit au Levant, aiant sceu ce qui se passoit en l'Occident et que c'estoit lui que la succession de son frère regardoit, n'aiant point d'enfans masles, créa César Flavius Constantius Gallus, son cousin (1), et le maria avec sa sœur Constantine, le laissant en l'Orient avec une armée, pour s'opposer aux entreprises de Sapor, roi des Perses. S'estant avancé jusqu'en Hongrie, il congédia tous les soldats qui n'estoient Chrestiens, qui ne servit pas peu pour l'avancement de nostre religion, veu que beaucoup, soit véritablement, soit par faintise, aimèrent mieux recevoir le baptesme que quitter leurs compagnies (2), et aiant surmonté Vétéranius, tourna ses armes contre Magnence, qu'il surprint dans Lion, et le contraignit se tuer soi-mesme, et Decence, son frère, se pendre avec sa jarretière. Il ne restoit plus que Didier, l'autre frère, lequel se rendit à Constance, qui en mesme tems opprima un certain Sylvanus, naturel Gaulois, colonel de son infanterie, qui vouloit se rendre maistre des Gaules (3).

Ces bons succès aiant mis Constance au-dessus du vent, il vint à tel excès de présomption, qu'il croioit que personne n'oseroit l'attaquer; mais cest Empereur, passant son hyver à Arles, congneut tout le contraire, quand il se veid, la campagne suivante, poursuivi par Gondomad et Vadomnire, frères, rois des Allemagnes, avec lesquels il fut obligé de s'accommoder, pour aller à Milan passer son hyver et s'approcher de Pole en Italie, où estoit Gallus, auquel il fit coupper la teste (4). Julian, frère de Gallus, sur l'advis qu'il eut de son exécution, vint trouver Constance, duquel il eust receu le mesme traictement sans Eusebia, femme de cest Empereur, qui le mena à Cosme pour le tirer du danger; ce prince, l'aiant eschappé si belle, se retira en Grèce, non tant pour se faire instruire aux sciences,

---

(1) Sozomen, lib. I, ch. 18. — (2) Zozimus. — (3) Zozim. Victor. Eutrop. Hieros. *in Chronic.* Ammian Marcell., lib. XIV. — (4) Amm. Marcell., lib. XIV.

que pour consulter des devins et magiciens, sur sa bonne ou mauvaise fortune. An. 355.

Constance, qui brouilloit l'Eglise par les artifices des Ariens, qui l'avoient gaigné, n'osoit toucher aux Gaules, qu'une floue de Barbares inondoit ; craignant d'irriter ces provinces, qu'il recongnoissoit lui estre mal affectionnées, à cause du mauvais traitement qu'il faisoit aux ecclésiastiques, et pourquoi les habitans d'icelles avoient prins les armes contre lui, il envoia néamoins contre eux Julian, de naguères retourné de Grèce, qu'il créa César à cest effet, et lui donna Hélène, sa sœur, en mariage; il print sa marche par Thurin et Vienne en Dauphiné, où aiant apprins que les ennemis s'estoient emparés de Colongne et Authun, il se rendit promptement à Auxerre, où aiant raffraichi ses trouppes, et donné leur rendez-vous à Troies et à Reims, il s'en alla charger les Allemans près Maience, lesquels aiant prins au despourveu les rompit facilement, et les obligea à une honteuse fuitte. De là, s'estant rendu à Colongne, il n'en voulut partir qu'il ne se fut accommodé avec les François, avec lesquels aiant juré la paix il s'en vint passer l'hiver à Sens, pensant y estre en paix : il s'y veid assiégé plus d'un mois par les François, desquels difficilement il pouvoit espérer se libérer, sans l'aide des gentilhommes Gaulois, lesquels, avec Marcel, son Connétable, furent le dégager. Aiant poursuivi et défait ces François, il se rendit à Paris passer le reste de l'hyver.

Durant ces guerres, les Ariens en faisoient une aussi fascheuse aux Catholiques ; quatre cens Evesques, tant de l'Esclavonie que de l'Italie, des Gaules, d'Espagne et d'Angleterre, s'opposèrent à leur doctrine, et s'estant assemblés à Rimini, ils y furent défraiés fors les Gaulois, Aquitains et Anglois, qui y furent à leurs despens ; quatre-vingts Evesques Ariens s'y trouvèrent aussi, entre lesquels les nommés Ursace et Valens tenoient les premiers rangs. Ceux-ci, se voiant appuiés de l'authorité de Constance, donnèrent beaucoup de peine aux Catholiques, parmi lesquels aiant semé la division, S. Hierosme escrit que, tout l'univers gémit et admira de se veoir Arien, non qu'il le fust en effet, mais pour ce que les Evesques Ariens aiant supposé une confession de foi arrestée par eux au conciliabule qu'ils avoient tenu à Nyce de Thrace, au lieu de celle de Nyce de Bythinie, ils l'avoient, par surprinse, fait signer aux prélats Catholiques,

An. 359. Le pape Liberius, pour avoir condamné ceste confession de foi, fut envoié en exil, et plusieurs autres Evesques chassés de leurs églises sur la fin de 359, on au commencement de l'an 360. Les députés de Rimini et de Selencie, n'aiant peu s'accorder, se rendirent à Constantinople, où ils acceptèrent la confession de foi, qui avoit esté arrestée à Rimini, et rejectèrent celle qui avoit esté proposée à Seleucie. S. Hilaire, évesque de Poictiers, qui, à la sortie du conciliabule de Béziers, avoit esté relégué au Levant par les menées de Saturnin, évesque d'Arles, principal fauteur des Ariens, voiant l'Empereur gaigné par les artifices de ces hérétiques, composa trois livres, par lesquels il lui demanda permission de venir à la dispute contre eux. Il avoit assisté au conciliabule de Seleucie et sçavoit les principaux fondemens de leurs dogmes. Les Ariens, qui avoient desjà éprouvé ce qu'il sçavoit faire, refusèrenl d'entrer en lice avec lui, et, pour ne l'avoir plus pour objet de leur honte, persuadèrent à Constance de le renvoier par forme d'honneur en son évesché. Ce que ce prince leur aiant octroié, S. Hilaire, aiant rencontré S. Martin, l'amena avec lui et lui apprint la doctrine et vertu, qui le firent admirer du depuis par les Gaules.

Julian, qui avoit eu deux ans tout de suitte ses quartiers d'hiver à Paris, fut appelé Auguste par l'armée (2); ceste déférence donna l'alarme à Constance, qui n'en peut tirer autre raison, qu'aiant esté esleu Auguste par les soldats, il n'avoit pû honnestement refuser cest honneur; ce fut à Constance à ronger son frain, n'en pouvant donner un à l'ambition de Julian, lequel, jugeant qu'il ne faut jamais se jouer à son seigneur, qui se ressent tost ou tard des frasques que lui font ses sujets, craignant que Constance ne lui gardast celle qu'il lui avoit faite, pensa de le prévenir. Constance, averti de sa marche, voulut aller au devant, mais estant demeuré malade à Mopsuestia, autrement Malmistra, ville de Carmanie, il y décéda le 3 des nones d'octobre 361 (3). Julian, adverti de son trespas, alla de Dace à grandes journées en Constantinople, où il fut recongneu Empe-

---

(1) Theodoret, lib. II, ch. 16. Ammian Marcell., lib. XV. Hieros., *in Chronic.* Athanas., *ad Solitar.* Rufin., lib. IV, ch. 20. Sever., lib. II. — (2) Ammian, lib. XX. — (3) Ammian. Victor. Cedren. Hierosm., *Epist. I, ad Heliodor.*

reur d'Orient. Se voiant eslevé à ceste éminente dignité, et An. 361. n'aiant personne qui pust traverser ses dessains, tourna toutes ses pensées à la ruine des Chrestiens. Les Gaules ne laissoient de persévérer dans la foi qu'ils avoient receue, nonobstant les efforts de Saturnin, évesque d'Arles, et Paterne, de Périgueux, lesquels, unis avec Saluste, gouverneur des Gaules, ennemi juré du Christianisme, taschoient de l'opprimer; Dieu y mit la main enlevant Julian du nombre des vivans, le 25 juin, l'an 363 (1).

Dès le lendemain, les soldats, sans attendre la volonté du sénat Romain, qui estoit pour Saluste, ni sans avoir esgard à la recommandation du deffunt, qui avoit désigné Procope, sien parent, pour successeur, eslevèrent Jovian, premier de ses domestiques, natif de Smigdone ou Senander, ou bien encores Zendoue, ville de la haute Mœsie, fils du comte Varroman, recommandé tant pour la valeur de son père, que pour la sienne propre (2). Il fit refus d'accepter ceste dignité, disant ne pouvoir commander à des soldats d'une autre religion que de la sienne. Ceste difficulté fut bientost levée, aiant la pluspart protesté qu'ils estoient Chrestiens comme lui. Aiant accepté le gouvernement de l'Estat, il envoia ses lieutenans ès Gaules et ailleurs, pour donner advis de son eslection et empescher qu'elles ne se révoltassent. Il permit aux Evesques, qui avoient esté chassés par Julian, de retourner en leurs églises, aux soldats cassés pour la foi Chrestienne, de rentrer en leurs charges et honneurs (3). Il deffendit les sacrifices publics des Gentils, les chassant hors les villes, dans lesquelles il fit fermer leurs temples, d'où vint que depuis, les allant faire *per pagos*, qui sont les villages, ils furent appelés, comme par dérision, *pagani*, païens, que nous disons païsans, entre lesquels l'idolastrie estant demeurée, on a eu bien de la peine de l'arracher, estant demeuré encores parmi eux plusieurs superstitions qu'on ne sçauroit déraciner de leurs cœurs. Son règne ne fut que d'environ huit mois, au bout desquels il fut trouvé mort dans son

---

(1) Ammian, lib. XXIV, ch. 25. Zozim., lib. III. Eutrop., *in fine histor.* Damas, *orat. I, de Imaginibus.* — (2) Theodor., lib. IV, ch. I. Ammian, lib. XXV. Zozim., lib. III. Orosius, lib. VII, ch. 19. Aurel. Victor. Suidas. — (3) Theodoret, lib. I, ch. 3.

An. 364. lit, en la ville de Dadastane, qui sépare la Bythinie d'avec les Galates, le 19 février 364 (1).

Nostre Africain pust laisser sa crosse à un autre vers ce tems-là, si la supputation de l'autheur du Catalogue est véritable : je n'en asseure rien, pour ce que je ne sçai pas non plus le tems auquel Possesseur, qu'on veut avoir esté son successeur, entra en possession de l'évesché de Chartres. Nostre Catalogiste dit que ce fut dès l'année mesme du décéds d'Africain, qu'il met en l'an 367, et veut qu'il ne l'aie quitté qu'en l'an 407, qui font quarante ans de séance. Severt veut que Possesseur n'aie commencé son épiscopat qu'en l'an 383, et l'aie quitté en l'an 418, qui font trente-cinq ans. Pour moi, je n'en dirai rien, estimant mieux m'en taire que d'advancer une chose mal-à-propos et sans garand, laissant à un chacun la liberté d'en juger ce qu'il lui plaira. Si toutesfois il estoit vrai, comme le dit cest autheur du Catalogue de nos Evesques, qu'il fust esleu du tems que Valentinian tenoit les resnes de l'Empire, il se pourroit faire qu'il fust promeu à ceste dignité, ou bien ceste mesme année, ou la suivante, dont je ne peux rien asseurer, sinon qu'il est vrai que Valentinian fust revestu de la pourpre impériale en ce tems-là; car, à peine Jovian avoit la bouche close, que les soldats présentoient l'Empire à Saluste, duquel nous avons parlé ci-dessus, qui le refusa pour lui, comme trop vieil, et pour son fils, comme trop jeune; sur ce rebut, ils le défèrèrent à Valentinian, ancien capitaine, natif de Cabales ou Berçezlo, en la basse Pannonie, lequel estoit alors à Ancyre, dite Angoury, ville de Galatie, d'où estant arrivé à Nyce, il ne voulust se faire veoir en public, le lendemain, pour ce que c'estoit disoit-il, un jour malheureux à la République Romaine; mais le jour d'après, aiant paru, il fut eslevé par les soldats sur un bouclier, et porté à l'entour de l'armée, le 25. des mesmes mois et an. De Nyce, s'estant transporté à Constantinople, il associa son frère Valens à l'Empire, et s'estant séparés, l'un alla au Levant, l'autre en l'Occident, pour résister à ceux qui taschoient l'envahir. Procope, que Julian avoit nommé pour son successeur, picqué de ce que l'armée lui en avoit préféré un autre pour Empereur, se présenta avec la pourpre dans Cons-

---

(1) Amm. Marcell., lib. XXV.

tantinople, où il fut salué Auguste; mais ceste entreprinse lui fut chèrement vendue, aiant esté prins des siens, dès le mois de mai suivant, et livré à Valens, qui lui fit perdre la teste, qui l'envoia à Valentinian, qui estoit à Paris (1). Ce Prince receut au mesme tems deux nouvelles qui lui furent fort aggréables, l'une la défaicte et la teste de Procope, l'autre la naissance d'un fils de sa femme Justine, qu'il voulut estre nommé Valentinian comme lui. Estant en l'an 367 à Amiens, il courut risque de sa vie (2); l'on parloit déjà de lui donner un successeur, ce qu'estant venu à sa congnoissance, il nomma Auguste, Gratian, son fils d'un premier lit, et de Severa, sa femme, combien qu'il fust fort jeune et se l'associa à l'Empire, le 20 d'aoust. L'aiant fait recongnoistre par l'armée pour son successeur, il envoia contre les Saxons et François qui faisoient de grands ravages dans la Grande-Bretagne, Théodose, père de celui que nous verrons bientost monter sur le throsne des Césars; lequel les aiant mis à la raison, fut récompensé de l'office de Connestable de cest Empereur, au lieu de Jovin (3).

An. 365.

Les François et Allemans lui donnèrent bien des affaires, estant chacun à son tour, tantost vaincus, tantost victorieux, ce qui le porta à faire alliance avec les Bourguignons qui, du tems de Drusus et de Tybère, aiant esté mis en garnison pour la garde des rives du Rhin, s'estoient tellement accreus, que, sollicités par Valentinian à prendre les armes contre ces deux nations, ils sortirent jusques au nombre de quatre-vingt mille combattans, qui prindrent le nom de Bourguignons, à cause des bourgs qu'ils habitoient. Valentinian aiant eu ce qu'il désiroit, et ces derniers, n'aiant obtenu de lui la satisfaction qu'ils espéroient, se firent justice à eux-mesmes et s'emparèrent du païs des Séquanois, qui est la Franche-Comté, qu'ils nommèrent Bourgongne. S'estant accommodé du depuis avec les Allemans, il s'en vint à Paris, où, en l'an 373, il fit la loi *de Metallariis*, et de là s'en retourna passer son hiver à Trèves. La campagne suivante, aiant eu advis que les François estoient soubz les armes pour venir le combactre, il alla au devant et fit trève pour dix ans avec eux, durant lesquels il les deschargea de tributs et les

---

(1) Marc Zozim. — (2) Amm. Marcell., lib. XXVI. Socrates, lib. IV, ch. 10. Amm., lib. XXVII. — (3) Sigonine, *ad hunc Romum*.

An. 373. retint à sa solde; estant venu à bout par leur moien des Polonois et Bohémiens, il se retira à Sabarie, dite Kimatorubath, remarquable par la naissance de S. Martin de Tours, et de là à Brigetion, où les députés de Bohême l'estant venus trouver, il se mit tellement en cholère contre eux pour quelques parolles digérées, qu'estant tombé en pasmoison, il mourut le 17 de novembre 375. Il avoit un fils de mesme nom de sa femme Justine, qui n'estoit loin de là (1).

Les seigneurs, qui estoient en Cour, l'envoièrent aussitost quérir et le proclamèrent Empereur, combien qu'il n'eust que dix ans. Gratian, fils aisné de Valentinian, qui avoit esté, comme dit est, déclaré Auguste par son père dans Amiens, il y avoit sept ans, eut de la peine à digérer ce morceau. Il ne laissa pourtant de lui assigner son partage dans l'Italie, l'Esclavonie et l'Afrique avec une partie de l'Occident. Valentinian s'en alla à Milan avec sa mère Justine pour s'en mectre en possession. Ceste femme, infectée de l'hérésie Arienne, faisoit tout ce qu'elle pouvoit pour l'aigrir contre les Catholiques (2). Valens, de son costé, fit le pire qu'il pust contre eux, et contraignit les moines de sortir de leurs solitudes pour endosser la cuirasse au lieu d'un cilice, et combattre soubz ses étendars au lieu de ceux de Jésus-Christ. Gratian, au contraire, fit un édit contre les Ariens, que la facilité de son père avoit trop eslevés, par lequel il interdit leurs assemblées et défendit l'exercice de leur secte. Dieu récompensa cetui-ci d'une longue paix et punit les autres par des troubles continuels qui affligèrent leurs Estats; car, incontinent après, les Goths enlevèrent la Thrace à Valens, pillèrent Constantinople, et, après une bataille, où ils furent plustost battus que vaincus, contraignirent les Romains victorieux leur quicter le fruit de leur conqueste, et, par un défilé honteux, leur donner l'avantage par leur fuite. Valens, frappé à mort, s'estoit retiré de la meslée dans une heute de berger, pour se faire penser (3). Les Goths, voulant entrer dedans, sans sçavoir pourtant qui y estoit, et aiant trouvé de la résistance, coururent quérir de la paille et mirent le feu dans

---

(1) Hierosn., *in Chronic.* Ammian, lib. XXX. Socrates, lib. IV, ch. 26. — (2) Hierosn., *in Chronic.* — (3) Jornandes, ch. 26. Ammian, lib. XXXVII. Ruffinus, lib. II, ch. 13.

ceste chaumière, où l'Empereur fut rosti avec ceux qui n'avoient voulu l'abandonner. An. 378.

Ce désastre arrivé à l'Empire, le plus grand après celui de la bataille de Cannes, troubla fort les Romains, voiant le gouvernement de leur Estat entre les mains de deux jeunes personnes, dont l'un entroit en l'adolescence et l'autre n'en estoit sorti encores; Gratian ne pouvant avoir que vingt ans et Valentinian treize ans. La bonté de l'esprit et la solidité du jugement suppléèrent le défaut de l'asge au premier, lequel, par sa sage conduite, retint l'Estat qui estoit en son penchant et empescha sa cheute. Aiant eu advis du malheur de Valens, il se transporta promptement à Sirmisch, pour tascher de se conserver l'Empire d'Orient. Il y envoia Théodose le jeune, qu'il fit son lieutenant-général en ses armées, qu'il envoioit au Levant, où aiant heureusement réussi, et Valentinian estant trop jeune pour assister son frère, Gratian créa Théodose Auguste, et l'associa à l'Empire (1).

Les François, irrités de ce qu'on ne paioit leur solde, et qu'au lieu de recongnoistre leurs services, on leur demandoit de nouveaux subsides, se retirèrent d'avec l'Empereur et se jectèrent dans les Gaules (2), lesquelles, pour la longue absence de Valentinian, se mectoient du costé des plus forts. Gratian fut contraint de s'accommoder avec eux, mais ne pust éviter la mort, qu'il receut à Lion, le 25 septembre, par la main d'Andragathe (3).

Théodose, qui estoit au Levant, aiant receu nouvelles de ce meurtre, créa son fils Arcadius, Auguste, quoiqu'il n'eust que huit ans (4). D'un autre costé, Valentinian, qui estoit à Milan, s'accommoda avec Maximus, Espagnol, qui s'estoit emparé de la Bretagne et de partie des Gaules, lequel le chassa enfin d'Italie avec Justine, sa mère, et se rendit maistre des Espagnes. Théodose, qui avoit espousé Galla, fille de ceste Justine, dénonça la guerre à Maximus, lequel aiant esté prins, Théodose lui fit coupper la teste et à Victor, son fils, dans Aquilée. Ainsi,

---

(1) Prosper., *in Chron.* Socrates, lib. V, ch. 2. Sozomen, lib. IV. Paul Diacon, lib. II. — (2) Socrates, lib. V, ch. 12. — (3) Hierosn., *Epist.* 3. Zozimus, lib. IV. Prosper Ammian. — (4) Socrates, lib. V, ch. 12. Ruffinus, lib. I, ch. 14.

An. 388. tout l'Empire d'Occident fut recouvré et rendu à Valentinian qui, après le trespas de sa mère, se rangea du costé des orthodoxes (1). Il ne la fit longue du depuis, aiant esté estranglé à Vienne en Dauphiné, un 15 mai, veille de Pentecoste 392, par Arbogast, un de ses capitaines François, lequel, offensé de ce que cest Empereur, au lieu de récompenser ses services, lui auroit voulu oster la qualité de général de l'infanterie, qui lui auroit esté déférée par les soldats. Cetui-ci n'en porta la peine guères loin, s'estant lui-mesme donné la mort, de crainte que Théodose, qui l'avoit entreprins pour Valentinian, la lui fist souffrir plus cruelle (2).

Quelques escrivains sont d'advis que ce fut en ceste mesme année que les François furent défaits par Valentinian II, et leur roi Marcomir tué. Je croirois plustost que c'eust esté dix ans auparavant, et dès l'an 383, que Valentinian leur aiant envoié demander qu'ils eussent à paier le tribut comme faisoient les autres nations sujectes de l'Empire, ils lui auroient desclaré n'en devoir, et que ce n'estoit à eux qu'il falloit en demander, qui avoient accoutumé l'exiger des autres, qu'ils avoient encores la mesme espée avec laquelle ils s'en estoient exemptés, pour se défendre contre ceux qui le leur demanderoient, et qu'il ne leur envoiast plus faire telles demandes, estant résolus de ne recevoir personne de sa part qu'à la pointe de l'espée, désirant se maintenir en la liberté qu'ils s'estoient acquis avec icelle. Ceste response aiant esté rapportée à Valentinian : « Franc! » Franc! dit-il en cholère, tu es un dur peuple qu'on doibt » plustost nommer Franc pour ta férocité que pour ta liberté et » franchise. » D'où ils ont voulu tirer ce mot de François, et attribuer à Valentinian leur première dénomination. En quoi certainement ces escrivains se sont trompés, le mot de François estant déjà en usage longtems auparavant. Cest Empereur, voulant prévenir la rébellion qu'il prévoioit devoir arriver de ceste nation, envoia contre eux pour les ranger au devoir. En quoi aiant esprouvé du bon et du mauvais, il y auroit enfin laissé la vie de la façon que nous l'avons représenté.

---

(1) Suidas, *verbo* Valentiniani. — (2) Zozim., lib. III. Epiphan., *de pondere et mensuris*. Socrates. Sozom. Ruffin. Sigonius. Theodoret. Orosius.

Nostre prélat, Possesseur, peut quitter la possession de sa chaire à un autre vers ce tems-là, pour aller prendre d'une perdurable dans le ciel. An. 400.

CHAPITRE XVI.

De Polychronius, évesque de Chartres, Villicus et Palladius, aussi évesques du mesme lieu.

LE Chronologiste de nos Prélats fait succéder Polychronius à Possesseur : Severt escrit qu'il commença sa scéance seulement en l'an 408, fondé pust-estre sur ce que l'autheur du Catalogue d'iceux, dit qu'il exerça sa prélature douze ans, soubz Marcomènes, et onze ans soubz Faramond, qui font vingt-trois ans, qui est le tems qu'on assigne à ce prélat ; mais il faut remarquer que nostre Catalogiste a prins l'un pour l'autre, sçavoir, Marcomènes, fils de Priam, pour un de mesme nom, qui estoit frère de Genebaud et Sunnon, lequel estant allé de vie à trespas, Marcomire fut esleu en sa place, environ l'an 407, pour gouverneur et duc des François, en laquelle charge il se maintint jusqu'en l'an 419, qu'estant ou vieil ou malade, il procura que son fils Faramond feust esleu pour Roi des François en son lieu, qui pourroit avoir couru jusques en l'an 430, que nostre Polychronius acheva sa course. Je ne sçaurois en asseurer rien, n'aians pas un autheur ancien que je puisse suivre. Je peux dire néamoins que, si ce Prélat gouverna le diocèse de Chartres durant ces vingt-trois années, il vit de terribles remuemens dans les Gaules : il sembloit que toutes les nations eussent conspiré sa ruine et qu'ils y accourussent de toutes parts pour célébrer ses obsèques.

Alaric, aiant épuisé l'Orient avec ses Goths, si bien qu'il n'y avoit plus rien à faire pour eux, vint busquer fortune en l'Occident, où il croioit mieux reüssir. Ce qui lui arriva, selon qu'il

An. 400. l'avoit prémédité, veu qu'il ne trouva personne qui s'opposast à sa marche. Les légions d'Honorius que Théodose, son père, avoit créé César, demeurèrent les bras croisés sans se remuer contre lui, et lui disputer le passage. Ceste ravine de peuples qui, comme un torrent, emportoit tout ce qu'elle trouvoit dans l'Italie, avec les prodiges qui se voioient en l'air, avoient tellement donné l'épouvante aux Romains, qu'ils proposoient de tout abandonner. Stilicon, Vandale de nation, auquel Honorius avoit donné charge de son armée, mit, par sa prudence, l'Estat à couvert, et les fortifications qu'il fit faire à Rome, ostèrent aux Goths l'espérance de la saccager pour ce coup. Alaric ne laissoit de s'avancer pour s'y rendre, et, comme s'il y eut esté conduit par quelque puissance supérieure, toutes les villes par lesquelles il passoit, se soubmettoient volontairement à lui. Stilicon, avec les légions Gauloises et Britanniques, l'arrestèrent toutefois devant Aot, d'où ils lui firent lever le siége. Ce capitaine, l'un des plus advisés de son asge, sachant que, depuis qu'une armée est en déroutte, il faut la poursuivre chaudement, pour ne donner le tems à l'ennemi de se rallier, il ne donna aucun relasche aux Goths, qu'il n'en eust jonché la campagne et fust demeuré maistre du camp. Le butin fut fort grand pour ce que ces barbares, qui s'estoient enrichis des dépouilles des nations par lesquelles ils estoient passés, n'avoient peu rien sauver, et tous les prisonniers Italiens qu'ils traisnoient à la cadène après eux furent mis en liberté. Stilicon eust peu enfermer ces Goths avec son armée, il ne le voulut néamoins faire, craignant que, comme ils avoient, un jour de Pasques, estans prins au despourveu, changé leur religion en courage, défait l'armée des Romains et tué leur chef; que, s'ils les réduisoient dans la nécessité de combattre, ils ne tournassent leur désespoir en force, pour donner l'eschec et mat à l'Empire Romain qui penchoit du costé de sa ruine. Il fit en sage capitaine de ne risquer un combat, se contentant d'avoir mis l'épouvante dans l'esprit de ces barbares, qui les porta à un accommodement avantageux pour l'Estat. Il faschoit fort à Alaric, qui avoit accoutumé de vaincre et battre les autres, de se veoir vaincu et battu (1). Aiant ramassé quelques trouppes, il voulut tenter, s'il

---

(1) Sozomen, lib. III.

pouvoit essuier la honte qu'il avoit receue, par un rencontre An. 403.
plus heureux que le premier. Il se présenta à Stilicon, qui le
receut avec le mesme courage qu'au précédent, enfonça les
rangs de ceux-là qu'il rencontra, les battit, les tua et les réduisit
à tel point qu'ils eurent plus de besoin de leurs pieds pour fuir
que de bras pour se défendre. Tout ce que pust faire Alaric fut
de se tirer de la presse et se sauver, pour porter en son païs la
nouvelle de sa déroute.

Les Romains, joieux à merveilles de ceste victoire, qui a esté
une des plus mémorables qui aie esté dans leurs fastes, prièrent
Honorius, qui estoit à Ravenne, de venir à Rome pour l'honorer de son triomphe, et rendre, par icelui, à ceste dame de
l'univers son ancienne majesté qui estoit grandement avilie. Il
s'y rendit pour les contenter, et aiant Stilicon à ses costés dans
le mesme char, il y receut les acclamations de son peuple, et
Stilicon les tesmoignages de la reconnaissance de son prince.

Ce contentement ne dura guères, aiant esté traversé par la
nouvelle que Radagaise, Scythe de nation, lui tailloit de la besongne pour la prochaine campagne. Aiant receu cest advis,
il voulut le prévenir, et le Scythe s'estant présenté avec deux cent
mille hommes, ou, comme le dit Sozime, avec quatre cent
mille, sur le printems de l'an 404 ou 405, Honorius envoia Stilicon pour empescher ce déluge d'hommes qui venoient en
l'espérance de saccager l'Italie et se gorger des dépouilles de
Rome. Stilicon, ne faisant semblant de rien, le laisse approcher,
et l'aiant engagé en un lieu fort mal commode pour son armée,
l'attaqua par-derrière et, sans perte d'aucun des siens, lui en
fit laisser cent mille sur la place : Radagaise ne pensant qu'à
fuir, Stilicon le prévint au passage, où l'aiant arresté avec sa
femme et ses enfans, les fit exécuter à mort, peu de tems
après, à Fesoles.

A peine cest orage fut-il passé qu'il s'en leva un autre. Godegesil, roi des Wandales, croiant Honorius empesché contre
Radagaise, se mit en devoir de passer le Danube pour entrer
aux Gaules (1). Les François, qui les muguetoient aussi bien
qu'eux, se présentèrent pour leur en disputer le passage. Re-
poussés plus par le nombre des ennemis que par la force, ils

---

(1) Zozim. Cassiodore.

An. 407. les laissèrent passer. Dès leur première démarche, ils pillèrent Maience, Colongne, Reims (où aiant trouvé S. Nicaise, archevesque du lieu, disant la messe, ils en firent une victime sur l'autel, et d'Eutropie, sa sœur), Amiens, Arras, Morin, Tournay, Spire et Strasbourg, et aiant démantelés ces dernières, réservèrent seulement Buvai pour y faire leur retraicte. Mais d'autant qu'ils estoient en quelque défiance de ceux du païs, ils bastirent un fort entre les rivières de L'Escaut et du Lis, qu'ils nommèrent Wand, lequel s'estant accreu du depuis par quelques édifices, on en a composé la ville de Gand, la première de Flandres. Il se passa encores plusieurs choses au mesme tems que ces Wandales donnèrent au travers de la Gaule jusques en l'Espagne, dont ils conquirent ceste portion, qu'on appelle Wandalousie, de leur nom. Durant que cela se passoit, Arcadius, frère d'Honorius, empereur d'Orient, estant décédé le 1er may 408, Honorius s'estant mis en l'esprit que Stilicon minutoit de s'en rendre maistre, pour Eucher, son fils, fit coupper la teste au père, à Ravenne, et estrangler le fils à Rome.

Ceste plaie saigna longtems et lui cuida couster la perte de son Estat, pour ce qu'il fut accueilli de toutes parts par les ennemis de l'Empire. Alaric, roi des Goths, print Rome jusques à trois fois et y vouloit establir son siége. Les François envahirent Trèves, la capitale des Gaules pour les Romains, et ensuitte Metz, Toul le Liége qu'ils conservèrent par leurs armes contre les Wandales qui s'opposèrent à leurs conquestes, dont ils tuèrent le roi Godegesil avec bien vingt mille de ses gens. Gonderic, son fils, lui aiant succédé, voiant la partie mal faite avec les François, leur quitta les Gaules et busca fortune en Espagne où, comme dit est, ils occupèrent la Betique, qu'ils nommèrent Wandalousie. Plusieurs d'autres nations qui les avoient suivis, en prindrent chacun sa portion : les Suèves, la Galice et le Portugal ; les Turlingues, le royaume de Grenade ; les Cattes et Alains eurent la partie plus occidentale des Espagnes, qu'ils nommèrent de leurs noms composés, Catalongne. Il n'y eut que les Basques et Sobrarbes qui gardèrent fidélité aux Romains. Les Bourguignons qui, l'an passé, avoient suivi les Wandales, s'estant arrestés aux Gaules et s'estant accommodés avec Honorius, il leur laissa, pour habiter, le païs d'alentour du Rhosne, où ils sont encores à présent. Les François, se piquant que ces gens sans recommandation eussent sans coup férir, obtenu une province des Gaules, pour y faire leur demeure, où il y avoit si lontems qu'ils estoient après pour en avoir quelque portion, dressèrent, en l'an 413, une armée soubz leur duc Marcomir, et aiant passé le Rhin, se jectèrent de rechef sur Trèves qu'ils bruslèrent; mais Castinus, comte des domestiques de l'Empereur, les aiant empesché d'avancer plus outre, ils s'en retournèrent chez eux où ils demeurèrent cois, jusques en l'an 419, qu'aiant, le 24 avril, esleu Faramond, fils dudit Marcomir, pour leur roi, ils conquirent peu à peu les Gaules.

An. 413.

Ce nouveau roi, par les années duquel je commencerai doresnavant à compter, au lieu de ceux des Empereurs Romains, n'y entra point, pour ce qu'après son eslection, les entrées et passages d'icelles furent exactement gardés. Son règne fut, selon aucuns, de quatre ans, selon d'autres, de sept, de neuf ou de douze, le dernier desquels j'embrasse volontiers, veu qu'il continua son gouvernement jusques en l'an 430, durant tout lequel tems il tint ses sujets en paix, n'aiant à démesler avec personne, à cause de ce que les Wandales et les Goths avoient porté leurs armes en Espagne. Ce fut ce prince qui, pour adoucir les mœurs farouches de ses sujets, leur fit dresser des loix par quatre de ses conseillers Wisogast, Bodogast, Sologast et Wisogat, lesquelles, pour avoir esté publiées près du fleuve Sala, elles furent nommées Saliques; autres les déduisent d'ailleurs, que je passe, pour n'estre de mon sujet. Ce fut audit an 430, que nostre prélat peut quitter ceste vie, pour aller jouir d'une meilleure, s'il faut s'en rapporter à ce qu'en escrit l'autheur du Catalogue de nos Prélats. Je n'ai rien à en dire, ne trouvant rien de lui que le nom.

Je n'en trouve davantage de Palladius, son successeur, sinon ce qu'en dit ledit Catalogue, qu'il administra son église du règne de Clodion le Chevelu et Mérovée, rois de France, d'autant qu'aiant commencé avec l'un et fini avec l'autre, il faut qu'il aie gouverné vingt-huit ans son diocèse, depuis l'an 430 jusques en l'an 458. Severt le met onze ans plus bas, et veut, sans raison, qu'il aie commencé en l'an 441 et fini en l'an 469 combien que, selon Taveau, il n'assigne que huit ans à sa séance. J'estimerois ceste opinion plus conforme à la vérité, suivant la Vie de Ste Geneviefve, en laquelle il est fait mention d'un Vellicus,

An. 430. évesque de Chartres, auquel pourroit avoir succédé ce Palladius.

Pour mieux entendre ceçy, il est besoin de remarquer que Ste Geneviefve nasquit à Nanterre, village distant de trois lieues de Paris, l'an 433 ou 434, sous l'empire d'Honorius et de Théodore le Jeune, empereurs, et soubz le règne de Clodion, roi de France. Que six ans après, S. Germain, évesque d'Auxerre, s'en allant en Angleterre avec S. Loup, pour combattre l'hérésie Pélagienne, qui s'y estoit glissée, ils passèrent par Nanterre où, selon la coutume receue lors en l'Eglise, les habitans du lieu et des circonvoisins amenèrent leurs enfans pour recevoir la bénédiction de ces bons prélats; que Ste Geneviefve s'y trouva avec les autres, sur laquelle S. Germain aiant jecté la veue, il recongneut qu'elle devoit estre un jour quelque grande lumière dans l'Eglise. L'aiant abouchée et sceu d'elle que son dessain estoit de consacrer sa virginité à Jésus-Christ, il la confirma en ce bon propos, et pour arres du mariage qu'elle prétendoit faire avec ce céleste espoux, il lui pendit au col un denier qu'il trouva en terre, auquel le signe de la croix estoit estampé; que huit ans après, aiant atteint l'asge de quatorze ans, persévérant en son pieux dessain et désirant se retirer tout à fait des embarras du monde, elle vint à Chartres avec deux de ses compagnes, où elle fit profession expresse de son vœu entre les mains de Villicus, évesque du lieu, qui lui donna le voile religieux qu'on donnoit à celles qui se dédioient au service de Dieu.

Je trouve dans un autre Légendaire, que cela ne se passa de la sorte, mais qu'estant rencontrée par Villicus, évesque de Chartres, avec quelques-unes de ses compagnes, où elle marchoit la dernière, il la vid au mesme tems estre la première d'icelles. La première opinion néamoins est la plus receue et commune, qui se lisoit autrefois, dans les anciennes tapisseries de Ste Geneviefve en ces termes :

> Villicus, évesque de Chartres
> Illuminé du Saint Esprit
> Choisit la Vierge entre les autres
> Qu'il confirma en loi de Christ.

D'où j'apprens que Villicus estoit évesque de Chartres en l'an 448, puisque Ste Geneviefve qui estoit née en l'an 433 ou 434 vint à Chartres, asgée de quatorze ans, où Villicus la receut à la profession de son vœu. Frère Pierre Le Juge, religieux de l'Abbaïe, qui est soubz le nom de ceste Sainte à Paris, en la Vie, qu'il a, dit-il, extraite des anciens manuscripts de ladite Abbaïe et autheurs approuvés, dit la mesme chose, et plus de trois cents ans devant lui, Vincent de Beauvais avoit escrit, livre XX de son *Miroir Historial*, chap. 46 : *Cumque cum duabus puellis Villico Episcopo ad consecrandum offerretur, et hoc juxtà numerum annorum ætatis episcopus divinitus comperiens Genovefam omnibus sublimiorem, ait: Illam quæ post tergum sequitur, anteponite, quià cælitùs hæc jàm sanctificationem adepta est*; où, combien qu'il ne die que Villicus fust évesque de Chartres, ce défaut estant réparé par le tesmoignage d'autres, qui le disent nectement, on peut y adjouter foi, veu que, si cela n'estoit, comment est-ce que ces autheurs l'advanceroient comme chose certaine (1) ?

An. 430.

Le Juge, allégué ci-dessus, escrit que quelques-uns l'ont confondu avec Palladius, comme si ce n'eust esté qu'un mesme personnage. Cela pourroit bien avoir esté, qu'il eust eu deux noms, mais ce n'est pas assés de le dire, il devoit rapporter qui sont ceux-là desquels il l'a apprins, s'il en vouloit estre crû. Autrement il est loisible de croire qu'ils estoient deux personnages divers qui ont esté évesques de Chartres, l'un après l'autre, sçavoir : Villicus depuis l'an 430 jusques à l'an 450 ; et Palladius, depuis ceste dernière année jusques en l'an 458, qui font les huit ans que lui assigne Taveau.

L'on pourroit objecter que si Villicus eust esté évesque de Chartres, on ne l'eust obmis dans le Catalogue des évesques de l'Eglise de Chartres. A quoi l'on peut respondre qu'il y a bien de l'apparence qu'on en a passé quelques-uns soubz silence, sans les y avoir emploiés, veu les séances qu'on donne aux premiers, que je ne crois pas avoir tenues si longtems, et d'ailleurs, comme S. Cheron, S. Sanctin, Actard et quelques autres ont esté oubliés, quoiqu'ils aient possédé la chaire Chartraine.

Si l'on adjoute que l'autheur de ce Catalogue dit que Palladius fut du tems du roi Clodion le Chevelu, qui régna dix-huit ans et de Mérovée, aussi roi de France, qui régna dix ans, et

---

(1) Dubreuil, en ses *Antiquités de Paris*, p. 197.

An. 430. commença à régir le diocèse de Chartres, l'an 430, qu'il gouverna vingt-huit ans, on leur respond que cest escrivain s'est trompé, assignant à un seul tout le tems, qu'il devoit donner à deux, lesquels confondant ensemble, il auroit confondu le tems de leur prélature, qui doit estre distingué, comme nous l'avons remarqué ci-devant.

Pendant la séance de ce prélat, Clodion dit *le Chevelu*, à cause qu'il portoit ses cheveux flottans sur les épaules, qui estoit la marque des rois et de la famille roialle, n'estant permis à aucun autre d'en porter qu'à eux, ce prince, dis-je, à qui le sang bouilloit dans les veines, ne pensoit qu'à estendre son empire. Le Rhin ne l'empeschoit pas tant, que Etius, capitaine Romain, lequel estant avec une armée ès Gaules, faisoit refroidir ces bouillons et lui fermoit l'issue de son païs. Mais, comme si le ciel eust destiné les Gaules à la valeur Françoise, Etius, aiant esté contraint d'abandonner la garde du Rhin, pour secourir Arles, que les Goths avoient assiégée, et quicter son poste, les François, prenant l'occasion au poil, et se servant de l'absence de ce capitaine, se jectèrent dans le Brabant, prindrent Tongres, Tournai, Cambrai et tout le pays d'Arthois, jusques à Hesdin : ils ne jouirent guères de leur conqueste, d'autant qu'aiant secouru puissamment Arles et fait paix avec les Goths, il retourna sur ses pas contre les François, desquels il fit une terrible boucherie. Cest infortuné coup, qui fit perdre à Clodion les prétentions qu'il avoit sur les Gaules presqu'aussitost qu'il les eut conquises, lui osta le désir de plus y retourner, laissant à son successeur la gloire de la conqueste d'icelles : ce fut à Mérovée, sien parent, ou, comme disent quelques-uns, son fils naturel, ou bien son Connestable : comme le veulent d'autres, voire un aventurier Allemand, lequel abusant du bas asge d'Auberan, Regnaud et Ranchaire, enfans légitimes de Clodion, usurpa la roiauté sur eux et les confina en Hainaut, Flandres et Brabant.

Ce prince voyant qu'Attila, roi des Huns, qui se faisoit appeler le *Fléau de Dieu*, avoit ravagé la Bourgongne, tué Gondiciaire, qui en estoit roi, pillé le Liège, renversé Tongres, prins Metz, brulé Reims, assiégé Orléans, et que les Romains et leurs alliés estoient occupés à repousser cet ennemi commun, il creut qu'il estoit tems de mectre ses drappeaux aux champs, pour profiter du dommage de l'un ou des autres. Etius aiant attaqué

les Huns près Chaalons en Champagne ou, comme d'autres veu- An. 458.
lent aux Catalens, proche Montech, villette du diocèse de Montauban, ainsi nommée, disent-ils de ce capitaine, il leur donna la bataille, en laquelle cent quatre vingt mille combattans, tant de part que d'autre, demeurèrent sur la place. Cet eschec, capable d'abattre un résolu courage, releva celui du Barbare, qui, dès la prochaine campagne, mit sur pied une puissante armée, avec laquelle il marcha en dessain de se rendre maistre de Rome. Il l'eust peu faire, sans que S. Léon, lui aiant fait changer, le persuada de s'en retourner chez lui, où célébrant ses nopces avec Ildicon, s'estant gorgé de viande et de vin, il mourut d'un flux de sang, en punition de celui qu'il avoit si cruellement espandu.

Cependant Valentinian, qui couroit autant à la perte de sa vie que de son estat, jaloux de la gloire qu'Etius s'estoit acquise aux guerres qu'il avoit conduictes contre les Bourguignons, les Goths et les Huns, se défit de lui, soubz prétexte qu'il avoit attenté à l'Empire, et le fit mourir. Tharsile, soldat d'Etius, pour venger la mort de ce capitaine, la lui donna aussi tellement, que parmi ces bagarres, il s'éleva quantité de tyraneaux, qui, voiant l'aigle Romaine ne battre plus que d'une aisle, taschoient la dépouiller du reste de ses plumes, desquelles elle perdit la dernière soubz Augustule, un peu de tems après. Ce fut sur ces ruines que les Bourguignons bastirent leur estat, qu'estant entrés ès Gaules, ils estendirent leurs conquestes jusques au Rhosne, et les François les leurs jusques à la Loire; diversement toutefois, veu que ceux-là eurent à se défendre de Majorian, qui leur escorna partie du Lionnois; où ceux-ci s'estant rendus maistres de Paris, Sens, Orléans et Chartres, y jectèrent des fondemens si profonds de la Monarchie Françoise, que pour toutes les secousses qu'elle a peu souffrir, elle est demeurée inébranlable.

Palladius ne la fit longue, à mon advis, après toutes ces guerres, s'il décéda en l'an 458, au mesme temps que la mort mit fin au règne de Mérovée, qui laissa son sceptre à son fils Childéric.

CHAPITRE XVII.

D'Arbogast et Flavius, évesques de Chartres, de S. Solein et S. Aventin, aussi évesques dudit lieu.

An. 469.

ARBOAST ou Arbogast succéda à Palladius en l'évesché de Chartres; le Catalogue de nos Prélats porte que ce fut du tems de Childéric, qui commença son règne en l'an 459, et que cetui-ci tint sa crosse seulement douze ans, ce que je suis plustost que ce qu'escrit Severt, que ce fut seulement en l'an 469, qu'il entra en possession de l'église Chartraine. C'est assés que nous aions recongneu le tems auquel il a peu présider en icelle, pour ce que sur icelui on peut régler le reste. C'est tout ce que nous avons de lui, et qu'il eut pour successeur Flavius, soubz le règne du mesme Childéric, lequel estant décédé l'an 26 d'icelui et en l'an 484, il faudroit que Flavius eust commencé à régir son diocèse environ l'an 470, et fini ses jours quatorze ou quinze ans après et qu'il laissa sa place à S. Solein. Nous avons jusqu'à présent parlé de nos pasteurs sans beaucoup d'asseurance et seulement par des conjectures qui ne sont des vérités, nous pourrons par ci-après en parler avec plus de certitude, commençant à recongnoistre les tems ausquels les suivans ont vescu.

La Vie de S. Solein porte que Flavius, évesque de Chartres, estant allé de vie à trespas, son clergé jecta les yeux sur S. Solein, qui n'estoit des moindres membres de son corps, et l'esleut en la place du défunct. Sa naissance et ses mérites lui donnoient beaucoup d'avantages par-dessus ceux qui pouvoient aspirer à ceste haute dignité, et le miracle que Dieu avoit opéré par son ministère, rendant la veue, l'ouïe, la parole et une entière disposition de corps à un pauvre qui n'avoit que la forme d'homme et non la puissance d'agir, lui servirent comme de degrés pour y monter. Sa maison estoit une eschole de vertu, en laquelle, s'il y avoit des biens, ils n'estoient à lui, mais aux pauvres qu'il assista durant ceste famine, qui affligea fort les Gaules de son tems; pendant laquelle Eodicius, sénateur de Clermont en Auvergne, nourrissoit tous les jours quatre mille

personnes (1); ces actions si charitables furent un puissant mo- An. 469.
tif pour faire choix de sa personne pour pasteur de l'église
Chartraine. Le bruit de ses vertus estant venu à la congnoissance de Clovis, roi de France, qui avoit succédé à Childéric, son
père, il aggréa, quoiqu'encore infidèle, l'eslection qui en avoit
esté faite, et en fit toujours du depuis un grand estat. S. Solein,
au contraire, appréhendant d'accepter une charge si onéreuse,
s'absenta de la ville, affin, n'estant point trouvé, qu'on procédast à
l'eslection d'un autre. On le cherche de tous costés, mais personne ne peut dire des nouvelles de sa retraicte, de manière que
le clergé et le peuple, considérant qu'après l'exacte recherche
qu'ils avoient faite pour le trouver, il n'estoit à propos de laisser
la bergerie de Dieu sans pasteur, ils eslèvent Aventin, qui estoit,
dit-on, archidiacre en l'église de Chartres, lequel, après l'aggrément qu'en fit le roi, ils firent consacrer par les évesques
qui estoient venus pour rendre le mesme office à S. Solein. A peine
avoit-il esté inthronizé dans la chaire Chartraine, que S. Solein
aiant sceu par révélation, ou bien par l'advertissement qu'il en
avoit receu de quelque confident, ce qui s'estoit passé, estimant
qu'on ne penseroit plus en lui, s'en revint à Chartres (2). Sitost
qu'il y fut apperceu, le bruit de son retour s'espandit par la ville,
lequel, estant venu aux oreilles des prélats qui avoient consacré Aventin, et le peuple aiant prins S. Solein, le porta à l'église
où la première eslection fut approuvée d'un commun consentement, et lui en mesme tems consacré et mis en possession de
l'évesché de Chartres.

Mais qu'est-ce qu'eussent fait deux prélats en une mesme
église, laquelle estant comparée au ciel, comme cestui-ci ne
peut souffrir deux soleils, celle-là ne pouvoit recevoir deux
évesques. On trouva expédient de les accommoder ensemble,
qui fut que S. Solein demeureroit à Chartres et S. Aventin se
retireroit à Chasteaudun, et que le survivant d'eux demeureroit
évesque dudit Chartres. Où la charité préside, la jalousie ne
trouve point de place. Tous deux vesquirent en bonne intelligence, suivant l'arresté ci-dessus, chacun travaillant à l'instruction du peuple qui leur avoit esté commis.

---

(1) Greg. Turon., lib. II, ch. 24. — (2) Viguer, *in summa rer. hist. Gallix.*

An. 493. Clovis ne vivoit de mesme avec ses voisins. Siagre, fils de Giles, chevalier Romain, autrefois gouverneur des Gaules soubz Majorian, et que les Gaulois avoient choisi pour leur roi, contre Childéric, père de Clovis, lui faisoit ombrage. Il ne pouvoit le souffrir en vie, ni le considérer que comme l'astre de son malheur. Aiant trouvé moien de l'avoir, il lui fit coupper la teste, et par ce moien s'acquit la paix, qu'il ne pouvoit trouver qu'en la mort de ce prince, qui ne laissa qu'une sœur nommée Papianille, qui fut mariée à Tonance Ferreol, sénateur de Rome et préfet du Prétoire des Gaules, desquels on veut que nos rois soient descendus. Clovis, dit autrement Louis, aiant ceste espine hors du pied, ne pensa plus qu'à estendre les limites de son roiaumé, et ses sujets qu'à lui choisir une femme qui lui donnast un héritier (1). Ils faisoient prières continuelles à Dieu pour la conversion de ce prince qui estoit encore offusqué des ténèbres de l'idolastrie, et à ce qu'il lui plust lui donner une femme de leur religion qui estoit la catholique (2). Dieu exauça leurs prières par l'entremise d'Aurélian, principal conseiller de Clovis, lequel, durant les différends de Gombaud, Gondemar, Chilpéric et Godegesil, enfans de Gundicaire, roi de Bourgongne, aiant plusieurs fois vu Crotilde ou Clotilde, fille de ce Chilpéric, lequel, après la mort de son père, auquel Gondebeaud, son frère, auroit fait coupper la teste et le jecter, avec sa femme, dans la rivière, estoit comme captive entre les mains de son oncle, conseilla à son maistre de l'espouzer; le récit qu'il lui fit des belles qualités et excellentes parties qui estoient en elle, l'en rendit amoureux et n'eut point de repos qu'il ne l'eust pour femme. Il l'envoia demander en mariage à Gondebaud, qui la lui accorda plustost pour ne se faire un ennemi, que pour envie qu'il eust d'entrer en son alliance. Il s'y trouvoit néamoins un empeschement, qui estoit la religion. Clovis, pour le lever, promit d'embrasser la Chrestienne qui estoit celle de Clotilde. Cela fait, Aurélian la fiança au nom de son maistre, lui baillant un sol et un denier, suivant la forme qui estoit lors en practique entre les Gaulois (3), et l'ai veu faire de mon tems, de mectre

---

(1) Bouchet, *Véritable orig. des Roys de France*. — (2) Aimoin, lib. I, ch. 13. Baron. *ad an.* 494, n° 28. — (3) Marculfis, *in formulis Fredegarius*.

un trezain au cierge de l'espouzée. Gondebaud l'envoia ensuitte à Clovis avec de très-riches présens, tels que sa condition le requéroit. Les espouzailles faites, Clovis ne se soucia d'entretenir sa promesse. Sa femme l'en presse, il n'en tient compte. La naissance d'Ingomer ou Childebert, premier fruit de leur mariage, cuida tout gaster (1). Cest enfant aiant trouvé sa tombe dans son berceau, incontinent après son baptesme, Clovis en donnoit le tort à sa femme, de l'avoir voué à un autre Dieu qu'aux siens, et elle blasmoit son mari de n'avoir satisfait à sa promesse de se faire Chrestien. Ceste sage et avisée princesse faisoit ce qu'elle pouvoit pour adoucir cest esprit aspre et fascheux, et lui remectoit toujours devant les yeux qu'on ne devoit promettre rien à Dieu qu'on ne le tint, à peine d'encourir son indignation. L'humeur guerrière de ce prince effaçoit de sa pensée les bons avertissemens que son espouze pouvoit lui donner. Il falloit de l'extraordinaire pour le faire recongnoistre.

An. 496.

Comme son esprit n'estoit porté qu'à aggrandir son roiaume et se rendre redoutable à ses voisins et ennemis, il avoit chassé les Bretons du Blésois et Orléanois, surmonté ceux de Turinge, quand il se présenta nouvelle occasion d'aller contre les Allemans de Souabe et Bavières qui taschoient de s'emparer de la Gueldre (2). Il les alla attaquer à Tolbiac, qui est Zulx ou Zulphic, où, du commencement, les François laschèrent le pied et reculèrent, et Clovis se trouva en danger de sa personne. Le péril où ce prince se voioit lui fit ouvrir les yeux de l'esprit pour recongnoistre qu'il ne pouvoit éviter la mort, sinon par un secours divin, puisqu'il n'en pouvoit espérer des hommes. Dans ceste appréhension, les bonnes instructions qu'il avoit receues de son espouze lui estant revenues en pensée, il voua au Dieu que sa femme adoroit que, s'il lui plaisoit de le retirer du danger auquel il se trouvoit, et la victoire de ses ennemis, il se feroit baptizer et n'adoreroit d'autre Dieu que lui. Il n'eut pas plustost fait ce vœu que les François, reprenant leurs forces, retournèrent au combat, enfoncèrent les escadrons des ennemis, se firent jour pour aller dégager leur roy, jonchèrent la campagne de corps morts, et donnèrent telle espouvante à ceux qui

---

(1) Greg. Turon., lib. II, ch. 29. — (2) *Historiæ Dominorum Austrasiæ.*

An. 498. estoient demeurés pour la garde des maisons, qu'ils s'obligèrent envers lui au paiement d'un tribut annuel.

Clovis aiant ainsi dompté la contumace de ces Allemans, s'en retourna glorieux et triomphant en France. Le bruit de ceste célèbre victoire s'estant répandu par les provinces prochaines, S. Waast, évesque d'Arras, vint au-devant, pour se conjouir avec lui du bonheur de ses armes, et aiant, par sa bénédiction, fait ouvrir les yeux à un pauvre misérable qui avoit perdu l'usage de la veue, ce miracle servit pour désiller ceux de l'esprit du roi, pour recongnoistre la sincérité de nostre religion, la vérité de sa doctrine, et que c'est la seule en laquelle consiste nostre salut. Clotilde, joieuse au possible de sçavoir son mari victorieux par des armes matérielles, voulut l'estre de sa foi avec des spirituelles; elle courut au-devant avec S. Remi, archevesque de Reims, lequel, le voiant chargé de lauriers et de gloire, qu'il confessoit tenir du Dieu de sa femme, ce prélat, des plus éloquens de son asge, aiant print occasion de ceste confession de lui proposer les mystères de nostre religion, demanda d'en estre instruit plus amplement. Entre autres prélats qui estoient venus pour se conjouir de sa victoire, S. Solein fut choisi avec S. Remi et S. Wast pour lui servir de catéchistes. Un seul point sembloit retarder l'heureuse conversion de ce roi, sçavoir, la crainte qu'il avoit que ses sujets n'eussent aggréable qu'il embrassast une croiance toute contraire à celle qu'il avoit succée avec le laict, et de laquelle ils faisoient profession. En aiant communiqué aux principaux d'iceux, il les trouva tous disposés par la prédication de S. Remi de quicter les idoles pour se rendre au vrai Dieu. Clovis, ne voiant plus d'obstacle à ses désirs, se rendit promptement à Reims où il receut la grâce du baptesme, le jour de Noël, autres disent la veille de Pasques, par les mains de S. Remi.

Ses deux sœurs, Alboﬂe, qui espouza du depuis Théodoric ou Thierri, roi des Ostrogoths, et Limtilde, avec bien trois mille personnes, receurent ce sacrement, en la collation duquel nostre prélat eut bonne part. Cela estant heureusement parachevé, S. Solein s'en revint à son trouppeau. Cependant Clovis voulant faire congnoistre qu'il estoit grand zélateur de sa foi, aiant sceu qu'Alaric, roi des Goths, qui suivoit l'hérésie Arienne, avoit chassé S. Quintian, évesque de Rhodez, de son siége et molestoit fort les Catholiques, arma contre le Goth. Thierri, roi des Ostrogoths, fit ce qu'il pust pour l'appaiser; mais Clovis, aiant autant envie d'estendre les bornes de son empire que de zèle pour sa religion, mit une grosse armée sur pied pour aller contre ces Ariens. Devant que de la faire marcher, il envoia des présens au sépulchre de Saint-Martin de Tours, où il y avoit lors une grande dévotion, pour que, par les prières de ce saint, qui avoit autrefois combattu l'Arianisme, il peust obtenir la victoire sur ces hérétiques. Ses ambassadeurs prindrent à bon augure, de ce qu'en entrant dans l'église, l'on commença ce verset du Psaume 17 : « *Præcinxisti me virtute ad bellum, supplantasti insurgentes in me subtus me.* » Ce que lui aiant esté rapporté, il fit advancer ses trouppes et print sa marche par Chartres où quelques-uns de ses officiers, entrans en l'église, ouïrent qu'on chantoit ce verset du Psaume 34 : » *Apprehende arma et scutum, et exurge in adjutorium mihi.* » Clovis, aiant envoié quérir S. Solein pour lui donner l'interprétation de ces paroles, il lui remontra que l'escu le plus puissant que le Chrestien peust avoir pour se défendre, non-seulement des ennemis invisibles, mais encore des visibles, estoit le signe de la Croix, qu'aiant à combattre contre des hérétiques, il devoit s'en munir contre eux, ausquelles parolles ce prince se jecta à genoux devant nostre prélat, le priant de l'imprimer sur lui et toute son armée.

An. 499.

La légende que nous avons de ce Saint, dit que cela se passa auparavant que Clovis fust Chrestien; mais il est certain que ceste guerre contre Alaric fut seulement après le baptesme de ce roi, suivant ce que nous en avons dit ci-dessus. Clovis et les siens aiant receu la bénédiction de S. Solein, partirent de Chartres pour la Touraine et vindrent au port de Senon, près Chastellerault, sur la rivière de Viane (*Vienne*), qu'ils trouvèrent si enflée qu'on ne pouvoit la passer à gué. Clovis, ne voulant perdre [son] tems, avoit résolu de l'aller passer à Lussac, et commençoit à marcher, quand une biche se présenta, laquelle passant à gué, à l'endroit qui en a retenu le nom du *Pas-de-la-Biche*, leur fit veoir que ceste rivière estoit guéable. Les soldats, bien aises, la passèrent et tirèrent vers Poictiers. Alaric, qui estoit dedans, sortit par la porte du Pont-à-Joubert, non tant pour aller au-devant de Clovis, que pour se retirer, s'il eust peu, en Auvergne, pour estre plus près de Thierri, son

An. 507. beau-père, duquel il espéroit du secours. Les François l'aiant descouvert, lui ostèrent le moien d'eschapper, l'aiant enveloppé de toutes parts, de sorte qu'il ne pust se desdire d'en venir aux mains. Il print son poste près une bourgade, appelée lors Voglade, maintenant Sivaux ou Vouillé, entre Cubort et Lussac, à cinq lieues de Poictiers. Clovis l'y fut attaquer, où les Goths le receurent aussi brusquement que les François les avoient provoqués courageusement. La bataille balança six ou sept heures, sans pouvoir juger de quel costé elle tourneroit, jusques à ce que les François aiant enfoncé un escadron des Goths, rompirent leurs rangs et les mirent en fuitte. Les autres firent de mesme, si bien qu'Alaric demeura presque seul pour faire teste à Clovis; cetui-ci l'aiant recongneu à ses armes, poussa son cheval contre, et le défia en duel. Alaric l'accepta, et après avoir rompu leurs lances, mirent la main à l'espée et se combattirent rudement; Alaric eut du pire, aiant esté terrassé par Clovis qui lui donna le coup de la mort, y cuida trouver la sienne, deux Goths l'aiant assailli par derrière avec leurs javelines zagaies, qui n'eurent d'autre effet que l'appréhension qu'ils donnèrent à nostre prince, n'aiant peu trouver le défaut de sa cuirasse.

Alaric ainsi dépesché, Clovis poursuivit sa victoire, et fit un tel carnage de ces Goths, qu'il en couvrit les campagnes d'entre Sivaux et les Églises, qui est une paroisse près Chauvigny tirant de ça le Gué-de-la-Viane, où se voient encores quantité de tombeaux de pierre, comme s'ils y avoient esté posés miraculeusement (1). La nuit interrompit ceste poursuite, que Clovis réservoit au lendemain. S. Solein, que ce prince avoit mené avec lui le dissuada de le faire. Il ne laissa néamoins de dépescher Thierri, son bastard, avec partie de son armée, pour se saisir du Languedoc et des thrésors d'Alaric. Tandis que cela se passoit, l'on dit que les soldats, insolens de ceste victoire, aiant trouvé le corps de ce Goth entre les morts, qu'ils mirent dans une chaire, et beuvant à lui, disoient : « Je boi à toi, » Alaric, Goth, » d'où vient que ceux qui font carousse, prenant mal ces parolles, qu'on a corrompues, disent : « Boire à tire-larigot. »

---

(1) *Dominici in Ausberti familia redivina*, p. 96.

S. Solein, qui estoit à la suite de la Cour, pensant s'en revenir dans son diocèse, fut surpris d'une grosse fiebvre, qui le contraignit s'arrester à Maillé, à deux lieues de Tours, où le mal augmentant, il y décéda le 24 septembre 507, et y fut inhumé. Quelques-uns escrivent que ce fut à Malezais, mais il n'y a point de doubte qu'ils ne se trompent, veu que ceste abbaïe n'a esté fondée qu'en 1070, par Guillaume IV, comte de Poictiers et duc d'Aquitaine, dit *le Grand*, et son espouze Adomalde. D'où il se peut recongnoistre que S. Solein n'estoit, ainsi que quelques-uns l'ont asseuré, du tems de S. Euverte, évesque d'Orléans, qui vivoit en l'an 358, comme le sieur De la Saussaie l'a bien sceu remarquer (1). C'est pourquoi Severt ne mérite d'estre considéré, escrivant que S. Solein commença son épiscopat l'an 395, et le finit en l'an 426, aiant fait veoir ci-dessus qu'il fut esleu environ l'an 484, et tint sa crosse jusques en 507.

An. 507.

Je ne suis pas ignorant que les anciens Martyrologes de l'Eglise de Chartres, qui sont celui d'Usuard, disent avec Molanus, qu'il ne fut que trois olympiades évesque de Chartres, et que, dans le Bréviaire de Sainte-Geneviefve de Paris, il soit porté qu'il mourut le 24 septembre 490; mais il n'y a point de doubte qu'on s'est trompé à ceste époque, ne pouvant avoir esté le catéchiste de Clovis, qui fut, comme dit est, en l'an 499, s'il estoit mort neuf ans au précédent, et d'ailleurs S. Solein estant décédé au retour du voiage que Clovis entreprint contre Alaric, qui, selon Baronius, fut en l'an 507, et n'en retourna qu'en l'an 508; il faut nécessairement conclure que ce fut en septembre 507 que le décéds de S. Solein arriva.

Mais, comme toutes choses s'oublient avec le tems, le sépulchre de ce Saint demeura incongneu jusques vers l'an 694, que Grégoire de Tours (2) raconte que la mémoire s'en estant perdue tout-à-fait, il n'y avoit personne qui peut dire l'endroit où il estoit. On voioit, à la vérité, toutes les nuits des dimanches, paroistre une grande lumière sur le lieu où il avoit esté inhumé, mais personne n'en pouvoit dire la raison. On se doubtoit bien qu'il y avoit là quelque chose d'extraordinaire qui n'estoit pas congneue, jusques à ce que deux énergumènes s'y estant trans-

---

(1) *Ann. Aureli. Euvertis*, numer. XI et seq. — (2) Greg. Turon., *de Gloria confess.*, ch. 2.

An. 507. portés de l'église de Saint-Martin-de-Tours, frappant leurs mains les unes contre les autres, crioient : « Ici repose le très-heureux » Solein en une grotte cachée ; ouvrés le sépulchre de l'ami de » Dieu, et quand vous l'aurés trouvé, couvrés-le de voiles, al- » lumés de la chandelle et rendés-lui la révérence deue. Il sera » salutaire à ce païs, si vous faites ce que nous vous disons. » Et prononçant ces parolles d'un accent fort haut, se mirent en devoir de vouloir fouir la terre avec leurs ongles. Les habitans, prenant ceste action pour quelque chose par-dessus le commun, descouvrirent l'entrée de la grotte, en laquelle estant descendus, ils trouvèrent un grand sépulchre, que ces possédés asseuroient estre celui de Solein, par les mérites duquel ils furent délivrés et s'en retournèrent guéris. Le mesme autheur sus-allégué raconte encore un autre miracle d'un certain Littorius, bourgeois de Poictiers, lequel y fut guéri d'une fiebvre quarte.

Il y en a qui asseurent que son corps est à Blois, en l'église qui y a esté bastie soubz son nom. Je ne veux pas nier qu'il n'y en aie quelque portion, mais je ne sçaurois l'accorder du tout, puisqu'il s'en trouve ailleurs, comme dans l'église de Chartres qui en conserve une partie avec les autres corps saints qui sont soubz la courbure de la voûte qui est derrière le grand autel d'icelle, où la veille et le jour de sa feste, on tient un cierge allumé par forme de vénération. Il y en a aussi dans l'église de Saint-Maurice, du faubourg dudit Chartres, ainsi qu'il est porté dans le procès-verbal de la visite qui fût faite des reliques qui sont en icelle, le 23ᵉ jour d'avril M. CCCC. LVII ; dire comment elles y ont esté apportées, je ne le sçaurois, pour n'en avoir rien veu, que ledit procès-verbal et autres, du samedi de Pasques 1226, et du mesme jour 1570, et pour ce je n'en dirai davantage.

CHAPITRE XVIII.

De S. Aventin, et qu'il a esté évesque de Chartres après S. Solein.

On ne fut en peine après le décéds de S. Solein d'eslire un évesque pour remplir la chaire Chartraine, y en aiant un tout prest, c'estoit S. Aventin, lequel, par le traicté faict entre S. Solein et lui, lui devoit succéder, puisqu'il lui avoit survescu. Quelques Catalogues de nos évesques l'ònt obmis, mais ceux qui sont dans le *Livre-Noir* et celui qu'on appelle le *Parchemin*, qui se trouvent dans le Thrésor des tiltres de l'évesché de Chartres, le mectent au nombre des autres, comme fait celui qui se veoid dans l'abbaïe de Saint-Père-en-Vallée dudit Chartres. Le premier n'a que le seul nom; le second dit qu'il fut esleu évesque de Chartres, mais que S. Solein aiant paru, il fut fait évesque de Chasteaudun, et qu'il fut inhumé en l'église de Saint-Médard dudit lieu; le dernier en dit autant, mais ce *Parchemin* s'allonge par-dessus les autres et ajoute ces mots : « *Iste non debet computari in numero Episcoporum, quia non est dare duo capita, vel duos Episcopos uni Episcopatui eodem tempore. Et hæc ratio patet in Odone, qui in Chronicâ sequente, numeratur quinquagesimus secundus, quod esset falsum, si iste in numero remaneret : vel Chronica deficeret in hac parte.* » Nostre ancien Catalogue dit presque le mesme en ces termes : « *Cum isto autem sancto Solenni, propter varietatem electionis et propter moram dicti Sancti, qui latens recesserat, concurrit et fuit consecratus unus nomine Aventinus, qui per modum provisionis habuit Archidiaconatum Dunensem et apud Castridunum resedit, tamen in Episcoporum numero propter hoc non ponitur.* »

Je demeure toutefois ferme en mon opinion, qu'il faut toutefois donner place en cest endroit à S. Aventin, estant demeuré évesque de Chartres après S. Solein. Ce qui me confirme en ceste opinion est que S. Aventin se trouve soubzcript au premier Concile d'Orléans tout le dernier des prélats, en qualité d'évesque de Chartres, ainsi que le P. Sirmon dit l'avoir re-

An. 508.

An. 508. cueilli des manuscrits des églises de Reims et de Corbie (1). Dans le premier volume des Conciles généraux, mis en lumière par frère Pierre Crabbe, Cordelier à Malines, et au troisiesme de ceux qui ont esté publiés par Binius, le premier des Pères qui a soubzcript à ce Concile, est Aventin, que mal-à-propos ils font évesque de Digne en Provence, aiant leu *Diniensis* pour *Dunensis*, ainsi qu'il est dit dans le mesme Concile, mis au jour par Pithou; et de fait, il ne se trouve point dans la liste des évesques de Digne, aucun qui aie eu nom Aventin, et se veoid qu'au mesme tems que se tint ce Concile, il y en avoit un de mesme nom en Dunois, qui n'est beaucoup distant d'Orléans. Que s'il y eust eu pour lors un autre évesque à Chartres, il n'eust manqué à se trouver à ce Concile, qui se faisoit seulement à seize lieues de lui, et dans sa province; puisque d'autres plus esloignés s'y trouvèrent. Que s'il est signé : *Dunensis* et non *Carnotensis metropolis*, ceste erreur vient du copiste ou de quelqu'autre, qui ne sçavoit la signification de *Dunensis*, qu'il auroit dispunctué et en auroit fait *Diniensis*, et l'ignorance est palpable en ce qu'il fait Digne métropolitaine; ce nom n'appartenant qu'aux grandes villes telles que n'est Digne.

L'inconvénient qu'apporte le Livre de l'évesché de Chartres, dit *le Parchemin* sus-allégué, que si l'on admettoit S. Aventin pour prélat de ce diocèse, il y auroit eu deux évesques en mesme tems, n'est considérable, d'autant que, quoiqu'ils fussent deux évesques dans un mesme diocèse, ils n'estoient réputés que pour un, pour ce qu'il n'y en avoit qu'un qui en fist les fonctions, qui estoit S. Solein; après le décès duquel, S. Aventin entra plainement, lui seul, en l'exercice de sa charge.

On pourroit encores objecter ce qu'escrit Baronius (2), que ce Concile fut tenu en l'an 507, auquel S. Solein estoit encores vivant, et qu'ainsi Aventin ne pourroit y avoir assisté en qualité d'évesque de Chartres; mais la response est facile à faire, si l'on dit que cest autheur s'est trompé, disant lui-mesme que ce Concile ne fust tenu que soubz le consulat de Félix, qui tombe en l'an 511. Ce qui se peut confirmer davantage par ceste raison que ce Concile n'aiant esté assemblé qu'après le retour de Clovis de son expédition contre Alaric, qui fut sur la fin de l'an 508,

---

(1) Sirmund., *in eodem Concilio*. — (2) Baron., *ad ann.* 511, *numer.* 1.

ʋu sur le commencement de 509, auquel tems S. Solein estoit An. 509. décédé et Aventin desjà en sa place, Aventin auroit peu assister audit Concile; or, qu'il ne fut célébré qu'après le retour de Clovis, il est clair par l'épistre que ce prince escrit aux évesques qui y assistèrent, par laquelle il leur rend raison du voiage qu'il avoit fait et non qui estoit à faire, ainsi que l'entend Baronius. Ce qui se peut veoir en ces paroles, qui sont du passé et non de l'avenir « *Enuntiante famâ* (dit Clovis), *quid actum fuerit, vel præceptum omni exercitui nostro, priusquam in patriam Gothorum ingrederemur* (1). » Comme l'a fort bien remarqué Sirmond en l'advertissement qu'il a mis devant ce Concile, en la compilation qu'il a faite de ceux qui ont esté tenus en France; voire, si l'opinion de Bouchet estoit véritable, que Clovis ne fust retourné du Languedoc qu'en l'an 510, on ne pourroit dire que ce Concile eust esté tenu plustost qu'en 511, au mois de juillet, auquel an Aventin estoit en jouissance de l'évesché de Chartres.

A ce qu'on dit que si on nombroit Aventin entre les évesques dudit Chartres, il se trouveroit qu'Eudes ne seroit le cinquante-deuxiesme comme le porte ledit Cartulaire, dit *le Parchemin;* on respond que celui qui a dressé le Catalogue de nos prélats, en a bien obmis d'autres, comme S. Cheron, S. Sanctin, Villicus et encores d'autres, il peust bien avoir fait la mesme faute, ne mettant point S. Aventin en son rang.

De plus, si, selon Severt, au dénombrement qu'il a fait des évesques Chartrains, Etherius, qu'il fait successeur immédiat de S. Solein, ne commença qu'en l'an 527; il faudroit que l'église de Chartres eut vacquée environ vingt ans, ce qui ne se peust dire, depuis que l'on veoid S. Aventin, comme évesque de Chartres, comparoistre en ce premier Concile d'Orléans.

A ce qu'on ajouste que S. Aventin, aiant esté inhumé après son trespas en l'église de Saint-Médard de Chasteaudun, fait veoir qu'il a toujours demeuré audit lieu, et non à Chartres, où il eust deu estre, s'il en eust esté évesque, je respons qu'il ne peust avoir esté inhumé en l'église de Saint-Médard, veu que S. Médard n'estant décédé qu'en l'an 556, selon Sigibert, ou en l'an 561, selon Sigonius, voire en l'an 564, selon Meïer, il n'y

---

(1) Sirmund., *ad hist. concil.*, t. I, p. 175.

An. 509. avoit point encores d'église dressée soubz son nom, et peut-on dire plus véritablement, à mon advis, que les reliques de S. Aventin y auroient esté portées d'ailleurs, après que ceste église fut bastie en l'honneur de S. Médard, ce qui n'est difficile à croire, pour ce que ceux de Chasteaudun pouvoient particulièrement le demander, comme estant leur compatriote et aiant vescu parmi eux; car il est porté, dans la Vie de S. Solein, que S. Aventin fut renvoié à Chasteaudun, pour y vivre avec sa mère qui y demeuroit, ce qui me fait croire qu'il en estoit natif, et que, comme l'on voit assés ordinairement que ceux qui sont en quelque considération désirent estre enségulturés avec leurs devanciers, ordonnent y estre portés après leur mort, que S. Aventin auroit eu le mesme désir d'estre enterré au sépulchre commun de sa famille, et auroit, par sa dernière volonté, ordonné d'y estre conduit après son trespas, ce qui auroit esté fait, et auroit esté du depuis transporté en l'église de Saint-Médard, pour y recevoir l'honneur deu à son mérite.

Cela estant ainsi arresté que S. Aventin a esté évesque de Chartres après S. Solein, et après le retour de Clovis de son voiage d'Aquitaine et de Languedoc, disons maintenant que ce prince, voulant faire part à l'église Romaine de la gloire de ses conquestes, lui envoia ce riche diadesme, qui est appelé *Regnum*, et, estant de retour à Paris, il la constitua la capitale de son roiaume et y fit jecter les premiers fondements de l'église de Saint-Pierre et Saint-Paul, suivant le vœu qu'il en avoit fait, lorsqu'il marcha contre les Goths. Il fit bastir son palais tout proche, où est à présent le logement des abbés de Sainte-Geneviefve.

Les religieux de Saint-Père-en-Vallée de Chartres se vantent que Clotilde, sa femme, voulant imiter la piété de son mari, les fonda soubz le mesme nom de S. Pierre et S. Paul et y mit des religieux de S. Benoist. Je ne veux pas nier que ceste reine aie fait édifier ceste église, mais je ne sçaurois accorder qu'elle y mit des religieux de S. Benoist, veu que ce patriarche des religieux n'avoit encores paru dans nos Gaules, où les moines de S. Colomban estoient receus, et y vivoient suivant l'institut qui leur avoit [esté] prescript par leur autheur(1). L'ordre de

---

(1) *Vita S. Mauri.*

S. Benoist ne commença à y estre veu qu'environ l'an 542, que ce saint envoia en France S. Maur, l'un de ses disciples, pour instituer et establir sa règle et façon de vivre dans le monastère de Glanafaeil dans le diocèse d'Angers, où il vesquit environ quarante ans, et jusques en l'an 582, qu'il y mourut un 15 de janvier. Je ne veux pas toutefois nier que ceste reine, aiant vescu jusques en l'an 551, n'eust veu S. Maur, duquel elle auroit obtenu des religieux pour mectre audit Saint-Père; mais de l'asseurer aussi, je ne l'oserois faire, n'en aiant aucun tesmoignage d'ailleurs.

Quand à Clovis, il ne la fit longue, après avoir fait bastir ceste église, au nom de Saint-Pierre et de Saint-Paul, estant décédé le 26 novembre l'an 514, le quarante-cinquiesme de son aage et le trentiesme de son règne; il fut inhumé en la mesme église, qui depuis print le nom de Sainte-Genevielve, à cause que la mesme année, ceste Sainte y avoit aussi trouvé sa sépulture. Il laissa de sa femme Clotilde trois masles, Clodomir, Childebert et Clotaire, et deux filles, Clote ou Clotilde, qui fut mariée avec Amauri, roi des Wisigoths, et Tichilde ou Richilde, qui fut religieuse. On ajoute S. Enimie, avec un fils naturel, nommé Thierri, qui partagea avec les enfans légitimes, et eut pour sa part Metz et le païs Messin, avec tout ce qui est comprins entre le Rhin et la Meuse, la Lorraine avec quelques contrées d'Allemagne, et bonne partie de Champagne (1). Clodomir, puisné, fut roi d'Orléans, qui avoit soubz lui la Soulongne, le Gastinois, Berri et l'Auvergne avec tout ce que les François tenoient en Bourgongne, deçà la Saone. Childebert eut Paris avec l'Isle-de-France, le païs Chartrain, le Perche, le Maine, la Touraine, l'Anjou, l'Aquitaine et partie du Languedoc. Clotaire eut Soissons, la Picardie, le Vermandois, et partie de la Neustrie, l'Artois et la Flandre.

Ces quatre frères aiant ainsi divisé le roiaume de leur père, ils marièrent Clotilde, leur sœur, comme, dit est, à Amaury, roi des Wisigoths, qui leur fut une semence de guerre, ainsi que nous le verrons ci-après, Thierry, qui avoit esté toujours nourri par le cliquetis des armes, porta les siennes, aussitost qu'il se veid la couronne sur la teste, dans la Turinge, et Clo-

_____
(1) Agathias, lib. I. Greg. Turon., lib. IV, ch. 22.

An. 514. domir dans la Bourgongne: cetui-ci n'eut guères de peine à faire sa conqueste, parce que les habitans du païs, aiant en aversion leur roi Sigismond, pour lequel, à la persuasion de sa seconde femme, il avoit fait tuer Sigeric son fils, ils se rendirent à la première semonce. Clodomir n'eut longtems le plaisir de sa conqueste qu'il perdit, comme il l'avoit gagnée, car Gondemar, frère de Sigismond, s'en estant emparé, donna de la peine à Clodomir pour la recouvrer. Il paia la peine de sa témérité par la perte de la teste de son frère, et par la vie de sa femme et de ses enfans, que ce prince feit jecter dans un puits en un village près d'Orléans, dit Saint-Pere-Avi-la-Colombe (1). S. Avi, qui estoit lors abbé de Saint-Mesmin, fit tout ce qu'il pust pour dissuader Clodomir d'exercer ceste grande sévérité envers Sigismond, mais ne pust lui obtenir la vie; ceste cruelle action fut cause que peu après, Clodomir perdit la sienne, d'autant qu'aiant esté surprins en la province de Vienne, en la ville de Vezenance, par quelques Bourguignons vestus à la Françoise, ils lui rendirent la pareille, lui couppant la teste, qu'ils portoient au bout d'une lance, pour blesser sa mémoire. Les François, piqués de cest affront signalé, leur vendirent bien cher ce meurtre, pour ce que Thierri, entré dans leur païs, fit main basse sur tout ce qu'il rencontra et s'en rendit le maistre. Ce ne fut pour longtems, veu que les Bourguignons s'estant révoltés contre lui, en faveur de Gondemar, leur seigneur, lui donnèrent la chasse: Childebert et Clotaire, arrivent de leur costé pour venger la mort de leur frère. Estant entrés dans la Bourgongne avec toutes leurs forces, ils prindrent Authun, où estoit la femme de Gondemar, auquel ils donnèrent tellement l'épouvante, que, s'en estant allé à refuge en Espagnes vers les Goths et Wandales, il y mourut, sans que pas un de son sang aie prétendu du depuis quelque droit en Bourgongne, qui par ce moien demeura aux François. Ces deux frères se voiant en possession de ce roiaume, le partagèrent ensemble, sans en faire part aux enfans de Clodomir, soubz prétexte desquels, et de venger la mort de leur père, ils en avoient entreprins la conqueste: ils estoient trois enfans, que ce roi avoit eus de Gondioche, sa femme, sçavoir: Thibaud, Gonthaire et Clou; le plus

---

(1) Greg. Turon., lib. III, ch. 6.

grand desquels n'avoit encores atteint l'asge de dix ans, quand An. 526.
leur père mourut. Clotaire, qui, contre les lois de l'Eglise et de
l'honnesteté publique, avoit espouzé leur mère, tua de sa main
les deux premiers, quoiqu'ils fussent ses neveux, et le dernier,
aiant eschappé la main de ce parricide, se retira du monde et
vesquit avec tant de vertu, qu'il mérita après son trespas estre
en réputation de Saint. Voilà les tragédies qui se jouoient sur
le théâtre de la France, pendant le règne de ces rois, qui souillèrent leur gloire par des parricides et meurtres honteux, et
durant la séance de nostre S. Aventin, qui termina la course
de ses jours, environ l'an 526, de Jésus-Christ.

CHAPITRE XIX.

*De S. Ethère, évesque de Chartres, de S. Eman et de
ses compagnons. De l'Invention du Corps de S. Prest,
et de son Eglise.*

LA diversité des opinions de ceux, qui assignent le tems
que S. Hetere, Ethère ou Ithier, gouverna l'église Chartraine, est telle, qu'à peine en peut-on asseurer quelque
chose de certain. L'ancien Catalogue de nos Evesques dit seulement qu'il tint son siège environ dix ans, du tems de Lothaire
ou de Clotaire, fils de Clovis. Severt, à mon advis, approche
plus près de la vérité, le faisant commencer en l'an 527 et finir
en l'an 547, après un siége de vingt ans. Je tiens ceste opinion
plus asseurée que la première, veu que ce prélat, aiant soubz-
scrit au IIe Concile d'Orléans, qui fut tenu, selon Sirmond, le
IX des calendes de juillet, l'an 533, s'estant trouvé au IIIe tenu
au mois de mai 538, auquel il est le septiesme entre les Pères
d'icelui, comme encores l'onziesme au IVe Concile, tenu en ladite ville, l'an 541, il faut qu'il aie esté évesque, durant tout ce
tems-là, voire encores plus bas, et jusques en l'an 546, ou 547,
comme dit est.

An. 527. Il se passa d'étranges affaires entre nos rois, pendant ceste séance de nostre Prélat: Thierri, aiant prins Hermenfroi, roi de Turinge, le fit précipiter du haut des murailles de Tolbiac avec ses enfans. Bertaire, son frère, en avoit laissé deux qui furent faits prisonniers. On ne sçait le nom du garçon, mais celui de la fille estoit Radegonde, princesse d'une excellente beauté. Elle donna tellement dans la veue de Thierri et Clotaire, que, sans y penser, ils se trouvèrent esclaves de leur captive (1). Clotaire, aiant trouvé moien de l'épouser à l'insceu de Thierri, qui la vouloit pour lui, cetui-ci en fut tellement indigné, qu'il n'avoit autre pensée, que d'essuier cet affront par le sang de son frère; mais estant mort en l'an 537, tous leurs différends demeurèrent terminés avec la fin de sa vie. Ragonde ou Radegonde qui recevoit du déplaisir de s'estre veue, comme le fusil, qui avoit esté sur le point d'allumer de grands désordres, et d'ailleurs malpropre à avoir des enfans, préféra une douce retraicte aux embarras de la cour, où bien souvent il se trouve plus d'amer que de doux, et fit tant, envers son mari, qu'elle obtint de lui, de se retirer à Poictiers, où aiant fait bastir un monastère, elle y passa le reste de ses jours au service de Dieu.

Il arriva un autre sujet de discorde entre Clotaire et Childebert, son autre frère. Clotaire portoit une dent à leur frère Thierri, qu'il continua envers Théodebert son fils, et voulant le priver du roiaume de son père, le fut attaquer. Childebert, recongnoissant l'injustice de l'entreprinse de son frère, se retira d'avec lui et institua Théodebert héritier universel de son estat. Clotaire, qui s'en prétendoit héritier, s'offensa de ceste institution et se voulut faire droit lui-même par les armes. Ne se sentant néamoins assés fort pour faire teste à Childebert et à son neveu, il se retira dans une forest avec ses trouppes, où il se retrancha avec des arbres couppés, qu'il fit mectre de travers, pour empescher la cavalerie de passer. Clotilde, malheureuse d'avoir mis au monde une si mauvaise engeance, s'estoit, après la mort de son mari, retirée au tombeau de S. Martin de Tours, où elle passoit ses jours en prières et dévotions. A la nouvelle qu'elle receut de la querelle des frères et du neveu, elle les re-

---

(1) Greg. Tur., lib. III, ch. 8.

doubla avec tant de ferveur que Dieu, aiant compassion de ses larmes, lui donna un succès admirable, envoiant sur le point qu'ils estoient de s'entrechoquer, des gresles, des foudres et des tempestes si effroiables sur l'armée de Childebert et Théodebert, que les soldats pensoient estre à leur dernier jour, sans qu'on ouist rien dans le camp de Clotaire (1); ces discordes de l'air, furent cause de la concorde des frères, lesquels aiant fait la paix entre eux, portèrent la guerre en Espagne, pour venger les injures que leur beau-frère faisoit à leur sœur.

An. 537.

Clotilde estoit bonne Catholique, et son mari, Amauri, roi des Wisigoths, Arien. Ceste diversité de religion, chacun voulant combattre pour la sienne, aliénoit leurs volontés, et cest amour conjugal, qui devoit les unir, sembloit estre effacé de leurs cœurs. Si elle recevoit du mauvais traitement de son espoux, elle n'en souffroit pas moins de ses sujets. Les continuelles doléances qu'elle faisoit irritèrent ses frères, et les firent résoudre à passer les Pyrénées pour la tirer de ses misères, et l'oster d'entre les mains de ses plus grands ennemis. Le Wisigoth, aiant sceu que Childebert s'approchoit avec son armée, alla au-devant pour lui fermer le passage dans ses terres; mais l'infanterie Françoise donna si à propos dedans le flanc de l'Espagnolle, qu'elle la défit entièrement, et leur roi, pensant à se sauver, fut abattu par Childebert roide mort sur la place. Les lauriers de ceste victoire furent convertis en cyprès par la mort de Clotilde qui décéda à Tours, d'où elle fut portée à Paris, au tombeau de Clovis, son mari. Deux ans après, ces frères, aiant ramassé de grandes forces, s'en allèrent assiéger Sarragosse, qu'ils furent contrains d'abandonner avec plus de gloire que de honte, car ils en rapportèrent la tunique de S. Vincent le martyr, qu'Avitus, évesque du lieu leur donna, et que Childebert, estant de retour, déposa en l'église qu'il fit bastir soubz le nom de ce Saint, qui a quicté sa dénomination à S. Germain, évesque de Paris, dit Saint-Germain-des-Prez.

Sur la fin du pontificat d'Ethère, S. Eman vint à Chartres. Il estoit, dit sa Légende, natif de Cappadoce, d'où estant venu en son adolescence à Rome visiter le sépulchre des Apostres, il fut fort humainement recueilli par le Pape qui estoit lors. Sa vie

---

(1) Greg. Turon., lib. II, ch. 49 et lib. III, ch. 20.

An. 537. l'appelle Léon, mal-à-propos toutefois, pour ce qu'il n'y en avoit aucun de ce nom en ce tems-là. Aiant fait ses études par l'assistance de ce Souvérain Pontife qui l'entretint sept ans, il s'achemina à Milan, pour visiter les reliques de S. Nazare, où aiant fait congnoissance avec Nectaire, évesque d'Authun, il fut emmené par lui pour vénérer celles de S. Symphorian. Dès le lendemain qu'il y fut arrivé, il rencontra un pauvre estropié qui demandoit l'aumosne, lequel il restablit en parfaite santé. Aiant demeuré quelques mois à Authun, S. Eusèbe s'apparut à lui accompagné d'un jeune jouvenceau, et l'admonesta de se transporter à Chartres, ville, dit le Légendaire, fort riche et remplie d'illustres personnages. Il partit pour y aller, et passant par Orléans, il se fit ordonner prestre. Estant arrivé à Chartres, il emploia l'espace de deux ans à y annoncer la parolle de Dieu, autant d'effet comme de parolle. Au tems qu'il demeuroit en icelle ville, il arriva qu'un certain archidiacre et son clerc s'estant transportés en un certain village appelé *Celsiacus*, ils descendirent de cheval pour se reposer et laisser, cependant, leurs montures paistre le long du courant de la rivière. Quelques voleurs les trouvant endormis les tuèrent et les jectèrent dans l'eau. On n'eust sceu ce qu'ils estoient devenus sans S. Eman, auquel ils apparurent et lui découvrirent la manière de leur mort et l'endroit où l'on trouveroit leurs corps. S. Eman se transporta incontinent sur le lieu, où les aiant fait pescher et retirer de l'eau, il les fit ensevelir honorablement en l'église de Saint-Maurice, du faubourg de Chartres, où leurs reliques sont encores conservées.

La renommée de la sainteté de ce personnage s'estendit si avant, qu'un seigneur de Turinge, aiant un fils unique, aveugle et muet dès le ventre de sa mère, le lui envoia pour le guarir. Il ne demeura guères qu'il ne s'en retourna clairvoiant et parlant.

Deux jeunes garçons jouant ensemble, l'un, nommé Urbicius, tua son compagnon par mesgarde et sans aucun dessain. Les parens du défunt le firent prendre et le mirent en justice, dont ils poursuivoient chaudement la punition. S. Eman, qui sçavoit que ce qui s'estoit passé, estoit plustost arrivé par malheur que de propos délibéré, s'entremectoit pour le survivant et taschoit de les accommoder. Le père ne se montroit difficile à accorder

à partie, il n'y avoit que la mère, qui ne vouloit trouver sa sa- An. 537.
tisfaction qu'en la mort d'Urbicius ; toutes les raisons qu'on lui
apportoit, ne pouvoient gaigner sur son esprit de lui pardonner,
si que S. Eman, voiant qu'il perdoit sa peine et son tems après
ceste impitoiable, qui ne vouloit démordre de sa résolution, il
eut recours à Dieu, et, s'estant transporté dans la prison, où
estoit ce pauvre adolescent, il n'eut plustost fait ses prières, que
les manottes et les ceps tombèrent de ses mains et de ses pieds,
en tesmoignage de son innocence, laquelle recongneue par les
juges, ils le renvoièrent quicte et absoubs. La mère du défunct ne
pouvant recevoir de consolation, se voiant frustrée de son attente, se mit à chanter des injures à S. Eman, et s'estant jectée
sur lui, faisoit son possible pour contenter sa passion sur lui.
Mais Dieu, prévenant sa mauvaise volonté, permit que le diable
se mit en possession d'icelle : S. Eman, la voiant furieusement
agitée, meu de compassion, obtint sa délivrance de ce démon,
et celle de son fils, des ombres de la mort.

Il chassa aussi du corps d'un nommé Ulface un malin esprit,
par le seul signe de la croix qu'il imprima sur lui. Une autre
fois, ainsi qu'il estoit en prières, S. Andoche, qu'on appelle
plus communément dans le païs S. Audevoir, s'apparut à lui
avec ses compagnons, qui lui enseignèrent le lieu où ils avoient
souffert le martyre, et lui déclarèrent leurs noms, dont aiant
averti S. Ethère, ils se transportèrent sur le lieu qui avoit esté
désigné à S. Eman, où ils trouvèrent les ossemens de ces Saints,
que l'évesque fit enlever et porter de l'autre costé de l'eau, en
l'endroit qu'il choisit pour y bastir une église soubz le nom de
S. Prest. Si je ne trouvois cela escrit dans le Catalogue de nos
Evesques, soubz la séance d'Ethère, j'estimerois plustost que la
révélation de ces corps de S. Andoche et de ses compagnons auroit esté faite à S. Eman, lorsqu'il estoit encores à Authun,
dont il auroit averti Nectaire, qui en estoit évesque, au lieu
duquel on auroit supposé Ethère, d'autant que je veois que la
reine Brunehaud fit bastir au lieu où ces corps Saints avoient
esté trouvés, un monastère de filles, dans la ville d'Authun (1),
environ trente-deux ou trente-trois ans après que S. Eman fust
venu à Chartres. Car S. Andoche aiant souffert le martyre à

---

(1) Sigebert, *ad ann.* 578. Aimoin, lib. IV, ch. 1.

An. 537. Authun avec S. Thyrse et Félix qui y avoient esté envoiés par S. Polycarpe, évesque de Smyrne, disciple de S. Jean l'Evangéliste, comment est-ce que leurs reliques auroient esté apportées à Chartres, qui en est bien éloignée? Je ne veux néamoins, par une simple conjecture, contredire ceste croiance ancienne qui s'est conservée si longtems parmi nos devanciers, que ces corps auroient esté trouvés près du moulin de la Roche, en la parroisse de Saint-Prest, juxte une fontaine, où se veoid une croix pour souvenance de leur invention en ce lieu. J'ai veu, en mes jeunes ans, qu'on portoit baigner en ceste fontaine les petits enfans qui estoient phtysiques, pour recouvrer leur santé; mais, pour ce qu'il se trouvoit de la superstition et qu'on rebaptizoit les enfans, Mgr Hurault, évesque de Chartres, en abolit la coustume.

Pour S. Prest, dit en latin *Priscus*, il se lit dans sa Légende, que ce saint aiant souffert le martyre à Toucy, diocèse d'Orléans, du temps de l'empereur Aurélian avec plusieurs autres, quelque chrétien se saisit de la teste de ce saint et s'enfuit dans le diocèse d'Auxerre, où aiant esté mis à mort, il fut inhumé au mesme lieu avec le chef de S. Prest (1). Environ cent cinquante ans après, S. Germain, évesque d'Auxerre, aiant apprins que le corps d'un martyr gisoit en ce lieu, il y fit bastir une église, en laquelle il mit les reliques d'icelui, où elles demeurèrent jusques à ce qu'elle fust démolie par les Wandales, lorsqu'ils coururent la France. Pour le chef de S. Prest, il le déposa, avec autres reliques, dans un chasteau à deux lieues près d'Auxerre, qui a, de là, retenu le nom de ce Saint. S'estant du depuis, meu guerre entre les François et Bourguignons, quelques soldats (peut-estre Chartrains), s'estant trouvés en ce lieu, se saisirent de ce chef et autres reliques qu'ils apportèrent, et les cachèrent au lieu où elles furent trouvées par la révélation qui en fut faite à S. Eman, ou à S. Ethère, évesque de Chartres. Peut-estre que entre ces reliques, celles de S. Andoche s'y seroient rencontrées, lesquelles auroient esté apportées avec le chef de S. Prest à ce prélat qui; joieux qu'elles fussent tombées entre ses mains, fit bastir une église soubz le nom de ce Saint,

---

(1) Petr. de Natali, Cat. SS., lib. V, ch. 50. *Martyrol. roman.*, ad 26 *maii*.

pour les y garder et honorer. Depuis, ce chef fut porté en l'ab- An. 537.
baïe de Jouarre, diocèse de Meaux, fondée par Adon, frère de
S. Ouën, de laquelle dépend la nomination de la cure de Saint-
Prest, qu'on appeloit, auparavant qu'il eust receu le nom de ce
Saint, le Petit-Jouarre (1).

Quoiqu'il en soit, ne pouvant en une chose si obscure découvrir la vérité, je reviens à S. Eman, lequel, craignant que les grâces que Dieu communiquoit par son moien, n'eslevassent ses pensées et ne l'emportassent en quelque excès de vanité et de bonne opinion de soi, il se résolut de se retirer du commerce des hommes et de s'en aller passer le reste de ses jours dans les forêts du Perche, il choisit un bocage près Illiers, qui en a prins le nom et s'appelle encores Saint-Eman. Maurile et Almar ou Amauri le suivirent, pour vivre avec lui et apprendre en ceste solitude le chemin qui conduit à l'éternité, et, comme il n'y a rien de plus dangereux à un ecclésiastique ou autre personne qui a quicté le monde que l'oisiveté, il les occupoit, après leurs exercices, à nourrir quelques brebis et aigneaux. Certains voleurs estant entrés en leur bergerie, se chargèrent des meilleurs et plus gras; mais estant quelque peu esloignés et voulant faire la reveue de leur larcin, ils furent bien estonnés quand ils recongneurent que ces animaux, qu'ils estimoient estre des brebis et aigneaux, estoient des mastins et grands chiens, qu'ils laissèrent là avec leur confusion.

Quelque tems après, les mesmes larrons s'estant nuitamment transportés dans la cellule de S. Eman, soubz espérance de tirer de l'argent de lui et de ses compagnons, se voiant frustrés de leur attente, pour n'avoir trouvé ce qu'ils espéroient, de rage et de dépit, en firent un horrible carnage. Aiant esté trouvés gisans sur la place, ils furent inhumés au mesme lieu, d'où, du depuis, ils furent transférés et posés dans l'église de Saint-Maurice-lez-Chartres, où ils reposent encores pour le jourd'hui. Cela se veoid par les Actes de la visite qui en a esté faite de tems en tems, premièrement, par Gautier, évesque dudit Chartres, le sabmedi, veille de Pasques, de l'an 1226, où, entre autres reliques, qui y sont énoncées, il est dit que le corps de S. Eman et de S. Pélerin, y sont entiers. Ce qui ne peut se faire

(1) Aimoin, lib. IV, ch. 41. *Vita Sancti Audoeni*, ch. 7.

An. 546. à l'esgard de S. Pélerin, si c'est l'évesque d'Auxerre; d'autant qu'il se trouve entre les corps Saints qui sont à Saint-Denis en France, et encores entre ceux qui sont en l'église de Saint-Pierre de Rome, qu'on peut expliquer de quelque partie; ce qui ne se peut dire de celui de Saint-Maurice, si le corps y est entier et faut que ce soit de quelque autre S. Pélerin. Ces Actes ne disent pas, à la vérité, que ce soit S. Pélerin d'Auxerre, et n'y a qu'on célèbre sa feste avec celle de S. Eman, le 16 mai, qui est le mesme jour, qu'on fait celle de S. Pélerin d'Auxerre. Ce qui pourroit estre arrivé de ce qu'on ignoroit le jour de la solennité de ce S. Pélerin. Par un autre Acte de la visitation que fit Pierre Beschebien, évesque de Chartres, de ces reliques, et de la translation qu'il en fit en 1457, un sabmedi 23 d'apvril, des vieilles châsses en des nouvelles, par l'autorité du Pape, il est dit, qu'en la seconde châsse de ceste église, il y a des reliques de S. Eman et de S. Pélerin; et en la huitiesme châsse se trouva le chef de S. Eman, couvert de sa peau et de ses cheveux, lequel estoit encores tout saigneux, comme s'il eust esté tout fraichement couppé, avec un os de son espaule.

Il y a de l'apparence que nostre prélat Ethère mourut peu après S. Eman, vers l'an 545 ou 546, et qu'il fut porté inhumé dans la Grotte de Saint-Martin-au-Val, avec ses devanciers évesques de Chartres, pour ce que je ne trouve plus rien de lui.

CHAPITRE XX.

De S. Lubin, évesque de Chartres, de l'Institution des soixante douze Chanoines, faite par lui, en l'Eglise dudit Chartres; de S. Avi, hermite, en la forest du Perche-Gouët, et depuis Abbé de Saint-Mesmin de Minci, diocèse d'Orléans, et de plusieurs autres incidens qui se passèrent de ce tems-là en France et ailleurs.

INCONTINENT après le trespas de S. Ethère, le clergé et le peuple de Chartres s'estant assemblés, esleurent pour leur pasteur S. Lubin, natif de Poictou, qui s'estoit retiré dans le diocèse Chartrain, où il faisoit profession de la vie monastique. Il estoit issu de parens médiocres, qui passoient leur vie au labour et envoioient garder leurs bœufs, après qu'ils estoient retournés de la charrue, par leur fils. Le désir qu'il avoit d'apprendre à lire, le fit retirer vers un certain religieux, nommé Novigesil, lequel il pria lui escrire sur sa ceinture les lettres de l'alphabet affin de pouvoir les congnoistre et sçavoir. Le père, sachant l'inclination de son fils, lui donna la liberté d'estudier, sans toutesfois l'exempter de ses exercices et emplois ordinaires. S'estant advancé aux lectres, il se retira de la maison de son père pour s'habituer en celle de Dieu, entrant dans un monastère, où il print peine de profiter non-seulement en la science des hommes, mais encores en celles des Saints par la practique des vertus qui conduisent à la perfection. Après avoir passé huit ans dans ce monastère, il s'aperçut que ses confrères ne trouvoient pas bon qu'il s'occupast en ces exercices, il pensa d'aller trouver S. Avi, qui vivoit dans une solitude du païs du Perche, espérant recevoir de lui plus de consolation et d'instruction pour se rendre capable du service de Dieu et de sa vocation. Mais, comme il ne vouloit rien entreprendre sans conseil, il descouvrit son dessain à un diacre nommé Nileffe, lequel l'aiant examiné et considéré son esprit, lui conseilla trois choses : la première, qu'il ne se mist point à la suitte d'un évesque où les gens

An. 546.

An. 546. de bien et de vertu ont de la peine à se maintenir, à cause des envies et jalousies qui sont d'ordinaire en la maison des grands, où chacun ne pense qu'à s'advancer et supplanter son compagnon; la seconde, qu'il ne demandast aucun bénéfice à charge d'âmes, et, quand il lui en seroit présenté, qu'il ne l'acceptast, à cause du danger qu'il y a, pour une personne qui a fait sa retraicte du monde, d'y rentrer, et converser avec diversité d'esprits, de la fréquentation desquels on ne sort jamais satisfait; la troisiesme, qu'il choisist une ample congrégation de religieux pour y recevoir l'instruction qu'il désiroit, d'autant que la règle y est d'ordinaire mieux observée qu'en de petites.

Estant venu trouver S. Avi, il le renvoia en son monastère, lui remonstrant qu'il avoit besoin de se perfectionner davantage en la vie religieuse, en laquelle aiant fait un plus grand progrès, il pourroit retourner vers lui. Au partir d'avec S. Avi, il rencontra un certain diacre, duquel s'estant accosté, ils vindrent le long de la Loire, où on offrit un hermitage à S. Lubin. Il ne voulut l'accepter, aiant résolu de s'en aller à Lerins, monastère qui a toujours esté en grande estime en l'Isle de mesme nom, viz-à-viz d'Antibes en Provence, à cause des grands Saints qui en sont sortis. Ainsi, continuant son voiage, il rencontra un moine de ceste abbaïe, auquel aiant déclaré son dessain, il le dissuada de passer plus outre, lui représentant l'intempérie de l'air, qui y est fort malsain, auquel il pourroit difficilement s'accommoder. Cela lui fit changer de résolution et prendre celle de retourner en l'hermitage qu'on lui avoit offert, où pensant trouver son repos, il rencontra nouveau sujet de guerre, par celle que les François et Bourguignons s'entrefaisoient les uns aux autres; car, estant demeuré seul dans icelui, avec un religieux ancien, qui n'avoit peu trousser son bagage et s'enfuir avec les autres ses confrères, ils furent traictés fort inhumainement par ces impies, qui font le plus souvent gloire de leur honte, pour tascher de tirer d'eux, s'il y avoit quelques choses cachées en leur maison; recreus plustost que lassés du mal qu'ils avoient fait à S. Lubin, ils le laissèrent là et s'en allèrent. Guéri qu'il fut des plaies qu'il avoit receues, et les douleurs qui lui estoient restées de ses souffrances estant appaisées, il s'en alla, avec Eufronius et Rustic, deux autres moines, vers S. Avi, qui les receut fort civilement et les emploia en des offices fort con-

venables à leur inclination. S. Avi fit S. Lubin célerier, lui lais- An. 546.
sant l'administration de la mense conventuelle et de tout le
revenu du monastère.

Tandis qu'il faisoit ceste charge, il arriva qu'un jour d'esté,
il se leva une si forte tempeste, qu'elle déracinoit les arbres de
la campagne, renversoit ceux des forêts, égrenoit les bleds et
autres grains qui n'attendoient que la faucille, et ostoit toute
l'espérance de recueillir aucuns fruits pour vivre dans l'année
suivante. S. Lubin, s'estant mis en prières, print de l'huile bénie,
l'apposa, selon la coutume pratiquée en ce tems-là, contre cest
orage avec le signe de la croix, qui eurent tant de vertu et d'efficace, qu'ils accoisèrent [calmèrent] ces tempestes, rassénèrent le
ciel et le rendirent clair et serain, comme s'il n'y eust eu aucune
émotion dedans l'air, et ramena tous les grains à sauveté dans le
monastère, sans qu'il parust en eux aucune marque qu'ils eussent
esté battus des vents. Ce miracle le fit recongnoistre dans le voisinage, puis à Ethère, évesque de Chartres, lequel, faisant sa
visite à Brou, bourgade dans le Perche-Gouët, fut asseuré du
premier par la suite d'un second; d'autant que le feu s'estant
prins dans le monastère où ce saint avoit prins son logement,
et agissoit avec tant de violence, qu'il sembloit devoir, dans un
rien, dévorer ceste maison, et l'absorber soubz ces cendres,
l'eau, qu'on jectoit dessus, servoit plustost d'huile pour le fomenter que d'une humidité pour l'esteindre, et la diligence des
habitans demeuroit inutile; quand S. Lubin, combattant les
flammes par ses prières, elles perdirent toutes leurs forces, et,
cédant à celles de l'oraison, s'éteignirent tout-à-coup et ne passèrent plus outre. S. Ethère, tesmoin oculaire de ce miracle,
ordonna S. Lubin diacre, et le constitua supérieur de ceste petite
famille, et, par après, lui conféra l'ordre de prestrise. Les
moines, en ce tems-là, n'estoient la pluspart initiés aux ordres
sacrés, et n'y avoient que les supérieurs qui y fussent promeus, encores quelques-uns ne passoient le diaconat, comme
il appert de S. Benoist et de S. Maur, le reste demeurant parmi
les laïcs.

Peu de jours se passèrent après ceste entrevue de ces Saints,
que S. Ethère ne laissast la terre, pour en faire eschange au
ciel. L'église de Chartres, dépourveue de son pasteur, obtint
S. Lubin, du roi Childebert, au partage duquel estoit escheu

An. 550. le païs Chartrain. Il ne s'y trouva qu'une difficulté qu'y apportèrent les évesques qui estoient venus pour sa consécration, qui estoit une déformité de nez, provenant d'un cancer, qui lui en avoit rongé un coin. Les instances continuelles que faisoient le clergé et le peuple pour l'avoir pour prélat, la firent lever, et firent tant par leurs poursuites, qu'il fut sacré évesque dudit Chartres.

S'il avoit bien fait, n'estant que simple moine, il fit encores mieux estant parvenu à ceste prélature; car, si pour estre bon chef d'une armée, il faut avoir passé par les moindres charges, ce saint, aiant exercé celles du monastère, il sçavoit mieux qu'un autre comment il falloit gouverner des âmes et régir un diocèse. Ses parroissiens l'honoraient comme leur père, et lui les aimoit comme ses enfans; ses soins ne tendoient qu'à les policer et réduire son clergé en un ordre que beaucoup d'églises de France ont emprunté de lui; comme celle de Chartres a toujours esté recongneue pour avoir embrassé la foi des premières, et avoir eu nombre de clercs et ministres pour la servir, chaque autre église taschoit de se conformer aux cérémonies qui y estoient practiquées. Elle servoit comme de pépinière pour donner des pasteurs non-seulement aux églises de son diocèse, mais encore des autres, veu que les supposts d'icelle s'estant rendus capables aux sciences et à la vertu, on les appelloit ailleurs pour former le clergé sur leur modéle.

Il réduisit ce grand nombre de clercs à celui de soixante-douze, autant que Nostre-Sauveur avoit de disciples, et borna son diocèse, le séparant d'avec celui de ses voisins. En l'an 550, il assista au Ve Concile d'Orléans, qui fut tenu le 5 des calendes de novembre, indiction 13, et est dénommé le trente-neufviesme entre les Pères qui y assistèrent, soubz le nom de *Leubenus*, ainsi qu'il se peut veoir dans celui qu'a mis au jour le P. Sirmond, qui asseure l'avoir ainsi trouvé en deux manuscrits de l'église de Lion et de Corbie. Ce qui destruit ce qu'ont escrit Democharès et Binius, qui font seoir audit Concile un Félix, évesque de Chartres, combien qu'il n'y en aie aucun de ce nom qui aie présidé à l'église Chartraine. Ce qui se peut encores recongnoistre d'ailleurs, aiant assisté au IIe Concile de Paris en l'an 555, la 45e de Childebert, roi de France, sur ce que Saffaracus ou Saphoratus, évesque dudit lieu, avoit esté déposé et confiné dans un monastère pour y vivre privément le reste de ses jours, qui montre que S. Lubin estoit évesque de Chartres et non Félix.

An. 547.

L'on dit de S. Lubin, que faisant la visite par son diocèse, il rendit la veue à un habitant d'Alluie, qui l'avoit perdue il y avoit huit ans, et qu'estant à Chasteaudun, il guérit des fièvres, la fille d'un nommé Baudolen, homme riche et puissant, de la guérison de laquelle on désespéroit; les énergumènes et possédés des malins esprits estoient délivrés, en mangeant ses restes, ou touchant ses habits; il n'y avoit aucun malade qui s'en retournast de devant lui, sans avoir receu la santé. S. Caletric, l'un de ses chanoines, estant détenu d'une griève maladie, aiant esté mis en extresme-onction par S. Lubin, il prédit, contre l'advis d'un chacun, qu'il n'en mourroit pas et qu'il succéderoit en sa dignité. Les miracles que ce saint faisoit, ne prindrent fin par celle de sa vie, et continuèrent encores après sa mort; car, comme on l'eust porté en la grotte de Saint-Martin-au-Val, pour y recevoir sa dernière maison avec ses devanciers, la corde, où pendoit la lampe, estant rompue, la lampe tomba en bas, et l'huile se répandit, et néamoins, on reveid sur le champ ceste lampe estre attachée à sa corde et brusler comme auparavant, comme si elle ne fust tombée. Son corps reposa longtems en ce Prieuré et jusques à ce que les Calvinistes ou Huguenots ruinèrent (lors du siège qu'ils mirent devant Chartres en l'an 1568) l'Eglise et renversèrent les tombeaux de tant de saints Prélats, qui gisoient dans les cryptes d'icelle, jectant leurs ossemens çà et là, lesquels pour n'avoir pû estre recongneus, ont esté remis confusément dans lesdits monumens, où ils attendent la résurrection générale. Son chef, qui en avoit esté tiré longtems auparavant, est soigneusement conservé en l'Eglise Cathédrale, dans un chef d'argent doré, garni de pierreries.

L'on bastit une petite abbaïe près Chartres en l'honneur de ce Saint, au lieu, où on dit qu'il alloit bien souvent faire sa retraicte pour vaquer plus commodément à ses dévotions, laquelle du depuis estant diminuée de revenu, a esté réduicte en prieuré, de l'ordre de S. Benoist, et jointe à l'abbaïe de Saint-Père-en-Vallée de Chartres, où de nostre tems on a logé les frères Capuchins.

La séance de S. Lubin a esté d'environ neuf ans, durant sept

An. 547. desquels, il fut presque toujours indisposé de maladie, sans que cela l'empeschast de faire ses fonctions. Severt ne lui donne que deux ans; autre dix-sept ans, et tous mal; pour ce que S. Lubin ne succèda à Ethère qu'en l'an 547, et S. Caletric, son successeur, estoit au Concile de Paris, en l'an 557, qui sont de neuf à dix ans.

Pour ce que nous avons parlé ci-dessus de S. Avi, il ne sera à mon avis hors de propos de remarquer ici quelques-unes de ses vertus; aiant esté le directeur de S. Lubin, il ne se peut faire qu'il n'aie esté une grande lumière en l'Eglise. Nos anciens Légendaires rapportent qu'il estoit natif de Poictou ou d'Aquitaine, autres le font Beaulseron, fils d'un bon laboureur, et d'une femme de Verdun (1). Sa naissance présagea ce qu'il devoit estre un jour, la chambre en laquelle il nasquit aiant esté remplie d'une grande lumière, lorsqu'il sortit du ventre de sa mère. Ses parens le baillèrent à un bon ecclésiastique, pour l'instruire, tant aux rudimens de la foi que des lettres. Le progrès qu'il y fit fut d'un tel efficace que, quictant le monde, pour mieux servir à Dieu, il embrassa la vie monastique et en print l'habit de la main de S. Maximin, ou S. Mesmin, abbé de Mixi. Il vesquit avec ses frères en une telle simplicité, que prenant cest abaissement volontaire pour une infirmité naturelle, ils ne l'appeloient que *Bestau*. Ses actions néamoins tesmoignoient le contraire, et l'administration qu'il eut de ce monastère, montrèrent qu'il estoit autre, qu'on ne le pensoit. Aussi après le décéds de S. Mesmin, il fut choisi pour abbé de Mixi; il estoit lors en Soulongne, où son prédécesseur avoit fait bastir une celle, pour y vivre à l'escart du monde avec S. Viateur et S. Lié. Il fit ce qu'il peut pour s'exempter de ceste charge, mais le commandement de l'évesque d'Orléans l'obligea de la prendre et accepter (2). Estant en l'exercice d'icelle, arriva qu'un de ses religieux estant décédé, tandis que les autres reposoient, il le ressuscita par ses prières. On avoit recours à lui de plusieurs endroits, pour recevoir guérison des maladies, qu'il chassoit, par le seul signe de la Croix. Se voiant importuné de l'affluence du peuple qui venoit vers lui, pour recevoir sa charitable assis-

---

(1) Carol. Saussei, *Annal.*, lib. III. — (2) Molanus, *in addenda, ad Usuard*, 15 *julii*.

tance, après avoir donné à son monastère l'ordre qu'il creut nécessaire, il s'en alla cacher dans la forest du Perche, croiant y trouver plus de repos et se préparer mieux à la mort, dont il avoit eu révélation; mais, comme la lumière cachée soubz le boisseau trouve quelque endroit, pour, par sa lueur, faire paroistre qu'elle y est, aussi S. Avi avoit beau se retirer du monde, on le trouvoit toujours, et ne pouvoit éviter les fréquentes visites qu'on lui rendoit, pour recevoir quelque assistance du ciel.

An. 547.

Ce fut où S. Lubin le vint trouver pour la seconde fois et où il receut les instructions, qui lui servirent comme d'eschelons, pour monter sur le siége des Evesques de Chartres. Ce fut là aussi où il rendit la parolle à un berger et son âme à Dieu, auquel il avoit servi dès sa plus tendre jeunesse. L'estime de sa sainteté fut si grande que sitost que le bruit de son décéds fut divulgué, ceux d'Orléans et de Dunois se battirent pour l'avoir. Les premiers furent les plus forts et l'emportèrent, pour lui donner une sépulture honorable en leur ville. Lorsque son corps fut conduit à Orléans, les chemins estoient bordés de monde, qui accouroit à foules, pour veoir la pompe de ses funérailles. Ce ne fut qu'acclamations en son entrée dans Orléans, où le peuple crioit hautement : « Gloire soit à Dieu au ciel, et une » paix éternelle à ceux d'Orléans, soubz S. Avi! » Son corps fut déposé à quelques cents pas de la ville, où le roi Childebert fit édifier une église, à son retour d'Espagne, pour accomplir le vœu qu'il avoit fait s'il en retournoit victorieux, comme il fit. Dieu l'honora aussi de miracles après son décéds, mais particulièrement d'un signalé, qui arriva en la personne d'un vigneron qui travailloit le jour de la feste de ce Saint (1) : Les autres s'en allant, pour ouïr la messe, l'invitèrent à faire le mesme; lui, en se mocquant, leur répondit que celui duquel on célébroit ce jour-là la mémoire, avoit esté un homme de journée comme lui; et prenant sa tournée, s'en alla pour houer; mais dès le premier coup, il sentit la main vengeresse de Dieu sur lui, pour punir l'injure faite à ce Saint; le visage lui estant tourné de devant derrière et ne trouva autre remède à ceste disgrâce, que de quicter promptement son travail et s'en venir

---

(1) Greg. Turon., *De glor. confess.*, ch. 99.

An. 555. confesser sa faulte dans l'église Saint-Avi, où après lui avoir rendu ce devoir, il obtint la guérison qu'il désiroit. Il y a en ceste église un collége de dix chanoines avec un doien, un chevecier et quatre chapellains. Je ne parle point de l'église, qui fut édifiée en son honneur, avec un monastère de filles, à Chasteaudun; réservant d'en traicter en son lieu, me contentant du peu que j'ai rapporté de ce Saint, pour recongnoistre quelle a esté sa vie et son mérite.

CHAPITRE XXI.

De S. Caletric, évesque de Chartres, et de Ste Monegonde, sa sœur.

CE fut un grand motif au clergé de Chartres d'eslire S. Caletric pour son pasteur, d'avoir eu l'approbation de S. Lubin. Les belles parties que Dieu avoit mises en ce vertueux personnage y aidèrent beaucoup; mais l'amour que les chanoines de Chartres avoient pour lui et la noblesse de son extraction, dont ils espéroient quelque appui, les portèrent à rendre cest honneur à leur confrère. Estant en possession de sa chaire, il s'occupa à tout ce qu'un bon prélat peut faire, et comme il estoit un des mieux disans de son tems, il emploia son éloquence et bien dire, à prescher et instruire son troupeau. Dès la première ou seconde année de son eslection, il assista au IIIe Concile de Paris en l'an 557, et au IIe Concile de Tours, quelques douze ans après, l'an 6e du règne de Charibert, qui avoit succédé à Clotaire, son père (1).

Quelques-uns forment ici une difficulté, disant qu'il ne pouvoit plus estre évesque de Chartres en ceste année là, veu qu'en un certain privilége, donné par S. Germain, évesque de Paris, au monastère de Sainte-Croix et de Saint-Vincent, qui est à pré-

---

(1) Aymoin, lib. III, ch. 2.

sent Saint-Germain-des-Prez, il se trouve un Domitian soubz- An. 557. signé, lequel prend la qualité d'évesque de Chartres, avec Caletric, qui se signe seulement *Pecheur*. A quoi il est facile de respondre, estant un vice de clerc, de celui qui a copié ce privilége, qui a prins l'un pour l'autre et a mis Domitian pour Caletric. Ceste faute se peut recongnoistre clairement en ce qu'au IIIe Concile de Paris sus-allégué, mis en lumière par le P. Sirmond, Caletric est disertement signé : *Chaletricus, peccator, episcopus Carnotensis*, et Domitian simplement *peccator, episcopus*, sans dire le nom de l'évesché. D'ailleurs, ce privilége estant daté du 12 des calendes de septembre, l'an 5e du roi Charibert, qui revient à l'an 568, un an devant le Concile de Tours auquel S. Caletric assista, en qualité d'évesque de Chartres, et Domitian comme évesque d'Angers, on peut nier absolument que Domitian aie esté évesque de Chartres, et que c'estoit Caletric qui en estoit lors en possession; et pour montrer combien cest escrivain s'est mécompté en l'assignation qu'il fait des éveschés à ceux qui ont signé ce privilége, c'est qu'il fait Pretextat évesque de Chaalons; Félix d'Orléans, Eufronius de Nevers, Victur et Leodebauld seulement *Pecheurs*, qui estoit le mot dont les évesques de ce tems-là se qualifioient par humilité en leurs soubzscriptions et signatures, où néamoins il paroist par la soubzscription de ce Concile, que Pretextat estoit archevesque de Rouen, et Eufronius de Tours, Félix, évesque de Nantes; Victur, de Rennes; Leodebauld, de Séez. Au mesme tems, S. Agricole, dit autrement S. Arigle, estoit évesque de Chaalons-sur-Saone, qui justifie que S. Pretextat ne l'estoit; Félix aussi n'a point esté évesque d'Orléans; encores que La Saussaie, Severt, Robert et Guyon lui aient donné place parmi ceux qui ont gouverné ce diocèce, déceus par l'authorité de ce privilége qui, à raison de ce, pourroit estre argué de faux, veu que Christophle Poirier, en son Manuscrit des Evesques d'Orléans, n'y emploie point ce Félix, n'y aiant esté admis par La Saussaie et autres qui l'ont suivi, que sur ce prétendu privilége. Au contraire, il veut que ç'aie esté un Antonin, évesque d'Orléans, qui assista au IIe Concile de Tours. Combien qu'il se soit trompé, cela se peut prouver davantage par le Concile de Nantes, où Félix en est dit évesque, et par le Catalogue des prélats qui ont occupé ceste chaire, rapporté par Argentré en

An. 559. son *Histoire de Bretagne*, Chenu, Severt et Robert, et par le IV⁰ Concile de Paris, tenu en l'an 573, auquel ce Félix est nommé ; de plus Eufronius n'a point esté évesque de Nevers, n'aiant point esté inséré par Coquille entre les prélats de ce diocèse, au contraire, il est escrit que Æoladius en occupoit lors la chaire, qui est véritable, aiant assisté ceste année-là au Concile de Lion en qualité d'évesque de Nevers. Quand à Eufronius, il signe le premier au II⁰ Concile de Tours, comme évesque diocésain du lieu où ce célébroit ce Concile ; et Binius, en ses remarques sur le III⁰ Concile de Paris, recongnoist qu'encores qu'il n'y aie en la soubscription aucun nom de ville ou d'évesché, qu'il estoit archevesque de Tours.

Quand à Domitian, on ne peut dire non plus qu'il aie esté évesque de Chartres, tous les Catalogues des évesques de ceste église substituant S. Caletric à S. Lubin, et S. Papoul à S. Caletric ; ce que Robert a recongneu en celui des évesques d'Angers, demeurant d'accord que ça esté lui qui a signé audit privilége d'exemption de ce monastère de Saint-Germain, de l'évesque de Paris, comme évesque d'Angers, que Bourdigne et Hiret recongnoissent avoir esté leur pasteur.

De toutes lesquelles preuves ci-dessus, il est aisé à veoir que Domitian n'a point esté évesque de Chartres avec S. Caletric, lequel aiant tenu sa crosse quatorze ans, selon l'ancien Catalogue de nos prélats, il put la quicter en 571 ou environ, et non en 559 comme le dit Baronius (1). Après son décéds, son corps fut inhumé avec ses prédécesseurs en la grotte de Saint-Martin-au-Val, joignant le tombeau de S. Lubin, d'où ses ossemens ont esté levés du depuis et posé dans une châsse de bois, en l'église de Chartres avec les autres qui sont soubz le rompoint du chœur. Fortunat, évesque de Poictiers, qui vivoit pour lors, dressa cest épitaphe à la mémoire de ce Saint, qui mérite bien ici trouver sa place, pour la gloire de ce grand personnage :

Illacrymant oculi, quatiuntur viscera fletu,
Nec tremuli digiti scribere dura valent :
Dummodo, quæ volui vivo, dabo verba sepulto,
Carmine vel dulci cogor amara loqui.

---

(1) *Ad annum* 559, *num.* 31.

Dignè tuis meritis, Chalacterice, sacerdos.   An. 571.
  Tardè, note mihi, quamcito, chare, fugis?
Tu patriam repetis, nos triste sub urbe relinquis,
  Te tenet aula nitens, nos lacrymosa dies.
Ecce sub hoc tumulo pietatis membra quiescunt,
  Dulcior ac melle lingua sepulta jacet.
Forma venusta, decens animus, sine fine benignus,
  Vox suavis legem præmeditata Dei,
Spes Cleri, tutor viduarum, panis egentum,
  Cura propinquorum, promptus[1] *ad omne bonum*
Organa psalterii cecinit modulamine dulci,
  Et tetigit laudens plectra beata Dei.
Cautere eloquii bene purgans vulnera morbi,
  Quo pascente fuit fida medella gregi.
Sex qui[2] *lustra gerens, octo bonus insuper annos,*
  Ereptus terræ[3]*, justus ad astra redis*
Ad paradisiacas epulas te, cive reducto[4]*,*
  Unde gemit mundus[5]*, gaudet honore polus.*
Et, quia non dubito, quanta est tibi gloria laudum!
  Nec debes fleri, talis amice Dei.
Hæc qui, sancte Pater, pro magnis parva susurro,
  Pro Fortunato, quæso, precare, tuo.

Ausquels vers je remarque une difficulté, qui est, qu'il semble que Fortunat vueille dire que S. Caletric seroit décédé en l'asge de trente-huit ans, par ces paroles : *Sex qui lustra gerens*, etc., ce que j'ai de la peine à me persuader, veu qu'il faudroit qu'il eust commencé sa prélature dès l'asge de vingt-quatre ans, si tant est qu'il l'aie exercé quatorze ans, ce qui ne peust se soutenir; considéré qu'aux Concile d'Agde, canon 17; IVe d'Arles, canon 1; et IIIe d'Orléans, canon 6; il est défendu d'ordonner un prestre ou évesque avant l'asge de trente ans, qui est celui d'un homme parfait, de crainte d'estre blasmés d'avoir commis quelque faute, comme il arrive assés souvent, manque d'asge. Ce qui auroit été ordonné du tems mesme de S. Caletrix, audit IIIe Concile d'Orléans, contre laquelle ordonnance, il n'est pas à pré-

---

[1] *Lætus.* — [2] *Bis.* — [3] *Terris lætus.* — [4] *Recepto.* — [5] *Moesta gemit tellus.*

An. 571. sumer que le clergé de Chartres eust voulu eslire un évesque qui eust moins de trente ans.

Ce qui a donné sujet au P. Christophle Bouvier de dire, en ses Notes sur cest autheur, qu'il a laissé en doute si cela devoit s'entendre des ans, ou de l'épiscopat ou de la vie de S. Caletric; combien qu'il penchast plustost à croire que cela devoit s'entendre des années de sa séance que de celles de sa vie. Je croi, pour moi, que ses années doivent se prendre pour celles de son asge et qu'il y a une faute en ce vers, auquel on doit lire : *Sex bis lustra gerens*, etc., au lieu de : *Sex qui*, etc., d'autant qu'il faudroit, si cela devoit s'entendre de la séance, que S. Caletric eut esté évesque trente-huit ans, qui répugne à l'opinion commune, qui ne lui en donne que quatorze, ce qui est véritable; d'autant que S. Caletric aiant commencé sa séance en l'an 557, et l'aiant continuée jusqu'en l'an 572, que S. Papoul lui succéda, comme nous le justifierons ci-après, il ne peut avoir occupé la chaire Chartraine que quatorze ans. Il faut donc entendre ces trente-huit ans de l'asge de S. Caletric, qui néamoins ne se peut dire, pour ce que nous avons remarqué ci-dessus, qu'il eust fallu qu'il eust esté esleu à l'asge de vingt-quatre ans, ce qui eust esté contre les canons et la practique de n'en eslire à la dignité épiscopale qu'ils n'eussent trente ans, de manière que, pour faire mieux quadrer toutes choses, j'estimerois qu'il faudroit lire : deux fois six lustres, qui reviennent à soixante ans, lesquels, avec huit, feroient soixante-huit ans, qui est l'asge auquel je crois que S. Caletric dit adieu au monde.

Il avoit une sœur appelée Monegonde (1), ainsi qu'il se lit dans la Vie de S. Lubin; laquelle, grandement affligée de la perte qu'elle avoit faite de deux filles, print résolution de se retirer en quelque solitude, pour y passer le reste de ses jours. Aiant obtenu permission de son mari de faire sa retraicte, elle fit bastir une chambrette, en laquelle il n'y avoit qu'une fenestre, pour recevoir la lumière et ce qu'on lui apportoit de dehors, dont une servante avoit le soin. Elle faisoit elle-mesme son pain, qui estoit d'orge, pétri avec de l'eau passée par la cendre, qu'elle mangeoit plustost pour satisfaire à la nécessité

---

(1) *Vita S. Leobini.* Greg. Turon., *in vita Patrum*, ch. 19. *De glor. confess.*, ch. 24.

que pour contenter son appétit. Les grandes abstinences qu'elle An. 572. faisoit aiant dégousté sa servante, elle la quicta, sans le dire à personne, tellement que Ste Monegonde demeura cinq jours sans pain et sans manger. Se trouvant en cest accessoire, elle eut recours à Dieu, le priant de l'assister en ceste grande nécessité en laquelle elle estoit; elle n'eust plustost achevé sa prière, qu'il tomba beaucoup de neige, de laquelle aiant amassé une quantité, elle la fit fondre et résoudre en eau, dont elle fit quelques pains d'un reste de farine qu'elle avoit, lesquels lui durèrent cinq jours, jusques à ce qu'on la vint visiter. Elle avoit proche de sa cellule un petit jardin où elle alloit quelquefois se divertir. Un jour qu'elle y estoit, une femme qui faisoit sécher du bled sur sa maison, s'amusa à la regarder et fut estonnée qu'insensiblement elle perdist la veüe.. Ceste femme, prenant ceste affliction pour peine de sa curiosité, se fit conduire vers Ste Monegonde, la pria d'intercéder pour elle envers Dieu, pour le recouvrement de sa veüe. Ce que la Sainte aiant fait, et mis ses mains sur les yeux de ceste pauvre aveugle, elle la rendit clairvoiante. Elle fit de mesme recouvrer l'ouïe à un habitant de Chartres, de sorte que ces miracles estant divulgués, elle estoit en estime d'une grande sainte; elle, craignant que ces merveilles que Dieu opéroit par elle lui donnassent de la vanité, elle abandonna son mari et sa famille, et s'en alla au Sépulchre de Saint-Martin à Tours, où estoit la grande dévotion du tems; mais tant s'en faut que son esloignement la rendit incongneue, qu'il fust comme un moien de la faire congnoistre davantage, veu qu'estant arrivée à Tours, et s'en estant allée la veille de S. Médard en l'église, qui est dédiée soubz son nom, elle y guérit une fille qui estoit malade du feu sacré, que nous disons autrement du feu de S. Antoine, en faisant le signe de la croix sur son mal. Estant venue au sépulchre de Saint-Martin, elle rendit à un paralitique l'usage libre de ses membres qui estoient sans mouvement.

Son mari, fait certain de ce qui se passoit, la fit quérir et la ramena en sa première cellule. Elle n'y fut guères, qu'elle ne retournast en celle qu'elle avoit près le Sépulchre de Saint-Martin, où son mari la laissa vivre en paix, sans plus la rechercher. Elle retira avec elle quelques filles qui vivoient religieusement; et pour elle, continuant sa façon de vivre, n'usoit que

An. 572. de pain d'orge et d'eau, sinon que quelques jours de festes, elle prenoit un peu de vin fort trempé. Son lit estoit une natte de jonc, qui lui servoit aussi de siége. On avoit recours à elle pour recouvrer la guérison de beaucoup de maladies. Une fille, toute converte d'ulcères, lui aiant esté amenée, elle la guérit par l'application de sa salive sur le mal. Un enfant auquel [par] maléfice on avoit fait avaller des serpens, qui lui rongeoient les entrailles et lui causoient de sensibles douleurs, ne lui donnant aucun repos, les fit tous sortir par son seul attouchement et lui rendit une parfaite santé; les démons mesmes déféroient à ses commandemens, sortant des corps qu'ils possédoient, à sa seule parole. Approchant de sa fin, ses religieuses la prièrent de bénir de l'huile et du sel, pour secourir les malades qui viendroient, après son déceds, requérir leur assistance pour la guérison de leurs maux. Ce qu'aiant fait, plusieurs en furent soulagés et guéris.

Son déceds estant arrivé un second jour de juillet, elle fut inhumée dans sa cellule, où les miracles continuèrent longtems. Un diacre nommé Boson, y fut guéri par l'application de ceste huile et du sel, d'une aposteme qu'il avoit à un pied : un aveugle y recouvra la veüe d'un œil, et de l'autre au Sépulchre de Saint-Martin, où ceste sainte s'estant apparue à lui, lui avoit enjoint se transporter. Les muets recouvroient la parole, les fébricitans leur allégement; ceux qui estoient travaillés de dissenterie, leur guérison; tous les malades, leur santé. Son corps ou partie d'icelui, aiant esté porté à Chimai en Hainault, on y a dressé à sa mémoire une église avec un collége de chanoines. Il y a dans ce diocèse de Chartres une parroisse soubz son nom, qui est celle d'Orfin, d'où j'ai opinion qu'elle estoit Dame.

Pour dernier, je dirai qu'Usuard s'est trompé dans son Martyrologe, où il l'a fait Vierge, combien qu'il se voie, par le rapport ci-dessus, qu'elle avoit esté mariée et avoit deux filles.

Voilà ce que j'ai creu devoir à la mémoire d'une Sainte de nostre païs, et sœur d'un Saint, nostre prélat; m'estant toujours estonné qu'on n'en fasse aucune solemnité en l'église de Chartres, non pas mesme mémoire au service du jour; encores que le Martyrologe Romain en fasse mention, qui vérifie le dire de la vérité mesme, que personne n'est prophète en son païs.

CHAPITRE XXII.

De S. Arnould, archevesque de Tours, comment son corps est venu au diocèse de Chartres. De la fondation du monastère de Saint-Rémi-des-Landes et de Sainte-Scariberge.

DEVANT que passer plus outre à la suitte de nos évesques, il ne sera hors de propos de vuider premièrement la question que quelques-uns font : sçavoir, si S. Arnould a esté archevesque de Tours, et quand et comment ses reliques ont esté apportées dans ce diocèse.

An. 572.

Pour s'esclaircir de ceste difficulté, il faut auparavant sçavoir qui estoit ce Saint. Je trouve dans sa Vie, rapportée dans la Bibliothèque de Fleuri et dans les anciens Légendaires de l'église de Chartres, qu'il estoit fils d'un nommé Quiriace ou Quisien et de Quintianne, son espouze, lesquels estoient issus du sang roial de France. Ils furent convertis par S. Remi, archevesque de Reims, lequel, changeant leurs noms au baptesme, imposa celui de Rogatian au mari et d'Eufrasie à la femme; n'aiant point d'enfans et croiant n'en point avoir, ils donnèrent audit S. Remi tout se qu'ils avoient à Réthel, à condition toutefois, que s'il plaisoit à Dieu de leur donner lignée, il les rendroit au légitime héritier. Quelques années après, Dieu aiant béni leur mariage par la naissance d'un fils, ils le présentèrent à S. Remi, qui voulut estre son parein et lui donna le nom d'Arnould ou Arnouf, et l'enfant aiant trois ans, le print chez lui, pour avoir le soin de ses jeunes ans et l'eslever en la crainte de Dieu et aux bonnes mœurs. Estant parvenu en adolescence, S. Remi le présenta à Clovis, qui le receut au nombre de ses domestiques, et pour preuve de son affection envers lui, il lui donna en mariage sa niepce Scariberge, avec le Comté de Reims; mais, comme ils estoient tous deux jeunes, il les laissa soubz la conduicte de S. Remi, pour leur servir comme de père et estre le directeur de leurs actions. Ce prélat ne désirant rien tant que de gaigner des âmes pour le ciel, leur persuada de passer leurs

An. 572. jours en une perpétuelle continence, et de leur maison, en faire comme un cloistre et une eschole de vertu. Comme un pur amour lioit leurs affections, ils en firent le vœu, qu'ils conservèrent entier tout le tems de leur vie; mais, comme ceste belle vertu peut difficilement se conserver en sa pureté parmi les embarras du monde et entre deux jeunes mariés, les approches desquels sont dangereuses, S. Arnould, pour éviter le péril, où le combat est sans relasche et la victoire bien rare, se résolut de le prévenir par la fuitte, qui est le seul moien de vaincre en ce duel que la chair fait contre l'esprit et la partie sensuelle contre la raison. Il ne voulut rien faire pourtant sans en communiquer à S. Remi, lequel, approuvant sa résolution, lui conseilla la mectre en effet. S. Arnould aiant, dans ce dessain, laissé sa femme en la garde de ce sien directeur, avec des moiens pour entretenir son estat et distribué le reste de ses commodités aux pauvres, il print le bourdon et l'habit de pèlerin et s'en alla à Rome.

Aiant visité les Sépulchres des bienheureux Apostres, il passa en Constantinople et Hiérusalem, pour y vénérer les instrumens de nostre rédemption, et les lieux sanctifiés par la présence de Celui qui est le Saint des Saints. Il demeura incongneu aux hommes et congneu seulement à Dieu durant dix-sept ans qu'il fut en ce voiage (1), jusques à ce qu'aiant esté admonesté par un ange, il retourna en France. Passant par Ravenne, il fut visiter S. Pierre Chrysologue, qui en estoit lors archevesque, duquel il fut fort bien receu. Un jour de dimanche, ainsi qu'ils retournoient de matines de l'église de Saint-Urse, on ouït une voix sortant de la fosse d'un homme nouvellement décédé, qui disoit : « S. Arnould, secourés-moi! je suis grandement tourmenté ès » peines d'enfer. » Ce qu'aiant esté entendu par lui, il se mit en prières et ne se leva que le corps ne se levast plein de vie avec lui. Ce miracle aiant mis S. Arnould en estime de sainteté parmi les Ravennois, il pensa de se retirer, et pour ce, aiant prins congé secrètement de S. Chrysologue, il se mit en chemin pour Reims, un lundi deuxiesme de febvrier, auquel tems la saison de l'hiver ferme le passage des Alpes aux voiageurs, et

---

(1) Pet. de Natul., lib. VI, ch. 113. Hieron. Rubeus, *Histor. Ravenn.*, lib. III.

néamoins, par un signalé miracle, aiant surmonté ces affreuses montagnes et les neiges qui les couvrent, parvint, en quatre jours, en un lieu appelé la Celle, sur la rivière de Seine. En arrivant un jeudy cinq du mesme mois, il fit rencontre d'un corps mort qu'on portoit en terre, sur lequel aiant fait sa prière, il le rendit vivant aux siens, et comme si Dieu eust voulu rendre la mémoire de ceste action éternelle, il fit saillir une source d'eau au mesme endroit, qui, a raison de ce miracle, est appelée la Fontaine de Saint-Arnould. Il ne séjourna point audit lieu; mais, dès le mesme jour, il en partit et emmena avec lui son nouveau ressuscité, qui ne voulut l'abandonner du depuis, et arrivèrent à Reims. S. Remi, joieux de le veoir, le promeut, par une révélation divine, aux ordres sacrés; lui faisant, et à sa femme, renouveler le vœu de chasteté ; il les retint tous deux près de lui jusques à son trespas, qui arriva en l'an 545. Ce grand archevesque aiant satisfait à la nature, S Arnould, qui ne cherchoit qu'un emploi pour l'advancement de la gloire de Dieu, aiant esté convié par un roi d'Espagne de se transporter jusques en ses païs pour l'instruire et ses sujets, en la véritable congnoissance de leur salut, se mit en chemin pour y aller. Passant par Tours, il s'y arresta pour faire ses dévotions au Sépulchre de S. Martin, et comme il alloit à l'église, où le peuple avec le clergé estoient assemblés, pour procéder à l'eslection d'un nouveau prélat, ils le choisirent pour leur pasteur. Il fit tout son possible pour n'accepter ceste charge, mais ses excuses et tout ce qu'il pust représenter à ses eslecteurs, ne lui aiant de rien servi, il l'accepta, croiant que telle estoit la volonté de Dieu, et se fit consacrer. A peine avoit-il passé dix jours, autres disent dix-sept, autres disent dix mois, en l'exercice de ceste dignité, que se ressouvenant de la promesse qu'il avoit faite à ce roi d'Espagne, il s'y achemina. Le roi l'aiant fort bien receu, il lui représenta le piteux estat de la religion Chrestienne, misérablement deschirée par les Ariens, qui avoient infecté ses peuples de son hérésie, le priant de les instruire de la vérité qu'ils devoient embrasser. Comme il vouloit confirmer sa foi et sa doctrine par miracles, il fut adverti qu'il y avoit en un lac prochain, un serpent qui empestoit tout le païs de son haleine et brusloit tous les fruits comme si le feu y eust passé. Il se transporta au lieu où repairoit ce vénéneux reptile, sur le col

An. 572.

An. 572. duquel il jecta son estole, et le conduisit en un autre estang, dans lequel on avoit jecté le corps d'un homme qui avoit esté tué. A l'approche de S. Arnould, ce cadavre le pria de ne jecter ce serpent sur lui, mais qu'il le retirast plustost de la misère en laquelle il estoit. Ce qu'aiant fait au nom de la Trinité, contre laquelle les Ariens blasphesmoient, ce mort revint à la vie, et le serpent demeura confiné dans le lac pour jamais. Ce roi, admirant un si signalé miracle, demeura confirmé en la religion Catholique, laquelle il fit suivre par ses sujets, qui n'estant assés instruits des mystères et articles de nostre croiance, il s'arresta onze ans en ce roiaume pour essarter les ronces d'une mauvaise doctrine, pour y semer la pure et véritable.

Recongnoissant que ces peuples estoient assez instruits, il print congé de ce prince, pour s'en revenir en France. Devant que de se rendre à Tours, où son dessain estoit de s'arrester tout à fait, il voulut aller visiter son espouze; il se transporta pour cest effet à Reims, où elle demeuroit, où, d'un grand matin, ainsi qu'il s'en alloit à l'Eglise, pour prier au tombeau de S. Rémi, les serviteurs de sa femme, qui n'estoient contents des façons de faire et de vivre de ce Saint, ni des corrections qu'il leur faisoit, l'allèrent guecter et l'aiant bastu avec excès à coups de bastons et d'espée, le laissèrent comme mort sur la place. Le bruit de cest assassinat, épandu par la ville, parvint aux oreilles de son espouze, qui y accourut aussitost: S. Arnould avoit déjà l'âme sur le bord des lèvres, preste de sortir de son corps, quand, oïant la voix de celle qu'il chérissoit en Dieu, il rappella ses forces, pour lui dire le dernier adieu, et l'exhorter à la persévérance en son pieux dessain, et lui recommander de faire conduire son corps en l'église de Tours, pour y estre inhumé. Aiant rendu ses derniers soupirs entre les bras de sa chaste compagne un 18 de juillet, ses obsèques furent faites solemnellement à Reims, et les préparatifs faits pour le conduire à Tours. Ste Scariberge se mit en chemin, pour ce faire. Comme elle et sa compagne passoient par un certain endroit de la forest Iveline dit *Hiterne*, assis sur le coulant d'un petit ruisseau, appelé Rabet, dans le diocèse de Chartres, les bœufs, qui traisnoient le chariot, sur lequel estoit le corps de S. Arnould, s'arrestèrent, sans qu'on peust les faire avancer, ou reculer; l'on les presse, on les picque, mais ils demeurent insensibles aux coups et aux parolles.

Le seigneur de Dourdan, qui n'est esloigné de ce lieu, qu'en- An. 572.
viron une lieue, couroit pour lors le cerf; cest animal relancé
par les chiens dans le vallon voisin du Rabet, faignant son corps
et ses jambes en chancelant, et faisant de grandes glissées, donna
des os en terre soubz le charriot : les chiens sonnoient à l'enceinte, sans oser approcher; on parloit à eux, mais en vain, le
fort estoit imprenable, et la meute demeura immobile, et les
limiers et courans sans haleine, les autres pouvant seulement
japper, mais non advancer. Ce Seigneur estonné de ceste merveille, et que Ste Scariberge explicant que la volonté de Dieu
estoit que ces saintes reliques s'arrestassent en ce lieu, aiant fait
une croix du bourdon dont se servoit ce Saint en ses pèlerina-
ges, et icelle fichée en terre, il en estoit sorti une fontaine,
s'enquit de qui estoit ce corps, de quoi aiant esté instruit, il
creut que c'estoit une grâce très-particulière que Dieu lui faisoit de lui envoier, pour servir de bénédiction à son païs, le
receut fort courtoisement, et l'aiant fait déposer en ce lieu, y fit
bastir une chapelle, qui s'est du depuis augmentée en la forme
qu'on la veoid, et y assigna quelques revenus suffisants pour
l'entretien de ceux qui y serviroient.

Ste Scariberge, suivant la promesse qu'elle avoit faicte au
défunct de ne l'abandonner après sa mort, trouva moien d'acquérir quelques héritages près de là, pour y faire sa retraite.
Il y avoit des landes et lieux vastes, non essartés, environ d'une
lieue d'Hiberne; elle les achesta et y fit édifier une maison, où
elle s'habitua avec quelques filles, qu'elle attira à elle, où la
dévotion des Chrestiens croissant, fut construit l'abbaïe et monastère de Saint-Rémi-des-Landes. Ce fut là qu'elle finit ses
jours un 8 de décembre, environ quelques dix ans après le
trespas de S. Arnould, et voulut estre inhumée près de lui. Quelque tems après, durant les guerres des François ou des Normans, partie des sacrés ossemens de ce Saint furent transportées à Crespi en Valois, au diocèse de Soissons, où ils
furent mis en un Prieuré conventuel, de l'ordre de S. Benoist,
qui a prins le nom de Saint-Arnould, où sa vie est conservée
en vers et en prose, desquelles a esté extrait partie de ce que
dessus.

Mais d'autant qu'il se trouve certains points controversés en
icelle, qui pourroient faire révoquer en doubte la vérité de

An. 572. ceste histoire, il sera bon de les esclaircir, pour la satisfaction du lecteur.

La première difficulté est, qu'il est porté par ceste vie, que Clovis donna à S. Arnould le Comté de Reims en mariage, qu'on sçait appartenir aux Archevesques de ceste ville. A quoi on peust respondre, que en ce tems-là les Comtés n'estoient encores héréditaires et estoient simples gouvernemens ; que Clovis l'auroit peu donner à S. Arnould et sa femme, avec le revenu d'icelui, n'aiant appartenu aux Archevesques de Reims, que longtems après, par la donation qu'en fit Louis-le-Débonnaire en l'an 948, à Artauld, archevesque de Reims et à ses successeurs, à cause qu'il l'avoit couronné, et baptizé son fils de mesme nom (1).

La deuxiesme difficulté est, que S. Arnould fut à Ravenne du tems de S. Pierre Chrysologue ; je demeure d'accord que cela n'a peu estre, d'autant que ce prélat commença son épiscopat en l'an 433, et le finit le 4 des nones, c'est-à-dire le 2 de décembre 450, au mesme tems que S. Germain d'Auxerre décéda en la mesme ville ; ny du tems de S. Pierre-le-Jeune, archevesque dudit Ravenne, deuxiesme du nom, dont la feste se célèbre le dernier jour de juillet, ainsi que l'ont remarqué Hierosme Rouge, en la Vie de ce Saint extraite par Surius du IIIe livre de l'Histoire de ladite ville, mise en lumière par ledit autheur, et Baronius en ses Annales (2); lesquels veulent qu'il soit décédé en l'an 502 ou 506, mais il se peut faire que celui qui a escrit la Vie de S. Arnould se soit trompé au nom de l'évesque, qui estoit lors, et en aie prins un autre pour lui. Ce qui arrive bien souvent et n'est un moien de faulx, qu'on puisse alléguer contre cette vie, ne faisant rien à la substance de la chose, de laquelle elle n'est qu'une circonstance.

La troisiesme difficulté est, qu'on dit que S. Arnould a esté évesque de Tours, combien qu'il ne se trouve dans la liste ou Catalogue des Prélats de ceste métropole, ni dans Grégoire de Tours, lequel aiant mis par estat ses devanciers en icelle, n'eust oublié celui-ci, s'il eust esté du nombre d'iceux. Je res-

---

(1) Claud. Robert, *in Catal. Episcop. Ravennat. in Artoldo*, p. 120. — (2) Hieron. Rubeus, *in Hist. Ravennat*, suri. T. 7, *ad* 31 *julii*. Baronn., *ad ann*. 502, numer. 3 et 28.

pons que la conséquence n'est pas bonne, que S. Arnould n'aie pas esté évesque de Tours, pour ce qu'il n'est comprins dans le Catalogue des évesques de Tours; car, comme nous l'avons montré ci-dessus, qu'encores que S. Cheron, S. Sanctin, Villicus, Aventin, et montreront ci-après, que Actard et Geofroy Ier ne soient dénombrés avec les autres évesques de Chartres, en quelques catalogues, n'ont pourtant laissé d'estre évesque de Chartres; mais ont esté obmis pour y avoir peu résidé, ou pour autres raisons, que nous déduirons en leur lieu; que de mesme, S. Arnould n'est compté entre les évesques de Tours, pour n'y avoir demeuré que dix ou dix-sept jours, ou six mois tout au plus, et avoir abandonné ceste église, qu'il n'avoit acceptée que, comme par contrainte, et pourquoi il l'auroit remise entre les mains de ses eslecteurs, pour en eslire un autre; lesquels, à cause de ceste renonciation par lui ainsi faite de ce bénéfice, l'auroient passé, comme s'il n'eust point esté.

An. 551.

Quand à son voiage d'Espagne, qui est la quatriesme difficulté, il est vrai que la Vie de ce Saint, insérée dans la Bibliothèque de Fleuri, en parle un peu autrement que nous n'avons fait ci-dessus, comme aussi de sa promotion à l'Archevesché de Tours. Il dit donc qu'après le décéds de S. Rémi, S. Arnould reprint ses pélerinages et s'en alla au Sépulchre de S. Saturnin à Tolose, d'où il revint à Poictiers, visiter celui de S. Hilaire, et que s'en retournant à Rome, il passa par Tours, où l'evesché estant vacant, il fut esleu évesque; et que de là il s'en alla en Espagne à la conversion des infidèles: ceste discordance n'est considérable, puisque les uns et les autres demeurent d'accord que S. Arnould a esté évesque de Tours, et qu'il a esté en Espagne prescher l'Evangile (1). Ce qui n'est pas hors d'apparence, veu que les historiens du tems escrivent que vers l'an 551, Athanagild, roi des Wisigoths, poursuivoit l'hérésie Arienne et faisoit prescher en ses terres la doctrine catholique, et que les Suèves, qui habitoient la Galice, quictèrent tout à fait les erreurs d'Arius, desquels ils estoient infectés, avec leur roi Théodemir, et se rangèrent à l'église catholique par les prédications de S. Martin, leur évesque; que la grande Chronique de France manuscrite dit estre mort l'an huit de Chilpéric et Gon-

---

(1) Tarqus, lib. V, *Urseus*.

An. 551. tran, rois de France (1); qui revient à l'an 569, l'an trente de sa prélature; durant lequel tems, S. Arnould pourroit avoir esté aussi en Espagne, vers l'an 546, pour combattre l'hérésie Arienne.

En cinquiesme lieu, on peut objecter que la Vie de S. Arnould ne porte pas que son corps s'arresta dans la forest Iveline. Je respons qu'il y en a de deux sortes, l'une en prose, l'autre en vers; cela véritablement ne se trouve en celle de la première sorte, mais en celle de la seconde, qui est à Crespi en Valois, qui le dit en termes exprès :

> Venerat ad quemdam, Domino ducente, locellum,
> Qui situs in pago Castrensi Hibernio dictus,
> Resbaci fluvii supereminet inclitus amni,
> Scilicet in saltu, qui nomen habet, Aquilinæ,
> Innumeros nutrit per pascua congrua ceruos.

où la vie, qui est en prose, au mesme prieuré de Crespi, dit simplement : *Quo gloriæ triompho, virtuti feram glebam longiùs prosecuti sunt, donec stationem fecerunt in pago Castrensi in loco nomine Hibernio super fluvium Resbacis; de quo loco, cùm corpus minimè moveri posset Dordingus Comes, plus devotionis ergà beatum virum habens, omnia quæ ibi hæreditario jure possidebat, ei sub chirographo tradidit, atque ibidem cum diligentissimè ac condigno honore sepelivit.* Qui est assés dit, pour ce que remarquant que ce fut en un lieu du païs Chartrain, (j'estime qu'il faut lire : *Cartensi* et non *Castrensi*) appellé : *Hiberne*, ou *Hibernion*, qui est dans la forest Iveline (2). Ce qui a donné sujet à Sigibert d'escrire que S. Arnould avoit receu la couronne de martyre dans ceste forest, environ l'an 513. Ce qui néamoins ne peut estre, s'il est vrai que ce Saint ne mourut qu'environ onze ou douze ans après le décéds de S. Rémi, le trespas duquel estant arrivé en l'an 545, celui de S. Arnould n'auroit pu estre qu'en l'an 557.

La sixiesme difficulté est, qu'il est porté dans sa légende, que S. Patrice, évesque de Thérouane, aiant par sa prédication converti le peuple de Tournai, il vint veoir Ste Scariberge, que le commun appelle Calivierge, sa sœur, avec laquelle il demeura neuf ans, passant leurs jours en jeusnes et oraisons au tombeau

---

(1) Lib. III, ch. 13. — (2) Sigebert, ad ann. 513.

de S. Arnould, pendant lequel tems ils firent bastir l'abbaïe An. 551. de Saint-Rémi-des-Landes; de laquelle Ste Scariberge fut la première Abbesse, et qu'estant allé visiter son évesché, il retourna en ladite abbaïe, en laquelle peu après il rendit son âme à Dieu, le seiziesme jour de mars, sans cotter aucune année. Il y a véritablement sujet de douter, attendu: 1° qu'il n'y avoit point encores d'évesché à Thérouane, qui dépendoit de celui de Morin, où S. Rémi avoit institué pour premier évesque, S. Autimond, ou Aumont en l'an 531, auquel succédèrent Atalbert, et après lui S. Omer, et n'y en a eu aucun, nommé Patrice, entre les évesques de ce diocèse là. 2° Il n'y a point d'apparence que si ce S. Patrice eut esté évesque de Thérouane ou de Morin, qu'il eust esté si peu soigneux de son diocèse, que demeurer neuf ans absent d'icelui, pour vivre seulement avec Ste Scariberge, y aiant mesmement en ce tems-là des Synodes et des Conciles assés fréquens, qui n'eussent souffert une si longue absence de ce prélat, de son troupeau. 3° C'est que ce S. Patrice, qu'on veut estre décédé le 16 mars, est qualifié par Usuard, ou pour le mieux dire par Molanus, sur le Martyrologe d'Usuard, Du Saussai en son Martyrologe Gaulois, et Baronius, sur le Romain, évesque de Clermont en Auvergne, quoique ce dernier révoque en doubte, qu'il l'aie esté, pour ce qu'il ne se trouve point dans Démocharès, Robert, ni Savaron, qui ont traité des évesques de ceste ville, et conclud qu'il pourroit avoir esté évesque de quelqu'autre endroit. Pour moi, je croi qu'il ne l'a esté d'aucun endroit, et que, ç'à esté quelque badin, qui s'est aussi bien imaginé cela, que Scariberge estoit sa sœur, et niepce de Clovis; ou bien, il estoit évesque sans tiltre, comme il s'en est trouvé quelques-uns de ce tems-là, et depuis, qu'on appeloit: *Scotes*, desquels il est parlé au IIe Concile de Chaslons, lesquels n'avoient de sièges asseurés, ni certains, mais alloient où ils pouvoient. Ils avoient bien l'ordre, mais ils estoient sans peuple et territoire, et avoient prins ce nom-là du roiaume d'Escosse, où ceste sorte d'évesques avoit prins son origine, ainsi que l'a remarqué un des historiens dudit roiaume (1). Ce qui me porte à le croire plustost, que le nom

---

(1) *Conc. Cabillo*, can. 43. In add., *ad Capit. Calal.*, in add. 3, can. 37. Bucanan, *Hist. Scot.*, lib. VI, p. 164.

An. 551. de Patrice, est fort fréquent, entre ceux de ceste nation; et que n'aiant personne sur qui prendre garde, il estoit aussi content de demeurer avec ceste sainte Dame, qu'ailleurs, où il n'eust esté si bien, ny à son contentement.

Ces doutes ainsi résolus, il faut maintenant veoir en quel tems le corps de S. Arnould a esté apporté au païs Chartrain. Quelques-uns ont pensé, que ç'avoit esté durant la séance de S. Solein, ce qui ne peut s'asseurer, veu que comme porte la Vie de S. Arnould, ce saint n'aiant esté en Espagne, qu'après le décéds de S. Rémi, qui arriva environ l'an 545 (1), et y aiant demeuré onze ans ou plus, après lesquels estant de retour à Reims, il y fut tué vers l'an 557, l'on ne peut dire que ce corps y aie esté conduit plustost qu'en ceste année-là, qui est quarante-huit ans après le trespas de S. Solein et du tems de S. Caletric, qui gouvernoit l'église de Chartres en ceste année-là.

J'ai creu debvoir mettre en ce lieu ces remarques sur la vie de S. Arnould, non tant pour reprendre ce qui est couché dans l'imprimé de la Vie de ce Saint, que pour concilier le tout avec la vérité de l'histoire, et rendre l'honneur dû à sa mémoire, qui est en grande vénération dans le diocèse de Chartres.

CHAPITRE XXIII.

De Papoul, évesque de Chartres, et de Promotus, évesque de Dunois.

L'ANCIEN Catalogue de nos évesques de Chartres substitue à S. Caletric, Magobode, Magnobode, que les Angevins appellent Mainbeuf, ou encores Magoborde. Le *Livre Noir* de l'évesché de Chartres a mieux rencontré, lui subrogeant *Papulus* ou Papoul, qui est celui qui, véritablement, a succédé à

---

(1) Du Saussay, *in Martyrolog. Gallic. ad 24 septemb.*

S. Caletric. Cela se peut justifier par le procès-verbal d'une as- An. 573.
semblée d'évesques de France, tenue à Paris, le 3 des ides de
septembre, l'an 573, en l'église de Saint-Pierre, à laquelle Papoul
se plaignit de ce que Promotus avoit esté institué évesque à
Chasteaudun par Sigibert, roi d'Orléeans.

Pour quoi mieux entendre, il faut remarquer que Charibert,
roi de Paris, estant décédé à Blaye en l'an 572, ses trois frères
partageant son Estat entre eux à l'exclusion de ses filles qui,
par les lois fondamentales du roiaume, ne pouvoient rien prétendre en sa succession, Bertolflede, l'aisnée, fut religieuse à
Tours, Chrodielde à Poictiers, et Adilberge fut mariée avec Edilbert, ou Adilbert, roi de Kent en Angleterre, et quand à leurs
oncles à peine peurent-ils s'accorder. Chacun vouloit avoir Paris,
mais pas un n'avoit pièce pour fournir en contre-échange. Cela
fut cause qu'ils la retindrent tous trois par indivis, à telle condition que pas un d'entre eux ne pourroit y entrer, sinon du
consentement des deux autres. Ceste belle ville donnoit dans la
veüe de tous trois, lesquels ne taschoient qu'à s'entre-supplanter
pour l'avoir, pourquoi ils vindrent enfin aux mains. Deux malheureuses femmes fomentoient leurs discors, Brunehauld,
femme de Sigibert, roi de Metz, et Frédégonde, femme de
Chilpéric, roi de Soissons, qui jouoient à s'entre-perdre et
ruiner. Leurs maris, s'intéressant pour elles, ne s'entre-regardoient que de costé et ne cherchoient que des occasions pour
rompre. Comme ils se défioient l'un de l'autre, Sigibert, au partage duquel estoit tombée la ville de Chasteaudun, avec le Dunois, le Vendosmois, le Blésois, la Touraine et le Poitou, fit
sacrer évesque dudit Chasteaudun un certain Promotus, prestre
Chartrain, par Giles, archevesque de Reims, nonobstant l'opposition de Papoul, qui vouloit l'empescher (1).

Sigibert faisoit cela par maxime d'estat, ne voulant que ses
sujets dépendissent d'un évesque qui estoit demeurant dans les
terres de son frère, lequel eust peu leur donner des impressions
contre son service. Papoul, d'un autre costé, fasché de se veoir
escorner son diocèse de ces pièces, qui en faisoient une bonne
partie, en fit un grand bruit, et présenta sa plainte aux prélats
assemblés à Paris, pour en avoir sa raison. Le Synode, entre-

---

(1) Greg. Turon., lib. VII, ch. 17.

An. 573. prenant sa cause, escrivit à l'archevesque de Reims, que c'estoit contre toute raison et contre la discipline canonique, qu'il avoit consacré un évesque dans une ville hors de son diocèse et province; que quoique, suivant les anciens décrets, ils eussent peu agir plus rudement contre lui, néamoins, pour le respect de son charactère, désirant le traiter charitablement, ils lui enjoignoient de révoquer ledit Promotus et le tenir près de lui. Et d'autant qu'icelui Promotus ne seroit pas comparu au Synode, où il avoit esté deuement appelé à la requeste de Constitutus, archevesque de Sens, métropolitain de Chartres, il fut donné contumace contre lui, par vertu de laquelle, toutes les fonctions épiscopales lui furent défendues en Dunois; enjoint à lui de se retirer hors dudit Chasteaudun, et d'en laisser la jouissance libre audit Papoul, à peine d'excommunication.

Papoul, par ce moien, fut maintenu en possession de son diocèse comme auparavant, et ce faisant, le Synode déclara excommuniés tous ceux qui, après ceste sentence, recevroient ou demanderoient la bénédiction dudit Promotus. Les prélats qui assistèrent au Synode, au nombre de trente-trois, escrivirent au roi Sigigert pour le mesme sujet, le priant de ne maintenir ce Promotus qui avoit esté promeu contre les saints Canons, contre Papoul, vrai et légitime évesque de Chartres. Sigibert ne tint grand compte des prières des prélats, veu qu'au préjudice d'icelles, il maintint Promotus tant qu'il vesquit et jusques à l'an 578, qu'aiant satisfait à nature, Promotus fut chassé de Chasteaudun et réduit à l'ordre de prestrize seulement, et à vivre privément avec sa mère du revenu de son patrimoine (1).

Quelques-uns ont laissé par escrit que ce Papoul avoit esté archidiacre, puis évesque de Langres. Je ne sçai où ils l'ont prins, mais je sçai bien qu'ils se sont trompés, estant deux personnes différentes, ainsi qu'il se peut veoir par les Actes de ce Concile, auquel ils assistèrent tous deux. Je ne sçai aussi si ce ne fut point les guerres qu'avoit Sigibert contre Gontran, son frère, qui l'empeschèrent de déférer à la prière des prélats à l'encontre de Promotus, ou si ce fut qu'il ne voulut désavouer ce qu'il avoit fait. S. Germain, évesque de Paris, s'emploia fort pour remettre ces frères en bonne intelligence, et escrivit à cest

---

(1) Greg. Tur., ibid., ch. 5.

effet à la reine Brunehauld de dissuader son mari Sigibert de poursuivre la guerre qu'il avoit entreprinse, ne pouvant en arriver que du mal (1). Ce qu'il ne fit pourtant, veu que Paul Diacre et Sigonius remarquent que ce prince, voiant Gontran, son frère, occupé à se défendre contre les Lombards, qui estoient descendus en Provence, surprint, avec un camp volant d'Auvergnats, la ville d'Arles, capitale du païs, d'où il fut bientôt déniché par ce grand jurisconsulte Celse, qui la reprint avec Avignon sur Sigibert.

An. 573.

Gontran avoit fort sur le cœur que Salonius, évesque d'Embrun, et Sagittaire, évesque de Gap, s'estoient déclarés contre lui, et avoient souldoié des gens pour Sigibert. Voulant en tirer sa raison, il fit assembler un Concile à Lion en l'an 567, indiction 15, où il leur objecta l'assassin commis en la personne de Victor, évesque de Saint-Paul-Trois-Chasteaux, et non de Troyes, comme le dit Duplex, et les fit déposer. Ils se prononcèrent par appel pardevers le pape Jean III, qui les renvoia quittes et absouls; mais aiant récidivé, Gontran les enferma dans le monastère de Saint-Marcel de Chaslons, en l'an 581 (2), d'où aiant trouvé moien de sortir, ils demeurèrent vagabonds le reste de leurs jours, sans pouvoir rentrer en leurs églises.

Durant que cela se passoit, Chilpéric, qui estoit d'un naturel remuant, voiant ses frères occupés à s'entrebattre, voulant pescher en l'eau trouble, envoia Théodebert, son fils, qu'autres nomment Clovis, pour s'emparer de la Touraine et du Poitou, qui estoient du partage de Sigibert. Cetui-ci en aiant eu advis, fit sa paix avec Gontran, et marcha au-devant de Théodebert, qu'il mit en fuitte. Estant de retour vers son père, il le renvoia, dès la campagne suivante, en Aquitaine, où le Poitou, le Quercy et le Limosin servirent comme de théâtre pour jouer de sanglantes tragédies, mectant tout à feu et à sang par où il passoit. Sigibert aiant ramassé ses forces, vint chercher Chilpéric jusques dans le païs Chartrain, où, ne se sentant assés fort, il fut bien content d'avoir la paix, en rendant tout ce qu'avoit prins Théodebert.

---

(1) Sirmund., *Concil.*, t. 1, p. 355. Paul Diac., *de Hist. Longobard.*, lib. III, ch. 3 et seq. Sigoni, *de Itali.*, lib. I. — (2) *Concil. Gall.*, t. 1, Sirmund. Baron., *ad ann.* 567, *num.* 9. Greg. Tur., lib. VIII, ch. 23.

An. 573.   Ce ne fut qu'une paix fourrée, pour ce que Chilpéric et Gontran s'estant réconciliés, Chilpéric entra dans le païs de Sigibert et fit main-basse partout où il passa. Sigibert se mit aussitost en campagne avec ses Turingeois et Allemans, qui s'emparèrent de Paris et Rouen, qu'ils eussent mis au pillage, sans que ce prince en fut détourné par ceux de son conseil. Chilpéric, aiant sceu que Gontran s'estoit mis d'accord avec Sigibert, s'enfuit avec Frédégonde, sa femme et ses enfans à Tournai, et manda à ceux de Touraine et Dunois, qu'ils eussent à courir sus à Théodebert, et cependant, il envoia Godégésil et Gontran, ses capitaines, avec une juste armée, pour tascher de le prendre. Ils le rencontrèrent dans l'Aquitaine (dit Belleforest; Papire Masson veut que ç'aie esté dans le païs Chartrain), où ils le chargèrent et les siens, et après l'avoir tué, l'envoièrent inhumer à Angoulesme.

    Sigibert, durant ces entrefaites, entra dans Paris, où il trouva sa femme Brunehauld et ses enfans, et aiant disposé ses trouppes, les envoia devant, faisant estat de les suivre bientost. S. Germain, évesque de Paris, s'entremist de composer leurs différends. Il n'est ouï, et comme si ce roi eust desjà triomphé de ses ennemis, il s'en alla à Vitri, où, pour faire la reveue de son armée, il se fit porter sur un bouclier, à la façon des anciens rois Gaulois : plaisir qui ne dura guères, veu que Frédégonde le fit mectre à mort par deux assassins, qu'elle avoit envoiés pour ce faire, qui le tuèrent à coups de couteaux. L'avis en aiant esté donné à Chilpéric, il partit promptement de Tournai et se rendit au camp, d'où il fit porter le corps de Sigibert au village de Lambrus, près Douai, et de là à Saint-Mard de Soissons, où il le fit enterrer près son père.

    Brunehauld, qui estoit demeurée à Paris, où elle attendoit toutes autres nouvelles que la mort de son mari, pensa de parer à ce coup de la disgrâce, et sauver l'Estat; qui regardoit Childebert, son fils, aagé seulement de cinq ans; elle l'envoia incontinent à Metz, où il fut fort bien receu et couronné roi d'Austrasie, le jour de Noël. Chilpéric, voiant qu'il lui estoit eschappé, se contenta d'avoir les thrésors de son frère, et sa femme, qu'il envoia prisonnière à Rouen, et Ingonde et Clotilde, ses filles, à Meaux; et tout au mesme tems il envoia Mérovée, son fils, en Aquitaine, pour faire la guerre à Gontran. Mais ce jeune

prince en avoit bien une autre en sa pensée, que lui faisoit Bru- An. 579.
nehauld, de laquelle il estoit devenu passionnément amoureux.

A peine eut-il prins le chemin de Poitou, qu'il tourna bride, pour aller, disoit-il, rendre visite à sa mère, que Frédégonde tenoit prisonnière au Mans; il s'en alla à Rouën, où il espouza Brunehauld; Chilpéric ne pouvant parer à ce coup, s'en print à Prétextat, archevesque du lieu, lequel, par les artifices de Frédégonde, après beaucoup de fatigues et de souffrances, fut immolé un jour de Pasques, disant la messe et faisant son office dans sa cathédrale (1).

Cette faulse femelle n'avoit de repos et n'en donnoit au roi jusques à ce qu'il eust fait dissoudre le mariage d'entre Mérovée et Brunehauld (2), et pour ce, fit initier aux ordres ce jeune prince, qu'il renferma dans l'abbaïe de Saint-Calais, au Maine; aiant trouvé moien d'en sortir et s'en estant allé rendre grâces à Dieu de son évasion au Sépulchre de S. Martin à Tours. Frédégonde practiqua un certain Gontran Boson, pour le faire tuer; mais, aiant évité ce coup, il s'en alla à Metz, où il croioit estre bien receu de Brunehauld (3); n'en aiant toutesfois receu la satisfaction qu'il s'attendoit, il passa en Champagne, où il espéroit trouver quelque asseurance; au contraire, il y trouva sa mort, y aiant esté massacré par les menées de Frédégonde.

Chilpéric, fasché non tant de la mort de son fils que de n'avoir peu lui en faire souffrir une plus cruelle, deschargea son indignation et sur celui qui l'avoit tué, et sur les serviteurs du défunt qu'il traicta avec beaucoup d'inhumanité (4). Dieu punit ceste injustice par la mort de Sanson, qu'il avoit eu de Frédégonde, qu'une dissenterie enleva du nombre des mortels, et ne s'en fallut presque rien, que la mère ne receust le mesme paiement, pour tant de sang espandu par ses inventions. Les prodiges, qui paroissoient de tous costés, n'amolissoient point le cœur de ce prince. Il sortit du sang d'un pain, les uns disent, commun, les autres, sacré, dans le diocèse de Chartres, comme la marque ou le signe du courroux de Dieu, auquel le sang de tant d'innocens crioit vengeance (5) !

---

(1) Greg. Tur., *Hist.*, lib. V, ch. 18 et 19. Aymoin, lib. III, ch. 26. —
(2) *Idem, Ibid.*, ch. 14. — (3) *Ibid.*, ch. 19. — (4) *Ibid.*, ch. 28. —
(5) *Ibid.*, ch. 34 et 35. Aymoin, *Chronic. San. Dionys.*, lib. III, ch. 11.

An. 580. Chilpéric n'avoit point d'yeux, pour veoir ces advertissemens de l'indignation du Juge souverain, jusques à ce qu'il les lui ouvrît, enlevant, par ceste maladie contagieuse, Chlodobert et Dagobert, ses enfans; veu que recongnoissant la main vengeresse de Dieu sur sa maison, il commanda qu'on jectast dans le feu les roolles des levées extraordinaires qu'il faisoit sur son peuple, pour le soulager des grandes oppressions qu'il souffroit, et Austrechilde, femme de Gontran, tout au rebours, estant attaquée de la mesme maladie, pria son mari de mettre à mort ses médecins, pour n'avoir peu lui conserver la vie.

Frédégonde, d'une autre part, se voulant servir de ce fléau de Dieu pour exécuter sa passion, envoia Clovis, fils de son mari, d'un autre mariage, à Brenne, où ceste maladie estoit fort eschauffée, pensant qu'il n'auroit meilleur marché que les autres; mais se voiant frustrée de son espérance par le retour de ce prince en bonne santé, elle eut recours à d'autres moiens pour s'en défaire: elle lui imposa la mort de ses deux frères, et tandis qu'on procédoit extraordinairement contre lui, on l'envoia à Noisi en Brie, où il fut trouvé mort d'un coup de couteau dans le ventre (1).

Chilpéric, stupide jusques à ce point de ne congnoistre que la perte de ses enfans estoit celle de son Estat, ne fît semblant d'estre touché de la mort de son fils. Childebert, roi de Metz, avoit meilleur nez, d'autant que, considérant que par le trespas de Clovis, Chilpéric n'aiant plus de masles, le roiaume le regardoit, il quicta l'alliance de Gontran sur quelque léger mécontentement et entra en celle de Chilpéric. Mais voiant ses espérances perdues par la naissance d'un fils de Frédégonde, et que son esloignement de Gontran ne pouvoit que lui estre préjudiciable, il se réconcilia avec lui, non sans donner martel en teste à Chilpéric, qui craignoit que ces deux rois, venant à unir leurs forces, se jectassent sur lui, pour lui rendre la pareille de ce qu'il leur avoit fait. Il en fut quicte pour un peu d'appréhension, ne l'aiant fait longue du depuis. Landri, adultère de Frédégonde, aiant esté poussé par ceste femme rusée, d'en dépescher le monde, le tua, un soir retournant de la chasse, au village de Chelles. Ce meurtre, arrivé au mois de septembre 587,

---

(1) Greg. Tur., lib. V, ch. 46.

apporta un grand estonnement à la Cour, où, comme il se fait à pareille rencontre, c'estoit à qui s'enfuiroit des premiers. Frédégonde, soit qu'elle ne se trouvast en asseurance, pour n'avoir assés de forces, soit que, bourrelée en sa conscience du meurtre du roi et de tant d'autres commis par ses ordres, elle quicta incontinent Chelles et s'en vint à Paris, elle fut descendre à la Cathédrale, croiant y estre en asseurance plus qu'en autre lieu.

An. 585.

Cependant le corps du roi gisoit sur la place, sans qu'aucun print le soin de le faire enlever de là. De fortune, Malalfe, évesque de Senlis, s'estant rencontré sur le lieu, le trouva baignant dans son sang, le fit porter dans le Palais roial, où l'aiant fait laver et ensevelir, le fit mectre dans un bateau et le conduisit en l'église de Saint-Vincent, plus congneue maintenant par Saint-Germain-des-Prez, où il le fit inhumer à l'endroit où il se veoid encores à présent.

Frédégonde, bien empeschée, après avoir offensé tant de monde, ne sçavoit à qui se fier. Il falloit pourtant qu'elle eust recours à quelqu'un, qui lui servist d'appui, pour maintenir son fils qui n'avoit que quatre mois; d'aller rechercher l'assistance de Childebert, elle n'avoit garde, pour avoir fait méchamment meurtrir Sigibert, son père, et avoit Brunehauld, sa mère, pour mortelle ennemie. De faire alliance avec les étrangers et leur commettre la garde de son pupile, c'est à quoi elle ne pouvoit se résoudre. Elle se jecta donc entre les bras de Gontran, qui la print, avec son fils, soubz sa protection, et fit proclamer Clotaire, son neveu, roi de Paris. Cela n'empescha que ceux de Blois et d'Orléans qui, au bruit de la mort de Chilpéric, avoient prins les armes, pour vuider quelques différens qu'ils avoient, pour raison des limites de leurs territoires contre ceux de Dunois, n'entrassent dans celui de ces derniers, où ils mirent tout à feu et à sang (1). Les Dunoisiens, ne se sentant assés forts, eurent recours aux Chartrains, lesquels, avec leurs troupes, coururent sur les Orléanois et les Blésiens, ausquels ils rendirent la pareille, et firent en sorte qu'ils s'accordèrent et bornèrent leurs territoires.

Il arriva au mesme tems un autre différend de plus de consé-

---

(1) Greg. Tur., lib. VII, ch. 7. Aymoin, lib. III, ch. 55. *Chronic. San. Dionys.*, ch. 20.

An. 585. quence. Un certain Gombauld, soi-disant fils de Chilpéric, se présenta à Brive-la-Gaillarde, ville du Bas-Limosin, où il se fit recongnoistre roi de France par quelques factieux. Gontran, averti de ce qui se passoit, s'accommoda avec Childebert, et, joignant leurs armes ensemble, les portèrent dans l'Aquitaine contre Gombauld, lequel s'en estant fui dans les Pyrénées, trouva son tombeau dans Comminges (1). Après ceste défaite, Gontran s'en estant retourné à Orléans, fit assembler, en 585, un Concile à Mascon, pour avoir raison de ce que Bertrand, archevesque de Bourdeaux, et Palais, évesque de Saintes, avoient suivi le parti de Gombauld, et avoient, avec Orestes, évesque de Bazas, sacré par son commandement, Faustinian évesque d'Acqs, lequel fut déposé, et Nicete, qui y avoit autrefois esté nommé par Chilpéric, instalé en sa place. Mais affin que Faustinian, qui avoit receu le charactère d'évesque, ne fust contraint, à l'opprobre de son ordre et du clergé, de mendier sa vie, ces évesques, qui l'avoient sacré avec leur métropolitain, furent condamnés lui paier par chacun an cent écus chacun de pension. Ursician, évesque de Cahors, fut excommunié, interdit de dire la messe et de ses fonctions épiscopales; avec défenses de faire ses cheveux ny sa barbe, de manger chair et boire de vin durant trois ans, pendant lesquels son évesché serait régi soubz son nom. Nostre Papoul fut un de ses juges, se trouvant, le 17 novembre, entre les Pères qui assistèrent en ce Synode (2).

Tandis qu'on faisoit la recherche de l'homicide de Chilpéric, et que Childebert estoit occupé à la guerre contre les Lombards, Gontran fit baptizer le petit roi à Nanterre, lequel fut nommé Clotaire, et peu après il print le soin de faire mectre en terre les corps de ses neveux Mérovée et Clovis, lesquels à peine sçavoit-on où ils estoient. Un pescheur enseigna celui de Clovis, qu'il avoit tiré de l'eau où Frédégonde l'avoit fait jecter et l'avoit inhumé sur les bords de la Marne. Gontran donna commission à nostre Preslat de faire la recherche de celui de Mérovée. Il le trouva à Nocet ou Nocé, sur la mesme rivière, d'où il le fit lever et emporter à Saint-Germain-des-Prez, où ils furent posés tous deux auprès leur père. Cela se passoit en 591, auquel an on peut dire que Papoul estoit encore vivant; mais d'asseurer

---

(1) Greg. Tur., lib. VIII, ch. 2. — (2) *Idem, Ibid.*, ch. 9.

qu'il aie vescu d'avantage, je n'ai personne sur l'authorité duquel je me puisse fonder, pour en parler au vrai (1). Ce fut ce bon prélat qui fit édifier l'église de Saint-Cheron, au tombeau duquel se faisoient quantité de miracles; fit lever les ossemens de ce Saint et les fit mectre dans un coffret ou châsse pour y estre plus décemment, un 18 d'octobre, jour de la feste de S. Luc Evangéliste, et voulut qu'après son trespas, son corps fut enterré proche de celui de ce Saint, aux intercessions duquel il avoit grande confiance.

CHAPITRE XXIV.

De Magobode, Sigouauld, Mainulphe, Thibaud et Lancegesil, évesques de Chartres, et de quelques choses passées de leur tems.

Nous aurons plus de peine à trouver le tems que Magobode, Magnobode et Magobert, successeur de Papoul, a esté assis dans la chaire épiscopale de Chartres, que de ses devanciers. Les anciens Catalogues de nos évesques ne nous en ont laissé que le nom et le déplaisir de n'en sçavoir davantage. Les autres, qui ont voulu se mesler d'en escrire, s'en sont si mal acquittés, qu'on ne les doit aucunement considérer. Il s'en trouve qui disent qu'il commença sa séance dès l'an 551, et la continua treize ans. Severt veult qu'il n'aie administré cest ample diocèse que deux ans, sçavoir depuis 571 jusqu'à 573. Ce qui répugne tout à fait à ce que nous avons dit ci-dessus de l'ordre de la succession de nos prélats et du tems de leur gouvernement, auquel nostre Magobode n'a peu estre appelé qu'après Papoul; ce qui se rapporte au *Livre Noir* de l'évesché

---

(1) Greg. Turon., lib. VIII, ch. 10. Canches, en ses *Mémoires*, t. I. Sirmundi, *Concil. Gallia*, p. 418.

An. 591. de Chartres, dans lequel Papoul est mis immédiatement après S. Caletric et Magobode ensuitte; de manière que n'aiant peu estre esleu plustost qu'en l'an 591, auquel Papoul a peu quicter ceste vie, reste à veoir seulement combien d'années il a tenu sa crosse.

Un Catalogue ou dénombrement de nos prélats lui donne treize ans d'administration, plustost pour y trouver son compte que pour le bien sçavoir. Que s'il estoit permis de passer aveuglément toutes les conjectures sans faire quelque réflexion dessus, pour recongnoistre si elles sont véritables ou non, je me rangerois plutost du costé de Severt que des autres, en ce qu'il dit que Magobode n'a siégé que deux ans, considéré que lui, Sigouauld, Mainulphe, Thibaud et Lancegesil, n'ont régi ce diocèse que trente-neuf ans, depuis l'an 591 jusques à l'an 630, ausquels toutesfois l'autheur de ce Catalogue assigne, à mon avis, plus d'années qu'il n'a dû, veu qu'il donne treize ans à Magobode, douze ou environ à Sigouauld, dix à Mainulfe, dix à Thibaud et onze à Lancegesil, qui sont cinquante-six ans, où néamoins il ne pust y en avoir qu'environ trente-neuf; comme il a tiré Papoul de son rang, il s'est pu tromper dans les ans de sa prélature, qu'il a confondu avec ceux des autres évesques ci-dessus rapportés. Tout ce que je peux dire de ce Magobode et Sigouauld, son successeur, est qu'ils ont esté inhumés dans la grotte de Saint-Martin-au-Val au costé droit de l'entrée d'icelle. Pour Mainulfe et Thibaud, je ne sçaurois en dire autant, pour n'avoir trouvé autre mémoire d'eux que leur seul nom.

Quand à Lancegesil, on peut asseurer qu'il décéda en l'an 630, le 3 de febvrier, attendu qu'on lisoit autrefois sur sa tumbe, qui estoit d'un marbre noir, dans ladite grotte de Saint-Martin-au-Val :

« HIC IACET LANCEGESILUS, PRESBITER DISCIPULUS
» CHERIMI, QUI OBIIT ANNO SEX CENTESIMO
» TRIGESIMO TERTIO, NONAS FEBRVARII, »

où combien qu'il ne soit qualifié que prestre, on ne peut pourtant nier qu'il aie esté évesque de Chartres, puisqu'il tient son rang parmi ceux qui ont gouverné ce diocèse, ce qui se peut prouver par le fragment d'une pierre qui se veoid dans l'église de Saint-Cheron-lez-Chartres, laquelle a esté tirée d'entre les tombeaux qui estoient dans la grotte de ladite église soubz le grand-autel, auparavant que la descente, qui estoit au milieu du chœur, fût bouchée, et lequel fragment a esté enclavé dans la paroi, proche la porte qui conduit dans la mesme grotte à main gauche, sur lequel est escrit en lettres gothiques et assés mal formées : « CLOTAIRE, ROI DES FRANCOIS, A DOTE CESTE EGLISE », et plus bas : « LEUTERICUS », qui pourroit estre le nom du secrétaire ou chancelier de ce Prince, et à costé il se lit : « LANCEGESIL, EUESQUE ». D'où il se peut conclure que Lancegesil a esté évesque de Chartres, du tems du règne de Clotaire second, qui commença en l'an 587 et mourut en l'an 628 ou 630, pendant lequel tems ce roi pust doter l'église de Saint-Cheron, qui avoit esté de naguères rebastie par l'évesque Papoul.

An. 597.

Il est vrai que ce Lancegesil ne se trouve point dans le *Livre Noir* de l'évesché de Chartres, peust-estre pour ce qu'on l'a confondu avec Berthegesil, son successeur, les aiant prins tous deux pour un mesme personnage, quoiqu'ils soient deux distincts, ainsi que nous le montrerons au chapitre suivant.

Pendant les trente-neuf ans que tous ces évesques occupèrent la chaire Chartraine, il se passa d'estranges affaires par la France. Ce ne furent que meurtres et assassinats par la malice de deux femmes, lesquelles, jouant à s'entre ruiner, mectoient l'Estat de leurs enfans en danger de se perdre. Ce que nous avons dit aux chapitres précédens de Brunehauld et de Frédégonde, font assés entendre que c'est d'elles desquelles j'entends parler.

Gontran estant parti de ce monde le 28 mars 597, et l'an 33 de son règne, ne laissant qu'une fille nommée Clotilde, qui, selon les loix du roiaume, qui ne se gouverne par une quenouille au lieu d'un sceptre, fut exclue de la succession d'icelui, Childebert s'en mist promptement en possession, et, voiant son Estat augmenté de ceste portion, pensa d'y ajouter encores celle de Clotaire, son cousin. Brunehauld souffloit ce feu, pour y faire brusler Frédégonde, seul objet de sa haine. Childebert arma comme s'il eust voulut aller à la conqueste de l'Univers, et desjà toute la France branloit d'appréhension, et les plus résolus s'alloient jecter à ses pieds, quand Frédégonde, aiant ramassé ce qu'elle pust de troupes, s'en alla au-devant pour

An. 600. rompre les dessains de ce prince. On croioit asseurément qu'elle s'en alloit la teste baissée à sa perte, et que, n'aiant qu'une poignée de gens contre une puissante armée, elle ne pourroit éviter qu'elle ne fust taillée en pièces, et le roiaume de son fils, fait la proie du vainqueur; mais Dieu, qui prend en main la cause de la veufve et de l'orphelin et rabat l'orgueil des plus sourcilleux, l'assista dans ce rencontre et lui suggéra de prendre son fils entre ses bras, et le porter en teste de l'armée; à laquelle aiant représenté en peu de mots la justice de sa cause, l'injustice de celle de son adversaire et le devoir des sujets envers leur souverain, ses paroles eurent tant d'efficace envers les François, qui naturellement aiment leurs Rois, que, prenant une brave résolution de combattre pour la conservation de l'Estat, de leur Prince, de leurs biens et de leurs vies, ils donnèrent si rudement sur l'ennemi, qu'ils surprindrent endormi et sans résistance, qu'ils en laissèrent trente mille sur la place. Ce fut un rude coup pour Childebert qui, ne pouvant souffrir le déshonneur d'avoir esté battu par une femme et un enfant, le porta bientost au tombeau, où Faileule, sa femme, l'accompagna le mesme jour, l'an 600, non sans soubçon de poison (1).

Brunehauld, habile à succéder, s'empara des enfans de Childebert ausquels elle partagea les roiaumes de leur père; Théodebert eut la Bourgongne, et Thierri l'Austrasie. Ainsi l'Estat François estoit entre les mains de deux femmes, qui ne tendoient qu'à l'ensevelir soubz leurs ruines. Frédégonde se rendit la maîtresse de Paris et du païs voisin. Brunehauld, pour l'en débusquer, amena une armée devant, pour la recouvrer; mais Landri s'estant présenté, la défit près Moret, et, poursuivant le bonheur de ses armes, print plusieurs villes dans la Bourgongne, et s'en revint victorieux et triomphant, où les bourgeois firent une entrée à Clotaire, qui ne fut telle qu'ils eussent bien voulu, à cause du trespas de Frédégonde, qui s'en alla rendre compte au souverain Juge de tant de meurtres et méchancetés par elle commis.

Brunehauld, croiant avoir l'avantage de la partie par la mort de son ennemie, elle se vid bien esloignée de ses prétentions, quand, pensant estre au faite de sa félicité, elle se trouva au

---

(1) Aymoin, lib. I, ch. 82. Paul Diac., lib. IV, ch. 4. Papirius Massoni.

plus bas de son malheur; estant chassée, comme une gueuse, An. 617. du roiaume d'Austrasie, abandonnée de tous et ne sachant que devenir, sans l'assistance d'un homme de basse condition du bourg d'Arcies en Champagne, lequel, l'aiant recongneue, la conduit vers Thierri, son petit-fils, lequel, pour récompenser ce bon service, lui donna l'évesché d'Auxerre (1).

Elle, se voiant bien receue, fait tout ce qu'elle peut, pour fomenter la division qui estoit entre Clotaire et les enfans de Childebert. Ils armèrent les uns contre les autres; Clotaire est deux fois vainqueur, la troisiesme il est battu à Doromel, sur la rivière d'Arvenne; le cours de l'eau de laquelle fust arresté par le nombre des corps de ceux qui furent tués de chaque costé, et fut contraint de quicter à Thierri, tout ce qui est entre la Seine et la Loire, où sont comprins les Chartrains; et à Théodebert ce qu'il possédoit entre la Seine et l'Oise. Cetui-ci, voiant son frère en possession de Paris, qu'il eust bien voulu avoir, alla trouver Clotaire à Compiègne, auquel il promit toute assistance contre Thierri.

Brunehauld, qui en vouloit de longue-main à Théodebert, corne la guerre contre lui, et tasche de persuader à Thierri qu'il estoit fils d'un jardinier. C'est artifice estoit trop grossier pour le croire, Théodebert aiant toujours esté recongneu par Childebert pour son fils, et par elle-mesme qui l'avait partagé en la succession de son père. Mais Théodebert estant décédé à Colongne, Brunehauld, joieuse d'avoir cest objet esloigné de ses yeux, pensa d'en abolir l'engeance, et, s'estant transportée à Metz, où estoient les enfans de Théodebert, ceste bourrelle, en aiant prins un appellé Mérovée, lui escraza la teste contre une paroi, et fit massacrer l'autre en sa présence, sans considération qu'ils estoient sortis de son sang, et estoient ses petits-neveux. Il restoit une fille appellée Bertocare, belle à merveilles, de laquelle Thierri, devenu amoureux, voulut l'espouzer. Brunehauld s'y oppose, et lui objecte le degré de parenté. Il la prend par son dire, lui remontrant que lui aiant asseuré que Théodebert n'estoit point son frère, il se pouvoit marier avec sa fille, avec laquelle il n'avoit aucune consanguinité. Ce mariage ne s'accomplit néamoins, Thierri aiant esté enlevé d'un

---

(1) Aymoin, lib. III, ch. 87.

An. 617. coup de foudre, ou, comme le dit la *Chronique de Saint-Denys* (1), aiant esté empoisonné par Brunehauld par le moien d'un breuvage qu'elle lui fit donner en sortant d'un bain, dont il mourut sans repentance ni confession. Il fut inhumé à Metz, l'an 618, laissant quatre bastards qui périrent tous, en moins de rien, ainsi que l'avoit prédit S. Colomban, abbé de Luxieu, au diocèse de Besançon.

On lit de ce Saint, qu'estant venu trouver le roi Thierri à Poissi, comme ce prince lui eust envoié à disner, S. Colomban ne voulut le recevoir, disant qu'il ne pouvoit accepter présent, d'une personne qu'il sçavoit n'estre en la grâce de Dieu; ausquelles parolles les plats et les pots tombèrent, se cassèrent et brisèrent. Le roi, aiant sceu ce qui estoit arrivé, s'en alla trouver ce Saint, auquel il promit de s'amender, ce que n'aiant fait, mal lui en print, comme nous venons de le veoir.

Par le décedz de Thierri, tout le roiaume de France se revint en la personne de Clotaire. Brunehauld, faschée de se veoir reculée de ses prétentions, lui oppose Sigibert, bastard de Thierri, croiant soubz son nom continuer ses fourbes et tyrannies. Ceux d'Austrasie en aiant eu le vent, ne voulurent plus souffrir la domination de ceste furie, et se donnèrent à Clotaire. Les Bourguignons firent de mesme, et ainsi peu à peu, tous recongneurent Clotaire pour leur roi. Brunehauld se voiant frustrée de ses intentions, eut recours aux armes, qui lui succédèrent aussi mal, d'autant qu'aiant esté prinse et présentée à Clotaire, après quelques reproches de ses cruautés, et qu'elle avoit procuré la mort de dix rois de France et de plusieurs gens de bien, le sang desquels crioit vengeance contre elle, il commanda qu'elle fut fustigée par trois jours, puis montée sur un chameau et promenée par le camp, comme sorcière, et après, attachée à la queue d'un cheval, pour estre traisnée par les cheveux à la veue de l'armée; et d'expier, en cest estat, les actions de sa meschante vie. Ce qu'aiant esté exécuté; comme celui qui conduisoit le cheval, à la queue duquel ceste misérable reine estoit attachée, lui eust donné un coup d'esperon, il tira un si grand coup de pied contre la teste d'icelle, qu'il lui fit voler la cervelle, et, la traisnant par des pierres et buissons, lui rompit et

---

(1) Lib. IV, ch. 18.

déchira le corps en plusieurs pièces. Ainsi finit ses jours ceste An. 618. malheureuse princesse, mère, aieule, bisaieule, fille et femme de tant de Rois; en quoi on doit admirer les merveilleux jugemens de Dieu, qui dispose des grands aussi bien que des petits, et en fait comme bon lui semble. Quelques-uns aiant ramassé les parties de son corps, ils les portèrent inhumer en l'église de Saint-Martin d'Authun, qu'elle avoit fondée. Elle avoit grande dévotion à ce Saint, au nom duquel elle fit édifier plusieurs églises ou oratoires en divers endroits; elle fit bastir l'église et abbaïe de Saint-Vincent de Laon, en l'honneur de ce sien compatriote, qu'elle dota de revenus suffisans pour l'entretien de ceux qui serviroient à Dieu (1).

Clotaire, voiant ses affaires en bon estat, publia une amnistie générale pour ses sujets, et récompensa ceux qui l'avoient servi et assisté en ce rencontre. Il avoit esté desjà marié deux fois, la première avec Haldetrude, de laquelle il avoit eu Mérovée, lequel fut mis à mort en 604, par la malice de Brunehauld; la seconde avec Bertrude, qui mourut en 619, après en avoir eu Dagobert. Il se remaria, depuis la mort de ceste seconde, avec la nommée Sichilde, de laquelle il eut un fils, nommé Aribert. Ce roi, considérant que d'ordinaire les belles-mères ne s'accordent guères bien avec les enfans d'autres lits, voulant coupper chemin à toutes les riottes qui eussent pu naistre entre ceste dernière femme et Dagobert, pensa sagement d'esloigner ce sien fils de lui, mais avec honneur, lui assignant le roiaume d'Austrasie et lui donnant à femme Gommatrude, sœur, ou, comme le dit la *Chronique de Saint-Denys* (2), cousine de sa femme. A peine avoit-il prins possession de son roiaume, que les Saxons se rébellèrent contre lui; Clotaire arma pour le secourir, d'où estant retourné victorieux, il fit assembler son Parlement à Clichi, où aiant ordonné de quelque chose touchant les ecclésiastiques, il obligea Godin, fils de Garnier, dernier Maire du Palais de Bourgougne, auquel il avait continué ceste charge, qu'on avoit accusé de crime de lèze-majesté contre lui, de s'en purger sur les reliques de S. Vincent à Paris, de S. Mard à à Soissons, de S. Aignan à Orléans, et de S. Martin à Tours (3).

---

(1) *Chronic. San. Dyonis.*, lib. IV, ch. 21. Aymoin, lib. IV, ch. 13. — (2) Lib. V, ch. 6. — (3) Belleforest, lib. IV, ch. 31.

An. 630. Allant à ce dernier, il fut tué à Chartres, où il s'estoit arresté pour disner, par ceux qui lui avoient esté baillés pour le conduire, comme le bruit courroit, par le commandement du Roi.

Clotaire ne la fit longue du depuis, estant décédé en l'an 630, ainsi qu'il se veoid dans un tableau, au droit de sa sépulture en l'église de Saint-Germain-des-Prez-lez-Paris. Lancegesil, nostre prélat, le suivit de près; estant, comme nous l'avons montré ci-dessus, décédé le 3 febvrier de la mesme année, comptant la Françoise, ou sur le commencement de l'an 631, comptant à l'ordinaire. Ce fut aussi vers le mesme tems que S. Wandrille, comte du Palais, fut ordonné, à Chartres, prebstre, par S. Omer (1).

CHAPITRE XXV.

De Berthegesil, évesque de Chartres, et de quelques incidens de son tems.

L'ANNÉE 630 donna un nouveau roi à la France et un nouvel évesque à l'église de Chartres; Dagobert fut le roi et Berthegesil le prélat; nous parlerons premièrement du dernier successeur de Lancegesil, que quelques-uns confondent, comme nous l'avons remarqué au chapitre précédent, et n'en font qu'un, mal à propos néamoins, d'autant que ce sont deux personnages divers, dont l'un est enterré à Saint-Martin-au-Val, et l'autre à Saint-Cheron, à costé du sépulchre de ce martyr, dans un tombeau de pierre, au-dessus et à costé duquel se voioient quatre croix gravées, auparavant que ces monumens eussent esté remués de leurs places, vers l'an 1640. Davantage Berthegesil estant dénommé entre les Pères du Concile de Reims, tenu en l'an 632, l'an 2 du règne de Dagobert, roi de France,

---

(1) Pet. de Natal., lib. VI, ch. 127.

et Lancegesil estant décédé environ deux ans auparavant, il An. 630.
faut nécessairement que Lancegesil et Berthegesil aient esté
deux. Thomas Boileau, chartrain, a laissé dans ses mémoires,
que ce Berthegesil n'avoit régi ce diocèse qu'un an. En quoi certainement il s'est trompé, veu que, selon Flodoard en son *Histoire de Reims*, ce Berthegesil, qu'il nomme Berthegisel, s'il
n'y a point interposition de lettres, assista au Concile susdit
dès l'an 632, et Malard, son successeur, en celui de Chaslonssur-Saone en l'an 650, lequel, s'il est vrai qu'il n'aie administré
ce diocèse que quatorze ans, quand mesme il auroit esté enlevé
du nombre des vivans audit an 650, il seroit vrai de dire que
Berthegesil auroit administré le diocèse de Chartres tout le
moins, de cinq à six ans, voire davantage, si Malard a passé
ladite année 650, comme il y a bien de l'apparence, ainsi que
nous le montrerons ci-après.

Quand à Dagobert, sitost qu'il eust nouvelles du décéds de
son père, il dépescha de ses plus confidens, pour aller s'emparer de l'Estat du défunt. Le père, dès son vivant, l'avoit
partagé du roiaume d'Austrasie; et pour celui de France en
avoit disposé en faveur d'Aribert, son fils du troisiesme lit.
Dagobert, n'estant contant de ce partage, ne le voulut tenir,
croiant son cadet mieux assigné que lui; il pensa d'avoir l'un
et l'autre et priver son frère de sa part. Il ne lui fut beaucoup
difficile de ce faire, Aribert estant d'un naturel flouet et d'un
esprit fort bas. D'ailleurs, comme Dagobert estoit personnage
accort et poli, il sceut si bien mesnager son tems, qu'il obtint
enfin l'effet de ses désirs.

S'estant acheminé à Reims, il y rencontra les évesques et
seigneurs du Roiaume, qui s'y estoient assemblés pour traiter
d'affaires. Il fut très-bien receu d'eux, et, comme s'il eust esté
envoié du ciel pour les décider et terminer, ils le recongneurent
pour Roi et lui prestèrent le serment de fidélité, comme à leur
seigneur lige et légitime. Brunulphe, frère de Sichilde, fit tout
ce qu'il pust pour rompre ce coup, qui reculoit son neveu bien
loin de la roiauté. Il avoit beau représenter que l'intention de
Clotaire avoit esté que Dagobert se contentast de l'Austrasie, et
qu'Aribert eust la Bourgongne et la Neustrie, qui estoit la vraie
France; mais la loi du Roiaume ne permettoit pas que le Roi en
eust pu disposer au préjudice de son aisné, auquel le droit

An. 630. françois le donne, s'il a les dispositions nécessaires pour bien régir un Estat; ny au détriment de ses sujets, qui avoient un notable intérest d'avoir un homme fort, pour les protéger et les défendre, et non un enfant pour les gouverner. Mais surtout Brunulphe, faisant trop paroistre qu'il ne plaidoit tant la cause de son neveu que la sienne, s'attendant d'en avoir la tutèle et l'administration du Roiaume avec sa sœur, qui n'estoit pas ce que les François désiroient, l'en fit rebucter tout-à-fait. La mémoire de Frédégonde et de Brunehauld estoit trop récente, pour ne pas se souvenir des misères, ausquelles elles avoient précipité le Roiaume par leur mauvaise conducte. La quenouille ne s'accommode pas avec le sceptre François; et ce dernier ne peut se manier par une femme, que la loi fondamentale de l'Estat exclud de le porter; le gouvernement estranger leur estoit trop odieux pour pouvoir s'y remectre.

Il n'estoit pourtant juste qu'Aribert demeurast despourveu, et qu'un fils de roi n'eust de quoi maintenir le lustre de sa naissance. Ceste considération, et que Brunulphe avoit des intelligences avec les estrangers qui, soubz le seul désir de faire leurs affaires dans ces divisions et s'enrichir de la perte de l'Estat, prendroient prétexte de la dernière volonté du défunct, pour troubler la paix du Roiaume, portèrent les plus avisés à remontrer à Dagobert qui devoit l'appennager de quelque pièce, de laquelle il pust estre content. Ce prince, recevant cest avis de bonne part, et comme de personnes bien affectionnées à son service et au repos public, donna à son frère toutes les provinces, de la Loire jusqu'aux Pyrénées.

Aribert, aiant plus qu'il ne s'attendoit, s'en alla prendre possession de son appennage, duquel il fit Tolose la capitale, et, aiant dompté la contumace des Gascons, estendit ses limites fort avant dans le Languedoc.

Dagobert estant par ce moien demeuré maistre paisible de l'Austrasie, Bourgongne et Neustrie, il applica tous ses soins à rendre la justice à ses sujets. Il ne garda pourtant toujours ceste équité, aiant fait tuer Brunulphe pour quelque léger soupçon, en quoi il fit paroistre plus de passion que de raison. Si ses vertus avoient quelque esclat, il estoit obscurci par la noirceur de ses vices. S. Arnould, évesque de Metz, que Clotaire lui avoit donné pour directeur de ses jeunes ans, ne pouvant souffrir les désordres de sa vie, le pria de lui permettre de se retirer de sa Cour, pour ne le veoir offenser Dieu. Ces parolles lui despleurent tellement, que, par un transport de cholère, il tira l'espée sur lui et l'eust offensé, s'il ne se fust trouvé du monde pour l'en empescher. Ce prélat, aiant obtenu son congé, Cunibert, archevesque de Cologne, entra en sa place pour assister Pépin, Maire du Palais d'Austrasie, qui gouvernoit desjà l'estat de la France.

Dagobert, n'aiant plus personne qui osast lui dire ses vérités, qui est le plus grand malheur qui puisse arriver aux princes, il répudia Gommatrude, sa femme, sœur de Sichilde, à cause qu'il n'en pouvoit avoir lignée, et espouza Valgonde, puis Bertilde, desquelles ne pouvant aussi avoir d'enfans, il les quitta et print au lieu, Raguetrude, de laquelle il eut un fils dès l'année mesme qu'on comptoit 638 (1), lequel fut nommé Sigibert, par Aribert ou Charibert, son oncle, lorsqu'il fut baptizé à Orléans par S. Amand, évesque d'Utrech. Comme on le baptizoit et que personne ne respondoit, il dit lui-mesme *Amen*, combien qu'il n'eust qu'environ un mois.

Cependant Dagobert, voulant faire perdre la mauvaise opinion qu'on avoit conceue de lui à cause de ses déportemens, fit bastir l'église de Saint-Denys en France pour y transférer le corps de ce tutélaire et de ses compagnons, ausquels, comme il croioit, avoir l'obligation de sa vie; aussi leur tesmoigna-t-il, tandis qu'il vesquit, une grande recongnoissance de ce bienfait. Il despouilla toutes les églises de France de leurs plus beaux ornemens, pour en réparer celle-ci. Les châsses, qu'il fit faire pour serrer les reliques de ces saints, estoient toutes de fin or, garnies de quantité de pierres précieuses. La grande *Chronique de Saint-Denys* dit qu'il fit couvrir l'église d'argent pur, à l'endroit où il posa le sacré dépost de ces Saints. Ce qui se doit entendre seulement d'un tabernacle d'argent fin, que ce Roi fit faire dans l'église, pour y resserrer ces châsses, et non de la couverture de l'église, qu'il fit faire de plomb et d'estain. Comme il avoit autrefois esté à refuge aux tombeaux de ces saints Martyrs, aussi voulust-il que ce lieu servist d'asile à toutes sortes de personnes pour y estre en asseurance. J'ai

An. 635.

---

(1) Aymoin, lib. IV, ch. 19. *Chronic. San. Dionys.*, lib. V, ch. 10.

An. 638. copie d'un titre de ceste Abbaïe, du 7 des calendes de juin, qui revient au 26 mai de l'an 5 de son règne, qui tombe l'an 636 de Nostre-Seigneur, qui fait mention de ce privilége. Si sa dévotion estoit grande envers ce Saint, sa recongnoissance passoit jusques à l'excès.

Il n'en estoit pourtant meilleur, traisnant toujours après lui un haras de concubines : Pépin, maire de son Palais, et S. Amand avoient beau lui remontrer que cela estoit fort mal séant à une personne de son asge et de sa condition, estant obligé par l'un, d'estre sage, et par l'autre, de donner bon exemple à ses sujets, qui enclinent plus volontiers à suivre les vices qu'à imiter les vertus de leurs princes; ce qui ne le rendit meilleur, au contraire, l'irrita contre Pépin, qui cuida encourir sa disgrâce, et contre S. Amand qu'il envoia en exil. Les rois ont l'ouïe délicate et l'oreille chatouilleuse. Ils ne veulent estre reprins, et semble que la correction de leurs fautes soit réservée à Dieu, auquel seul appartient de susciter des personnes pour exécuter ce qu'il veut, comme il fit à David, auquel il envoia Nathan pour lui faire la réprimande de son adultère avec Betzabée.

L'an 9 de son règne, Aribert ou Charibert, roi d'Aquitaine, estant décédé, Chilpéric, son fils, estoit héritier présomptif de son Estat; mais, estant mort incontinent après son père, Dagobert eust tout ce qui lui appartenoit. Ce ne fut pas sans soubçon de lui avoir avancé ses jours pour avoir son roiaume, duquel il s'empara aussitost, et de tous ses thrésors, qu'il emploia pour faire la guerre à un nommé Samon, natif de Sens qui, d'un simple marchand, estoit devenu roi des Esclavons (1); Dagobert, qui aimoit plus son plaisir que les armes, après avoir emploié trois ans sans aucun effet de conséquence, donna le roiaume d'Austrasie à Sigibert, son fils, et l'en fit couronner roi à Metz. Il marcha incontinent contre ces Esclavons, les courses desquels il réprima.

L'au 12 de Dagobert, il lui nasquit un fils de la reine Nantilde, qu'il avoit enlevée d'un monastère de religieuses, lequel fut nommé Clovis. Il divisa son roiaume entre lui et Sigibert; ce dernier eut l'Austrasie, l'autre eut la Bourgongne et la Neus-

---

(1) Aymoin, lib. IV, ch. 23. *Chronic. San. Dionys.*, lib. V, ch. 13. Frédégaire, ch. 57.

trie avec le duché d'Andeli, qu'il osta de l'Austrasie pour enfler An. 643.
le lod de cetui-ci. On remarque de lui une chose digne de mémoire, que Gandragesile, autrefois son directeur, qui avoit esté cause de le mectre mal avec son père, aiant esté tué, et ses fils, n'aiant voulu poursuivre la justice du meurtre, ce roi les déclara indignes d'avoir aucune part en la succession d'icelui, duquel ils ne vouloient venger la mort, et en donna partie à Saint-Denys de France. Il eut quelques prinses avec les Gascons et Bretons, lesquels aiant domptés, et n'aiant plus d'ennemis à combattre, il s'applica le reste de ses jours à des œuvres pieuses, et fit plusieurs aumosnes aux églises pour satisfaction de ses fautes. Quelque tems après, estant tombé malade d'une dissenterie à l'Espinai-sur-Seine, il se fit porter à Saint-Denys en France, d'où il alla chercher le repos du ciel, le 14 des calendes de febvrier, l'an 647 ou 648, l'an 16e de son règne, et y receut sa sépulture, ce qui a donné sujet à ses successeurs d'y eslire la leur.

Après le décedz de Dagobert, ses enfans partagèrent ses thrésors en la ville de Compiègne, le tiers desquels ils laissèrent à Nantilde, sa veufve, laquelle n'en jouit longtems estant décédée en l'an 651, elle fut portée inhumer à Saint-Denys près son mari.

Sigibert, n'aiant point d'enfans, adopta Childebert, fils de Grimoald, maire de son Palais. Il eut tout loisir de s'en repentir, veu qu'aiant eu du depuis un fils, nommé Dagobert, il eust bien voulu estre à recommencer; mais estant décédé en l'an 658, ses desseins moururent avec lui. Grimoald se saisit incontinent du roiaume d'Austrasie pour Childebert, son fils, et envoia Dagobert, légitime héritier, en Ecosse, par Dadon, évesque de Poictiers, où il le confina dans un monastère. Le *Livre des Gestes des sieurs d'Amboise*, qui appelle Germond ce Grimoald, dit que ce fut à Fulde, en l'abbaïe de Saint-Gal, que ce prince fut mis, et que ce Germond constitua Eadinard, son fils, roi d'Allemagne, ce qu'estant venu à la connoissance de Clovis, frère de Sigibert, il ramassa des troupes en France, qu'il amena contre Germond, lequel il emmena prisonnier à Paris, où il mourut; et quand à Eadinard, il s'enfuit en Constantinople, d'où il ne revint point, et pour Dagobert, n'aiant voulu quicter son monastère, Clotaire (qui fut le troisiesme du nom) le dota de beaucoup de revenus.

An. 658. Je trouve quelque chose à redire en ce narré, c'est que Clovis, estant tombé en démence, il n'estoit en estat de donner ordre à ses affaires et de se ressentir de ceste entreprinse. Il se peut néamoins faire qu'il n'eust encores perdu l'esprit; considéré qu'il se lit dans la Vie de S. Aquilin, évesque d'Evreux (1), que ce saint aiant esté mandé par Clovis, roi de France, contre les Barbares, qui pouvoient estre ces Allemans, sa femme le vint trouver à Chartres, où tous deux firent vœu de chasteté; qui montre que Clovis n'estoit encore tombé en délire. Il est bien vrai que ces sujets ne pouvant veoir une personne qui n'estoit de la race des Rois, assis sur le throsne des lys, entreprindrent de l'en chasser; donnèrent bataille à Grimoald, tuèrent Childebert, prinrent Grimoald, qu'ils conduisirent à Paris, où il fut exécuté à mort pour peine de sa perfidie. Comment est-ce donc que Childebert s'en fust fui en Constantinople; et de mesme, trouvant que Dagobert fut inhumé par S. Ouen, archevesque de Rouen, en l'église de Saint-Pierre dudit lieu, il n'y a d'apparence qu'il fust décédé à Fulde, ny en Ecosse. Mais, quoiqu'il en soit, le roiaume d'Austrasie fut, par la mort de Grimoald et de son fils, déféré à Chilpéric ou Childéric, fils puisné de Clovis, à l'exclusion de Clotaire III, son aisné, pour lequel on désignoit celui de France.

Quelques quatre ans après, Clovis dit adieu au monde, l'an 17 de son règne, et le 23ᵉ de son asge en l'an 663, ou 665 selon le supplément de Grégoire de Tours; laissant de Bathilde ou Sᵗᵉ Baudour, princesse d'Angleterre, sa femme, trois fils, Clotaire IIIᵉ du nom, qui fut roi de France; Childéric II, roi d'Austrasie, puis de France; et Thierri, premier du nom, qui fut roi après ses frères et continua la lignée.

Nicole Gilles a laissé par escrit que Clovis fust au voiage d'Outre-mer, où il demeura sept ans, pour le recouvrement de la Terre-Sainte, que, cependant, deux de ses enfans chassèrent Sᵗᵉ Baudour, leur mère, de l'administration du roiaume et s'en emparèrent; que Clovis, estant de retour, ces enfans voulurent l'empescher de rentrer dans ses Estats, lesquels aiant fait prendre et énerver ou chastrer, ils furent mis dans un bateau à la merci des ondes, qui les portèrent au lieu où l'abbaïe de Ju-

---

(1) Surii., tome V, ch. 4, 19 octob.

mièges fut bastie du depuis. Il est vrai qu'il se voioit là ses deux vers :

Jumigia ex natis Clodovei dicta gemellis,
Aucta fulgebat nongentis fratribus olim.

Mais, pour moi, je crois que c'est un vrai conte, fait à plaisir; Jumièges aiant esté basti par le roi Dagobert, par les prières de S. Philibert, qui en fut le premier abbé. D'ailleurs, comment est-ce qu'on pourroit soustenir que ce prince, qui n'avoit que vingt-trois ans lorsqu'il mourut, eust esté sept ans à faire la guerre en un païs estranger, esloigné du sien de plus de quatorze cens lieues, et eust eu auparavant son départ, des enfans si grands, qu'ils se fussent emparés durant son absence de son Estat, et l'eussent voulu retenir et l'en priver à son retour? cela estant tout-à-faict contre la raison et choquant le sens commun.

Ce fut durant la démence de ce prince, et le bas-asge de ses enfans, que les Maires du Palais eslevèrent leur authorité jusques à ce point, qu'ils estoient rois en effet, quoiqu'un autre en eust le nom. J'ai avancé tout ce discours pour mieux entendre ce qui suit. Nostre Berthegesil termina plus tost la course de sa vie, pouvant estre décédé dès 648, suivant ce que nous en avons dit ci-dessus.

CHAPITRE XXVI.

De S. Malard, évesque de Chartres, et de S. Laumer, abbé.

MALARD, après le déceds de Berthegesil, aiant esté canoniquement esleu par le clergé et le peuple de la ville de Chartres, entra en possession de l'église d'icelle. Le Catalogue de nos Evesques dit qu'il fut soubz Clotaire, et qu'il commença sa séance dès l'an 601, mais ne disant quel Clotaire ce fut, il y a apparence, après ce que nous avons dit ci-devant,

An. 663. qu'il s'est équivoqué et qu'il a prins Clotaire II, qui véritablement régnoit en l'an 601, pour Clotaire III, son petit-fils, qui ne commença son règne qu'en l'an 663, ou comme d'autres le veulent en l'an 665. La mesme faute se rencontre dans la Vie de S. Laumer, dans laquelle il se lit que ce saint vivoit soubz le règne de Clotaire Ier, fils de Clovis, premier roi Chrestien, qui est une béveüe d'environ cent ans, ainsi qu'il se verra ci-après. Ce qui a donné sujet à Severt, dans son Catalogue des Evesques de Chartres, de faire deux Malard d'un seul, l'un, qu'il dit avoir présidé en l'église Chartraine depuis l'an 554 jusques en 557; l'autre, depuis l'an 662 jusques en 678. Les raisons qu'il rapporte, pour fonder son opinion, sont : la première, que Surius et Mosander font mention d'un Malard en la Vie de S. Laumer, qui commença à paroistre, dit-il, depuis l'an 530, jusques à environ l'an 560; la seconde, qu'il se trouve un autre Malard entre les Pères du Concile de Chaslon-sur-Saosne, tenu le 8 des Calendes de novembre, l'an 6e de Clovis II, qui estoit en l'an 650, selon Sirmond, en sa collection des Conciles, qui ont esté célébrés en France.

Pour le premier, il n'y a point de doute que Severt et ses autheurs se soient trompés, veu que Malard n'a peu entrer en possession de l'église Chartraine qu'après Berthegesil, qui mourut vers 648; et qu'au tems qu'ils lui assignent, en l'an 554 et 557, c'estoit S. Lubin qui occupoit la chaire d'icelle; pour le second, nous en demeurons d'accord, d'autant que S. Malard pouvoit estre desjà en possession de l'évesché de Chartres en l'an 650, qui estoit environ un ou deux ans après la mort de Berthegesil. Il eust mieux rencontré, s'il eust escrit que S. Laumer avoit commencé à se faire congnoistre en 630, et qu'il seroit trespassé environ l'an 674, pour ce que c'est le tems auquel a vescu ce saint. Ce qui se verra plus clairement par ce qui est porté dans sa Vie, qui dit qu'il estoit natif de Chartres, et qu'en ses premières années ses parens l'envoioient garder leurs trouppeaux. Devenu grandelet et recongnoissant son inclination aux lectres, ils le baillèrent à un homme docte nommé Cherimir, pour le dresser aux sciences et à la vertu. Ce Cherimir, que nous avons veu ci-devant avoir esté précepteur de Lancegésil, nostre prélat, pouvoit estre du corps du Chapitre ou du clergé, qui avoit charge d'instruire la jeunesse, et estoit comme le maistre d'escolle, qu'on appelle en quelques endroits Capiscol, An. 663. c'est-à-dire, *Caput Scholæ*, Scholastic, ou Escolastre, soubz lequel il profita tellement, qu'il estoit comme l'exemplaire sur lequel ses condisciples pouvoient former leurs actions.

Se voyant en quelque considération parmi eux, et craignant que ce lui fût une eschelle pour monter à quelque bonne opinion de soi-mesme, il pensa de se retirer dans le désert, pour en éviter les occasions; mais, comme les hermites et les anachorètes n'estoient encores receus dans le clergé, il voulut auparavant se faire promouvoir à l'ordre de prestrise; ce qui le recula de son dessain, d'autant que ses confrères le voyant constitué en ceste dignité, l'esleurent pour avoir soin de leur communeauté. Ce qui a donné sujet à quelques-uns, d'estimer que S. Laumer avoit esté maréglier ou sacristain de l'église de Chartres, et qu'il avoit l'administration du bien de leur société. Ils devoient plustost penser qu'il estoit chanoine, veu que les marégliers n'avoient encores de communeauté, et ne l'ont eue que longtems du depuis; que l'église estant creue en biens et services, on fut obligé de créer de nouveaux officiers pour y servir, ausquels on assigna certain revenu pour vivre et supporter les charges de leurs bénéfices.

J'estime pour moi, qu'il pouvoit estre Prévost en ladite église, considéré que ceux de ceste condition avoient en maniement tout le revenu d'icelle, pour le distribuer aux particuliers de leur collége selon leurs nécessités, tandis qu'ils ont vescu en commun. C'estoit avec un grand zèle et charité que S. Laumer exerçoit ceste charge au grand contentement de ses confrères. Mais, comme elle l'obligeoit de converser avec plusieurs personnes ausquelles il avoit à respondre, ne trouvant sa satisfaction parmi ces embarassemens, qui lui ostoient bien souvent le moien de se recolliger et de se posséder soi-mesme, il résolut de remectre ceste charge entre les mains de ceux qui lui avoient conférée. Ce qu'aiant fait, sans pouvoir obtenir ce qu'il demandoit, il se déroba nuictamment de ses frères et se retira dans un lieu solitaire, pour y vivre avec les Anges, puisqu'il ne pouvoit trouver son contentement parmi les hommes. La plus grande partie du Perche estoit lors en forest et en landes : y aiant trouvé un lieu propre à son intention, il y dressa une hutte avec des branchages d'arbres et du gazon, en laquelle il s'occupoit aux exercices de l'esprit, et nourrissoit son corps des fruits qui croissoient dans ces bocages.

Il n'y fut guères, que quelques voleurs n'allassent à dessain de dérober ce qu'il pouvoit avoir; il le sceut par révélation, et que ces brigans avoient rodé toute la nuit à l'entour de sa celle, sans pouvoir la trouver. Il s'en alla au-devant d'eux, et les aiant enquis de ce qu'ils cherchoient, ils tombèrent comme morts devant lui. Les prenant par la main : « Levés-vous, mes » enfans, leur dit-il, avez-vous besoin de mon assistance ? » Ces voleurs recongnoissant leur faulte, lui desclarèrent le complot qu'ils avoient fait de le voler. « Je le sçavois bien, leur » dit-il, c'est pourquoi je suis venu au-devant de vous, pour » vous dire que vous vous estes grandement mespris d'avoir creu » qu'aiant quicté les biens du monde pour espouzer une pau- » vreté volontaire, j'aie de l'argent! Dieu vous pardonne ceste » mauvaise pensée, et ne soiés doresnavant si téméraires de » vous adresser à personnes de ma profession, que Dieu protége » particulièrement, et ne laisse impunies les injures qu'on leur » fait. Retournés en paix chez vous, et changés vostre vie per- » verse en une meilleure, si vous voulés recouvrer la grâce de » Dieu! » De retour qu'ils furent chez eux, ils ne peurent céler ce qui leur estoit arrivé. Ce qu'estant divulgué, on accouroit de toutes parts à ce saint personnage pour recevoir ses instructions salutaires, et les villages voisins n'estoient pas assés amples pour loger ceux qui venoient vers lui. Sa chaumière se changea bientost en un grand monastère, sa hutte en de belles maisons, et ce désert en une aggréable demeure.

Je ne veux, pour cause de brièveté, faire estat en détail des miracles que Dieu opéroit par lui, suffit de les dire en gros. Il redressa un boiteux, son voisin, et d'impuissant au travail, il le rendit en tel point de santé, qu'il pouvoit gaigner sa vie. A sa prière, la porte de son oratoire s'ouvroit sans clef; il estaignit par le signe de la croix le feu, qui s'estoit print durant l'aoust, dans des gerbes de bled; aiant commandé à un loup de ne méfaire à une biche, sur laquelle il estoit prest de se jecter, comme si cest animal eust eu de la raison pour obéir à ce commandement, il se retira dans le prochain bocage. Il guarit d'une paralysie, avec de l'huile bénite et le signe de la croix, un certain gentilhomme nommé Leudecramnus, lequel, pour n'estre ingrat de ce bienfait, fit bastir à Charbonnières au Perche, une celle An. 663. ou demeure, à laquelle il assigna quelques revenus, pour la nourriture et entretien de ceux qui y feroient leur résidence à l'avenir; ce qui s'est perdu par succession du tems, et n'y en a à présent aucune mémoire.

Ce Saint, se faschant de tant de visites, qui lui estoient une grande distraction pour la condition qu'il avoit choisie, pensa d'abandonner sa première demeure, pour s'en aller ailleurs, où il pourroit recevoir moins d'importunités. Sur ce dessain, s'estant retiré avec ses disciples en un certain endroit de la mesme forest, où il trouva des mazures d'un vieil bastiment, couvertes de ronces et d'espines, qu'il obtint du seigneur auquel il appartenoit, nommé Rognosovitus, qui fut fort joieux d'avoir un tel hoste, auquel il donna des revenus suffisans pour l'arrester et pourveoir à ses nécessités. C'est ce qu'on appelle aujourd'hui Moustier-au-Perche, qui estoit autrefois abbaïe, comme nous le pourrons veoir ci-après, et maintenant n'est qu'un Prieuré conventuel, dépendant de l'abbaïe de Saint-Laumer de Blois; on l'appelloit autrefois Corbion, à cause qu'il est assis sur un petit ruisseau du mesme nom.

La légende de ce Saint porte que ce fut l'an second du règne de Chilpéric, mais mieux Childéric II, qui revient à l'an 671, que cela se passa. S. Laumer, aiant trouvé ce qu'il désiroit, voulut faire édifier un monastère en ce lieu pour y faire sa demeure. On lui avoit donné un vieil chesne pour commencer son bastiment. Il se trouva en un endroit fort incommode pour le faire transporter; quarante hommes eussent à peine peu suffire pour le remuer, et néamoins, s'estant mis en prières tandis que ses religieux s'en furent disner, il se trouva, devant qu'ils eussent achevé, au lieu qu'il désiroit.

Un nommé Ermoaldus, personnage de condition au païs, tomba malade, il envoia vers S. Laumer, afin de prier Dieu pour le recouvrement de sa santé, et quarante escus pour aumosne. Ce saint, les aiant mis sur l'autel, et les aiant maniés l'un après l'autre, en retint un seulement et rendit les autres au porteur, l'enchargeant de dire à son maistre, que Dieu ne s'appaisoit par une aumosne qui venoit d'un mauvais acquiest, et qu'il mourroit de la maladie qui le tenoit alité. Le messager s'en estant promptement retourné, il trouva son maistre agoni-

An. 663. zant, qui rendit incontinent les derniers soupirs de sa vie. Certains larrons lui avoient desrobé un bœuf, ses religieux en faisoient un grand bruit. « Patience! leur dit-il, mes frères, il ne
» faut que la perte d'un temporel nous cause celle du ciel,
» quand notre bœuf seroit perdu, qu'y pourrions-nous faire?
» Dieu nous l'avoit donné, il nous l'a osté, son nom soit béni!
« Il n'est pas perdu; c'est que Dieu veut esprouver nostre pa-
» tience, et devant qu'il soit peu nous le retrouverons. » Il arriva ainsi qu'il avoit dit, pour ce que ces voleurs aiant rôdé deux nuits et un jour par la forest, sans avoir peu trouver aucune issue pour en sortir, se trouvèrent un matin près l'estable où ils avoient commis leur larcin. Oïant chanter les moines : « Qu'est-ceci, s'entredisoient-ils les uns aux autres, nous voilà
» à recommencer, nous sommes au mesme endroit d'où nous
» sommes partis. Asseurément la vengeance de Dieu nous pour-
» suit, pour lequel appaiser, il faut rendre ce bœuf à ses
» maistres, de crainte qu'il ne nous arrive pis. » Comme ils estoient en ceste résolution, S. Laumer parut devant eux, allant visiter après matines l'enceinte de son monastère. Ils demeurèrent immobilés devant lui, jusqu'à ce qu'aiant confessé leur larcin, il les congédia secrectement, pour n'estre apperceus de personne, et, ramenant le bœuf au monastère, il fit croire à ses religieux, qu'il l'avoit trouvé qui revenoit de paitre.

Il y avoit en ce tems-là une dame de condition, nommée Wulfrade, laquelle, dès ses plus tendres années, ne se pouvoit tenir debout; ses serviteurs la portèrent à S. Laumer pour obtenir sa guérison, Elle la receut par le moien de l'huisle bénite et du signe de la croix qu'il fit sur elle, et vesquit longtems après. Pour n'estre ingrate de ce bienfait, elle despartit de ses biens aux disciples de ce saint, qui estoient demeurés en son monastère. Après son décès, du consentement de Chyamnulfe, son mari; entre autres choses, elle leur donna ses mestairies de Lotuei et du Brueil, que la Légende appelle *Britnogilum*, à condition qu'il y auroit toujours des religieux, pour y faire le service, et est encores un Prieuré despendant de Saint-Laumer de Blois. Ragnobert, successeur de ce saint, y envoia incontinent de ses moines, ausquels ces mariés donnèrent encore une mestairie de la Loire, appelée La Faie, qui est aussi un Prieuré dépendant de ladite abbaïe.

S. Laumer, sentant la fin de sa vie approcher, il faisoit ce qu'il pouvoit pour se préparer à bien mourir. S. Malard, évesque de Chartres, l'avoit en grande estime, à cause de sa sainteté et des merveilles que Dieu opéroit par lui. Désireux d'avoir le bonheur de sa présence, il le convia de venir revoir le lieu de sa naissance, et lui donner ceste satisfaction, de pouvoir s'entretenir quelque tems avec lui. S. Laumer, qui enseignoit l'obéissance aux autres, voulut tesmoigner la sienne à son prélat, en se transportant sans délai à Chartres où il devoit trouver son sépulchre, où il y avoit eu son berceau. Mais, comme il estoit fort vieil, à peine y fut-il arrivé, qu'il fut saisi d'une grosse fiebvre, qui l'emporta au tombeau. S. Malard, extresmement fasché de le veoir malade, le visitoit souvent, et comme un jour entre autres lui parlast du desplaisir, qu'il avoit de sa maladie, « Consolez-vous, lui dit-il, mon révérend Père, ne sçavés vous
» pas bien que nous ne naissons que pour mourir? Mes vieux
» ans ne peuvent me faire espérer une plus longue vie. Pour
» moi, je sortirai content de ce monde, pour m'en aller au ciel,
» attendu les malheurs, que je prévoi devoir arriver en ceste
» province. Ce me seroit un desplaisir très-sensible de demeurer
» davantage en vie, pour veoir ce que j'ai horreur de dire, et
» que j'appréhende autant que la mort; c'est le sac de ceste
» ville et la ruine de nostre païs, qui sont arrestés au conseil
» de Dieu. Je ne pourrois qu'avec beaucoup de douleur contem-
» pler le supplice de mes plus chers concitoyens, qu'un insolent
» soldat mectra cruellement à mort, pour contenter sa passion ;
» et veoir les lieux saincts, prophasnés par des impies, qui em-
» porteront en leur païs ce que nous avons de plus vénérable,
» et se gorgeront des biens de vos bourgeois. Vous ne verrés
» pas à la vérité ces malheurs, d'autant que Dieu, couppant la
» trame de vos jours, auparavant le siège, qui doit estre posé
» devant ceste ville, vos yeux ne verront rien de ce que je vous
» prédis. Je suis marri d'estre un si mauvais prophète, mais,
» quoi! Il faut que ce que Dieu a conclud dans le Ciel, s'effec-
» tue en la terre. »

Sa fiebvre, redoublant de jour en jour, il rendit son âme à Dieu, le 19 de janvier, environ l'an 674 : son corps fut porté dans la grotte de Saint-Martin-au-Val, où il fut inhumé auprès de S. Lubin.

An. 674.

An. 676. Quelque tems après, ceux de Moustiers-au-Perche, faschés que le corps de S. Laumer leur fust eschappé, attendu les excellens miracles, qui se faisoient à son tombeau, trouvèrent moien de l'enlever et emporter chez eux. S. Malard, en aiant eu avis, leva du monde pour aller après, et le faire rapporter. Je trouve de la contradiction à ce qui en arriva, d'autant que le Catalogue de nos Evesques dit que ce corps fut rapporté et remis en son lieu, où néamoins un acte de Moustiers, porte que le corps dudit Saint reposoit en ce monastère ; mais il y a un bon moien de les accorder, n'estant de présent ny en l'un ny en l'autre, mais à Blois, où il a esté transféré en l'Abbaïe qui porte son nom, laquelle y fut bastie, vers l'an 924, par le roi Raoul, ainsi que nous le dirons ci-après.

Malard vesquit quelque tems après, et jusques vers l'an 676, ou 678, qu'il décéda, et fut inhumé aux grottes de Saint-Martin-au-Val, avec S. Laumer. Je trouve un *Malehardus*, signé dans l'exemption donnée par S. Landri, évesque de Paris, à l'abbaie de Saint-Denys en France en l'an 658, et dans la confirmation, qui en fut faite en une assemblée, tenue à Clichi en l'an 659, que je croi estre nostre prélat, combien qu'ils soient tous dénommés sans titre, ou, sans faire mention du lieu où ils estoient évesques. Il est réputé pour Saint dans le diocèse, et dans les Litanies des Rogations ; on l'invoque comme Saint, en ladite église de Saint-Martin-au-Val.

CHAPITRE XXVII.

De Haigrand, Airaut, ou Ariaut, et de S. Bouaire, évesques de Chartres.

LA confusion est si grande parmi ceux qui ont escrit nostre histoire, qu'on n'y peut asseoir aucun jugement asseuré. La faute en vient à mon avis de celui qui a voulu le premier faire le dénombrement de nos prélats ; lequel s'est plus estudié à en cotter les noms que les actions, et le tems de leur administration. Il nous présente après S. Malard, Gaubert, Gaudebert, Adeodat, Donus, Promus, Papoul, Bouaire, ou Bethaire, Berthegrannus, Haïnus, Haigrandus, qu'il a mis confusément, et leur a assigné tel tems de leur séance qu'il a voulu, sans dire au vrai celui auquel ils ont occupé la chaire épiscopale de Chartres. Nous en avons monstré quelque chose ci-dessus, et pourrons le faire encores, en ce qu'il met Papoul entre ceux que nous venons de nommer, lequel doibt estre mis comme nous l'avons fait cent ans auparavant, et dès l'an 573 (1). J'estime, pour moi, qu'il s'est grandement équivoqué en ceste déduction, mectant Haigrand un des derniers, que je croi devoir estre des premiers, et le successeur de S. Malard, qui décéda environ l'an 678, veu que quatre ans après je trouve ce Haigrandus, Airaudus, Ariadus, Artaldus (car il est appelé de tous ces noms), entre les pères du Concile de Rouen en l'an 682.

An. 678.

Je ne suis ignorant que Sigebert a escrit que S. Ouen, prédécesseur de S. Ansbert mourut seulement en l'an 690, Adon en 696, d'où l'on pourroit tirer une conséquence, que S. Ansbert n'estoit point encores évesque de Rouen en l'an 682, et que comme l'escrit Dadré en sa Chronologie des Archevesques d'icelle ville, il ne le fust qu'en l'an 689, ce qui est apertement contredit par Fridegard, diacre de S. Odon ou Eudes, en la Vie de S. Ouen. Baronius et Claude Robert, qui escrivent que S. Ouen décéda en l'an 667, l'an 6ᵉ de Thierri, roi de France et de la reine Crotilde, au village de Clichi, dit à raison de S. Ouen, entre Paris et Saint-Denys en France. Sa vie rapportée par Surius (2) dit que ce fut l'an 16ᵉ de Thierri, mais, comme l'a remarqué Baronius, ce ne fut que le 6ᵉ, auquel an, S. Ansbert, abbé de la Fontanelle, autrement de Saint-Wandrille, lui succéda. Aubert le Mire veust que ç'aie esté l'an 678, qui revient à ce qu'escrit le moine Angrad, en la Vie du mesme S. Ansbert, que ce fut l'an 13 de Thierri, roi de France, et le 5ᵉ de son épiscopat, qu'il tint un Concile dans sa métropole, pour raison de quelque privilège octroié à ladite abbaïe. Sirmond rapporte ce Concile à l'an 16ᵉ de Thierri et de Notre-Seigneur l'an 682. Il est vrai que ce fut en ce dernier an, que ce Concile fut tenu,

(1) *Ut suprà*, lib. II, ch. 2. — (2) *Ad* 24 *aug.*, t. IV, ch. 29.

An. 682. pour ce qu'Angrad ajoutant que ce fut l'indiction X, qui se rencontre la mesme année; il est certain que ce fut en celle-là que fust célébré ce Concile; mais quand au règne de Thierri, ce ne pouvoit estre que la 13e.

Cela ainsi arresté, s'il est vrai que Haigrandus ou Airandus n'aie occupé la chaire épiscopale de Chartres que quatre ans, nous pouvons asseurer qu'aiant succédé en l'an 677 ou 678 à S. Malard, il seroit décédé en l'an 682, en laquelle année finissent les quatre ans de sa prélature, et que S. Bouaire lui succéda, d'autant que si ça esté du tems de Thierri, roi de France, qui décéda en l'an 689, que tout ce que S. Laumer avoit prédit à S. Malard, devoir arriver à la ville de Chartres, et païs Chartrain, advint durant la séance de S. Bouaire, il falloit que ce Saint eust prins possession de son église dès le mesme tems, et qu'il eust succédé à Haigrand ou Airaud.

Cela se peut recognoistre par la Vie de S. Bouaire, encores que celui qui l'a descrite y ait inséré beaucoup de choses, qui ne peuvent se soutenir. Entre autres, il dit que ce Saint fut ordonné prestre par Papoul, évesque de Chartres, qui estoit décédé il y avoit plus de cent ans; et autres béveues que nous cotterons ci-après. La suivante en est une; que S. Bouaire, natif de Rome, estant venu en France, il fut chapelain et confesseur du Roi. Papoul estant décédé, il fut postulé par le clergé et les habitans de Chartres pour leur évesque et pasteur. Le roi Clotaire, qui lui avoit commis la garde de ses reliques (d'où je recueille qu'il estoit apocrisiaire, ou grand-aumosnier du Roi, d'autant que cela estoit de sa charge) fut très joieux du choix qu'on avoit fait de sa personne, jugeant n'en pouvoir trouver un plus capable, pour s'acquitter dignement de ceste charge.

S. Bouaire fit tout son possible pour s'en exempter, mais aiant eu commandement du roi de l'accepter, il se fit sacrer, et print possession de son bénéfice. A peine y avoit-il demeuré six ans, que Thierri, roi de Bourgongne, cousin de Clotaire, amassa une grosse armée de Bourguignons, Allemans et Goths, et courut les terres des François, mectant tout à feu et à sang, par où il passoit. Clotaire vint au-devant, pour rompre ses dessains, mais ne se voiant assés fort pour lui, il aima mieux se retirer avec prudence, que lui résister avec témérité. Thierri le poursuivit dans les forests du Perche, et estant venu jusques à Chartres, sans pouvoir l'attraper, il tascha de s'en rendre An. 682. maistre et de la piller.

Les habitans, lui aiant fermé la porte de leur ville, arrestèrent le progrès de ses victoires, et s'estant fortifiés contre lui, l'obligèrent d'avoir par finesse ce qu'il ne pouvoit avoir de force, il demanda à parlementer. On députa vers lui des principaux de la ville, ausquels aiant donné à entendre que ce n'estoit à eux qu'il en avoit, mais à Clotaire, qu'il les prioit les laisser entrer dans leur ville, pour le raffraichissement de son armée, et pour avoir des vivres pour leur argent, leur asseurant qu'ils ne recevroient aucun mauvais traictement de sa part, ni de ses trouppes. Ces députés aiant fait leur rapport, les habitans de Chartres lui refusèrent tout à plat l'entrée de leur ville. Thierri, offensé de ce refus, fit approcher ses machines et donna l'assaut à leurs murailles. Si elles furent furieusement attaquées, elles furent aussi gaillardement défendues, et l'ennemi réduit au désespoir de ne pouvoir les forcer. Thierri, craignant encourir la honte d'avoir levé le siège sans effet, s'advisa d'attirer les habitans à un second parlement, où il sceut si bien déguiser ses intentions, qu'aiant par belles promesses fléchi les esprits des plus résolus, ils lui ouvrirent les portes de leur ville et l'y receurent avec toute son armée. Ceux-ci estant les plus forts se rendirent facilement les maistres de la place, qu'ils saccagèrent contre leur foi donnée, et emmenèrent plusieurs bourgeois prisonniers, sans discrétion d'asge ou de sexe, faisant main basse sur ceux qu'ils réputoient inutiles, ou desquels ils ne pourroient tirer rançon et réduisant en cendres ce qu'ils ne pouvoient garder ou emporter.

S. Bouaire aiant fait tout ce qu'il avoit peu pour apaiser la cruauté d'un impiteux soldat, et après avoir employé tous ses moiens, et de son église, pour une partie de ses concitoyens, n'aiant plus rien pour leur bailler, s'offrit par un grand excès de charité à mourir, s'il estoit besoin pour le reste, ou à estre vendu pour la rançon qu'ils en espéroient. Un soldat là-dessus l'aiant, sans aucun respect de sa dignité, arresté prisonnier, le chargea de chaisnes et de ceps, et l'emmena prisonnier avec quantité d'habitans: aiant esté conduit devant le Roi, en présence de ses Comtes, il s'en trouva un si insolent, qui lui osta de force les gans, qu'il avoit en ses mains pour en chausser les

An. 682. siennes. Il ne les eut plustost mis, que surprins d'une intolérable ardeur il se déchiroit les mains avec les dents, qu'il mist tout en pièces, sans qu'on pust l'empescher. Ce piteux spectacle estant recongneu pour un juste chastiment de Dieu, qui ne vouloit souffrir une injure si atroce, faite à un de ses principaux ministres, donna tellement l'espouvante à Thierri, et à ceux qui estoient en sa compagnie, que, se prosternant à ses pieds, ils lui demandèrent le pardon de leurs fautes, lui ostèrent ses manotes et à ceux qui avoient esté faits prisonniers, et aiant rendu tout ce qu'on leur avoit prins, on les mit en liberté. Thierri s'estant retiré, et S. Bouaire de retour, il s'appliqua aux œuvres de piété que Dieu assista de miracles; il rendit l'ouïe à un nommé Portage, qui avoit despensé partie de son bien aux médecins, qui n'avoient sceu que faire à son infirmité. Il délivra une fille d'un démon, rendit la veue à deux aveugles, et fit plusieurs autres merveilles, pour le soulagement de ceux qui avoient recours à lui pour le recouvrement de leur santé. Enfin, plain de bonnes œuvres et d'années, il décéda le 2 d'aoust l'an 16e de sa prélature. Voilà l'extrait de la vie de ce Saint, prins d'un plus long discours, qui se lit dans les Légendaires de l'église de Chartres.

Pour mieux entendre ce que dessus, et ce que nous avons à dire ci-après, il est besoin de remarquer que Clovis II, roi de France, estant décédé en l'an 665, Clotaire IIIe du nom, lui succéda; lequel, en quatre ans qu'il régna, ne fit chose digne de mémoire, sinon qu'après Errich, ou Eccembaud, maire de son Palais, il substitua Ebroin en son lieu, auquel il donna tant d'authorité, que celle des rois se perdit et s'anéantit puis après. Ceste dignité en son commencement n'estoit qu'un office en la maison du roi, lequel attribuoit à celui qui l'exerçoit la surintendance sur tous les officiers d'icelle, et estoit comme est à présent le Grand-Maistre de la maison de Sa Majesté. Ces Maires ou officiers, abusant de la facilité et fainéantise de leurs maistres, agissoient soubz le nom du prince, lequel, n'aiant assés d'esprit ou de force pour les empescher, tranchoient de l'absolu et faisoient tout ce qu'un souverain peust faire, ne leur manquant que le nom et la qualité de roi. Clotaire III, estant mort sans enfans, l'an 4e de son règne et l'an 669 de Jésus-Christ, au village de Chelles, auquel lieu il receut sa sépulture, en l'Abbaïe fondée par Ste Bantheur, sa mère, Thierri ou Théoderic, son frère, lui succéda et fut eslevé sur le throsne François par la seule authorité d'Ebroin ; plusieurs seigneurs, se voiant gourmandés par cest Alleman, se retirèrent de l'obéissance de ce roi, qui ne possédoit que Paris et la Neustrie, qui est ce qui se trouve entre la Seine et la Loire, et ceux qui estoient demeurés en devoir, ne pouvant plus supporter le gouvernement d'un prince si lasche, s'emparèrent de la personne de Thierri, qui avoit régné environ un an, plus sur un tas de femmes, que sur ses sujets, le tondirent et le mirent moine à Saint-Denys en France. S'estant semblablement asseurés d'Ebroin, ils l'enfermèrent pareillement dans l'Abbaïe de Luxeuil ou Luçon, en la Franche-Comté, l'an 670. Ils députèrent promptement vers Childéric II, roi d'Austrasie, pour lui donner advis de ce qui se passoit, et l'inviter de venir prendre possession du roïaume de France, qui le regardoit. Il ne se fit guères tirer l'oreille, s'estant rendu à Paris le plus promptement qu'il pust ; mais l'orgueil et la sévérité avec lesquels il traicta ses sujets, aiant diverti leurs volontés de son service, ils complotèrent de se défaire de lui. Il avoit grandement offensé un certain seigneur, nommé Bodilo, qu'il avoit traicté de maraut et laquais, lui faisant donner les estrivières. Ce gentilhomme, qui estoit en considération, grandement picqué d'un si honteux traictement, que la splendeur de sa naissance ne pouvoit essuier, sans encourir le reproche d'une âme lasche et sans courage, intéressa tous ses parens et amis pour tirer raison de cet outrage, comme s'il eust esté fait, non à sa personne, mais à toute la noblesse. Le complot fut prins de le tuer : on le chercha, tandis qu'il estoit à la chasse dans la forest de Chelles ou de Bondis, de laquelle retournant fort mal accompagné, comme ne se doutant de rien, Bodilon trouvant son coup à faire, l'estendit roide mort sur la place, l'an 12e de son règne, et l'an 676, ou, comme autres le disent, 679 de Nostre-Seigneur ; il en fit autant à Bithilde, ou Bilichilde, qu'autres appellent encores Hymnechilde et Linchilde, femme de ce roi, quoiqu'elle fust enceinte ; sa passion l'aiant porté à ce point de ruiner entièrement la race de ce prince, qui mourut sans enfans. Leurs corps furent portés à Saint-Germain-des-Prez-lez-Paris, où ils receurent leur dernière maison.

An. 682.

An. 687.   Il ne resta plus par ce moien, de la famille de Clovis II, que Thierri, que les seigneurs François firent sortir du monastère de Saint-Denys, pour le faire monter de rechef sur le throsne des lys; Ebroin en aiant eu le vent, trouva moien de sortir du monastère, où il avoit esté confiné et de se remettre dans sa charge, qu'il exerça jusques en l'an 687, qu'il fut mis à mort par un nommé Ermanfroi. Durant ce tems-là, qui dura environ quatre ou cinq ans, ce ne fut que meurdres et assassins, cest esprit qui ne respiroit que la vengeance, cherchant toutes les occasions de contenter sa passion, par le sang de ceux qu'il croioit lui avoir esté contraires et coopéré à sa prison. Les évesques particulièrement eurent beaucoup à souffrir, entre lesquels S. Léger, évesque d'Authun eut la teste couppée, S. Lambert, évesque d'Utrech, et S. Amé, archevesque de Sens, et autres, furent bannis hors du roiaume et receurent un mauvais traictement.

De là il est facile à juger que celui qui a dressé la vie de S. Bouaire s'est trompé à la ressemblance et conformité des noms, lesquels a prins les uns pour les autres. Aussi le Catalogue de nos prélats, après avoir dit que Thierri estoit roi de Bourgogne, qu'il avoit poursuivi Lothaire ou Clothaire, et avoit prins Chartres et S. Bouaire, il adjoute: « *Tempore hujus Betharii, post mortem dicti Lotharii (alii Clotharii) regnavit frater suus Theodoricus, uno anno dumtaxat, quia fuit expulsus per Barones, et effectus monachus, et loco ejus positus est in regno Childebertus* (mais mieux Childericus) *frater suus, qui regnavit tredecim annis et cœpit regnare anno* 666. *Hujus tempore sedit Betharius, sexdecim annis.* »

Duquel narré il se peut veoir que l'autheur d'icelui confond Clotaire II et Clotaire III en un seul, comme aussi deux Thierri; l'un, roi de Bourgogne, mort dès 613, et un autre roi de France, qui ne trespassa qu'en l'an 690, encores que par ce discours, cela se doive entendre de ce dernier, qui ne régna qu'un an, après lequel il fut chassé du roiaume, et tondu moine à Saint-Denys en France, comme nous l'avons dit ci-dessus. Paul, moine de Saint-Père-en-Vallée de Chartres, pensant esclaircir ceste affaire, l'embrouille davantage, disant que: « *Beati Betharii, præsulis, temporibus, a Sequanis et Burgundionibus regem Francorum persequentibus, fuit obsessa hæc civitas Car-*

notensis, quam cùm inexpugnabilem conspexissent, aquæduc- An. 687.
tus et cuniculos, quibus aqua civibus dabatur, declinaverunt et obstruxerunt: Undè cives et præsul aquæ penuriâ coangustiati, hostibus cesserunt et portas aperuerunt, ab ipsis igne, ferroque trucidandi, sed hoc potiùs credendum factum fuisse ab his Sequanis, qui Clotario I rebelles fuerant, ipsumque in patriâ Wastinensi vicerunt, et usque ad Carnotùm silvas fugarunt, regionem usquequaque depopulati ut multò antè B. Launomarus Malardo præsuli prædixerat. » Pour autant que, pensant corriger une erreur, il en commet deux, l'une confondant le siége qui fut posé du tems de Thierri, roi de France, devant Chartres, avec celui, qu'y mit Thierri, roi de Bourgongne, vers l'an 610, quatre-vingt ans, ou environ plus tost; L'autre disant que S. Laumer avoit prédit à S. Malard ce siége, qui fut mis devant Chartres du tems de Clotaire I par ces Bourguignons Franc-Comtois, longtems devant qu'il arrivast, veu que S. Laumer a esté plus de cent dix ans après ce Clotaire, qui décéda en l'an 564 et S. Laumer en l'an 674.

D'ailleurs ceste guerre, qu'on veut estre arrivée entre Clotaire et Thierri, du tems de S. Bouaire, est une pure imagination, considéré que Clotaire estoit décédé auparavant que S. Bouaire entrast en possession de l'évesché de Chartres et qu'il n'y a eu aucune guerre entre ces deux frères, pour le moings qui soit venu à ma congnoissance, et quand il y en auroit eu, ce ne pourroit avoir esté du tems de S. Bouaire, qui commença sa séance seulement soubz le règne de Thierri. Que s'il y a eu quelque mouvement en ce tems-là, ce pourroit avoir esté, lorsque Ebroin, estant sorti du monastère, où il avoit esté enfermé, arma contre Thierri et Landeric, ou Landri maire du Palais. Lesquels il alla trouver en la Neustrie, où en passant il auroit pu poser le siége devant Chartres, comme faisant partie de ceste province, et y commit toutes les hostilités, que S. Laumer avoit prédites, et en emmena captif S. Bouaire. Cest homme sanguinaire, qui ne respiroit que vengeance de l'affront qui lui avoit esté fait de le chasser du gouvernement de l'Estat, en avoit particulièrement aux évesques, qu'il croioit avoir esté les premiers à soubscrire sa rélegation de la Cour et sa détrusion dans un monastère, l'un desquels nostre prélat pouvant avoir esté; il auroit déchargé partie de sa cholère sur lui. Car autrement

An. 687. je ne trouve point, quand, ni comment, ceste guerre, plus imaginaire à mon advis que véritable, pourroit avoir esté. La Vie de S. Bouaire dit à la vérité, que ce fut l'an 6ᵉ de sa séance, qui se rencontre en l'an 687, qui est la mesme année, ou la suivante, en laquelle Ebroin fut tué, ainsi que l'escrit Sigibert (1), qui pourroit avoir esté en ce tems-là, veu que ce fut en ce conflit de Neustrie, où il receut le coup de la mort par Hermanfroi. Si quelqu'un le sçait mieux, qu'il le die, il fera plaisir à la postérité.

Au fond, S. Bouaire mourut l'an 16ᵉ de sa prélature, ainsi que le porte le Catalogue de nos évesques, ce fut en l'an 697, et fut inhumé en l'église de Saint-Martin-au-Val, avec ses prédécesseurs. Ses ossements en furent levés par après, et posés en une châsse, qui est, avec cinq autres, derrière le grand autel de la Cathédrale, en laquelle il est vénéré comme Saint, et son office s'y fait par tout le diocèse de Chartres le 2 d'aoust, qui peut estre le jour de son trespas. Il y a une parroisse entre Vendosme et Blois, dédiée soubz son nom, en laquelle quelques-uns disent sans autre preuve que d'une traditive, qu'il y fut inhumé, et qu'il s'y veoit encores un certain endroit dans la muraille, où l'on veut qu'aie esté autrefois son tombeau : d'autres disent que c'est le lieu, où il s'estoit premièrement retiré, lorsqu'il vint dans ce diocèse, pour y vivre solitairement. Ce que le narré de sa vie m'empesche de croire, attendu les emplois qu'il eut près du Roi, qui le reculoient bien loing d'une solitude. J'estimerois plustost que cela seroit arrivé par la dévotion de quelqu'un, qui, aiant recouvert des reliques de ce Saint, auroit fait dresser ceste église, pour les mectre en honneur et respect. J'ai un Catalogue manuscript de nos prélats, qui porte qu'il y a une partie des ossemens de S. Bouaire audit lieu, qui confirme ma conjecture, et n'empesche qu'une autre plus grande partie ne soit en l'église de Chartres.

Thierri, roi de France, décéda cependant en l'an 689, et selon d'autres en 693, voire 694, qui est le plus certain, laissant deux enfans de Crotilde, son épouse, Clovis et Childebert, le premier desquels estant décédé, dès l'an 694, il y a de l'apparence, que ce fust en la mesme année, que mourut aussi

---

(1) *Ad hunc ann.*, Spurius Locrius, p. 72.

Thierri. Il fut inhumé avec sa femme, que quelques-uns nom- An. 697. ment Dode, en l'église de Saint-Wast d'Arras à costé du grand autel (1), avec cest épitaphe, qui peut nous relever du doute de l'année de son déceds, qui s'y lit en ces termes :

> *Rex Theodoricus, ditans ut verus amicus*
> *Nos ope multimodâ, jacet hic cum conjuge Dodâ,*
> *Regis larga manus et præsul Vindicianus,*
> *Nobis regale jus dant, et Pontificale.*
> *In decies nono, cum quinquagies duodeno*
> *Anno, defunctum sciet hunc, qui quattuor addet.*
> *Quâ legis hœc horâ, Dominum pro Regibus ora,*
> *Muneribus, quorum stat vita dei famulorum.*

Il s'en trouve, qui lui donnent encores deux enfans, Clotaire et Chilpéric, dit autrement Daniel, desquels nous pourrons parler, si l'occasion s'en offre ci-après.

CHAPITRE XXVIII.

De Gaubert, ou Godebert; Adeodat, Dieudonné, ou Dié; Dronus, ou Pronus; Berthegrand et Hainus, évesques de Chartres.

Voici un autre labyrinthe, qui se présente, pour nous tirer duquel, nous aurions besoin des fils d'une Ariadne. Nous nous sommes dépestrés, comme nous l'avons pu de la difficulté touchant le tems de l'épiscopat d'Haigrand et de S. Bouaire, je ne sçai si nous le pourrons aussi bien faire à l'égard de Gaubert, Gaudebert, Adeodat, Dronus, Pronus, Be-

---

(1) Gourdon; Nicole; Gilles; Du Tillet; Locrius, *Chron. Belg.*, p. 77.

An. 697. thegrand et Hainus, desquels nous ne trouvons au certain, le vrai tems qu'ils ont présidé à l'église Chartraine. L'autheur du Catalogue de nos prélats leur en assigne un à chacun, mais à son ordinaire plus par conjecture que par une véritable certitude; d'un évesque en aiant fait deux pour y trouver son compte, ausquels il a baillé telle séance qu'il lui a plu; confondant par ce moien l'ordre de leurs rangs et des années, qu'ils ont gouverné ce diocèse. Il veut que Gaubert ait succédé à S. Malard, ce qui néamoins ne peut estre pour les raisons rapportées au chapitre précédent. On lui substitue un Godebert ou Grodobert, ainsi que l'appelle le Martyrologe de Saint-Père-en-Vallée de Chartres, et presque tous les Catalogues de nos prélats, qui le distinguent de Gaubert, qu'ils disent avoir siégé dix ans, et celui-là six ans, depuis l'an 615 jusques à l'an 634, ce qui ne peut estre, considéré ce que nous avons rapporté ci-dessus. Autres demeurent bien d'accord du nombre des années que le premier a régi le diocèse Chartrain, mais non du tems qu'elles ont couru, escrivant que çà esté depuis l'an 623 jusques à l'an 633, auquel an, commença Gaudebert, qui ne fit place à son successeur que quatorze ans après, sçavoir en l'an 649. Chenu l'avance de trente et un ans, et le met dès l'an 610; Severt le recule depuis l'an 734 jusques en l'an 741, reprenant Taveau, de l'avoir mis plus hault, et de n'en avoir fait qu'un avec Gaubert. Tous ne sçavent ce qu'ils disent et moi je suis bien empesché d'en asseurer quelque chose.

J'estime néamoins que Gaubert et Godebert n'est qu'une mesme personne, comme ce n'est qu'un mesme nom, diversement prononcé, car, tout ainsi qu'Albert, et Adalbert, Alard et Adelard, Alix et Adelaïs, Alfrid et Adelfrid, et ainsi des autres, ne sont qu'un mesme nom propre d'une mesme personne, aussi Gauber ou Godebert ne sont qu'une mesme dénomination, convenant à un seul, quoique diversement prononcé, suivant les divers idiomes et façons de parler des autheurs escrivains, et païs. L'abbé d'Usperg appelle *Arnoldum* S. Arnould, évesque de Metz, que Paul Diacre et Sigebert nomment *Arnulfum*. Le mesme Paul Diacre appelle Ludovich, c'est-à-dire Louis, que les autres disent *Hlodoveus*, *Clodoveus* et *Ludovicus* ou *Ludewicus*, et ainsi Hlotaire, Clotaire, et Lothaire n'est qu'un mesme nom, quoique diversement escrit ou prononcé; de mesme est-il de

Gaubert et de Godebert, qui ne font qu'un seul personnage. Quand au tems qu'il a gouverné l'église de Chartres, ce ne peut avoir esté plus tost qu'après S. Bouaire, s'il a esté après S. Malard; d'autant que, comme nous l'avons veu au chapitre précédent, ça esté Haigrand, qui a succédé à S. Malard, et S. Bouaire à Haigrand; tellement qu'il n'y a point d'autre place pour Gaubert ou Godebert que celle-ci, lequel, s'il a siégé dix ans, faudroit que ce fust jusques en l'an 707.

An. 707.

Au regard de Deodat, Adeodat, Dieudonné ou Dié, ou encores Bodat, ainsi que le nomme le Catalogue manuscrit qui est en la bibliothèque de M. de Thou à Paris, je n'en trouve que le nom, et qu'il estoit autre que l'hermite du Blésois, duquel Molanus a fait mention en ses Additions à Usuard, le 24 mai, et de l'évesque de Nevers, qui mourut un dimanche 19 de juin l'an 679, indiction 7, ainsi que le dit le moine du Val-de-Galilée en sa Vie. Je trouve de plus qu'il fut inhumé après un siége de quatre ans, en l'église de Saint-Martin-au-Val-lez-Chartres à costé droit de S. Lubin, qui, en ce faisant, devoit estre en l'an 711 ou 712.

On lui fait succéder Dronus, Dromus ou Dronius, qu'on distingue de Pronus, Promus ou Promius et Prono, qu'on lui baille pour successeur, assignant au premier quatre ans de prélature et au second dix ou dix-sept. Ce n'est néamoins qu'un seul et mesme personnage, ainsi que je l'ai veu dans certains tiltres du Prieuré Saint-Martin-au-Val, qui en font mention, et le nomment indifféremment *Dronium*, *Pronium* et *Prononem*. Ce qui peut estre arrivé de ce que, comme l'a remarqué Rosin, les anciens changeoient volontiers la lettre D en un P, et le prouve par une vieille inscription, rapportée par Denys d'Halicarnasse, en laquelle se lisoit *Denates* pour *Penates*, ces deux lettres aiant une grande conformité l'une avec l'autre, comme il se peut veoir dans les anciens escrits, tant à la main qu'imprimés en vieilles lectres gothiques, ce qui pourroit avoir donné sujet d'un, en faire deux.

Le Catalogiste de nos évesques substitue à ce Pronius ou Promus, Papoul et Bethaire, ou Bouaire, que nous avons justifié devoir estre mis en autre lieu, et après eux Berthegrand et Hainus. Il y en a qui ont laissé par escrit, que ce Berthegrand avoit esté archidiacre de Paris, archevesque de Bourges, ou de Bor-

An. 712. deaux, puis évesque du Mans, auparavant que de parvenir à l'évesché de Chartres. Pour Bourges, il ne s'en trouve point de ce nom parmi les prélats qui ont présidé à ceste métropole; parmi ceux de Bordeaux, il s'en trouve véritablement un, *Bertcrannus*, fils d'Ingeltrude, fille de Clotaire, roi de France, qui vivoit, selon Robert, en l'an 585; et entre les évesques du Mans, il y a un *Bethgrannus* ou *Berthigrannus*, qui, selon Grégoire de Tours, avoit esté archidiacre de Paris et vivoit près de cent ans devant le nostre, qui convainc puissamment que ce ne peut estre un mesme (1).

C'est tout ce que j'en peux dire, et qu'après avoir régi sept ans son diocèse, il receut sa dernière maison ès grottes de Saint-Martin-au-Val avec ses devanciers. On lui substitue Hainus, duquel je ne voi que le seul nom, et qu'il fust évesque de Chartres huit ans. On le fait suivre par Haigrandus, que nous avons remis en son lieu, et après lui Agatheus, qu'on dit avoir siégé sept ans, et encores après celui-ci, Leoberitus, qui régit dix ans; lesquels eurent leurs sépultures ès grottes de Saint-Cheron-lez-Chartres.

Voilà tout ce que j'ai pu trouver de nos prélats durant soixante-huit ans et jusques en l'an 765, selon le détail qu'en fait l'autheur du Catalogue de nos Evesques, suivant les années de leur administration. Comme il s'en fait accroire en beaucoup de choses, il a fait de mesme en sa supputation, mectant erronément la scéance de nos pasteurs soubz le règne de tels rois qu'il lui a plu, sans considérer s'ils ont pu avoir gouverné l'église Chartraine de leur tems, ce qui se pourra juger plus facilement, par une briève déduction que je ferai de la suitte de nos rois, jusques en l'année 765.

Clotaire III, fils de Thierri I, estant décédé, Childebert, son frère, lui succéda. Ce fut un prince d'un gentil esprit, fort affable et courtois, craignant Dieu, aimant la justice, qu'il faisoit exercer au soulagement et grand contentement de son peuple. On ne pouvoit espérer que tout bonheur de son règne, si ce prince n'eust esté tenu en brassières, comme ses prédécesseurs, par les Maires du Palais, qui ne se servoient de l'authorité de

---

(1) Greg. Turon., lib. VII, ch. 31; lib. VIII, ch. 20, 22 et 39. Fortunat, lib. I, ch. 22. Du Tillet et Dupleix.

leurs maistres, que pour éxécuter leurs passions et faire ce qu'ils vouloient. Pépin, dit *le Gros*, estoit lors en ceste charge, qui lui servit comme de degrés, pour faire monter ses descendans sur le throsne des lys. Il estoit personnage accort, doué, au reste, d'excellentes qualités, qui le rendoient recommandable à un chacun, et néamoins si craint et redouté, qu'aucun n'eust osé lui contredire. Sa femme, Plectrude, lui avoit donné deux masles, Dreux et Grimoald, dont le premier fut comte de Champagne, l'autre Maire du Palais après Norbert; mais tous deux décédèrent avant leur père.

An. 712.

Cependant Childebert II mourut en l'an 709 ou 711, auquel Dagobert II, son fils, succéda et régna seulement jusques en l'an 715; durant son règne, Grimoald estant décédé, Pépin fit Thibauld, bastard dudit Grimoald, Maire du Palais, en la place de son père. Pépin avoit deux autres enfans d'Alpaïde, que quelques-uns disent avoir esté sa concubine, autres, son ezpouze légitime; leur nom estoit Charles et Childebrand (1). Combien qu'ils s'en trouvent qui disent que ce dernier n'estoit que beaufrère du premier, à cause de sa femme, qu'ils font sœur dudit Childebrand. Nous pourrons en parler plus amplement en un autre endroit et dirons seulement en cetui-ci, que le jugement qu'aura tousjours fait Pépin des inclinations de Charles et de sa valeur, le portèrent à l'instituer son principal héritier et le faire Maire du Palais d'Austrasie. Plectrude, femme fine, enviant ce morceau pour ses enfans, traversa tant qu'elle pust la bonne fortune de Charles, pour empescher qu'il ne le tint paisiblement, suivant la dernière volonté de son père, lequel estant décédé en l'an 714, elle entreprint le gouvernement du roiaume de France avec Thibauld, son petit-fils, soubz l'authorité des rois Childebert et Dagobert; mais, comme les François ne défèrent pas volontiers au commandement d'une femme, ils levèrent une armée, avec laquelle ils marchèrent contre Thibauld, qu'ils rejettèrent au-delà de la Meuse, sans que lui et sa mère osassent plus remuer.

D'autre costé, les François qui voioient l'idole de la roiauté, plustost qu'un roi, assis sur le throsne des lys, sans courage et sans cœur pour les défendre parmi ces mouvemens, tirèrent

---

(1) Chiflet, *Vendiciæ Hispaniæ*, p. 94.

An. 714. hors d'un cloistre un nommé Daniel, de la race des Mérovingiens, lui mirent le sceptre François en la main, et le recongneurent pour leur prince souverain. Charles, eschappé de la prison où Plectrude l'avoit fait mectre, ménagea tellement son tems et le crédit de ses amis, qu'il fust esleu Maire du Palais, contre Raimfroi, qui estoit en possession de ceste charge. Durant ces entrefaites, Dagobert meurt, après un règne de cinq ans ou environ, et fut conduit à Choisi ou Nanci, pour y estre inhumé près son père. Il ne laissa que deux enfans, Thierri, qui fut eslevé à Chelles parmi des religieuses; et une fille nommée Irmine, laquelle, pour ses rares vertus et piété, a trouvé place dans les diptyques sacrés.

Raimfroi, craignant estre dépossédé de ses Estats par Charles, pensa que l'opprimer auparavant qu'il fut ancré dans sa charge, seroit un coup de partie pour lui et le gain de sa cause; il leva une puissante armée pour attaquer Charles, qui le reçut avec plus de courage que de prudence, aiant perdu en ce conflit la pluspart de la noblesse qui l'avoit suivi, et y cuida laisser la vie. La victoire estant demeurée au roi, qui s'y trouva en personne, il s'en retourna en Neustrie avec toute son armée glorieuse et triomphante.

Charles, après cest échec, estoit toujours aux aguets pour trouver occasion d'avoir sa revanche. Aiant trouvé son tems et l'armée ennemie en désordre, il l'attaqua, la battit, la défit et s'enrichit tellement de ses despouilles, que dès la prochaine campagne il mit sus une armée, avec laquelle il fut en Picardie et à Cambrai contre Daniel, autrement Chilpéric, et Raimfroi, qu'il contraignit de s'enfuir et se renfermer dans Paris. Ce fut un dimanche de la Passion (21 mars 717) que ce combat se donna et non le jour de Pasques flories, ainsi que le dit la grande *Chronique de Saint-Denys* en France (1). Charles les poursuivit, pour leur faire plus de peur que de mal, s'estant retiré à petits pas en Austrasie, et s'empara de Colongne, où il trouva les thrésors de son père, qui lui servirent beaucoup pour avancer ses affaires. Il eust pu dès lors se faire roi de France, mais craignant de n'estre favorizé des François en son usurpation, il en laissa la gloire à ses descendans, qui eslevèrent leur

---

(1) Fredegar., ch. 106. *Chron. San. Dionys.*, lib. V, ch. 25.

grandeur sur les fondemens qu'il avoit jectés. Cependant, pour rendre son parti le plus fort, il opposa Clotaire, fils de Thierri, à Chilpéric, et le fit recongnoistre pour roi de France.

An. 728.

Chilpéric ne se fiant aux François, qui se tournoient devers ce nouvel Orient, fit alliance avec Eudes, duc d'Aquitaine et de Gascongne; augmenté de ses forces, il donna la bataille à Charles, en Champagne, qu'il perdit. Eudes s'en estant fui à Paris, print Chilpéric et ses thrésors, qu'il emmena chez lui, et Raimfroi se retira à Angers. Charles les aiant poursuivis jusques à Orléans, fut retenu de passer outre, par l'avis qu'il receut de la mort de Clotaire, qui lui fit changer de dessain. Après avoir fait inhumer Clotaire près de son père, il fit paix avec Eudes pour asseurer l'Estat qui estoit en son penchant. Cetui-ci, en ce faisant, lui livra Chilpéric, lequel mourut bientôt à Noyon, sans laisser de lignée.

Charles n'aiant plus de prétexte pour se maintenir au maniement de l'Estat, tira Thierri, fils de Dagobert II, du monastère de Chelles et le fit recongnoistre pour roi, soubz l'authorité duquel il gouverna le roiaume de France avec beaucoup de bonheur, car aiant repoussé les Saxons qui, pensant profiter des troubles de cest Estat, s'estoient jectés dedans, desfait Eudes qui, d'un autre costé, estoit entré dans ses terres, il porta ses armes contre les Sarrazins d'Espagne, qui s'estoient emparés du Languedoc avec une armée de plus de quatre cent mille hommes, et les aiant rencontrés avec soixante-douze mille hommes, tant de pied que de cheval, leur donna la bataille, en laquelle il en demeura trois cent soixante-quinze mille sur la place, et quinze cens seulement du costé des François. Ce fut au mois d'octobre de l'année 725, que se donna ceste bataille, près d'une église de Saint-Martin, qu'à raison de ce fut appelée *Sanctus-Martinus de Bello*, que le vulgaire dit Saint-Martin-le-Bel.

Martel n'aiant de quoi satisfaire ses capitaines et soldats, leur donna, dit-on, les dixmes des églises qu'il leur inféoda. C'est d'où sont venues les dixmes inféodées, que quelques nobles possèdent encores à présent. Tandis que ce prince estoit empesché contre les Sarrazins, les Bourguignons voulurent entreprendre sur l'Estat François; mais aiant tourné visage contre eux et les aiant mis à la raison, print Lion et se rendit maistre de la Provence, qu'il joignit à la couronne de nos rois; il fit de mesme de

An. 728. l'Aquitaine. Après la mort d'Eudes, aiant donné la chasse à ses enfans, l'aisné desquels nommé Aznar, passant les Pyrénées avec une armée de Gascons, jecta les premiers fondemens du roiaume d'Aragon. Hunnaud et Gaifre, ses frères, après avoir couru le Dauphiné et la Savoie, descendirent par la Bourgongne et vindrent assiéger Sens. Ebles, qui en estoit archevesque, craignant qu'ils feissent le mesme traictement à ceste ville qu'ils avoient fait aux autres villes, par lesquelles ils estoient passés, fit faire une sortie sur eux, et les aiant prins au despourveu, ils furent tous taillés en pièces.

Ce coup fut le salut de la France qui baignoit dans le sang de ses chers nourrissons, et sembloit devoir bientost trouver son tombeau soubz les cendres de ses plus belles villes; personne ne se mectoit en effet de la défendre, Martel estoit empesché contre les Frisons et Saxons, lesquels à peine avoit-il réduits à la raison, qu'il lui fallut courir contre les Sarrazins qui avoient surprins Avignon. Il envoia son frère Childebrand, pour y faire le blocus et l'assiéger, et l'aiant suivi un peu après, il la força dès le premier assaut et fît main-basse sur tout autant de ces mécréans qu'il y rencontra, et nectoia tout le Languedoc de ces circoncis, qu'il chassa aussi de la Provence et les rencongna dans l'Espagne. Après tant de victoires gaignées par Martel, si heureusement sur ses ennemis, il demeura malade à Verberie, près Compiègne, où, de l'avis de son Conseil, il fit partage de ses biens et Estats à ses enfans, pour les maintenir en la paix qu'il avoit acquise au roiaume.

Carloman, l'aisné, eut l'Austrasie, avec tout ce qu'il possédoit en Allemagne; Pépin en son lod, la Bourgongne, la Provence, le Languedoc et la Neustrie; Gilles eut l'archevesché de Rouen; Griffon, que quelques-uns disent avoir esté l'aisné, autres, le dernier fils de Sunachilde, n'eust pour partage que la bonne volonté de ses frères, desquels il n'eust grande satisfaction, non plus que Bernard; Landrade fut mariée, à l'insceu de ses frères, avec Odile, duc de Bavières; et la dernière, nommée Hiltrude, passa ses jours dans un monastère. Martel aiant donné [ordre] au surplus de ses affaires, il décéda à Cressi-sur-Oise, le 22 octobre, l'an de Nostre-Seigneur 741, de son asge 55 et le 27e de son administration.

Quoiqu'il n'eust de son vivant prins la qualité de roi, on la lui donna après sa mort, se lisant sur son tombeau, qui se veoid à Saint-Denys en France, CAROLUS MARTELLUS REX. Ce fut un prince généreux, auquel la France doit sa conservation, pour l'avoir courageusement défendue contre divers ennemis, qui traversoient son repos, durant la fainéantise de nos rois. Thierri estoit décédé en la mesme année, sans autre mémoire de lui que d'avoir régné en France. Childéric, son fils, dit l'*Idiot* et le *Fainéant*, lui succéda et régna jusques en l'an 752, qu'aiant devidé le fuseau de ses ans, il quicta la vie et sa couronne à une autre famille que celle des Mérovingiens, de laquelle il fut le dernier.

An. 741.

Pépin n'aiant plus personne qui lui pust faire résistance, et l'empescher de se rendre le maistre de la monarchie Françoise, de laquelle il avoit le maniement, il se l'appropria et aux siens. Il prenoit le prétexte d'estre issu de la race des rois Gaulois du costé des femmes, et prétendoit qu'au défaut des masles, le roiaume devoit lui appartenir. Ceste considération, l'obligation que la France avoit à ses ancêtres et son propre mérite, lui servirent beaucoup pour le lui faire obtenir. Dès le vivant de Chilpéric il avoit esté sollicité de le faire, mais ne pouvant se résoudre à commectre une injustice si visible, d'oster la couronne de dessus le chef de son maistre pour la remectre sur le sien, il ne voulut le faire sans le consentement des sujets : il convoqua à cet effet un Parlement ou Estats du Roiaume, à Soissons; où assistèrent la plupart de ses créatures, desquelles il lui fut fort aisé d'obtenir ce qu'il désiroit. Les plus consciencieux s'arrestoient au serment de fidélité qu'ils avoient rendu à Chilpéric; pour en estre dispensés, on envoia en cour de Rome. Le pape Zacharie, qui présidoit lors à l'Eglise universelle, voulant gratifier à Pépin, jugea en sa faveur que celui-là véritablement devoit estre Roi, qui en faisoit la fonction, et non celui qui n'en avoit que l'ombre et le titre, et dispensa tous les François du serment de fidélité envers Chilpéric. Ceste difficulté levée, ce malheureux prince changea sa couronne en celle de ses cheveux; aiant esté tondu de son roiaume comme de sa teste, et confiné dans un monastère où il finit ses jours; et sa femme Gisèle en un autre.

Pépin, usant de sa bonne fortune, se fit sacrer roi de France à Soissons, un premier de mai 752, par S. Boniface, arche-

An. 752. vesque de Maience, qui delà s'acquit et à ses successeurs, le droit de premier Eslecteur de l'Empire. Estant ainsi monté sur le throsne des lys, il appliqua tous ses soings à maintenir la paix dans son Estat et parmi ses voisins. Dès l'entrée de son règne, il dompta les Saxons, remit le Pape Clément III sur le throsne Pontifical, contraignit Astolfe de rendre à ce souverain l'exarchat de Ravenne, qu'il avoit usurpé sur lui, fit alliance avec Constantin VI, dit *Copronyme*, empereur de Grèce, qui, entr'autres présents, lui envoia des orgues, qui n'avoient encores esté veues en l'Occident, avec partie du chef de S. Jean-Baptiste, qu'il envoia en Saintonge à Angeri, qu'on dit plus communément Saint-Jean-d'Angeli. Il convoqua son Parlement à Verberie au diocèse de Senlis, où il ordonna qu'il se tiendroit deux fois l'an, sçavoir : les premiers de mars et d'octobre, ausquels chacun pourroit proposer librement par l'organe des Comtes et Commissaires, ses doléances, torts et griefs qu'il auroit receus, pour en avoir justice. Il dompta pour la seconde fois la contumace des Saxons, chastia la rébellion de Gaïfer qu'il mit à mort, et conquit sur lui l'Auvergne, le Berri, le Poitou et enfin se rendit maistre de toute l'Aquitaine en l'an 768, auquel an, après tant de glorieuses conquestes et généreuses actions, il en alla rendre compte devant le souverain juge.

Auparavant son trespas, il fit venir à Saint-Denis en France, où il estoit malade, tous les principaux du Roiaume, où, de leur consentement, il divisa ses Estats à Charles et Carloman, ses fils, instituant Charles, son aisné, roi d'Austrasie, et Carloman, son cadet, roi de Bourgongne, Provence, Alsace et d'Allemagne, et outre, partagea entre eux les païs qu'il avoit conquis sur les ennemis du roiaume; et peu de jours après, sçavoir, le 24 septembre audit an, il décéda d'une dissenterie audit Saint-Denis, où il fut inhumé, l'an 54e de son aage et le 16e ou 17e de son règne. Outre ces deux garçons, il laissa encores deux filles, l'une nommée Rothaïde, qui fut enterrée à Saint-Arnould de Metz; l'autre, Gisle ou Gillette, qui fut religieuse, grandement honorée et chérie de Charlemagne, son frère (1).

Voilà tout ce qui s'est passé durant la séance des Evesques et

---

(1) Herm. Contr. *Chron.*, *ad ann.* 768; *abb. Usperg. Baron., ad ann.* 811, *num.* 48.

pendant le règne des Rois susnommés, afin que le lecteur puisse équitablement juger du tems que nostre Catalogiste assigne aux uns et aux autres contre la vérité de l'histoire, ainsi qu'il pourra apparoir à qui voudra prendre la peine de conférer ce qu'il en dit avec ce qu'en escrivent les autres historiens.

An. 768.

HISTOIRE
DU
DIOCÈSE ET DE L'ÉGLISE
DE
CHARTRES.

LIVRE TROISIÈME.

CHAPITRE I.

De Hado, Hudo ou Eudes, évesque de Chartres, et que les chanoines de Chartres n'ont point esté réguliers.

E Roiaume de France aiant changé de maistre, An. 768. c'est-à-dire de roi, et la couronne aiant passé des Mérovingiens en la famille de ceux qu'on a appelé les Carlovingiens; de Charles-Martel, qui en a esté la tige, je change aussi de Livre et passe à un troisiesme. Mais pour ce que Hado a esté, disent quelques-uns, évesque de Chartres soubz le règne de Pépin, je commencerai par lui, et dirai que si cela est, il faut que ç'ait esté seulement sur la fin d'icelui. L'autheur du

An. 768. Catalogue de nos Evesques avance sa prélature dès l'an 715, du tems de Dagobert II, qui régna quatre ans, durant la Mairie de Charles-Martel, après la mort de son père Pépin, et veut qu'il l'aie continuée soubz Lothaire ou Clotaire IV et Chilpéric II, qui tindrent le sceptre Gaulois sept ans, et par ce moien que Hado fut évesque de Chartres onze ans ; ce qui ne peut s'accorder avec ce que nous avons dit ci-dessus, estant véritable que ce prélat a commencé sa séance après l'an 765, et l'an 14 ou 15 de Pépin et l'a continuée jusques en l'an 776.

Il se lit, dans certains autheurs, que ce fut ce Hado qui introduisit des chanoines réguliers dans l'église de Chartres ; mais d'où les eust-il tirés, veu qu'en ce tems-là on ne congnoissoit d'autres chanoines que ceux qu'on a appelés séculiers, à la distinction de ceux qui, pour s'estre astrains par vœu, d'observer quelques règles ou statuts qui leur avoient esté proposés par leurs supérieurs, on a appelés réguliers ; voire, le mot de chanoine n'estoit encore guères en usage ; le IIIe Concile d'Orléans aiant le premier appellé de ce nom les clercs qui estoient ès églises Cathédrales, et Grégoire de Tours après lui, pour les distinguer des autres clercs, qui desservoient les églises particulières (1). Je trouve à la vérité que Rigobert, archevesque de Reims, aiant recongneu que quelque désordre s'estoit glissé parmi les clercs de son église, il voulut les remectre en leur devoir, du tems de Pépin, père de Martel ; ausquels *canonicam religionem restituit*, ce qui ne doit s'entendre qu'il les eut fait vivre en régularité, comme nous prenons maintenant ce terme pour religieux ; mais soubz quelque règle qu'il leur prescrivit sans néamoins les obliger à faire aucun vœu ou profession de religion comme le font les chanoines réguliers. Car tous ceux qui vivent soubz certaines règles, statuts, ou constitutions, ne sont réguliers ou religieux pour cela ; mais comme toutes les choses du monde sont sujectes aux vicissitudes, et ne peuvent se conserver et maintenir que par un certain ordre, qui leur sert comme de loi, il est à propos qu'ils en suivent quelqu'un, pour les retenir de les détraquer de celui qui leur a esté donné en leur première institution. Les gens de mestier ont certains statuts, qu'il ne leur est loisible d'outre-passer,

---

(1) *Conc. Aurel.*, III, can. 11. Greg. Turon., lib. X. Flodoard, lib. II, ch. 11.

sont-ils réguliers pour cela? Les communeautés des villes ont An. 768. des constitutions qu'ils sont obligées de garder civilement, quoiqu'ils n'aient fait aucun vœu de le faire; peut-on dire qu'ils soient religieux?

Je sçai bien que Gabriel Pennotus, abbé de la congrégation des Chanoines réguliers de Latran, taschant de relever son ordre par dessus celui des Hermites de S. Augustin, a escrit (1) que tous les Apostres ont esté chanoines réguliers, vivant soubz Jésus-Christ comme soubz un abbé, et que tous les clercs institués par eux, ou qui leur ont succédé, vivoient régulièrement et faisoient les vœux que nous disons de religion, sçavoir : d'obéissance, pauvreté et chasteté; mais la preuve en est demeurée au bout de sa plume, comme de beaucoup d'autres choses, qu'il avance trop hardiment, sans aucune authorité que de la sienne. Que s'il avoit leu dans quelqu'un des Pères anciens, que les Apostres aient esté chanoines réguliers, et qu'ils aient fait les trois vœux de religion, que n'en citoit-il quelqu'un, pour appuier son dire. Il cite à la vérité Gerson, au Sermon de la Cène, sans dire lequel, combien que ce soit le dernier, où sur la fin il dit seulement, que du tems du pape Jean XXII, il y avoit une grande question : *de loculis Jesu, dicentibus plurimis Christum habuisse aliquid in communi, expressam esse in Evangelio veritatem, neque mendicasse Apostolos, nec paupertatem vovisse, sicut nec castitatem. Erat enim Judas uxoratus, nimirum sunt Petrus, etc.* Qui est tout le contraire de ce que prétend Pennotus, qui ne sçauroit justifier que les Apostres eussent autre règle que ce qui est contenu dans le Nouveau-Testament, ce que tous les Chrestiens estant tenus de garder; il faudroit dire que tous les Chrestiens seroient chanoines réguliers, qui est une grande absurdité. Pour les vœux, tout de mesme: qu'il montre un passage dans l'Escriture où il soit dit que les Apostres aient fait aucun vœu.

Je ne suis ignorant que S. Augustin, en son XVIIe Livre de la *Cité de Dieu*, chap. 4, escrit que les Apostres disant à Jésus-Christ : *Ecce nos reliquimus omnia et secuti sumus te, hoc volum potentissime voverant* (2), d'où quelques-uns tirent ceste conclusion; que les Apostres avoient fait vœu d'obser-

---

(1) Lib. I, ch. 4, num. 3. — (2) Matth., 19.

An. 768. ver très-parfaitement non-seulement les préceptes, mais encore les conseils évangéliques, et que le premier vœu qu'ils firent, fut celui de pauvreté; en quoi néamoins ils n'ont raison, veu que l'on n'en peut assigner aucune, pour laquelle ils aient plustost fait vœu de conseil que d'un autre, y en aiant de plus considérables pour parvenir à la perfection qu'ils recherchoient; et toute celle qu'on en peut rendre est, qu'il est mieux d'observer les conseils évangéliques avec vœu que sans vœu, d'autant que les Apostres esleurent ce qui estoit de meilleur et plus convenable, quand ils furent choisis et appelés en un estat très-parfait, en l'Eglise militante; sçavoir, l'Apostolat, qui est un degré très-éminent de perfection; mais il ne s'en suit pas de là que les Apostres aient esté chanoines réguliers, ni que les clercs qui ont esté institués par eux, aient vescu régulièrement et aient esté chanoines réguliers et aient fait vœu de pauvreté; au contraire, se peut prouver par le Nouveau-Testament, par l'Histoire Ecclésiastique, par les Pères et par la raison qu'ils n'ont point observé ni gardé ce conseil, les Apostres mesmes et leurs disciples aiant eu du propre, duquel ils pouvoient disposer. Personne ne peut nier que S. Jean l'Évangéliste ne fut Apostre, et néamoins il avoit du bien à lui en particulier, ainsi qu'il se peut veoir au 19ᵉ chapitre de son Evangile, où le fils de Dieu, estant en la Croix, lui recommanda la Vierge, sa mère, laquelle il receut chez lui : *in sua*, dit le latin, conformément à ce qu'escrit le grec εἰς τὰ ἴδια, lesquels termes, prins en leur propre signification, ne se peuvent traduire que *in sua propria*, c'est-à-dire en son domicile qui lui appartenoit de son propre; et bien que S. Augustin l'interprète autrement, disant que ce saint Apostre : *Suscepit eam non in sua prædia, quia nulla propria possidebat; sed officia, quæ propria dispensatione curabat*, si est-ce que S. Epiphane et Nonnus, autheurs grecs, exposent ce lieu, d'une propriété non-seulement quant à la seigneurie de fait, mais encore de droit, et que S. Jean receut la Vierge dans sa maison, qui lui appartenoit de son propre.

Secondement, il est dit dans la Iʳᵉ à Timothée, chapitre 3, que quelques ministres de l'Eglise estoient mariés et avoient des enfans, ausquels ils devoient, par une affection paternelle, pourveoir de quelque bien et possession pour leur vivre et entretien; cela estant du droit naturel, que les pères amassent du bien et possession, leur vivre et entretien, cela estoit du droit naturel, les pères amassent du bien et revenu pour laisser à leurs descendans, ainsi que l'a bien sceu remarquer le mesme Apostre des Gentils, en sa II° aux Corinthiens, chapitre 12.

En troisiesme lieu, il est clair par ce qui est dit en S. Matthieu, chapitre 19, que la renonciation qu'on fait des biens de la terre, n'est qu'un conseil (contre le sentiment d'Origène, qui veut que ce soit un précepte) et partant, qu'on n'est obligé de suivre, sinon qu'on s'y soit astreint par un vœu, lequel tous les clercs ne faisant pas, c'est une conséquence qu'ils n'y sont obligés.

De plus, Eusèbe, livre III de son *Histoire Ecclésiastique*, chap. 19, escrit que les parens de Nostre-Seigneur possédoient du propre de la succession paternelle, de quelques-uns desquels on ne peut douter qu'ils n'aient esté clercs, puisqu'ils estoient Apostres et Evesques; aussi le canon 40 des Apostres porte que, si l'évesque a quelque chose de propre, il en peut disposer; et le 49e canon du Concile d'Agde veut que, si un diacre ou prestre a vendu ou aliéné quelque chose de l'Eglise, il soit tenu de le remplacer de son propre (1).

De mesme S. Chrysostome, sur ces parolles de l'Apostre du 16e de l'Epistre aux Romains : *Salutate Priscillam et Aquilam coadjutores meos in Christo Jesu*, loue fort ce mari et femme, de ce qu'ils l'avoient assisté de leurs moiens et facultés, et néamoins ils estoient disciples des Apostres, comme il se veoid aux Actes, chap. 18. Davantage, S. Prosper, livre II, chap. 12 de la *Vie Contemplative*, escrivant que le clerc peut vivre de son patrimoine sans péché, recognoissoit que les clercs pouvoient avoir du propre et n'avoient fait vœu de pauvreté.

1° Par la raison, il se peut dire que si les lévites peuvent posséder quelques choses en propriété comme il se lit aux Actes, chap. 4, de S. Barnabé qui estoit de cest ordre, qu'il avoit un champ qu'il vendit et en apporta le prix aux pieds des Apostres, pourquoi les autres clercs ne le pourroient-ils faire? 2° S. Augustin demeure d'accord en ses Sermons 49 et 50, *de diversis*, qui sont de la vie commune des clercs, que tous les clercs ne peuvent pas practiquer ceste vie commune en laquelle personne

---

(1) Ch. 12, quest. 1, *Episcopi*, et quest. 2, *Diaconi*.

An. 768. ne peut dire que quelque chose lui est propre et sienne; cela n'appartenant qu'à ceux qui s'y sont obligés par un vœu spécial, tel que le font les religieux. De toutes lesquelles authorités et raisons, il appert que les disciples des Apostres n'estoient obligés à ces vœux, et qu'ils pouvoient posséder quelque bien en propriété. On ne peut nier que Ananias et Saphira, ne fussent des disciples des Apostres, mais on ne peut non plus nier qu'ils n'eussent du propre et duquel ils peussent disposer; car à quel propos S. Pierre eust-il dit à Ananias aux Actes, chap. 5. « Pourquoi Sathan a-t-il rempli ton cœur, pour mentir au Saint-Esprit et retenir du prix du champ? Ne demeuroit-il pas du tout à toi? Et estant vendu, n'estoit-il pas dans ta puissance? » S'il n'eust voulu faire veoir qu'Ananias n'avoit fait aucun vœu de pauvreté et qu'il avoit non-seulement la propriété utile, mais encore la directe et de droit sur son bien, comme de chose de laquelle il pouvoit disposer comme bon lui eust semblé.

Ce que Pennotus est forcé de recongnoistre, quand il escrit (1) que, de quatre manières de vivres ou instituts, qui se practiquoient du tems de S. Augustin, ce saint prélat auroit approuvé cela, suivant lequel quelques-uns vivoient en commun, sans toutesfois estre obligé à aucun vœu, estant permis à un chacun de se retirer de ceste société ou congrégation en laquelle ils estoient toutesfois et quantes qu'il leur plaisoit; et de fait, la plus commune opinion est que, auparavant que S. Augustin eut commencé à paroistre en l'église, on ne sçavoit ceste distinction d'entre les clercs séculiers et réguliers, aiant esté le premier qui l'a introduicte, selon quelques-uns, parmi ceux de son église, ausquels il donna une règle ou manière de vivre, conforme à celle des premiers Chrestiens. C'est ainsi que l'escrit Possidonius en la Vie de ce Saint, quand il dit qu'aiant esté fait curé d'Hyppone (dit à présent Bonne) par S. Valère, évesque du lieu: *Monasterium intra ecclesiam mox instituit, et cum Dei servis vivere cœpit secundùm modum et regulam sub sanctis Apostolis constitutam, maximè ut nemo quicquam proprium in illa societate haberet, sed eis essent omnia communia et distribueretur unicuique prout cuique opus erat, quod jam ipse prior fuerat, dum de transmarinis ad sua remeasset.* Duquel lieu il se peut tirer

---

(1) Lib. I, ch. 21, num. 1.

seulement, que les clercs de ceste église avoient et possédoient An. 768. du propre auparavant que S. Augustin les eust assemblés en communeauté, et que ce ne fut qu'après avoir esté institué curé de Bonne qu'il institua une vie commune parmi les clercs de son église. Mais après tout on ne peut inférer de là, ce que Pennotus adjoute, que, la doctrine évangélique s'augmentant, ceux qui commencèrent à estre promus aux ordres sacrés, n'estant encores que simples laïcs et leur façon de vivre estant recongneue, quelques églises voulurent s'y conformer et embrassèrent leur institut, que toutes les églises Cathédrales auroient suivi par après, de séculières s'estant faites régulières; car il ne se trouve en aucun autheur approuvé que ceste règle soit sortie de S. Augustin et aie passé en d'autres, veu mesme que Possidonius, son disciple, qui a escrit, comme dit est, ses gestes, veut que ceste façon de vivre cessast avec la vie de ce Saint.

Aussi les Eglises de France ne receurent ceste forme de régularité que plus de six cens ans après que Ives, évesque de Chartres, aiant, auparavant que parvenir à l'épiscopat, ramassé en congrégation quelques élèves, Guion ou Gui, évesque de Beauvais, leur fit bastir l'église et maison de Saint-Quentin audit lieu, où, les aiant retirés, il leur proposa des règles et statuts, dont il se veoid quelque modèle dans son décret, soubz l'observance desquels, vivants avec édification, plusieurs Chapitres, tant des églises Cathédrales que Collégiates, désirèrent s'y conformer, et receurent la mesme forme de vivre parmi eux; mais non toutes les églises Cathédrales (1), comme le dit Pennotus; car, tant s'en faut que cest institut fust receu partout, qu'il ne fust admis que fort peu; la pluspart s'estant conservés et maintenus en la forme de vivre qu'ils avoient embrassée dès le commencement. L'Eglise de Chartres, entre les autres, demeura au mesme estat qu'elle estoit, et ne relascha rien de ses premières constitutions, et combien que Ives, son prélat, eust esté l'autheur de la réforme ès autres églises, il ne put l'introduire en celle de Chartres, qui avoit ses règles et statuts à part, desquels les Chanoines ne voulurent se départir, ne jugeant raisonnable de subir la loi des autres, aiant accoutumé de la leur donner, et d'introduire dans leur église de nouveaux statuts,

(1) Louvet, *Hist. Belvac.*, ch. 13.

An. 768. estant d'elle d'où on les venoit prendre. C'est ce qui les a empesché d'admettre les chanoines réguliers chez eux, combien que Ives et ses successeurs y aient fait leur possible.

Cela se recongnoist par la *Chronique de Normandie*, insérée après les Œuvres de Guibert, abbé de Nogent-sur-Seine, laquelle parlant de Jean, évesque de Séez, qu'elle appelle *episcopum Salaziensem*, que Pennotus n'entendant pas, distingue d'avec *Sagiensem* et en fait un autre évesque, quoique ce ne soit qu'un, elle dit en ces termes, que : *Iste Joannes rem dignam memoria tempore Henrici Regis, (scilicet, Henrici I, Angliæ Regis et Normaniæ Ducis) effecit; Canonicos enim seculares ejusdem ecclesiæ regulariter et secundum Sancti Augustini institutionem vivere fecit, additis officinis congruentibus et claustro. Hoc idem Joannes, Lexoviensis, avunculus ejus, et GAUFRIDUS, Carnotensis, episcopi, tentare in suis ecclesiis voluerunt; sed in ipso conatu defecerunt.* D'autant plus que s'il y eust desjà eu des chanoines réguliers en l'église de Chartres, c'eut esté en vain de se mectre en peine pour y en installer.

Je ne veux pas nier qu'il n'y eust quelque règle ou statuts en icelle, que les clercs ou chanoines, qui la desservoient pour lors, observassent comme ils font encores, veu qu'en toute communeauté bien ordonnée, il est nécessaire qu'il y aie quelque règle pour y maintenir la discipline, laquelle ne pourroit se conserver en son entier sans icelle, qui retient un chacun dans son debvoir, sans qu'il soit besoing de recourir aux vœux essentiaux de la religion, comme veut Pennotus; combien a-t-on veu de congrégations, lesquelles vivoient en commun sans faire aucune profession ni vœu. En celle de Saint-Pierre de Pise, de chanoines réguliers, il ne s'y en faisoit point, auparavant que le pape Pie V ne les y eust obligés; chacun pouvant après y avoir demeuré quelque tems, en sortir et s'en aller où sa volonté le portoit; ceux de la congrégation de Saint-Georges *in Alga*, ne faisoient non plus de profession, mais si quelqu'un d'entr'eux, après avoir esté un tems dans ceste congrégation, changeoit de volonté, ils lui donnoient un habit de prestre séculier avec une somme d'argent, pour le conduire où bon lui sembloit. Ce fut le mesme pape Pie V qui les obligea aux vœux de religion en l'an 1570; quoiqu'il y en aye encore en Italie qui soient demeurés en leur premier institut, et ne font aucune profession.

Les Hermites de Mantoue dans l'évesché de Rhège n'en font non An. 768. plus, et ne s'oblige à aucun article de leur règle soubz peine de péché mortel. La congrégation des prestres, qui retirent les Orphelins, instituée à Venise, ne faisoient ni profession ni vœu, encore qu'ils soient en communeauté, mais promettoient seulement obéissance aux supérieurs, jusqu'au pape Pie V, qui les obligea à en faire comme les autres religieux. Ce n'est pas une conséquence que tous ceux qui vivent en commun soient astraints à faire les vœux de religion ; les Pères de l'Oratoire en France vivent en commun, desquels on ne peut dire pourtant qu'ils soient tenus à faire profession, sinon quand il leur plaist ; et de mesme on peut asseurer que, bien que les chanoines de Chartres vesquissent en commun, ce n'estoit pas avec vœu comme les religieux, et pouvoient se retirer, quand le cœur leur en disoit, tout ainsi qu'ils le peuvent à présent.

Une autre raison qui fait pour la négative, c'est qu'en l'église de Chartres, il n'y a aucune marque de régularité, comme aux autres églises qui ont suivi l'Institut des chanoines réguliers, sçavoir : un cloistre, un dortouer, un réfectouer commun et autres offices, tels que les ont les religieux, ainsi qu'ils se voient encores à Saint-Estienne de Toulouse, à Saint-Saturnin dans la mesme ville, à Saint-Estienne et Saint-Caprais d'Agen ; à Séez et autres endroits, lesquels ne se voient point à Chartres, qui est un préjugé que les chanoines de l'Eglise de ceste ville n'ont point esté chanoines réguliers.

Si l'on m'objecte qu'il y a encore en quelques anciens logis, dépendant du Chapitre de Chartres, de grandes salles esquelles se voient des lectrins et pulpitres ausquels on lisoit durant le repas, des tables d'une pièce, fort longues et espoisses, sur lesquelles les chanoines prenoient leur refection ; une bibliothèque, remplie autrefois d'excellens manuscripts, desquels il reste encore quelques-uns, victorieux du tems et de l'ignorance de quelques-uns, qui les ont fort maltraictés ; toutes lesquelles choses pourroient ce semble induire une régularité. Je respons qu'à la vérité ces salles se voient encore pour le jourd'hui, mais fort esloignées les unes des autres en diverses maisons séparées, chacune desquelles servoit pour recevoir partie des chanoines, lorsqu'ils estoient soubz la direction des Prévosts, lesquels aiant l'administration générale du temporel du Chapi-

An. 768. tre de Chartres, devoit fournir la nourriture et autres nécessités à quantité de chanoines, et autres supposts et officiers de l'Eglise; desquels n'estant demeuré que l'ombre par la suppression qui auroit esté faite de leur auctorité et jurisdiction, ces salles sont demeurées au corps dudit Chapitre avec les maisons dont elles font partie, qui les a affectées au logement particulier des chanoines; mais de là on ne peut tirer aucune régularité, non plus que des lectrins, qui s'y voient encores en quelques-unes de ces salles.

Car delà on ne peut conclure autre chose, sinon que c'estoit pour lire durant le repas, et non que ceux qui y lisoient fussent réguliers. Combien que les boursiers des colléges de Beauvais, de Saint-Michel, de Boissi (1), et des autres colléges qui sont dans l'Université de Paris, sont obligés par les statuts de leurs maisons, de lire quelque chapitre de la Bible par chacun jour, dans leur salle ou réfectouer, à disner ou souper, tout le long du repas, ou jusques à ce que le recteur, principal, ou président à la table, aie fait signe de cesser, peuvent-ils estre dits réguliers pour cela; de mesme peut-on conclure que les chanoines de Chartres aient esté religieux pour avoir fait lire quelques collations ou livres sacrés durant leur repas, lorsqu'ils vivoient en commun; veu mesmement que ceste coutume de lire pendant le disner ou souper n'estoit propre seulement des réguliers, mais de toutes sortes de personnes; ce qui se peut recongnoistre par l'Epistre II, du second livre de S. Cyprian; de la IXe Epistre de Sidoine Apollinaire livre IV, et des Notes de Savaron sur icelle; de Spartian en la Vie de Ælius Verus; de Cornelius Nepos, ou Emilius Probus en la Vie d'Atticus, de Pline II, en son Epistre V du Ier Livre et en la XXXVIe du IXe; et de plusieurs autres, qui ont laissé par escrit que, tant chez les Romains qu'ailleurs, on lisoit durant le repas quelque traicté d'où l'esprit pouvoit recevoir la satisfaction comme le corps sa réfection. Qui pourroit avoir servi de motif aux Pères du Ve Concile de Tolède (2), d'ordonner que : *in omni sacerdotali convivio, lectio scripturarum divinarum misceatur. Per hoc enim animæ ædificantur ad bonum, et fabulæ non necessariæ prohibentur.* C'est

---

(1) Dubreuil, en ses *Antiquités de Paris.* — (2) Dist. 44. Can. *Pro reverentia.*

pourquoi au Concile d'Aix-la-Chapelle, chapitre 123, il est dit : An. 768. *Illis quoque comedentibus, et silentium religiose tenentibus, continuatim legatur lectio, et ab eis intentissimè audiatur*; d'où toutesfois on ne peut conclure une régularité, non plus que de ce qu'ils mangeoient en commun.

Ceste communeauté de vie dura jusques au tems de Louis le Débonnaire, empereur et roi de France, que les Prévosts qui administroient les biens et revenus des Chapitres s'acquittant mal de leur charge, les chanoines qui pour la pluspart estoient nobles, s'estant emparés de ces revenus, il fut ordonné au Concile d'Aix-la-Chapelle, autre que le précédent, tenu soubz le pape Grégoire IV, vers l'an 836, qu'après que le nombre des chanoines seroit réglé et arresté, en chaque église, chacun recevroit par ses mains le reveñu temporel de son bénéfice et ses distributions quotidiennes, selon l'assistance qu'il auroit faite au chœur. Ce que j'apprens de la *Chronique de Saint-Pierre-le-Vif* de Sens, laquelle je rapporterai en cest endroit, d'autant qu'il ne s'en trouve rien aux actes dudit Concile : *Tempore* (dit la dite Chronique) *Ludovici Pii de Româ ad palatium Aquisgranense venit Gregorius IV, Concilium de omnibus ferè prælatis Orientalibus et de omnibus Occidentalibus, ubi statuta quamplurima utilia ecclesiis Gallicanis statuerunt, confirmante Pontifice Romanorum; statuerunt pro canonicis, qui tunc sub Præpositis vivebant, quia Præpositi temporalia male tractabant, et nobiliores fortioresque canonici possessiones usurpabant, ut quilibet canonicus, personis ad certum numerum redactis, suum temporale proprium possideret, et ut de communi camerâ cuilibet distribueretur, prout in choro divinis officiis resideret.*

Dès ce tems-là on faisoit distinction entre les réguliers et chanoines séculiers, qui de nouveau avoient prins ce nom, ainsi qu'il se peut veoir au 6e canon du VIe Concile d'Arles, et des 23, 24 et 25e canons du IIIe Concile de Tours, tenus en l'an 813, soubz Charlemagne, roi de France et Empereur (1); èsquels il est porté que les chanoines séculiers estoient soubz la direction des Evesques, comme celle des réguliers soubz celle des Abbés; où, par ces Abbés, ils ne faut s'imaginer qu'ils fussent tous ré-

---

(1) Vide *Annal. Brotinian*, ad ann. 835, p. 191.

An. 768. guliers, non plus que les chanoines qui estoient en leurs charges, y ayant toujours des abbés séculiers aussi bien que des chanoines séculiers. Ce que Pennotus ne pouvant nier, il s'est servi d'un échapatoire impertinent tout-à-fait, escrivant que s'il est trouvé des abbés séculiers, ils avoient esté sécularizés depuis quatre cens ans, estant certain qu'il y en a de plus anciens de plus de trois cens ans auparavant (1). Mais le bon seigneur n'avoit pas veu que dès l'an 829, il y avoit des abbés séculiers qui n'estoient obligés à l'observance d'aucune règle. Les moines avoient à la vérité un abbé régulier, les chanoines un séculier, qui dépendoit toutefois de quelqu'un plus puissant, qui se disoit Archi-Abbé, ainsi qu'il se peut veoir dans le Cartulaire de Saint-Lezin d'Angers, où il est porté que les moines de Saint-Aubin dudit lieu, avoient un abbé régulier qui se nommoit Hincbert, et les chanoines de Saint-Lezin en avoient un laïc, appellé Thibauld, pardessus lesquels estoit Fouques, comte d'Anjou, comme Archi-Abbé (2). Je ne parle pas de ces seigneurs, lesquels, par une grande corruption et abus du siècle, jouissoient des Abbaïes et en tiroient le revenu, contre lesquels on rendit de grandes plaintes aux Conciles de Meaux et de Troislé, tenus en l'an 909 (3); de ce que ces Abbés laïcs, qui se faisoient autrement appeler Abbés *dominos*, demeuroient dans les monastères avec leurs femmes et enfans, leurs gens d'armes et leurs chiens, et comme ils estoient ignorans la plupart, ils avoient soubz eux des Doyens et Prévots, pour faire observer la règle aux chanoines ou religieux qui estoient dans leurs chapitres ou monastères; mais des Abbés ecclésiastiques, préposés pour supérieurs à des chapitres séculiers (4); il en est fait mention dans le VIe Concile de Paris, tenu en la mesme année 829, canon 8 et au canon 1, du Concile d'Aix, sus-allégué, en la fondation du Chapitre séculier de Saint-Spire de Corbeil, où Henri, comte du lieu, et Isabel, sa femme, instituèrent douze chanoines avec un abbé séculier, vers l'an 943; ce qui est répété en certaine charte de Bouchard, comte de Melun et dudit Corbeil, en l'an 1071, Indict 10, Epacte 27, le 24 des nones de novembre et l'an 12e du règne de

---

(1) Pennotus, lib. II, ch. 31, num. 10. — (2) *Dominici in Ansberti familiâ redivivâ*, p. 211. — (3) *Conc. Meld.*, can. 9 et 10, et *Troisl.*, can. 3. — (4) Aymoin, lib. V, ch. 34.

Philippe Ier, roi de France (1). Il y avoit tout de mesme un Abbé An. 768. séculier à Nostre-Dame d'Estampes, dont Henri, fils du roi Louis le Gros, estoit pourveu, et à Saint-André de Chartres, il y avoit un abbé séculier nommé Waleran, qui se veoid dénommé dans l'acte de l'investiture que fit Geoffroi II, évesque de Chartres, de l'église de Saint-Martin-au-Val dudit lieu, aux religieux de Mairmoutier, et depuis, un nommé Guillaume, cardinal de Toscoli et chanoine de Chartres, en fut pourveu en 1180. Car c'est une erreur de dire que les chanoines de Saint-André de Chartres fussent réguliers auparavant qu'Ives eust esté esleu à l'épiscopat de ceste ville, et que ce fut lui qui les séculariza et leur donna, en 1108, un Doyen au lieu d'un Abbé; veu qu'il n'est pas croiable que ce bon prélat, qui avoit réformé les chanoines, et de séculiers les réduisoit à une régularité, comme il fit ceux de Saint-Vincent, qui sont ceux de Saint-Jean au mesme lieu, eust voulu de réguliers les faire séculiers, et d'ailleurs que ledit Waleran est dénommé Abbé de Saint-André en l'an 1128, vingt ans après ceste prétendue séculavization, comme Guillaume, soixante-douze ans depuis l'institution d'un Doien en ceste église.

C'est pourquoi Azor a remarqué particulièrement en ses *Institutions morales* (2), qu'il y avoit des abbés séculiers en beaucoup d'églises collégiates, lesquels présidoient en icelles au collége des chanoines. En la Basse-Marche, l'abbé du Dorat prend qualité d'abbé séculier, et la glose sur le chapitre *transmissa, ex. de renunciat.* sur le mot *Abbatis*, dit que l'abbé de Ceparano estoit séculier et que le mot d'Abbé est nom de dignité (3). De mesme, dans le petit Pastoral de l'Eglise de Paris, Saint-Germain-en-Laye est dit Abbaïe, quoique ce ne soit qu'un bénéfice simple, donné premièrement par Henri I, roi de France, à ladite église de Paris, et depuis à l'Abbaïe de Coulombs, qui en a fait un prieuré simple. Par certain acte de l'an 1223, Pierre, doien de Nostre-Dame de Poissi, prend qualité d'Abbé, et le Nécrologe de l'Eglise de Chartres appelle Abbaïe, l'église de Saint-Aubin-des-Bois, qui n'est qu'une église champestre. Ce qui n'estoit particulier à la France, puisque cela se pratiquoit

---

(1) *Carta S. Martini a Campis Parisi.* — (2) Part. II, lib. III, ch. 19. — (3) N°s 47 et 48.

An. 768. aussi en Espagne, au rapport de François de Pise (1), en son *Histoire de Tolède*, où plusieurs prélats des églises collégiates, voire mesme de simples curés, prenoient la qualité d'Abbés, quoiqu'ils fussent purement séculiers. De toutes lesquelles authorités il se peut veoir, que longtems auparavant celui que s'imagine Pennotus, il y avoit des abbés séculiers.

Il ne se rencontre pas mieux, quand il escrit que par le mot de Clerc, s'entend toujours un chanoine régulier, qu'il veut estre appelé clerc, absolument et sans adjoint (2); ce qu'on lui dénie aussi absolument avec les canonistes, qui enseignent que soubz le nom de clerc, non-seulement les chanoines, mais encores toutes sortes d'ecclésiastiques séculiers ou réguliers qui sont tonsurés, sont comprins; le nom de clerc estant d'une plus grande estendue que celui de chanoine, tous ceux qui sont clercs n'estant pas chanoines (3). Combien y a-t-il de congrégations d'ecclésiastiques qui vivent en commun, lesquels ne sont pour cela chanoines; aussi quand on parle d'un clerc ou chanoine simplement et sans adjoint, cela se doit entendre d'un chanoine séculier, ainsi qu'il se peut veoir par les chapitres ou canons 19 du II⁰ Concile de Tours, 15 de celui de Clermont en Auvergne, du tems du roi Childebert; 6 du Concile d'Arles, soubz Charlemagne; et 115, 118, 120 et suivans du Concile d'Aix-la-Chapelle sus-allégué. Ce qui est conforme à ce qu'a remarqué Duaren (4), que le mot de chanoine se prend toujours pour un chanoine séculier, si le mot de régulier ne le suit.

Et de vrai, la cléricature n'est que par accident aux chanoines réguliers, elle est comme essentielle aux séculiers qui, pour ce, anciennement, estoient entendus particulièrement soubz ceste appellation, d'autant que personne ne peut estre chanoine séculier s'il n'est clerc et tonsuré; où, on peut estre chanoine régulier sans avoir la tonsure qui fait le clerc; qui montre assés que se sont les chanoines séculiers qui peuvent, exclusivement aux réguliers, prendre le nom de clercs, puisque l'on peut estre reçu chanoine régulier sans être tonsuré. C'est pourquoi au canon 11 du III⁰ Concile d'Orléans, et 24 du III⁰ Concile de

---

(1) *Hist. Toletanæ*, lib. II. — (2) Pennotus, lib. II, ch. 6, num. 3. — (3) Isid., lib. VII. Orig., ch. 12, *de Clericis*. — (4) Lib. I, ch. 21, *de Sacris ecclesiast. ministris*.

Tours, les chanoines séculiers sont appelés *canonici clerici*, An. 768; comme estant la marque qui les distingue d'avec les réguliers.

On pourroit m'objecter qu'il se peut induire une régularité, de ce que le Concile de Mayence (1), après celui de Tours, prescrit aux chanoines, de manger et coucher ensemble ; c'est-à-dire dans une mesme maison, comme font les réguliers ; qui fait que la glose sur le canon *in omnibus consc.* dist. 5, dit que cela se doit entendre des chanoines réguliers, mais (ajoutant l'alternative), ou qu'il y a esté dérogé. Ce canon ne peut servir contre l'opinion contraire ; car, comme dans les colléges, les escoliers vivent en commun et couchent en de grandes chambres, en des lits séparés, sans pouvoir pour cela estre appelés réguliers, de mesme les chanoines de Chartres, pour avoir couché en mesme maison, du tems qu'ils estoient commenseaux des Evesques, et depuis qu'ils ont esté soubz la conduicte des Prévots, ils ne peuvent passer pour réguliers. Et au cas pareil, quand ce Concile dit que les chanoines demeureront dans leur cloistre, il n'entend pas parler d'un cloistre régulier, mais d'un lieu clos et fermé à clef, d'où ceux qui sont dedans ne peuvent sortir sans la permission ou licence du supérieur, ou de celui qui a ceste clef en sa garde, lequel devoit estre le Doien qui, pour ce sujet dans les titres anciens, s'appelloit *Archiclavus*. C'est ainsi qu'en escrit Ledrald ou Leïdrard, archevesque de Lion, à l'empereur Charlemagne : *Claustrum* (dit-il), *quoque clericocum construxi, in quo omnes nunc sub uno conclavi manere noscuntur*; ce qui ne se doit entendre d'un lieu tel que l'ont les religieux ou réguliers, mais d'un lieu fermant à clef ; ainsi qu'il se peut veoir dans Festus, qui enseigne que *conclavia dicuntur loca quæ uno clave clauduntur*. Et quand bien on voudroit obstinément que cela s'entendît d'un cloistre de moines et réguliers, il ne se peut entendre de l'Eglise de Chartres, qui n'en a jamais eu de semblable, pour n'avoir eu assés de lieu ou espace pour y en pouvoir édifier un, à la façon de celui des religieux, avec les offices et descharges nécessaires, la place où ils pouvoient bastir ledit cloistre n'estant encores en la possession du Chapitre de Chartres, et n'y aiant esté que fort longtems après celui qu'allègue Pennotus. Que quelques chanoines et autres, aiant acquis

---

(1) *Conc. Magunt.*, can. 9.

An. 768. des particuliers quelques maisons, les donnèrent à l'église à la charge de quelques services; et combien que l'enceinte dans laquelle sont comprinses lesdites maisons qui servent pour loger les chanoines, s'appelle ordinairement le cloistre, ce n'est pas qu'il y en aie eu autrefois un à la façon des réguliers, mais pour ce qu'il doit estre clos et fermé tous les soirs, pour empescher que les chanoines ne soient troublés dans leur repos. C'est pourquoi le Chapitre de Chartres intenta autrefois un procès contre le comte de Chartres et les habitans, pour la cloture et fermeture d'icelui, en la façon qu'il est; qui fait veoir qu'il n'y a point eu de cloistre à la façon des réguliers.

Quand à ce que les mesmes Conciles obligent les chanoines à venir de grand matin à la leçon, on ne peut conclure de là aucune régularité, non plus que des statuts de l'université et des colléges de Paris, qui prescrivent la mesme chose aux escholiers, pour les exciter à l'estude; qu'on ne peut conclure estre chanoines réguliers, mais seulement qu'ils doivent se lever du matin pour se ranger à leur devoir, afin de se rendre capables de servir quelque jour au public. C'est la raison pour laquelle on bastissoit anciennement les escholes proche des églises Cathédrales, où il y avoit des régens qui leur faisoient leçon. Nous avons veu ci-devant, qu'il y en avoit dans l'église de Chartres du tems de Cherimir, soubz lequel nostre prélat Lancegesil et S. Laumer avoient estudié. Dans le Nécrologe ou Obituaire de l'église de Chartres, il est fait mention, le 5 des ides d'octobre, d'un Hildegaire, soubz-doien et maistre d'eschole de l'église; et dans l'ancien Obituaire de l'abbaïe de Saint-Jean-en-Vallée dudit Chartres, est annoncé le 12 des calendes de juillet, le décès de Jean d'Estampes, recteur des grandes escholes de Chartres (1). Fulbert, auparavant que de parvenir à l'évesché dudit lieu, avoit enseigné publiquement ès mesmes escholes, et avoit eu des disciples qui ont esclairé l'église de leur doctrine; entre autres Lanfranc, premièrement abbé du Bec, puis archevesque de Canturberi et primat d'Angleterre; Adelelme, évesque de Bresse, et plusieurs autres, d'entre lesquels sortit, comme un autre Judas de la compagnie de Nostre-Seigneur, ce malheureux Béranger, archidiacre de Tours, lequel, comme cest

---

(1) Oderic Vital.

apostre apostat, ne croioit pas la réalité du corps et du sang de Jésus-Christ au sacrement de l'autel; enseignant qu'il n'y avoit que la seule figure; ce qu'il n'avoit apprins de son maistre, qui enseignoit tout le contraire, ainsi qu'il se peut veoir par l'une de ses épistres. Je ne parle point de Wlgrin, Bernard le Breton, Pierre de Paris, et de quelques autres qui ont tenu la dignité de Chancelier de l'église de Chartres; qui ont, de leur tems, fait fleurir les lettres en ladite Eglise, pour ce qu'il se trouvera occasion d'en parler ailleurs.

An. 768.

Toutes les autres églises faisoient le semblable, ainsi qu'il se peut veoir de l'église de Reims, de laquelle Flodoard (1), l'un de ses chanoines, escrit que Foulques, archevesque du lieu, remit sur pied les escholes de ses chanoines et celle des clercs forains; lesquelles estoient venues à deschoir, et y fit venir S. Remi d'Auxerre et un certain Hucbauld, moine de Saint-Amand, pour les enseigner, vers l'an 884. Je ne suis ignorant que Pennotus asseure (2), mais avec trop de hardiesse, que les chanoines de Rheims estoient réguliers, et voudroit tirer ce tesmoignage d'un chanoine de la mesme église à son avantage; mais on lui dénie absolument que les chanoines de ceste auguste église aient esté réguliers. Le Chapitre d'Orléans avoit semblablement son eschole près l'église de Sainte-Croix, ainsi qu'il se lit dans le Capitulaire de Théodulfe, évesque dudit lieu, qui vivoit sous Charlemagne et Louis le Débonnaire, son fils, dans lequel ce prélat, pour faire veoir que les escholes estoient pour les chanoines séculiers, il ajouste celles des monastères de Saint-Aignan de la mesme ville, de Saint-Benoist-sur-Loire et de Saint-Liphard de Meung, dans le mesme diocèse; ausquelles il permectoit à ses curés d'envoyer leurs neveux et parens pour y estudier, ceste grâce n'estant indifféremment pour tous. Et néamoins l'abbé Dubois a remarqué que du tems de S. Abbon, abbé dudit Saint-Benoist-sur-Loire (3), il y avoit plus de cinq mille escholiers en ce monastère; chacun desquels estoit tenu de recongnoistre son régent d'une couple de livres escrits à la main, pour estre mis dans la bibliothèque d'icelui; qui, par ce moyen, fut remplie d'une quantité de volumes manuscripts de

---

(1) *Hist. Remens.*, lib. IV, ch. 8. — (2) Lib. II, ch. 33. — (3) *In Bibliothecâ Floriac. ad. capit. I. Vita S. Abbonis.*

An. 768. toutes sortes, lesquels furent volés, deschirés et bruslés au grand dommage des bonnes lettres, par les Calvinistes, qui s'estoient emparés de ceste célèbre abbaïe, ès années 1561 et 1562, à la faveur d'Odet, Cardinal de Chastillon, qui en estoit administrateur et faisoit profession de leur secte, pour laquelle il se déclara, puis après, ne nous est resté que le peu que ledit abbé Dubois a mis en lumière soubz le titre de *Bibliothèque de Fleuri*.

C'estoit comme une suite, que là où il y avoit des escholes, il y avoit des bibliothèques; c'est pourquoi Paulin, évesque de Nole (1), a remarqué qu'ès églises, il y avoit deux lieux secrets, que S. Clément Romain appelle *Pastophoria*, sur lesquels estoient escrits les distiques suivans, sçavoir sur le premier, qui estoit la sacristie :

*Hic locus est veneranda, penus quá conditur, et quá
Promitur alma sacri pompa ministerii*

Et sur le second, qui estoit à la gauche et servoit de bibliothèque pour retirer les livres :

*Si quem sancta tenet meditandi in lege voluntas,
Hic poterit residens sacris intendere libris.*

Ceste coutume se prouve de ce qu'escrit Eusèbe, en son *Histoire Ecclésiastique* (2), d'Alexandre, évesque de Hiérusalem, qui avoit amassé une belle bibliothèque près son église, laquelle eschappa des mains des boutefeux, que l'empereur Dioclétian avoit envoié partout où s'estendoit son pouvoir, pour sacrifier aux flammes et à sa passion les livres des Chrestiens et particulièrement ceux-là ausquels estoient escrits les Actes des Martyrs, et que ceste bibliothèque subsistoit encores de son tems; de laquelle il avoit tiré beaucoup de mémoires qui lui avoient servi à composer son Histoire. Il n'y avoit guères d'églises, où il n'y eût un certain lieu députés pour la garde des livres, auquel ceux qui vouloient estudier se retiroient pour les lire; mais tant les clercs séculiers que réguliers, s'estant laissés emporter à la fainéantise, à l'ignorance et sensualité, Charlemagne, voulant remectre sus, une si honneste occupation, et exciter un chacun à

---

(1) Epist. 12, lib. II. *Constit.*, ch. 61. — (2) Lib. VI, ch. 2 et *ult.*

redonner aux lectres leur ancienne splendeur, escrivit une lectre An. 768. circulaire, vers l'an 788, à tous les évesques et abbés, pour remectre les escholes en leurs églises et monastères, affin que ceux qui estoient soubz leurs charges, peussent se rendre dignes et capables du ministère auquel Dieu les avoit appelés. Qui donna sujet aux Pères, assemblés au Concile de Chaslon-sur-Saone en l'an 813, de publier le canon suivant, par lequel il est enjoint aux évesques de restablir les escholes : *In quibus et litteraria solertia disciplinæ et sacræ scripturæ documenta discantur; et tales ibi erudiantur, qui condimentum plebibus esse valeant, et quorum doctrina non solum diversis hæresibus, verum etiam Anti-Christi monitis, ac ipsi Anti-Christo resistatur* (1). De mesme au Parlement d'Actigni, tenu soubz Louis le Débonnaire en 822, il fut ordonné que les évesques dresseroient des escholes *ad filios et ministros Ecclesiæ instruendos vel erudiendos*, et encores aux prélats assemblés au VIe Concile de Paris (2), de supplier au mesme Empereur en l'an 829 que, conformément aux ordonnances de Charlemagne, son père, il lui plust tenir la main à ce qu'il eust des escholes publiques, à tout le moins en cinq villes, les plus propres de son empire, pour y instruire la jeunesse.

Le premier establissement de ces escholes, fut en l'Eglise d'Alexandrie, en laquelle Panthenus, Clément Alexandrin et Origènes enseignoient, comme en celle d'Antioche, où Lucian, personnage très-docte au rapport de S. Hierosme (3), interprétoit la Sainte-Escriture, et eut pour disciples Arius qui, par sa faulse doctrine, fit une notable plaie à l'Eglise, et Eusèbe de Nicomedie, en celle de Nisibe, pour les Chrestiens de Sorie, ce qui s'espandit par toutes les autres églises, tant de l'Orient que de l'Occident, avec un très-grand fruit, à cause des excellens personnages qui en sont sortis, pour le soutien de la gloire de Dieu et le maintien de son église.

Les clercs qui estudioient en ces escholes apprenoient non-seulement la grammaire, philosophie et théologie, mais encores estoient instruits au chant ecclésiastique et au comput ou compte, pour sçavoir le tems auquel seroient les clefs de Pasques, c'est-

---

(1) Capit., lib. II, ch. 5. — (2) Can. 3. — (3) Hier., *de Script. eccles.* Nicephor., lib. VII. *Hist. Eccles.*, ch. 9.

An. 768. à-dire les plus hauts et les plus bas jours ausquels la feste de Pasques pourroit se rencontrer, depuis le 22 mars jusques au 25 d'avril; pour ce que de la congnoissance de ceste feste, despend celle de toutes les autres festes mobiles. Cela se recueille des Capitulaires de Charlemagne, tirés du Concile d'Aix-la-Chapelle, de l'an 789, où ce prince ordonna que *Scholæ legentium puerorum fierent, psalmos, notas, cantus, compotum, grammaticam per singula monasteria vel episcopia discant* : Et au Capitulaire 80, qu'il addresse à tous les clercs : *Monachi* (dit-il), *ut cantum Romanum pleniter et ordinabiliter, per Nocturnale, vel Graduale officium peragant, secundùm quod Beatæ memoriæ genitor noster Pipinus Rex decrevit ut fieret, quando Gallicanum cantum tulit, ob unanimitatem Apostolicæ sedis et sanctæ Dei ecclesiæ pacificam concordiam* (1).

Comme le chant fait partie de l'office ecclésiastique, et excite la dévotion s'il est conforme aux règles de la musique; aussi la demeust quand il s'y rencontre de la cacophonie ou mauvais accord. Ce que Pépin et Charlemagne recongnoissans, ils firent tout leur possible pour le faire réduire en certain art, suivant les règles duquel le service divin se pust faire avec quelque harmonie et dévotion. Pour à quoi parvenir, Pépin voulut que Remi, son fils, archevesque de Rouen, envoiast à Rome deux moines de son diocèse, pour se faire instruire au chant Romain, affin de l'apprendre aux François. Walfrid Strabon escrit que le pape Estienne III l'introduisit en France à la prière de Pépin, qui peut estre en ce tems-là; mais c'est sans doute, que Charlemagne y a plus travaillé que pas un. Ademar de Chabanes, cité d'ordinaire soubz le nom du moine de Saint-Cibar d'Angoulesme, rapporte, en la Vie de cest Empereur, que retournant en France d'un voiage qu'il avoit fait à Rome en l'an 807, il amena avec lui deux chantres, l'un nommé Théodore, l'autre Benoist, que Eckerhard, doyen de Saint-Gal, en la vie de S. Notker, appelle Pierre et Romain (2); sinon que ce fussent deux autres, l'un desquels il envoia à Metz et l'autre à Soissons, enjoignant aux maistres d'eschole de toutes les cités de France de leur envoier leurs Antiphoniers pour les corriger et les remettre en meilleur

---

(1) Lib. IV. *Capitul.*, ch. 72 et 80. — (2) Lib. X, p. 941. *Apud Canisi*, t. VI, *Antiq. Lection.*

estat qu'ils n'avoient esté auparavant, et des personnes pour ap- An. 768.
prendre d'eux à chanter, affin de pouvoir, puis après, enseigner
le chant aux autres. Le moine de Saint-Gal, au lieu sus-allégué,
dit que le pape Estienne envoia de Rome douze chantres à cest
Empereur, pour apprendre le chant ecclésiastique aux François (1), mais il peut s'estre équivoqué, en prenant Charlemagne
pour Pépin, qui estoit du tems de ce Pontife; il adjoute de plus
que le maistre d'eschole, qui est appelé ailleurs Capiscol, Scholastic, Iscolastre, et en l'église de Chartres, Chancelier, avoit le
soin d'apprendre aux clercs de l'église, dès la veille des festes,
les Respons qu'ils devoient chanter le lendemain; ce qui se practique encores en l'église de Chartres, en laquelle le chancelier
d'icelle, ou personne pour lui, enseigne après les Vespres aux
enfans de chœur, les leçons qu'ils doivent chanter le lendemain
à Matines. C'est ce que dit aussi l'abbé d'Usperg (2), après
Eginard, parlant de Charlemagne, que: *legendi atque psallendi disciplinam diligentissimè emendavit. Erat enim utriusque admodum eruditus, quamquam ipse nec publicè legeret, nec
nisi summissè in commune caneret. Fuit autem consuetudo,
ut in basilica ejus, magister scholæ designaret pridiè singulis
quod Responsorium quis cantare deberet in nocte*, c'est-à-dire
Matines qui se chantoient à minuit. Et Ladrad, en l'Epistre cidessus alléguée. *Habeo* (dit-il), *scholas Cantorum ex quibus
plerique sunt ita eruditi, ut alios etiam erudire possint. Præter hæc verò habeo scholas lectorum, non solum qui officiorum
lectionibus exercentur, sed etiam in divinorum librorum meditatione, spiritalis intelligenciæ fructus consequantur*.

Outre cela ces prestres devoient sçavoir leur comput, ainsi
qu'il se peut veoir dans l'admonition que Charlemagne fait à
ceux de cest ordre, en l'an 804, nombre 5; *ut cantum et compotum sciut*. A quoi j'estimerois que la vieille Chronique de
France feroit allusion, disant que: *Domnus rex Carolus iterum
à Roma artis Grammaticæ et computatoriæ, magistros secum adduxit in Franciam et ubique studium litterarum expandere
jussit*. Veu qu'il semble que, par ces maistres en l'art de compter,
il n'entendoit simplement l'arithmétique, laquelle, comme comprinse entre les arts libéraux, pouvoit estre sceue de beaucoup;

---

(1) Lib. 1, ch. 10. — (2) Abbas Usperg., p. 181.

An. 768. mais le compot ou comput ecclésiastique, qu'encores plus ignorent, et s'en trouvent fort peu qui le sçavent; combien qu'il fust à propos que les clercs le sceussent pour la congnoissance de Pasques et des Festes mobiles. C'est pourquoi, dans le premier appendix des Capitulaires dudit Charlemagne, il est enjoint à chacun de l'apprendre (1); ce qui se rencontre aussi chez Bouchard ou Burchard, lequel veust que le prestre sache : *Computum cum ciclo*, c'est-à-dire le contour que la lune fait de dix-neuf en dix-neuf ans, et le soleil de vingt-huit en vingt-huit ans (2), pourquoi on auroit inventé certaines règles qui se peuvent lire dans le *Comput* de M. Aignan, qui en traicte à dessain.

Je m'esloigne trop du mien, auquel revenant, je dis que pour y avoir eu communeauté de vie et d'estudes en l'Eglise de Chartres, on ne peut conclure de là, que les chanoines et clercs d'icelle aient esté chanoines réguliers, non plus que ceux des autres églises Cathédrales, devant et après S. Augustin, quoiqu'en dient Pennotus et Chopin (3). Car comme l'a bien sceu remarquer Joseph Mockzagrugnus : *Nusquam legimus Apostolos, vel clericos primitivæ Ecclesiæ ad Augustinum usquè, expressè professos fuisse, sed nec ullibi Augustinum et clericos ejus.* Et plus bas : *Ausim affirmare hujusmodi propositum fuisse sub tacita professione, quæ in clericis tunc annectebatur, promotioni clericatus absque alia expressione verborum, sicut modo paupertas et castitas connectuntur sub obedientia quamvis non exprimantur et sicut continentia in assumptione ordinis.* Ce que confirme Soto (4), enseignant que du tems de S. Augustin, l'on doutoit si l'on devoit ordonner prestre ceux qui ne voudroient vivre en commun, leur institut ne requérant nécessairement cela d'eux, pour n'avoir fait aucun vœu de pauvreté, ni d'obéissance, sinon envers l'évesque, qui en exige la promesse, lorsqu'il confère l'ordre de prestrize; qui est bien esloigné de ce que Pennotus et ceux qui sont de son opinion, prétendent; et pour monstrer que telle n'a jamais esté la pensée de S. Augustin, il dit, en un de ses Sermons de la Vie Com-

---

(1) Lib. I, ch. 5. — (2) Lib. XIX, ch. 8. — (3) Pennotus, lib. II, ch. 33, et lib. IV, ch. 8. Chopin, *Monast.*, lib. II, p. 105. — (4) Jos. Mokza, lib. I, *de reb. gest. canonic. regul.*, p. 162. Soto, *de Institut. et jure*, lib. X, quest. 4, art. 3, p. 951.

mune (1), qu'il avoit résolu de n'admettre personne à la cléri- An. 770.
cature qu'il ne promist de vivre avec lui, sans avoir aucun
propre, et qu'en cas qu'ils voulussent se retirer de ceste forme
de vivre, le priver de sa cléricature, ce qu'aiant mieux considéré, il auroit changé d'avis et permectoit à ceux qui voudroient
vivre en leur privé et avoir du propre, d'aller où bon leur sem-
bleroit, sans qu'il pust pour raison de ce, les priver de la cléricature. Qui montre que du tems de S. Augustin, les clercs qui
ont esté depuis appelés chanoines, estoient séculiers, mesmement dans l'église de Chartres, en laquelle ils n'ont jamais esté
astraint à aucun vœu, combien qu'ils aient vescu en communeauté. Ce qui suffit pour faire veoir que c'est mal à propos que
quelques-uns ont advancé qu'ils estoient de leur institution
chanoines réguliers, et qu'ils avoient esté sécularisés par Adon
ou Hadon. Je ne sçai où ils pourroient l'avoir trouvé, veu qu'il
n'y a aucun mémoire de lui que le nom, et que l'escrivain du
Catalogue de nos Prélats lui donne onze ans de séance; qui nous
oblige à estimer qu'il est décédé en l'an 776.

CHAPITRE II.

De Flavius, évesque de Chartres, et de quelques incidens, arrivés de son tems.

FLAVIUS entra en possession de la chaire Chartraine incontinent après le décedsds de Hadon, et l'occupa environ
quinze ans. Le Catalogue de nos Evesques porte qu'il
commença dès l'an 726, en quoi il est aisé à veoir qu'il s'est abusé;
comme en ce qu'il dit, que ce fut du tems du règne de Thierri II,
roi de France, et soubz Charles-Martel, maire du Palais; veu
qu'il n'a peu estre plustost qu'en l'an 776, suivant ce que nous

---

(1) XII, quest. 1, *de latissimis et certis.*

An. 770. avons rapporté ci-dessus. Il est vrai qu'il y en a qui disent que ce fut de son tems qu'arriva la première destruction et incendie de la ville et église de Chartres, qui fut environ l'an 770, selon que le portent certains manuscripts de la fondation de ladite église, en ces termes :

> La première destruction,
> Fut l'an de l'Incarnation,
> Sept cens et sexante dix

sinon que l'escrivain se fust trompé et eut prins ce nombre soixante-dix pour soixante-seize; autrement on pourroit dire que ceste disgrâce seroit arrivée soubz Hadon, l'an deuxiesme de Charlemagne, qui fut couronné roi de France à Noyon, en l'an 768. Carloman, son frère, avoit eu la Provence, la Bourgongne, l'Alsace et l'Allemagne pour son partage, et en avoit esté couronné roi, le 7 octobre de la mesme année, à Soissons. Il ne garda ses Estats que jusques au 4 décembre 771, qu'il décéda à Monsaingeon d'où il fut porté à Saint-Remi de Reims, pour y recevoir sa dernière demeure. Charles, augmenté de toutes ces belles provinces, en alla prendre possession. Berthe, veuve de Carloman, fit ce qu'elle pust pour les conserver à ses enfans, et voiant qu'elle n'avoit assés de forces pour ce faire, elle se mit soubz la protection de Tassilon, duc de Bavières, lequel estant plus riche en courage qu'en biens, et voiant qu'elle n'en pouvoit tirer grande assistance, elle l'alla chercher chez Didier, son père, roi des Lombards. Charles avoit Hermengarde, son autre fille qu'il lui renvoia, et espouza en mesme tems Hildegarde, fille de Childebrand, grand seigneur en Suabe, et de Ritgarde de Bavières, dame d'une excellente beauté. Tout cela n'estoit que trop suffisant pour mettre Didier mal avec Charles; mais aiant sceu que le Lombard sollicitoit le pape Adrian, de sacrer rois de France, les fils de Carloman, il ne fallut le presser davantage pour monter à cheval, pour en empescher le coup et déclarer la guerre à Didier, qui se veid aussitôt vaincu qu'assailli; et l'aiant prins dans Pavie avec Gausse, sa femme, et leurs enfans, les confina en exil. En eux print fin le roiaume des Lombards en Italie, qui avoit duré deux cens cinquante-cinq ou six ans. Charles se voiant maistre de cest Estat, en print la couronne à Modène, laquelle lui fut posée sur le chef, An. 775. par l'archevesque de Milan, d'où il s'en alla à Rome, où aiant donné ordre par toute l'Italie, et mis des garnisons aux frontières, il reprint la route de France et s'en vint passer les festes de Noël de l'an 775 à Crécy.

L'année suivante, Irène, veuve de Constantin Copronyme, lui envoia ses ambassadeurs, pour lui demander Rothrude, sa fille, que Cedrenus appelle Erythro, pour le jeune empereur Constantin, son fils. Ce prince n'estoit pas bien dans l'esprit du François, d'autant qu'il espauloit soubz-main Adalgise, fils de Didier, auquel il avoit baillé une armée navale, avec laquelle il estoit descendu en Italie, pensant recouvrer le roiaume de son père; mais aiant esté repoussé jusques dans son golfe par les armes de Charles, il s'en retourna vers le Grec, bien esloigné de ses dessains et de ses espérances, qui n'eurent enfin aucun effet.

Sur le commencement du printemps de l'an 777, il convoca un parlement à Paderbrun, pour ordonner des affaires de Saxe, les habitans duquel païs estoient de nouveau convertis, pour lesquels maintenir, il establit un évesque à Osnobruch.

Aiant passé Noël de l'an 778 à Durie, il fut faire ses Pasques à Cassagnol ou Chassenueil, chasteau siz en l'Agenois, au deçà de la rivière du Loth, et de là conduisit son armée par les Pyrenées, pour entrer dans la Navarre. Il y assiégea d'abord Pampelune, capitale du païs, laquelle se deffendit courageusement; mais Charles qui avoit accoutumé de vaincre et non d'estre vaincu, s'estant obstiné au siége, le bourgeois, désespérant de ses forces, aima mieux se rendre à composition que, s'opiniatrant pour la deffense, exposer sa vie et ses biens à l'insolence d'un victorieux soldat. Aiant receu Pampelune, il alla joindre l'autre partie de son armée, qu'il avoit envoiée par le Languedoc, dans le Roussillon et la Catalongue et passant l'Ebre, malgré les ennemis qui, au bruit de sa venue, estoient accourus pour faire barrière de leurs corps et de leurs forces, et lui disputer l'entrée de leurs terres, donna jusques à Sarragosse, qu'il print, et la rendit à Inabdale, roi Sarrazin, son seigneur, qu'aucuns appellent Ibnalarabi, à condition de la tenir de lui.

Ces avantages relevèrent le courage et les espérances de ceux

An. 778. de Galice et des Astures, qui avoient appellé Charles à leur secours contre l'oppression qu'ils souffroient de la part des Sarrazins; de sorte qu'assistés des armes de ce prince, ils eurent plusieurs victoires sur ces peuples circoncis, soubz la conduite d'Alphonse le Chaste, leur roi. Charles, après avoir mis l'ordre nécessaire en Espagne, se mit en chemin pour retourner en France sur l'automne, et print sa marche par la Biscaïe. Se croiant en païs d'amis, il renvoia partie de ses trouppes par la Catalongne et le Languedoc, et suivi de peu, fors des principaux de ses seigneurs et nobles, il se mit à traverser ces sourcilleuses montagnes qui nous séparent des Espagnes, le passage desquelles est grandement difficile. Le bruit qu'il traisnoit après lui des thrésors innombrables conquis sur les infidèles, donna la pensée et le courage aux Basques, pour se venger du mauvais traitement qu'ils avoient reçu des gens de guerre en leur passage précédent, de se jecter sur le bagage, qui estoit à Ronceveaux, qu'ils enlevèrent, et taillèrent en pièce la pluspart de ceux qui le conduisoient (1). Charles, au bruit de ceste surprinse, fît tourner visage à son armée, pour tirer raison d'un affront si sensible, mais en vain, d'autant que les lieux par lesquels ils estoient obligés de passer, estant fort estroits, ils ne leur permectoient de s'estendre; et la nuit survenant, leur fit quicter leur poursuicte. Il y eut quantité de gens de condition qui trouvèrent là leur tombeau, qui ont donné sujet à tant de romans, sortis de plumes badines, pour amuser plustost un ignorant lecteur, que pour l'instruire. Les Espagnols, naturellement jaloux de la gloire des François, ont fort enchéri sur ce sujet, et tasché de faire passer leurs bourdes pour des vérités.

Le déplaisir de ceste disgrâce se perdit dans le contentement que Charles receut de la naissance de deux gémeaux, dont il trouva Hildegarde, son espouze, accouchée à Cassagnueil, où l'avoit laissée; mais comme les contentemens du monde sont toujours imparfaits, il n'en eut une satisfaction entière; l'un estant mort dans ses premiers langes, et l'autre lui aiant survescu et succédé au Roiaume et à l'Empire. Il n'eut loisir de traiter son accouchée, veu que Witichind, ou, comme les autres l'appellent, Guischelin, l'un des principaux Ducs de la Vesphalie,

---

(1) De Marka, en son *Hist. de Béarn*, lib. II, ch. 6.

assisté des Danois, chez lesquels il s'estoit retiré, courut tout le país de Hesse jusqu'au fleuve de Sale, dit *Turcio* ou *Tuci*, Mayence et le Rhin, mectant tout à feu et à sang, sans respect des personnes ni des lieux. Charles, averti de ce qui se passoit, marcha à grandes journées pour le rencontrer, ce qu'ayant fait, il le chargea si à propos au passage de l'Adeone, qu'il en demeura fort peu pour porter les nouvelles de leur défaicte à leurs compagnons. Aiant passé les festes de Noël et Pasques de l'an 779, à Heristal, où il avoit aussi assigné le quartier d'hiver de son armée (1), il entra sur le printems dans la Westphalie, qu'il réduisit en son obéissance, et l'année d'après, qu'on comptoit 780, il fit baptizer les Saxons Orientaux, et s'en revint en France. Aiant à faire un voiage à Rome, il prépara tout ce qui estoit nécessaire pour son équipage; lequel estant prest, il passa les monts avec sa femme et ses enfans, Louis et Pepin, et vint célébrer la feste de Noël et l'hiver à Thurin. Adalgise, fils de Didier, roi de Lombardie, estoit toujours aux escoutes pour veoir s'il trouveroit quelque occasion pour rentrer dans le roiaume de ses aïeux, et tenoit sur mer une armée, qui n'attendoit sinon que ceux qu'il avoit practiqués, lui donnassent le signal. Pour rompre les dessains de ces factieux et les estouffer en leur germe, Charles assembla, un premier jour de mars, les évesques et nobles d'Italie, ausquels il présenta Pépin, son fils, pour leur Roi, et l'ayant mené à Rome, il l'y fit baptizer par le pape Adrian, la veille de Pasques, et couronner le lendemain 15 avril 781, en la présence des principaux seigneurs du país, qui le recongneurent et receurent à seigneur.

Il fit aussi en mesme tems déclarer roi d'Aquitaine, Louis, son autre fils, qui ne pouvoit avoir guère que trois ans; et le fit couronner par le mesme Pontife. Reprenant la route de France, il fit encore couronner Pepin à Modène, de la couronne de fer, par Thomas, archevesque de Milan, auquel il fit lever des fonts, une sienne fille nommée Gille ou Gilette, et laissa ce jeune prince dans l'Italie, au grand contentement de ses sujets. Retourné qu'il fut en France, il envoia Louis prendre possession de son roiaume d'Aquitaine, soubz la conduicte d'un nommé Arnould, qu'il avoit choisi pour modérateur de ses jeunes ans,

An. 779.

---

(1) Herman Contractus, Abb. Usperg.

An. 781. et lui s'en alla tenir ses Estats au Parlement à Wormes, d'où il vint passer les festes de Noël et de Pasques à Crécy. Estant passé de là à Colongne, pour y tenir un autre Parlement, les ambassadeurs de Hongrie et de Danemark l'y vindrent demander la paix.

Witichind cependant faisoit ce qu'il pouvoit contre les François, et avec ses partisans leur donnoit des affaires; quelques François s'estant mis en debvoir de lui résister, il les défit entièrement, de quoi Charles indigné, en voulut prendre la vengeance sur ceux du païs. Eux, ne voulant s'intéresser dans la querelle de Witichind, l'abandonnèrent et l'obligèrent de se retirer en Dannemark, et cependant, lui livrèrent quatre mille cinq cens hommes de ceux qui avoient suivi le parti de Witichind, à tous lesquels il fit en mesme jour coupper la teste. Trois jours après, le Roi partit pour venir passer son quartier d'hiver à Thionville, où Hildegarde sa femme mourut, le dernier d'apvril 783, un jour de l'Ascension, et fut portée inhumer à Saint-Arnould de Metz; Munster dit que ce fut à Kempten, en un monastère, qu'elle avoit fait bastir dès l'an 773. Quoique c'en soit, n'importe à nostre sujet, elle laissa trois masles: Charles, Pepin et Louis, et autant de femelles: Rothrude, Berthe et Gille. Elle en avoit eu une autre de mesme nom qu'elle, qui mourut environ quarante jours après sa naissance; comme fit une autre nommée Alix ou Adelaïd, décédée en bas asge au retour d'Italie (1).

Le Roi n'avoit encore achevé les obsèques de sa femme, qu'il partit pour la Saxe; ayant rencontré l'armée ennemie, il la chargea si à propos qu'il n'eschappa à peine un de ces Saxons, pour porter nouvelles de leur malheur chez eux. La perte de ceste bataille touchoit fort sensiblement ces Saxons, lesquels, aiant mis sur pied une autre armée, faisoient contenance de vouloir réparer le deshonneur de leur perte, par l'événement d'une seconde. Charles, picqué de tant de rébellions et révoltes, donna dessus avec le gros de son armée et de ses recreues, et les mist tous en pièces; et s'avançant jusques au Vezer et l'Elbe il gasta et ravagea tout le païs, et s'en retourna en France, plus satisfait de s'estre vengé de ses ennemis, que chargé de butin.

---

(1) Baron., *ad an.* 786, *num. ultimo.*

S'il avoit esté auparavant son voyage, empesché à rendre les derniers devoirs à sa femme, il ne le fut pas moins à son retour, à rendre pareils honneurs à Berthe sa mère, décédée le 12 juillet de la mesme année, qu'il fit porter à Saint-Denys en France, où elle receut sa sépulture, près de Pepin son espoux.

An. 783.

Charles, se voyant sans femme, pensa à se remarier; il s'allia avec Falstrade, fille du comte Raoul, son sujet et vassal, avec laquelle il alla passer le reste de l'année 784, à Héristal, où il fut jusqu'à Pasques; et sur le commencement du printems il marcha contre les Saxons, desquels lui, et Charles son fils, firent une terrible destruction. Sur la nouvelle saison de l'année 785, le roi assembla son Parlement à Paderbrun, où Louis d'Aquitaine le vint trouver, avec ses forces de Gascongne. Le Parlement fini, le roi trouva moyen de faire approcher Albion et Witichind, autheurs de tant de rébellions, avec lesquels s'estant accomodé et les aiant fait baptizer à Actigni, il donna à ce Witichind la duché d'Angrie (1). C'est de lui que quelques-uns font descendre Hue Capet, l'un de nos rois de France, à cause de Havide ou Havise, sa mère, femme de Hue le Grand, fille de Thierri, qui descendoit de ce grand Witichind; et les Ducs de Saxe, issus de la famille des Marquis de Mysie (2).

Les feux de la rébellion des Saxons, ayant ce semble, esté éteins par les eaux du baptesme, Charles, n'aiant plus affaire de ce costé-là, passa en Italie en 786, où il s'accomoda avec le pape Adrian, et Aregise ou Archise, duc de Benevent, qui, pour contrequarrer Pepin, faisoit ce qu'il pouvoit pour obtenir de Sa Sainteté, la grâce de porter la couronne Roialle; et cependant, il envoia Atulf, son Sénéchal, en la Bretagne Armorique, que sept Comtes avoient partagée ensemble (3), et n'en vouloient recongnoistre le Roi de France; lesquels il mit en leur devoir, et mena les ostages qu'ils lui avoient baillés à Wormes, où Charles estoit de retour de son voiage de Rome, dès le mois d'octobre de l'an 787; Falstrade, sa femme, l'y vint aussi trouver, et presqu'au mesme tems il y assembla un Parlement, auquel il assigna jour à Tassillon, duc de Bavières, pour se veoir

---

(1) Albert Krantz, lib. II, ch. 23. Sigibert. — (2) Witikind, *Mon. Corbeiæ*, lib. VII. *Hist. Saxon.* — (3) Argentré. *Hist. Armor.*, lib. II, ch. 8, et lib. III, ch. 69.

An. 787. condamner à obéïr, suivant la sentence d'excommunication, prononcée contre lui par le pape Adrian, au cas qu'il ne le voulust faire. Ce duc fit du commencement le revesche, mais pressé par les armes de Charles, il acquiesça enfin, et lui fit serment de fidélité qu'il ne garda pas longtems ; car le roi estant allé passer son hiver à Ingelheim, palais assis sur le Rhin, non loin de Mayence, y assembla un Parlement sur le commencement de l'an 788, auquel Tassillon ayant esté convaincu de trahison et de lèze-majesté, il fut condamné à perdre la vie : le Roi voulant lui faire grâce, lui donna le choix d'accepter telle condition de vie qu'il voudroit ; il esleut l'abbaïe de Jumièges pour sa retraicte, où, après le décèds de sa femme, lui et son fils prindrent l'habit de moine, et y passèrent leurs jours, avec autant de bon exemple qu'ils avoient autrefois donné de mauvaise édification par leurs perverses actions (1).

Cependant Constantin le Jeune, empereur du Levant, offensé de ce que Charles ne lui avoit envoyé sa fille Rothrude, lui practiqua de nouvelles affaires en Italie; il arma soubz la conduicte d'Adalgise, fils de Didier, dernier roi des Lombards, qui s'en vint par mer surgir en Calabre ; il estimoit que s'il pouvoit enlever Benevent, il auroit la clef de l'Italie, et pourroit facilement s'emparer des Terres de l'Eglise (2). Il réussit en son dessain, s'estant rendu maistre de tout le païs qui est delà la rivière d'Aterne et de Benevent ; mais, comme la fortune n'a point d'asseurance dans son inconstance, elle lui tourna le dos, et après une rude bataille, où les Italiens et les Lombards combattoient pour tesmoigner leur fidélité aux François, et les Grecs leur vaillance, il fut print et tué. Ceste victoire donna la paix à l'Italie et y asseura les affaires de Charles, qui s'en revint chargé de lauriers de quatre batailles, par lui gaignées ceste année, et vint passer Noël et Pasques de l'année 789 à Aix-la-Chapelle, où il dressa quatre-vingt-deux Capitulaires pour servir de règles aux ecclésiastiques de ses Estats, et fonda l'église de Bremen, qui a esté du depuis érigée en Cathédrale (3).

L'an 790, aiant dompté les Huns, il passa Noël et Pasques à Wormes, et l'année suivante en une profonde paix. Ce fut vers

---

(1) Regino. Abb. Usperg., p. 186. — (2) Pandulfus Collentinus. — (3) Krantz, lib. II, ch. 15.

ce tems-là que Alcuin, Anglois-Saxon, et Claude Clément le vindrent trouver, envoiés par Offit, roi de Merk en la Grande-Bretaigne, ou, comme veulent d'autres, par Archair, roi d'Ecosse, lequel envoiant quatre mille hommes au service de Charles par Guillaume, son frère, celui-ci amena avec lui ces deux grands personnages qui ont jecté les premiers fondemens de l'Université de Paris, la plus fameuse de toute la Chrestienté.

An. 790.

Si nostre Flavius a tenu sa crosse quinze ans ou environ, il peut avoir dit adieu au monde ceste année; ce que je n'asseure pour certain, n'en aiant point de preuve, mais seulement par simple conjecture.

CHAPITRE III.

De Gossault ou Gondesault, évesque de Chartres et des choses plus signalées, qui arrivèrent durant le tems de sa scéance.

Gossaut, autrement Gondesault, après le décéds de Flavius, fut eslevé sur la chaire Chartraine, non en l'an 741 du règne de Childebert, ainsi que l'avance le Catalogue de nos Evesques, mais en l'an 791 ou environ, soubz celui de Charlemagne. Quant à ce que porte ledit Catalogue, qu'il tint son siége dix-neuf ans, je ne le contredis pas, y aiant bien de l'apparence que cela puisse avoir esté, mais aussi je ne l'asseure pas. Severt a bonne grâce de reprendre Democharès et Chenu, d'avoir mis Gaubert en l'an 734 ; qu'il conteste devoir estre mis en cest endroit après Flavius; veu que lui-mesme a chopé lourdement, en la date du tems qu'il lui assigne, ne pouvant s'accorder avec celui que nos Prélats ont régi ce diocèse. Quoiqu'il en die, Gondesault doit avoir ici sa place, comme aiant succédé à Flavius. Chenu et Taveau escrivent qu'il n'a esté nostre pasteur que onze ans, Severt vingt-sept ans; je ne croi ni aux

An. 791. uns ni à l'autre, et me tiens à ma première opinion, que j'estime plus probable, pour les raisons que je dirai au chapitre suivant. Toute ceste confusion n'est arrivée que par l'autheur du Catalogue de nos Evesques, lequel a voulu régler leur séance par le règne de nos rois, qu'il a très-mal assigné; et par ce désordre, en a causé un beaucoup plus grand dans l'histoire.

Pendant l'administration de Gondesault, les Huns ou Avares, s'estant rebellés de nouveau, Charles se délibérant d'aller contre eux, pour les chastier, s'y disposa par jeûnes, qu'il fit publier les mercredi, vendredi et sabmedi, premiers de septembre; avec deffence de boire du vin durant iceux (1), et s'estant mis aux champs, les deffit sans espoir de ressource; et pour repeupler le païs, déserté par la guerre, y envoia des colonies de Bavières, avec commandement d'y bastir des églises et monastères; où il y auroit de bons ecclésiastiques et religieux pour les instruire en la doctrine Chrestienne et congnoissance du vrai Dieu. Ce païs qui estoit le *Noricum Ripense* des Romains, print le nom d'Ostrich, que nous disons Austriche, pour ce qu'il est à l'orient de Bavières.

Charles, aiant heureusement achevé son entreprinse, se retira à Ratisbonne, pour estre plus à main de ses païs nouvellement conquis, pour les secourir plus promptement, au cas qu'il arrivast du remuement; et pour y célébrer un Concile contre l'erreur de Félix, évesque d'Urgel, ville des Pyrenées du costé de l'Espagne; lequel enseignoit que Jésus-Christ n'estoit fils naturel de Dieu, mais seulement adoptif. Le Concile fini, où l'autheur de ceste hérésie, qui y estoit présent avec Helipandus, archevesque de Tolède, qui l'espauloit, fut condamné (2), et arresté que Jésus-Christ, comme homme, estoit vrai et naturel fils de Dieu; il se descouvrit que Pépin, bastard de Charles, avoit comploté de le tuer; il se contenta de faire crever les yeux à Pepin, qui estoit une peine assez ordinaire en ce tems-là, et de le confiner premièrement au monastère de Saint-Gal, puis en celui de Prum; mais pour les complices, il les fit tous mectre à mort (3).

Ceste borrasque passée, il s'en leva une autre du costé de Be-

---

(1) Carol., *Epi. ad Fastrad., Conc. Gall.* t. II., p. 158. — (2) Alcuin, lib. 1. Contra. Eipand. — (3) Abb. Usperg.

nevent, où, pour la dissiper, envoia promptement Louis, roi An. 793.
d'Aquitaine, pour secourir Pepin, son frère, qui s'y trouvoit enveloppé; mais l'année d'après, qu'on comptoit l'an 793, la révolte générale des Saxons qui avoient défait Thierri, son neveu et estoient retournés à leur idolastrie, et la descente des Maures dans la Septimanie en Languedoc, où ils avoient deffait les capitaines François, qui gardoient la frontière, avoient fait une râfle sans perte des leurs, lui donnèrent plus d'affaires. Ne trouvant quelle pièce y coudre, il s'en alla à Francfort, pour y passer son desplaisir et y tenir un Concile de trois cens Evesques, tant de France, d'Italie et d'Allemagne que d'Angleterre, contre l'erreur de Félix, évesque d'Urgel; lequel, condamné en l'assemblée de Ratisbonne, il y a deux ans, ne laissoit de publier son hérésie, et taschoit d'en infecter les prélats François.

Ce Concile rompu, chacun troussa bagage pour s'en retourner chez soi, et Falstrade, espouze de Charles, ploia le sien pour faire voiage en l'autre monde. Le roi lui aiant fait ses obsèques, comme à personne de sa naissance et condition, il la fit transporter à Mayence, et inhumer en l'église de Saint-Alban, où elle gist. Au mesme tems, les Saxons se rebellèrent encores, pour rompre la contumace desquels, et les empescher de se soulever à l'avenir, Charles en print une troisiesme partie, qu'il transporta vers le païs de Flandres et du Besin; aux habitans desquels endroits ils communiquèrent leur mauvaise humeur, de sorte que ces peuples ont presque toujours esté rebelles à leurs naturels seigneurs. C'est pourquoi on disoit dès lors que Charles avoit fait d'un diable deux, c'est-à-dire que d'un peuple mutin et désobéissant, il en avoit fait deux.

Ces tumultes appaisés, le roi retira son armée de Saxe, et néamoins aiant un Parlement à Cortheim, ville sur le Mein, il y fut résolu que les Saxons seroient contraints par toutes voies à reprendre la religion Chrestienne, de laquelle ils avoient apostasié, et quicter l'idolastrie à laquelle ils estoient retournés. Le roi estant rentré dans leur païs, en fit passer plus de trente mille au fil de l'espée, de quoi le reste estant effraié, promit d'obéir, et donna des ostages de sa foi, que ledit prince emmena avec lui à Aix-la-Chapelle, où il passa Noël et Pasques.

Le pape Adrian estoit décédé dès la veille de Noël précédent, et Léon III avoit esté subrogé dès le jour mesme en son

An. 795. lieu. Les neveux de son prédécesseur, qui le haïssoient, l'aiant outragé en une procession publique qui alloit à Saint-Laurent *in Lucina*, ou *de la Grille*, il s'eschappa de leurs mains, et fut trouver le roi, qui estoit lors à Paderbrun; il fut fort bien receu de lui, qui l'aiant régalé quelques jours et obtenu de Sa Sainteté qu'il érigeast l'église du lieu en cathédrale et la dédiast, le renvoia à Rome avec Hildoald, maistre de sa Chapelle et Annon, évesque de Saltzbourg, commissaires pour congnoistre de ce qui s'estoit passé. Le Pape fut fort bien receu du clergé et des bourgeois de Rome, le 29 novembre, et les commissaires commencèrent à travailler au procès. Paschal et Campule, autheurs de la sédition, n'aiant peu prouver les crimes qu'ils avoient imposés à Léon, il fut receu à s'en purger par serment; ce qu'aiant fait il fut absouls par les commissaires, et ses accusateurs condamnés à mort; laquelle, à la prière du Pape, leur fut commuée en une prison qui leur fut assignée en France.

Charles, aiant passé son hiver à Aix-la-Chapelle, lequel fut si rude que la mer Majeure gela jusques à ceste ville de cinquante coudées d'espois; il partit, sur la mi-mars de l'an 800, pour visiter la coste marine de France depuis le Brabant jusques en la Bretagne-Armorique, et y mectre des garnisons, pour s'opposer aux courses des Danois, qui muguetoient la Flandres. Après y avoir donné l'ordre nécessaire, il alla passer les festes de Pasques, qui estoient le 19 d'apvril, en l'abbaïe de Saint-Riquier en Ponthieu, et de là fut à Rouen et à Tours, où Louis d'Aquitaine, son fils, le vint trouver. Durant le séjour qu'ils y firent, Luitgarde, que Charles avoit espouzée en quatriesme nopces, y décéda, le 5 juin, et fut inhumée en l'église de Saint-Martin (1). Le dueil achevé, le roi print son chemin par Orléans et Paris, pour s'en retourner à Aix.

Il avoit toujours en sa pensée de faire un voyage en Italie, tant pour venger l'affront qui avoit esté fait au Pape, que pour autres considérations; il ne voulut l'entreprendre sans l'avis de ses sujets, qu'il fit assembler à Mayence, au commencement d'aoust, où ce voiage fut résolu. Aiant disposé son armée, il partit sur la fin de l'automne, avec Pepin, son fils, ils se rendirent à Rome, le 24 de novembre. Le Pape fut au-devant jus-

---

(1) Adelard. Alb. Krantz, lib. IV, ch. 41. Abb. Usperg.

ques à Nomento à douze milles de Rome où le Roi le receut fort An. 800.
honorablement et soupèrent ensemble; sept jours après, aiant
fait trouver en l'église Saint-Pierre le clergé et le peuple, il
leur exposa le sujet de sa venue, et que comme Patrice de la
ville, il désiroit remectre toutes choses en leur premier estat et
couper chemin aux séditions qui pourroient naistre à l'advenir ;
qu'il avoit courru force mauvais bruits du Pape, qu'il estoit là
pour en faire justice, que si quelqu'un avoit à se plaindre ou
proposer quelqu'accusation contre lui, il l'escouteroit très volontiers, et lui en feroit raison. Personne ne s'estant présenté,
le Pape monta dans le pulpitre de l'église, où suivant l'ancienne
forme, il jura sur les saints Evangiles qu'il estoit innocent des
crimes qui lui avoient esté imposés par ses haineux.

Le jour mesme, Zacharie, prestre, que le Roi avoit envoié
en Hiérusalem porter ses offrandes, arriva à Rome, et lui présenta, de la part du Patriarche de ceste sainte cité, deux moines,
l'un du Mont des Olives, l'autre de Saint-Saba ou Bethléem, qui
lui firent présent des clefs du Saint-Sépulcre de Nostre-Sauveur,
avec une bannière, que quelques-uns ont estimée estre l'Oriflamme de laquelle se servoient nos Rois en leurs armées, mais,
comme il se verra ci-après, elle n'est si ancienne.

Léon, affranchi de la crainte qu'il pouvoit avoir de ses ennemis, pensa à faire quelque chose pour gratifier le Roi. Les Empereurs d'Orient estoient fort mal dans l'esprit des Romains,
qui n'en pouvoient retirer de secours. L'hérésie du brisement
des images qu'ils avoient commandé d'oster des églises, les
avoit décréditées, et la cruauté d'Irène envers son fils qu'elle
avoit privé de la veue, de l'empire et de la vie, lui avoit conci-
lié la haine des Occidentaux, qui ne pouvoient se résoudre à
obéir à une femme. Tout cela joint ensemble, il fut fort facile
au Pape de persuader aux Romains de redonner à leur ville
son premier lustre et splendeur en jectant les yeux sur Charles,
auquel et à ses prédécesseurs l'église et le peuple Romain avoient
de grandes obligations ; lui déférer la dignité d'Empereur, dont
l'eslection lui avoit esté ostée pour la transporter au Levant.
Plusieurs goustant ceste ouverture, et croiant qu'ils ne pouvoient
faire un meilleur choix que de ce prince valeureux chargé de
palmes et lauriers, de tant de glorieuses victoires et conquestes,
approuvèrent d'un commun consentement la proposition de ce

An. 800. souverain Evesque, et conclurent de le publier Empereur, le jour de Noël prochain, comme ils firent. Theophanes, autheur grec, ignorant peut-estre que l'année Romaine commençoit audit jour, a escrit que Charles avoit esté couronné Empereur, les calendes de janvier, èsquelles commence l'année commune, bien loin de ce qu'en dit la grande *Chronique de Saint-Denis* manuscripte, que ce fut le jour de la Trinité, que le copiste a volontiers prins pour celui de la Nativité.

Charles se voiant au faiste des grandeurs qu'il pouvoit espérer, passa le reste de l'hiver à Rome, pour donner ordre aux affaires d'Italie et réformer beaucoup d'abus, qui s'y estoient glissés, par la longue absence des Empereurs et Patrices ; ayant disposé toutes choses selon ses intentions, il partit de Rome le 24 apvril de l'an 801, pour se rendre à Pavie, où il receut les nouvelles que les ambassadeurs de Arachid-Bila-Harun, calife de Perse, estoient desjà à Pise, pour le venir trouver, de la part de leur maistre. Il envoia au-devant pour les complimenter et les conduire vers lui. Nicole Giles veust qu'entr'autres présents que ce prince envoia au nostre, fust la Chemise de Nostre-Dame, dont nous traicterons ci-après, un éléphant, qui estoit le seul qu'il eust, duquel il se voulut priver, pour tesmoigner à Charles l'estime qu'il faisoit de son mérite.

Les nouvelles de l'eslection de Charlemagne (ainsi le nommerons-nous doresnavant) estant arrivées en Constantinople, estourdirent les Grecs, mesmement Irène, laquelle ne sachant comment parer à ce coup de la disgrâce, depescha vers l'Empereur pour lui demander la paix, et lui en mariage. Il accorda le premier et lui refusa le second, et pour conclure la paix avec elle, il lui envoia Jessé, évesque d'Amiens, et le Comte Helingault ; mais auparavant qu'ils y arrivassent, Nicephore Logothete (qui estoit comme le Chancelier de l'Empire du Levant), averti par le patrice Arthemie de ce qui se passoit, craignant que ceste femme ambitieuse, qui avoit violé les loix de la nature pour régner, ne fit de mesme de celles de l'Estat, et ne transportast l'Empire hors de la Grèce, se saisit d'elle et des marques de l'Empire, le premier de novembre 802, et la relégua en l'isle de Lesbos, autres disent Pathmos, où elle mourut l'an suivant. Mais comme les usurpations sont dangereuses, et ceux qui les font courent bien souvent risque de leur vie, Nicephore ne se fiant aux Grecs et craignant d'ailleurs que Charlemagne ne le troublast en sa possession, il traicta fort humainement les ambassadeurs François, qui estoient arrivés après ce changement ; et l'année suivante envoia les siens avec eux, qui trouvèrent l'Empereur à Salts, où il estoit venu d'Aix, où il avoit passé les festes de Noël et son hiver.

An. 802.

Chacun avoit peur de son compagnon, et tous deux craignoient qu'à leur nouvel avénement, il ne se brassast quelque chose contre eux, pour les troubler en leurs possessions, ce qui les obligea de faire la paix ensemble. Charlemagne, après avoir depesché les ambassadeurs du Grec, partit pour la Hongrie, où ayant donné ordre, il s'en vint passer Noël de l'an 804, à Aix. Toutes les nations sembloient estre bien contentes de l'eslection de Charlemagne à l'Empire. Il n'y avoit que les Saxons, qui ne pouvoient veoir de bon œil tant de prospérités en une personne, qui leur avoit causé tant de fascheries, croiant que le rehaulsement de ce prince devoit estre leur abaissement, et sa gloire, leur confusion. Geofroi, roi de Danemark, puissant en biens et en hommes fomentoit l'aliénation des volontés de ses sujets envers leur seigneur, et leur conseilloit se retirer de leur obéissance, auparavant que ses affaires fussent mieux establies, estimant un coup de partie d'attaquer le premier son ennemi. Charlemagne, adverti de ces menées, gaigna l'avantage par sa diligence, aiant jecté son armée dans la Westphalie, qui fut fort aise de faire joug soubz les lois du vainqueur et de recevoir la religion Chrestienne ; et le Danois bien content de faire sa paix avec l'Empereur. Les Saxons se voiant abandonnés de ceux en l'assistance desquels ils avoient toute leur confiance, et qu'il falloit que leur malheur cedast au bonheur des armes de Charlemagne, firent comme les autres, et se soumirent entièrement à la volonté de leur vrai et naturel seigneur.

L'Empereur, ayant ainsi abattu ces courages mutins, s'en alla à Colongne vers la mi-septembre, où il rompit et congédia son armée, et fut faire sa chasse d'automne aux Ardennes et passer son hiver à Aix-la-Chapelle. Vers l'esté de l'an 805, Charlemagne vint tenir son Parlement à Poissi dans ce diocèse, à la fin duquel, il envoia son fils Charles, contre les Bohesmes, lesquels ayant mis à la raison, il s'en revint trouver son père, qui faisoit sa chasse d'automne au païs de Vauge, et s'en re-

An. 806. vindrent passer l'hiver à Thionville. Sur le commencement de l'an 806, Charlemagne partagea l'Empire à ses enfans, duquel il se réserva seulement l'usufruit sa vie durant, et sur le renouveau de 807, il receut, dit l'abbé d'Usperg, de très riches présents du Persan. On pourroit penser que ce fut les mesmes, que nous avons rapportés ci-devant, mais une distance de sept ans de l'un à l'autre, me fait estimer que ce Calife peut lui avoir envoié deux fois des présents pour se maintenir en son amitié; chacun toutefois en croira ce qu'il lui plaira.

L'Empereur, se voiant en paix du costé du temporel, applica ses soins au spirituel, et commanda à Pierre des Noëls de dresser son Catalogue des Saints, et à Paul Warnefrid, cité plus souvent sous le nom de Paul Diacre, de composer les Légendaires des Saints, qui se lisent d'ordinaire en l'Eglise. Aiant passé les festes de Noël, à Aix, il vint célébrer le Caresme et Pasques à Nimèghe, l'an 808. Les festes passées, il s'en retourna à Aix, où il demeura le reste de l'année. Sur le commencement de l'an 809, il y eut quelque guerre entre les Grecs et les François qui dura peu, et Louis aiant enlevé Tortose, qu'on croioit imprenable, sur les Mores d'Espagne, en vint rendre compte à son père qui estoit à Aix, où ils passèrent les festes de Noël.

L'année 810 fut funeste à Charlemagne, Rothrude sa fille aisnée, qu'il avoit promise à Constantin le jeune, estant décédée le 8 des ides de janvier, et Pepin, roi d'Italie, son fils, le 8 des ides de juillet, l'an 33⁰ de son asge. Ce fut dommage de ce prince, qui ne promectoit rien moins que ces aïeux; il fut inhumé dans le cemetière de Saint-Zenon de Viterbe, qu'il avoit basti et doté richement. N'aiant esté marié, il ne laissa qu'un bastard nommé Bernard et cinq filles. Le père porta fort impatiemment la perte de ce fils qu'il aimoit uniquement, et plusieurs ambassades lui estant venues pour demander la paix, il la leur accorda, et aiant disposé des affaires de Saxe, selon que le tems lui pust permettre, il s'en alla à Aix, au mois d'octobre, où il fit la paix avec Hemninge, neveu de Gotric ou Godefroi, roi de Danemark, tué, peu auparavant par un sien soldat, et qui lui avoit succédé en ses Estats (1).

---

(1) Abb. Usperg., ad. 811. Joan. Mag. *Hist. Goth.* et *Süe*, lib. XVII, ch. 11.

Si nostre Gondesault a occupé la chaire épiscopale de Char- An. 810.
tres dix-neuf ans, il pourroit estre décédé ceste année, comme
il y a bien de l'apparence, mais je n'ose l'accuser pour certain,
sans autre preuve ou authorité.

CHAPITRE IV.

De Bernouin, Hernouin, autrement Hiérosme, évesque de Chartres.

A Gondesault fut substitué Bernouin, que quelques autheurs appellent Hernouin ou Hiérosme. Le Catalogue de
nos Evesques porte qu'il commença son siége dès l'an 769,
et le continua jusques en l'an 779, ce qui ne peut se soutenir.
Severt, ne pouvant y trouver son compte, s'est avisé de Bernouin en faire deux, et de lui ajouter Hernouin, qu'il met le
premier, qu'il prétend avoir occupé la chaire Chartraine qua-
rante-six ans, sçavoir : jusqu'en 805, et Bernouin jusques à
l'an 835, qui font 29 ou 30 ans. Comme cest autheur requiert
de Taveau, l'authorité de quelque escrivain qui asseure que Bernouin a siégé vingt-neuf ans, je voudrois la mesme caution de
lui, et qu'il produisit un seul tesmoignage pour appuier ce qu'il
dit. Je lui soutiens néamoins que Bernouin, Hernouin et Hiérosme, n'est qu'un mesme personnage, qui n'a pu remplir
la chaire épiscopale de Chartres plus de 25 à 26 ans; cela
se verra par la déduction que nous en ferons, n'y aiant aucune apparence que ce mesme prélat aie tenu sa crosse depuis
l'an 769 jusqu'à l'an 835 ou 836, qui feroit 67 ou 68 ans, lesquels joints avec 30 qu'il devoit avoir lors de son eslection,
suivant les saints canons, pour estre promeu à la dignité épiscopale (1), il eut deub avoir lors de son décéds près de cent
ans. Il n'est pas à la vérité impossible qu'un homme vive jusqu'à

---

(1) *Conc. Turon.*, I, can. 12.

An. 810. cest asge, puisque, par le droit, la vie de l'homme est estendue jusqu'à cent ans, mais il est bien rare qu'un homme parvienne à cest asge, et fasse encore ses fonctions épiscopales aussi gaillardement qu'il les faisoit en un asge plus verd.

Je dis cela, pour ce que dans le narré de la translation des reliques de S. Liboire, évesque du Mans, en l'église de Paderbrun en Saxe, que Baronius attribue à un certain Ibo, qui l'auroit dédiée à Bison, quatriesme évesque de ceste Cathédrale, il est dit que l'an de l'Incarnation de Nostre-Seigneur 836, indiction 14, et le 23e de l'empire de Louis le Débonnaire, les députés de Paderbrun s'estant rendus en la ville du Mans, le 28 d'apvril, et aiant obtenu d'Aldric, évesque du lieu, le corps de S. Liboire : « *Contigit ut ad civitatem Carnotensem satis amplam et populosam devenirent, cujus urbis episcopus,* Bernvinvs *nomine, tunc ætate simul et moribus valdè maturus, collectis ex more presbyteris, eo tempore synodum in urbe celebrabat. Cui cum nuntiatum esset, qualiter, et quo ordine assumptum Cenomanis corpus præfati confessoris, suæ jam urbi appropinquaret, statim cum illo sacro sacerdotum collegio, totoque clero suo et populo, processit in ejus occursum, atque cum hymnis et canticis spiritualibus, illud devotissimè extra urbem longè progressus, excepit, jussitque ut deferretur per viam, quæ ducit extrà muros civitatis, ad oratorium in quo sancti Carauni membra requiescunt.* » Et desquelles parolles il se peut recueillir, que Bernouin n'estoit en un asge si vieil qu'il n'eust peu aller au devant de ces reliques bien loing hors la ville, les conduire jusques dans l'église de Saint-Cheron et s'en retourner en la sienne avec son clergé ; y aiant plus d'une lieue de chemin à faire, qui n'est pas pour un homme de quatre-vingt-dix-huit ou cent ans. Que s'il est porté dans ce narré, que cest évesque estoit meur d'asge et de mœurs, cela ne se doit interpréter d'un asge caduc et décrépit, auquel ce prélat eust esté mal-habile à faire ses fonctions, à cause des incommodités qui accompagnent la veillesse, mais d'un asge d'environ cinquante à soixante ans, tel que Bernouin pouvoit avoir lors.

Si ce qui est rapporté par Eginard et Sirmond pouvoit s'accommoder à nostre Prélat (1), je croirois avoir trouvé la vraie

---

(1) Eginard, *in Vita Caroli Magni*. Sirmund., *Conc. Gallice.*

époque de sa séance, pour ce qu'ils disent qu'en l'an 811, Char- An. 811. lemagne, le 43ᵉ de son règne en France, le 36ᵉ de celui d'Italie et l'onziesme de son Empire, indiction 4, fit son partage de ses thrésors et meubles, trois ans auparavant son trespas; auquel un nommé Bernouin a signé, que ledit Sirmond et Robert disent avoir esté archevesque de Besançon; ce que je n'estime pas qu'ils puissent faire, d'autant qu'il n'en est rien dit dans la disposition de Charlemagne, qui rapporte seulement les noms, et non les qualités, églises ou éveschés desquels ils estoient pourveus; de manière que Bernouin estant évesque de Chartres en mesme tems, pourquoi ne se pourra-t-il aussitost entendre que de celui de Besançon? Je trouve d'ailleurs nostre Bernouin, signé en l'instrument de la fondation de Saint-Remi de Sens avec plusieurs évesques et abbés, et est dénommé dans le Cartulaire de Ferrières, en Gastinois, avec Aldric, archevesque de Sens, en la mesme année; et trouve qu'il n'estoit plus évesque de Chartres en l'an 836 ou 837, ce qui se peut veoir dans Hincmard, archevesque de Reims, en son dernier œuvre contre Gothescal, fait mention d'un Helie, prestre, et depuis évesque de Chartres qui, par autres lectres dudit Aldric, archevesque de Sens, faites en 837, est nectement nommé évesque de Chartres (1); qui montre qu'il falloit qu'il en fust desjà en possession dès la mesme année. Ce qui justifie que Bernouin a esté évesque de Chartres, depuis l'an 810 jusques en l'an 836 où 837; et ainsi qu'il l'a esté à tout le moins vingt-six ans.

Cela ainsi posé, voions ce qui se passa de plus remarquable durant sa scéance. Charles, aisné de Charlemagne, estant décédé dès le 4 décembre 811, cest Empereur en eut un très-grand desplaisir: c'estoit sur lui qu'il avoit fondé toutes ses espérances, estant un prince qui promectoit beaucoup de sa vertueuse conduicte; ce qui l'avoit porté à le faire couronner roi de France dès l'an 807; mais se voiant frustré par son trespas de toutes ses attentes, et affligé de gouttes, et jugeant qu'il ne la pouvoit plus guères faire longue, il assembla, en 813, son Parlement à Aix-la-Chapelle, où il associa à l'empire son fils Louis, roi d'Aquitaine, qu'il fit couronner devant toute l'assemblée, et créa Bernard, bastard de Pepin, roi d'Italie, qui fut couronné peu après

---

(1) Hincmard, ch. 36.

An. 813. à Modène, par l'archevesque de Milan. Se voiant deschargé d'un si pesant fardeau, il appliqua toutes ses pensées à la dévotion; il commença par la correction des Evangiles, pour laquelle faire il fit venir des personnages versés aux langues, et fit tenir cinq Conciles à Mayence, Reims, Tours, Chaslon-sur-Saone et Arles; pour apporter quelqu'ordre à l'église, dont les suppots avoient grandement altéré la discipline. Il fut passer son hiver à Aix, où il fut surprins d'une fiebvre, qui ne le quicta point, qu'elle ne l'eut mis au tombeau, le 28 janvier 814. Ce fut un prince magnanime, comparable pour ses rares vertus à tous les plus grands princes qui aient esté; mais comme personne n'est parfait, son incontinence et le peu de soin qu'il a eu de l'honneur de ses filles, ont rabattu l'esclat de sa gloire, qui n'a empesché que sa mémoire aie esté en vénération. Frédéric Ier, empereur, poursuivit sa canonization et l'obtint; et Louis XI, roi de France, ordonna que sa feste seroit chômée par tout son roiaume avec défense de travailler ce jour-là, à peine de la vie. Ceste feste toutesfois n'a esté receue partout, à cause que ceste apothéose ou canonization avoit esté faite par Paschal III, anti-pape, durant le schisme d'entre lui et Alexandre III, vers l'an 1116. Elle a pu néamoins estre célébrée en France, où tous les Parlemens l'observent, puisque les Papes légitimes qui sont venus depuis ne l'ont point défendue, ni fait acte contraire à la Bulle qui en a esté expédiée par Paschal, laquelle est conservée à Aix-la-Chapelle. Dieu peut lui avoir donné un tel repentir de ses fautes, qu'il en auroit obtenu le pardon; le cilice qu'on lui trouva après son décéds, est une marque de sa pénitence, et les grandes aulmosnes qu'il fit à plusieurs églises et aux pauvres ont pu impétrer sa justification.

Il eut de ses femmes légitimes et de ses concubines plusieurs enfans; des légitimes il ne resta que Louis, fils de Hildegarde, avec cinq filles : Rothrude, promise à l'Empereur de Constantinople; Berthe, femme du comte Angilbert, lequel, après le trespas d'icelle, fut abbé de Saint-Riquier; Gisle, religieuse; Hildegarde et Adeleide, mortes jeunes. De Falstrade, sa troisiesme femme, il eut Theodorade, abbesse d'Argenteuil, et Hiltrude ou Rotrude, abbesse de Faremoutier. De sa quatriesme femme il n'eut aucuns enfans, mais après le décéds d'icelle, il eut de Gersonde, native de Saxe, une fille nommée Adeltrude.

Pepin le Bossu, qui fut razé et mis en l'abbaïe de Prum, pour le sujet rapporté ci-dessus, estoit fils de Hiltrude. Hugues, l'abbé, qui mourut en 844, au siége de Tolose, et Dreux, évesque de Metz, décédé en 855, avoient Régine ou Reine pour mère. Thierri, qui fut ecclésiastique, estoit fils d'Adelluide. Rothrude, femme du comte Roricon, mère de Goslen et de Louis, abbé de Saint-Denis en France, estoit issue d'Alatargade; Rothaide et la mère de l'abbé Richbod, estoient filles de Charlemagne; mais le nom de leur mère nous est demeuré incongneu, comme celle d'Emme qu'on veut avoir esté la femme d'Eginard. Robert, en ses Archevesques de Bourges, y adjoute Eufraise, première abbesse de Saint-Laurent dudit Bourges, fondé par Charlemagne.

An. 815.

Louis estoit en Aquitaine, lors du décèds de son père. Sitost qu'il en eut receu l'avis, il se transporta à Aix-la-Chapelle, pour donner ordre aux affaires de l'Empire et aux siennes; aiant esté recongneu Empereur sans contredit, il s'empara de tous les thrésors de son père et les partagea suivant sa dernière volonté, ne s'en réservant pour lui qu'une table d'argent fort artistement élabourée, pour avoir mémoire de son père. Il donna un honneste appointement à ses sœurs qu'il congédia de la Cour, avec quantité de femmes qui, par leur vie licentieuse, donnoient sujet de mal penser et parler.

Pour ses frères bastards, il les retint près de lui, les faisant manger à sa table et leur faisant administrer leurs nécessités avec beaucoup de charité. Ce ne fut assés de régler sa maison, il fallut donner ordre au dehors; il députa à cest effet des Intendans de justice par tous les endroits du Roiaume, où il croioit qu'il y eust quelque chose à corriger, pour rendre la justice à ses sujets et faire réparer les torts et griefs, qui avoient esté faits par les officiers de feu son père. Ces Commissaires estoient partie ecclésiastiques et partie laïcs, lesquels, visitant les provinces, s'informoient de la vie et déportemens des Evesques, Abbés et autres moindres ecclésiastiques, comme aussi des Comtes et Juges des lieux, afin d'en rapporter et d'en faire justice. C'est pourquoi ayant convoqué son Parlement à Paderbrun, et veu les procès-verbaux qui y furent rapportés, il fit les ordonnances qui se voient dans ses Capitulaires, qu'il fit dresser par Amalarius, diacre, des escrits des Saints Pères et Conciles.

Le Pape Léon III, estant décédé le 25 mars 816, Estienne, qui

An. 816. lui avoit succédé, vint trouver Louis, à Reims, où il le couronna Empereur et Roi de France, avec Hermengarde sa femme, pour quoi faire, il avoit apporté deux couronnes d'or de Rome (1). La cérémonie accomplie, le Pape s'en retourna à Rome, où, estant tombé malade, il décéda environ le 25 janvier 817; deux jours après, Paschal Ier fut subrogé en son lieu, et l'Empereur s'en alla à Aix, où il tint son Parlement, qu'autres appellent Concile (2). Il fit plusieurs ordonnances touchant la réformation des abbés et religieux, qu'il obligea à se ranger soubz la règle de S. Benoist (3). La *Chronique* manuscripte de Saint-Pierre-le-Vif de Sens, escrit que : « *in illo tempore monachis Gallicanis est indultum, ut femoraliis, laneis camisiis, pelliciis, bottis, caperonis de pelliis et pro infirmis, culcitris uti possent. Indultumque est illis, ut in magnis solemnitatibus plurima habeant fercula, non propter ingurgitationem ventris; sed ad reparationem virtutis : statueruntque episcopi, concordante domino Papâ, ut monachi à gravi opere et labore, propter honestatem sacerdotii cessent, et loco laboris, ad horas psalmos quosdam nominatos pro vivis et defunctis fidelibus cantent, cum orationibus ordinariis, volueruntque ut monachi in Paschate et Pentecoste, consuetudinem in servitio divino teneant, Romanorum.* » Il fit de plus publier, au mesme Parlement, un Livre de la perfection monastique, qu'il envoya par toutes les abbaïes et monastères de son Empire, pour y estre punctuellement observé.

Ce procédé ne plust pas à tous, particulièrement aux Abbés qui suivoient la Cour, lesquels se voiant obligés par ces ordonnances à se retirer dans leurs cloistres, pour y suivre la communeauté, et y vivre selon leur institut, ils dressèrent un parti à l'Empereur, taschant de persuader à ses enfans qu'il resvoit, et ne sçavoit ce qu'il faisoit, estant plus propre à obéir dans un monastère, qu'à commander à un si grand estat que le sien; ce qui leur occasionna de se saisir de sa personne, le priver de sa pourpre, et le confiner dans un couvent. Ce ne fust pas néamoins sitost, pour ce qu'il falut faire meurir ceste apoustume, qui creva quelques années après.

Cependant estant allé contre les Bretons, il laissa Hermen-

---

(1) Baron., *ad ann.* 816, *num.* 101. — (2) *Conc. Aquisgr.*, can. 121. — (3) Bouchet en ses *Annales d'Aquitaine.*

garde, sa femme, malade à Angers, où elle décéda. Il ne mit An. 818. guères à convoler en secondes nopces, et espouza Judith, fille d'Elpon; autrement Welphon, duc de Bavières; Herman le Retiré l'appelle Guelfe, que Chiflet dit avoir esté comte d'Altorf en Suève (1), de laquelle il eut Charles le Chauve, depuis roi de France et empereur. Cornelius Kempins, en son *Histoire de Frize* (2), dit que elle estoit sa nièce, et que ce mariage fut improuvé de tous les évesques de France, desquels Louis craignant d'estre excommunié, il se retira avec son espouze sur le Rhin, de quoi S. Frederic, évesque d'Utrech, l'aiant reprins, lui prédit les maux qui lui arrivèrent, tant de ses enfans, que de ses peuples et des Danois, s'il ne se séparoit de ceste femme. Elle qui se voioit au zénith de l'honneur qu'elle pouvoit désirer, ne vouloit démordre d'un si friant morceau, et pour ce, considérant que ledit prélat ne pouvoit estre abattu par présens, menaces ou promeses, pour approuver ce mariage incestueux, elle le fit tuer en sortant d'achever la messe, un 8 juillet 818. Je trouve par certain escrit, que ce fut en ceste année 818, que l'empereur Louis jecta les premiers fondements de l'Abbaïe de Bonneval au diocèse de Chartres, avec un sien chevalier, nommé Foulques, en l'honneur des saints martyrs Marcelin et Pierre, qu'un certain Everard avoit apportés de Rome en France; de quoi je ne peus demeurer d'accord, s'il est vrai que ces corps saints ne furent transférés en ce Roiaume qu'environ l'an 826; ainsi que l'a remarqué Sigibert; ou bien au mois d'octobre ou de novembre 827, comme l'escrivent Herman le Retiré, l'abbé d'Usperg, et les Annales d'un autheur sans nom (chez Pithou); voire en 828, selon Marian l'Escossois.

Mais sans nous amuser à en faire une recherche plus exacte, n'y aiant intérest que de dix ans, je dirai que l'Empereur, qui avoit associé son fils Lothaire à l'Empire, tint un Parlement à Thionville, sur la mi-octobre de l'an 821, où il le maria avec Hermengarde, fille d'un comte Hugues. Il maria semblablement Pepin, son autre fils, roi d'Aquitaine, avec la fille de Thiebert, comte de Metz, en 822; sur la fin de laquelle année Lothaire fut couronné à Rome, Empereur, par Paschal, Souverain Pontife, après Pasques de l'an 823. Trois jours après son retour en

---

(1) *Vindic. Hispan.*, lib. I, ch. 3. — (2) Lib. III, ch. 29 et 30.

An. 823. France, qui fut au mois de juin, la reine Judith accoucha d'un fils qui fust nommé Charles, et l'Evesché de Metz ayant vaqué par la mort de Gondulfe, Dreux, frère naturel de l'Empereur, qui estoit chanoine du mesme lieu, fut esleu en sa place, au grand contentement d'un chacun.

En 824, l'Empereur, estant à Compiègne, receut les nouvelles du décéds du pape Paschal, et que Eugène, archiprestre de l'Eglise Romaine, avoit esté esleu en son lieu. En 825, il fit assembler à Paris, le 1er de novembre, beaucoup de doctes personnages sur la vénération des images, contre l'hérésie des Grecs et de Claude, évesque de Thurin, qui l'improuvoient, et fit porter le corps de S. Hubert, jadis évesque de Liége, où il reposoit, en l'abbaïe d'Audain dite à présent Saint-Hubert-aux-Ardennes, où il est à présent, et grandement visité par ceux qui ont esté mordus des chiens ou bestes enragées, qui y trouvent leur guérison. Au mois d'aoust de l'an 827, Eugène décéda, au lieu duquel, Valentin Diacre, fut esleu, lequel quarante jours après, laissa sa chaire à Grégoire IV, qui l'occupa seize ans.

En 829, l'Empereur s'estant transporté à Wormes au mois d'aoust, il donna à Charles, son fils du second lit, les païs d'Allemagne et des Grisons, avec partie de Bourgongne; ses autres enfans, Lothaire, Louis et Pepin n'en furent pas contents, mais comme ils n'osoient contredire apertement leur père, il leur fallut un prétexte pour brouiller les cartes. Bernard, comte de Barcelonne ou de Catalongne, chambellan de l'Empereur, fut choisi par lui, pour gouverneur de la frontière d'Espagne et pour son lieutenant-général (1). Il ne plaisoit à beaucoup, qui mal satisfaits d'ailleurs, souffloient aux oreilles de ces jeunes princes le feu qui s'alluma par après; ils leur disoient qu'ils ne devoient souffrir qu'un estranger tînt les premiers rangs du roiaume; que les bruits qui couroient de lui et de la Reine au sceu mesme de leur père, devoient les porter à venger l'injure faite à sa couche, et de se défaire de cet insolent, pour purger leur maison d'un tel déshonneur; que leur père trop addonné à ses dévotions, qui passoient jusques à l'excès et superstition, sembloit négliger son devoir, mespriser la noblesse, par le courage et assistance de laquelle son estat subsistoit; qu'ils estoient

---

(1) Carol., *Hist. Tolos.*, ch. 8.

assez puissans et en un asge, où ils pouvoient avoir le maniement des affaires et en éloigner leur père, qui jouoit à tout perdre.

An. 829.

L'Empereur qui sçavoit qu'il avoit maltraité quelques seigneurs, ne vivoit avec eux qu'en une grande défiance; ce qui l'obligea, sur quelque vent qu'il eut qu'on tramoit quelque conspiration contre lui, se retirer vers la Saint-Martin, en la ville d'Aix. Ses haineux ne dormoient cependant, et faisoient toutes les practiques qu'ils pouvoient pour le prendre. Ils engagèrent Pepin, roi d'Aquitaine, en leur ligue, lequel, aiant en peu de tems levé une armée, se jecta dans Orléans, d'où il chassa le comte Eudes et mit Manfroi en son lieu; et de là, tira vers le palais de Verberie qui est sur la rivière d'Oise. L'Empereur qui visitoit lors ses villes maritimes, se voiant sans monde et en estat de ne lui pouvoir résister, conseilla à Bernard, comte de Barcelonne, de se retirer chez soi, pour oster à ses ennemis l'objet de leur envie, et envoya Judith, sa femme, avec son petit Charles, à Laon, et lui s'en alla à Compiègne. Les conjurés qui estoient à Verberie, surprindrent l'Impératrice en chemin, et lui firent promettre de persuader à son mari de quicter ses couronnes, pour en prendre une autre, dans quelque monastère où il put passer le reste de ses jours avec plus de tranquilité. Ils l'envoièrent à cest effet vers l'Empereur à Compiègne, qui lui conseilla caler la voile, et céder pour un tems à la force pour conserver leur vie, qui n'estoit en asseurance. A son retour, elle fut conduicte à Poictiers et renfermée dans le monastère de Sainte-Croix, basti autrefois par Ste Radegonde, reine de France, où on lui bailla le voile religieux; et pour l'Empereur, ses malveillans s'estant emparés de sa personne, le mirent dans Saint-Mard de Soissons soubz seure garde.

Cependant, Lothaire print l'administration de l'Empire, qui empiroit plus qu'il n'amendoit; beaucoup de gens de bien estant offensés de veoir un tas de séditieux s'en faire accroire, et s'accomoder de ce qu'ils trouvoient en leur bien scéance, trouvèrent moien d'enlever l'Empereur de leurs mains. Les factieux bien empeschés demandoient un Parlement en quelque ville de France: l'Empereur consentist qu'il en fust tenu un en Germanie, où on l'assigna à Nimèghe, ville assize sur l'un des bras du Rhin. Toute la noblesse Allemande se trouva en bonne intention

An. 830. de maintenir Louis; ses adversaires se voiant bien loin de leur attente, se retirèrent vers Lothaire, pour délibérer sur ce qu'ils avoient à faire; Louis envoia querir son fils, lequel, contre le gré de ses brouillons et nonobstant toutes leurs remontrances, vint au mandement de son père et se réconcilia avec lui.

Ce coup fut le gain de la partie pour Louis, lequel ensuite aiant fait saisir les autheurs de la conjuration, en fit faire une justice exemplaire. Plusieurs, tant clercs que laïcs, furent condamnés à mort, qui leur fut commuée par la débonnaireté de ce prince en une civile, les ayant fait tondre et enclore en des monastères, ou déposer et interdire de leurs charges; il renvoia en mesme tems quérir sa femme, laquelle néamoins il ne voulut recevoir, qu'elle ne se fut purgée de ce qu'on l'accusoit; il renvoia tous ses enfans chez eux, et sembloit que toutes choses fussent bien paisibles et d'accord. La plaie estoit à la vérité fermée, mais non tellement reprinse et consolidée, qu'elle ne pust s'ouvrir sans beaucoup d'efforts: cela se fit quelque tems après que l'Empereur aiant entreprins de réformer le luxe des Prélats, qui estoit très grand, ils s'en offensèrent tellement qu'ils résolurent le perdre. Pour parvenir à leur dessain, s'estant trouvés à Compiègne, où Lothaire les avoit convoqués au mois d'octobre, ils imposèrent à ce Prince des crimes controuvés, et l'ayant indignement traicté, ils le menèrent dans l'église de Saint-Mard de Soissons, où il fut condamné par eux, condamné à descendre, et leur bailler son espée; le privèrent de l'honneur de chevalerie, lui ostèrent la pourpre et autres marques de l'Empire, et le revestirent d'un cilice et d'une robbe noire par dessus, en forme d'un pénitent public.

Lothaire, pour l'oster de la veue du monde, l'emmena à Aix, où Louis envoia incontinent ses ambassadeurs, lesquels n'aiant pu rien faire avec Lothaire, y vint lui-mesme pour prier son frère de traicter leur père plus civilement et humainement (1). Le peuple ne pouvoit non plus gouster cest emprisonnement et en faisoit grand bruit; Lothaire, craignant quelque sédition, fit courir partout un manifeste par lequel il rendoit raison de ce qui s'estoit passé à Compiègne; avec une lettre d'Agobard, ar-

---

(1) Tegan., Baron., *ad. ann. 833, num. 9 et 20.* Sirmund., *Conc. Gal.*, t. II, p. 560.

chevesque de Lion, pour se mectre à couvert du blasme qu'il An. 833. ne pouvoit esviter. Tandis, les comtes Lambert, comte de Nantes, et Manfroi, comte d'Orléans, qui tenoient pour Lothaire couroient le païs Chartrain et du Perche et y forcèrent les places (1). D'un autre costé Pepin et Louis recongnoissant que l'abbaissement de leur père estoit le leur, et ne serviroit qu'à rehausser leur aisné par dessus eux, se déclarèrent du parti du peuple et armèrent après la feste des Rois de l'an 834.

Lothaire, prévoiant ce qui en pouvoit arriver, changea son père de lieu, et d'Aix l'emmena à Saint-Denys en France; Louis, roi de Germanie, le suivit; et avec ceux qui avoient encores quelque bonne volonté pour l'Empereur, lui donna la bataille. Ce bon prince, voulant empescher la perte de ses enfans et sujets, fit ce qu'il peust pour empescher qu'ils n'en vinssent aux mains; mais Pepin, s'estant présenté sur le bord de la Seine, et les comtes Guérin de Chaslon et Bernard, avec leur armée de Bourguignons sur le rivage de la Marne, faisoient mine de vouloir combattre; ceux-ci n'aiant peu passer la rivière à cause que Lothaire avoit fait rompre les ponts et les bacs, trouvèrent moyen d'envoyer vers Lothaire, la première semaine de caresme, pour le sommer de leur rendre l'ancien Empereur, ce que, s'il ne vouloit faire d'amitié, ils l'y contraindroient par force. Lui, se défiant des menaces, laissa son père à Saint-Denys, donna la clef des champs à Charles, son frère, et se retira à Vienne en Dauphiné, auparavant que les armées de ses frères peussent se joindre (2). Ces derniers, se voiant les maistres, furent trouver Louis, qu'ils exhortèrent à reprendre l'Empire et se remectre en sa première authorité; comme il estoit prince religieux, il voulut attendre au lendemain qui estoit dimanche, et se faire auparavant réconcilier à l'église par les Prélats, affin de recevoir sa guérison de ceux desquels il avoit receu sa plaïe.

Cela fait, et lui réintégré en ses estats et prééminences, il fit revenir sa femme et son fils, et s'en alla contre Lothaire, qui exerçoit de grandes cruautés à Chaslon-sur-Saône (3). Lui, averti de la marche de son père, se retira par Authun, Orléans

---

(1) *Ann. Bertiniani*. Belleforest, lib. II, ch. 37. — (2) Nitard., *Hist.*, lib. IV. — (3) *Ann. Bertiniani*.

An. 834. et le Vendosmois, au Maine. L'Empereur le poursuivit jusques à Blois, où la Lise [*Cise*] mesle ses eaux avec celles de Loire, et lui serra le bouton de si près, qu'il fut contraint de se rendre à la raison et venir demander pardon à son père (1). La peine de la rébellion fut trop légère pour l'excès de sa faute, aiant esté seulement relégué au-delà des Alpes avec ceux qui le voudroient suivre. Plusieurs, tant prélats qu'autres, l'accompagnèrent, entre lesquels je trouve un Agimbert, comte du Perche. l'Empereur envoia après fermer le passage des Alpes et s'en alla passer Noël à Metz avec Dreux, son frère naturel, qui en estoit évesque, et de là se rendit, vers la Chandeleur de l'année 835, à Thionville, où il fit sa plainte contre les Prélats qui avoient procuré sa déposition (2).

Ebles, frère de lait de l'Empereur, qui l'avoit avantagé de grands biens au-delà de sa naissance, et lui avoit donné l'archevesché de Reims, se trouva grandement chargé de ceste conspiration; ne pouvant nier une chose si constante, il monta au pulpitre de Saint-Estienne de Metz, en présence dudit Empereur et de Louis, son fils, un dimanche de la Quinquagésime, et de plusieurs prélats, seigneurs et du peuple (3); où il déclara que faulsement il avoit accusé ce prince, avoit injustement conclu à sa déposition, et malicieusement submis à une pénitence publique; et en délivra acte à l'Empereur, qui le fit serrer dans les archifs de l'église de Metz, et recongnut par-devant Ainlf, archevesque de Bourges, Barduard II, évesque de Paderbrun, et Modem, évesque d'Authun, qu'il s'estoit choisi pour juges, à raison de quoi, ils sont appelés *electos*, par les saints Canons, qu'à cause de ceste faute il s'estoit rendu indigne de la dignité d'évesque, de laquelle il se déposoit et démectoit soimesme. Les Prélats, qui estoient demeurés à Thionville, acceptèrent ceste démission, l'acte de laquelle fut dicté par Jonas, évesque d'Orléans, et escrit par Helie, qui fut peu après évesque de Chartres (4).

De tout ce que dessus je peux conclure que Bernouin pourroit estre décédé ceste année, n'estoit que, par le Livre de la trans-

---

(1) Belleforest, lib. II, ch. 38. — (2) Papin. Masson, lib. II, p. 114. (3) *Vita Ludovicis*, ch. 16. *Hincmar. advers. Godesc.*, ch. 36. — (4) Sirmund., *Conc. Gallia*, t. II, p. 574.

lation de S. Liboire, allégué au commencement de ce chapitre, il est porté qu'il estoit encores vivant en l'an 836, auquel j'ai opinion qu'arriva son décéds.

An. 835.

CHAPITRE V.

Des Serfs de l'église de Chartres, dé leurs manumissions et de la forme qu'on usoit, pour les rendre libres; soit pour les charges temporelles, soit pour la cléricature.

A L'OCCASION d'Ebbes, archevesque de Reims, qu'on dit avoir esté de serve condition, comme plusieurs autres grands personnages; j'ai creu que le lecteur, par manière de divertissement, auroit aggréable que je touchasse en cest endroit quelque chose de ces Serfs, desquels il y a eu autrefois grand nombre en l'église de Chartres.

Le jurisconsulte Caïus a enseigné (1) que tous les hommes naissoient libres et n'estoient faits serfs que par accident; car, comme la nature nous a fait hommes, elle nous a traictés également, et n'a point avantagé les uns par dessus les autres. C'est pourquoi Sénèque (2) se mocque de la vanité de ceux qui mesprisent leurs serviteurs jusqu'à ce point qu'ils n'oseroient parler à eux, tousser ou cracher devant eux, comme s'ils estoient d'une autre nature qu'eux; et de mesme a fait dire à Epictète (3): « *Non recordaberis qui sis? et quibus imperes? nonne cognatis? nonne naturâ fratribus? nonne à Jove oriundis?* » On n'eust sceu ce que c'eust esté de libre ni de serf, sans le péché qui a réduit l'homme au servage. Aucuns veulent que cest homme, n'aie perdu ceste liberté qu'après le déluge, fondés sur ce que

---

(1) *Instit.*, lib. I, tit. 5, *de Libertinis.* — (2) *Epist.*, 47. — (3) *Dissertat.*, 13.

An. 835. le mot de serf ne se trouve point dans l'Escriture, auparavant la faute que commit Cham, se mocquant de son père Noé (1); lequel, irrité contre lui, prononça en sa défaveur ces parolles pleines de fiel et d'indignation : « Maudit soit Chanaan, qu'il » soit serviteur des serviteurs de ses frères. » D'où S. Augustin, en son XIX° livre de la *Cité de Dieu*, chap. 15 et 16, conclud que la première servitude, qui a esté au monde, y est entrée par le péché. S. Ambroise prétend que ç'a esté par l'ivrongnerie que l'homme a perdu sa liberté, qui n'avoit esté esbranlée jusqu'alors qu'on eust trouvé la façon du vin (2). Mais c'est sans doute que ce malheur est arrivé aux hommes par la rébellion de nos premiers parens contre le commandement de Dieu (3); car dès lors qu'ils eurent commis leur faute, la servitude entra en possession de leurs personnes : de la femme, quand Dieu prononça cest arrest contre elle, qu'elle seroit soubz la puissance d'un mari qui lui commanderoit, où ce mot de commander emporte avec soi une subjection et servitude; d'où quelques-uns ont voulu conclure, que ceste subjection de la femme n'estoit tant du droit de nature que du civil, aiant esté créée libre, mais réduicte en servitude par son offense.

Ce n'est donc pas la nature qui nous rend serfs, c'est un accident, sçavoir l'ambition des hommes, lesquels entreprenant les uns sur les autres, les plus puissans ont opprimé les plus foibles, s'en sont rendus les maistres et s'en sont servis aux usages les plus vils, non comme des hommes, mais encores comme des bestes brutes et animaux sans raison. Ce qui a tiré ces paroles d'Aristote en ses *Politiques* (4), que le serviteur n'avoit rien de l'homme que le visage et la forme, estant au reste instrument de la maison de son maistre, comme l'est un mouton ou brebis; d'autant qu'ils se vendoient tout de mesme et s'exposoient au marché comme s'ils eussent esté des bestes de somme.

Pline semble rapporter le premier usage de ces servitudes aux Doriens, peuple de l'Estat de Lacédémone, ausquels les Ilotes s'estant donnés, ils les réduisirent en servage et s'en servirent comme d'esclaves, tout ainsi que s'ils eussent esté prins en

---

(1) Genèse, 9. — (2) *Serm. de jejunio et habetur. dist.*, 35. — (3) Genèse, 3. — (4) Lib. IV.

guerre (1); de manière que le nom d'Ilote se rendit commun, An. 835. dit Pausanias, à tous ceux qui estoient réduits à ceste misérable condition de serfs, de quelle nation qu'ils fussent. Je ne veux m'amuser à esplucher si cela est véritable ou non, je m'en rapporte à la foi de ceux qui l'ont escrit.

Il y avoit néamoins plusieurs sortes de serfs : ceux qui estoient prins en guerre s'appelloient *hostes*, à cause qu'ils estoient du nombre des ennemis, qui s'appeloient de ce nom (2); ou bien on les appeloit *mancipia*, à cause qu'ils estoient prins comme par la main, par les ennemis; c'est d'où sont venus les mots d'Hostes et non de celui d'*Hospites*, comme quelques-uns l'ont pensé, pour dire Sujets, et Hostise, pour maison et demeure; que par language corrompu, les villageois de nostre païs appellent Estrise, où ces serfs estoient envoiés pour avoir soin du labourage, et faire valoir les terres de leurs patrons. Ils estoient autrement dits *Inquilini*, ou bien, *ascriptitii glebæ, censiti et perpetui conditionales*, qui estoient tellement affectés et attachés au labourage, qu'ils ne pouvoient s'en retirer, et ne pouvoient estre vendus qu'avec l'héritage auquel ils avoient esté députés (3), et ne pouvoient faire testament ni disposer de ce qui venoit de leur travail, non plus que ceux qu'on appeloit *addititios*, qui, durant la guerre, s'estoient rendus aux plus forts, ou bien qui, estant pauvres, s'estoient donnés à quelques seigneurs pour leurs despens, ou pour estre par eux protégés contre ceux qui eussent voulu leur faire mal, lesquels ils s'obligeoient de servir. Il y en avoit beaucoup de ceste condition ès Gaules du tems de Jules César, lequel a laissé par escrit que plusieurs, chargés de debtes ou subsides, ou oppressés par les plus puissans, se rendoient serfs des nobles, pour avoir du soulagement et de l'appui d'eux. C'est de ces misérables gens que parle Salvian, déplorant leur condition si malheureuse que, pour conserver leur vie, ils avoient esté contrains de vendre leur liberté, que tout l'or du monde ne sçauroit paier; en se donnant à des personnes qui exigeoient d'eux tous les services qu'ils pouvoient pour s'enrichir, sans leur faire aucune part du gain qui provenoit de leur industrie, ni leur donner aucune récompense de leurs peines.

---

(1) *Hist. Nat.*, lib. VII, ch. 56. — (2) *Instit.*, lib. I, titr. 3, *de Jure personarum*. — (3) *Instit., de Libertate et Libertinorum autem*.

An. 835. Il y en avoit encores d'autres, qu'on appeloit *addictitios*, *ascriptitios* ou *descriptitios*, qui n'estoient les mesmes que les précédens, combien qu'ils eussent quelque convenance avec eux; car, quoiqu'ils se fussent donnés par contract et à quelqu'un, ils avoient la jouissance de leurs biens et en pouvoient disposer ainsi que bon leur sembloit, ne donnant que leur personne, qu'ils pouvoient aussi retirer à leur volonté s'ils n'avoient, par un second acte, ratifié le premier; auquel cas, ils ne pouvoient plus s'en résilier ou dédire, sans l'exprès consentement de ceux ausquels ils s'estoient donnés, lesquels pouvoient néamoins les affranchir, quand l'envie leur en venoit. Tous avoient cela de commun, qu'ils n'estoient pas à eux, mais il y avoit cela de particulier, que les uns se pouvoient vendre toutesfois qu'il plaisoit à leur patron, et estoient réputés meubles; les autres, non, et ne pouvoient estre vendus sans la terre à laquelle ils estoient affectés, et estoient censés immeubles.

Ils avoient encore cela de commun, qu'ils ne pouvoient se marier qu'à personne de leur condition : que si un libre se marioit avec un serf, le libre devenoit serf, et ce serf ne pouvoit prendre en mariage femme en la famille d'un autre seigneur, sans l'aggrément et approbation de l'un et de l'autre seigneur; à cause que, par ce mariage, la femme passoit dans la famille de laquelle estoit le mari, et n'appartenoit plus à celle dont elle estoit sortie; et tous les enfans qui provenoit de ceste femme, estoient au mesme seigneur duquel despendoient la mère, pour ce que *Ventrem sequitur partus* (1); et au cas pareil, un homme libre espouzant une femme de serve condition, il devenoit serf et passoit au pouvoir du seigneur de sa femme. Quoique cela ne se pratiquast généralement partout, veu que, selon le droit, encores que la mère soit de servile condition, l'enfant qui en provenoit demeuroit ingénu et libre; mais au Chapitre de Chartres on en usoit autrement : cela se peut veoir dans le Registre Capitulaire dudit lieu de l'an 1299, le vendredi d'après la feste de S. Hilaire, estant porté par icelui, que la veufve d'un nommé Jean Alis recongneut devant le Chapitre, que quoique de sa condition elle fut libre, toutefois par celle de son mari qui

---

(1) *Instit.*, lib. I, tit. 3. *De Jure perso. et servii autem.*, et tit. *De ingenuis*.

estoit serf, elle avoit esté rendue serve, en recongnoissance de quoi elle paya quatre deniers, sçavoir un à G. de Pontils, un à Landulphe de la Colonne, un à Pierre de Rochefort, et le quatriesme à Eudes d'Anagnia, chanoines, qui pouvoient estre prébendés au lieu d'où elle estoit originaire; et de mesme par acte de l'an 1330, au mois de febvrier, après la saint Matthias, il se lit que le Maire de Loën, qui est le Juge du Chapitre, s'estant transporté à Chasteaudun où le bailli de Blois tenoit ses assises, il le somma de lui rendre le nommé André Jolied, homme de corps dudit Chapitre, à cause de Belone, sa femme, qui estoit femme de corps d'icelui; et qu'après que ledit bailli eust esté fait certain, par personnes dignes de foi, que la coutume de l'Eglise de Chartres estoit telle, du contraire de laquelle il n'apparaissoit, « que l'homme, de quelque condition qu'il fust, » venant à espouzer une femme du corps de ladite Eglise, il deve- » noit homme de corps d'icelle; » il fit response, que ledit André, estant décédé et enterré, il ne pouvoit lui en faire délivrance; mais, pour montrer que s'il eust esté vivant, il l'eust rendu audit Chapitre, il print un festu, qu'il bailla audit Maire en signe de restitution, lui disant : « Je vous rends ledit André » Jolied par ce signe de festu, comme homme de corps. » Ce qu'aiant fait, il rendit pareillement la femme dudit André, audit Maire, comme femme de corps dudit Chapitre.

An. 835.

On a voulu aussi comprendre soubz ceste dénomination d'Hommes de corps, ceux qu'on appelle *de mansatâ*; ils avoient à la vérité quelque convenance, les uns avec les autres, mais ceux qu'on disoit *de corpore* estoient distingués d'eux en quelque façon, pour ce que les hommes de corps estoient principalement pour les terres qui leur avoient esté baillées à cultiver et les hommes *de mansatâ*, pour des maisons qui leur avoient esté baillées à rente ou à certaines redebvance d'avène, qu'on appèle Oblies ou Avenages, ou pour faire quelques corvées; ce mot venoit de celui de *mansus* ou *mansum* (l'un et l'autre se dit), qui signifie un lieu à demeurer. Et d'autant que le lieu presbitéral est celui auquel le curé doit lever et coucher, les Canons, par appropriation, l'appellent *mansus*, comme qui voudroit dire Manoir. Selon le Vocabulaire du Droit, *mansus*, ainsi que le vulgaire d'Italie l'interprète, est une quantité de terre qui suffit à deux bœufs pour labourer toute l'année; c'est peut-estre

An. 835. pour quoi, par une translation, le presbitère, qui est appelé *mansus*, doit avoir deux arpens de terre à l'entour ou à costé, pour y semer du bled fourment, pour faire le pain de l'Eucharistie. Ce qui a fait dire à Vadian, en ses *Origines* (1), que c'estoit une mestairie, annexée à l'héritage de l'église, libre de tout service ou redebvance seculiers. A quoi se rapporte la loi des François, par laquelle « *Sancitum est ut unicuique ecclesiæ unus mansus integer absque ullo servitio attribuatur* »; et ce que dit Matthieu Pâris, en son *Traicté de la vie des Abbés de Saint-Alban* (2), que le vicaire de Luitone, jouira de toutes les oblations et menues dixmes de sa paroisse, *cum manso competente*; d'où seroit venu le mot *mansionarius*, qui signifie celui qui avoit la garde des églises ou qui avoit soin de recevoir les hostes, et pourquoi la despense qui se faisoit pour leur réception s'appeloit *mansionaticus*, dans les Capitulaires de Charlemagne et dans Aymoin (3).

On les appeloit autrement *mansicarios* ou *manentes*, d'où seroit venu qu'on appelle encore les gens de village Manants; on appeloit encore ces serfs *homines capitagii*, ou, comme il se lit dans quelques Pancartes de l'église de Saint-Quentin en Vermandois, *homines caviagiarii*, qui paioient quelque redevance ou droit, à ladite église, qui se nommoit *capitalitium*, ainsi qu'il se lit dans le Cartulaire de Saint-Germain-des-Prez-lez-Paris, en certain acte, intitulé *Præceptum Carolis Regis* (4). Dans le Registre Capitulaire de l'église de Chartres de l'an 1308, le sabmedi devant l'Ascension, il se lit que Guiot Elyos, demeurant au Val-de-Saint-Germain, estoit homme de corps de ladite église, et qu'il paia quatre deniers pour son capitage. Le Chapitre de Chartres avoit quantité de ces hommes de corps, qui demeuroient en d'autres lieux qu'en ceux que de sa jurisdiction, lesquels néamoins estoient tenus de venir respondre et faire le guet à leur tour sur les portaux de l'église, pour la garde d'icelle. Roulliard escrit qu'ils s'appelloient *milites*, à cause de cela; je ne sçai où il l'a prins, n'en aiant rien veu dans les Archifs de ladite église; mais, quoiqu'il en soit, ces hommes de

---

(1) Lib. I, ch. 83, et *Capitul.*, lib. I, ch. 91. — (2) Pag. 85, col. 2. — (3) Lib. VII, ch. 17. Aymon., lib. V, ch. 10. — (4) *Apud Emericum instrum. Sancti Germani.* Joan. Roberti., *Sancti, Huberti hist.*, p. 301.

corps pouvoient estre armés, considéré que sur le portique An. 835.
qui respond vers l'église de Saint-Nicolas, il se veoid, tout joignant la porte, par laquelle on descend en l'église-basse, la représentation d'un gendarme à genoux, au-dessoubz de la lan-
terne qui esclairoit ceux qui faisoient ceste garde ; lequel n'y a
esté mis sans raison. Je sçai bien qu'il y en a quelques-uns qui
se sont imaginés que ceste représentation a esté mise comme
pour réparation d'une injure faite à l'image d'une Magdelaine,
contre laquelle un, qu'on dit avoir esté gentilhomme, jecta, par
dépit d'avoir perdu ou failli son coup, sa balle dont il jouoit à
la paulme, laquelle par miracle s'enfonça dans le front de ladite image. Mais, comme tous ces dires sans autres actes authentiques sont sujets à caution, aussi croi-je plustost que ce
que le vulgaire en dit est une pure imagination qu'une vérité ;
et, que ces gens qui gardoient l'église, à cause qu'ils estoient
armés, s'appeloient *milites* : car, comme il se veoid par plusieurs tiltres et instruments antiques, les vassaux, qui estoient
tenus à la garde des chasteaux et maisons de leurs seigneurs
s'appeloient *milites*, ceux qui gardoient l'église de Chartres
pouvoient bien s'attribuer la mesme dénomination.

Je ne veux m'amuser à discourir ici des autres espèces de
serfs, en aiant escrit quelque chose ailleurs, mais seulement
montrer la forme, qu'on tenoit à les affranchir et mettre en
liberté.

Les Romains en usoient de trois sortes, selon qu'elles avoient
esté introduictes par Servius Tullius : *censu, vindictâ, testa-
mento*. Ceux qui estoient affranchis en la première façon estoient
enroollés avec les citoiens Romains et rendus capables de jouir
du droit de bourgeoisie; pour autant qu'il n'y avoit que les
seuls citoyens de Rome, qui eussent droit d'être enroollés entre
eux, en mesme matricule, mais non les estrangers et esclaves.
Il falloit pour ce faire que le consentement du patron intervînt
avec l'approbation publique, pour faire jouir de ce privilège
ceux qui estoient de servile condition, et qu'ils eussent passé
l'asge de trente ans, autrement cest enroolement estoit inutile et
ne leur servoit de rien.

L'affranchissement qui se faisoit par le vindicte, ainsi dicte
de Vindicius, serf de l'empereur Vitellius, lequel fut mis en
liberté, pour avoir descouvert les embusches qui se dressoient

An. 835. contre la République; estoit avec cérémonie (1). Le maistre qui vouloit mectre son esclave en liberté, lui faisoit razer la teste et le présentoit au Préteur, qui lui donnoit ou faisoit donner par un sergent, trois ou quatre coups d'une baguette fort légère sur le chef, ou bien jectoit sur lui un festu, ou quelque brindelle de bois ou autre chose légère, que Plutarque appelle κάψαλον, et après, le maitre prenant ce serf par la main, lui faisoit faire deux ou trois tours et lui mectant la main sur la teste le proclamoit et desclaroit affranchi.

Celle, qui se faisoit par testament ou codicille, se faisoit en s'adressant directement à celui qu'on vouloit mectre en liberté disant : « Je t'affranchis » ; ou « Je veux qu'un tel soit affranchi » ; ou bien elle se faisoit indirectement, quand le patron, par son testament ou codicile, enjoignoit à son héritier de mectre en liberté celui qu'il lui nommoit ; pour ce que, sitost que l'héritier s'estoit mis en possession de la succession du défunct, le serf pouvoit demander son affranchissement, en faisant apparoir de la volonté de son patron, lequel ne pouvoit lui estre dénié ; et ceste sorte d'affranchis s'appeloient : *Libertini Orcini*, qui demeuroient latins, c'est-à-dire demeuroient libres, tant qu'ils vivoient, quand à leurs personnes, mais non quand à leurs biens, desquels ils ne pouvoient disposer, au préjudice de leurs maistres, ausquels ils appartenoient suivant la loi de Julius Norbanus ; ils ne participoient au droit de bourgeoisie, n'avoient voix ni suffrage ès assemblées publiques, debvoient changer de nom, ne pouvoient estre que Tabellions, Notaires et Greffiers ou Médecins, et ne leur estoit loisible d'exercer aucun mestier vil et abject.

Outre ces trois sortes d'affranchissement, si quelque serf ou esclave avoit mangé à la table de son maistre ou qu'il eust demeuré chez lui en estime d'estre libre, au veu et sceu d'un chacun par l'espace de trente ans, le maistre lui debvoit sa liberté. Ceux aussi qui pouvoient gaigner les villes de Tolose, Bourges et Saint-Malo en France, et Valenciennes en Flandres, acquéroient leur liberté, en laquelle il n'estoit permis de les troubler.

La forme de laquelle nos anciens François usoient pour affranchir leurs serfs, estoit toute autre; ils jectoient un denier

---

(1) *Instit.*, lib. I, ch. 3. *De Libertinis*.

au milieu de la place, et desclaroient libres ceux en considéra- An. 835.
tion desquels ils faisoient ceste cérémonie; c'est pourquoi il est
porté dans la Loi Salique, nombre 28 : « *Si quis lidum alienum,
qui cum domino suo in hoste fuerit, sine consilio domini sui
antè regem per denarium ingenuum dimiserit;* et celui qui estoit affranchi de la sorte estoit appellé *homo denariatus*, dans
les Capitulaires de Charlemagne (1) et dans Marculfe, en ses
Formules. Et bien que par la loi Chrestienne toute servitude
eust esté abolie, si est-ce que ce n'a pas esté partout; il en estoit
demeuré quelque reste au païs de Nivernois, Bourgongne, de
la Haute-Marche, de Champagne, Bourbonnois, Auvergne et
Berri; il y en avoit aussi en ce diocèse de Chartres après l'an
1400. Ceste servitude des hommes de corps avoit esté adoucie
et mitigée par le roi Louis le Gros, qui donna ce privilège à l'E-
glise dudit Chartres en 1128, par lequel il réduisit tous les serfs
d'icelle à la condition des libres; et voulut que leur tesmoignage fut receu en justice, qu'ils peussent donner gage de bataille et aller en guerre, sans qu'on pust les empescher.

Du depuis, ceux d'entre les habitans de Chartres qui estoient
hommes de corps ou conditionnaires, c'est-à-dire de condition
servile, ayant trouvé moien de se faire affranchir par les Comtes;
moiennant certaine finance par forme de taille ou tribut de
quatre cens livres par an, ils la racheptèrent de Charles de
Valois, leur Comte, moyennant une somme de douze mille livres. Ceux du Chapitre n'y furent comprins, de quoi s'estant
piqués, ils mirent le Chapitre en procès, pour avoir la mesme
liberté, ou, à tout le moins, pour estre deschargés des corvées
qu'ils estoient tenus faire, du menage des champarts dans les
granges, et de plusieurs autres redebvances, desquelles ils estoient tenus envers ledit Chapitre, dont ils furent débouctés.
Beaucoup néamoins, par le bénéfice du roi Louis le Hutin, se
rédimèrent de ceste vexation en 1315, payant une somme notable à ce Prince pour la guerre de Flandres: il n'y eut que
ceux qui ne peurent fournir argent à son espargne, qui demeurèrent en arrière, desquels le Chapitre aiant compassion,
transigea avec eux, et fit confirmer ce qu'ils avoient arresté ensemble, par arrest du 12 mai 1387.

---

(1) Lib. VI, ch. 208.

An. 835.   En ces manumissions, le Chapitre gardoit la forme des anciens Saliques; il s'en veoid quelque chose dans le Registre Capitulaire de l'an 1302, le mardi devant la saint Martin d'esté, où il se lit que Jaquelote, fille de Drouin l'Oiseleur, fut affranchie, et en signe qu'elle avoit esté de servile condition et femme de corps, elle paia quatre deniers de cens au Chapitre.

Outre ces serfs, l'on introduisit des Avoués qui estoient personnes, lesquels, par priviléges des Papes, des Rois et Seigneurs, estoient, avec leurs familles, en la protection d'autrui, estoient exempts de toutes charges et contributions, pouvoient achepter et vendre vin, bled, et toute autre marchandise, sans en paier aucune chose. Chaque chanoine avoit autrefois le sien, mais du depuis, par lettres du roi Philippes, données à Paris, le mardi d'après la saint Nicolas 1271, confirmées par la transaction passée à Pontoise l'an 1306, le lundi d'après la saint Matthieu l'Apostre, entre Charles, comte de Valois, d'Alençon, de Chartres et d'Anjou, Catherine, sa compagne, Emperière de Constantinople, Comtesse desdits lieux et Dame de Courtenai, et les Doien et Chapitre de Chartres, ils furent réduits à dix seulement; lesquels Avoués, comme les Chanoines, estoient, en toute sorte de délits, exempts de la jurisdiction du Comte de Chartres, et ne pouvoient estre jugés par ses Officiers, s'ils n'estoient prins en flagrant délit; auquel cas il ne leur estoit permis que de les prendre seulement, et devoient les rendre à l'instant au Doien et Chapitre de Chartres; que la confiscation des biens desdits Avoués estant en la ville et banlieue de Chartres, n'appartiendroient audit Comte, et que de ceux qui se trouveroient ailleurs, ils se régleroient suivant la coutume du païs. Qu'aux contracts par eux passés en la ville et comté de Chartres, et mesme y voulant trafiquer et négotier, et y faire marchandise, ils seroient francs et exempts de consentir au paiement de thelon, barrage, et telles autres coutumes et prestations. Que, pour les biens immeubles, ils seroient tenus de respondre et se deffendre comme s'ils n'estoient point exempts, fors et excepté pour leur maison et domicille sur laquelle le Comte n'auroit aucune jurisdiction, sinon à faute de paiement de cens. Que les susdits Doien et Chapitre ne pourroient Avouer un qui seroit usurier manifeste, et qu'ils ne pourroient avoir leur famille plus grande que leur qualité ne le permectoit; et qu'à cest effet, ils seroient tenus de faire le serment pardevant les Officiers du Comte, et que les canonizans seroient tenus de faire pareil serment, lors de leur entrée en leur chanoinie. Que ledit Comte de Chartres seroit tenu à son nouvel avénement et ses Prévost, Chastelain, Bailli et Officiers, faire le semblable. Qu'en récompense de ce que ledits Doien et Chapitre avoient eu plus grande quantité d'Avoués, ledit Comte leur donneroit et assigneroit huit vingt livres de terre, de monnoie courante ; à tenir et posséder au Comté de Chartres, avec les mesmes priviléges qu'ils tenoient, et possédoient les autres.

An. 835.

Plusieurs bourgeois de Chartres désiroient estre pouveus de ces Avoueries, pour s'exempter de beaucoup de charges et redevances qu'ils estoient tenus de paier, s'ils n'estoient privilégiés. Que s'ils venoient à abuser de leur avouerie et s'en aller demeurer ailleurs, ils pouvoient en estre privés par le Chapitre, comme il se veoid dans le Registre Capitulaire de l'an 1396, le sabmedi après l'Assumption de Nostre-Dame, qu'un nommé Jacques de Champrond en fut privé, pour avoir esté demeurer ailleurs qu'à Chartres, et perdit, par ce moien, son privilége.

Pour les Manumissions ou Affranchissemens qui se faisoient par le Chapitre de Chartres, de leurs hommes de corps et sujets, pour estre promeus aux ordres, la façon mérite bien d'en estre sceue, y aiant du particulier, qui ne se rencontre en celles qui se faisoient ailleurs.

Il estoit défendu, par les constitutions canoniques et ordonnances des Empereurs (1), de promouvoir aux ordres les serfs, qu'au préalable ils n'eussent esté affranchis et mis en liberté par leurs maistres. Or, la forme que le Chapitre gardoit pour affranchir les siens estoit telle : Le jour prins pour ce faire, on faisoit venir en chapitre celui qu'on vouloit mectre en liberté pour estre clerc, auquel le Doien ou celui qui présidoit, devant les reliques qui avoient esté posées sur une table dressée dans ledit lieu capitulaire, lui tenoit ce discours :

« Vous qui estes home de cors dou Chapitre et de l'iglise de
» Chartres, lequel le Chapitre de Chartres vialt franchir à clerc et
» à corone avoir ; jurés sur Sainz, que pour la franchise, que
» vous atendés à avoir, n'en avés donné au Chapitre de Chartres,

(1) Capitul., lib. VII, n° 34.

An. 835. » n'a autre, ne presté, ne promis, ne fest donner, ne prester, ne
» fest promectre ne autre, que vous sachez, n'a donné, ne promis
» pour vous, ne presté, ne fest prester, ne promectre deniers, ne
» chouse qui puisse estre achetée pour deniers, ou prisiée; et
» s'il a esté promis, vous ne soudrés pas, ne ne ferés soudre;
» neis s'il avoit esté promis par seirement, ou par fiance, ain-
» çoiz le dirés au Chapitre et ferés dire; et lors, en face ou
» coument, li Chapitre sa volenté; et se autre l'a promis pour
» vous, vous pourchasserez en bonne foi qu'il ne sera pas solu,
» ou presté ou poié.

» Et si jurés, que des ores en avant, ez affaires dou Chapitre et
» de l'iglise de Chartres, vous, vous aurez ou contendrez bien et
» léaument, ne ne donrez deffense ne conseil, ne aide, à aucun,
» contre le Chapitre ou contre l'iglise de Chartres, ou contre
» aucun chenoine de Chartres, tant com il sera chenoine, és
» causes, ou és querelles, ou és affaires qui touchent, ou qui
» toucheront l'iglise, ou le Chapitre de Chartres, ou contre au-
» cun chenoines de Chartres, ne ferés tricherie, ne boidie contre
» le Chapitre de Chartres, ou contre aucun chenoine de Chartres,
» tant comme il sera chenoines.

» Et si jurez, que si vous saviez ou apperceviez que l'en deust
» ou vousist fere honte ou desenneur ou dommage au Chapitre
» de Chartres, ou à aucun chenoine de Chartres, vous le des-
» torriez et destorberiés à votre pooir, et se non poviez destor-
» ber, vous le feriez à sçavoir au plus toust que vous porriez au
» Chapitre de Chartres et au chenoine à qui l'en voudroit fere la
» honte, ou le desenneur ou la doumage.

» Et si jurez, que des ores en avant, vous ne pleiderez, ne ne
» ferez semondre en plet, nais pour vostre querelle propre, le
» Chapitre de Chartres, ou aucun chenoine de Chartres, ou aucun
» home ou fame de cors, ou hoste de l'iglise de Chartres, jus-
» ques vous l'aiez montré en Chapitre, et requis de sei aman-
» der vers vous, de la querelle dont vous le voudriez treire
» en plet, et que ce Chapitre vous en soit défaillant.

» Et si jurez, que dores en avant, vous porterez enneur et ré-
» vérence au Chapitre de Chartres et à chacun chenoine de
» Chartres, tant com il sera chenoinés de Chartres.

» Et si jurez, que dores en avant avenant, que vous vous ma-
» riassiez, vous dès lors en avant, ne porteriez point de coronne;

» ainz retorriez arrières en servitude, et seriez dès lors home
» de cors de Chapitre comme devant; et se ne vous mariez pas
» et vous ne portiez coronne au sint, dès lors en avant, seriez
» home de cors dou Chapitre, comme devant.

 » Et jurez, que s'il avenoit que si li Chapitre de Chartres, ou
» aucun chenoine de Chartres eust querelle ou cause, contre au-
» cun home, ou aucune fame, ou contre plusieurs, sur ce que li
» Chapitres, ou li chenoines dist que cil ou celles fussent home
» de cors ou fame de cors de l'église de Chartres, contre qui li
» Chapitre ou li chenoine auront la querelle, vous porterez loial
» tesmoing, sans fere ou donner gage de bataille, à la requeste
» dou Chapitres de Chartres, ou dou chenoine dou parenté, ou
» du lignage à ceus et à celles contre qui li Chapitre et li che-
» noines de Chartres auront la querelle, nais se cil, ou celles
» contre quilz auroient querelle, vous appartenoient de bien
» près.

 » De rechief, vous jurez sur sainz que vous ne ferés, ne ne
» ferez fere coumune en la cité de Chartres ne aillors, contre li
» Chapitres, ne contre l'iglise de Chartres, ainçois, destorberez
» à vostre povoir qu'elle ne soit feite, et s'elle est féte, vous ne
» serés pas de celle coumune. Et si voulez et otroiez que se
» vous venés contre aucune des chouses devant dites, que dès
» lors en avant serés homme de cors dou Chapitre coume vous
» souliez estre.

 » Et si jurez, que contre le Chapitre de Chartres, ne contre
» l'iglise, ne contre aucun chenoine de Chartres ne ferez al-
» liance, et s'elle est feite, vous n'en serez pas, et se vous le
» savez, vous le ferez à savoir au Chapitre ou au chenoine
» contre qui l'aliance seroit féte.

 » De rechief, vous jurez que, si la Merie dou Chapitre vous
» avient par reison deschaaite ou de descendue, ou par autre
» reison, se vous la voulés avoir et retenir, vous leirez la co-
» rone et serés home de cors dou Chapitre coume devant, ou ce
» se non, vous n'aurés pas la Merie, ainz viendroit celle Merie
» au plus prochains éritiers sans contredit que vous i meissiez.

 » Ces chouses, si coume elles sont devisées, vous jurez à tenir
» et garder bien et léaument, en toutes et en chacunes chouses
» dessus dites.

 » Et si jurez, que de toutes ces chouses vous donrez létres

An. 835.

An. 835. » séélées dou seel de la Cour à l'Oficial de Chartres, ou de autre
» seel authentique.
» Einsit vous ait Dex et tuit Saint et toutes Saintes.

Et celui qu'on vouloit affranchir respondóit : « Einsit que
» vous l'avés dit et leu, le jurge à tenir et garder se Dex m'aist
» et tuit Saint. »

Cela fait, les chanoines sortoient du Chapitre pour s'en aller au
chœur ouir la messe, à laquelle assistoit celui qu'on vouloit mectre
en liberté, revestu d'un surplis et d'une chape noire par dessus,
tenant des cizeaux ou forces en sa main avec une serviette sur
l'espaule, et s'en alloit à tous les chanoines qui estoient au chœur
l'un après l'autre, ausquels il présentoit lesdites forces ou cizeaux, disant : *Dominus, pars hæreditatis,* etc., et au mesme
tems, le chanoine lui couppoit un peu de ses cheveux, et celui
qui disoit la messe lui en couppoit tout le dernier, et moiennant
cela, estoit réputé tonsuré et clerc. Que s'il venoit à se marier,
il perdoit sa cléricature et retournoit en son premier estat et
condition de serf. S'il vouloit persévérer en la cléricature, il
prenoit lectres de l'Official du Chapitre pour estre mises au
thrésor des Chartes du Chapitre, lequel les bailloit en la forme
suivante : « *Universis, etc. Decanus et Universitas Capituli, etc.*
» *Noveritis, quod nos anno et die, etc. authoritate nostri Gene-*
» *ralis Capituli, festi sancti Joannis (vel Purificationis), Joan-*
» *nem, filium Thomæ Turpini, hominis de corpore nostræ ec-*
» *clesiæ Carnotensis, præsentem coram nobis, in Capitulo nostro,*
» *hora Capituli, et se esse hominem de corpore nostræ ecclesiæ*
» *publicè confitentem, et petentem à nobis, se ad clericatum*
» *manumitti. Nos præstito ab eodem in nostro Capitulo jura-*
» *mento, quod a manumissis à nobis et prædecessoribus nostris*
» *ad clericatum et clericalem tunsuram hactenus fieri con-*
» *suevit de antiquâ, approbatâ, et hactenus pacificè observatâ*
» *ac privilegiatâ consuetudine dictæ ecclesiæ, et pietatis intuitu,*
» *manumisimus et manumittimus ab omni jugo et onere ser-*
» *vitutis, salvis tamen et retentis nobis et nostræ ecclesiæ con-*
» *ditionibus in dicto juramento contentis : quod omnibus tenore*
» *presentium sigillo nostri Capituli sigillatum intimamus.*
» *Datum, etc.* »

Les lectres qu'on délivroit à ceux qui estoient affranchis simplement, et non pour estre admis à la cléricature, estoient

d'une autre façon, quoique les sermens, que les uns et les autres faisoient, fussent peu différens, que les pères, mères ou tuteurs faisoient pour leurs enfans ou pupilles, qui promectoient au Chapitre de leur faire ratifier toutes les promesses qu'ils avoient faites en leur nom, sitost qu'ils estoient en asge, mesme les filles dans leur douziesme année, à faute de quoi faire, elles demeuroient femmes de corps. Voilà ce que j'avois à dire de ces serfs et de leurs manumissions. Reprenons notre histoire.

An. 835.

CHAPITRE VI.

De Helie, évesque de Chartres, et que les Evesques d'icelle ville n'en ont esté Comtes.

Bernouin aiant rendu à la nature ce que tous les hommes lui doivent, Helie, homme d'affaires, et recongneu pour habile et bien versé tant ès lectres divines qu'humaines, lui fut substitué. Je ne m'amuserai à réfuter l'opinion de ceux qui ont laissé par escrit que ce fut en l'an 770, autres, en l'an 779 du règne de Charlemagne, ainsi que le dit nostre ancienne Chronique, ou encores en l'an 841, comme le veut Severt, d'autant que Bernouin estant décédé, ainsi que nous l'avons veu ci-dessus, environ l'an 836 ou 837, l'eslection de Helie n'a pu estre plus tost.

Pour le tems de trente-six ans, qu'on attribue à sa scéance, il ne peut estre non plus, pour ce que l'an 837, qu'il fut eslu, jusques à l'an 849 qu'il dist adieu au monde, n'y aiant que douze ans ou environ, elle n'a pu estre plus longue.

L'autheur du Catalogue de nos Prélats le fait Comte de Chartres, comme ses prédécesseurs, et escrit que, n'aiant de quoi entretenir les nobles qui l'assistoient, ni récompenser ou soldoier les gens de guerre qu'il entretenoit à son service, il demanda un secours à l'abbé et religieux de Saint-Père-en-

An. 849. Vallée de Chartres; lequel lui aiant esté refusé par eux, il s'empara de ladite abbaïe, qu'il donna en proie à ses gens, qui la pillèrent et ruisnèrent, et, en aiant chassé les moines, il en distribua les fermes et mestairies, et les bailla en fief à ceux qu'il creut pouvoir le mieux servir.

Nostre ancienne Chronique le prend de plus haut, et dit que le Prince du païs Chartrain, ayant apprins par révélation qu'une Vierge devoit enfanter le Sauveur du Monde, il auroit fait dresser une image d'une Vierge tenant son enfant en son giron, qu'il mit parmi ses idoles; et que sa dévotion croissant envers ceste vierge, quoiqu'elle n'eust encores paru au monde, il lui auroit donné la ville de Chartres avec toutes les terres et domaines adjacens, et l'auroit déclarée son héritière de tout ce qu'il posséderoit lors de son décods. Qu'un certain Roitelet ou Seigneur de Montlehéri, augmenta beaucoup ceste donation, aiant retiré, par l'assistance de ceste vierge, un sien fils unique d'un puids fort profond, dans lequel il estoit tombé, pour recongnoissance de quoi, il dota la grotte ou chapelle en laquelle elle estoit vénérée à Chartres, de quantité de rentes et revenus, qu'elle auroit eus si aggréables, que dès lors elle auroit prins la qualité de Dame de Chartres; et ensuicte les Evesques se voiant riches et puissans en biens, celle de Comtes, comme auroient fait S. Solein qui suivit, en ceste qualité, le roi Clovis en Touraine, et que S. Malard et S. Bouaire auroient esté dépeins dans le Palais épiscopal, armés de cuirasses et d'espées, et que les évesques de Chartres avoient toujours, depuis, porté pour leurs armes : *au premier quartier de gueules, à la mitre d'or; au second d'azur, au casque d'argent; au troisicsme d'azur, à la crosse d'or en pal; au quatricsme de gueules, à l'espée d'argent, aussi en pal, aux gardes d'or.*

Si le premier qui a donné sujet à ceste fable avoit considéré qu'il n'y avoit point de Comtes en ce tems-là, il en eust parlé autrement; et s'il eust esté bien instruit en l'histoire des tems, il eust sceu que, du règne de Jules César, Chartres estoit réputé un Roiaume, devant qu'il tombast soubz la domination des Romains, ainsi que l'a escrit le mesme César, parlant d'un Tasgetius, les aïeux duquel en avoient porté la couronne, laquelle leur aiant esté ostée par ces vainqueurs de l'Univers, en firent une colonie qu'ils gouvernoient par ceux de leur nation, au tems que la Vierge nasquit. Cela est aussi bon que ce qu'on dit que les biens que possèdent à présent l'Evesque et le Chapitre de Chartres, sont ceux des Druides, veu que tout ce qu'ils ont ne leur est venu que par donation, fondation, ou acquest. L'Eglise, en son commencement, n'avoit que des deniers provenant des aumosnes des Chrestiens, pour l'entretien de ses ministres et supposts. Nous avons veu ci-devant, parlant de S. Aignan, nostre prélat, que lui et ses sœurs donnèrent leur bien à l'église de Chartres; de laquelle donation j'ai toujours doubté pour la mesme raison, estant certain que l'église n'a possédé des immeubles de considération, que du tems de Constantin I, empereur, vers l'an 321; lequel aiant fait bastir une église à Rome dans le fond d'un sien prestre, nommé Equitius, qui a laissé son nom à ce tiltre, il la dota de plusieurs immeubles (1).

An. 849.

A la vérité, Luitprand, en la Vie de S. Pie Ier (2), dit que ce Souverain Pontife déclara sacrilége celui qui entreprendroit d'oster les héritages dédiés aux usages divins et les approprier aux siens; et en celle d'Urbain I, il escrit qu'il confirma la mesme chose, d'où Baronius veut tirer ceste conséquence; que l'église avoit donc des immeubles, ce qu'il tasche de prouver par l'édit que Constantin et Licinius firent publier, la teneur duquel se veoid dans Eusèbe (3); et parce que ces premiers escrivirent à Annulin, que sitost qu'il auroit receu leur mandement, il eust à faire restituer aux églises les possessions qu'ils congnoistroit avoir appartenu aux Chrestiens, soit ès villes, soit ès autres lieux, et estre encores entre les mains des particuliers. Ce qui ne prouve pourtant absolument ce que Baronius avance, mais seulement que l'Eglise jouissoit de quelques immeubles, qui ne pouvoient estre de grande conséquence, veu que ces Empereurs adjoutent incontinent que Annulin fit tout son possible pour faire, le plus promptement qu'il pourroit, rendre aux Eglises ce qui leur appartenoit, soit jardins, soit maisons, soit autre chose quelconque, qui n'estoient de grands fonds, ni seigneuries, comme des Comtés ou semblables bénéfices, mais seulement quelques petits héritages que l'église possédoit; que

---

(1) Baron., *ad. ann.* 321, n° 17. August., *in Sylvester*. — (2) 12, Quest. 2. *Prædia Pius, ep.* 2, *ad Nal. Urban; epis. I, ad omnes fidel.* Baron., *ad. an.* 57, n° 82. — (3) Lib. XVI, ch. 15.

An. 849. Maximian et Dioclétian, grands ennemis du Christianisme avoient fait saisir durant la persécution qu'ils excitèrent contre l'Eglise. Ce qui se peut inférer de la permission que donna Constantin à tous ceux qui voudroient délaisser des immeubles à l'Eglise par leurs testamens et ordonnances de dernière volonté; pour ce qu'après ceste déclaration, l'Eglise accreut tellement en richesses par la libéralité et dévotion des fidèles, que les Empereurs suivants, furent obligés de défendre qu'on y en donnast davantage (1).

D'ailleurs, les Comtés, auparavant la naissance de la Vierge n'estoient en titre ni héréditaires, et ne l'ont esté de plus de neuf cens ans du depuis. Le mot de Comte se trouve bien dans Suétone, mais non dans la signification qu'on le prend d'ordinaire, ainsi que l'a remarqué Baronius, ce nom ayant esté prins diversement selon la différence des tems (2). Auparavant celui de Constantin, les Proconsuls, qui accompagnoient les Présidens, allant aux provinces qui leur estoient assignées, s'appelloient Comtes, du latin *Comes*, qui, suivant Laurent Valle, signifie compagnon de chemin; et estoient leurs assesseurs et collègues en l'administration de la justice et des affaires publiques. Ceux-là estoient les mesmes que les Grecs appeloient ἀκόλουθος, c'est-à-dire compagnons ou suivans, comme estant à la suicte d'un autre. Pline (3), allégué par Baronius, le prend autrement et dit que ceux qu'on donnoit pour adjoints aux Proconsuls s'appeloient Comtes; ce que confirme nostre Jean de Sarisberi, en son Epistre 263, à Nicolas, vicomte d'Essex, lui escrivant que « *Comites à societatis participatione dici, quisquis ignorat, ignarus est litterarum, quas liberalis institutio primas tradere consuevit. Nam sicut alii Præsules in partem solicitudinis à summo Pontifice evocantur, ut spiritualem exerceant gladium: sic à principe in ensis materialis communionem Comites quidam quasi mundani juris præsules asciscuntur.* » Tacite, toutefois escrit qu'ils estoient ainsi appelés pour ce qu'ils estoient tenus de suivre et acompagner leur Duc, qui devoit avoir douze Comtes soubz lui (4). Ce qui a quelque apparence, veu que les anciens Gaulois appelloient Ducs leurs gouverneurs

---

(1) *Cod. Teod.*, lib. IV, *de Episcop. et clerici*. — (2) *In Notis Mart.*, ad. 31 maii. — (3) Lib. IX, ch. 3. — (4) *Lib. de Morib. Germ.*

des Provinces, qui estoient soubz les Maires du Palais, ou soubz l'authorité du Roi, et Comtes ceux qui administroient les cités et bonnes villes soubz les Ducs. Voire dans les autheurs des huitiesme et neufviesme siècles et suivans, les Comtes estoient réputés les mesmes que les Consuls. Cela est trop clair pour se mectre en peine d'en faire la preuve.

An. 849.

On peut dire que le nom de Comte estoit une selle à tous chevaux, pour ce qu'il se communiquoit et estoit propre à tous ceux qui avoient quelque surintendance sur les autres, et estoit plustost titre d'honneur que d'office. C'est pourquoi Eusèbe (1) remarque que Constantin le Grand en usa diversement selon les rencontres; honorant de ce titre ceux qui estoient à sa suicte et qui estoient couchés sur son estat, qu'il appeloit indifféremment Comtes; ce qui se peut recongnoistre facilement, en ce que celui qui avoit la charge des affaires de l'Empereur en l'Orient, s'appeloit *Comes Orientis* (2). Le Surintendant de la Justice qui avoit la commission de corriger la négligence des Commissaires particuliers, des Greffiers et des Juges, de retirer les tailles et tributs des provinces, estoit nommé *Comes Palatinus*, et n'avoit aucun territoire, quoique les ordinaires en aient. Jean de Sarisberi n'en fait que de deux sortes au lieu sus-allégué, et dit que « *Qui hoc officium gerunt in palatio, juris auctoritate Palatini sunt : qui in provinciis, Provinciales.* » Ces comtes Palatins n'estoient pas pourtant les mesmes que *Comites sacri Palatii*, qui autrement s'appeloient *Comites Fabrorum*, qui avoient le soin des bastimens du Prince, et suivoient les camps et armées, pour faire et dresser les machines propres pour assiéger et bastir une place et se parquer ou retrancher dans un camp, tels que peuvent estre à présent les Grands Maistres de l'artillerie. Les Maires du Palais avoient antrefois ceste charge, mais, comme ils se furent dispensés de conduire les armées roiales, ces grands maistres furent obligés, en ceste charge, de commander aux armées, laquelle leur est demeurée et aux Connestables. Ces derniers estoient proprement les Grands Escuiers qui avoient soin des chevaux de l'escurie du Roi ou de l'Empereur, et devoient avoir l'œil sur les officiers inférieurs

---

(1) *De vitâ Constant.*, lib. IV, ch. 1. — (2) Azo, *in sum. de comitib. Orient.*

An. 849. de l'escurie, à ce qu'ils fussent bien pansés, frottés et étrillés ; c'est pourquoi les Grecs appelent celui qui est pourveu ou exerce ceste charge ὑνναϭκον, que Chasseneux (1) dit devoir plustost estre appelé *Comes stabuli*, pour ce qu'ils avoient les mesmes avantages que le Préfet du Prétoire et le Grand-Domestique ; autre toutefois, que le Grand-Maistre de la Maison du Roi, qui estoit nommé *Comes horreorum*, et avoit charge de faire la dépense de la maison du Prince, de fournir les armées de vivres, donner ordre aux convois qu'il convenoit faire, et prendre garde qu'il ne se fit des monopoles entre les marchands, pour vendre leurs denrées plus cher ; autrement, il s'appeloit encores *Comes Tribunus, seu præpositus scholarum*, pour ce que la Maison du Roi s'appeloit eschole, et ceux qui y avoient quelque office, *scholares*, ou escoliers, ou bien *domestici scholæ*. Ainsi dans Nicéphore, Auxentius est appelé *exscholaris*, d'autant qu'il avoit eu autrefois charge ou office en la maison de l'empereur (2).

Le Grand-Maistre s'appeloit aussi, *Comes mansuariorum*, que d'autres ont prins pour le Sénéchal de la Maison du Roi. Thibaud IIIe du nom, Comte de Chartres, prenoit la mesme qualité par plusieurs titres et pancartes ; autres pour le Mareschaldes-logis du Roi, qui avoit authorité sur tous les domestiques de la Maison du Prince (3). Le Comte *sacrarum largitionum* estoit celui qui distribuoit les dons que faisoit le souverain, ainsi que le fait le thrésorier des mesmes plaisirs du Roi, qui estoit différent d'avec le Comte *privatarum rerum*, qui estoit, selon Théodoret, *privatæ pecuniæ et facultatum Imperatoris procurator*, et de celui qu'on appeloit *Comes sacri patrimonii*, d'autant que cetui-ci avoit la charge des immeubles et du patrimoine, ou domaine de la Couronne, où celui-là n'avoit en maniement que les meubles et la garde des choses particulières et privées du Prince.

Il y avoit encore des Comtes consistoriaux, qui estoient en mesme considération que les Proconsuls et estoient comme les Conseillers d'estat du Prince, ou bien comme les Mareschaux

---

(1) *De Gloriá mundi*, p. 6. Consideratio. 9. Luitprand, *de Magistrat.*, lib. I. — (2) *Cod. Comitib. Scholæ*, lib. XIII. Nicéph., lib. XV, ch. 22. — (3) Nitard, lib. III.

des camps et armées, qui, avec les autres officiers, donnoient ordre aux camps, faisoient les départements et assignoient les quartiers à un chacun ; il y en a qui les prennent pour les Chastelains ou les capitaines des mortes paies, establies pour la garde et défense des chasteaux et forteresses. A la vérité, dans la Vie de S. Genouf, les gouverneurs des villes sont qualifiés Comtes, conformément à ce qu'escrit Suidas, interprétant ce nom pour Président ou Gouverneur de peuple. Les Grecs, soubz les derniers Empereurs du Levant, ont approprié ce nom aux estats de la guerre, appelant un simple capitaine en chef, Comte ; pourveu qu'il eust soubz soi une compagnie de gens de cheval ou de pied, ainsi qu'il se peut veoir de l'estat militaire de l'empereur Léon V. C'est ainsi que Nicétas interprète le nom de : κόντος en la Vie d'Andronic Commène et d'Alexis, empereurs de Constantinople.

An. 849.

Il y a encores plusieurs sortes de Comtes que je laisse à dessain, les offices desquels se peuvent veoir chez Alciat, Chasseneux, Chopin et ailleurs (1). Je dirai seulement que le nom de Comte estoit prins ordinairement et plus communément pour Juge. Les Comtes congnoissoient de la guerre aussi bien que les Ducs, et de la justice en l'estendue de leur ressort ; et c'estoit à eux lorsque la guerre estoit ouverte quelque part, d'y conduire leurs vassaux et autres sujets du prince, qui demeuroient en leurs gouvernemens ; et la paix faite, ils rendoient la justice au peuple, assistés des eschevins des villes, ou par leurs Lieutenans ou Vicomtes et Viguiers. Ils n'estoient pourtant qu'officiers du souverain, qui les envoioit où et quand il lui plaisoit, pour juger les différends des particuliers, et les révoquoit et cassoit quand il vouloit. Lipse (2), en sa *Ville de Louvain*, escrit après Paul Diacre (3), qu'ils estoient semblables à ceux que les Allemans appèlent *Graviones*, du mot grec γράφειν, pour ce qu'il faut toujours escrire soubz des Juges. Ma Chronique manuscripte, porte, en la Vie de Louis le Débonnaire, que « Quand il sot, » (ce sont les termes d'icelle) que aucuns de ses Comtes, qui

---

(1) Grég. in Tur., *in vita S. Gregorii Lingonens. et S. Nicetii Lugdun. Concil. Gall.*, t. II, p. 230. *Capitul.*, lib. II, ch. 6, et lib. IV, ch. 50. Marculf., *in formul.* — (2) Lib. I, ch. 10. — (3) *Hist. Long.*, lib. V, ch. 36.

An. 849. » avoient esté laachez et paresseux, en leurs terres garder, et de
» prendre vengeance des larrons et des malfaicteurs, il les con-
» demna de diverses sentences, et les pugnit de telle poine
» comme ils avoient desservi par leur paresse ; si vit-on à enten-
» dre, que ce n'estoient pas Comtez par héritages, ains estoient
» ainsi comme Baillifs, que l'en mescroit et mectoit à temps et
» pugnissoit de leurs mefaits quand ils le deservoient. » Après
cela, qui est-ce qui voudra asseurer que nos Evesques fussent
Comtes de la façon, sans faire tort à leur dignité, qui a toujours esté recongneue de beaucoup plus éminente, que celle
des Comtes.

Il ne faut que lire les Conciles d'Arles et de Tours, et les Capitulaires de Charlemagne et de Louis le Débonnaire son fils (1),
pour trouver ceste vérité; veu qu'ils distinguent les Evesques
d'avec les Comtes, ausquels, comme inférieurs, ils enjoignent
d'assister les Evesques en tout ce qu'ils auroient besoin d'eux.
D'ailleurs les Comtés n'ont esté rendus héréditaires que soubz
le règne du Chauve, voire de Charles le Simple et de Hues ou
Hugues Capet, qui les accorda à certains seigneurs en propriété ;
qui est après le tems de nostre Helie, de manière qu'on ne peut
dire que lui ni ses prédécesseurs aient esté Comtes de Chartres.
Je peux y ajouter une raison péremptoire, que Guillaume de Jumièges rapporte en son *Histoire de Normandie* (2) et Thomas de
Walsingham en la sienne (3); que Hasting, capitaine des Danois, estant venu trouver Charles le Simple, roi de France, lui
donna la ville de Chartres, pour l'obliger à son service, et Flodoard escrit que Robert Ier roi de France en estoit Comte, lorsqu'elle fut assiégée par Rollon; or, comment cela eust-il pu
estre, si ce Comté eut appartenu à nos évesques, n'y aiant aucune apparence qu'on leur eust osté, pour en récompenser un
autre; ni qu'il eust esté en autre main qu'en la leur, s'il leur
eust appartenu. D'ailleurs Hasting ayant vendu la ville de Chartres à Thibaud, premier du nom, Comte dudit Chartres, les Evesques d'icelle ville eussent-ils souffert qu'il s'en fut mis en possession à leur veu et leur sceu, sans y former opposition, faire

---

(1) *Conc. Arelat.*, VI, can. 13. *Turon* III, can. 33. *Capitul.*, lib. II,
ch. 6, 9, 10, 12 et 23. — (2) Lib. II, ch. 11. — (3) *In hypodigmate
Neustrix.*

protestations de se pourveoir contre, ou les mectre en procès, An. 849. pour le recouvrement d'icelui, ou s'en plaindre aux Conciles ou Parlemens qui estoient fort fréquens en ce tems-là : ce que ne trouvant en aucun autheur digne de foi, je conclus qu'il est plus imaginaire que véritable, que les évesques de Chartres aient tenu autrefois la Comté dudit lieu.

Si on m'allègue qu'il y a plusieurs évesques en France qui prennent ceste qualité, ce n'est pas une raison pour conclure que les Evesques de Chartres puissent la prendre, et qu'ils aient esté Comtes ; en effet, beaucoup prennent ceste qualité quand au nom seulement, mais ne jouissent des droits ou domaines qui lui appartiennent. Les Evesques d'Agen et de Clermont s'intitulent Comtes, mais il n'en possèdent que la dénomination, le domaine appartenant à d'autres seigneurs ; comme en 1606, la reine Marguerite en jouissoit. Que s'il s'en trouve qui véritablement en aient la qualité et le revenu, ils ne les ont eus que longtems après celui de nostre Helie, durant lequel ils n'estoient héréditaires, ni affectés à leur crosse.

L'Archevesque de Reims n'obtint le Comté de sa ville, qu'environ l'an 940 (1), que Louis d'Outremer, roi de France, en gratifia Artaud, qui l'avoit sacré, et du depuis auroit esté érigé en Duché par le roi Robert II ; Hugues III, duc de Bourgongne, donna le Comté de Langres à Gautier, évesque du lieu, en l'an 1197 (2), du consentement de Henry de Bar, qui y prétendoit contre Gui de Saulx, duquel Hugues avoit achepté le droit. Duchesne, en ses *Antiquités des villes de France*, dit que ce fut Hugues Capet, qui donna le Duché de Laon à Adelberon, qu'on nomme autrement Azelin ou Asselin, évesque du lieu ; pour récompense de la trahison qu'il avoit exécutée contre Charles de Lorraine, en le livrant avec la ville de Laon, entre les mains de ses plus grands ennemis, vers l'an 991. Flodoard a néamoins laissé par escrit (3) qu'il y eut grosse querelle entre Raoul de Bourgongne, qui, après le déceds du Simple, avoit esté créé, par la noblesse, Roi de France, et Hebert, comte de Vermandois pour le Comté de Laon, que cetui-ci vouloit avoir pour Eudes, son fils, et que le roi l'aiant donné à un Roger, fils d'un autre

---

(1) Flodoard, *in Chron.* — (2) Robert., *in Episcop. Lingon.*, n° 57. — (3) *In Chron.*, ch. 6, et *Hist.*, lib. IV, ch. 25.

An. 849. de mesme nom, Eudes le combattit; et par l'issue du combat, le Comté de Laon fut adjugé audit Eudes en l'an 927, et que du depuis il le laissa aux évesques dudit Laon. Le mesme Duchesne dit semblablement que ce fut ledit Hue Capet, qui donna le Comté de Noyon, à l'évesque dudit lieu, et le créa un de ses Pairs. Pour Beauvais, Roger, fils d'Eudes I, comte de Chartres, aiant eu en son partage le Comté de Sancerre, l'eschangea avec celui de Beauvais, qu'il donna à son église en l'an 1014 (1). L'évesque de Cahors est aussi Comte de sa ville, mais c'est par usurpation qu'il en fit, en l'an 1208, sur Raimond, comte de Tolose, durant les guerres des Albigeois (2), desquels il suivoit le parti, et en fut investi par le roi Philippe-Auguste au mois d'octobre de l'an 1211, qui lui en rendit l'hommage, et s'y est maintenu du depuis, tellement qu'il ne se veoid, auparavant ce tems-là, que les Evesques fussent Comtes des villes èsquelles ils avoient leurs titres; et que nostre Chronologiste a avancé trop imprudemment, ce qu'il ne peut prouver.

Je ne veux pas nier que nos Prélats n'aient eu autresfois, et n'aient de grands droits dans la ville de Chartres et n'y en aient encores, mais on ne peust conclure de là, qu'ils en aient eu la Comté (3). Ils ont une censive fort grande, tant en la ville que faubourgs et banlieue, la moitié des cens et revenus des Halles de la ville de Chartres, èsquelles se tient le marché de ladite ville; la grosse coutume du sel à Chartres appartient au Roi, à cause de sa Comté, et à l'Evesque, chacun par moitié; qui est le dix-huitiesme muid franchement, réservé seulement le droit de Gabelle, et se vend la part dudit seigneur Evesque, incontinent qu'il est descendu au grenier, sans attendre ne garder tour de papier; et lui sont délivrés les deniers par le grenetier, sans qu'il y puisse prétendre salaire ni droit, et prend ledit sieur, seulement six septiers de sel en espèce, par chacun an, pour la provision de ses maisons, sans païer aucun droit de gabelle; le Bondon de la ville de Chartres sur chacun vendant vin, trois sepmaines après Noël, qui est trois sols pour tonneau; les mesnues coutumes de la ville et banlieue de Chartres, avec la moitié

---

(1) Sigibert, *ad. ann.* 1014. Louvet, *in hist. Belvac.* — (2) De Courrce, *in hist. Episc. Caturc.*, nos 83, 84 et 85. — (3) Adveu de Louis Guillard, baillé le 22 mars 1539.

du havage des grains, vendus au marché de Chartres et autres menus droits sur les marchands, amenans marchandises en la ville de Chartres, en venant et repassant par icelle ville et banlieue ; tant bleds, vins, cuirs, bœufs, moutons, qu'autres marchandises. Les rivières de la ville de Chartres, depuis le Grand-Pont de la Porte de Guillaume, jusques au moulin de Bretigni, sont du domaine de son Evesché, les Préz des Reculés et plusieurs autres à l'entour de Chartres ; droit de forger monnoie, de laquelle le sieur de Meslai, comme Vidame de Chartres, avoit la garde des coings, et droit de justicier les faux-monnoieurs au lieu de Mautrou, avec toute justice, haute, moienne et basse, sur tous les lieux qui dépendent dudit Seigneur. Mais tous ces beaux droits et plusieurs autres que je pourrois rapporter ne le font pourtant Comte de Chartres.

An. 849.

Si l'on veust dire que les évesques de Chartres devoient fournir au Roi certain nombre de soldats quand il alloit en guerre, ce qu'il n'eut esté obligé de faire s'il n'eust esté Comte dudit lieu, je responds que la pluspart des évesques et abbés de France estoient tenus de ceste redevance envers leur prince, dès le commencement de l'estat Gaulois. Cela se veoid dans Grégoire de Tours quand il dit que Salonius, archevesque d'Embrun, et Sagittaire, évesque de Gap, assistèrent Gontran, roi d'Orléans, en la guerre qu'il eut contre les Lombards. Du tems de Louis le Débonnaire, les armées estoient remplies d'évesques et d'abbés, qui conduisoient eux-mesmes leur troupes. Flodoard rapporte que Hincmar et Germain menèrent en personnes leurs hommes, ès armées du Chauve et du Simple. Au concile de Vérone il fut arresté que les évesques qui, par maladie ou pour quelque autre incommodité, qui les exoinast d'aller en guerre en personne, y enverroient leurs compagnies, soubz la conduicte de quelque seigneur, de crainte que leur absence et leurs gens n'apportast quelque détourbier aux affaires du Roi. Dans l'Inventaire des titres du thrésor des Chartes de sa Majesté ; il se trouve, soubz l'inscription de Picardie, laiette d'Amiens, nombre 6, une obligation d'un Chantre de l'Eglise dudit lieu, passée l'an 1334, à Jean de la Cour, chanoine de Paris, de la somme de cent livres, pour avoir procuré que l'évesque d'Amiens fust dispensé du travail de l'armée. Dans la Chambre des Comptes à Paris, il se veoid un ancien tiltre, sur le dos duquel est escrit

An. 849. « *Milites et armigeri et alii, qui debent servitutem regi:* » et dans le corps d'icelui, il se lit : « *Episcopus Nivernensis misit ducentos milites pro ecclesia sua.* »

Les Rois estoient bien aise d'avoir un secours si présent contre leurs ennemis, pour ce qu'en moins de rien, ils pouvoient mectre une armée sus pieds. Le pape Adrien I, s'estant formalisé que les ecclésiastiques, qui par toutes les loix sont exempts de beaucoup de redevances fussent obligés à cette-ci, en escrivit vers l'an 784, à Charlemagne (1) et au Concile de Wormes, tenu en l'an 800; il présenta requeste au mesme empereur à ce qu'il lui plust exempter les évesques et abbés, qui ne devoient user que d'armes spirituelles, de combactre avec les matérielles; et les laisser dans leurs diocèses et monastères, faire leur devoir, et servir d'exemples à leurs peuples et religieux, qui ne pouvoient estre que mal édifiés, quand ils voioient leurs prélats retourner de l'armée avec des membres mutilés et estropiés. Ces remontrances eurent tant d'effect, qu'au prochain Parlement, il défendit à tous serviteurs de Dieu, c'est-à-dire aux ecclésiastiques, d'aller plus aux armées, excepté ceux qui y seroient emploiés pour dire la messe, ouïr les confessions, administrer le sacrement de l'Eucharistie, et porter les châsses et reliques des Saints, sans lesquelles ils ne marchoient ès batailles.

Louis, son fils et successeur, leur continua la mesme exemption, mais les cartes aiant esté brouillées après son déceds entre ses enfans, Charles le Chauve, à qui ses frères faisoient la guerre, fit revivre ceste redevance et obligea les Prélats de ses Estats, de l'assister de leurs hommes. C'est pourquoi Loup, abbé de Ferrières, escrivoit à Louis, roi de Germanie, oncle du Chauve (2), qu'il le prioit de faire en sorte avec ce Roi, qu'après avoir eu congé de lui de se retirer de son armée d'Aquitaine, il ne fust obligé d'y retourner. Tous les abbés n'y estoient tous, mais seulement ceux qui sont énoncés en certain estat que Sirmond rapporte en ses Notes sur le deuxiesme tome des Conciles de France, où Ferrières est spécialement dénommé. En suicte de quoi, Chopin rapporte un arrest donné, au Parlement

---

(1) *Epist.* 77, *Codici Caroli.* — *Capit.*, lib. VI, ch. 286, et lib. VII, ch. 90 et 103. — (2) *Epist.* 24, 28, 32, 35, 71 et 92.

de Pentecoste 1284 (1), contre l'abbé et religieux dudit Ferriè- An. 849.
res, par lequel ils furent condamnés paier au Roi une somme,
pour ceux qu'il devoit fournir à son armée, sauf à le répéter
sur leurs hommes et sujets, fors pour le cheval de service ou
de bagage, qu'il appelle *summarium*, qu'ils devoient paier
seuls. Il y eut semblablement un autre arrest en 1387 (2) contre l'abbé de Saint-Mard de Soissons, par lequel il fut dit qu'il
estoit tenu de fournir au roi deux cens hommes de pied. Les
Comtes de Chartres ont autre fois prétendu le mesme droit sur
les abbaïes qui estoient dans leurs terres; cela se veoid par un
titre de l'abbaïe de Bonneval du mois de juin 1265 (3), par lequel
Jean de Chastillon, comte de Blois et de Chartres, transige avec
l'abbé, religieux et couvent dudit Bonneval, et entre autres choses est porté que les hommes demeurant dans la ville et banlieue dudit lieu, seront tenus aller à l'armée du Comte de Chartres, dans son Comté et fiefs d'icelui seulement, et quand à
l'abbé et religieux de Bonneval ou leur commis, ils seroient
tenus à la réquisition du Comte ou au mandement qui leur en
seroit fait de sa part, d'admonester ou faire admonester lesdits
habitans d'aller en l'host; et que l'abbé et les moines pourroient
envoier leur Maire ou autre Commissaire, pour conduire lesdits
hommes en l'armée, et porter l'enseigne.

Tous les évesques estoient obligés à servir le Roi, à cause de
leurs fiefs qu'ils tenoient du Roi, quand il y avoit guerre déclarée contre les ennemis de l'Estat. Rigord escrit que Philippe-
Auguste aiant en l'an 1209 (4), donné le rendez-vous de son
armée à Mantes, les évêques d'Orléans et d'Auxerre retirèrent
leurs gens de l'armée, disant qu'ils n'estoient tenus de marcher,
sinon quand le Roi alloit en personne; sur ce quoi, le Roi les
aiant fait appeler pour exhiber le privilège de leur exemption,
et n'en aiant peu montrer aucun, le Roi, fondé sur la coustume
et practique générale du roiaume, les fit condamner en l'amende; laquelle n'aiant voulu paier, le Roi fit saisir tout le temporel qu'ils tenoient de lui, ne leur laissant que les dixmes et spirituel pour vivre. Ils se plaignirent à l'archevesque de Sens, leur
métropolitain, de ce procédé; lequel jecta l'interdit sur la terre

---

(1) Lib. II. *Montut. ult.*, n° 11. — (2) Chopin., *De feod. Andegav.*, lib. II,
titre 7, n° 3. — (3) *Cart. Bonneval.* — (4) *In Vita Philipp. Aug.*, p. 207.

An. 849. du Roi, et cependant, envoièrent vers le pape Innocent III, pour l'advertir de ce qui se passoit. Ce Souverain Pontife ne voulant toucher aux coustumes et droits du roiaume de France, leur conseilla de s'accorder avec le Roi, auquel aiant paié l'amende, ils eurent, deux ans après, mainlevée des saisies faites sur leur temporel. Ensuicte de quoi; il se veoid au Thrésor des Chartes du Roi, soubz le titre d'Orléans, nombres 5 et 8, une promesse de Manassès, évesque dudit lieu, et de Guillaume, évesque d'Auxerre, faite à Melun au mois d'aoust 1212, portant qu'ils ne greveront personne à l'occasion du différend d'entre le roi Philippes et eux; et par une autre, ledit Manassès recongnoist et promet faire à l'avenir comme les autres Evesques et Barons, qui doivent fournir d'hommes en l'host du Roi.

Il se veoid semblablement, une ordonnance du roi Philippes le Bel de l'an 1314, par laquelle il commande au Prévost de Meaux et à Regnaud Barbou, bourgeois de Chartres, de sommer la noblesse de Champagne et de Brie avec les Evesques, pour la guerre de Flandres. Nos Evesques n'en estoient non plus exempts que les autres; cela se veoid par les Epistres de Fulbert et de Ives, évesques de Chartres, et dans le Livre ou Cahier des Chartes et Privilèges de l'Evesché dudit lieu, nombre 24, auquel il se trouve des lettres des Officiaux, des Archidiacres de Chartres et Dunois, par lesquelles il est énoncé que Macé ou Matthieu de Berchères, chevalier, vendit à Macé, évesque de Chartres, entre autres choses, le champart qu'il avoit à Berchères-l'Evesque, avec la maison et tout le droit qu'il avoit à Fresnay-l'Evesque; tant à raison de son fief qu'autrement : *Et roncinum quem idem miles habebat ad equitaturam armigeri sui ab hominibus de Bercheriis-Episcopi quotienscunque episcopus Carnotensis ibat in exercitum*, lesdites lettres données au mois de mars 1252. Il se veoid quantité de semblables lettres, desquelles on ne peut conclure que les Evesques de Chartres en fussent Comtes, mais seulement qu'ils devoient fournir d'hommes au Roi, lorsqu'il avoit guerre contre ses ennemis.

FIN DU TOME PREMIER.

TABLE

DES CHAPITRES ET DES SOMMAIRES

CONTENUS DANS CE VOLUME.

LIVRE PREMIER.

Chapitre I. — Des Gaules et d'où elles ont esté ainsy nommées et quand elles ont commencé à estre habitées 1

Chapitre II. — De Chartres et de son assiette; par qui bastie et nommée 8

Chapitre III. — Du temps auquel Chartres a peu estre basty, s'il a esté plus grand en son estendue qu'il n'est à présent; des corps et communeautés, églises, monastères et chapelles qui sont en icelle et en sa banlieue 16

Chapitre IV. — Chorographie ou description du pays Chartrain, des Abbayes, Prieurés et autres bénéfices de marque, qui se rencontrent en iceluy et des bornes et limites du diocèse de Chartres 27

Chapitre V. — De la haulte et basse Beaulse, du pays de Soulongne, et d'où ces deux provinces ont esté ainsy nommées . 31

Chapitre VI. — Description du Blésois, du bastiment de la ville et de ce qui se retrouve de plus rare dans la province . . 38

Chapitre VII. — Du Vendosmois et des Comtes et Ducs de Vendosme 43

CHAPITRE VIII. — Description du Dunois et des singularités qui se retrouvent en l'estendue d'iceluy. 57

CHAPITRE IX. — Du Perche-Gouet et Cinq-Baronies, Grand-Perche, Terre-Françoise, Terres-Démembrées et autres 72

CHAPITRE X. — Encores du Grand-Perche qui a autrefois relevé de Chartres, de ses Comtes, des Forests qui sont en icelui, et d'où il a prins son nom, et des Rivières qui ont leur origine audit païs du Perche 86

CHAPITRE XI. — Description de Dreux et pays adjacents; d'où est-ce qu'il a prins son nom; de quelques-uns de ses Comtes et Vicomtes 107

CHAPITRE XII. — De la ville de Montfort-l'Almaury, et de ses anciens Comtes et de leur véritable origine 115

CHAPITRE XIII. — Des villes de Mantes, Meulan et Poissy, et pays circonvoisin dans lequel est assis le comté de Madrie. . . 129

CHAPITRE XIV. — Du pays et ville de Dourdan, Hurepoix, Aulneau, Espernon, Gallardon et autres lieux voisins 134

CHAPITRE XV. — De quelle sorte de gouvernement ont usé les anciens Gaulois, de leurs mœurs et façons de faire, en paix et en guerre 143

CHAPITRE XVI. — Des Druides et de leurs diverses dénominations, de leurs habits, et honneur qu'on leur portoit 152

CHAPITRE XVII. — De la Religion des anciens Gaulois, et qu'ils ne sacrifioient des hommes; qu'ils n'avoient ni temples ni idoles, et sacrifioient seulement du pain, du vin et des taureaux 164

CHAPITRE XVIII. — Quel langage parloient les anciens Gaulois, s'ils parloient le Grec, ou s'ils avoient un langage particulier. . 178

CHAPITRE XIX. — De la doctrine qu'enseignoient les Druides . . 189

CHAPITRE XX. — Des conquestes des Chartrains aux païs estrangers, ausquels leur nom est demeuré, et des guerres qu'ils ont eu contre les Romains, auparavant la Nativité de Nostre-Seigneur 199

LIVRE SECOND.

Chapitre I. — De la Naissance du Fils de Dieu en terre, et de la véritable année en laquelle il print chair humaine, nasquit et mourut. . . . . , . 213

Chapitre II. — Du temps que l'Evangile a esté publié à Chartres et par qui. . . . . , 227

Chapitre III. — Examen de l'opinion de Grégoire de Tours, touchant la venue de S. Trophime, S. Denys et autres ès Gaules, pour y annoucer l'Evangile et y planter la foy . . . 232

Chapitre IV. — Du temps que S. Denys, évesque de Paris, S. Austremoine et S. Martial ont esté envoiés aux Gaules, pour y prescher l'Evangile 250

Chapitre V. — Que l'opinion de Sévère Sulpice que les Martyres n'ont esté veus ès Gaules, si tost, pour ce que la religion Chrestienne n'a esté receue au-deça des monts que fort tard, n'est recepvable. 260

Chapitre VI. — Continuation des Responses faites aux raisons des Adversaires, pour le maintien de l'opinion de Sévère Sulpice. 270

Chapitre VII. — Contination desdites Responses 280

Chapitre VIII. — Response à l'objection, que font les asserteurs Des opinions de Grégoire de Tours et Sévère Sulpice, touchant la mission de S. Savinian et S. Potentian à Sens . . 294

Chapitre IX. — Que S. Savinian et S. Potentian ont esté les premiers qui ont annoncé l'Evangile à Chartres, y ont mis S. Aventin pour premier Evesque du temps de S. Pierre, et ont souffert le martyre à Sens, soubz Néron. 308

Chapitre X. — Que S. Cheron a esté évesque de Chartres après S. Aventin 320

Chapitre XI. — Que S. Sanctin a esté évesque de Chartres, puis de Meaux, et l'avoit esté auparavant de Verdun 334

Chapitre XII. — D'Optat, Valentin et S. Martin-le-Blanc, évesques de Chartres, et du tems qu'ils ont peu tenir leur scéance . 341

Chapitre XIII. — De S. Aignan ou Anian, l'évesque de Chartres, et de ses sœurs : Monde, Donde et Ermenonde ; ensemble de Sévère, évesque dudit Chartres 351

Chapitre XIV. — De Castor, évesque de Chartres, et de ce qui se passa durant sa scéance. 362

Chapitre XV. — D'Africain et Possesseur, évesques de Chartres, et de quelques choses notables qui se passèrent durant le tems de leur scéance. 369

Chapitre XVI. — De Polychronius, évesque de Chartres, Villicus et Palladius, aussi évesques du mesme lieu 381

Chapitre XVII. — D'Arbogast et Flavius, évesques de Chartres, de S. Solein et S. Aventin, aussi évesques dudit lieu 390

Chapitre XVIII. — De S. Aventin, et qu'il a esté évesque de Chartres après S. Solein 399

Chapitre XIX. — De S. Ethère, évesque de Chartres, de S. Eman et de ses compagnons. De l'Invention du Corps de S. Prest, et de son église. 405

Chapitre XX. — De S. Lubin, évesque de Chartres, de l'Institution des soixante douze Chanoines, faite par lui, en l'Eglise dudit Chartres ; de S. Avi, hermite, en la forest du Perche-Gouët, et depuis Abbé de Saint-Mesmin de Minci, diocèse d'Orléans, et de plusieurs autres incidens qui se passèrent de ce tems-là en France et ailleurs 413

Chapitre XXI. — De S. Caletric, évesque de Chartres, et de Ste Monegonde, sa sœur 420

Chapitre XXII. — De S. Arnould, archevesque de Tours, comment son corps est venu au diocèse de Chartres. De la fondation du monastère de Saint-Rémi-des-Landes et de Sainte-Scariberge 427

Chapitre XXIII. — De Papoul, évesque de Chartres, et de Promotus, évesque de Dunois 436

Chapitre XXIV. — De Magobode, Sigouauld, Mainulphe, Thibaud et Lancegesil, évesques de Chartres, et de quelques choses passées de leur tems 445

Chapitre XXV. — De Berthegesil, évesque de Chartres, et de quelques incidens de son tems 452

Chapitre XXVI. — De S. Malard, évesque de Chartres, et de S. Laumer, abbé 459

Chapitre XXVII. — De Haigrand, Airaut ou Ariaut, et de S. Bouaire, évesques de Chartres 466

Chapitre XXVIII. — De Gaubert, ou Godebert; Adeodat, Dieudonné, ou Dié; Dronus, ou Pronus; Bethegrand et Hainus, évesques de Chartres 475

LIVRE TROISIÈME.

Chapitre I. — De Hado, Hudo ou Eudes, évesque de Chartres, et que les chanoines de Chartres n'ont point esté réguliers . . 487

Chapitre II. — De Flavius, évesque de Chartres, et de quelques incidens, arrivés de son tems 509

Chapitre III. — De Gossault ou Gondesault, évesque de Chartres et des choses plus signalées, qui arrivèrent durant le tems de sa scéance 517

Chapitre IV. — De Bernouin, Hernouin, autrement Hiérosme, évesque de Chartres 525

Chapitre V. — Des Serfs de l'église de Chartres, de leurs manumissions et de la forme qu'on usoit, pour les rendre libres; soit pour les charges temporelles, soit pour la cléricature . 537

Chapitre VI. — De Helie, évesque de Chartres, et que les Evesques d'icelle ville n'en ont esté Comtes 551

www.ingramcontent.com/pod-product-compliance
Lightning Source LLC
Chambersburg PA
CBHW060749230426
43667CB00010B/1491